索·恩
THORN BIRD
忘掉地平线

Phantom Terror: Political Paranoia and the Creation of the Modern State, 1789-1848

By ADAM ZAMOYSKI

Copyright: © 2015 BY Adam Zamoyski

This edition arranged with AITKEN ALEXZANDER ASSOCIATES LTD

through BIG APPLE AGENCY, INC., LABUAN, MALAYSIA

Simplified Chinese edition copyright:

2018 SOCIAL SCIENCES ACADEMIC PRESS (CHINA), CASS

All rights reserved.

惧幻恐

政治妄想
与现代国家的
创建，
1789-1848

Phantom
Terror
Political Paranoia and
the Creation of
the Modern State, 1789-1848

〔英〕亚当·查莫斯基 / 著
袁野 / 译

By
Adam Zamoyski

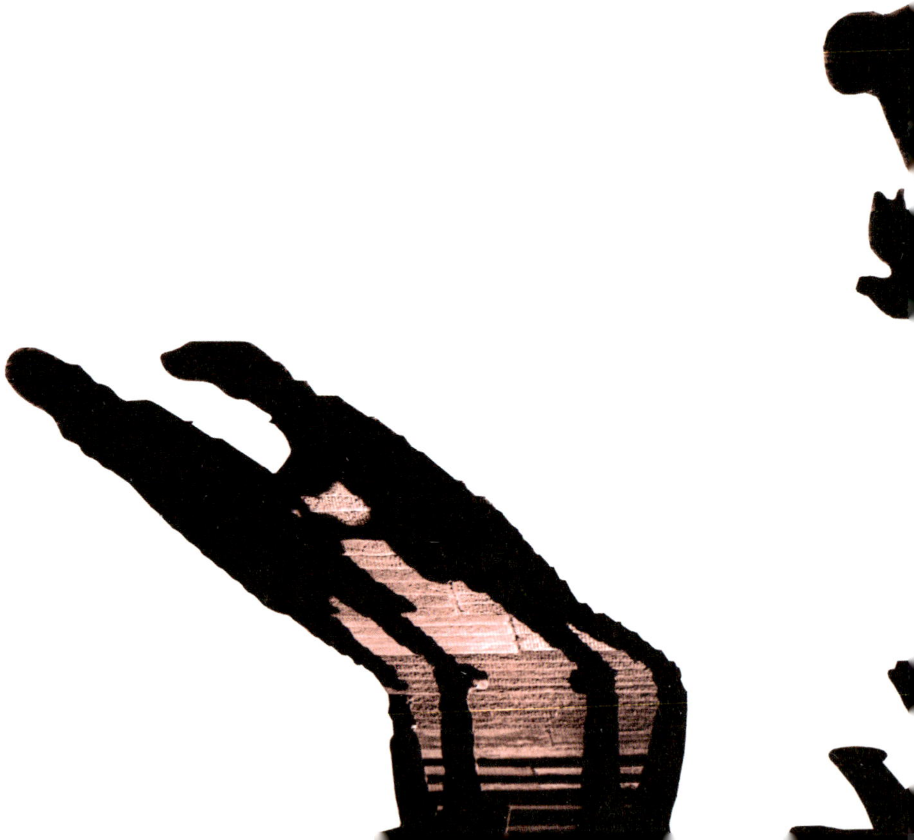

本书获誉

　　这本考究详细、撰写完美、论点丰富的学术著作，让人十分信服。亚当·查莫斯基为反动的欧洲正统王朝专制提供了确凿的案例，华丽的贵族式辞藻也恰如其分地将其表现了出来。在这个过程中他将不可侵犯的人物带进了历史的屠宰场。毫无疑问，这是一段修正主义的历史。

　　——安德鲁·罗伯茨，著有《战争风云：第二次世界大战新史》

　　亚当·查莫斯基凭借独有的资质，优雅地剖析了紧接着法国大革命而产生的偏执、疑惧和阴谋论。他描绘出这个年代里现代警察国家的诞生，欧洲专制主义的起源以及后来我们称为阶级斗争的事物的起点。《幻影恐惧》是一部及时的原创性历史书，它是一部通往过去的指南，同时也让人对当今有所反思。

　　——安妮·阿普尔鲍姆，著作《古拉格：一部历史》获普利策奖

　　一部令人印象极为深刻的重要著作。《幻影恐惧》具有学术性，文字优美而富有趣味，在纵览革命时代的反动欧洲过程中，几乎每

一页都有令人赞叹的洞见。

——奥兰多·菲格斯，著有《俄国革命史：1891~1991》

极具吸引力……充满了引人入胜的细节和鲜明的旁白。亚当·查莫斯基的文笔像宫廷舞会的舞者一样：优雅、高贵、技艺精湛、步履稳健。

——英国《旁观者》杂志

查莫斯基向我们全面讲述了专制是如何被感知的。文本生动，让人胆战，时常还有幽默相伴……一部卓越、令人身临其境的故事书。

——英国《泰晤士报》

充满才华和原创力。

——《经济学家》

查莫斯基的写作极富天赋，充满奇思妙想，尤其擅长讲述关于俄罗斯的故事。

——《大西洋月刊》

查莫斯基对荒谬的审查制度和无能警察的敏锐观察及其精彩刻画，定会让读者停不下来。——《现代史期刊》(Journal of Modern History)

（这本书讲述了一段）从1789年到1848年国家管制在欧洲日益加强的历史……从作者对国家审查、监视、暴行的客观记述中，我们可以看出查莫斯基对于政治史和国际关系令人印象深刻的独到见解。在他看来，是这些暴政本身最终引来了不断的革命反抗。

——《华尔街日报》

/ 本书获誉 /

地　图 / *I*

序　言 / *001*

Contents /

1 / 驱魔 / *001*

2 / 恐惧 / *009*

3 / 传染病 / *019*

4 / 反恐战争 / *031*

5 / 警惕的政府 / *049*

6 / 秩序 / *065*

7 / 和平 / *083*

8 / 一百天 / *093*

9 / 情报 / *106*

10 / 不列颠幽灵 / *124*

11 / 道德秩序 / *138*

12 / 神秘主义 / *157*

13 / 条顿狂热者 / *170*

14 / 自杀恐怖分子 / *183*

15 / 腐化 / *202*

16 / 魔鬼帝国 / *219*

17 / 撒旦会堂 / *233*

18 / 指导委员会 / *246*

19 / 得克萨斯公爵 / *259*

20 / 使徒 / *270*

Contents /

21 / 兵变 / *282*

22 / 大清洗 / *297*

23 / 反革命 / *311*

24 / 雷神朱庇特 / *325*

25 / 丑闻 / *341*

26 / 污水沟 / *358*

27 / 审查 / *374*

28 / 一个错误 / *390*

29 / 波兰主义 / *406*

30 / 逍遥法外的撒旦 / *420*

余　波 / *439*

注　释 / *441*

参考文献 / *459*

索　引 / *481*

1789年的欧洲

挪威　瑞典

波罗的海

圣彼得堡

莫斯科

米陶

俄罗斯帝国

普 柏林

弗里德兰

奥斯特里茨
耶拿
萨克森
皮尔尼茨

波兰

华沙

克拉科夫

神圣罗马帝国

巴伐利亚　维也纳
奥地利
哈布斯堡领地
布达 佩斯
匈牙利

黑海

热那亚 威尼斯

亚得里亚海

教皇国
罗马

那不勒斯

那不勒斯和西西里王国

巴勒莫

奥斯曼帝国

君士坦丁堡

马耳他

1815年的欧洲

- 大西洋
- 大不列颠
  - 格拉斯哥
  - 爱丁堡
  - 贝尔法斯特
  - 都柏林
  - 曼彻斯特
  - 伯明翰
  - 布里斯托尔
  - 伦敦
- 北海
- 丹麦
- 荷兰
  - 海牙
  - 布鲁塞尔
- 艾克斯-沙佩勒
- 科布伦茨
- 法兰克美因茨
- 法国
  - 巴黎
  - 索米尔
  - 拉罗谢尔
  - 波尔多
  - 里昂
  - 日内瓦
  - 格勒诺布尔
  - 马赛
- 巴登
- 斯图加特
- 贝尔福
- 瑞士
- 萨伏伊
- 都灵
- 热那亚
- 帕尔马
- 厄尔巴
- 比斯开湾
- 葡萄牙
  - 里斯本
- 西班牙
  - 马德里
  - 加的斯
- 科西嘉
- 撒丁
- 地中海

挪威
圣彼得堡
瑞典
多尔帕特
莫斯科
波罗的海
俄罗斯帝国
维尔纳
但泽
士
诺威
普
鲁
波森
华沙
柏林
波兰王国
哈尔科夫
基辅
萨克森
加利西亚
托普利兹
卡尔斯巴德
托罗波
克拉科夫
德意志邦联
普雷斯堡
符腾堡
维也纳
巴伐利亚
敖德萨
布达
佩斯
奥地利
奥地利帝国
摩尔达维亚
奥
匈牙利
特兰西瓦尼亚
莱巴赫
伦巴第-威尼西亚
瓦拉几亚
罗纳
威尼斯
黑海
摩德纳
博洛尼亚
奥斯曼
斯卡纳
马切拉塔
教皇国
马尔凯
亚得里亚海
君士坦丁堡
罗马
帝国
那不勒斯
雅尼纳
两西西里王国
巴勒莫
摩里亚
马耳他

序　言

滑铁卢战役是拿破仑最后的报应，标志着1789年法国大革命所释放出的力量被击败。法国大革命挑战了欧洲整个社会秩序的基础和一切政治结构，它打开了潘多拉的盒子，释放出无穷的可能性与恐怖：神圣的事物被亵渎，法律遭到践踏，国王和王后经过审判被处决，成千上万的男人、女人以及孩子在没有充分理由的情况下惨遭屠戮或者被送上断头台。二十五年的战事之中，随着革命的颠覆性理念横扫欧洲和它的殖民地，王权被推翻，国家被废除，各种制度被破坏。

1815年，战胜拿破仑的那些人意图推翻一切以重建大陆秩序。回归基于王权和宗教的社会结构，意味着要恢复旧有的基督教价值观。欧洲的主要统治力量签订共同协约，建立欧洲协调机制，目标是确保这一切不再发生。

不过，对革命的恐惧依然主宰了接下来的几十年。人们害怕残存的革命随时都有可能再次爆发。信件和日记充斥着对整个社会与政治结构将犹如火山爆发般被吞噬的想象，同时流露着对黑暗力量近乎病态的恐惧，认为它正在削弱秩序赖以维系的道德基础。我对这一历史景象感到很惊奇，于是着手进行调查。

钻研得越深，我越发觉得在一定程度上是当时的政府在散布着这种恐惧。我也逐渐意识到，为了满足维护政治和社会秩序的需要，新的控制和压制手段被发明出来。我从最近的群体恐慌案例中获得灵感：对资本家、犹太人、法西斯分子或伊斯兰主义者的恐慌证实，当权者可以利用这种恐惧，为保护自己远离所谓的威胁，采取措施限制个人自由。当我发现这个主题与当前这个时代有巨大关联的时候，原本把它当作一种历史文化现象的猎奇般的研究逐渐就有了更为严肃的目标。

然而，我还是避免在文本中表达这种想法，控制住了有时要把梅特涅亲王（Prince Metternich）与托尼·布莱尔，或乔治·W. 布什与俄国沙皇进行类比的强烈冲动。暂且不论这种类比可能会导致虎头蛇尾（bathos），我认为交由读者来进行自主思考，他们将获得更大的乐趣。

文献编号往往会分散读者的注意力，弄乱文本，因此特定段落里的引用和关于事实的注释将在段落结尾呈现。出于简洁的需要，我在提及俄国的事件和资料时，使用格里高利历。我写这本书时并不坚持用音译的俄文名字，而是使用那些我认为读者更为熟悉的拼写方式——三百年多来，在拉丁文书写中，Golitsyn 家族一直被写成 Galitzine，况且这个家族自己也使用 Galitzine，所以我就使用这种拼写方式。非英文书籍的引文是由我自己翻译的，而在德语翻译方面，我寻求了一些帮助。

因为缺乏时间，我无法像以前那样，把太多精力放在档案资料上，所以不得不求助于他人。我要感谢巴黎国家档案馆的波利娜·格鲁塞（Pauline Grousset），她一直都在为我提供线索；感谢薇罗妮卡·海登-洪舒（Veronika Hyden-Hanscho）帮我在维也纳的档案馆搜寻蛛丝马迹；感谢菲利普·劳（Philipp Rauh）为我搜索了大量德文书籍；感谢热情的托马斯·克劳森（Thomas Clausen）在斯图加特、威斯巴登和达姆斯塔特（Darmstadt）帮忙查阅文献；

感谢基尤（Kew）的英国国家档案馆工作人员胡贝特·奇热夫斯基（Hubert Czyzewski）的辛勤工作；感谢休·萨顿（Sue Sutton）帮我在基尤寻找进一步的文献；感谢珍妮弗·欧文（Jennifer Irwin）在北爱尔兰公共档案办公室所做的研究性工作。

我还想感谢克里斯·克拉克（Chris Clark）给我提供了德语方面的帮助。由于写作主题有超现实主义的部分，因而让我对自己是否头脑清醒产生了怀疑，感谢迈克尔·伯利（Michael Burleigh）对此给予的道德支持。感谢夏洛特·布鲁德内尔（Charlotte Brudenell）提醒我关于坦博拉火山喷发的事实，感谢舍维·普赖斯（Shervie Price）阅读了书稿。

本书编辑阿拉贝拉·派克（Arabella Pike）对我的工作给予十足的耐心、信任和热忱；罗伯特·莱西（Robert Lacey）在文字校对工作上投入了无与伦比的细心和智慧；海伦·埃利斯（Helen Ellis）将推销书籍这一艰巨的任务变成了享受的过程。对于上述给予帮助的人，我深致谢忱。另外，我十分感谢我的代理，也是我的好友吉伦·艾特肯（Gillon Aitken），是他给予了我最坚定的支持。最后，我要感谢我那耐心且善解人意的妻子艾玛（Emma），感谢她对我的爱。

亚当·查莫斯基

2014 年 5 月

/ 序言 /

/ 1 驱魔

1815年的8月9日,星期三,英国皇家海军"诺森伯兰"(Northumberland)号从普利茅斯起航向南大西洋的圣赫勒拿岛驶去,带走了统治欧洲长达二十年之久的男人。所有生活在这个"食人恶魔"(Ogre)阴影之下的人都松了一口气。"不幸的是,"正如哲学家约瑟夫·德·迈斯特(Joseph de Maistre)所言,"人虽然离开了,但他的道德法则却留了下来。他在的时候,至少他释放出的恶魔可以被他自己的才智控制住,让它们奉命行事。而现在,恶魔仍在我们身边,却没人驾驭得了它们了。"[1]

这个男人就是法兰西帝国皇帝拿破仑·波拿巴,他也曾这样加封自己。"我离开之后,"他曾对一位大臣说,"革命,以及激发革命的思想,仍将以新的暴力形式持续下去。"当拿破仑在甲板上踱步的时候,这艘七十四门炮军舰的舰长形容他当时既非蹒跚而行,又没有傲视群雄的霸气,似乎也没有被他留在身后的恶魔所困扰。此时,他更担心作为胜利者的英国人将如何处置自己,英国人已经拒绝承认他的皇帝头衔。他被直呼为"波拿巴将军",也仅仅获得将军级别罪犯的待遇。就在两天前,虽然进行了强烈的抗议,他还是被无礼地从"伯勒罗丰"(Bellerophon)号(这艘船将他带到英格兰)转交给了"诺森伯兰"号,这艘军舰的舰长海军少将乔治·科伯恩(George Cockburn)升起了舰旗,他负责将拿破仑羁押到新的地方。刚登船,拿破仑就遭到了彻底搜查,行李被翻了个底朝天。罗斯船长说,"拿破仑携带了最为精美的珍贵瓷器,大量的图书,一些衣服以及4000多法国金币",当然,这些物品最终都被没收并送到英国财政部。保持尊严从来都不是拿破仑的强项,他为维护自己皇帝荣耀所做的努力以失败告终,甚至都没能得到被选中与他一同流放的人们的同情。罗斯船长形容第一次见面的时候,他面如土色、大腹便便，像一个邋遢的牧师；同处一船也没能缓和船员对拿破仑的不好印象，科伯恩少将就形容他手抓食物的习惯和行事方式十分"粗野"。[2]

拿破仑与6位随行人员，以及他们的佣人和孩子们，一共27人在船长的桌子上用餐，同桌的还有海军上将和负责护送拿破仑的步兵团上校。拿破仑很快就放弃了"承担不当后果"的努力，比如当他坐着的时候，他让英国军官难堪到脱去帽子；当他站着的时候，便会逼他们离开餐桌。晚饭后，拿破仑一般会与随行人员下棋或者与英国军官们打牌。他从英国人那里学会了一些英语，并很乐意向大家讲述他生命中那些惊心动魄的片段。他尤其喜欢讲在埃及和俄国的军事行动，并经常陷入长篇大论和自我辩解。他有时候无精打采，甚至会因晕船或海上生活的不适而受到困扰。不过总的来说，拿破仑的海上旅程是愉快的，让大家以为他完全失去了野心，甚至抛弃了所有对于欧洲大陆前途的关切，而就在不久前，这片大陆还在他的掌控之下。经过五个星期的海上漂泊，9月11日晚上，这个三个月前在滑铁卢战场指挥千军万马的统帅却在船上为围拢而来的同伴们朗读了两个多小时的波斯故事。[3]

同一天晚上，为打败拿破仑做出巨大贡献的俄国沙皇亚历山大正在祈祷，感谢上帝最终让他拥有了他生命中最美好的一天。为了庆祝和平世纪的到来，沙皇在法国香槟的韦尔蒂小镇旁的一块平原上举行了一场盛大的阅兵和宗教宣誓仪式，据威灵顿公爵透露，这场阅兵一天前就已开始，有超过15万名步兵和520门大炮参与其中，他们的步伐和节奏"就像机器一般精确"。阅兵之后是由名厨卡列姆准备的盛大晚宴，卡列姆是"美食王子"塔列朗借给沙皇来此服务的。300位嘉宾里面有奥地利皇帝、普鲁士国王以及风光无限的外交官、将军和部长们，他们坐在由华盖覆顶的桌子周围。晚宴在普瓦松医生的花园里举办，亚历山大沙皇也就寝在普瓦松医生的别墅。由于战争的摧毁,宴会所需的食物以及部队的给养都是从巴黎运过来的。[4]

9月11日,俄国的守护神圣亚历山大·涅夫斯基(St Alexander Nevsky)纪念日暨沙皇命名日当天,军队重新集结,围绕七个圣坛组成了方阵。圣坛在同一块平原上一夜之间竖立起来,组成了希腊正教十字架的形状。亚历山大骑着马来到中间的圣坛,下马,低头祷告。此时,所有七座圣坛上的司祭开始共同举行弥撒,这一过程持续了三个多小时。亚历山大由尤丽叶·冯·克吕德纳(Julie von Krüdener)女爵引导着,从一个圣坛走向另一个圣坛。克吕德纳演戏一般地披着黑色长袍,她是由多愁善感的小说家转型成为宗教神秘主义者。一位英格兰女士形容,沙皇完全沉浸在了这一仪式过程中,"他的态度完美诠释了虔诚的基督徒所应有的奉献和谦卑品质"。[5]

亚历山大把阅兵和仪式看作一件具有普适意义的大事,不仅象征着对大革命和拿破仑操纵的恶魔的胜利,更是宣告旧世界的灭亡和新世界的诞生。经历漫长的精神冒险,他承认了神具有至高无上的绝对主宰地位。韦尔蒂平原上的阅兵不仅展示了他的物质实力,还表现了这支力量对神之意志的臣服。沙皇在精神上将他自己和另外两位共同战胜拿破仑的君主——奥地利弗朗西斯一世(Francis I)皇帝以及普鲁士腓特烈·威廉三世国王——联系在一起,称共同代表了基督主权的显灵。他希望与两位以及其他所有统治者联合起来,建立基于神的意旨的新政府,以协同战胜当时的恶魔。虽然没有建立进一步的合作机制,但在沙皇的建议下,各国统治者签署一个贯彻新精神的协议——神圣同盟(法语"Sainte Alliance"传统上被翻译为英文"Holy Alliance",但是它在法语里的实际意义其实是"圣经圣约"),以此共同宣誓神权王国的存在。[6]

神圣同盟协议用天启式的语言书写，展望将欧洲融合进一个基督联邦，实际上即"一支军队"守护的"一个国家"。在弗朗西斯和腓特烈·威廉的坚持下，这个协议被修改，然而最终版本还是宣称主权国"持有这样的信念，即当权者在处理他们的相互关系时，必须将政策原则置于救世主的天启之下"。他们声称"不仅要在各自国家的管理中，还要在处理与所有其他国家政府的关系上，坚定地遵守他们的协议。只有如此，神圣信仰、正义、慈善与关于和平的训诫才能贯彻到日常生活中，指导各王室的政策和行动"。[7]

弗朗西斯皇帝对此表示怀疑；腓特烈·威廉国王认为很荒唐；英国外交大臣卡斯尔雷和威灵顿公爵在沙皇将协议展示给他们的时候，禁不住笑了起来。然而他们都迁就地把神圣同盟视作一时兴起的无害念头，就像奥地利外交大臣梅特涅亲王形容它是"高调的噱头"。这个文件没有公开，大家都希望它埋没在大臣们的卷案之中，害怕公布出来使他们显得很蠢。弗朗西斯、腓特烈·威廉还是和亚历山大一道，在9月26日沙皇加冕周年纪念日这一天按时签署了协议。随后，在沙皇的坚持下，除了英格兰国王乔治三世（因为宪政体制原因）和教皇（因为教义上的原因），欧洲各国国王最终都在协议上签了字。没有人认可沙皇给协议赋予的重要意义。[8]

亚历山大接受的教育，在当时欧洲的统治者中，是值得一提的。他所受的教育并不契合作为庞大帝国独裁者的天定身份，加剧了他所处位置的固有矛盾，并使他与他的兄弟君主们分道扬镳。他的祖母女皇叶卡捷琳娜二世曾经付出很多心血为他挑选教师，还打算亲自指导他的教学课程。不过亚历山大的法语教师，一个叫弗雷德里克·西泽·德·拉·阿尔普（Frédéric César de La Harpe）的瑞士哲学家，很快接手了这个任务。拉·阿尔普将自己的世界观灌输给年轻的王子，拒斥君权神授，教导他人人平等的理念。[9]

叶卡捷琳娜曾经不希望他的儿子，也就是亚历山大的父亲保罗继承帝位,因此坚持让亚历山大在大部分时间都待在她的宫廷,而不是与父母在一起。不仅仅是所受的教育,还有他的个人倾向使亚历山大憎恶腐败与不道德,尤其痛恨 18 世纪的宫廷。他珍视与父母在加特契纳宫(the palace of Gatchina)里短暂的温馨时光。鉴于他的母亲是纯粹的德意志血统,他的父亲有 3/4 的德意志血统,这是一种德式的温馨体验。尽管他的祖母已经赋予他最高权力,他还是梦想像一个普通德意志公民那样在某个地方过平淡的生活。

叶卡捷琳娜曾经担心亚历山大会因为女人们的追求而变成一个浪子,所以她坚持让亚历山大在远离"神秘爱情"的环境下成长。他的随从被要求发誓避免谈论和性有关的东西。有一次在户外散步时,年轻的亚历山大遇到一对小狗情侣,而陪伴他的教师解释说它们是在打架。不过他还是在很小的时候就与一位德意志公主结婚,很快和这位娃娃新娘坠入了爱河,但他发现要经营一段完美的婚姻十分困难。后来的爱情生活被罪恶感包围,他也将所有子嗣的早逝看作是上帝的惩罚。[10]

叶卡捷琳娜 1796 年 11 月去世后,她的儿子保罗继位,并且很快成为俄国历史上最不受欢迎的沙皇之一。保罗几乎禁止了所有用法文书写的教规,在每个港口建立了审查所,以检查用于造反的进口物品。他禁止外国音乐以及诸如"公民""俱乐部""社会"和"革命"等词汇的使用。俄国人还被禁止出国学习。他颁布并多次修改帝国法令,以管理行为举止、进餐时间、发型、蓄须和衣着。人们在出门之前可能会突然得知他们的衣着款式被禁止了,不得不慌忙地剪掉衣尾和衣襟,添上或者去掉口袋,把帽子整理成指定的形状。

亚历山大逐渐意识到他必须承担起命运交给他的责任,"我相信如果轮到我进行统治,我不会出国,我会致力于使我的国家更为自

/ 1 驱魔 /

由，由此使它在将来不再成为疯子的玩物"，他给拉·阿尔普写道。他开始将自己人生的任务确立为将俄国由专制统治转变成君主立宪，并且要解放农奴。1801年，保罗遇刺，亚历山大继位，他被动地成了保罗遇刺案的同谋者。亚历山大释放政治犯，废除他父亲颁布的众多压迫性法案，解除旅行限制，开启教育改革，建立了多所大学，设置了立法委员会。他还委托朋友亚历山大·沃龙佐夫（Aleksandr Vorontsov）以法国《人权宣言》为模板，为俄国人民草拟一部宪章。[11]

1804年，在与英国协商联盟事宜的时候，亚历山大提出将欧洲建成一个和谐联邦的计划，从而使战争不再发生。1807年，在提尔西特（Tilsit）和拿破仑签署协议的时候，亚历山大相信自己正在建立大陆强权之间的伟大联盟，这个联盟可以维护和平、促进发展。他逐渐改变了自己的想法，开始把法兰西皇帝视作恶魔。1812年，当拿破仑入侵俄国的时候，亚历山大通过阅读圣经和虔诚祈祷度过了军事失利和莫斯科被焚烧的困境。当法军被驱逐出境时，他以对主的感谢来进行庆祝。如果与拿破仑媾和，俄国可以赢得极为有利的支配地位（正如许多大臣所希望的那样）。不过亚历山大没有这么做，而是发起了战争。1813年1月，当亚历山大出征去将欧洲从法国这个"食人魔"解救出来的时候，他宣布"与以往相比，我更驯服于上帝的意志，并会无条件地遵从上帝的法令"。他坚信自己仅仅是全能神手中的一个工具而已。当实现了使拿破仑退位的目标，亚历山大就展现出基督的慈善宽容精神（以损失1815年共同参战的同盟国的利益为代价），赋予了拿破仑优厚的待遇，为他保留了在地中海厄尔巴岛的主权者地位。[12]

1814年4月10日，儒略历和格里高利历中复活节是在同一天。尽管亚历山大仍然坚持东正教传统，他还是把东正教与天主教、新教的仪式结合在了一起。在击败拿破仑后胜利联盟到访伦敦时，亚历山大参加了一个圣经协会会议，并与贵格会教徒进行了密切交谈。在返回俄国途中，他在巴登结识了虔信派教徒约翰·海因里希·荣格·施蒂林（Johann Heinrich Jung Stilling），并与他进行了长时间的对话，讨论如何在尘世实现上帝王国。

接下来的几个月里，亚历山大在他所坚信的上帝指引的道路上前行着。对于维也纳会议上所遇到的现实困难，亚历山大十分沮丧，并认为拿破仑从厄尔巴岛逃跑是上帝对包括他在内的与会者罪行的惩罚。在去会见威灵顿，到达滑铁卢之前，亚历山大在海尔布隆（Heilbronn）与克吕德纳女爵见了面，后者使他相信自己是上帝选派下来执行主的意旨的人。亚历山大那时沉醉于德意志哲学家艾柯卡特少森（Eckartshausen）写的书，这本书提出有些人是光的使者，他们能够拨开迷雾，看到芸芸众生看不到的神圣真理。这个理念以及女爵的话更坚定了亚历山大关于自己被全能神选中的想法。当听到拿破仑在滑铁卢被击败的时候，他们一起跪下来，以示感激。女爵随后跟随亚历山大去了巴黎，搬进了爱丽舍宫旁边的一幢房子，而亚历山大就住在爱丽舍宫里。他们每天都见面、祈祷、举行奇怪的仪式，韦尔蒂平原上的精神聚会便是高潮。[13]

威灵顿、卡斯尔雷和其他很多人认为沙皇有点疯了。梅特涅很久以前就认为亚历山大是受制于危险狂热的孩子。作为一个愤世嫉俗的实用主义者，奥地利外交大臣没有时间理会这样的胡搞，而是自信拿破仑被驱逐出去之后，一切都会恢复常态。但是1815年在欧洲大陆君主们和首席大臣们之中，亚历山大恐怕是唯一一个知道某种渴求和焦虑正在蛊惑着欧洲人大脑的人，很多人所需要的远不止和平、秩序和填饱肚子。

亚历山大的神圣同盟是致力于使世界恢复秩序的真正尝试，他相信只有建立基于基督教道德的体系，才能有希望治愈

/ 1 驱魔 /

在过去1/4世纪中各种事件给世界造成的伤口，才能给极度分裂的世界带来和谐。尽管亚历山大的方法可能幼稚，方案也不成熟，但在塑造维也纳和约的君主和大臣中，独有他意识到，尽管和平协议是公平的，但仅凭此无法弥合1789年以来造成的巨大裂痕。

/ 2 恐惧

巴士底狱在1789年7月14日陷落的消息传遍欧洲，跨越大西洋来到美国和欧洲国家的美洲殖民地，同时形成了振奋人心的影响。尽管这件事情本身不过是骚乱、兵变和暴民统治的惊人爆发，但它还是被广泛解读为象征了一些其他东西并且被赋予了极为重要的意义。英国政治家查尔斯·詹姆士·福克斯（Charles James Fox）称它是"有史以来最伟大的事件"。大部分受过教育的人没有静观事态发展以形成统一的主张，而是立马就形成了截然不同的两个阵营。他们似乎等到了期盼已久的信号。[1]

对于那些认同18世纪欧洲启蒙思想的人来讲，那令人压抑的老旧堡垒（它的存在显得十分多余）恰恰在精神上象征了邪恶的、充满压迫性的为现代思想所不容的旧秩序。它代表了世界上所有错误的东西。它的陷落因此预示新世纪的到来，而这个新世纪在正义性和道德上将全面超越旧时代。而他们的这种回应却缺乏逻辑性，不合常理。

"虽然巴士底狱事件肯定不会对圣彼得堡居民产生任何形式的威胁，"法国驻俄国宫廷的大使指出，"但我发现商店主、贸易商、市民以及上流社会的一些年轻人对巴士底狱陷落所表现出的热情溢于言表。"他继而描述人们如何在大街上拥抱，好像他们"刚从不堪其重的枷锁里解脱出来一样"。甚至年轻的亚历山大大公都满怀激情地庆祝这个消息。[2]

辩护律师兼法律改革者塞缪尔·罗米利（Samuel Romilly）爵士从伦敦给他在日内瓦的朋友艾蒂安·杜蒙（Étienne Dumont）写道："相信不用我说你就知道，听到大革命的消息我是多么开心。不为别的，我为它将对整个欧洲产生的一些重要影响感到高兴……大革命已经在欧洲激起最为广泛、最为诚挚的喜悦……虽然报社并不是由最具自由主义倾向或最具哲思精神的人经营，但所有报纸都毫无例外地、不遗余力地夸奖巴黎人，为这件对人类意义重大的事感到振奋。[3]

在德意志也有类似的观点，例如诗人克洛普施托克（Klopstock）和荷尔德林（Hölderlin）都称颂大革命是18世纪最伟大的行动；还有很多德意志人蜂拥前往巴黎，去呼吸自由的空气。"如果大革命失败的话，这将是人类遭遇的最不幸事件之一，"普鲁士公务人员弗里德里希·冯·根茨（Friedrich von Gentz）在1790年12月5日致朋友的信中写道，"革命的成功是哲学实践的第一次胜利，是建立以理论为基础并具有连贯一致体系的政府的首次尝试。它给被旧恶魔压迫而呻吟的人们带来了宽慰与希望。"[4]

法国首都突然释放出的巨大能量尤其对年轻人不仅具有吸引力，而且唤起了他们的集体想象。对青年诗人罗伯特·骚塞（Robert Southey）来说，"似乎打开了一个梦幻的世界"；而玛丽·沃斯通克拉夫特（Mary Wollstonecraft）则认为，"欧洲的激情和偏见瞬间都浮出了水面"。人们以宗教般的狂热庆祝巴黎传来的消息，威廉·华兹华斯（William Wordsworth）代表他这一代的很多人写道："活在那样的黎明之下，是何等的幸福。"下一次的革命将很难产生如此的狂热激情。[5]

这种兴奋发自于一种基本的精神属性——就像20世纪下半叶，很多人虽然对社会主义并没有清楚的认识，但他们毫不怀疑地拥抱社会主义，相信它能兑现实现美好世界的诺言。很多赞颂法国大革命的人相信这是人类实现自我的"正确"道路。他们不仅试图为大革命里的极端暴行辩护，还给那些与他们信仰不一致的人贴上"人民公敌"的标签。

对持不同信仰的人来说，巴黎的动荡不仅是一场可怕的打击，也是对他们世界观的攻击，而这一攻击蓄谋已久。君主们果然感到十分愤怒。英国驻维也纳的代办报告说，奥地利皇帝听到大革命消息的时候"勃然大怒"，他表示要"展开最残酷的报复"。瑞典国王在阅读了巴黎事态的报告后无法入眠，俄国女皇则暴跳如雷。[6]

很难评估那些无产阶级的反应。"如果法国人的癫狂不被有效制止，它将或多或少地对欧洲的核心产生致命影响，"哲学家梅尔基奥尔·格里姆（Melchior Grimm）男爵警告道，"因为瘴气肯定要蹂躏并摧毁所靠近的一切东西。"在英格兰，埃德蒙·伯克（Edmund Burke）疾呼法国大革命是"匍匐爬行在阴险邪恶土地上的幽灵吐出的致命毒液"。甚至远在北美，法国传来的消息还是将人们撕裂成了两派，用马萨诸塞的埃德蒙·昆西（Edmund Quincy）的话来说，一部分人将它看作"东方出现的另一颗新星——预示和平与幸福将降临地球"，另一部分则认为它是"扫把星——彗尾带来瘟疫与战争——将对新世界和旧世界都造成或好或坏的影响"。"革命引发了恐惧，抑或带来了喜悦，这取决于那些目睹革命发展历程的人在寻求革命存续或毁灭的态度上，是信心十足还是栗栗危惧。"昆西总结道。[7]

撕开的鸿沟具有的一个显著特征，即讨论（如果可以称作讨论的话）虽是在有名望的知识分子之间展开，却充满了非理性的内容。大革命的拥护者用诗意的和准宗教的语言赞美大革命的邪恶和优点，而反对者则用审判异端的措辞加以回击。

埃德蒙·伯克在1790年出版的《论法国革命》一书中告诫，在巴黎犯下的所有罪行触犯了基本法则，也削弱了维系欧洲社会秩序的两大支柱——宗教与财产权。历史将证实伯克的预言，革命者所走的道路将引导他们犯下数不清的恐怖罪行，并最终导致残酷的独裁统治。但在他的预言实现之前，伯克的论调便发生变化，他对大革命的抨击逐渐成了歇斯底里的咆哮。

另一个为旧秩序辩护的名人是萨伏伊（Savoyard）贵族、律师、外交官和哲学家约瑟夫·德·迈斯特，他从属灵的角度对革命事件进行了评价。作为虔诚的天主教徒，梅耶斯特在年轻时狂热地支持过美国独立战争；甚至在巴士底狱陷落之初，也表现出欢迎的态度；直到后来才意识到大革命背后潜伏着恶魔。他现在毫无保留地批判启蒙运动的所有准则，主张是上帝主宰自然秩序，否定上帝的主宰地位就是倒行逆施。他认为天主教信仰是"世界上所有善与真知的母亲"。他认为18世纪将会被后人看作"人类思想史上最不光彩的时期之一"。按梅耶斯特的说法，法国大革命是"令人费解的癫狂"，是"一场暴行"，是"对理性不加节制的滥用"，是对正义和道德概念的侮辱。他总结道，"法国大革命穷凶极恶的特点使它与我们所见过的其他东西都不同，或许和我们以后看到的东西也都不一样"。[8]

和伯克的书一样，梅耶斯特的作品广为畅销，还被译成了主要的欧洲语言。他的观点表达出了许多对启蒙运动进步性持怀疑态度的人的心声，引起强烈共鸣。见证18世纪90年代大事件连番上演，他们更加确信以前对伏尔泰、卢梭和其他18世纪哲学家作品的批判是正确的。他们可以在事后描述启蒙思想家作品的传播是如何造成足以粉碎世界的灾难。

一些人将大革命视作由不敬神的或思想有偏差的知识分子带来的不幸事件；其他人则认为大革命是一场阴谋，它不仅要对抗现存政治秩序，还要颠覆欧洲社会和文明的基石。伏尔泰穷尽一生发起针对天主教会的战争，指责其"恶名昭彰"。他对大革命反基督教的动机有极大的影响力。而这种影响力不单单来自他的作品还有启蒙运动所带来的世俗化转变：路易斯·德·博纳尔德（Louis de Bonald）认为15世纪宗教改革开始以来所发生的所有事情即是逐渐滑向万丈深渊的过程；其他人则把腐烂过程的起点前溯至扬·胡斯（Jan Hus）、约翰·威克利夫（John Wycliffe）和罗拉德派（The

Lollards）。[9]

一些人指出，巴士底风暴发生的 7 月 14 日恰好是 1099 年第一次十字军东征攻下耶路撒冷的日子，这暗示大革命是异教徒展开的报复行动。更天马行空的说法是"圣殿骑士的诅咒"导致法国王室垮台，而圣殿骑士团早在五个世纪前就被摧毁。圣殿骑士团虽然不复存在，但有一种理论认为，最后一位骑士团总团长于 1314 年在巴士底狱等待行刑期间建立了四处共济会会所，以待报复导致骑士团解体和将他处死的法国王室。

共济会起源于 18 世纪早期的苏格兰，随后传遍欧洲所有国家，以极快的速度实现了扩张。随着知识精英阶层被吸引进来，其全体成员中压倒性的是世俗论者和自由思想者，他们组成一个松散的兄弟会，致力于通过传播理性、教育和人道价值来促进人类福祉。共济会成员聚在会所听课和讨论，讨论的内容从社会问题到当下的流行艺术，涉猎甚广。有些人聚在一起是为建立人际网络，其他人则冲感官上的快感而来，比如酗酒和性爱。为了标榜起源于中世纪，甚或与圣经建立联系，会有十分愚蠢的仪式掺杂其中。他们的集会场所包括寺庙、地窖和人造洞穴，神秘气息萦绕其间。入会仪式上，被蒙住双眼的新成员得在哥特式的道具之间庄严宣誓，这些道具包括斗篷、匕首、斧头、火盆以及一杯象征血液的红酒——有时也会倒入真的血液。

因为共济会会所并非由组织派下来的代表或代理设立，而是由个人组成的团体建立，所以它们演化出的形态各不相同。在法国，共济会普遍具有社交属性，通常不务正业。波兰和俄国这类国家的共济会在很大程度上模仿了法国。但德意志的共济会被严肃对待，它反映并部分展现试图回归到一个"更纯粹"的基督教形式的宗教潮流，也虔诚地渴望某种灵性。

1776 年，巴伐利亚因戈尔施塔特大学的教会法教授亚当·韦肖普特（Adam Weishaupt）创立了一个学生社团——"完美社"（The Oder of Perfectibles）。它并没有什么特殊之处，因为类似的团体在德意志的大学激增。1778年，韦肖普特把社团改名为"光明会"（the Order of Illuminati），引入等级制度，还创造了复杂的符号和密码系统。人和地点也有了代称：巴伐利亚用"希腊"来指代，慕尼黑用"雅典"，韦肖普特则称自己是"斯巴达克斯"。

1780年，又名为"菲洛"的新成员阿道夫·冯·弗朗茨·克尼格（Adolf Franz Von Knigge）男爵着手对"光明会"进行改革，他将自己关于"一切政治国家因为都不是自然产物，所以必须被消灭"的信条强加到社团之上。克尼格认为国家应该被相互尊重和互爱的氛围取代，这样才能实现普遍的幸福。这一为治愈世界痼疾而构想出的灵丹妙药吸引了大量的支持者，并且渗透进德意志的共济会网络，之后又蔓延到奥地利、波希米亚、匈牙利、北意大利和法国。受到影响的名人包括歌德、席勒、莫扎特、赫尔德以及许多其他名流。

1785年，巴伐利亚选帝侯镇压光明会，也赋予光明会与其不符的坏名声。和光明会的隐秘目标有关的恐怖传说开始流传。一本叫《论光明会》的佚名书籍于大革命当夜在巴黎出版，它将光明会的起源回溯至共济会。书中夸夸其谈地介绍了入会仪式及其过程中的严酷考验，描述了新成员如何用自己的血液在身体上标记神秘符号等内容。这本书还揭露光明会在巴黎郊外有一座带地牢的城堡，那些背叛誓言的人会被扔进地牢，最后消失于世间。此书的作者断言光明会"准备要接管人类的心灵——他们要统治的不是王国，不是省份，而是人类的精神世界"，并且最终实现彻底摧毁所有王权、政府以及社会本身的目标。它在每个国家都建立了网络，各个网络都控制着一系列从属的圈子。作者详尽地列举关系网络，使人以为整个欧洲都被它占领了。[10]

这顺应神秘事物的风行潮流，符合当时对远古酒神崇拜、埃及祭礼（其最有名的作品为莫扎特的《魔笛》）、厄琉西斯（Eleusinian）和炼金术"密仪"以及各式各样秘密社团的迷恋。这在德意志创造了一种叫"盟会小说"的文体，席勒、让·保罗·里克特（Jean-Paul Richter）和歌德都用这种文体创作过。最成功的作品是卡尔·格罗斯（Carl Grosse）的小说《天才（1791～1795）》。主人公——一个贵族青年——展开了流浪式的冒险，他不仅体验了令人称奇的性活动，还加入了一个社团，被命令去行刺西班牙国王。这类书籍有助于让人们相信这些秘密的社团虽然在暗处运作，但都是无所不在、无所不能的；所谓的更贴近事实的出版物也在秘密社团和政治之间建立了联系，使很多人相信法国大革命主要是由共济会推动实现的。一些书籍声称，作为大革命的意识形态策源地，雅各宾俱乐部［以他们聚会的前多明各会（Dominican）修道院命名］实际是共济会的分支。"发起成立雅各宾俱乐部的政治委员会可以追溯到德意志光明会。光明会没有被消灭，他们在地下发展，成了一个比之前更危险的组织。"利奥波德·阿洛伊斯·霍夫曼（Leopold Alois Hoffman）写道。他指出，光明会的一位领袖约翰·克里斯托弗·博德（John Christoph Bode）在大革命爆发前两年游历过巴黎，并且与法国的共济会成员有过接触；著名的革命分子米拉博（Mirabeau）爵士也在巴士底狱陷落前不久造访过柏林。[11]

1792年3月16日，瑞典国王古斯塔夫三世在一场面具舞会上被刺杀。欧洲很多人都清楚背后的凶手来自何处。同年晚些时候，前共济会成员布伦瑞克公爵率领皇家军队入侵法国以镇压大革命，结果在决定性的瓦尔米战役中败于法国革命军。很明显公爵是接到了秘密指令，让革命者大获全胜。一系列耸人听闻的"启示性"文学描述了黑暗艺术、秘闻、咒语和毒物，以及它们是如何致国王们失去性命。写作者通过暗示自己的生命受到威胁,以免于读者对其文本含糊不明的指控,这强化了"教派"无所不在和无所不能的神秘性。很多这类书籍和宣传册只是让相信的人更加相信,而前耶稣会神父奥古斯丁·巴努埃尔(Augustin Barruel)所做的权威性和开创性工作则让更多的读者开始相信。[12]

巴努埃尔从1781年起就开始在出版界与启蒙运动展开斗争。大革命后的第一年,他继续进行批判,并将大革命视作上帝对法国容忍甚至信奉那些错误哲学的惩罚。1792年,他逃到英格兰,在那里出版了两卷本的《雅各宾主义历史回忆录》。这本书在一年内再版六次,被译成欧洲的各种主要语言,在几十年里畅销不绝。巴努埃尔的作品透露着权威的语气,不容一点质疑的声音,他的论断虽然言辞夸张,但令人心服口服。

在开篇句中,巴努埃尔宣称法国大革命是巨大阴谋的产物,这个阴谋由后来的雅各宾派发起,他们的目标是推翻所有王权和神权,以制造无政府状态。据巴努埃尔所说,有30万名活跃的领导人操控200多万名成员。"在这场法国大革命中,包括最骇人听闻的罪行在内,所有事情都早有预谋,都有人谋划、算计、决定并命令发起行动,"他称,"既然所有事情都是由秘密社团里有谋略,懂得伺机而动的人所策划,那么每件事都是精心准备的背叛行径。"[13]

巴努埃尔相信这一切都始于18世纪20年代后期。当时伏尔泰获得普鲁士的腓特烈二世的支持,和狄德罗(Diderot)、达朗贝尔(D'Alembert)一起编撰了《大百科全书》。这本书借助科学知识和理性进行伪装,挖了宗教、社会等级秩序和大部分人类制度的墙脚。接着,在公共舆论和政客的操纵下,耶稣会解体。根据巴努埃尔的说法,为人类福利着想的温和的共济会成员是一群"有用的傻子",他们用准宗教的愚蠢行为创造了一个超越所有教派的虚假阶层,破坏现存的制度从而动摇了社会之稳定。光明会则有更为明确的目标,韦肖普特的哲学也更加危险。巴努埃尔如此定义它:"平等和自由是人的根本权利,这种权利起源于自然;财产权是平等权利的首要威胁;政治社会和政府是对自由的首要冲击;财产权和政府的唯一共同基础是宗教法和民法;由此,为了重建人类根本的平等与自由权利,必须先摧垮宗教和市民社会,最终消灭财产权。"[14]

巴努埃尔认为光明会组织十分严密,警惕性很高。为了实现目标,他们搜集有影响力人物的情报,无偏差地记录他们的嗜好和忌讳,以及饮食倾向、性爱习惯等,然后用最恰当的方式与他们打交道,控制他们甚至勒索他们。光明会也会邀请女性加入组织,并把她们分成两类。一类是出身高贵的女士,她们可以劝服别人皈依,也可以筹措资金;而另一类是放荡的女人和妓女,她们负责解决成员的生理需求。

巴努埃尔的书不是历史书,而是呼吁发起行动的号角。他警告说,"法国大革命不过是秘密派别的一场试验,它的阴谋指向了整个宇宙"。它正准备推翻其他国家,在向外输送代理人,意欲利用法国即将入侵国家的共济会网络。巴努埃尔称,伦敦有五百名相关人员在等待行动信号。"还有时间去摧毁这个誓要毁灭你的上帝、你的祖国、你的家庭以及整个共同体大厦的秘密派别",他告诫读者,时间正在流逝,他们必须正视威胁。他恐吓道:"危险是无疑的,它仍在发展,它如此恐怖,威胁到了每一个人。"[15]

圣公会牧师、杰出的天文学家、皇家学会院士弗朗西斯·沃拉斯顿(Francis Wolaston)发自心底地赞同巴努埃尔的警告。"初始共济会的自由和平等,伏尔泰的极端敌意以及他自封的反基督耶稣和基督教的哲学家的称号,卢梭的民主原则以及他关于所有政府起源的有远见构想,"雅各宾党人曾经补充说,"愤怒的韦肖普特以及他的伪装为更开明的追随者反对所有君主,或者说反对所有以任何名义统治别人的人。"[16]

如果受过教育的人都没有明白如此暴烈事件的背后究竟发生了什么，那么文盲和生活在农村的人接受更为极端的立场就显得并不奇怪。一些人像认同新宗教一样，拥护关于自由和人民主权的陈词滥调；其他人则视这些原则为邪恶的撒旦，并且对他们所珍视的每一件事物都构成了威胁。流言和想象制造了恐惧，最近一位历史学家形容其"相当于火星人在18世纪的入侵"。"雅各宾"这个词汇和"共济会""光明会"一起成为保守主义关于恐怖的代名词，并且成为越来越多的"派别"的代表。盲目的恐惧使得未经证实的假设成为真实存在，在恐惧心理盛行氛围下，所有偶然事件都能成为证据。在这一时刻，无端的恐惧使病态社会成为常态。保守派根深蒂固地认为庞大的阴谋即将来临。"一个隐蔽团体正全力推翻社会秩序"这样一个概念从没有离开过人们的想象。[17]

向社会发出危险的警告后，巴努埃尔就如何应对提出了建议。既然雅各宾党对心灵发动了"一场致幻的、错误的、黑暗的秘密战争"，那人们就应该以"智慧、真实和光明"加以回应。既然他们对真理发动"不恭而腐化"的攻击，那虔诚的人就应该以道义和美德加以反击，并全力使敌人皈依。"为了打击国家的君主和政府，雅各宾党发动敌视法律和社会的战争，他们要毁灭并践踏我们，我希望你们用社会、人道和保守主义武装自己，去战胜他们。"巴努埃尔写道。[18]

君主和政府没有听从他的意见。面对法国大革命，他们几乎完全被恐惧所支配，而恐惧滋生了非理性与侵略性。人们感觉除了可以辨识的威胁，还有其他的危险未被发现。揭露这些未知的危险并加以剖析成为当务之急。这和根源于恐惧的报复冲动，共同主宰了他们接下来大半个世纪里的政策，并对欧洲社会组织方式的转型起到了决定性作用。

3 传染病

欧洲国家对法国大革命的挑战丝毫没有准备,更不用说对巴努埃尔和其他阴谋论理论家的影响。统治者和部长大臣尽可能少地干预大部分国民的生活——城市自治,郊外由当地贵族、教会机构、宗教规矩和习俗来维持秩序。基本上不存在中央控制机关。法国国王曾于1544年设立维持秩序的国家宪兵,由一群骑兵维护道路安全,并监视道路使用者。巴黎于1667年引入警察,以抑制后来肆虐整个国家的祸患。圣彼得堡、柏林、维也纳分别于1718年、1742年和1751年设立治安专员。但"治安"这个词有误导性。

在具有里程碑意义的四卷本《论治安》(1705年至1738年出版)中,尼古拉斯·德·拉·马雷(Nicolas de La Mare)解释"治安"的意思是维持公共空间秩序,以保障所有者的利益。这个词的含义包括对街道宽度、长度和布局的规定;路标设置、照明、整修、清扫和热天洒水的方式;如何建筑房屋、如何住人,才能确保不对任何人构成威胁,例如人们不应该把花盆放在窗台上,以防花盆跌落,伤及无辜。它还意味着精准的指导,涉及如何制作、运输、加工和销售食物;如何屠宰牲畜并加以包装;如何捕鱼,包括捕鱼的地点和所用的工具以及如何腌制和保存鱼肉;如何建设花园,可以种植哪些植物;如何采购和储藏柴火与木炭;如何防范洪涝灾害;如何在城市发展工业;如何经营酒肆和餐馆;如何确定妓院的卫生标准,如何检查妓女的卫生状况——换句话说,所有涉及市民吃饭、保持身体健康和保障安全的事务都属于治安范畴。[1]

在18世纪的进程中,巴黎警方扩展了他们的职责范围,包括建设和监管市场,管理一个证券交易所,管理一处消防站,运营一座兽医学校和一家医院。他们管制每一桩贸易,要求从业者佩戴可以识别的标志。他们在全国范围内建立了不会欺骗穷人的典当铺。他们介入家庭纠纷，隔离麻烦制造者和野蛮的丈夫。为了抑制性病的传播，他们对妓女加以分类——依据包括年龄、雇主、雇用方式、交易方式、健康状况、特长以及顾客身份——还花大力气抓捕没有执照的卖淫者。[2]

政府很少将"治安"的概念扩展到政治领域。伊丽莎白一世统治期间，弗朗西斯·沃尔辛厄姆（Francis Walsingham）爵士使用"情报人员"探测针对女王的阴谋。红衣主教黎塞留（Richelieu）及后来的马萨林（Mazarin）运作类似的网络，对付投石党里持异见的贵族分子。俄国君主制定法律，让臣民之间可以互相告发。哈布斯堡皇室于1713年设立常规秘密警察机构。但这些机构把注意力放在侦查贵族团体针对统治者的阴谋，并非要监控臣民的思想。教会倒更关注人们脑子里的东西，但随着国家逐渐取代教会成为道德和良知的捍卫者，警察开始承担起司铎的角色。一直到18世纪下半叶，当为数较多的知识分子加入关于世界是如何构成以及如何组织的辩论，其中为多数人所持有的想法不再是无足轻重的时候，当权者开始探测人们到底在想些什么。

为控制有害思想的传播，巴黎警方收缴了未经授权的文学作品。诋毁正统宗教观、法律、王室、历史、哲学、科学和道德的书籍可能会被禁止，被没收，然后被烧毁。这些书的作者和出版商可能会被扔进监狱，但是只有很少一部分受到了处罚，大部分则一般到国外躲几个月，而执行这类法律成为警察们最讨厌的工作。[3]

巴黎警方为自己对首都发生的所有事情了如指掌感到骄傲。他们例行检查旅馆、酒肆、餐厅和妓院，知道这些场所里的人说了什么、做了什么。同时一个代号以前是"苍蝇"，后来改成"线人"的卧底网络则提供着额外的情报。一个18世纪的警察中将据称曾吹嘘，三个在一起交流的人里面必有一个是他的人。这些都揭示他们热衷于现场抓捕奸淫的牧师和显赫的贵族，并详尽描述这些人和同伙干了什么坏事。路易十五统治时期的警察中将安东尼·德·撒丁（Antoine de Sartine）尤其活跃于这类活动中，"他暗中监视臣民们不可告人的秘密，拿裸露的邪淫内容取悦比他还淫荡的国王"，后来的警务处处长说，他曾经很享受地阅读了撒丁的报告。[4]

这个在 18 世纪末指挥着约 1200 名像士兵一样全副武装的手下的巴黎警察中将，和四个指挥"苍蝇"卧底的督察员一样，都是从国王那里买来的职位，所以他们的首要关注是通过接受贿赂来发财致富，以赎回当初投资的成本。用对此类议题了如指掌的历史学家理查德·科布（Richard Cobe）的话来说，督察员们"在外面过的是一种寂寞的生活，陪伴他们左右的是怀孕的女孩、醉鬼、奄奄一息的马儿、跑腿的小男孩、妓女、离家出走的孩子和无法根治的疾病"。与其说警察是控制国家的工具，不如说它是管理团体的企业行为。而且如果说首都变得越来越有序，但是其他城镇却并非如此，乡村地区能见到的不过是偶尔路过的骑警队。[5]

在欧洲其他主要国家中，唯一一个拥有警察力量的是奥地利，更准确地说是哈布斯堡皇朝。在 18 世纪中叶败于普鲁士后，玛利亚·特雷莎（Maria Theresa）女皇感受到了紧迫感，觉得有必要对她的领土管理进行现代化改造——这就要扩张国家的管制权力。她还认识到必须得知道人们正在想什么，在说什么。她的警察依赖于代号叫"蓝瓶子"的线人网络，并且她直接要求臣民以匿名方式提供有价值的信息，以此来协助警方工作，结果得到了热烈响应。她的继任者约瑟夫二世继承了这种做法，同时组建了有别于其他任何欧洲国家的警察力量。[6]

奥地利的警察体系由佩尔根伯爵（Count von Pergen）和约翰·安东（Johann Anton）打造，他相信除非政府能控制王国臣民的所有生活，否则国家难以有效运作。这就要求对各居民区进行人口登记，房主要对他们的住户和来宾负责。佩尔根希望知道臣民们所做的每一件事，他的线人游荡在商店、咖啡屋、花园、剧场和其他人们可能集会的地方。线人来自社会的所有阶层，包括贵族成员，也有牧师、医生、店主、妓女和各式各样的公务人员。另外，警方鼓励普通公民揭发他们的伙伴，而这成为获取信息的重要渠道。[7]

约瑟夫皇帝认为必须防止他的臣民接触那些他认为是错误的思想和启蒙运动的"狂热"。他管束教育系统，并于1782年关闭了格拉茨大学（University of Graz）。他很厌恶"胡乱写作的人"，自然地就收紧了原本就非常严格的审查制度。审查不仅关注常规的宗教和王权议题，还要促进"正确的思考方式"。约瑟夫很警惕"秘密派别"，并且指控几乎所有的协会，从共济会到阅读俱乐部，坚信它们传播了"错误的东西"。外国人是重点怀疑对象，他们和神职人员一样，受到严密的监控。[8]

在欧洲其他地方，警方的监视范围限制在城镇，由行业协会和地方治安官来负责。在意大利，由城市议会或地方当权者雇用的警察是对付犯罪行为的唯一力量。人们形容这些警察"无耻""放荡""腐败"，他们的行径和其所对付的匪徒没有什么区别。任何需要通过武力来维持秩序的行动都由军队来执行，通常是驻扎在首都的统治者卫队，或多或少还有教区的志愿者或社区的看守。[9]

在英格兰，警察体系自中世纪以来就没发生多大的变化。根据1285年的《威斯敏斯特章程》，各教区和城市自己负责治安事务。来自有产阶层，通常是由神职人员担任的地方官或治安法官从普通公民中任命警官，这些警官以一年任期轮岗服务。地方官有权招募额外的治安人员和签发针对个人的逮捕令。他们也可以依据1714年《暴动法案》下达命令驱散暴民，如果无法快速制止暴行，他们有权召集乡村义勇骑兵、民兵或正规部队。另一个地方权力机构是都铎时期设立的郡治安官，一般由郡里最有地位的地主担任，他代表王权主持郡治安会议。

城镇的司法和秩序管理有着同样古老的基础，但是只有伦敦，这个欧洲人口最多的城市，实现了管理上的现代化。伦敦的现代化管理模式由约翰·菲尔丁（John Fielding）爵士开创，他是小说家亨利同父异母的弟弟，于1748年成为伦敦的治安法官，驻地在弓街（Bow Street）。菲尔丁说服退休的警察继续干下去，建立了一支由约150个有经验并拿薪水的"跑腿人"队伍，另外还有八百多个志愿者协助他们。这支武装力量的缺陷在1780年的戈登暴动（Golden Riots）中暴露出来。暴徒肆意袭击，直到几天之后军队介入，秩序才得以恢复。210个暴乱分子被杀死，245人受伤，其中75人最终不治身亡。最新的研究表明，这场暴动对首都造成的物质损失一直到20世纪40年代，才被伦敦大轰炸造成的损失超越。1785年，虽然政府提出关于建立常规警察力量的动议，但被议会驳回：根深蒂固的情绪认为，这样的机构是对英式自由的冒犯。[10]

大革命在法国如此轻易地爆发表明，当局虽然吹嘘知道巴黎所发生的一切事情，但实际上却处于完全无知的状态。（这证实了那些相信光明会阴谋的想法，认为只有在警方还没意识到一个高效的网状化秘密组织正在进行筹划的前提下，大革命才能获得成功。）那些当权者不安地发现自己是多么的脆弱。巴士底风暴发生的两天后，警察中将递交了辞呈，维持秩序的任务转交到新成立的国民警卫队的武装民兵手里。

巴士底狱陷落后不到十天，国民议会颁布叛国罪法令，指控背叛新国家主权的罪行。这为欧洲的政治文化引入了新内容：既然当时的政府是国家的化身，那政府就自动地拥有了主权者地位，同时享受由主权延伸出来的超自然特征。任何对政府的攻击就是对国家的攻击，批判政府在理论上就构成叛国罪。国家本身不处在任何可识别危险之中对政府是有利的。危险可能潜伏在各个地方，因此找出并摧毁任何在暗处进行密谋的黑暗势力就成为政府的神圣责任。

政府可以制造恐怖氛围,以激起大众的好斗心理。这同时使警察变成政治工具,由他们来抓捕任何反对政府的人。7月28日,国民议会设立研究委员会,接管情报搜集网络和前警察中将的人员。暂时控制住首都混乱的政治局势,委员会随后转型为公共安全委员会。1794年7月罗伯斯庇尔政权垮台后,委员会逐渐地被置于中央控制之下。1796年1月,督政府设立警察部,但这并不意味着回归到传统的警务模式。警政部长的首要职责是挫败针对政权的阴谋。因此,"警察"在法国获得了更多的政治意味,而不是用来防止性病的传播。

法国的邻居们最害怕的传染病是法国树立的榜样作用。新闻在口耳相传中被篡改、被歪曲,以致巴士底狱陷落后的几个月里,下奥地利的佃农们拒绝承担封建义务,西班牙在南美殖民地的奴隶也蠢蠢欲动。法国的邻国竞相建立广泛的隔离区。西班牙政府禁止穿戴"外国服装衣帽",1790年8月发布的一则皇家法令禁止"国内进口或向美洲出口任何印有'自由'或绘有法国乱局的马甲背心"。撒丁国王和德意志各君主都采取了类似的措施。巴伐利亚禁止流通频繁提及法国大革命的书籍,伯克的《法国革命论》因此成为禁书。在更远的地方,俄国的叶卡捷琳娜二世采取措施,阻止其界定为"传染病"的新观念的传播。不过哈布斯堡王室对待威胁的态度最为严肃。[11]

哈布斯保皇朝的政治大厦是有名无实的神圣罗马帝国,它由数百个公爵领地、王国、侯爵领地、郡县、男爵领地、主教管区、修道院、自由市和其他从中世纪就流传下来的政治单位组成。皇朝还统治着哈布斯堡家族财产,即一系列通过征服、联姻、协议和交换得来的领地。从今天的比利时,穿过奥地利、匈牙利,南下到意大利和克罗地亚,都是哈布斯堡家族的领土,上面居住着德意志人、佛兰德人、瓦隆人、波兰人、捷克人、斯洛伐克人、克罗地亚人、意大利人以及马扎尔人。君主在各省的地位不尽相同,这些省有自己的语言和宪法，相互之间几乎没有联系。

这幢大厦符合法国大革命所挑战的事物的所有特征，现实的威胁也让约瑟夫二世中断了他的行政改革计划，政治上有所倒退。1790年2月，约瑟夫二世去世，继任者利奥波德二世将精力集中在维护现有的秩序上。1790年5月2日颁布的第一条律令中，他命令"必须把所有嫌疑分子或危险分子从这个国家清除"，外国人，尤其是法国人被禁止入内。[12]

包括来自法国和意大利的演员及音乐家在内的外国旅居人士都受到严密的监控，有时候还会被驱逐出境。那些被要求打包滚蛋的人包括莫扎特的词作者洛伦佐·达·蓬特（Lorenzo da Pont），他是维也纳意大利剧院的负责人。那些与他们有接触的人，比如年轻的作曲家路德维希·冯·贝多芬（Ludwig van Beethoven）因此被认为有了"法式思维方式"，从而成为会传播瘟疫的政治污秽之人。另一个是大名鼎鼎的催眠大师弗朗茨·安东·梅斯梅尔（Franz Anton Mesmer）医生，虽然他是奥地利的臣民，但还是被驱逐出境。

大量贵族难民从革命的法国逃离，涌向德意志和中欧，形势变得更为复杂。那些在危机初显时就逃出来的人被认定在政治上是可靠的，接下来的几波难民则混进了很多支持革命或一开始就参与了革命的人。不管这些贵族的血统如何，哈布斯堡王室都无法容忍他们带来的危险。拉法耶特侯爵曾经在革命议会中扮演过重要角色，在逃脱雅各宾派粗暴惩罚之前参加过革命军队，他因为被认为携带致命的传染病毒而进了监狱，单独地囚禁在奥洛穆茨城堡（fortress of Olmütz）地下的囚室里。

甚至第一波难民潮里就隐藏着风险。1790年6月，帝国大臣梅特涅伯爵从科布伦茨（Koblenz）发出报告，称法国国王的兄弟们已经在那里聚集了一支由贵族组成的军队，准备收复法国，而队伍里潜伏着革命派的卧底。不久后，奥地利驻都灵公使也发回类似报

/ 3 传染病 /

告,称巴黎的"宣传俱乐部"已经把线人送了出去,目的是向欧洲其他地方传播革命。在斯特拉斯堡,奥地利警察总长佩尔根伯爵收到了法国线人煽动底层民众的消息。"他们以前用欧洲人引诱安哥拉海岸居民的方法麻醉乡下人,"一份情报写道,"他们给挑出来领导村民的人赠送小饰品、绸缎、绶带、颜色各异的羽毛,令人惊讶的是还有羽衣和配有金色肩章的制服。"莱茵河西岸的人似乎要接受法国的统治(还有迹象显示,如果德意志其他地区接二连三地爆发骚乱,在其他地方法国统治也将受到欢迎)。[13]

在奥地利内部,成群的农民向庄园进发,要求或者直接抢走并销毁写有封建义务的合同。执行驱赶任务的士兵出于同情不肯对农民动武。佩尔根因为利奥波德采取的新举措而辞职。后者试图提高臣民的福利,以防止他们被恶势力利用。莫扎特为利奥波德的加冕礼写了歌剧《狄托的仁慈》(*La Clemenza di Tito*),向观众传达理念,即最好信任一个好君主,而不要相信民主式的暴民。

同年9月1日利奥波德颁布的一条法令成为奥地利当局此后五十年里发布的数以千计指令的基础:整个启蒙运动及其产生的法国大革命是一场由恶势力操纵的大规模邪恶运动,他们要引诱人相信摧毁欧洲的社会秩序可以实现大众的自由和幸福。这一阴谋被称为"自由主义的骗局",是倒行逆施的行径,各类动乱为恶势力提供了肥沃的宣传土壤,必须采取一切措施,阻止任何"扰乱和平"的可能。[14]

1792年3月1日,利奥波德意外去世,他24岁的儿子弗朗西斯继位。弗朗西斯在伯父约瑟夫二世皇帝身边长大,成长经历并不愉快,甚至是枯燥乏味。童年的经历让弗朗西斯把自己在奥地利皇朝大业上的地位看得很重。他有很强的责任感,工作十分努力,但大多工作却没什么意义,有一些甚至是大臣们已经完成的。皇帝成为一个很难相处的人,尤其还反应迟钝、谨小慎微、迂腐倔强,更不用说十分顽固。

对于那些不需要和他打交道的人来说，弗朗西斯似乎是一个好的家长式君主，他像一个全身投入的丈夫或父亲，没有什么地方能像他家一样幸福了。但是他生来就不快乐，没有幽默感，别人无法接近他的内心，一个外交官形容他"没有恶习，没有独特的品质，也没有贵族的热忱"，他具有所有中产阶级备受谴责的"美德"。[15]

弗朗西斯打心底里认为启蒙运动是一场骗局，他必须保护无知的臣民不受侵犯。他认为教育本质上是危险的，还对一切慈善活动持怀疑态度。在他的思想中，应该由君权神授的君主，而不是其他人来关照人民。即位几天后，他命令警方持续彻底地监视"疯狂的伪启蒙运动"和其他任何可能威胁到公共秩序的思想。弗朗西斯认为维持公共秩序是这个国家的当务之急。[16]

辞职前，佩尔根向利奥波德提交了一份备忘录，警告他一场大规模的阴谋活动正在发酵之中。他搜集到的情报显示，共济会和其他各国秘密社团的成员与美国独立运动之后发生的所有内乱都有关系，且有证据表明，他们正在发动世界革命。据说法国共济会正把其他国家的兄弟团体合并成第五纵队，策动他们煽动自己国家的人民和军队，为法军入侵做好准备。虽然利奥波德对此没有回应，但是弗朗西斯十分重视。[17]

弗朗西斯的顾问绍尔伯爵（Count Sauer）曾经提醒他，"毫无疑问，这里肯定有一些法国间谍，他们在地下活动，以至于只有通过长期的密切监视，才能发现他们的踪影"。这一逻辑成为奥地利警方在之后半个多世纪里思考事务的典型方式——猜测一旦提出来，它就一定是正确的；猜测的无法证实性只能说明它是真的，它也确实是重要的。[18]

弗朗西斯惊醒过来，于1793年1月3日重新任命佩尔根为警政大臣，新警察部有充裕资金去雇用秘密线人。佩尔根独立地负责国家机器的正常运转，并只对国王负责。4月1日，他任命弗朗茨·约瑟夫·

扫劳（Franz Joseph Saurau）伯爵为自己的助手，负责对所有团体和协会进行调查。感受到了寒意，奥地利共济会暂停举行会议。更让人气馁的是，扫劳伯爵的线人渗透到共济会成员的家里。[19]

佩尔根估计，大多数皇帝的臣民还是善良的，和他们的主人一样，希望国家的秩序能够稳定。不过，他们可能会被外部邪恶势力利用，比如被倒行逆施的启蒙运动或者各种含糊不清的空想理念策反，秩序因此会被扰乱。因此，要不惜一切代价保护臣民不受外部影响。

政府收紧审查制度，拓宽了审查范围，还投入很多精力守护"道德"。这使审查对象不仅有相对容易核实的印刷文字，还包括剧场里说出来的或戏院里唱出来的内容。仅仅因为在一大群人面前说了话，就可能受到特殊对待，审查官、朝臣哈格林也遇到了强大的阻力。被认为会起到反面典型影响的都遭到禁止，这排除了涉及反抗权威（父权、宗教或政治权威）、谋杀、通奸、乱伦和其他所有罪恶的戏剧和歌剧，除非这些恶行得到了应有的惩罚，或者犯人在最后的表演中做出了忏悔。只有在宫廷剧院，演员才能呼喊"噢，上帝！"；在公共剧院，演员只能喊"噢，天啊！"；莫扎特《唐璜》里的台词"自由万岁！"被改编成"快乐万岁！"。为了避免角色处在让人无法接受的道德位置上，剧中人物之间的关系也需要改变。不能用恶棍称呼席勒《强盗》（*The Robbers*）里的反面人物弗朗茨，因为他和皇帝同名。歌德的《浮士德》被视为潜在的异端邪说，因为里面的梅菲斯特比天使还要聪明。席勒的戏剧几乎都涉及让人警惕的主题：《菲爱斯柯》（*Fiesco*）里的政治叛乱，国王在《玛丽·斯图亚特》（*Mary Stuart*）里被处死。莱辛的《智者纳坦》（*Nathan*）根本就没有上演过，因为它讨论不同的宗教。[20]

曾经被约瑟夫二世禁止的宗教教育又回到了学校课程里。1796年3月10日，帝国决议设立了学校警察，其工作是监督中小学生的

"道德与守序行为",监视教师们的道德和政治态度。就像禁止演员即兴发言一样,他们也不准老师表达即兴意见。老师只能使用通过审核的教材,不能接触政治主题,即使正统的内容也不被允许,因为学生可能在无意中被灌输错误观念。1794年12月17日的宫廷法令规定,任何新课程文本必须在正式进入课堂前的四周内,交给当局审核。扫劳指出,国家"支付公立学校教师工资,让他们传授符合教会和国家政府意志的课程,如果教师认为可以根据自己的信条与价值教导年轻学生,这是非常危险的谬见"。[21]

外国人警察(Fremdenpolizei)负责监视外国人。线人伪装成服务员,渗透进大使馆。他们汇报最乏味的琐事,在纸篓和壁炉翻找可能提供有价值情报的"碎布"与纸片,盗取信件和其他文件,然后把搜集到的东西交给著名的黑色内阁(Schwarze Kabinetle)。在黑色内阁内,有专业人士负责拆封、复印并重新密封信件,这样信件就可以在很短的时间内归到原位,没人会发现它们消失了一段时间。外国人警察也会从各行各业的告密者那里得到消息,虽然这些告密者能够获得奖金,但因为相信这有利于帝国福祉,所以他们的动机是自愿的。[22]

治安工作现在面临严重的威胁,并且威胁不单单来自"错误"的启蒙运动和法国制造的"毒物"。1791年8月,一场会议在萨克森皮尔尼茨(Pillnitz)的宏伟巴洛克宫殿里举行,弗朗西斯的父亲利奥波德和普鲁士的腓特烈·威廉二世发表联合宣言,警告法国人不要伤害路易十六和他的家人。他们还达成共识,如果一方遭到法国攻击,双方将采取联合行动。随着形势的恶化,联合行动被提上了议事日程。就在这一年,法国对弗朗西斯发表了防御战争声明。

奥地利国内应对这场战争的士气十分低落,甚至在奥属尼德兰(现在的比利时)陷落时,仍然如此。法国人的胜利没有激起奥地利人的复仇欲望,后者屈服于失败的现实。军官和士兵讨论大革命,

/ 3 传染病 /

认为弗朗西斯采取的预防性措施在抵御"毒物"方面收效甚微。很多例子显示弗朗西斯的军队与法国战俘称兄道弟,而且经过哈布斯堡领地的时候,法国战俘还引起了民众的同情。战俘们把印有"自由、平等、博爱"口号的铜扣子分发出去,被皇帝的子民们满怀敬意地接受了。警方展开疯狂的搜索,没收这些亵渎神圣的物件,好似它们是危险的武器。[23]

于1793年接管并把控奥地利外交政策大方向的约翰·艾玛迪斯·图古特(Johann Amadeus Thugut)男爵很快意识到,这不是传统的战争。1791年的时候,他在巴黎待过一段时间,认识到大革命象征强大的新力量,是前所未有的威胁。用他顾问的话来说,法国已经"发现了比火药对人类更具威胁性的东西"。"如果他们发明了新的战争机器,那我们可以制造一个类似的战争机器",但煽动公民战士为他们自己的事业而战,而非为某些暴躁的统治者送命,他们做了"无法复制的事情"。[24]

法国人倡导的自由、平等和博爱之口号迎合了在专制体制下生存的人,为法国军队开辟了胜利的道路,他们的士兵们看上去激情洋溢。作为军队首领,(法国将军)屈斯蒂纳(Custine)和迪穆里埃(Dumouriez)像奥马尔(Omar)一样充满斗志,他们明白胜利的价值。他们宣传这伊斯兰教的新变种,至今取得了可以与阿拉伯人相媲美的成功。英国驻法兰克福的公使威廉·奥古斯塔斯·迈尔斯(William Augustus Miles)写道:"这些现代哈里发的愤怒如果得不到有效而快速的制止,那么在本世纪结束之前,欧洲的所有君权节杖都会被折断,各个地方都将充斥雅各宾党人胜利的呼声。"这个比喻恰如其分。面对各式各样的阴谋论,保皇党人颤颤发抖,革命武士虽然还没有从秘密派别那里得到指示,但根据他们的《古兰经》传递的信息,还是进入了战斗状态。[25]

4 反恐战争

"不可否认，法国人狂热地沉醉在这个不幸的时代，那些所谓的爱国人士确实形成了一股势力。"当时在德意志的年轻公爵黎塞留指出。但他没有加入其他贵族人士在科布伦兹组织的保皇派军队。"这次革命就像其他所有点燃世界的革命一样，如果任其自生自灭，它会逐渐消亡，然后化为乌有，就像从来没发生过一样。反之，如果迫害它，殉道者就会涌现，革命的持续时间将超出它的自然期限。"图古特以一种并不轻松的语调评论道。依他所见，奥地利现在面对的是"这样一个国家，它不仅完全陷入了癫狂，还试图把其他人拉下水，它借着先知的声音在整个欧洲已经蓄谋已久"。哈布斯保皇朝统治着大量"其他人民"，其中一些人乐于接受从法国传来的理念。[1]

法国传来的理念已经在邻国波兰产生了效果，1791年5月，波兰通过一部宪法，里面收录了很多启蒙运动的思想。这部宪法是在这个国家最重要的贵族统治者的领导下，由国王起草，贵族人士投票通过的，完全没有革命性质。宪法规定天主教为国教，国王请求教皇赐福于宪法，并得到了教皇的响应。作为欧洲君主专制秩序最顽固的捍卫者，埃德蒙·伯克对这部宪法称赞有加。

俄国女皇叶卡捷琳娜二世对此十分不满。她总结说，华沙是"雅各宾主义的火盆"，并且派军队过去，以极快的速度镇压了一小撮波兰武装力量。接着，她开始铲除一切"雅各宾主义"的痕迹：没收那些参与制定宪法的人的地产；剥夺他们的贵族身份；搜查知名人物的住处，检查他们的私人文件，以寻找危险的材料；所有人必须签署一份声明，发誓放弃宪法所表达的理念，并对叶卡捷琳娜二世的干预致敬。波兰制宪的主要人物逃到德累斯顿，他们希望借助萨克森国王的斡旋与俄国达成妥协，但结果无济于事。[2]

叶卡捷琳娜毫不让步，波兰制宪参与者只好逃到法国，在那里开始策划真正的革命。1794年3月，革命爆发，参加过美国独立战争的塔德乌什·柯斯丘什科（Tadeusz Kósciuszko）在克拉科夫的市集广场宣布起义。如果说塔德乌什的目标和18世纪70年代与他并肩作战的美洲殖民者一样不激进，那么以行动来表示支持的华沙暴徒则要激进得多。两天战斗后，起义者把俄国军队逐出华沙，他们建立了一个雅各宾俱乐部，开始把"叛国者"的标签贴到各类贵族身上，并对他们处以私刑。

"波兰所发生的一切和法国大革命十分相似"，奥地利驻华沙公使本尼迪克特·德·卡彻（Benedikt de Caché）报告。他还补充说法国的顾问、军官和资金都卷入了波兰革命。一个代号为"切扎尔"（Cézar）的奥地利间谍从华沙发回报告说，波兰人从法国接收武器、资金和军事顾问，甚至还有炮兵（没有证据能够证实这个报告）。图古特和弗朗西斯忽略了这样一个事实，波兰国王远没有受到革命的困扰或伤害，他把自己与国家的事业捆绑在一起，甚至捐出了自己的珠宝和金银饰品。直到叶卡捷琳娜出兵并碾压波兰军队，收复华沙、镇压了起义，他们才终于松了一口气。[3]

佩尔根已经被一群匈牙利雅各宾党人弄得焦头烂额。这群人在前秘密警察、曾经的方济全修道士伊格纳茨·马蒂诺维奇（Ignác Martinovics）领导下，于1794年初夏策划了推翻哈布斯保皇朝的密谋。无法确定马蒂诺维奇是否为警方服务过，但可以肯定他的同伙约瑟夫·德根（Joseph Degen）以前是一名警察。阴谋最终被扼杀在萌芽状态，75人被捕，7人被处死。不管是否由佩尔根的线人发动，这次事件证明了其政策是正确的，警务系统的威信因此提高。"我们的警察护卫我们的机体健康，"司法大臣克拉里伯爵（Count Clary）向弗朗西斯写道，"而且我并不认为匍匐在陛下脚下提出微小的建议是越权行为，秘密警察是王权和普遍安全的核心支柱，应该赋予其照看公民的精神和道德之福祉的职责。"[4]

佩尔根和他的助手已经在维也纳当地识别出大量"嫌疑犯",但还没有确切证据实施抓捕。1794年6月,扫劳的线人开始散布谣言,称有人秘密策划要在各处建筑纵火,然后趁乱行刺王室成员和某些贵族。密探被派去引出不太忠诚的嫌犯,结果首批嫌疑人被抓获了。佩尔根敦促皇帝绕过司法程序,不移交嫌犯给检方起诉,而在特别法庭进行审判,但这遭到以著名法官卡尔·安东·冯·马蒂尼(Kar Anton von Martini)为首的一些高层人士的强烈反对。之后审判发生分裂。唯一可以证明嫌疑人是"雅各宾党"的证据是其中一人写了糟糕的诗歌,里面有描述人生而平等的句子,而其他人则是发表了各式各样的煽动性言论。[5]

"无礼的批评"作为一种罪行被载入法典,类似行为在日后都会遭到起诉。检察官被命令要发挥想象地行使他们的权力;报社被鼓励"夸大民主体制造成的混乱,宣传君主制政府体系的好处,突出表现一个正统王子和数百个平民出身的暴君之间的巨大差异"。[6]

贝多芬被当作潜在的革命者而受到警方的监视。他写信给波恩的朋友,说维也纳有很多人在讨论革命,但是总结起来,"只要有黑啤和香肠,奥地利人就不会发动叛乱"。然而,为对抗"疯狂的民主热情"和"革命倾向"而展开的斗争并没有减少,而且这一意识形态渗透进了社会的每一个角落。在佩尔根看来,经济发展意味着危险,不仅因为它扰乱了人们渴求的安宁,还因为开展经济活动需要与外国人打交道。他因此对贸易施加限制,立法禁止建设工厂,以遏制城市工人阶级的壮大。有资格带徒弟的熟练工人可以获得在更大的城镇的定居权,因此,他们的数量也受到限制。[7]

直到1794年底,大部分欧洲国家接受了这样一个现实,即法国的大革命是无法通过军事手段将其击垮的,并且罗伯斯庇尔倒台之后,法国不再构成最紧迫的威胁。他们因此准备承认法兰西共和国,并与之讲和。奥地利则不在此列。"巴黎的督政府正积蓄前所未有的能量,以彻底实现摧毁欧洲的计划。"图古特解释说。他强调"他们用来引诱和腐化群众的机密方法"老练而精明,除非粉碎法国革命力量,否则"各国王室将不可避免地陷入灾祸之中"。奥地利将继续作战。扫劳把洛伦茨·利奥波德·哈施卡(Lorenz Leopold Haschka)的话放进国歌里,哈施卡是前耶稣会和光明会成员,现在是警务改革者。这首国歌由约瑟夫·海顿谱曲,现在以其歌词"德意志,德意志高于一切"著称。[8]

英国是另一个没有向法兰西共和国妥协的大国。因为有海峡沟壑作屏障,英国也成为唯一能抵御"接触传染"的欧洲国家,或者无论如何英国都不会像其他国家深受这种传染威胁。像奥地利这样的政府体系不仅排斥了人民群众和中产阶级,也把大多数对体制如何运行有发言权的贵族排除在外。他们认为国王及其选拔的顾问是最了解如何管理国家的人,其他社会成员不该关注私人事务以外的东西。法国的榜样作用使这样的体系深感不安。

英国悠久的代议制政治传统虽不尽完善,但能够使国家免受法国大革命造成的威胁。英国大多数人口几十年来一直在行使他们参与国家治理的权利。通过思考、问询和出版的方式,表达其治理国家的观点。1787年法国贵族会议和1789年三级会议的召集都备受关注,这在很大程度上是因为以有限选举权和由大地主控制的"腐败选区"为诟病的威斯敏斯特代议制正呼吁进行彻底改革。许多人认为1688年将奥兰治的威廉送上英国王位的光荣革命,需要将宪法资讯协会和伦敦革命协会作为其进一步发展的基础。宪法资讯协会成立于1780年,而伦敦革命协会则希望改革宪法,以纪念即将到来的光荣革命一百周年纪念日。因为首相小威廉·皮特(William Peter)为改进政治系统所做的两项尝试都没有成功,巴士底狱陷落后,法国召开的三级会议因此受到英伦三岛上口齿最伶俐的这一伙人的欢迎。政治游客趋之若鹜地来到巴黎，呼吸自由的空气，回去后继续讨论宪政问题。1790年3月，一群辉格党人在下议院提出了一个温和的改革法案。

巴黎正在发生的事情或许让他们有了信心，但英格兰的改革鼓吹者深受国内政治传统的影响，这些影响来自光荣革命、大宪章以及他们盎格鲁-撒克逊祖先享有的"神秘权利"。诺维奇革命协会的部分创始人见证了巴士底狱的陷落，经历过大革命最初的那些日子，他们虽然为结局而欢呼，但也对非英式的革命道路感到不安，用枪柄挑着头颅游行的场景让他们感到异常恶心。过去的一个世纪里，英国各阶层民众都将自己与法国人区别开来，认为法国人是猜疑、藐视和恐惧的混合体。

一些英国人的确有更激进的设想。托马斯·斯彭斯（Thomas Spence）原本是纽卡斯尔一个学校的校长，后来移居到伦敦，他表示支持土地公有制。威廉·戈德温倡议废除财产权和取缔政府，这使他与光明会处在了同一个阵营之中。托马斯·潘恩是一个共和主义者，他于1791年3月出版了《人权论》的第一部分。还有各宪法协会的一些成员则希望看到王权"从根子上被拔除"。以威尔士大臣理查德·普赖斯（Richard Price）为代表的其他人尽管不是共和主义者，但他们讥讽君权神授的概念，认为国王不过是高等级的公务人员而已。这些人的思想隐含着抵制国王滥用权力的权利概念，实际就是有权造反，但正如许多人所指出，这种精神早已蕴含在了1688年的光荣革命之中。大多所谓的改革者只是希望合理化议事程序和扩展投票权范围。[9]

1790年夏天议会选举进展顺利。皮特认为法国所发生的事属于其内政，于是采取了武装中立的政策。1791年5月，也仅仅是奥地利和普鲁士发表《皮尔尼茨联合声明》（declaration of pillnitz）前三个月，皮特告诉下议院，他并没有在各种呼吁改革的宣传册中看到危险,而且"他也不认为有任何人会将法国大革命或其他新体制当作这个国家可以效仿的对象"。[10]

这没能消除伯克的疑虑。他在《法国革命论》中试图说服那些欢迎法国大革命的人,称这一乐观情绪是"幼稚的热情"。与弗朗西斯皇帝的大"骗局"论调一致,伯克称他们已经掉进"虚幻说辞"的陷阱,这些"诡辩家、经济学家和算计之人"的目标是教会、王权和"绅士风度"。伯克挑战那些煽动改革的人,质疑他们是否在以1688年光荣革命之精神行事,还猛烈抨击普赖斯这样的人。伯克坚持认为英国的制度在本质上是完美的,还对"冷静抵制创新"和"我们国民性中的冷酷惰性"称赞有加,并认为这两种特性既保障了英国宪政的活力,又确保了安全性。伯克自己的态度坚定却不冷酷,也不迟缓,这不符合传统的英式特征。正如小说家范妮·伯尼(Fanny Burney)所评论,一旦有人讨论改革议题,伯克的面部"表情就像要保护自己不被谋杀一样"。他还喜欢把渴求改变的欲望与他在法国看到的"行为上的肆意放荡"相提并论,把改革和不道德联系在一起。[11]

不管是卫理公会的、卫斯理派的、天主教的还是犹太教的异见者一般都和改革有联系,因为他们在18世纪80年代一直鼓动废除《宣誓法案》——该法案排除非圣公会的信徒出任公职的可能。伯明翰科学家、一位论派神学家约瑟夫·普里斯特利(Joseph Priestley)博士在一次毫不留情的抨击中使用了不幸的隐喻——将火药放置在谬误和迷信的大厦之下——人们盯着这句话死死不放,指控普里斯特利谋划要炸掉圣公会教堂。伯克斥责普里斯特利和他的同伙是革命分子,他们的真实目的不是废除《宣誓法案》,而是要推翻英国宪政体制。

普里斯特利和大量有名望的市民,他们当中很多人是异见者,曾在伯明翰的城市图书馆讨论科学和神学的话题。1791年7月,巴士底狱陷落两周年之际，这些人举办了庆祝晚宴。他们在国王的肖像下聚餐，为国王和英国宪政举杯敬酒，与此同时他们也为"伟大的人民"而欢呼，向法国议会表达敬意。晚宴散场后，一群人聚集并穿过城镇，破坏了一位论派聚会的场所，摧毁异见分子的家。然后，这群人又来到普里斯特利的家——菲尔山，损毁了欧洲最重要的实验室，科学仪器和标本大多也损失殆尽。早上，这群人强行打开城市拘留所的大门，高呼"教会与国王"的口号，肆意撒野了两天时间。即使没有受到鼓动，他们至少也得到了地方官的默许，算是对异见者和疑似改革论者展开了粗陋的审判。这一模式在其他骚乱中被复制。尽管在有些案例中，保守的地方治安官起到了明显的作用，但暴徒的疯狂行径一定程度上是被巴黎的大革命引发的无名恐惧所煽动，它和大陆上的暴力很像，或多或少威胁着传统生活的稳定。[12]

这些骚乱给皮特和他的内阁敲响了警钟。1792年3月，皮特任命了七名额外付薪的治安官驻守伦敦，同时还增加了警察人数。然而，他仍坚信不管是法国的，还是国内的改革煽动者，都没有构成威胁。1792年2月17日，皮特发表预算演说，预言英国至少还能维持15年的和平。1792年4月，法国和奥地利之间爆发战争，法国入侵奥地利、荷兰，但这些都没能改变皮特的观点。[13]

为鼓励人们讨论社会制度，伦敦的鞋匠托马斯·哈代（Thomas Hardy）于1792年1月建立通信协会（Corresponding Society），其分支机构很快遍及曼彻斯特、谢菲尔德、诺维奇、伯明翰、德比（Derby）、斯托克波特（Stockport）和莱斯特。4月，一群贵族人士建立人民之友联合会。全国上下涌现出各式各样的讨论改革、出版宣传册及向议会发起请愿的组织团体。到1792年中，诺维奇革命协会在周边乡镇设立了几十个分支机构。4月，著名的辉格党人查尔斯·格雷（Charles Grey）在下议院发起议会改革运动，得到了各团体协会的大力支持。

当伯克大声疾呼,要求对抗这个横扫欧洲的"新型恶性病"时,辉格党的内部发生了分裂。伯克"对这些可以传染的可恶教条和粗鄙行为深感忧虑,认为它们给各邻国都带去了最糟糕和腐化的野蛮主义"。他坚信"如果这种怪异、无名、野蛮、狂热的事物在欧洲中心扎下根来,那不管是有限王权、绝对王权,还是旧式共和国,都无法幸免于难"。他将所有要求改变的企图都等同于要求革命,警告说异见分子正"准备重蹈7.14革命",如果他们得逞,基督世界就会"覆灭"。他把与自己想法不同的人归为一类,称其为"恐怖分子",还指控英国记者收受巴黎雅各宾俱乐部的贿赂。伯克用耸人听闻的语言描述恶心的"法国瘟疫",同时用英国古典的情感理念做对比。[14]

很多人开始像伯克一样思考。8月10日,巴黎的暴徒袭击了杜伊勒宫,用非常野蛮的方式屠杀了瑞士卫兵,还把路易十六和他的家人监禁了起来。9月的第一个星期,巴黎关押着大量教士和贵族的监狱遭到袭击,成千上万的男人、女人和孩童惨遭杀戮。之前很多对大革命持欢迎态度的人开始动摇。"我们竟被法国欺骗,以至于会相信他们有驾驭自由的能力",塞缪尔·罗米利(Samuel Romilly)爵士写道,他以前相信大革命是"人类有记载以来最光荣的事件,是人类最美好的时刻"。10月,当得知法国在瓦尔米(Valmy)战胜布伦瑞克公爵率领的入侵部队后,他们的恐惧变成了警惕。[15]

公共舆论走向两极分化。许多人对法国的胜利持欢迎态度,还游行以示庆祝。伦敦通信协会和其他改革派团体向法国国民大会祝贺并表示支持。但是他们逐渐被贴上"雅各宾党人"的标签,而且遭到排斥。土地所有者威胁承租人,如果他们支持激进观点,就将被赶走;雇主解雇了工人;属于改革派团体的商人和店主遭到顾客的抵制;某些地方还进行了逐户调查,检测个体的忠诚度。公房的主人拒绝把他们的地产租给改革派团体用来开会。剑桥大学评议会驱逐了一个教师，因为他曾经出版过赞赏法国大革命的书籍。皇家化学协会主席的职位被搁置，因为唯一的候选人是改革支持者。在伦敦，那些被认为发表煽动性演讲的书商、作者，甚至牧师遭到公开的羞辱，甚至还被投进了监狱。宣传册不遗余力地谴责"法式自由"。1792年11月5日晚上，售卖激进书刊的书商眼睁睁看着他们的书店被纵火焚烧，潘恩的肖像及其《人权论》被烧毁，盖伊·福克斯（Guy Fawkes）的肖像也遭遇同样的待遇。[16]

抵制改革风潮的刊物开始涌现，最有名的是《不列颠批评家》（British Critic），接着是《反雅各宾》（Anti-Jacobin）和《反雅各宾评论》（Anti-Jacobin Review）。《反雅各宾》的创办人乔治·坎宁委托漫画家詹姆斯·基尔雷（James Gillary）创作漫画，来揭示伦敦通信协会和法国革命者之间的关系。其他漫画家也加入进来，他们充分发挥想象力，用事实对改革派进行大胆的嘲讽，对他们的疯狂构想大加批判。代表性的改革派辉格党人有查尔斯·詹姆斯·福克斯，他提出把内阁成员送上断头台，或者对他们处以私刑。

保守主义者紧密团结在一起，连废奴主义者也受到谴责：法国殖民地圣多明各爆发的农奴起义即是凶兆。尽管英格兰目前只有改革派和异见分子的财产受到损失，但保守主义者还是于11月20日成立了一个保卫自由与财产协会，以抵御共和主义者和平等主义者，这两股势力很快就成了英国最大的政治团体。

在普遍的恐慌中，内政部和财政部法务办公室开始雇用线人，将他们渗透进改革派团体，逡巡于公共场所，汇报任何可疑之处，并对公众情绪进行监测。1792年下半年，他们开始呈送关于煽动性言论的，对政府不满、反对国王，甚至人民武装的报告。一个线人声称，一伙携带刀剑的法国人正在各港口登陆，向伦敦进发，"两个月内会发生恶性骚乱，国王将被刺杀，形势将比法国更为严峻"。

法国保皇党流亡者迪布瓦·隆尚（Dubois de longchamp）警告政府，称伦敦居住着大量法国人，其中的一些士兵正在策划起义。一个叫沙尔科的皮卡迪利大街帽商因为被发现拥有3把匕首和一些枪械，而被指控是叛乱团伙的联络人。一个意大利人贿赂营房里的士兵，而一个叫塞万提斯的"危险"人物与一个"最危险的"爱尔兰人有着可疑的联络关系。起义据信将于12月1日爆发。[17]

皮特发现自己"无法认同"伯克著作里的思想，对那些大众叛乱也不以为意。"人们最近太过警惕，"皮特于11月中旬给内政部长亨利·邓达斯（Henry Dandas）写道，"我相信这里大部分民众，当然包括高层和中产阶级，依然能够感知到自己的幸福，并希望保护好它。"但他不能因此而自满。随着法国占领奥属尼德兰，这也是本该察觉的事，革命或不革命对英国利益都构成直接战略威胁，国内形势显得更加严峻。皮特最终于1792年11月下半月制订了动员计划，并于12月1日在几个郡部署了民兵部队。同时他还发布了一份皇家公告，称为应对近在咫尺的革命威胁，有必要采取极端措施。[18]

皮特在下议院遭到了抨击，查尔斯·詹姆斯·福克斯对他的恐惧嗤之以鼻，剧作家、辉格党政治家理查德·布林斯利·谢里登（Richard Brinsley Sheridan）嘲讽说，危险只存在于他那"肮脏的想象"之中。为回应福克斯，伯克拔出一把刀，装腔作势地将其扔在下议院的地板上，这引起了哄堂大笑。"我是为了防止法国'瘟疫'传染到这个国家，阻止他们侵入我们的灵魂，提防他们把匕首刺向我们的心脏。"伯克在众人的狂笑中勇敢地表达了自己的意见。皮特承认收到的大多数证据是"道听途说，而无法确定"的，但他强调，当恐惧在整个国家蔓延的时候，谨慎小心并不过分。[19]

恐惧指数上升是事实，但很大程度上是由政府自己制造出来的。他们每年支出约5000英镑用来补贴报刊，以及帮助创办渲染法国乱局危情的《太阳报》（*Sun*）与《真正的不列颠》（*True Briton*）。

使用线人也加剧了不信任感和恐惧的产生：革命的法国在发起攻击之前，会派间谍颠覆敌国政权，这样的概念越来越被人们视为当然。内政部政务次长埃文·内皮恩（Evan Nepean）组建了一个监控系统，监视有策动暴乱嫌疑的危险外国人。[20]

似乎是担心外国人煽动暴乱，皮特抛出法案以应付这一威胁。但是，1793年1月的《外国人法案》除了制定预防措施，并没有其他的内容。依据法案成立的外国人办公室很快就把更多精力用在监控伦敦通信协会上，而非用来监控住在伦敦的外国人。1794年，怀特查普尔（Whitechapel）治安官威廉·威克姆（William Wickham）被任命为"外国人监控官"。在他的管理下，这个机构将接连采取措施，试图颠覆法国政府。[21]

无论皮特和他的同事是否相信革命的威胁和法国的颠覆，毫无疑问的是，这为他们提供了分裂反对派的绝佳机会。皮特利用不太激进人士害怕被误会怀有革命意图的心理，强迫其支持自己。手不离枪的福克斯派辉格党人不仅被孤立，还显得很不爱国。对政府来说这也是增加权力的天赐良机。

1792年12月，苏格兰人民之友协会在爱丁堡举行了一场大会。与会者的发言十分温和，频繁地表达对国王之忠诚。但"大会"这个词已经被协会的法国模式改变了意思，而且潜伏在大会里的内政部线人报告了大量的具有煽动性而不宜公开的发言内容。一些十分激进的参会代表于1793年1月被逮捕。[22]

1月21日路易十六被处决的消息让皮特十分惊愕，大多数英国民众也感到非常震惊。驻在伦敦的法国外交代表团遭到驱逐。2月1日，英国和荷兰共和国收到了法国的宣战，从前热衷于革命和改革的人现在都成了叛徒。受到市长的鼓舞，在特伦特运河（Trent Canal）挖掘工的支持下，诺丁汉的一伙人闯入那些同情革命者的家中，试图寻找出私藏的武器。不管是天主教徒还是贵格派，异见分子都成了可疑对象。因为人们不知道卫理教徒到底拥护谁,害怕他们是隐蔽的平等主义者,所以卫理教徒遭到特别的怀疑和敌视。尽管约翰·卫斯理(John Wesley)不断声明自己对国王是忠诚的,但还是无济于事。[23]

对爱丁堡激进分子的审判进展缓慢,直到 1793 年 8 月才完成宣判。人民之友协会副主席托马斯·缪尔(Thomas Muir)被判十四年流放,其他人的流放期限相对较短。审判成了一场拙劣的表演,激起大规模的抗议集会。10 月,全英的改革派团体的代表齐聚爱丁堡,参加新的会议。根据报告,一些代表讨论了关于演习和武装的事情,大量武器正在谢菲尔德制造之中。政府最终关闭大会,抓捕了大量参会代表,而这又引起更多的抗议。

因为伦敦通信协会和其他团体的成员资格很容易获得,政府线人轻而易举就能打入其中,首都及主要城市各支持改革的团体都被渗透,有些线人甚至身居高位。通信协会创始人托马斯·哈代认为保密既降低效率,又可能使他们犯错。"我们认为持久性的改革必须建立在公众认可的基础上,只有这样每项提案才能展开成熟的讨论,大家才能找到最优的且具有可行性的方案。"哈代写道。改革主义者通常会关注程序正当性,对政府歪曲规则、使用间谍的行为深感震惊,认为这是极大的冒犯。[24]

哈代的同事约翰·赛沃尔(John Thewall)的言论更为激进,他为查克农场的一次会议起草决议,表示如果保护臣民自由的法律被破坏,统治者和臣民之间的契约也就自动解除。不过他反对暴力。"真理才是自由之友的唯一武器,"赛沃尔宣称,"钢笔是我们的大炮,墨水是我们的炮弹,它们是伦敦通信协会必须一直使用的武器。"成员资格候选人在一些时候必须声明放弃阴谋和暴力,所以当一些团体开始发表更激进言论的时候,很多会员提出退会,并抱怨自己的组织已经"偏离了原初的奋斗目标——实现议会改革"。[25]

尽管有相当数量的激进分子希望爆发革命，但他们很难找到合适的方法。乡村和以制造业为主的城镇到处都是不幸的故事。法国革命鼓舞了新生的工人协会，尤其1792年前后，罢工的频率提高。不过罢工针对的仅是工资和工作环境，也局限于特定的行业。工人遵循繁多的法律行事，还起草正式的请愿书，以表达罢工的诉求。尽管媒体有时会形容罢工受到"雅各宾"思想的影响，但1792年发生的唯一被解读为具有政治冲击的事件却和废除奴隶贸易有关。利物浦船厂的木工威胁称，如果废除奴隶贸易，他们将采取暴力行动，因为废除奴隶贸易会导致对木工需求的下降。政府仅在伦敦就派兵2500多人，还有更多的军事力量，包括民兵部队，被派遣到了全国各地。[26]

地方治安官以及他们自己的线人不断地向内政部发去报告，称人们在准备发动起义。治安官并不可靠，一些人事无巨细地上报材料，其他人则无法将真实的动乱线索通知到内政大臣。内政部的某些线人是可靠负责的，但他们在数量上不及投机的告密者，后者根据情报的重要性和数量拿到酬劳，所以他们往往会给情报添油加醋。他们的情报与流言没有什么区别。其中一个典型的例子，渗入到伦敦通信协会的政府线人爱德华·戈斯林（Edward Gosling）报告，称伦敦通信协会主席约翰·巴克斯特（John Baxter）（也是肖尔迪奇的银匠）曾告诉过他哪里可以获取枪支，还称可以在数小时之内实现革命目标。流血冲突不可避免，他们的革命对象主要包括皮特、邓达斯，让人没想到还有福克斯。另外还有报告指控谢菲尔德的一个叫戴维森（Davison）的熟练打印工，因为他吩咐一个刀匠为他制作"大约一百个"矛头，并且把这些矛头储存在当地宪法协会秘书的家里。一份材料揭露了"兰贝斯忠诚协会"的存在。这是一个由八十多人组成的军事力量，但是经过进一步调查后找到的唯一证据只是一个潜在的新成员，一个叫弗里德里克·波利多尔·诺德（Frederick Polydore Nodder）的"皇家植物画师"。诺德加入兰贝斯忠诚协会，发现三个人正在用"老旧生锈的毛瑟枪和一两把扫帚"演习。[27]

邓达斯和他的同事们总而言之对他们收到的情报感到不满，他们会给报告添油加醋。皮特与他的内阁似乎并不真的相信几百个挥舞长矛的热血激进分子就能够发动一场革命。在巴黎，当时很多人都知道，巴士底狱之所以陷落，是因为法兰西卫队这样的正规军参与了其中。革命并不是所谓的革命团体或不受欢迎的外国人导致的，而是由大量中产阶级和贵族人士在像奥尔良公爵这样的皇室成员的领导下发生的。英国没有类似的领袖人物，而且民众不断地表示他们更感兴趣的是殴打激进人士和异见分子，而非推翻现政府。但是政府的所作所为又好像它相信威胁是真实存在的。

各改革派团体，尤其伦敦通信协会，向法国的革命俱乐部发去自认为很重要的表示祝贺和团结的声明；这些声明被推断为证据，表明英国激进分子如果不是受到控制，就是被法国国民大会所影响。从查获的文件中很容易发现，英国各改革派团体之间及其与法国、爱尔兰对应的组织之间存在密切的沟通往来。尽管没有发现具体的通信证据（因为它们被谨慎的收件人烧毁了），皮特和他的大臣们认为这些团体是要协调相互行动，他们还推测"一个旨在推翻我们美好体制的可恶阴谋"正在酝酿之中。政府的线人警告，暴力活动"很快将成为现实"，1794 年 4 月，威克姆编撰的一份报告使皮特相信他称之为"起义的新时代"正在来临，他有足够的证据去证明它。为确保在议会中得到更大的支持，皮特与辉格党中由波特兰公爵（Duke of Portland）领导的一部分人建立联盟，波特兰当选内政大臣。[28]

1794 年 5 月 12 日早上 6 点 30 分，一群国王的传令兵和弓街捕快闯进伦敦通信协会创始人托马斯·哈代位于皮卡迪利大街的家。哈代和他的夫人连衣服都没来得及穿上，房间就被翻箱倒柜搜了一通。凡是能够找到的文件，他们都带走了，其中有大量的合法出版物。哈代本人则被押解到伦敦塔。协会秘书丹尼尔·亚当斯（Daniel Adams）也被从床上拖走，他的房子同样遭到了搜查。

搜查到的材料和线人的报告一起被内政部和财政部法务办公室送交给保密委员会，这是特别由下议院召集来评估威胁等级的机构。在对材料研究之后，他们得出结论，认为伦敦通信协会和宪法咨询协会正从事颠覆英国体制的活动。[29]

保密委员会很快就找到了能够坐实以上结论的细节性报告。委员会坚称爱丁堡大会是法国国民大会的翻版，既然法国国民大会导致王朝覆亡、没收教会财产，还合法地谋杀国王以及数以千计的其他人，那么苏格兰的模仿者也一定是要实现同样的目标。委员会截取爱丁堡大会上记录的文字，例如"斗争"一词当作暴力企图的证据。"看上去"这个短语无数次地出现在报告中，同时很多证据都包含"某些人"，他们因为偶然听到了讲话或瞟了煽动性文件一眼，就被归属到某个组织，或参加了那些组织的会议，或认识这些组织的人。报告引用邓达斯寄给皮特的一封信作为证据，称"尤其怀疑佩斯利（Paisley）正在充分准备（发起一场革命）；通过其他渠道搜集到的信息表明，三个星期内，上面提到的人将和其他大量起义者一起在深夜聚集，发动武装暴动"。报告没有提供证实指控的证据，分发给委员会的文件里也没有相应证明。[30]

"从表述的内容看，尽管武装企图还没有实施，但他们已经极为秘密地进行了筹划。同时，虽然分布在王国各处，但他们仍然保持了一致性与协调性，"报告称，"主要供给的武器似乎经过了特别地估算以发动突然袭击，选择的武器与最近法国使用的种类一致。计划在短短几周内就有了实质性的进展，这足以显示会发生什么。如果进程不被打乱，他们就会吸纳大量新成员，并获得购买武器的资金。"缴获的文件没有提及确切的武器信息,甚至都没提到武器,但这样的细节不会阻碍委员会进行指控。"对于委员会来说,那些资金援助就是用来购买滑膛枪的。"毋庸置疑,他们并没有发现滑膛枪和金钱的踪影。[31]

委员会以保密为借口来回应对他们未能提供有效证据的指责。"因为众所周知的原因,你们委员会遗漏了附带在报告后面的证据,这些证据应该由特定目击者提供,用以支持上面阐述的事实;基于同样原因,在所有需要提及姓名和地点名称的地方,他们刻意地一字不提。"报告总结道。[32]

面对试图推翻政府、引入法式无政府主义的"叛国阴谋",皮特提议搁置5月17日出台的《人身保护法》(Habeas Corpus Act)。皮特虽然几乎承认政府反应过度,但仍辩解称谨慎行事不会有错,而且为迎合蔓延全国的恐慌舆论,也需要这么做。他们展开了进一步的抓捕行动,约翰·赛沃尔和他的同事,激进的约翰·霍恩·托克(John Horne Tooke)以及其他一些人要么被关进新门监狱,要么与哈代一起被关押在伦敦塔。在庆祝战胜法国海军的光荣6月1日活动中,一伙暴徒袭击哈代的家,虐待了哈代怀有身孕的妻子,致其死于难产。[33]

不到两年时间,皮特政府的立场发生了急剧转变。到1794年夏天,英国与国内的反叛势力及外部的法国都处于交战状态。就国内来说,英国当局试图连根拔除所谓的阴谋势力,铲除他们的领袖人物。面对国外,它希望向法国投放军队,帮助保皇党人推翻法国政府。英国政府用所谓革命威胁的借口推动这两项政策落地,几乎所有证据都被用来提供支持。抵制强制入伍的骚乱被解读为有政治动机;线人报告称伦敦郊区正在进行军事训练,伦敦塔里的囚犯与外面的同谋者相互保持着密切的联系。在搜查爱丁堡一幢破产者的房子的时候,执法官发现了武器,这些武器明显是受激进的"方法和途径"协会的秘密委员会指使而制造的。进一步的调查显示这是起义计划的一部分，可能是受到伦敦通信协会的鼓动。对两名起事头目的审判一开始就展示了18个矛头和4把战斧，以作起诉的证据。其中一个叫罗伯特·瓦特（Robert Watt）的被告人结果是政府在苏格兰的主要线人，尽管仍不清楚他是否变成了激进人士，也不清楚武器是不是替政府捏造的证据，但他还是于10月16日被处以绞刑。[34]

9月，托马斯·厄普顿（Thomas Upton）向内政部报告了一桩试图谋杀国王的阴谋，有人要用伪装成拐杖的铜管向剧院包厢里的国王发射毒镖。两个伦敦通信协会成员被带走审讯，其中一个叫詹姆斯·帕金森（James Parkinson）是霍克顿广场的外科医生，他曾经出版过标题为《不流血的革命》的小册子，也是他后来发现了最终以其名字命名的"震颤性麻痹"（"shaking palsy"）症。询问没有得到什么证据，却很快证实整个故事都是厄普顿编造出来的。伦敦通信协会一个资深会员因为被发现诈取协会资金而被协会开除，这个人因此对协会展开报复。[35]

10月28日，以叛国罪对哈代和其他十二人展开的国家审判在伦敦举行。仔细观察审判中的证据后，财政部的法务官建议当局，没有充足的证据去证明被告人正准备使用暴力，或者要行刺国王。尽管寻获的文件中有煽动性语句，里面将内阁的人形容为"因支持政府而获得官位"，还称他们为"盗窃贼""暴君尼禄"，文件中甚至还号召推翻君权，但这些还不至于构成叛国的罪行。同样，与法国政治俱乐部和革命领袖的联系也无法构成叛国罪。但是，英国政府仍然一意孤行。[36]

哈代是第一个接受审判的人，因为缺乏证据，九天之后，陪审团放弃叛国罪指控，认为被告并没有谋杀国王的企图，如果有什么阴谋的话，其针对的对象可能就是皮特的内阁。在乘马车回公寓的路上，哈代被热心的群众包围。他的另外三名同伴也被宣告无罪释放。英国政府颜面尽失。但是这个国家也成为最大的受害者。

尽管政府奋力保卫国家，防止革命之病毒侵害社会，但它自己却受到了严重的感染。在法国大革命爆发的第一个五年里，几乎所有欧洲国家都建立了情报搜集网络，对个体的监控达到了前所未有的程度。他们使用线人、间谍乃至代理人，扩大雇员规模，鼓励检举和揭发，策划虚假宣传，给那些不像"国家之敌"的人贴标签，将他们与一大群"道德败坏的人"并列，还不断试图用法律手段达成政治目的。既然是法国的革命政府最开始使用或完善了这些措施，那可以说，政府层面受到传染的程度远比他们害怕的普通人严重得多。虽然已经证明革命动乱的病毒传染性很小，但国家对个体的控制以及法律程序的政治化还是造成了破坏性的影响。

5 警惕的政府

英国与法国之间的战争久拖不决，人力和金钱上的消耗没有回转的迹象。大多数人已经忘记，或者根本就不知道为什么要打仗，到1794年夏天，一场不期而至的饥荒导致食物短缺更加严重，战争变得更加不受欢迎。7月，在当局正准备救灾的时候，一伙愤怒的群众涌进唐宁街，高呼要求面包降价。

《人身保护法》的搁置时限于6月到期，伦敦通信协会利用这个机会在伦敦圣乔治广场举行集会，吸引了5万~10万人参加（可能有相当的夸张成分）。另一场于10月26日在伊斯灵顿（Islington）外围哥本哈根剧院广场组织的集会人数甚至超过了第一次，估计达15万之多。心怀不满的人胆子壮了起来。三天后，国王在乘车前往国会参加开幕典礼的路上，遭遇了一伙匪徒的袭击。[1]

当局迅速做出反应，表示他们将择机而动。11月6日，格伦维尔勋爵（Lord Grenville）在上议院提出《叛国和煽动行为法案》（Treasonable and Seditious Practices Bill）。这部法案重新定义了叛国罪有关的法律，引入"推定叛国"的概念，将叛国罪的内涵推广至将国王的生命处于危险之中，直接或间接地恐吓君主和他的内阁。煽动行为的范围扩展至撰写、散发、复制、传播及煽动敌视国王、宪法和政府的材料。四天后皮特在下议院提出《煽动集会法案》，规定禁止在没有获得政务官颁发执照的情况下，举行五十人以上的集会（法案还将集会场所等同于"妓院"之类的风化之地）。这否定了通信协会的主要活动，并确保不再有人把自己的地方提供给通信协会来使用。这两部很快就为人所知的法案事实上堵塞了宣传宪政改革的唯一合法途径。

威廉·威尔伯福斯（William Wilberforce）曾经帮助起草了第一部法案，他坚持认为这不过是"暂时的牺牲，可以确保自由之福祉能够完好无损地传递给我们的孩子",但哪有什么临时性而言,人们普遍认为这是政府权力的扩张,是毫无羞耻地滥用权力。为保卫言论自由,人们在王国各地举行集会,其中诺福克公爵和贝德福德公爵与赛沃尔以及其他工人阶级激进分子站在了一起。当局事实上并没有频繁使用这些权力,但它的举措的确冒犯了多数民意,还扩大了现状拥护者与形形色色所谓的改革家之间的裂痕,改革主义者开始抱怨皮特实施"恐怖统治"。[2]

政府有理由感觉到四面楚歌。与法国的战事虽然不受欢迎,但并不是主要忧患。外交大臣格伦维尔勋爵相信,尽管法国赢得了初步胜利,但他们现在"全民皆疲"。皮特也不看好法国的军事潜能,但他仍对法国革命第五纵队的入侵保持警惕。皮特有本巴努埃尔的书,虽然他好像并不相信书中描绘的世界性阴谋,但因为自己参与了推翻法国政权的行动,加上得到银行家库茨通过巴黎中间人提供的资金支持,他可能自然而然就会认为法国针对伦敦也有类似的计划。另外,英国在两个相互关联的领域里十分脆弱。[3]

1797年4月,斯匹特黑德(Spithead)海军舰队发生兵变。海军士兵要求提高待遇(工资自17世纪60年代以来都没增长过)、改善给养、取消严酷的惩罚措施。因为在船只底部焊上铜板的新方法,虽然舰船倾斜颠簸的现象得到缓解,但也延长了海上作业时间,这成为士兵心生不满的另一个原因。政府满足了他们的多数要求,但是兵变还是蔓延到驻扎在泰晤士河口诺尔港的舰队。诺尔哗变参与者的首要诉求虽然也集中在提高报酬和改善生活条件(要求获得更高比例的奖金),但其政治色彩更为明显。虽然他们在国王生日那天鸣放了礼炮,但是为向政府施压,他们封锁了泰晤士河,造成上百艘商船被阻塞在河道。他们还威胁要把舰船开到法国,表示法国人知道如何更公平地对待自由人。驻扎在雅茅斯(Yarmouth)的由邓肯上将指挥的海军中队之后也发生了兵变,直到6月才得以平息。[4]

海军士兵的声明和演讲充斥着十年前他们还无法理解的词汇和短语，这意味着他们明晓法国所发生的事情。但是鉴于他们满怀爱国热情地与法国人战斗了四年之久，他们挟船叛逃法国的可能性微乎其微。12月，在庆祝海军感恩节的盛大活动中，数以千计的海军士兵以高昂的爱国热情接受了国王的检阅，这似乎证实了上面的判断。虽然诺尔兵变的调查员报告，"有足够的信心认为从不存在这样的联系或往来"，但政府还是有理由怀疑，如果兵变不是受到伦敦激进分子的鼓舞，也是受到煽动的影响。焦虑最重要的原因在于军队里有10%的士兵来自爱尔兰，他们有可能会与爱尔兰内部保持联系。[5]

爱尔兰潜在的政治问题是人口占少数的地主阶层主要信奉英国国教，而人口占多数的本地人几乎都是天主教徒，他们之间存在鸿沟，其中后者承受着没完没了的不公平待遇和歧视。伦敦统治者的敏感度不够，将包括天主教徒在内的很多人排斥在外，这更加剧了爱尔兰问题的严重性。18世纪80年代，都柏林的爱尔兰议会在改革后得到了更大的权力。法国大革命的爆发刺激更多人考虑深化改革，而且最激进的派别虽然仍对国王表示尊重，但改革和自治的问题已经开始与巴黎传来的理念纠缠在了一起。

1791年10月，一群年轻的激进分子，包括爱德华·菲茨杰拉德（Edward Fitzgerald）勋爵、汉密尔顿·罗恩（Hamilton Rowan）和西奥博尔德·沃尔夫·托恩（Theobald Wolfe Tone）在内的天主教徒和长老会成员，在贝尔法斯特成立了爱尔兰人团结协会。或者正因为这个组织动机不明，成员资格也不严格，它以很快的速度壮大了起来，在都柏林和其他很多地方建立了分支机构。这个组织虽然在性质上并不是秘密派别，但其所有成员都厌恶并憎恨威斯敏斯特政府表现出的傲慢。当政府在1793年初把英国拖进与法国的战争的时候，爱尔兰岛对王国本就稀薄的忠诚感进一步被削弱，一些人开始将法国视为比英格兰更值得同情的伙伴。

虽然天主教徒于1793年被赋予了一些额外权利，但全赖地方原因所累，教派之间的隔阂还是越来越大。清教徒在阿马（Armagh）组建了"黎明小伙"（Peep o'Day Boys）组织，骚扰他们所认为经济地位高于自己的天主教徒。天主教展开反抗运动，以示回应。暴力蔓延开来，区域仇恨夹杂着形形色色的目标和动机。在都柏林城堡坐镇的总督犹疑不决、惊慌失措，形势未能好转。法国认为可以利用爱尔兰给英国政府制造麻烦，把它当作入侵英国的跳板，于是开始插手进来。

伦敦当局采取措施镇压都柏林的爱尔兰人团结组织，抓捕了他们的领袖，还任命新的郡治安长官菲茨威廉伯爵处理危机。伯克以前一直呼吁撤销针对天主教徒的惩罚性法案，称天主教会可以阻止雅各宾"瘟疫"传播到岛上，也能阻止爱尔兰背叛英格兰。菲茨威廉同意这一说法，并积极着手放松对天主教的限制，但听闻消息的皮特警觉起来，立即就解除了菲茨威廉的职务。天主教徒由失望转向愤怒，宗派仇恨爆发。深感不安的清教徒创立奥兰治联盟，而承认议会方针的爱尔兰人团结组织，在菲茨杰拉德的领导下，开始寻求法国帮助，以期摆脱英格兰的统治。其他的爱尔兰人团结组织成员，比如沃尔夫·托恩则逃到了巴黎，在那里开始帮助法国策划旨在解放爱尔兰的行动。[6]

1796年通过的《爱尔兰叛乱法》给予地方治安官包括动员民兵在内的广泛权力，这导致分裂态势更为严重。一次全国范围的武器搜查导致天主教堂被夷为平地，教堂所有者被逮捕，受到鞭笞。同时这些清教地主召集的自耕农和民兵究竟忠诚于哪一方并不清楚。然而政府控制住了形势，如果伦敦德里的27岁民兵上校、下议院议员罗伯特·斯图尔特（Robert Stewart）的话是可信的话。"其实我并不担心现在糟糕的事态会演变成任何严重的灾难，除非敌人入侵。"斯图尔特于1796年10月17日给皮特写信说道。[7]

一语成谶，敌人正在准备发起一场侵略。两个月后，在拉扎尔·霍奇（Lazare Hoche）将军的率领之下，由14500名士兵组成的法国军团从布列斯特港出发，驶向了爱尔兰西南部。如果他们成功登陆，爱尔兰就真的可能脱离英王的统治。虽然英国在爱尔兰驻扎了重兵，但是军队缺乏可靠的指挥和充足的装备，而且分布散乱。不过法国远征军刚一出发就受到诅咒。一艘载着全军补给的船只在离法国海岸不远的地方沉没，还有超过一半的船舰被风暴吹到了大西洋。最终只有一小部分法军到达本特利湾，6500人登陆。由于暴风雪太过猛烈，他们无奈地停驻在锚地等待剩余部队，但是数周后他们放弃入侵计划，返回了法国。

爱尔兰人团结协会在那个星期没有派武装力量支援法军，但是英国政府无法断定如果以后发生类似事件，他们是否还按兵不动。法国军队真的于1797年2月在威尔士南部登陆，不过逗留了几小时后，他们发现当地人并不想跟他们一起干，就重新回到了船上。1793年被流放到新南威尔士的爱丁堡激进分子托马斯·缪尔逃到了巴黎，在那里鼓动法国军队登陆苏格兰。有报道显示，一支秘密的爱尔兰人团结组织发起了活动，还有数千英格兰人团结组织的成员在曼彻斯动员起来，表示支持爱尔兰同伴。肯定还有一些英格兰激进分子"要借助国外或国内的各种途径来推翻政府"。[8]

法国计划于1797年7月发起另一次入侵，这一次要调动荷兰舰队。尽管征伐计划最终取消，但威胁依然徘徊左右。1798年3月，英国政府在爱尔兰实行军事管制，治安官开始拘留嫌疑人并扣押武器。对被关押人士持同情态度的人聚在一起挖掘他们的土豆作物，以避免关押期间土豆丢失。当局视此类活动意在"恐吓和平而善良的人"，而且作为一种集会模式，他们"以葬礼、足球比赛等为借口，展示自己的力量。一旦命令送达，远在各地的人都会聚集起来，最终他们就有恃无恐地公开表示自己对事业的支持"。他们的事业对政府可没什么好处。[9]

5月，爱尔兰人团结协会的一个分支在都柏林附近发动了一场叛乱。这场叛乱很快就蔓延起来，升级为一场野蛮残酷的冲突，致使约3万人丧失性命。冲突最终于6月21日在韦克斯福德郡（Gounty Werford）的维尼嘉儿山（Vinegar Hill）被平息。同样在这个月里，另一场在安特里姆爆发的冲突证明反叛活动很难奏效：两天里发生的随机骚乱多为刑事犯罪活动，当正规军的小股力量赶来时，暴乱分子很快就一哄而散。[10]

8月，亨伯特将军率领一支千人规模的法国军队设法登陆基拉拉。队伍向内陆挺进时，一群当地人挥舞写着"法国与圣母玛利亚"之类标语的旗帜加入其中，但碰到英国正规军后，他们立马就投降了。9月，爱尔兰人纳珀·坦迪（Napper Tandy）率领另一支部队在多尼格尔海岸登陆，尽管士气高昂，但因为在陆上无法获得足够支持，最终无果而返。由哈代将军和沃尔夫·托恩将军率领的第三拨入侵队伍在海上遭遇拦截后掉头折返。英国统治者在爱尔兰驻扎了大量正规部队，他们和5万名民兵一同防范法国及他们的挖土豆盟友的破坏行动。他们唯一需要担心的就是自己的无能：对起义进行不必要的血腥报复，之后毫无智慧可言的《统一法案》，解放天主教行动的失败，这些都导致反叛进一步加剧。[11]

但当局对形势的看法并非如此。"委员会对形势做了全方位评估，"1799年，下议院保密委员会发布报告并在结尾处写道，"他们被如下事实所震惊——从1791年到现在的各个阶段，依革命原则而制订的叛国计划和组织行动严重危及王国的安全与宁静，这迎合了我们那顽固不化的敌人的设想。"报告继而宣称，虽然只有爱尔兰人团结协会真的壮大了起来，"依据类似原则而建立的组织无疑都能造成相似的后果……"[12]

辉格党人和激进派召开呼吁改革和结束战争的会议，这无疑会煽动反政府的情绪。查尔斯·格雷在下议院提出了一项呼吁议会改革的动议，他和福克斯在演讲中对法国大革命的某些方面也大加赞赏。1798年5月18日，在斯特兰德（Strand）的冠锚酒店举行的庆祝福克斯生日的晚宴上，诺福克公爵在1000多位嘉宾面前发表了一系列颠覆性的祝酒词。6月，辉格党俱乐部高调地向刚从俄国监狱释放，正途径伦敦的波兰革命者塔德乌什·科斯丘什科赠送了一把荣誉宝剑。7月，会员总数已经降到400人低值的通信协会在圣潘克拉斯广场举行了一场集会。[13]

此时的内政部情报搜集网络已经非常高效，威克姆可以宣称"不再有喧闹、杂音或其他任何事物能够吸引公众注意力……他们的目标已经实现，政府从此掌握了最强大的监视和搜集情报的方法"——这使人对政府镇压那些并不构成威胁的挑衅动机产生怀疑。[14]

政府践行了通信协会成员弗朗西斯·普赖斯所称的"恐怖统治"。普赖斯是伦敦的一个皮裤制造商，1793年的一场罢工后，他与当局产生过冲突。当局逮捕了所有在圣潘克拉斯广场集会上发言的人，连批评他的人都不放过。"一句不忠的话足以让说话者掉脑袋，"普赖斯说，"嘲笑志愿军软弱是违法，违反这条法律的人会被逮捕，然后被送到战场"。高斯波特的一个人因为咒骂皮特和他的内阁被送进监狱；因为叫喊"不要乔治，不要战争"，一个装订工人被判处五年劳役。无辜的辩论俱乐部遭到调查，他们的会员被置于监控之下。嫌疑人分布十分广泛。8月，内政部调查一个法国进步党派的报告，这个党派躲在布里奇沃特（Bridgwater）萨摩塞特（Somerset）附近的下斯托伊的一栋房子里。成员常常在夜间将文件夹在胳膊肘下，在乡村附近走动，制订地区计划。一个从伦敦来的线人确认他们不是法国人，但认为一个叫华兹华斯的先生的租客及包括柯勒律治先生在内的他的朋友们，都心怀不满，是需要被进一步监视的危险对象。[15]

异端思想面临各种司法外的惩罚，作家和记者在很长一段时间里不断受到骚扰、攻击乃至羁押。当局用各种方法压制作家和记者的自由表达，查封并摧毁他们的作品，组织水军在舞台下给他们的作品喝倒彩。一群御用文人在《反雅各宾党人》和《真正的不列颠》大篇幅地指控自由派作品，无中生有地指责他们的文章充斥着不道德的和性变态的内容。阿米莉亚·奥尔德森·奥佩（Amelia Alderson Opie）和玛丽·沃斯通克拉夫特这样的作者代表了不正常的人，因而也是不道德的。他们的言论被指责为"懦弱"且"女性化"；他们被批评思想上缺乏深度，被贴上了淫荡、无耻和傲慢的标签；他们的文学冲动被认为展现的不过是自身的欲望。沃斯通克拉夫特的丈夫威廉·戈德温被嘲笑是"妻管严"，其作品"淫秽"且"令人作呕"。托马斯·德·昆西（Thomas De Quincey）回忆，说他"同样被疏离，被当作恐怖的食尸人或一个冷酷的吸血鬼"。[16]

  政府采取进一步的压迫性措施，包括印刷机要登记，禁止复印国外的文件，以此加强审查的有效性。当局还禁止一切协会和贸易联盟，剥夺了伦敦通信协会的合法地位。协会的领导人要么被抓进新门监狱，要么被送入冷浴场纠正所——这是辉格党人的"英式巴士底狱"。《非法组织法案》很早就被提出，并用来杜绝任何要求成员宣誓的社团，不过共济会对此进行了干涉，因为誓约是他们的核心部分。1799 年 4 月 30 日，共济会英格兰总会总导师莫伊拉伯爵（Earl of Moira）和苏格兰总会总导师阿索尔公爵（Duke of Atholl）到唐宁街游说皮特，要求法案加上"允许共济会保留秘密宣誓权利"的条款。[17]

  在下议院，霍兰勋爵（Lord Holland）谴责政府利用战争和革命危险威吓人民服从他们意志的行径。霍兰认为政府"用部长们的建议和一些人模棱两可的怀疑冒充切实有效的证据"，使压迫性的措施就此披上了合法外衣。"他们的很多指控后来被证明子虚乌有"，霍兰指控这是政府利用"戒备的政治系统"，年复一年地扩张自己的权力。[18]

伯克在1796年写的《论弑君和平的书信》(Letters on a Regicide Peace)里讨论了英国与革命的法国血战到底的可能，他声称这不是围绕一个特定主题的战争，而是一场与"恶魔"的较量，他试图让读者相信这是一场生死对决，因为法国的政治体系"一定要被摧毁，否则它就会毁灭欧洲"。根据伯克的说法，法国人的"行为方式……与任何有秩序和有道德的社会相互冲突"。他援引"邻里法案"——民事周边的法律给予房东在碰到一个令人讨厌的邻居时进行反抗的权利，法国革命造成的影响就像法国在邻里之间开了一间"臭名昭著的妓院"。"在公民社会，就要采取一系列应对措施，而在政治社会，战争就不可避免。"伯克辩称。[19]

伯克估计约有40万"政治公民"活跃在英格兰。"我估计其中有1/5，或者说有8万人是纯粹的雅各宾派，他们顽固不化，"他写道，"对这些人，说理、辩论、榜样作用和神圣权威都是没用的。"他们代表了一支"顽强而可怕"的力量，甚至强大到足以推翻政府。伯克哀叹道，"我们的体系并不适应这种战争"，"它尽全力保障我们的幸福，但不足以让我们自卫，"伯克的作品对民主制度自卫和维护自身价值的能力表现出极度的不信任。[20]

伯克担心如果签署和平协议，英国年轻人去法国旅游，"就会被那个地方可怕的风气所影响"，"被结党习性和贪腐给污染"，还会接受无神论和雅各宾主义。他们回来后，会在潜移默化中污染英国人的每一个生活角落，首先从议会开始，接着是法院，罪犯成为法官，接着是出版社、军队，直到整个国家机体都被腐蚀殆尽。[21]

考虑到绝大多数激进改革分子坚定地信任英国宪政制度具有根本优越性，伯克的恐惧似乎过于夸张。隐秘的地下革命者毫无疑问是存在的，但事实是我们对他们的雄辩造成的影响知之甚少。况且底层民众在政治上并不关心通信协会和其他团体搅起的声势。最近一项研究表明，1790年至1810年在案的五百多起反叛和骚乱中，39%针对的是食物，7.2%针对的是劳动条件，21.6%针对的是招聘方式，只有10%具有政治动机或意识形态基础。伦敦发生的骚乱的确夹杂更多的政治动机，参与者也因为怀揣各种深重怨念，很容易被操纵而成为疯狂的革命分子，但什么都没有发生。至于所谓的传染威胁，大量证据表明，即使在人们厌倦战争并且心生不满时，社会各阶层对法国及与法国有关的一切东西的主流反应仍然是痛恨和鄙视。[22]

伯克和那些与他一样感到害怕的人是值得同情的，毕竟相似的危机情况在美国引发了革命，而美国一直被认为对革命是免疫的，特别是考虑到其地理位置的特殊性。虽然杰斐逊和共和党人不愿意给予法国大革命过多的关注，但联邦党人很害怕看到往昔的盟友、同享共和价值理念的法国沦落到如此无法无天的地步。一方面，路易十六的雕像被送上断头台，民主社团被组织起来，以抵御美国被反革命所影响。另一方面，巴黎的九月大屠杀被视作地狱的景象；一些人警告称如果雅各宾思想渗透进来，美国将爆发足以摧毁当前政治社会制度的流血革命。激增的反雅各宾读物让大家害怕革命九头蛇的一头可能出现在大西洋彼岸的美国。以彼得·波库派恩（Peter Porcupine）为笔名写作的威廉·科贝特（William Cobbett）形容1794年的威士忌酒叛乱是"美国的无神论运动"，他还推断说光明会正在计划推翻美利坚。在《探秘爱尔兰人团结协会的阴谋：援助法国暴政的明显意图是推翻美国政府》一文中，科贝特将"巴黎的鼓动者"看作罪魁祸首。"他们像路西法一样要把世界变成地狱，他们在世界各地伺机而动。"他警告说。乔治·华盛顿本人对法国造成的影响的担忧通过1798年的《外侨和煽动行为法案》体现出来。该法案激怒了共和党人，他们指控这是"恐怖统治"，极大地伤害了英式自由。争论的另一面，法国暴力革命的传闻侵入到政治话语和公共讨论，恐惧蔓延到关于印第安人大屠杀的梦魇隐喻，折磨着殖民者家庭。这种焦虑甚至在反奴运动早期出现回潮的迹象。[23]

伯克担心的一个有趣问题是法国可能对英格兰造成的道德污染。这和另一种更简单的观点一致，即法国入侵，或者说法国的榜样作用，注定会造成社会与道德的混乱。"虽然法国统治者无法用武力征服我们，但他们试图发挥其榜样影响，巧妙地发起令人警觉的战争，以污染和削弱我们单纯的青年人的道德品质"，杜伦主教于1798年在上议院发表演说，警告"法国人在我们中间安插了大量的女性舞者，她们用猥亵的态度和淫荡的表演诱惑我们，最终十分成功地瓦解并污染了我们的道德情操"。[24]

大多数英国民众生活在极度肮脏的环境中，包括物质上的和道德上的。几十年来，到访伦敦的外国访客都被它的贫穷、污秽和道德败坏所震惊，其他的城市，尤其是繁忙的港口和扩张的工业中心，把农村人口吸引过来，将他们与农村生活的方方面面相剥离，像对待禽兽一样对待他们。工人的工作环境极为严酷，他们对城市的疾病和堕落毫无招架之力。

这种底层阶级在物质和道德上的"国民性堕落"所引发的恐惧或许会瓦解社会结构。以经济学家托马斯·马尔萨斯（Thomas Malthus）为代表的一部分人感觉这会使整个国家衰败，因为大城市里有很多中产阶级甚至贵族青年，与底层阶级混居在一起。海峡对岸的例子极大助长了不服从的败坏后果，这不仅让政府感到紧张，有产阶级也感受到了压力。[25]

18世纪，圣公会在宗教仪式方面有所衰落，温和基督教派也逐渐向自然神论靠拢，人本主义思潮甚至在社会上层中流行开来。这一趋势不仅和杜伦主教的改革主义观点有关，还因为人们的道德和政治态度并不健全。很多支持改革的人对宗教和"祭司权术"抱有敌意，认为它们是社会发展的阻碍，使被驯服的穷人对"真理"充耳不闻。另一方面，宗教异端的使命引发恐惧，循道会被认为尤其危险而疯狂。他们布道千禧年预言，本质上具有革命性，因为这些平民拥护者要建立的新耶路撒冷没有给国王或贵族留下余地，也不承认私有财产。循道会易于接受唯信仰论，这玷污了改革运动。他们挣脱道德法之束缚，无法无天、道德败坏，到处都流传着他们疯狂纵欲的骇人传说。循道宗的著名人物罗伯特·韦德伯恩（Robert Wedderburn）是牙买加种植园主和一个奴隶的女儿的私生子，他偷盗，亵渎神灵，为淫秽书商工作，还开了一个妓院，这些都加深了公众对循道宗的恶劣印象。[26]

威廉·威尔伯福斯用写作的方式带头发起福音复兴运动，他最著名的是1797年出版的《基督教的实践观》。汉纳·莫尔（Hannah More）有段时间一直主张这个国家最需要的是道德而非宪法改革，这使针对雅各宾主义的基督传教运动兴起。一个叫抑制罪恶协会（A Society for the Suppresion of Vice）的社团于1802年建立，圣经协会随后成立。后者希望通过宗教书社、圣教书会、主日学校向穷人传递福音，驱除邪恶，后来城市扩张中兴起的教堂建设热潮也起到了同样的作用。其他人认为阻止革命扩张的最有效办法是给有需要的人提供帮助，他们建立了各种援助机构，比如1976年成立的促进穷人生活境况和福利协会。杰里米·边沁（Jeremy Bentham）的追随者践行功利主义信条，呼吁对监狱和疯人院进行改革；托马斯·斯彭斯的拥趸则提出了朦胧的共产主义方案。一群以威斯敏斯特激进派著称的人视教育为变革社会和宪政的主要动力，以贵格派校长约瑟夫·兰开斯特（Joseph Lancaster）为先锋，为穷人改善了免费教育体系。

而很多人喜欢用善恶二元观看待形势，大量出版于18世纪90年代的反雅各宾小说集中反映了这一点。这些作品喜欢用耸人听闻的内容描绘巴黎的革命，单纯的美人在其中遭到粗鄙下流的革命者的蹂躏，一切都那么"野蛮而淫荡"，一个作者描述道。"秩序和服从被无政府的铁蹄给践踏，"作者写道，"街上到处都是令人恐惧的景象；面对残酷的统治，人们几近疯狂；与异常惊恐形成鲜明对比的是无底洞似的感官享受。"在小说《漂泊者》中，乔治·沃克（George Walker）描绘了伦敦可能发生的革命景象。"疯狂的欲望"使以前习惯于有教养地求爱的年轻"美人"更加放纵，贵族们则在血泊中挣扎，"他们必须面对咆哮的加农炮、呼啸而过的子弹、刀光剑影、倒塌的房屋、伤员的呻吟、统治者的哭嚎……"[27]

所有邪恶的根源都建立在"新哲学"基础上，或者说就是建立在"哲学"之上。这种哲学被斥为"致命的怀疑主义和强词夺理的谬见"，是被无神论感染的信条，是平等主义（这对拥有财产的中产阶级读者来说是极为恐怖的思想），他们弱化了习俗，煽动女人追求独立、走向堕落。在这些小说中，提出这类思想的爱德华·奥利（Edward d'Oyley）和犹大·麦克瑟彭特（Judas Mcserpent）是傻瓜或邪恶的庸医，他们的目的是引诱未经世事的女人上床。甚至法国大革命里付薪的或自封的线人一边要推翻英国宪政，一边也要引诱纯洁妇女，向她们传播平等和自由恋爱的新哲学。"牧师能用喃喃低语取代激情呼唤或关于爱的热情表达吗？"一个文学人物如此哄骗道，"心底是爱的问题，它的终点是什么？教会的制度是什么？人如何行动？要终止这个过程吗？时光在这样的迷信束缚下消逝，而我们纵情于彻底的自由恋爱，就像其他所有自由的事物一样。"[28]

精神上或者说道德意义上的恶疾正在或多或少地侵蚀着社会，持这种观念的人并不局限于独断家或者流行小说的读者。托马斯·

/ 5 警惕的政府 /

德·昆西记得到处都有人在讨论巴努埃尔的著作。财政部法务办公室的文件里有一本名为《关于最近欧洲革命主要原因的说明》的小册子，里面对启蒙运动和"百科全书学派"进行了猛烈的抨击，将他们等同为爱尔兰的反叛者、共济会和光明会。它解释法国军队战胜敌人的条件是"征服者在军队到达之前，其理念就已经在被征服国家泛滥成灾"，举出的例证是潘恩、坎珀、保罗斯、克尼格和格兰尼的作品在各自国家出版后，仇恨便开始蔓延。小册子还举证，巴黎的大东方共济会发布过一份声明，号召他们的欧洲兄弟推进法国的胜利事业，这得到了光明会的支持。伦敦通信协会和其他英国改革派运动组织自然也卷入了其中。[29]

在1800年出版的《反思18世纪末社会的政治和道德形势》中，约翰·鲍尔斯强调当代哲学正在"腐化欧洲腹地"，很多认同这一观点的人还认为，这种"疾病"是通过阴谋传播出去的。伯克承认聪明、有天分的人很自然地就会被他称为"雅各宾主义的马克西姆下水道"所吸引。但大多数人都倾向于使用引诱的隐喻，否则作家对大革命之恶魔展开的严肃讨论很容易就被人歪曲成法国饿狼猎捕无辜绵羊，是腐败的阴谋分子诱捕单纯人士。巴努埃尔的书出版后，大量其他作家的作品也陆续发行，其中大多具体化了巴努埃尔的思想或从中衍生出其他的东西，以证明真有"恶魔"阴谋的存在。雅各宾主义者很可怕，鲍尔斯说，因为"他们的才能、知识的拓展，以及在科学上取得的进步都让他们能够更好地推进毁灭性工程，这样就可以有效地攻击宗教和政府，破坏社会秩序，从而践行他们不敬神和罪恶的品质"。更可怕的是，雅各宾派并不只是一群人，他们是一个庞大的实体。根据另一篇文章，雅各宾主义"不仅是政治怪物，还是反社会的怪物，它轮流使用欺诈和暴力手段来捕获猎物。雅各宾主义先巧妙地引诱猎物，然后用武力将其征服。为达成目标，它会不择手段地使用各种最恶毒的手段。雅各宾主义渗透到文艺和科学的每一个角落，腐败是它的养料，挥霍无度是它的娱乐，毁灭破坏是它的行为动机和行事方式"。任何提出改革监狱、废除奴隶贸易或管理流浪儿童的建议结果都有可能被指控为兜售"法国哲学"。

和政客一样，这些小说和文章的作者表现出似乎很常见的本能，他们避免理性地分析法国大革命。他们喜欢用寓言的方式描述道德和社会结构崩解所产生的邪恶，而道德和社会结构的崩解与光明会及雅各宾主义者传播的"哲学思想"有关。这是一种简单化的解释，看起来似是而非，理解起来却非常容易。

这也证明必须要发动战争，屠戮恶龙。"正如你们所观察到的，这不是国家与国家之间的战争，而是全人类的事业，"埃德蒙·伯克说，"我们是在为原则而战，它不以城堡和领土为边界。疆域划分限制不了雅各宾帝国。必须从根源上把它清除，否则它不会满足局限于一方。"在伯克看来，这是一场史无前例的战争，其他冲突"与之比起来，就是小孩玩的过家家游戏"。30

伯克担心这场战争最糟糕之处在于，它实际上是一场内战，是在家门之内展开的。甚至在1802年《亚眠条约》结束了与法国的战争的时候，国家内部的战争仍在继续。1801年到1802年，兰开夏郡和约克郡爆发了粮食暴动和骚乱，传闻称这是一个自称为"黑灯"（The Black lamp）的组织的阴谋成果。1802年11月16日，爱尔兰地主、英国军官、曾经的通信协会成员爱德华·德斯帕德（Edward Despard）上校在兰贝斯的一处公共场所与一伙士兵和劳工一起被捕，他曾于18世纪90年代在不知何罪之有的情况下，被监禁了三年。根据政府线人的说法，德斯帕德相信只要占领伦敦塔和英格兰银行，就能发动革命，但是并不清楚他是否真的要去做。他也被怀疑与黑灯阴谋有关。对德斯帕德的指控是否有实在证据，历史学家之间有很大的争议，因为他们也不确定黑灯事件是一场有

/ 5 警惕的政府 /

组织的工人阶级运动，还是仅仅是线人捏造出来的故事。政府不抱侥幸，德斯帕德和其他六人被控叛国罪而被处死。虽然几乎没有证据能够证实德斯帕德的阴谋及他与黑灯事件的关系，但政府的担忧随后得到确证，一些携带枪械的人出现在他的刑场，正准备行动时，被附近赶过来的一大群士兵制服。[31]

1803年，英国与法国的战争再次打响。当拿破仑·波拿巴在布洛涅（Boulogne）外围驻扎重兵，在海峡建造驳船舰队时，爱国热情被侵略的威胁激发了。英国政府在1803年招募到了8.5万名民兵和40万名志愿者，这说明道德污染似乎并不严重。南部的郡里，年龄在17~55岁之间的男性约有一半主动参加了临时的社会动员，他们的政治意志得以彰显。为了保护行动缓慢的运输船队，拿破仑需要法国的主力舰队提供帮助，但这一愿望被1805年10月21日的特拉法尔加海战击碎，英国成功地粉碎了法国的军事入侵威胁。然而这并没有改变政府似乎已经成为习惯的行事方式。[32]

/ 6 秩序

特拉法尔加大捷虽然使英国免遭入侵之苦，但也导致拿破仑实现对欧洲的支配。因为无法与仇敌英国在陆上决斗，拿破仑撤出了在布洛涅的营地，转而出征英国的盟友奥地利和俄国。他在乌尔姆击败半数的奥地利军队，另一半则举手投降，同时战胜的还有奥斯特里茨战场上的俄军。他随后将炮口转向联军的新盟友普鲁士，并在耶拿和奥尔施塔特（Auerstadt）将其打败。在艾劳（Eylau）和弗里德兰（Triedland）的平原上，拿破仑击溃了联军的最后一支俄国军队。

耀武扬威的法国皇帝在1805年和1807年之间重绘了欧洲版图，把他的意志强加在了这片大陆之上。拿破仑肢解神圣罗马帝国，逼迫皇帝弗朗西斯二世沦为奥地利的弗朗西斯一世。他把普鲁士打回到二流国家的地位，把法国军队驻扎在柏林，还迫使俄国的亚历山大一世与法国结盟，建立了实际上由法国主导的共同安全体系。1809年，奥地利想趁拿破仑干预西班牙事务的时机攻击法国及法国盟友的驻德军队，结果在瓦格拉姆被击退。君主制的未来安危未定，奥地利皇帝的女儿玛丽·路易丝不得不自我牺牲地嫁给拿破仑。这一联姻正式认可了他的帝国地位：他们的儿子被赐予罗马皇帝称号，作为查理曼大帝的继承人，他将成为下一任欧洲皇帝。尽管老欧洲并不喜欢拿破仑，但是他们至少承认一件事——拿破仑把革命的阴魂重新塞进瓶子里，并密封了它。

经历了十年的革命和反革命、国内的政治倾轧、零星的恐怖统治、阶级斗争和国家某些地方公开的内战，当他在1799年当选为第一执政官并成为法国事实上的独裁官时，拿破仑面对的局势十分混乱。走马观花似的政权轮替削弱了国家统治的根基，每个新政权都要颠覆上一任的合法性。法律被敌对政治派系所利用，司法也已经被政治化。拿破仑也许是启蒙运动的产物,被保守主义者视为堕落的,但他其实是个实用主义者。如果说拿破仑不信奉君权神授,他一定也无暇顾及雅各宾主义、光明会或信奉其他教条。拿破仑相信秩序,而且知道如何实现秩序。

恢复法治、社会稳定和公众信心的关键是高效的治安。不过拿破仑所继承的警察力量在过去十年里已经完全成了派系政治的工具。他们搜集情报,监控大众对现任政府的态度,寻找任何可能的反抗迹象。不像监控犯罪行为,这类工作并不受限于固定的实体证据。警官和线人会尽其所能地报告大量线索,并让他们的情报越耸人听闻越好。他们也喜欢报告上级希望听到的东西。因此情报中有阴谋诡计、变节叛逆和投靠人民之敌的懦弱行为,也有报效祖国的感人故事、革命品质和英勇事迹。在某种意义上,警察们并没有太多地将事件渲染成迎合统治者想法和意图的样子。

不管他们是正规的警方雇员还是密探,告密者总体上既不聪明,也没有受过教育。他们的任务是时刻留意不正常的东西,因为经验和理解能力都十分有限,他们总是对所看到的和所听到的事情大惊小怪。当偷听两个受过教育的人对话的时候,他们很可能听不懂,或者理解错误,不管哪种情况,谈话在他们那里变得具有煽动性。由于要尽可能多地报告,所以数量巨大的情报就被创造了出来,正如深入研究了相关文献的英国历史学家理查德·库布(Richard Cobb)所言,一份简报"清楚证明了报告人的无能,或者有意包庇",如果没有东西可以上报,他们就会进行捏造。[1]

这类情报描述得越夸张,似乎越容易被接受。库布举了1793年的一个案例,当时两个情报人员同时在巴黎一家咖啡馆的露天平台窃听一段对话。其中一人别有用心地开始详细描述嫌疑人的外貌和衣着特征,然后接着说这个人发表了亵渎共和国的言论,他丑化国家代议机构,贬低国民公会,侮辱国家主权,讽刺人民的胜利,动摇革命政府，公开宣扬反革命情绪，表达了推翻共和政权的渴望，并透露自己是皮特科堡的情报人员［英国首相威廉·皮特和对抗法国的帝国军队指挥官、萨克森-科堡的弗里德里克亲王（Prince Frederick）］等等，不一而足。另一个窃听者要么是新手，要么就太过直白，他仅报告说那个嫌疑人只说了一句"狗屎的国民公会"。汇报虽然简洁，但不会受到嘉奖。[2]

这些为情报而情报的信息几乎都是编造出来的，因而也是没有价值的。尽管巴黎警察总长的办公桌上摆着卷帙浩繁的报告，但即使在最好的情况下，他对首都局势的了解也是严重扭曲的，对其他城市的情况也只有模糊的印象，至于这个国家更偏远领土上的事情，更是一头雾水。他几乎没有掌控力可言。

虽然最高特权阶层以外的所有人都对推翻旧制度和废除封建制表示欢迎，但几乎没有人欣赏新的革命秩序。在征税方面，国家和封建主一样贪婪，新体制下的官员很快就和以往的雇主一样不受欢迎。他们在乡村地区推行国家权威的意图遭遇顽强而狡猾的抵制。随着政治进程的每一步新发展，革命氛围使私人、公共、犯罪和政治领域逐渐混在了一起，变得难解难分，抵抗也变得更加容易。

因为地域、宗教和其他各种原因，革命一开始在法国南部并不受欢迎。在整个18世纪90年代里，巴黎政府在推进政权建设方面遇到了巨大的困难，征税也难以展开。法国西部和西北地区的情况大同小异，随着旺代省保皇派崛起，小规模的抵抗运动逐渐升级为大规模的内战。尽管革命政府展开了残酷的军事镇压，造成几近种族灭绝的伤亡，但这个地区从来都没有完全臣服，国家权力的根基依然十分脆弱。另外，许多沿海地区和港口城市的人们依然维持着他们自己的行事方式，嘲笑企图控制他们活动的政府。他们通过走私来逃避缴税，和敌人也维持着正常的贸易往来。很多内陆城市也表现出不屈不挠的独立精神，比如里昂。

里昂是地处索恩河和罗讷河交汇处的主要工业中心，是连接瑞士、彼埃蒙特和罗讷河谷的关键交通枢纽，周边的勃艮第、中央高原和南部地区长期抵制中央政府控制，它本身也有着与巴黎对抗的悠久历史。里昂城市的地理形势和建筑有利于抵抗外来控制。通往大岸坡道的蜿蜒巷道和沿线密集的多层建筑是政治和刑事犯罪逃亡者展开抵抗运动的理想场所（1940年至1945年，这里也将是重要的抵抗中心）。河流是毁灭证据的理想场所，因为尸体只有在远及阿维尼翁的地方才有可能被漩涡抛出水面。另外，不像法国其他城市那样，里昂的房子外面没有门卫值守，而门卫是警方获取情报的主要来源。加上街道陡峭逼仄，马拉车的数量也不多，所以马车夫同样是罕见。罪犯喜欢假扮成马车夫逃离犯罪现场，转运偷盗的赃物、把人运出或运进城、拐骗女孩以及从事其他形形色色的非法活动。因为要到警察局登记，所以尽管要为另一方服务，马车夫仍然是情报搜集的主要来源。[3]

法国有成片的乡村地区活跃着土匪强盗，他们不受管控地四处游荡。阿尔代什省（Ardèche）没有一条路是安全的，甚至连重兵护卫的车队也不能幸免。大革命使大量人口生活在法律之外，战争不断地输出逃兵，加剧了这种现象。1798年出台的征兵政策使问题复杂化。服兵役既是责任又是权利，公民不仅在服务国家，也在参与工作，这一概念建立在卢梭的公民士兵理念之上。一方面，兵役有利于建设新秩序，公民由此被灌输军队等级里的服从国家精神。另一方面，兵役还让懦弱的人知道如何战斗，如何克服胆怯。一些不愿为国家服务的人被迫躲了起来，他们唯一的生存机会就是做土匪强盗。

政府为贯彻自身意志而做的努力遇到了巨大的阻力。首先，他们几乎没办法在偏远的乡村和大城市的贫民区建立身份认同。政治犯、罪犯、逃兵或者因为种种原因逃亡的人都会改名换姓，他们要么有很多名字，要么为人所知的只是绰号或别称，这些绰号或别称来源于他们的祖籍地、身份特征或者所谓的智商、体格，乃至性能力。1792年5月，国民公会引进通行证，任何旅行到其他社区的人都要出示证件。不少人拥有一个以上的通行证，甚至有时满口袋都是通行证，其中有的是偷来的，有的则是伪造的。有人会男扮女装，通过嫁给另外一个男人来获得新的合法身份，这已经是公开的秘密。[4] 为了达到识别的目的，警方在通行证上录入体貌特征，有毛发和眼睛的颜色、体重和特殊标志，比如缺胳膊少腿、断指、没有脚趾、没有耳朵、没有鼻子、没有眼睛，天花和其他疾病的疤痕，等等。残疾是很明显的，造成残疾的原因也很容易被查出——一条错位的断腿可能是因为越狱而造成。警方会严格审查每一处瑕疵和伤疤，同时也会调查它们是如何产生的（手枪伤、长枪伤，还是刀伤、马刀砍伤、农活事故、野兽袭击、火灾烧伤、烫伤，等等）。文身和烙印被认为很有帮助，因为它们一般是在陆军或海军服役时留下，或者是过去受到了犯罪的指控。抽搐、口音、方言、走路的姿势甚至眼神和面部表情——多疑的、坦率的、多变的、胆小的、软弱的、有攻击性的等——都会被详细地记录下来。

这种方法从长期来看会产生副作用。那些被警察抓起来的主要是流浪汉、乞丐、扒手、妓女、买卖贼赃的人以及其他轻微犯罪者。这类人看上去营养不良、走路瘸拐、重度残疾或患有重病，他们生活在一个危险而冷漠的世界，身上布满了被边缘化的证据。结果是警方掌握了这些人太多迥然不同的细节特征，以至于无法确定真正有价值的东西。[5]

当权后，拿破仑就采取恐怖统治方式，派出有军队支持的军事代表去执行即决裁判。军事代表在全国各地巡游，搜集拒缴税款和拒不服兵役的证据。表面上的秩序一旦建立，军事代表即由特别委员会取代，后者贯彻同样的目标，只是用法律而不是军事力量来行事。他们无疑也是以暴力为后盾，即以宪兵——当时被称为皇家宪兵的力量为后盾。

宪兵是国家的有形象征，人们一有机会就嘲笑、排挤他们，妨碍他们执行公务，还会帮助已被他们抓捕的犯人逃跑。抱怨自己的男人被抓走的女人是与负责护送新兵和逃兵的宪兵做斗争的主要力量，即使那些被护送的并非来自她们的社区，而且常常打架斗殴，并趁机逃跑。不过宪兵的存在阻止了真正意义上的暴动发生。1771年到1790年间值得高层关注人们与宪兵队发生的冲突有338起，平均每月1.4起。到了执政府和帝国时期，这个数字几乎降到了零；但是帝国政权开始瓦解时，这个数字又开始上升（1813年到1817年月均发生5.3起，1850年仍然维持在这个水平，这清楚地证明拿破仑在加强国家安全方面采取的举措取得了明显的效果）。[6]

拿破仑经历过三十余起刺杀图谋，但他认为最好不要让大家知道这一事实。"我不想审判阴谋策划者，"拿破仑跟他的一位高级警官皮埃尔-弗朗索瓦·瑞尔（Pierre-Fraçois Réal）透露，"政府在这种情况下往往会吃亏，也很容易让这些人成为英雄的想法得逞！"拿破仑情愿把未遂的刺客扔进监狱，让他们待在里面冷静几个月，然后再放他们出来。只有这些刺客被成功地妖魔化了，拿破仑才允许对他们公开审判。刺杀企图"只是表面的问题"，拿破仑在一场针对他的刺杀未遂事件后说，"恐怖主义"才是"疾病的本质"。拿破仑所说的"恐怖主义"，是指那些意在削弱国家根基的破坏势力，在这方面，他认为雅各宾党人比反对他的保皇派更有威胁，尽管后者实际上得到了英国政府的支持和资助。拿破仑的警政部长约瑟夫·富歇（Joseph Fouché）使恐怖分子走投无路。富歇和拿破仑一样冷酷无情、精于算计，他的求生本能是史诗级别的。[7]

富歇1759年出生在布列塔尼的港口城市南特郊外的一个卑微家庭，他在奥拉托利会（Oratorian）的神父那里接受教育，然后在全国各地的奥拉托利会学院学习。1792年，他在巴黎当选为国民公会议员，并树立了极高的声望，他也是坚持处死路易十六的一员。之后他被派到旺代镇压反革命，除清洗了大量人口，他还拔除教会组织，消灭了基督教残余。他把宗教当作大革命的首要敌人，回到巴黎，富歇则马不停蹄地建立新的理性崇拜以取代宗教。1793年10月，他被派到里昂镇压反对派，处决了一大批人。他把数百人绑在一起，用霰弹爆击，造成了血流成河的惨象。第二年秋天之前的两周，即1794年7月，富歇被罗伯斯庇尔驱逐出了他一直参与其中的雅各宾俱乐部，而这恰恰挽救了他的性命。之后的五年里，富歇在保皇派和雅各宾党之间轮流站队，由于左右逢源，他于1799年7月20日被任命为警政部长。在位于伏尔泰河滨路的总部上任不久，他就无情地镇压了自己以前的雅各宾同事，并对剧院、出版社和报社进行了严格审查，以平息抗议。为表决心，不听话的人都被枪毙了。

富歇委托亨利探长展开刑事安全调查。亨利雇用了一个叫弗朗索瓦·维多克的小偷。维多克在位于巴黎警察局和圣礼拜堂之间的圣安娜街的一间小而昏暗的老屋子里，运营着一个全部由罪犯组成的线人网络，这些人对自己的亲人也毫无羞耻地进行监控。法律基础和秩序就是用这些方法维护着。

富歇自己把精力放在他所称的国家安全之上。他创建了一个新的情报搜集网络，其资金来源于"根植在任何伟大城市的恶行，让他们为国家安全保驾护航"，换句话说，就是对赌博场所和妓院课以重税。富歇用这些资金雇用来自各阶层的各行业线人，在军队上下、所有沙龙和每一个名望的人家都安插了耳目。他根据得到的信息的价值和被监控人物的地位给付报酬，一个非凡的情报矩阵得以形成——人们相信，连拿破仑的妻子约瑟芬也受他雇用。[8]

审查邮件可以获取额外情报，旧政权长久以来一直在使用这个方法，目的是监视外国使馆（并为国王提供关于臣民性事的淫秽八卦）。在理想主义革命者看来，这种举措侵犯了人的尊严。1790年8月26日，国民公会颁布法令，规定所有邮政官员必须宣誓不侵犯个人的通信隐私。但出于国家安全的理由，流亡者的信件于1793年5月9日被排除在这部法案之外。省城建立起信件监督委员会，而到拿破仑掌权时，所有的通信往来都被置于了监控之下。[9]

这项工作在位于雄鸡－白鹭大街（the hue du Coq-Héron）的一间普通"暗室"中进行，暗室后面就是邮政分拣办公室。职员大多是子承父业，有的从祖父辈起就从事此类工作，他们为胜任此项工作做了充足的准备。他们不仅接受了包括课业负担很重的数学在内的全面教育，还被送到国外，与外交官、金融家和商人接触，所以他们不仅能处理外国语书信（这得益于在巴黎接受的教育），还能识别方言、流行表达、俚语和最常用的简写形式，甚至还熟悉各国的书写风格。他们一就职便用在薪酬和地位上相似的其他正式职位来掩饰自己。

他们在分拣办公室走动，挑选出任何可能引起他们兴趣的东西，然后通过一个小门把可疑之物送到隔壁的实验室。拆封包裹，检查内容，复制相关信息，然后重新密封，都是一瞬间的动作，之后包裹重新回到分拣办公室，防止任何延误发生。"通过对信封做手脚，用密封和破译技术来免遭审查的方法是无济于事的，"终身做公务员、拿破仑的私人秘书负责人阿加顿·费恩（Agathon Fain）写道，"雄鸡－白鹭大街的学校知道如何破解每一种骗术。它对任何化学方法都了如指掌；它从数学概率学和语法分析获取了破解方法；它可以很有技巧地取模、将蜡软化，当蜡渗透到复刻的章印后，再将之硬化，经过长时间的学习，再难破译的密码也不是问题。"[10]

"我承认从没有警察像我领导的这样专制。"富歇后来这样写道。不过他辩护说没有情报警察的保护，人民将处在混乱的国家恐怖之中。富歇相信监控比监禁更为有效，因为当人们怀疑甚至确定他们正被监视时,他们做事会更加小心翼翼。恐怖要被小心地对待。"监控是一种很仁慈的治安手段,我把它设计得恰如其分,从而保护广大(受拿破仑怀疑的)嫌疑人免遭随意羁押。"富歇坚持自己的观点。[11]

拿破仑和富歇成功地让法国恢复了一定程度的秩序,人们对国家机器的力量如果不是尊重的话,也是很害怕的。随着拿破仑在德意志大部分地区,在荷兰、意大利,在波兰的局部地区和西班牙的一些地方移植法国模式,他们的制度逐渐传遍了欧洲。德意志诸国和意大利同时在军队里面引进法国方法,创造了一个新的国家军事文官阶层。为维护秩序,各国搜集情报的需求加大,各地的治安工作人员规模也在增长。维护稳定的国家机器迅速遍及了欧洲各地。

英国仍逍遥于大陆急剧变化的形势之外,不过,即使法国的国家控制方法没有影响到它,法律和稳定问题政治化的趋势也难以避免。虽然18世纪90年代末的压制性措施已经根除了所有叛乱的种子,特拉法尔加大捷也解除了侵略威胁,但英国政府对法国瘟疫和革命仍持恐惧心理。同时,英国染上了海峡对岸的恶习。监视私人通信在英国是非法的,只有在国家面临紧急情况下,在得到下议院议长对个案的具体授权时,才有例外的可能。1788年到1798年之间,只有六起信件监控申请得到批准;1799年到1815年,监控授权案的数量急速攀升至139起。[12]

1806年1月威廉·皮特去世,格伦维尔勋爵领导的"贤能内阁"开始执政,他们在废除奴隶贸易的问题上进展甚微。1807年3月,皮特的支持者在波特兰公爵的领导下重掌权力,两年后,波特兰又被斯宾塞·珀西瓦尔(Spencer Perceval)取代。珀西瓦尔是个很有魅力的人,他体格小巧、意志坚定、打扮利落,是十二个孩子挚爱的父亲,但并不是一个受欢迎的首相。他积极地鼓吹福音派,坚定地反对天主教解放、捕猎、赌博和奴隶贸易,他对自己观点的正义性坚信不疑。至于英国被欧洲其他国家孤立,他秉持一种高傲的信念，即抵制腐败是清教徒的天命，清教徒由此高人一等。

与法国的战争变成了贸易战，粮食价格和棉花产业遭受了毁灭性的打击。珀西瓦尔于1807年在议会上命令皇家海军对中立国船只采取严酷措施，这一政策表面上回应了拿破仑的大陆体系战略（Continental System），同时也骚扰了奴隶贩子。英国与美国因此产生冲突，英国经济急剧下滑。1809年、1810年、1811年和1812年的农业歉收使情况恶化，当时在兰开夏郡的城镇，大约每五个人就有一个要完全靠救济才能过活。在1808年和1810年，约克郡和兰开夏郡还发生了一些暴力事件。与1810年的经济萧条同时发生的还有由货币短缺造成的银行业危机。1812年爆发的英美战争使英国失去了一个重要市场，因为引入机器而产生的失业潮也更加严重。博尔顿手工编织工的周薪由1805年的25先令急剧下降到1812年的14先令。[13]

因为与俄国战役的惨败，拿破仑放松了扼杀大陆计划，欧洲市场在1812年至1813年间得以开放，英国经济的惨淡境况得到轻微的缓解。1813年的大丰收让人印象深刻，廉价的谷物从至今处在控制下的波罗的海港口运进来。谷物价格从120先令降到56先令，缓解了穷人的拮据状况，但很多农民却因此受损。1813年和1814年之间的冬天异常寒冷，2月的泰晤士河冻结成冰。[14]

再次兴起的议会改革运动加剧了政府面临的困难。政府内部尤其让人恼怒的是威尔特郡（Wiltshire）的弗朗西斯·伯德特（Sir Francis Burdett）准男爵，他和一个银行家的继承人索菲娅·库茨（Sophia Coutts）结婚，因此有资本不断地对政府发动攻击，谴责它腐败、虚伪和专制。伯德特于1802年被选为国会议员，但因为程序问题而被排除，后来于1807年再次成为威斯敏斯特的一员。一直到1810年，他不断地给政府制造麻烦，最终因为藐视议长而被送进了伦敦塔。伯德特被抓的消息传出去后，一伙暴徒聚集，与护送他进塔的卫兵产生冲突，然后又在伦敦游荡，打碎了主要阁员家的窗户。伯德特于三个月后被释放。

伯德特在此之前已经结识了其他的所谓改革主义者，其中包括威廉·科贝特、弗朗西斯·普赖斯和约翰·卡特赖特（John Cartwright）少校。科贝特原本是政府的支持者，现在代表北方穷苦工人开展运动，推动议会改革。卡特赖特是一个资深活动家，一直在为男性普选权、秘密投票和年度议会做斗争。他于1740年出生在诺丁汉郡一户传统地主家庭，之前是一个供职于殖民地的海军军官，后来成为所在郡民兵组织的指挥官，最终在林肯郡以农民的身份定居下来。但在1803年，卡特赖特搬到了恩菲尔德，这样就与伦敦靠得更近一些。

1811年，卡特赖特帮助建立了一个以17世纪的国会议员约翰·汉普登（John Hampden）名字命名的俱乐部，汉普登当时参与了反抗查理一世的运动。俱乐部主席是伯德特。俱乐部最初的目的是为支持选举改革的有名望人士提供聚会场所，但由于吸引力不够，卡特赖特开始到其他地方寻找机会。他不顾自己72岁的高龄，骑马考察工业城镇，在他力所能及的地方都建立了汉普登俱乐部。罗伊斯顿（Royston）、奥尔德姆（Oldham）、罗奇代尔（Rochdale）、阿什顿安德莱恩（Ashton-under-Lyme）、米德尔顿（Middleton）和斯托克波特（Stockport）很快出现了俱乐部分支。他们的目标完全符合宪法，他们的方法也是遵守法律，但这没能使卡特赖特免遭被逮捕的命运。

当局十分警惕民众中出现的不满浪潮。失业、工资下滑以及面包价格高企使得绝望情绪蔓延，袜子编织等工业中的科技发展和新技术应用也同样引起了愤怒。

工人和工厂主之间的对立有时十分暴力，但更多时候会展开集体谈判，蒙受损失的工人整体上可以得到尊重。阿诺德是诺丁汉外

/ 6 秩序 /

围的一个小镇,那里的针织厂入侵了手工作坊的领域,被从针织机上赶走的手工业者聚集在当地教堂,试图在谈判中获得优势地位。工厂主态度顽固,于是工人们在公共集会上征求更广泛群众的支持,但他们很快就被军队驱散。这时,工人们诉诸暴力,对抗他们所痛恨的机器,在他们看来,机器是造成失业和工资下滑的罪魁祸首。[15]

机器破坏者被称为"勒德分子"(Luddites),这得名于一个可能从没存在过的传奇人物内德·勒德(Ned Ludd)。1811年下半年,工人对抗的频率和强度升级,到1812年2月,大约有1000台制袜机被破坏。这些机器是手工艺人从所有者那里借来放在自己家中做活用的,因此分布十分广泛,也十分脆弱。一伙勒德分子可能会在深夜袭击村庄,一个小时之内就能破坏几十台机器,然后逃之夭夭。他们的胆子越来越大,也开始破坏工厂里的机器,有时干脆就把它们全烧了。政府收紧1721年颁布的法令以做回应,认定破坏机器构成侵犯财产罪行。拜伦勋爵在上议院发表了慷慨激昂的演说,表示反对该措施。

民兵和军队都被动员起来以应对勒德分子,一些勒德分子因此自我武装起来。他们在夜间袭扰私人住所,在一桩案子中,勒德分子进攻谢菲尔德的民兵仓库,拿走了少量武器,并将剩余的武器摧毁,以阻止民兵的攻击。但当一支正规军在夜间巡逻的时候,他们听到了或者说是感觉听到了零星的枪响。尽管对这些枪声更合理的解释是偷猎的声音——捕猎是一项国民休闲方式,也是困难时期的主要资源来源——但他们还是把枪响当作勒德分子晚间秘密演习的证据。[16]

1812年5月11日,斯宾塞·珀西瓦尔首相在下议院大厅被近距离射杀。新闻传出去后,欢腾的群众涌向街头,军队被调动以恢复秩序,并将刺客押解到新门的监狱。这个冷门英雄是利物浦商人约翰·贝林厄姆(John Bellingharm),他对当局很多成员抱有偏执狂般的仇恨，可能是出于商业利益发动这次行动。当局对他的审判十分匆忙，并没有尽力去调查，贝林厄姆除个人怀有不公正的情绪，他行刺的动机依然是个谜。然而在很多人看来，这件事和当时混乱的秩序有关。"这个国家现在的形势极度紧张，"威廉·华兹华斯从伦敦给他的妻子玛丽写信说道，"如果政府再不强硬，混乱、劫难和谋杀将爆发并大行其道。"17

利物浦伯爵罗伯特·班克斯·詹金森（Robert Banks Jenkinson）组建了新一任内阁。他从1795年起就陆续在皮特、爱迪生和波特兰政府任职，并在珀西瓦尔手下担任过战争大臣，在首相这一职位上也将服务十五年之久。詹金森是一个谦逊且不善表现的人，他也已经证明了自己是一个可以克服困境的优秀管理者。他很聪明，担任首相时才42岁，虽然他的母亲是半个印度人，他自己也在大陆上游历甚久，但他的世界观仍然偏向保守，具有防御性。他亲身经历了巴士底狱风暴，却似乎没有因此而获得深刻领悟，他不知道革命是如何发生的。

他的内政大臣亨利·阿丁顿（Henry Addington）于1805年设置西德茅斯子爵（Viscount Sidmouth）头衔，这个称号被授予在1801年至1804年间担当首相的平庸之人，即阿丁顿自己。阿丁顿的父亲是一个内科医生，母亲是牧师的女儿，他的成长深受校友威廉·皮特的影响。阿丁顿极其崇拜皮特，并在皮特的帮助下攀上了政治高峰。他诚实而愚钝，自命不凡又固执己见。虽然1812年他成为内政大臣时已经55岁，但从来没出过国，最远也没到过牛津郡以北的地方。

利物浦内阁里最有名，一定程度上也最具争议的人物是外务大臣卡斯尔雷子爵。罗伯特·斯图尔特（Robert Stewart）在1769年出生时很普通，同年出生的还有拿破仑和威灵顿，他的父亲是有政治抱负的阿尔斯特土地主，来自苏格兰长老会世家，他的母亲是赫特福德侯爵的女儿，赫特福德侯爵与国王关系密切，而且占有大量财富。卡斯尔雷的父亲借这层关系很快就在1789年获得了伦敦德里男爵（Baron Londonderry）称号，然后又用七年时间晋升到子爵，到伯爵，再到侯爵。

卡斯尔雷子爵是罗伯特于1796年其父获得伯爵衔位后得到的称号。他在阿马和剑桥接受了教育。法国大革命的激情氛围给卡斯尔雷带来了极大的震撼，他也兴致勃勃地庆祝了人民主权的胜利。但是当他于18世纪90年代到欧洲大陆游历时，有机会发现了革命导致的失序和放荡纵欲。他的阿尔斯特精神遭遇挫折，对政治生涯美好未来的希望也开始消退。皮特当政期间，卡斯尔雷一度病倒，而皮特为回报他的贡献，于1798年任命其为爱尔兰首席大臣。卡斯尔雷在当年镇压爱尔兰叛乱的过程中扮演了积极角色，《联合法案》在他的主导下得到执行，他因此在爱尔兰和其他地方遭到了唾弃和摒弃。众人皆知，诗人雪莱称他是谋杀犯，而拜伦称其是残忍的独裁者。

卡斯尔雷保守而敏感，他热爱花草和动物，没有什么事能比在自己朴素的乡间居所照顾花草和动物更让他开心了。对妻子而言，他也是一个好丈夫。虽然卡斯尔雷与风流的摄政王关系很近，但他们夫妇那落后于时尚品位的家居生活仍成为人们嘲笑的对象。他虽然不善演讲，但能够在议会中管好自己的政党，是一个很有能力的主政者，这从他在1806年至1809年这几个关键年份主政殖民部和陆军部的事迹中可以得到证实。作为外务大臣，卡斯尔雷一手制定了英国数十年的外交政策，对欧洲产生了决定性的影响，并在打败拿破仑的过程中扮演了重要角色。他受到詹金森的信任，成为内阁的主要角色。利物浦内阁在一定程度上继承了珀西瓦尔的福音派使命感，这解释了为什么内阁成员在困境中毫不动摇，也不会停下来反思他们的对手是否言之有理。

西德茅斯勋爵于1812年6月主政时，勒德分子骚扰的频率已经有所减弱，但是让人胆战的报告仍从四面八方传过来。南德文民兵（South Decon militia）指挥官西尔少校于6月30日报告，称一个线人告诉他一桩大规模阴谋正在酝酿之中，涉及范围从格拉斯哥一直延伸到伦敦：阴谋分子在全国各地游走，与地方委员会开会，在地方策划声东击西的起义，试图把伦敦的军队吸引过去，然后进攻首都。传闻叛乱分子已经武装到了牙齿。用声东击西的骚乱引诱军队离开伦敦的阴谋反复出现在西德茅斯收到的其他报告里，间谍上报的情报似乎也证实的确有"秘密委员会"在策划一场"全民性起义"。他们在博尔顿窃听到"S先生"告诉镇里的机器破坏者，说伦敦的大人物，比如伯德特，正在等待他们发起推翻政府的行动，而且伯德特怂恿他们焚烧西霍顿的工厂，以此作为行动的信号。[18]

7月，上下两院组建了一个秘密委员会，汇报动荡局势。报告里充斥着惯用语，比如"似乎""有理由相信""证据显示"，并靠猜测以及在没有充实证据的前提下，描绘了一个前路黯淡的悲伤图景。根据下议院委员会的说法，骚乱并不是自发产生，而是"有组织的非法暴力"的结果；叛乱分子使用"最狡猾的语言"表示他们要进行的是"一种军事训练"。报告的大部分内容说明骚乱队伍由佩戴明显"标志"的领导人召集，并描述了"夜空中可以看到炮弹和蓝光"的事实。两份报告都强调叛乱具有组织性和协调性，强调武器贮藏和储备、地区"委员会"的存在以及用来抵御渗透者的"提示和反提示"标志。他们引用据称是内部人士的宣誓词，这些人无法透露最高"秘密委员会"成员的身份，而"秘密委员会"则被认为是"整个机器的终极推动者"。未经阐明的结论是，存在一个有深远影响的阴谋，致力于用武力推翻政府。7月23日，西德茅斯在议会签署了一项给予地方治安官以广泛权力的法案。士兵驻扎在受影响地区的每一座旅馆里，舍伍德森林（Sherwood Forest）和科撒穆尔（Kersal Moor）也搭起了营地。到年底，大约有12000名正规军被派到叛乱地区，这个数字和威灵顿在半岛指挥的人数一样多。[19]

内政部不断地收到工厂主和地方治安官要求提供军事保护的请求，而私人个体则自己准备预防措施。帕特里克·勃朗特（Patrick Brontë）牧师每天早上都会在霍沃斯公寓向他的卧房窗外发射一枚子弹。在湖区的凯西威克，诗人罗伯特·骚塞有一把"生锈的旧枪"，它时刻上着膛，以应付可能出现的革命分子。一个在18世纪90年代疯狂热衷于共和主义的人现在"甚至在深山"之中也闻到了煽动叛乱的气息，他警告利物浦勋爵，如果把军队被调离伦敦，"三色旗将在不到24小时的时间内插到卡尔顿府邸之上"。[20]

梅特兰德（Maitland）将军是国家北部正规军的统帅，他不相信革命会发生。西约克郡是受影响最严重的地区之一，这里的治安长官菲茨威廉伯爵认为骚乱不过是"贫苦和失业压力的一种释放"。这种叛乱分子和军队或民兵之间的冲突通常是非暴力的，群众会和平地四散而走。在谢菲尔德，女人也加入了暴民的行列，不过他们并不抢劫，而是威胁店主以更为合理的价格将面粉卖给他们："自由英国人的权利"之强烈信念是很多事件的根源，并决定了事件的发展走向。7月，也就是西德茅斯派出军队的那个月，菲茨威廉报告，称暴动已经消退，整个国家开始安静下来。针织工人继续集会，打砸机器偶有发生，但危机已经结束。1813年2月，摄政王签署了一份公告，号召"国王的所有臣民主动采取措施防止这类恶劣罪行再度发生，同时警告那些可能受到秘密决策层影响的人小心阴谋的危险性和邪恶性"。这时菲茨威廉终于可以汇报，"国家正快速稳定下来，不会再有扰乱公众安宁的暴行发生"，是时候把军队撤离下来了。[21]

当局从政治角度思考食物暴动和勒德分子骚乱的倾向让人很难

理解。由18世纪90年代激进组织的残余、爱尔兰人团结协会、被绞死的德斯帕德的同伙、斯宾塞分子及其他一些人参与的反叛活动的确存在，同时在1793年和1794年被驱逐、刑期已满回来的人里面，有不少都渴望继续完成他们未尽的斗争。但当局对他们了如指掌，间谍也到处都是，所以当局应该意识到，这些人和勒德分子之间没有任何联系，甚至并不打算利用骚乱。过去十年里，威斯敏斯特发生的唯一一起改革派活动和针对政府的政治反抗由伯德特这些人发起，然后由卡特赖特和其他一些人将之公之于众。法国大革命已经被拿破仑所动摇，而拿破仑本身对英国已经不构成威胁。10月，拿破仑在莱比锡遭遇惨败，自己前途未卜。

1813年的大丰收以及从解放了的大陆进口的便宜小麦确保不会再发生食物动乱，下层人民免受饥饿困扰，就会十分驯服。"我难以理解你去煽动一个饱腹之人。"科贝特的这句抱怨十分出名。填饱肚子的人不仅不会被海峡对岸的法国口号所煽动，他们也对自己以前所捍卫的陈词滥调变得麻木。1809年举行的乔治三世加冕50周年典礼在各阶层都激起了未曾料想的爱国热情和对王室的忠诚。随着战争即将结束以及和平前景临近，全英各地的保守人士可以庆祝他们挺过了革命风暴的冲击。1815年6月的滑铁卢最后一役只是给整个故事画上了一个光荣的句号。然而恐惧仍然没有平息。[22]

"法国的革命思想已经在各国人民心中留下了深刻的烙印，甚至在各国首都的核心阶层那里也不例外。"《泰晤士报》在决战前的几周发表了一篇社论："现在对欧洲构成威胁的已经不是波拿巴了，他的面具摘了下来，是新观念；是人们混乱的思想；是基于私利而发起叛乱的动机；是所有致命的传染病，是道德沦丧的传染，是错误的博爱的传染，是背信弃义而又目中无人的哲学的传染；这个世界需要被保护起来以免受这些威胁。欧洲要么清除真实的痼疾，要么就被它给摧毁。道德使命就是上帝的使命，这是全人类的使命，是所有国家和君主的使命！"[23]

这一使命无法在战场上实现，而且滑铁卢战役的胜利，尽管十分光荣，但内阁的态度没有因此而改变，也拒绝抛弃他们虚构的革命故事——认为疯狂的大众革命要推翻英国的体制，并图谋刺杀国王和大多数贵族。

/ 7　和平

　　1815年结束的战争不是一般的战争。在持续1/4世纪的鼎盛时期，军事行动曾经横扫欧洲，从里斯本到莫斯科，从波罗的海到意大利脚趾尖——如果说瑞典、挪威、英格兰、撒丁和西西里免遭入侵，但芬兰、威尔士、爱尔兰、马耳他、埃及和巴勒斯坦未能幸免于难——大陆上所有人都受到了实质性的影响。欧洲几乎所有的殖民地都发生了战争，从西方的佛罗里达到东方的爪哇岛，其中大部分是在海上展开。战争持续的时间是第一次世界大战的六倍，是第二次世界大战的四倍。虽然战场伤亡没有两次世界大战那么惨重，但伤痛、疾病、饥饿和冻寒造成的士兵和平民死亡人数前所未有，与两次世界大战相比，也有过之而无不及。

　　战事结束给欧洲大多数人口带来了更为恶劣的物质条件，穷人尤其如此。由于战争而关闭的市场重新开放，其他由军火需求创造的市场崩溃，造成经济的极度紊乱。英法曾发动经济战争，推行封锁政策，以摧毁对方。英国使出浑身解数封杀法国的殖民贸易，拿破仑则把英国的贸易隔离于欧陆之外。以前从英国或其殖民地进口的商品必须得自己生产；因为没有了英国的竞争，萨克森、奥地利、瑞士和加泰罗尼亚的毛纺工业得以繁荣发展；普鲁士的钢铁产业也赢得了发展机遇。得益于军事物资需求，比利时经历了工业革命。因为免受殖民地贸易的竞争，乡村地区的甜菜产业也获得发展。战争的持久性使这些地域发展能够延续下去。

　　和平的到来解除了贸易壁垒，殖民地商品和廉价的英国进口货如潮水般涌入迄今为止仍处于贸易保护状态的欧洲地区，地方经济由此遭受毁灭性的打击。不过这没能缓和英国的困境。尽管欧洲的纺织和钢铁市场重新向英国商品开放，但英国输出的只是封锁期间留下来的存货，因此并没有给制造业带来相应的繁荣，失业率也没有降低。同时，从欧洲进口的廉价谷物威胁了英国农民的利益。

战争期间正值排挤劳动力的机器被引入，加上人口的大量增长，这些都加大了工资下滑的压力，士兵复员更是恶化了形势。失去劳动能力的伤残士兵要吃饭，贫困家庭面临的压力剧增。这一时期货币供给剧烈波动，革命的法国和之后的英国引入纸币，货币价值的不稳定性更加严重，人们的信心受到打击。欧洲各国政府想尽一切办法增加税款，以偿还战债借款。英国的实际支出已经超过后来一战时的开销，其国债负担达到天文数字的级别。俄国在1809年的国债水平达到1801年时的20倍，而到1822年，则又是1809年的两倍之多。技术上来说，奥地利已经破产：在之后的30年里，它平均每年都要把30%的国家财政用于偿还债务。[1]

战争与和平造成的社会影响非常深远。年轻的男人和追随他们的女人被从家庭和社区剥离，没有了限制和禁忌。他们经常被迫服务于盟友而非本国的统治者，因此葡萄牙农民发现自己在俄国参战，波兰人发现自己在西班牙打仗。他们的经历既使自己得到解放，又使自己变得很残忍。那些为逃兵役而离家出走的人之后以匪盗为生，他们无法再受到传统的控制，比如教会的影响或当地的等级体系和制度。为生计而犯罪的逃兵也是如此。和平到来时，这类人没有回到他们原来的村庄，而是去往更大的城镇，在那里隐匿起来，并希望实现由革命和拿破仑时代的口号以及时代氛围所激发的理想。

来自乡村的经济移民也导致了都市人口的膨胀。工资水准降低，严重拥挤导致疾病，贫困阶层的生活水平由此下滑，另外还造成了一些意想不到的后果。从乡村到城镇的流动通常恶化或者至少削弱了家庭联系以及传统形式的宗教仪式。以前的教堂要么像在革命的法国那样被废止，要么眼睁睁地看着自己的财产和地位受到急剧削弱，他们作为教育和健康福利供给者的社会角色也受到贬低，教会的影响力因此大为缩水。他们失去了对大城镇的穷人阶层的控制，后者被各色新式宗教运动和政治思想所吸引。

战争的序曲是法国大革命的爆发，战争在很多层面也是对大革命的延续。他们给整个大陆及其海外领地的所有社会与政治关系带来了巨大的混乱：统治者被击败或被推翻，旧的宗教被削弱或被废止，各种等级制度被弱化或被摧毁，个体、阶层、少数派和国家或多或少地得到了解放。它不仅激活了蛰伏着的分歧和仇恨，还释放了对社会、政治和精神实践的所有方面的质疑。它引入了意识形态争议，这在17世纪宗教战争之后，欧洲意识形态斗争的烈度从来没有这么大过。为与法国的革命激情相抗衡，那不勒斯的波旁国王设立了"圣信军"（Army of the Holy Faith），西班牙组建了特别残忍的准宗教军队，奥地利在1809年重新燃起蒂罗尔激情，俄国于1812年派出由农民组成的民兵袭扰法国，普鲁士则在1813年动员德意志民众发起了解放战争。

好像这些还不够，大自然也添油加火，历史上规模最大的火山喷发发生了，规模达到1883年喀拉喀托火山（Krakatoa's）爆发的四倍之大。1815年4月10日，当拿破仑在滑铁卢战场调兵遣将，即将失败的时候，印度尼西亚群岛的松巴哇岛（the island of Sumbawa）上的坦博拉火山苏醒过来，当时人记录说火山向天空中喷发了大量流体之火，将火山灰送到了20多英里的高空。火山喷发的声音在1600英里之外都能听到，400公里左右半径的范围在两天时间内被一片漆黑笼罩。死亡人数在7万到9万之间。风把火山灰颗粒带到全球各地，伦敦人在7月底惊讶地看到了五彩斑斓的日落景象。但他们到后来才真切地感受到火山爆发带来的影响。

1816年的欧洲没有夏天，连绵不绝的雨水和持续的寒冷使整个大陆都无法收获农作物，这导致爱尔兰部分地区、威尔士和北意大

/ 7 和平 /

利发生饥荒,那里的人们只能吃草和果莓,烧植物外皮和动物粪便。德意志人则用树皮制作面包。饥荒迫使大量的难民逃到受影响较小的欧洲地区,逃到俄国和美国。到1819年,天气逐渐恢复正常,但其他情况并没有改善。"火山不再喷发",英国内政大臣西德茅斯勋爵于1815年8月13日给朋友写道,但他指的并不是坦博拉火山。[2]

社会各层次和不同地方的人总有不喜欢和平的,他们一有机会就煽动古老的激情。有些人是出于意识形态的信念,有些人是出于对被挫败的事业的忠诚,有些人是想扭转形势,挽回在财产和地位上受到的损失,有些人则因为和平状态不利于他们发挥才能。在整个欧洲,热衷于冒险的年轻人面对的未来黯淡而无趣,他们的荣耀和地位无处安放。与此同时,战争性质的改变使18世纪的数量有限的契约兵和雇佣兵模式变成了全民武装、捍卫国家的模式。所有欧洲国家的军队都取得了特殊地位,成为各国内政不可忽视的部分。为顺应潮流,几乎所有欧洲君主都穿上了军队制服。

漫长的战争和历经的艰难困苦使人们不同程度地对和平抱有期待,希望有一个全新的开始,获得一个美好的世界,能够弥补并让已经付出的损失获得回报。这一期盼在1815年被当时的精神觉醒放大,精神觉醒在过去二十年出现在德意志、中欧其他地区、英格兰和北美。这类渴盼不可避免地落了空。而感到失望的不仅仅是憧憬太平盛世的梦想家。

在1815年维也纳会议上达成的和平协议耗时近两年时间,是当时最杰出的政治家的谈判杰作。和平缔造者如果不是要实现最好结果,也是本着敬意而进行谈判的。谈判的首要任务是在主要大陆国家之间创造均势,即在俄国、普鲁士和奥地利这三个列强之间维持势力平衡,并在战略上消除法国再次成为威胁的可能。最后的解决方案没能满足大部分人的期望,反而损害了文化和宗教情感。它还侵犯了全欧洲社会各阶层人士的正义感:很多从大革命和军事侵略中获益的人被剥夺财产，并被判刑，其他人得到奖励，受害者的要求则没有得到满足。毫不奇怪，很多人指责这个和平是非正义而不道德的。就和平缔造者而言，这些冷酷的抱怨无关紧要。但因为忽视人们的诉求，他们创造了这样一个潮流，即人们要推翻他们塑造的体系。

在所有折磨着欧洲各国的失望情绪中有一种是人们对独立建国的渴望。很多意大利人、波兰人、匈牙利人、爱尔兰人、比利时人和所有德意志人感到很难过，因为他们的家园被割裂或者被外国人统治，他们渴望自己的家园以独立国家的身份而自立。

另外一种强烈的情绪在大陆各国有不同的伪装，即回归更简单的、精神上更纯粹的生活方式。这在德意志的启蒙运动和德意志宗教生活里的虔信派运动中即已浮出水面，而俄国记者尼古拉·伊万诺维奇·诺维科夫（Nikolai Ivanovich Novikov）、神秘的路易斯-克劳德·德·圣-马丁（Louis-Claude de Saint-Martin）、德意志诗人诺瓦利斯、采矿工程师弗朗茨·冯·巴德尔（Fránz von Baader）和亚历山大沙皇的精神导师冯·克吕德纳（Krüdener）女爵都对之有所利用。这一潮流底下的信念不仅认为基督信仰应更多地实践于精神，而非停留在传统仪式，还认为爱应该超越法律，并且统治者的权力必须彰显于美德实践。有些人走得更远，认为法国大革命是对欧洲抛弃基督价值的惩罚，因此也可能是欧洲基督教君主没能认识到的有益教训。这些观点与德意志浪漫主义的主旋律一致，认为中世纪是纯粹的英雄时代。像亚当·穆勒这样的作家呼吁的并不是回归到1789年之前的旧秩序，而是回到他们所想象的骑士时代，那时还没有被大革命和启蒙运动的罪恶污染。在《给年轻贵族的忠告》一文中，亚历山大沙皇的朋友黎塞留公爵提出，大革命很大程度上是法国贵族的缺陷所造成的，并警告这些贵族的后人忘记18世纪那些"错误的宏大"思想，要回归典范式的"骑士时代"。[3]

尽管这类思潮并不成熟，但它们还是传遍欧洲社会的每一个角落，引发了关注和行动。维尼和缪塞这些法国诗人以及后来拉马丁和雨果表达的不满情绪被称作"世纪病"。他们在俄国的对应人物普希金和莱蒙托夫则被称作"孤僻的人"，他们在丑陋的现实世界秩序里没有一席之地，是多余的人。

"一个饱受争议且所向披靡的革命刚刚被平定。"保守派历史学家、以前是流亡士兵的弗朗索瓦·多米尼克·德·蒙洛西耶（François Dominique de Montlosier）在思考1815年法国形势的时候写道。但是胜利没有解决任何问题，因为战胜方试图重建国家时，被"制造革命的邪恶以及革命制造的邪恶"所包围。"接下来的计划是什么？过去的智慧再也无法适应新时代，它对新时代很陌生；当代的智慧甚至更没有作用，它是堕落的智慧。"[4]

利奥十二世教皇重新恢复短暂的统治，试图回归传统，问题就这样充分地表现了出来。法国于1809年占领教皇国，重新安排了管理机构，解除了压在各个组织身上的负担，废除了其他群体的特权并使国家构造现代化。教皇解雇了曾为法国当局工作的人，恢复了宗教裁判所和耶稣会，把犹太人送进了贫民窟。其他受到牵连的还有亵渎神灵的革命新事物，比如路灯和疫苗接种。

撒丁国王维克多·伊曼纽尔一世（Victor Emmanuel I）采取了类似的措施。1798年，在法国人迫近的时候，国王曾被迫从他的大陆首都都灵逃走。他回来后，驱逐了他领土上的所有法国国民，甚至包括那些嫁给撒丁臣民的法国人，他还关闭了法国统治下开业的植物园，根除并烧毁植物，好像它们的种子会滋生腐败一样。所有官员也都被裁撤。紧握1798年的法庭年鉴，嘴里咕哝着"九十八"，国王为人们恢复了以前的职位，并重新授予原有衔位，结果祖父辈们再次被记录在册。出于对马裤和假发的热爱，国王复兴了传统时尚，极端保守的撒丁驻圣彼得堡的公使约瑟夫·德·迈斯特不得不在返回都灵的路上停下来，去打造一个新衣柜（他跟一个记者承认过，"这样做听上去很滑稽——我不知道穿上以前的衣服怎么走路，因为大家二十多年来穿的都是燕尾服或者制服"）。[5]

维克多·伊曼纽尔至少关闭了一座在以前的修道院运行的纺织工厂，还驱使几十个圣方济会成员对修道院进行修缮。但是他和教皇都没有归还在法国统治下被国家没收的大量宗教财产。他们也没有废除法国人引进的高效财政体系。维克多·伊曼纽尔还保留了法国人的维和宪兵队，并重新命名为意大利宪兵队。原则不得不服从于便利。

维也纳会议以让很多人受损失为代价实现了妥协——主权统治者、贵族、主教、修士以及其他机构之前被革命或拿破仑政权剥夺了权力，现在又眼睁睁看着自己的财产被转移到第三方手中。恢复正统原则可以恢复旧秩序的一些攻击性，而践踏正统原则则是出于权宜之计。会议建立的新秩序使大量正统贵族被疏远，而贵族本可以对会议给予极大的支持。协议恣意妄为，忽视人民的权利，尤其是不顾卑微个体的权利。国家比以往任何时候都被置于个体的对立面，这与强调个体、贬低以国家为载体的时代精神相违背。此类情绪不仅出现在受委屈的少数派的狭隘抱怨中，还把极度绝望的反抗人群团结在了一起。哲学家拉·阿尔普走得更远，他认为和平协议内包含了使"欧洲分裂的种子"。意大利政治家卡米洛·迪·卡武尔（Camillo di Cavour）界定协议是"缺乏道德根基的政治构建"。迈斯特也不承认协议的合法性。"正义本质上导向和平，"迈斯特写道，"非正义则导致战争。"他的话后来得到证实，但发生的战争与他想象的很不一样。[6]

蒙洛西耶所指的"堕落"智慧是基于实用性和可行性的新式自

由主义，它抛弃了启蒙运动倡导的乌托邦主义和大革命宣扬的理想主义，把诸如人之权利的宏大概念抛在一边，转而拥护更实际的方法，从而为大多数人争取最大多数的幸福。这种自由主义把法国的政治选举权、社会解放、世俗化、政教分离和扩展法律保护视为理所当然，法国造成的影响所至之处代表了人类进步征程上的一大步。

"上帝已经清楚地表明，他并不希望破坏皇室继承的秩序。"亚历山大沙皇的一个顾问谢尔盖·塞米诺维奇·乌瓦罗夫（Sergei Semionovich Uvarov）辩称。但是他相信人们已经获得了"他们为之英勇捍卫的主权权利"。他建议国王和人民应该在"波拿巴的坟墓"上"相互牺牲专制主义和人民无政府主义"。塔列朗也持相似的观点，他认为合法性已无法建立在君权神授的基础上，而应该建立在君主确保人民幸福的能力上。"没办法改变现在的流行观点，它强调政府只为人民而存在，"塔列朗解释说，"这一观点的结果是，能够最好保障人民幸福和安宁的权力就是合法的权力。"[7]

历史无法倒流。"我认为不去鄙视或贬低旧秩序，反而要恢复它的任何努力都是幼稚的，"曾经为拿破仑服务的初级外交官、29岁的贵族德·布罗伊（de Broglie）公爵写道，"我在心理和精神上属于新社会，我坚定地相信它的完全进步性；虽然我厌恶革命的过程，厌恶玷污了革命的所有暴力和犯罪行为，但我仍然认为法国大革命从根本上是不可避免的，是能够带来好处的苦难。"[8]

对保守分子来说，这就是异端邪说。根据迈斯特的说法，《维也纳条约》之所以这么糟糕，是因为君主和大臣们"毫无顾忌地接受了时代的哲学和政治思想"，他形容这是投机实用主义。"革命精神穿上了理性的外衣，这一伪装的下面是巨大的欲望。"迈斯特于1815年警告道。对于他这样的人，害怕再来一遍1793年的威胁就像第二次世界大战结束后几十年里，人们害怕法西斯主义复燃一样：稍微提及"雅各宾主义"就会引起警惕，就像战后自由派会给任何对右翼持同情态度的人贴上"法西斯主义"的标签一样。极端保守的政客让－巴蒂斯特·德·维勒尔（Jean-Baptiste de Villèle）把所有自由派人士都称为"革命分子"，这个称呼对他来说代表着一支正在运作庞大阴谋的活跃力量。[9]

"只要人民主权这样荒谬而致命（乍一看上去十分合理）的教条或多或少地被大众认可，"迈斯特于1817年3月警告说，"我认为一个敏感的人都可以放松下来。"那些和迈斯特有同样想法的人并不认为大革命已经成为过去，反而把它看作是善恶相争的新时代的开始。如果曾经对世界所有人民造成如此巨大影响的大革命真是由阴谋引起，那危险就绝不仅限于过去。阴谋不会容易消失，而它的精神不可能因为战胜了拿破仑就消亡。大革命并不是高潮，它是一次爆发，而且不管坦博拉火山是否还有后续影响，广泛流行的意向也是火山爆发式的。[10]

"法国的火山爆发了，"用亚历山大沙皇的顾问亚历山大·斯图尔扎（Alexander Sturdza）伯爵的话来说。"邪恶的精神也迸发出来，并不断增长。宗教越轨、过度奢华、道德崩解、权力滥用和理性扩散都为邪恶的传播铺平和拓宽了道路。"保守派作家路易斯·德·博纳尔德（Louis de Bonald）附和斯图尔扎的观点，并且他警告，"尽管喷发已经消停，但火山仍在燃烧，发出隆隆响声"。[11]

"欧洲不仅需要和平，"博纳尔德在1815年底反思道，"欧洲最需要的首先是秩序……"但是哪种秩序？欧洲社会已经被沿着意识形态的分界线撕裂，而且是宗教改革以来最严重的一次。一类人的秩序是另一类人的监狱。如果说欧洲社会的进步势力被信仰君主立宪的、以渐进式民主为手段的自由派和倡导暴力革命的激进少数派所分裂,那么保守势力就是被立宪保皇党和眼里只有革命、谋杀和混乱的强硬派给分裂。一些人寻找精神上的解决方案,而掌权的人则在没有把握的合法性和用武力确保安全之间寻求慰藉。在这种情况下,追求"秩序"会事与愿违,会促使欧洲社会发生转型,现代国家由此诞生。[12]

8 一百天

战争结束时经常发生的是失败的一方割让土地给战胜方,并支付各种形式的赔偿。联姻是常用的解决方案,这样失败的统治者就很难去复仇。推翻一个战败的君主并不是惯用手段——他顶多被逼退位给一个侵略性较小或能力较差的继任者——拿破仑在1814年提出的就是这样的方法。不过拿破仑并不是一个寻常的君主。英国人甚至都不承认他的皇帝身份。尽管他由教皇加冕,迎娶了奥地利皇帝的女儿,其他国家也只是很勉强地接受他,承认了他的君主地位。这不仅是因为他的血统问题。一些人认为拿破仑声名狼藉,一些人把他当作革命的化身。他们称拿破仑是"篡位者""怪兽"和"食人魔"。英国首相斯宾塞·珀西瓦尔把拿破仑比作《启示录》里的女人,是"老鸨,是让人极端憎恶的人",是以野兽为坐骑,给世界带来了毁灭性灾难的人。如果要消灭革命遗产,驱除革命鬼怪,那就必须得把拿破仑赶走。[1]

当沙皇亚历山大于1814年现身巴黎,将形势掌握在自己手中的时候,人们还没有就如何处置拿破仑达成一致意见。亚历山大错误地以骑士精神和拿破仑在枫丹白露签订条约,将地中海里的厄尔巴岛给后者统治,并且要求法国未来的统治者要向其提供丰厚的津贴。谁将要取代拿破仑的问题以同样草率的方式解决了,解决的方法主要来源于法国政治家(拿破仑时期的外交大臣)夏尔-莫里斯·德·塔列朗(Charles-Maurice de Talleyrand)的提议。塔列朗坚持,不管是谁来取代,他必须不同于篡位者拿破仑,且得彻底接受法律的制约。继任者当权还应该象征由大革命开启的时代的终结。塔列朗向战胜国的君主和大臣进行游说,使他们相信唯一可以满足要求的候选人就是旧秩序最后一位国王,1793年被送上断头台的路易十六的弟弟——路易·斯坦尼斯瓦夫·沙维尔(Louis Stanislas

Xavier）。

如此恢复旧秩序是没有任何问题的。1789年到1814年法国发生的事情不可能轻易被清出历史。塔列朗自己就参与了早期阶段的大革命，之后又成为拿破仑帝国的支柱。法国和法国社会在这25年里已经完全变了样，但是要承认大多是往好的方向发展。联盟恰如其时地以《大宪章》的形式将宪法强加给了新国王。立法机构将是两院制议会，上议院议员由国王提名，下议院由具有一定财产资格的人选举产生：这是英国宪政模式的更自由化、更理性化的版本。尽管它没有得到热烈的反响，但波旁王朝的复辟没有碰到什么麻烦：被二十年战争弄得精疲力竭的多数法国民众对政治已经相当冷漠——大多数人已不记得共和国是什么模样，更别说旧秩序了，所以他们没有理由去反对它。没有什么事情需要新国王焦虑了。

路易十八出生于1755年，是路易十六的弟弟，他小时候被精心呵护，受过良好的教育，但没有找到机会实现自己的雄心。他有很强的宗教意识，为人勤勉认真，他或站或坐在一旁，把精力投入到研究自己喜欢的经典著作之上。由于贪婪美食，加上讨厌锻炼，他变得大腹便便。他和有抵触情绪的萨伏伊公主结了婚，尽管他竭尽所能，但仍然没有子嗣，后来和一个女仆有了暧昧的关系。大革命爆发时，他一直站在国王的一边，直到1791年6月从法国逃到了科布伦茨。他的弟弟阿图瓦伯爵在那里和一大批流亡贵族组建了一支军队，试图打回法国，恢复旧制。这一希望破灭后，他开始流亡，先到了维罗纳，然后是布伦瑞克、米陶（Mittau）（叶尔加瓦）、华沙，最后来到白金汉郡的哈特维尔屋（Hartwell House），依靠其他人和后来英国摄政王并不慷慨的帮助，他徒劳地维持着皇家礼仪，穿戴皇家服饰。

路易国王尽管很胖，但他面貌很好，被很多人认为十分帅气。他神态慈祥，仪表端庄，展现出十足的帝王威严。他很聪明，知道必须与时代妥协，但他和他的人民缺乏接触。他所采纳的服饰结合了18世纪宫廷服装与19世纪军队制服的特点，本意是要实现两个时代的融合，却显得不伦不类。靴子太重就无法登上马鞍，痛风严重也无法穿皮靴，国王发明了丝绒材质的高筒靴，和他经常佩带的剑一起，成为他坚守皇族军事传统的象征，但与拿破仑时代帅气的制服相比，它们非常难看。

新国王取名为路易十八，以示对路易十六的儿子的敬意，后者从其父王的灾祸中幸免于难，并在名义上成为法国国王路易十七，他于1795年死于革命监狱之中。因为坚信正统原则，新国王认为侄子死去的那一刻，自己理所当然就是法国国王。他于1814年5月3日返回法国，发表登基十九周年的官方宣言，这相当于否定了1795年以来的所有事情。他使尽浑身解数以摆脱联盟强加给他的宪法，他坚持以君主的身份"准许"《宪章》落地。这是对"主权在民"理念的侮辱，而这一理念已经成为法国政治生活的基石。更值得一提的是，既然是国王准予《宪章》实施，那他也可以随时撤销授权。为阻止任何人对他的质疑，路易十八在官方文件和宣誓效忠的誓言中重建了君权神授的概念。

国王所原谅的东西无法在大量回归的流亡贵族那里被宽恕。出于意识形态信念、对王室的忠诚和对失去生命的担忧，大多数流亡贵族在大革命早期阶段即离开了法国。有些人与在科布伦茨的亲王结盟，之后许多又为其他君主服务，其中很多来到了俄国。其他人则隐忍了过去。随着大革命变成拿破仑帝国，不少流亡者返回法国，为新的统治者服务。而那些始终鄙视拿破仑掌权的人于1814年返回法国，他们对法国在过去1/4世纪发生的一切表现出怨恨和冷漠。

革命政权已经没收了流亡者的财产，并将之变卖为国家资产以提高国帑，但归来的流亡者要求归还他们的财产。同样被剥夺的教会也坚持要求归还他们的财产,神父拒绝给占据教会财产的人提供圣餐。这在相对平静的乡村地区激起了强烈的情绪,那里的人对政治没有什么兴趣,但财产权却是重中之重。

在得到大部分组织了圣母公会和信仰骑士等团体的贵族的支持后,教会开始尝试恢复其在精神生活中的优先地位。教会安排传教团重新夺回法国的灵魂,在军队中举行大规模洗礼仪式,组织极具挑衅意味的纪念活动,安抚在大革命中牺牲的"烈士",驱散大革命的罪孽,活动地点经常是曾经种植了自由之树的交叉口或者曾经架过断头台的地方。政府不遗余力地寻找政府官员身上的革命痕迹,并大加抨击,结果使这些官员丢失职务,被驱逐出境。很多曾经为革命政府、督政府、执政府和帝国政府服务的人往往在没有指控的前提下,就受到惩罚,从而无法继续自己的事业。

毫不奇怪,军队受到的影响最大。拿破仑的帝国卫兵遭遣散,由皇家卫队取代,其军官全是贵族,他们大多是没有或只有一点从军经验的流亡人士。和他自己的衣服一样,国王为皇家卫队设计的制服也成了人们取笑的对象。军事人员在数量上遭到削减,编制外军官的薪资减半。杰出的将军被流亡人士取代,这些在1789年是中尉的人后来就再没拿起武器。曾经插遍欧陆的三色旗遭禁止,取而代之的是旺代保皇派叛乱分子的白色旗帜。他们还改变了制服颜色,遣散了兵团,而那些留下来的人失去了身份,他们的战斗荣誉也一并失去了。作为终极的侮辱,备受鄙视的杜邦将军(General Dupont)被任命为战争部长,他曾于1808年在拜伦向西班牙投降。参加过拿破仑战事的老兵分布在全国各地,他们要么仍保留军衔,要么被革职,要么薪酬减半——所谓的半薪制度。他们在酒馆、咖啡馆和卫兵室表达对新政权的不满,并提到要求恢复他们挚爱的将军的职务。

拿破仑很快意识到自己不应该以厄尔巴岛主权者的身份度过余

生。从维也纳传来的消息证实，参与大会的列强正准备把他送到更遥远的地方，因为他们害怕拿破仑的自由身份，会成为一块磁石，加剧人们对复辟的波旁王室的不满和反对。他也知道很多人在策划针对他的刺杀行动。有一些证据表明，波旁政权不仅参与了类似的刺杀图谋，还试图用扣留津贴的方法刺激他采取行动，逼迫联盟与他做个最后了断。[2]

因此，路易十八在1815年3月初——他即位不到一年时间——得到拿破仑在法国南部海岸登陆的消息时，并没有感到十分吃惊。他命令由他的弟弟阿图瓦伯爵统领的当地军队封锁通往巴黎的道路，然后派遣拿破仑的奈伊元帅带领大军阻击并俘获昔日的主人。他召集外国大使来到杜伊勒里宫，让他们告知本国宫廷，说他"并不对这件事情有所担忧"。"我希望这不会扰乱欧洲和我自己国家的平静"，他补充道。路易十八同样自信地向众议院和贵族院宣布他要死守巴黎，不会放弃它。[3]

拿破仑在区区1000多人的陪伴之下，于3月1日在翁湾（Golfe Juan）登陆。为了躲开热情的当地群众，他不得不绕过戛纳和格拉斯。在行进开始的几天，他遭遇的不过是一些郁闷不乐的本地人表现出来的好奇心。但随着他们往北前进，氛围逐渐发生了变化。3月7日，派来阻挡拿破仑的一个步兵团向拿破仑倒戈。当晚，他成功进入了格勒诺布尔（Laffrey）。3月10日，拿破仑现身于里昂，并受到了当地民众的热烈欢迎，而驻扎于此的阿图瓦早已逃之夭夭。路易十八派出的阻击军队根本靠不住，甚至他们的指挥官也游移不定。一些仍效忠于国王的人逃回巴黎，其他人则干脆倒向拿破仑一边。在阿瓦隆，吉拉德将军率领两个团归顺拿破仑；在欧塞尔（Auxerre）的奈伊元帅曾向路易十八吹嘘要把他以前的主人关进笼子，带回巴黎，却选择支持拿破仑，并交出了自己的部队。

3月20日凌晨，随着拿破仑的快速迫近，路易十八悄悄地离开了杜伊勒里宫。在逐渐被大部分皇家卫队抛弃之后，他逃离了这个国家。当天下午晚些时候，拿破仑被他的将军和以前的部长高举在肩上，以胜利者的姿态重新踏上宫殿的主楼梯。不过拿破仑的头脑是清醒的。"他们可以让我进来，也可以像对其他人那样，把我赶出去"，他对他的财政大臣尼古拉斯·莫利安（Nicolas Mollien）议论道。1815年3月的事件显然带有偶然性，但它将产生巨大的影响。接下来的"百日王朝"很快就搅动了欧洲的平静，并给路易十八带来麻烦。这个插曲从根本上改变了法国的内部局势，对整个大陆也将产生连锁反应。[4]

1814年的时候，战败的拿破仑无力再召集更多忠诚于他的士兵，而这其中大部分人又都疲惫不堪。剩下的人口则把他视为独裁者，将他和压迫、苛捐杂税、徭役与腐化的生活作风联系在一起。在他们眼里，拿破仑和路易十八半斤八两，而后者至少还带来了和平，将人们从兵役之中解脱了出来。

不像波旁王室那样，拿破仑吸取了教训，这个于3月1日在翁湾登陆的男人不再是1814年的帝国君主。在动身前往巴黎之前，拿破仑于里昂做短暂停留，他针对教士和贵族，发表了布告和极具煽动性的宣言，威胁要将他们挂到路灯杆子上。到达巴黎时，拿破仑模仿1790年7月14日为纪念巴士底狱陷落一周年日举办的联盟节，组织了盛大的国家联盟庆典，想以此调动大众的激情。他竭尽所能地恢复1792年的精神，当时整个国家在《马赛曲》的召唤下投入反抗入侵联军的斗争之中。拿破仑轻而易举地推翻了波旁王朝，激进分子获得了前所未有的新希望，过去几十年里形形色色的政治议题又浮现水面。

拿破仑成功地唤醒以前的革命分子，并把他们团结在一起，保卫共同的事业。在图卢兹，马克-纪尧姆·瓦迪耶（Marc-Guillaume Vadier）以前是雅各宾党人，还是马拉和罗伯斯庇尔的朋友。作为狂热的弑君者，他于18世纪90年代退出厌恶的政治生活，现在他又上前率领他的队伍欢迎拿破仑的回归。在阿维农，另一个激进雅各宾党人、罗伯斯庇尔的党徒阿格力科尔·莫雷亚（Agricole Morea）也立即采取行动，他认为拿破仑回归是拯救大革命遗产的唯一希望。拿破仑任命备受尊敬的自由派人士邦雅曼·贡斯当（Benjamin Constant）起草一部新宪法，以平抚众多反对者和批评人士。他废除了审查制度。为迎合英国的公众舆论，他还宣布奴隶贸易非法。尽管拿破仑表现出缓和姿态，但是英国和其他列强都没有被打动，他们的代表仍留驻在维也纳会议，对欧洲新秩序做最后的安排。5

拿破仑登陆法国的消息使参加维也纳会议的法国代表塔列朗处于一种尴尬的境地。如果拿破仑抵达巴黎，恢复王位，接受所有限制法国及其盟友的条约，那他们将没有合法理由对拿破仑宣战。这将使路易十八和塔列朗本人受到冷落。为了防止出现以上情形，塔列朗劝说维也纳会议的各列强代表，由他事先起草声明，表示拿破仑返回法国，就是把他自己置于"法律管辖之外"，甚至是"人类之外"；拿破仑是危险的犯罪分子，是人类的公敌。同时那些追随拿破仑的人同样也违反了法律。"这个声明的确是有史以来针对个人的最严苛措施"，塔列朗心满意足地评论道。6

声明的意义不局限于此。它在欧洲的外交和政治史上开创了一个先例：由一群列强发出政治驱逐令，针对的不仅是一个人，还有他所代表的和所有支持他的人。它制造所谓正义力量对抗邪恶力量的图景，这场斗争将使全欧洲都卷入进来，因为各国政府都支持《维也纳条约》，好像它就是《圣经》，人们要为人类之进步而斗争。它首先在法国社会中划出了一条战线，使得这个国家变得难以治理。百日王朝则以其他的方式极大地改变了政治景观。

拿破仑退位的那几年很不光彩地记录了法国大部分民众的疲惫

心态。当时的资料压倒性地显示,由于厌战和沮丧,人们对拿破仑退位持冷漠态度,甚至特别敌视他本人。然而,当拿破仑以惊人的速度重新夺回法国,加上紧接着的标志性战役和滑铁卢溃败,他成了一代传奇。滑铁卢很快就成为一个标志——象征着英雄主义、伟大和悲剧,更重要的在于,它结合了自豪和哀伤,和一段被波旁国王和其政权本身侮辱和亵渎的神圣记忆。

对于其他人来说,拿破仑的回归有力地证明革命力量仍然在恣意生长,而那些支持他的人必须被根除。联军获胜的新闻一传到马赛,一伙暴徒就对帝国卫队退休的马木路克(Mamelouks)和他们的妻子和孩子进行屠杀。布吕内元帅(Marshal Brune)和拉梅尔将军(General Kamel)分别在阿维农和图卢兹被残忍谋杀。白色恐怖席卷了这个国家,人们肆意逮捕、搜查民宅、劫掠财产、展开突袭,有时还有谋杀。国家财产的所有者被骚扰,他们被迫交出血汗钱以摆脱狂热保皇分子的折磨。在尼姆,本地清教徒成为主要目标,大革命曾让他们虚弱的实力有所提高,拿破仑也捍卫过他们的权利。全法国的高级军官和行政官员都被逮捕,受到指控,一些人被法律模棱两可地处死。[7]

在巴黎,事情的血腥程度有所缓和,但那些在痛苦中逃离的人抱着复仇心态又回来,叫嚣要处死拿破仑以及他的数十个元帅和官员。上流社会的女士们加入这次要命的喧扰,用马尔蒙元帅的话来说,"冷酷无情在当时是最时尚的东西。"马尔蒙自言自语说他应该被枪毙,尽管他一直保持着对国王的忠诚。[8]

相比之下,路易十八意在和解。据说他希望奈伊能逃到国外,当得知奈伊被捕时,他十分沮丧。奈伊元帅由贵族院组成的特别法庭审理,但其中最有声望的成员拒绝对这个公认的国民英雄做出裁决。那些继续做出裁决的人把审判变成了对正义的嘲讽,结果加深了撕裂法国社会的裂痕。爵位最高的贵族成员坚持替换掉监狱守卫,自己穿上制服在审判和行刑期间守护奈伊，奈伊在很多其他人那里成了殉道者。9

拿破仑的邮政局长拉瓦莱特也被判处死刑。等待行刑的期间，国王的随从拼尽全力阻止他的妻子发起申诉请愿。马尔蒙元帅暗地里把他的妻子带到他的住所，告诉她他无能为力，拒绝了她的请愿。"国王万岁！"他的随从呼喊道；马尔蒙记录说，这残忍的声音"散发着同类相食的味道"。在付出了巨大的努力后（考虑到拉瓦莱特绝对称不上年轻，加上他还有一个更加水嫩的情妇），拉瓦莱特的妻子谋划了一起行动，让丈夫穿上她的衣服逃出监狱，而由自己代为受刑。在朋友和英国将军罗伯特·威尔逊爵士的帮助下，拉瓦莱特之后逃到了英国。10

路易十八宣布大赦，但这并没有阻止政治迫害的脚步，很多人要么被放逐，要么被迫定居国外。军队继续被裁减，为防止出现不稳定因素，还遭到仔细调查，大量裁员、丑闻、流放以及数以千计的监禁事件由此发生。任何在拿破仑的立法机构供职过的人被自动排除在公共职位之外。

过去四分之一个世纪里的政治激情都被煽动了起来。被羞辱的军队想着复仇；波拿巴主义者希望接回拿破仑和他的儿子；1789 年的革命分子要限制王权；其他人梦想恢复 1792 年的共和国；雅各宾主义者惦念着极端手段；重返家园的流亡者则试图恢复旧制度。一些保皇分子认为路易十八乏善可陈，如俗话所说，他已经忘了以前的东西，也没有学到什么新的东西。他们认为路易十八应该让位于奥尔良公爵，后者是上层阶级的领袖，是一个充满智慧的人。他曾于 1792 年在革命的三色旗之下战斗过，之后作为雅各宾党人，也学到了很多东西。更多的反动势力则拥护由西班牙波旁一系的亲王取代路易十八，这个亲王的中世纪思维方式很契合他们的胃口。另一个候选人是荷兰新国王的儿子奥兰治亲王，他的背后是那些在比利时受蛊惑的法国革命派流亡者,他们很自信能够成功地把比利时并入到法国。[11]

如果说滑铁卢战役令人信服地展示了镇压军队的实力,并提醒人们挑战它是没有意义的,那么拿破仑攫取权力的惊人故事则表明,只要有意志,没什么是不可能的。明智的人注意到前者,并屈服于现实;热血的人则被后者激励,他们甘愿相信任何"政变"都有可能成功。这意味着没有所谓的严肃革命分子会考虑行动的可行性,梦想家和冒险者都做好了一试身手的准备。如果暂且不论组织良好的阴谋活动,零星的反抗运动也从未停止,在巴黎尤其如此。

这座城市居住着大量手工劳动者,他们生活在贫困线上,或连贫困线都达不到,这是由早期工业化造成的,大量的乡村人口和军队复员人员涌入城市。1800年和1817年之间,巴黎的人口密度增长了30.8%。一个新的变化因素来自拿破仑建立的高等学校的学生,他们在浪漫主义运动的熏陶下,接受了个体主义精神和人道精神,对一切权威持反叛态度。巴黎还吸引了不安分的灵魂,包括一大批英国自由主义人士,其中最有名的是拜伦的朋友金奈尔德(Kinnaird)和浮夸的骑兵将军罗伯特·威尔逊爵士,后者在殖民地、意大利半岛、俄国和德意志打拼出了声望,对正在发生的一切表达着骑士的情绪。他们被俄国大使称作"英国的雅各宾分子"和"英国的革命者",根据大使所言,他们正在践行"在各地煽动内战"的"使命"。法国首相则称他们是"骚动的团伙,试图在任何可能的地方煽动革命的火种"。[12]

那位叫查尔斯·安德烈·波佐·迪·博尔戈(Charles André Pozzo di Borgo)的俄国大使是科西嘉人,曾经一度是拿破仑的朋友,并参与了大革命的早期活动,但是他后来于1794年帮助英国人获得了科西嘉岛。两年后,在法国重新占领科西嘉岛时,纳尔逊把他解救了出来。他在英国待了一段时间,然后开始为俄国服务。亚历山大赐予他将军的头衔，雇佣他执行各项任务，之后把他派到巴黎。波佐·迪·博尔戈在由俄国、普鲁士、奥地利、英国的大使们以及联合占领军司令威灵顿公爵组成的永久会议上扮演首要角色。联军之所以设立这个会议，是为了监控形势，协调他们在法国的政策。它还要为国王编辑演讲稿、新法律及其他重要文件，法国内阁的文书要事先得到永久会议的批准。波佐·迪·博尔戈是一个聪明的保守主义者，他的智慧就像烟花一样让人印象深刻。浓厚的科西嘉口音，敏捷的思维，加上随机应变的能力，使波佐·迪·博尔戈成为一个典型的南方男人，他被一个法国政治家形容是"政治上的费加罗"。[13]

法国首相是阿尔芒-埃曼纽尔·迪普莱西（Armand-Émmanuel de Plessis），即黎塞留公爵。49岁的黎塞留已经拥有了一个不凡的人生。作为拥有最高爵位的贵族成员，他曾经是路易十六寝室里的座上宾。16岁时，出于血缘联姻的考虑，黎塞留被家族安排迎娶了一个家世无可挑剔的驼背侏儒女子。这位未婚妻如此丑陋，以至于当看到她第一眼的时候，黎塞留就晕了过去。他之后再也没见过他的妻子一眼：他在大革命早期就离开了法国，在伊斯梅尔被俘获并被认出，之后开始为俄国服务。亚历山大对待他像朋友一样，并于1803年任命其为敖德萨总督，这座城市在接下来的十年里获得发展，变成了一座美丽的城市。1815年秋天，亚历山大劝说路易十八任命黎塞留为首相，以确保按照自己的想法治理法国。黎塞留是一个能干的管理者，有着朴素的品位和完美的人格。"没有人拥有比黎塞留更完美的面容、比黎塞留更优雅的身姿和比黎塞留更有魅力的行为方式，"当时一个人评论道，"在一众礼貌而优雅的人群中，黎塞留依然能够脱颖而出，就像大贵人在中产阶级当中鹤立鸡群一样。"黎塞留并不是暂时地委身于政治，而是要勇敢地迎接挑战。[14]

"这个国家的内部十分平静,"黎塞留在1816年1月给亚历山大的言中写道,"人们准时缴纳税赋,公共基金在上涨,但是联军占领的省份外围,尤其是普鲁士人占领的地方,面临的形势依然严峻,不过其他地方已经回归到正常的轨道,人们重建了信心,对美好的未来有所期待……"黎塞留主要担心他所称的"反革命",后者妨碍他的每一步举措,威胁要破坏他努力维系的政治平衡。他指的"反革命"就是极端保皇党人,他们团结在路易十八的兄弟阿图瓦伯爵夏尔·菲利浦(Charles Philippe)周围。查理·菲利浦又被称为大亲王,这是对国王弟弟的传统称呼。[15]

因为充满了智慧和魅力,阿图瓦伯爵在1789年之前是宫廷的宠儿,是玛丽·安托瓦内特(Marie-Antoinette)无聊消遣时陪伴身旁的常客,并以多情好色的绯闻而出名。看到前景不妙,他在巴士底狱陷落的两天后即离开法国。1791年路易十六出逃失败后,他在德意志的科布伦茨聚集了一批希望由他返回法国登基的流亡贵族。这一计划落空后,他去往英格兰,并于1795年从那里发起远征,以支持旺代叛乱。他没能将他的队伍和一船补给运到岸上,无法给聚集在岸上的那些支持他的保皇党人提供帮助,然后他返回了英国,留下那些保皇党人被革命军屠杀。这似乎没有损害他在极端保皇分子那里的名声。他们之所以仍团结在他周围,是因为他坚持不懈地谴责启蒙运动及其遗产,他的信念没有屈服,不像他的哥哥,似乎已经被时代给驯服。既然路易十八没有子嗣,大亲王就继承了王位。尽管特别肥胖,加上身体不健康,人们认为国王活不了多久,但是他仍然是通往美好未来的过渡。

位于杜伊勒里宫侧翼的大亲王房间被称作马尔桑宫(Pavillon de Marsan)(以他昔日的老师马尔桑女士而得名,她在旧秩序时就住在那里),而极端保皇分子在宫廷和首都分别形成了两个政治游说集团。他们的议程和国王的完全不同,给国王的每一步行动都设置了阻碍。他们希望严厉惩罚为大革命和拿破仑服务的人，要求归还国家财产，重建天主教会，恢复其他的一系列反动的秩序，比如禁止离婚，他们努力在议会中实现这些目标。他们相信"受到诅咒"的雅各宾党人现在"以自由主义者的名义"行动着，他们是胡斯、威克利夫、路德、路易十六的财政大臣雅克·内克尔的继承人，对大革命的爆发负有责任。他们决心发动一场"反革命"（这个词在当时有双重含义）运动，要求在法国全社会发动大清洗。任何不与他们站在一起的人都被宣布是敌人，正如当时一个观察家所言，"甚至沙龙里都在进行着内战，最难听的语言和最暴力的争吵随处可见"。国王对波佐·迪·博尔戈调侃说，他们最后清洗的应该就是他了。他们的确使国王很难给法国带来平静。[16]

9 情报

"如果有人能够切实地维护大众利益，不打击他们的自信心，不挑战他们的固有偏见，让他们丧失思考与行动的能力，或者能够操纵他们无知而又易于轻信的特点，那么百姓就能乖乖地保持平静，"滑铁卢战役结束后不久，拿破仑的前警政大臣富歇在给威灵顿公爵的一封备忘录中写道。"我们的文明发生了翻天覆地的变化，其中包含许多进步成分，同时也催生出了一些新的邪恶力量，"他接着指出，"古老的顺从传统"已经过时。"循规蹈矩的方法已经无法驯服人们"他总结道。[1]

刚击败拿破仑时，威灵顿的地位至高无上，他利用这个机会向路易十八施压，要求他任命富歇为警政大臣，声称只有富歇有能力稳定时局。尽管极度反感，路易还是默许了威灵顿的要求：富歇身上体现出和大革命有关的最恶心的东西，他也是将路易十八的哥哥送上断头台的最坚定支持者。与富歇之间在如何恢复秩序和稳定问题上的根本分歧，更加深了路易十八对他的厌恶之感。国王和他的随从不会承认，拿破仑之所以能轻而易举地重新夺权，与他们自己犯下的错误脱不开干系。正如富歇所解释，他们"固执地认为王权之所以被颠覆，是因为巨大的阴谋在其中作祟"。富歇认为这是"致命的偏见"，但是阴谋论阴魂不散，查尔斯·诺迪埃（Charles Nodier）出版的书揭示了人们心中所有古老的恐惧，形形色色的邪恶力量使他们生活在阴影之中。[2]

觉得时机一到，路易十八就解雇了富歇，并用一个能力欠佳的人代替了他。新警政大臣是35岁的律师埃利·德卡兹（Élie Decazes），他曾是拿破仑手下的低级官员。德卡兹英俊潇洒、风度翩翩，他在日常会议中用情色笑话竭力博取路易十八的欢心。他和国王的关系很快就上升为真正的友谊。没有子嗣的路易十八开始像对待干儿子一样对待德卡兹，在信中用"我的孩子"或者"我的儿子"称呼他，并署名为"你的父亲"。尽管只是警政大臣，但德卡兹逐渐掌握了内政大权，而黎塞留则被撇在一旁处理外交事务。[3]

德卡兹没有富歇那样的经验优势，显然也没有读过后者写的备忘录——富歇在备忘录中告诫，不要不加分辨地使用线人，并建议在处理情报时要留个心眼。"警方的线人每天都要提交报告，以换取酬劳和对他的热忱的肯定，"富歇写道，"如果没有东西可写，他就会捏造出来。如果意外发现什么，他就会夸大其词，以突出自己的存在感。"另一方面，富歇承认，捏造的阴谋有其用处，政府可以"抓住编造出来的危险机会，加强或扩展自己的权力"，他还称"养着一个阴谋足以让政府获得更多力量和权力"。但是能力不足的德卡兹使得波旁王朝面对的是相反的后果。[4]

德卡兹发起追踪叛乱分子的行动，他广泛地布置告密者和雇佣线人，其中有女佣、理发师和裁缝，还包括"出入时髦场所的特务，他们频繁地光顾巴黎最有名的沙龙，在最好的餐厅用餐，出入歌剧院的包厢"，据当时一个人所说。他们大多是女性。"他们的大脑中描绘着一个能力不俗的女士。"这个人继续说道。她显然"既不漂亮也不丑陋"，到处现身，但很容易被人忽略。作为对比，这个人列举另外一位女士，"她无疑是我见过的最魅力四射的造物；大自然从没有创造过如此完美的艺术品，"他写道，"她的身材让人迷醉，她的举止如此优雅，她的声音美妙而引人入胜……她大约只有26岁，正是女人如花盛开的时候。据说她的人生十分惊险，没人知道她家在哪，没人知道她在哪里出生。她三年前和一个可能是她父亲的绅士从俄国来到英格兰，然后和另一个据称是她丈夫的绅士回去了。"这对夫妇可能是用警方提供的资助举办奢华的晚宴和舞会，并招徕巴黎最知名的、最有影响力的人物前来参加。女主人"逶迤在酒桌之间，和所有男人都进行了交谈，一会儿在这儿倾听，一会儿又在那儿询问，可以说她把观察者这个角色演绎到了极致"。[5]

有消息总比没有消息强的理念促使警方的线人渗透到了所有边边角角。那些在伦敦寻找潜在的波拿巴主义者的间谍把他们的注意力集中到了奥尔良公爵身上，后者在1815年拿破仑迫近时离开巴黎，逃到英格兰，和家人定居在特威克纳姆（Twickenham）。他的房屋处于监控之下。尽管那不勒斯国王是公爵夫人的父亲，但那不勒斯大使的定期拜访仍然让人心生怀疑。同样，公爵拜访英国内阁成员和王室也受到监视。一份关于奥尔良公爵频繁接触肯特公爵的报告指出，公爵绝大多数的仆人都是法国人，其中包括三个以前参加拿破仑卫队的波兰枪骑兵，他们在与间谍接触的过程中，表达了对波旁王朝的负面评价。[6]

法国驻伦敦大使的女儿怎么也无法相信，间谍递交给大使馆的胡言之辞受到了最高重视。在一个例子中，他们报告说奥尔良公爵有一个秘密印刷社，用来制作反波旁王室的小册子。当她在一个周日晚上和父亲驱车前往特威克纳姆时，他们发现一家人正围坐在巨大的桌子旁，孩子们在用玩具打印机打印其中一个小孩写的寓言。[7]

奥尔良公爵并不是法国皇室里唯一一个受到监控的成员。1816年到1817年，警方也持续监视着已到花甲之年的波旁公爵。他是被拿破仑判处死刑的昂吉安公爵的父亲，波旁公爵即使曾对政治表现出兴趣，但不太可能是波拿巴分子或对革命持支持态度，而他现在的一言一行都被刚嫁给他的年轻妻子密切监视着。[8]

没有真正的颠覆活动，然而德卡兹的警察却抓人抓上了瘾。有人因为呼喊"皇帝万岁！"或者"打到波旁王室！"而被逮捕，甚至有人因为失去工作后发脾气，或对老婆发火，对税率或者面包价格表示愤怒，或仅仅是表达沮丧和不满，并没有推翻政权的意思，也被抓了起来。那些被抓的人被强迫声明自己在公共场合（一般是酒馆）侮辱王室；辱骂保皇分子为"恶棍"；说"脏话"；耍"流氓"，"自甘堕落"，"是极端危险的人物"；频繁光顾可疑人员聚集的"酒馆"；或者刚刚从柏林，从伦敦，从纽约回来；或者在国王马车路过时，没有脱帽致敬；没有展示白色帽徽；或者戴的帽子太过红艳、飘着彩带花边，其中正好有三色旗的色彩（一个珠宝店学徒因为穿着粉色、白色和紫色相间的衣服而被逮捕）；或者衣服上有装饰帝国之鹰的旧军扣，不一而足。9

巴黎消防队因为在国王的侍卫队经过时没有举枪致敬，而遭到怀疑。在贝桑森，一个线人对"一个庞大的煽动者组织"展开调查并报告，称他已经注意到人们之所以在街上用不同的动作揪胡须，是在偷偷摸摸地传递信息。1816年7月21日，人们在罗讷河畔的圣-罗曼-德皮皮（Saint-Romain-de-Popey）庆祝还愿节，按照古老的习俗，男人头戴装饰有红绿羽毛的白三角编织帽，宪兵认为这象征了共和三色，于是撕下帽子上的羽毛，由此引发了一场骚乱，最终造成双方的严重伤亡。10

公共马车夫和邮车司机的部分工作是提交关于他们所在和途经城镇的公众情绪的详细报告，根据他们的报告，整个国家的人民思考更多的是如何挣得面包和黄油，而非政治问题。1818年1月和1830年6月之间记录的704起针对当局的武装暴动，其中只有43起（占比6%）有政治诉求，而这些政治诉求也不过表达了一般的不满情绪。1816年到1817年的叛乱毫无例外都和坦博拉火山爆发导致的食物短缺有关，而1819年里昂的勒德运动抗议的对象则是提花机的引入。但是这些反抗活动在报告中都被赋予了政治动机。11

以前犯过小罪的弗朗索瓦·维多克（François Vidocq）后来成为警官，他描述了线人如何在酒馆建立"某种政治捕鼠器"："和体力劳动者一起喝酒，设下圈套，将他们陷入虚构的阴谋之中"，

/ 9 情报

然后便可以把他们逮捕。他们教工人唱冒犯皇室的歌曲,"都是由像写圣路易斯(St Louis)和圣查尔斯(St Charles)节日赞美诗的作者谱写",维多克补充说,警方有他们"自己的桂冠诗人和游吟歌手"。[12]

警方线人皮埃尔·勃朗(Pierre Blanc)的确被指控用"设套的方式让人表达不满情绪,并利用这个机会向雇用他的机构揭发被害人"。但这只是个例,挑唆的人整体上都能免受惩罚。图卢兹的极端保皇派市长约瑟夫·德·维莱勒(Joseph de Villèle)发现城市里的警察正在策划谷物价格暴动,还印刷了谴责波旁王室的具有煽动性的小册子。[13]

并不只有国家机构沉迷于获取情报。位于学府路15号的四个联盟国使馆有他们自己的情报系统。这套情报机构由昔日的普鲁士警察总长尤斯图斯·格鲁纳(Justus Grüner)创建。任命富歇后不久,路易十八就命令他以前的线人布里瓦扎克-博蒙(Brivazac-Beaumont)建立一个监视部长的情报网络。富歇自己则已经任命博尔德爵士建立了一支平行于官方警察的力量,其驻地位于耶路撒冷大街,指挥机构则在龙街。鉴于到处都弥漫着怀疑和不信任,各个部长也有他们自己的情报搜集网络。根据警务档案员雅克·珀谢(Jacques Peuchet)的说法,杜伊勒里宫里就运行着四套相互独立的情报网络。其中国王首席大内总管奥蒙公爵的系统局限于宫廷和国王的人,由以前的流亡者、忠诚的贵族、两个公爵夫人、一个侯爵夫人和六个伯爵夫人组成。大亲王在百里叶宫有他自己的网络,由安东尼·德·泰里耶·德·蒙斯尔(Antoine de Terrier de Monciel)领导,这个情报网的目标似乎是搜集证据,以坚定大亲王关于整个国家处在"被颠覆边缘"的信念。大亲王的长子昂古莱姆公爵的情报系统覆盖了整个军队。"每个军团都委派了三个间谍",珀谢解释说,"一个是上尉,一个是中尉,还有一个是志愿者，他负责监视低级军官和士兵。在这让人恶心的民兵组织中，受到监控的不仅有副官和将军，连法国大元帅都被紧紧地盯着。"公爵的夫人，即王太子妃，也有听从自己的"小规模警察"，并从他们那里获悉所有的情色八卦，宫廷的年轻女士和对桃色之事不在乎的神父都会出现在八卦情报里。大亲王的小儿子贝里公爵效率则低得多。有一次他派人调查他的妻子，试图发现一些不轨证据并以此作为理由甩了她，因为他想要自由地和一位新结交的女演员在一起。但他们搞混了女演员和贝里夫人的名字，反而把女演员调查了一番：贝里得到了女演员对他不忠的证据。[14]

这些网络都有自己稳定的线人，不管男的女的，他们都相信在任何地方、任何时候得到的情报，即使微小琐细，也有自己的价值，由于无法给某类叙述提供证据的事实都不值一提；情报因此混杂了相互独立，有时又不真实的片段。"观察这些情报机构同台运作是很奇妙的景象，他们相互保密，又渗透进对方的行动之中，"珀谢总结道，"有时会发生特别搞笑的冲突和荒诞不经的遭遇。"[15]

他们背后的动机十分复杂。1819年的一个晚上，一个人拜访德卡兹，报告称他获得情报，贝里公爵夫人的一个女侍从与一个拿破仑的线人约定于第二天晚上九点在某个地方碰面。他表示自己的工作应该获得奖励，德卡兹因此给了他2000法郎钞票。德卡兹选择由一个将军执行抓捕拿破仑线人的行动，这个急于表现自己的忠君热情并渴望当上法国大元帅的将军，很快集结了一支强大的警察队伍，并于第二天下午四点之前就在可疑地点布置了监视岗哨。

晚上八点，一辆马车驶进院子，从里面下来了一个女士和她的仆人。附近指挥所的将军得到了消息。两位女士来到二楼，窗户瞬间被很多蜡烛照亮。然后附近餐厅的厨师和一群负责做旋转烤肉的人走了进来，警察发现"一场精心准备的晚宴，奢侈的甜点、冷饮和红酒"被送进房间。九点，九点半，将军开始焦虑起来，但此时由一个穿制服的卫兵护送的敞篷车出现。一个男人从车上下来，在卫兵的陪伴下大步向楼上走去。

稍等了一会儿，将军率领四十个警察发起了行动。"他们攻进大门，黑压压地上了楼，进入到前厅，当值的侍从哭喊着要求他们离开，还想如果他们不走，就将大块的奶油乳酪扔向带头进攻的将军，"珀谢如此描述当时的情景，"但是更糟糕的事情在后面！当他们好不容易打开沙龙大门的时候，怎么也想不到看见了……猜是谁？首先是伯爵夫人M……就是渴望成为法国大元帅的将军的夫人，她躺在沙发上，因害怕而昏厥了过去。向她献殷勤的是波旁王室的人，正是贝里公爵殿下他自己。"异常愤怒的公爵拿起火钳，走向将军，将军和警察们慌不择路地下楼逃走了。因为将军执勤时穿着日常服装，加上脸上全是奶油乳酪，所以公爵和他的妻子都没有认出他，于是他们又坐下来，吃完晚餐，"疯狂地享受了鱼水之欢"。德卡兹十分恼怒，关键是第二天早上整个巴黎都无事可谈，两天后，他收到法国大祭司的信件，感谢他资助了贫穷的神父2000法郎。[16]

他在上述事件中也许显得过于轻信线人，但是忽视即使最为勉强的情报仍然不明智，因为处于政治光谱两个极端的人们都在伺机发动最为疯狂的行动；当时的主流氛围是拿破仑的幻影统治着人们的想象，对"雅各宾主义"的惧怕紧扣人们的心弦，所以任何事情都有可能成真。

尽管被放逐到大西洋深处的圣赫勒拿岛，但拿破仑仍然是那些战胜他的人的脑中挥之不去的梦魇。他们还担忧其他人企图制造影响深远的谣言。在当时的环境中，人们对官方声明充满不信任，这就鼓励了二度猜测和臆想，猜测和臆想具有生命力，并以惊人的速度又产生出新的猜测。新闻的传播速度同样不同寻常。一个地方的骚乱报道可能需要十天才能传到相邻地区，但到巴黎只需三天时间，而传到巴黎后，新闻又被传到事发地的隔壁城镇，这让人们以为是巴黎，而不是自己的邻居，发生了革命。

人们对面包价格不满，尤其对政府可能会提高税收、招募兵役、恢复旧秩序的地役制度、将私产收归国有，以及废除大革命带来的自由感到焦躁不安，大量谣言也相应产生。一旦有了这种焦虑，贫苦阶层就会期盼救世主和保护神降临，并把希望寄托在他们信任的人身上——拿破仑。一厢情愿的思想会产生影响，产生拿破仑回归或已经回归的谣言。

1814年夏天，在拿破仑刚到达厄尔巴岛的时候，他率领土耳其人组成的军队登陆法国的谣言就开始流传。1815年底，在拿破仑还没踏足圣赫勒拿岛的时候，他即将回归的谣言就已在各类报道中变成了他已经回来的消息，甚至有人报告说亲眼见到了他。这类谣言在1816年和1817年达到顶峰，当时由坦博拉火山爆发造成的食物价格上涨也达到了最高点。谣言在之后的年岁里仍然盛行，甚至拿破仑于1821年过世都没能消灭谣言，人们根本就不相信拿破仑死掉了。[17]

1815年3月是谣言出现最频繁的时候，当时拿破仑正从厄尔巴岛逃出来。他传奇般的回归以及1811年3月20日他的儿子罗马王的出生，给他的追随者带来了希望，3月开花的紫罗兰也与这些希望联系在了一起。里昂和格勒诺布尔这些城市也因流言四溢而闻名，他们曾于1815年热情地欢迎拿破仑的归来。1816年到1825年，每年3月都会有拿破仑回归的新闻报道，有些甚至具体到他登陆的地点，以及人们在哪里目击到他本人和他以前的部队。这些军队的士兵有土耳其人、摩尔人、波兰人、德意志人、普鲁士人、中国人、"野蛮人"或者是"正在穿越恒河的两百万印度人"。一则新闻称，拿破仑首先在美国登陆，然后招募了美国士兵；另一则新闻则说，拿破仑在圣赫勒拿岛被"摩洛哥皇帝"救起。这些想象的图景越是

/ 9 情报 /

生动，越容易抓住人们的内心。[18]

这些谣言破坏了乡村社区的稳定，导致人们不愿意向国王效忠，甚至也不想向这个似乎随时都可能垮台的政权纳税。1816年底，一个谣言传播开来，说前皇后玛丽-路易莎（Marie-Louise）正在奥地利组建一支解放法国的军队，导致三十个要前往奥地利应征入伍的士兵叛变。1817年3月，一个目击拿破仑的报告使整个里昂都陷入妄想，有人在他们的门窗上面加筑挡板，有人则逃离了这座城市。教区神父向他们的教徒保证食人魔无法从圣赫勒拿岛逃回，但这反而让人们以为他是不是已经回来过了。也有一些人假扮成拿破仑或他的元帅在全国各地巡游，一边散布多少都有点异想天开的消息，一边骗取粮食和钱财。在里昂地区，拦路强盗用拿破仑的名义发起攻击，使拿破仑正在向巴黎进发的消息传播开来。说拿破仑已经被联军杀害的谣言同样具有危害性，它会引起愤怒和骚乱。[19]

警方线人、地主、县长、市长和其他官员的报告经常夸大当地拿破仑支持者的势力，或许因为他们要表达自己最深的恐惧，或许因为他们要让自己看上去满怀热忱，所以他们夸大威胁，以引起巴黎的警惕。这就引发了过度反应，反而使人相信拿破仑真的登陆了。比如1816年3月的一个例子中，为对付毫无根据的流言，6000名国民卫队士兵被派到了里昂。1821年，一个关于拿破仑登陆的谣言传播飞快，以至于几天之后，上百个市镇都受到影响，几乎所有地方都报告了亲眼见证的消息。没有发现原始谣言里显而易见的错误，巴黎当局自己反而陷入了恐慌。各地出警不断，宣布紧急状态也加剧了恐慌的情绪。[20]

滑铁卢战役后，波旁当局收缴了他们所能找到的所有有关支持拿破仑的书籍，国民议会也通过法律，将任何认可拿破仑皇帝及其作为的行为定性为非法活动。另一部法律扩展了刑罚对象，包括通过直接或间接煽动，以改变法国王位继承权的行为。他们还清除了拿破仑统治时期的标志，禁止发表涉及拿破仑帝国的事件与主题的演说。1816年，博韦（Beauvais）的两个艺术家因为宣称要给他们的儿子取名为保罗－约瑟夫－波拿巴和路易－亨利·拿破仑而被逮捕。阿尔比的一个医生因为给他的女儿分别取名为玛丽－路易莎－奈佩尔丁和玛丽－路易莎－纳波利内德而被逮捕。人们也经常因为衣服上的纽扣是紫罗兰色而被抓起来。[21]

尽管如此，数以百万计的拿破仑印刷品、塑像、半身像，以及记录拿破仑一生中辉煌时刻的画作，还是被秘密地创作出来，并由旅行商人传播到全国各地。拿破仑死后，市场上出现了刻有"拿破仑二世"的硬币。尽管警方经常逮捕人，并严厉惩罚硬币持有者，但他们仍无力阻止此类违法的制造和交易行为。

法国警方的一项优先职责是密切监视拿破仑家族，而其家族大部分成员飘零在意大利。他的母亲、红衣主教叔叔费斯奇（Fesch）、兄弟吕西安（Lucien）和路易（Louis）以及妹妹波利娜（Pauline）都定居在罗马，他们那美丽的别墅被怀疑是所有阴谋行动的策源地。德卡兹派出了一个警察协调对他们的监视工作，并说服奥地利和其他半岛国家的警察尾随他，以便掌握其他颠覆者的动态。监视工程的唯一收获是巴黎的档案馆堆积的大量徒劳无用的报告。[22]

拿破仑的哥哥约瑟夫在滑铁卢战役后曾逃到瑞士，然后又悄悄来到一个大西洋港口，并于1815年9月坐船到了美国。虽然没有意识到约瑟夫已经逃脱，但是法国警方发现他们掌握的线索越来越少，不免怀疑发生了最糟糕的事情——如果找不到他，他一定躲藏了起来，如果他藏了起来，就一定是在谋划阴谋。安省（Ain）省长报告了一起目击事件，并对各处的房子展开了全天候监控；10月20日，警政大臣接到报告，称约瑟夫正在汝拉省（Jura）和一群波拿巴主义者策划阴谋；汝拉省长之后报告，说约瑟夫已经穿越日内瓦湖，正藏在夏布利的村庄里。"我们已经识别出十幢他曾待过的房屋，不过我们无法找到他当时究竟在哪里。"一个警察抱怨说。另外一个报告称看到他一度穿着女士衣服伪装自己，这使警察在之后几个月里都处于高度戒备状态，而那时约瑟夫实际已经到达美国。[23]

拿破仑的另一个叫热罗姆的哥哥也引起人们的担心。热罗姆的岳父是符滕堡国王，他曾使尽浑身解数劝自己的女儿与热罗姆离婚，劝说失败后，他将热罗姆夫妇囚禁在了埃尔旺根城堡的镀金笼子里。热罗姆被当作政治犯一般对待，由一个城堡指挥官、一个警方专员和一个邮署工作人员密切看押。任何试图进入城堡的人都得接受全面审查，热罗姆要出去就必须打报告，得到同意后才能在一个骑兵的看护下走出门外。尽管如此严密，但法国警方还是派线人来到当地，以监视并获取热罗姆的情报。[24]

路易斯·波拿巴的前妻，昔日的荷兰王后霍尔滕塞（Hortense），在滑铁卢战役后被逐出法国，法国政府坚决不同意她定居瑞士（那里满是心怀鬼胎的人），于是她来到奥地利，在那里也受到了严密的监视。监控范围扩展到与波拿巴家族有通信往来的人，包括以前的服务人员，甚至厨师和侍从。[25]

黎塞留从内心深处害怕拿破仑从圣赫勒拿岛逃回来。他认为尽管这个前朝皇帝很难在法国寻找到支持者，但是他在世界任何地区以自由人身份出现，都会给当地造成"无休无止的混乱"。"毫无疑问，各国的煽动者和不满人士都在注视着圣赫勒拿岛，他们当然不是出于同情而关心那个被监禁在孤岛的人，他们是想利用他的现身来搅局，并摧毁国家内政。"黎塞留给驻伦敦的大使奥斯蒙侯爵写道。"我们的望远镜必须实时监控圣赫勒拿岛。"他警告说。[26]

如果拿破仑的军官曾被看到出现在某个港口，那么他将每一艘驶出港口的船只都视为潜在的威胁，虽然他不完全相信所有收到的关于有人要解救拿破仑的警告性报告，但是他承认"很难相信不存在推翻法国现存秩序，并要恢复波拿巴王朝的计划"。当听说一艘从美国来的船只停泊在契维塔韦基亚（Civita Vecchia），他就认为这艘船和约瑟夫·拿破仑有关，他相信约瑟夫·拿破仑人在欧洲，因为有人在意大利看到曾效忠于拿破仑的波尼亚托夫斯基元帅（他其实于1813年就在莱比锡被杀死了）。每一个流言都加重了他的焦虑，他还一度相信前朝皇帝或许已经被经常往来于大西洋的黑奴解救了。当四艘船只从英国起航，载着志愿者前往西属美洲殖民地支援西蒙·玻利瓦尔（Simón Bolivar）的时候，黎塞留又担心他们可能会在半途中把拿破仑给解救出来。[27]

1818年春天，陪同拿破仑前往圣赫勒拿岛的古尔戈将军（General Gourgaud）再也无法忍受流放生活，于是返回了英国。在伦敦，在他回家的路上，古尔戈和法国大使进行了长时间交谈，法国大使给黎塞留递交了一份报告，后者感到异常震惊。为了凸显自己的重要性，古尔戈暗示拿破仑曾有十次机会逃到美国，并且以后随时都可能再次逃跑。[28]

黎塞留担心英国当局没有严肃地对待危险，无法每天都确认拿破仑的真身，而拿破仑自己也有可能引诱守卫的士兵。他害怕英国内阁的更替会造成对落败的法国皇帝持同情态度的自由派上台，从而释放拿破仑，而且他也不得不怀疑英国在考虑故意让拿破仑逃出来，以破坏法国的稳定。

那些描述拿破仑在圣赫勒拿岛的监禁状况的人，不管他们是拿破仑的同情者还是贬低者，是偶尔观察到的，还是看押他的人，都确认拿破仑丝毫没有表现出逃跑的企图。如果有什么的话，那他似乎很享受他的殉道者生活。尽管可以躲开环岛巡航的皇家海军，但任何试图解救他的人都难以接近拿破仑，更不用说帮他出逃了。他由第53步兵团的六百个士兵和四个炮兵连看守。遍布全岛的岗哨不分昼夜地保持警戒，严格限制拿破仑和他同行人的行动，而晚上在降旗炮之后，就是宵禁时间。未经许可的船只不允许在岛边停泊，任何路过取水的船只都有卫兵站岗。拿破仑的英国看守赫德森·洛爵士（Hudson Lowe）尽其所能地严加看管，他显然不会对自己的看守对象燃起同情心。[29]

除了波拿巴家族，警方监控的对象就是拿破仑时期的军官，尤其是那15000名领取半薪的人，他们中大部分已经被驱逐到了偏远的城镇。他们是可怜的阴谋论素材。一方面，他们穿着很容易被识别的衣服：玻利瓦尔帽、军装风格的蓝色长礼服和直抵下巴的领扣、黑领带、马靴及马刺。他们常常夸耀自己的小胡子，在扣眼上扎荣誉军团的红丝带，如果没有红色的话，就扎紫罗兰色的。好像还不够，他们定期在咖啡馆见面，行踪和他们的穿着一样，很容易被发现。所有最近的研究都表明，绝大多数领取半薪的军官都对波旁政权持有偏见，并且怀念他们那伟大的统帅，不过他们在政治上依然十分消极。[30]

这没能阻止警方的进一步行动。据贝尔东将军（General Berton）所说，领取半薪军官的周围布满了线人，"如果有三个人在公共场所停留说话，其中有一个军人的话，一个或几个揭发秘密的爪牙，瞬间就会伏上前去，或躲藏在不远的地方。他们十分别扭地盯着星星或树冠，实际上却是竖着耳朵偷听模糊不清的东西，然后再把没听到的部分臆测出来，再按收到的指示，凭自己的习惯上报线索"。他们会搭讪拿破仑军官的护理人员和佣人，询问问题，或者假装成落难的同僚，直接拜访那些军官，并违禁送上一些和拿破仑有关的纪念品。[31]

这些伎俩经常产生十分滑稽的结果，就像在一个例子中，一个成为警方线人的老将军与昔日帝国行政部门的一个官员搭上话，后者曾被皇帝赐予男爵爵位。这个线人发表了很多激进的话，男爵表示赞同，并建议再次见面，以策划政变，帮拿破仑重新夺回权力。第二天早上，一个得意的检察官向上司递交了那个将军指控男爵的

长篇报告，结果德卡兹把男爵指控那个将军的报告也给了他。这两个人都是伪装的线人。³²

一些资深观察家和警察认为，警方在这个阶段发现的"阴谋"，如果不是全部，那大多数也是他们自己捏造的。一个典型的例子是，两个分别名叫希尼亚尔和瓦富森的警方线人在街上搭讪了一个在拿破仑时期服兵役的人，他们邀请这个士兵去喝酒。酒醉正酣时，他们开始讨论起往昔的荣光，怀念美好的旧时代。当这个退伍士兵被灌醉的时候，他们提议三人结拜兄弟，并签署誓言"为实现没有国王的真正自由，三人同生死共患难"。退伍士兵之后被逮捕，被指控图谋推翻政府，被判处长期监禁。很多无知的退伍士兵和领取半薪的军官都以同样方式而身陷囹圄。³³

黎塞留自己驳回了1816年1月底警方呈递的一份关于里昂阴谋的报告，认为它是凭空捏造的"证据"。1816年5月4日晚上真的发生了反抗波旁王室的首次暴动，当时大约有三四百人在一个名叫让-保罗·迪迪埃（Jean Paul Didier）律师的带领下企图占领格勒诺布尔市。卫戍部队司令多纳迪厄将军（General Donnadieu）之前就得到了关于迪迪埃行动计划的情报，所以只花了几个小时就把暴动镇压了下去。6名阴谋分子在短暂的交火中丧命，另外有14人在混乱中被射中，还有11人后来被判处死刑。包括黎塞留在内的很多人相信可能是多纳迪厄策划了暴动，这样他就能展现自己的热忱，从而获得提拔。³⁴

同年5月，警方逮捕了大量被怀疑试图拥立奥兰治亲王或肯特公爵篡位的人。5月底，他们又盯上一个自称为"1816爱国者"团体的诡计，这个团伙似乎只是散发三角形纸片，上面印有"联盟，荣誉，国家"以及关于斩首行动的不连贯短语。警方发现其他一些宣传文字在制造一种效果，即让人觉得人民的苦难即将结束。不过，大多数被抓起来的人在审讯中坚称他们没有听说过"1816爱国者"。

他们对其他秘密团体同样一无所知，比如线人向警方报告的"波拿巴秃鹰""欧洲爱国者""国际复兴"。这起案件的卷宗主要包括线人和密探通过窥探和监视各类嫌疑人而报告的材料，里面告诉我们更多的是巴黎人的日常饮食和睡眠习惯，以及当时的性风俗，鲜少看到潜在的颠覆性意图。[35]

还是这个月底，警方逮捕了一个名叫莫尼耶的军士，他之前在谋划夺取万塞讷城堡（fortress of Vincennes）；警察在他的住地发现了各种材料，其中包括一份读来勉强通顺的誓约，号召法国人将外国军队赶出他们的祖国，推翻波旁王室，拥立拿破仑。莫尼耶在审判中被判处死刑，但他在断头台上又招供了其他一些人，其中职位最高的是一个叫孔特勒穆兰（Contremoulin）的半薪上尉。他们佩戴黑色领针作为徽章，明显是一个自称为"黑针骑士协会"的成员。他们被指控图谋夺取军事要塞，或者通过给水箱投毒来消灭驻军，但是审判没有继续下去，案子不了了之。这些人是幸运的，7月，另外一伙被指控图谋恢复拿破仑政权的人被处死。他们曾发表过煽动性宣言，调查结果显示此宣言是一个叫谢尔泰因（Scheltein）的警方线人起草。[36]

一段时间里局势相对平静，到秋天，黎塞留最关心的是粮食歉收问题，而非所谓的阴谋。食物短缺到养不活法国人，更不用说还要喂饱占领军，黎塞留如此向亚历山大沙皇解释，并恳求他劝联军从法国撤出一部分人。他担心饥荒可能真的引发政治动乱。第二年伊始，形势变得十分严峻。"至少半个法国处在极度的焦虑之中，加上这年春天法国依然歉收，我担心人们会因为绝望而走投无路。"黎塞留于1817年4月写道。[37]

1817年5月，波尔多有28人被指控意图推翻政府而被送进监狱。据称头目是一个叫朗东的人，他曾经是富歇警方的一员，之后又在德卡兹手下工作过。他曾经伪装成以前帝国卫队的马木路克中尉阿里·贝（Ali-Bey），在波尔多周边地区活动，散发印有 VN 字母和其他神秘内容的卡片，VN 是"拿破仑万岁！"的缩写。三人最终被处死。另外还有一名士兵也遭遇相同的命运，因为有人偷听到他谈论拿破仑回归的可能。[38]

6 月，里昂督军卡尼埃尔将军暗中指挥了一场起义。他曾经服务于革命军队，在 18 世纪 90 年代镇压旺代保皇党起义中，以残暴而闻名。但于 1814 年，他又倒向了波旁王室。现在，他感觉要为以前的恶孽赎罪，同时也希望得到提拔。卡尼埃尔鼓动一群拿破仑的军官来到里昂，并劝服他们发动起义，还跟他们担保杜勒上尉会联络城市驻军，以获取应援，而指挥官角色将由他自己担任。他们按计划行动，招募以前的士兵和不满分子，食物短缺的形势使招募工作进展顺利，这些不满分子多少已经参与过一些骚乱活动。预定的起义日期是 6 月 8 日。当晚，杜勒上尉没有现身，这引起阴谋分子的怀疑，于是起义被取消。等候多时的宪兵未放一枪一弹，就驱散了从周边乡村赶来的起义者。卡尼埃尔迫不及待地宣布自己破获了一桩阴险图谋，然后展开了野蛮报复，导致数百人被判刑，其中 28 人被判死刑。这引起了骚动，巴黎派马尔蒙元帅前往调查。"我很快就知道骚乱是人为策划的，"他指出，"卡尼埃尔将军和他的线人有意制造事端并扩大影响，试图使自己获得镇压之功和奖赏。"调查导致卡尼埃尔被辞退——但他仍然被授予了男爵爵位。[39]

里昂发生的事情以及粮食骚乱都没有对政治形势造成更严重的影响。"甚至在国内，法国已经趋于稳定，"波佐·迪·博尔戈于 1817 年 10 月报告说，"大选期间的平静超出所有人的预料，这是局势趋稳的最佳佐证。"以他为代表的一些人相信大多所谓的阴谋是由极端保皇派策划，以阻止联军撤出法国，因为他们害怕联军撤离会导致革命分子和自由主义者掌握权力。他们的确于 1818 年 2 月卷入到一场怪异的事件中，当时联军司令威灵顿公爵的马车遭到枪击。

嫌疑人最终被认定是前帝国卫队的军士，但是警方推测阴谋还蔓延到了布鲁塞尔，参与者包括金奈尔德爵士和其他极端保皇派分子，他们是很多阴谋诡计的背后参与者，意图制造一种恐怖氛围。[40]

4月，驻扎在凡尔赛的第2皇家卫队的一名军士向他的上级报告，称他手下有3人试图混在游行队伍中刺杀大亲王。上校低调处理了这件事，游行最终如期无碍地举行。因为军士长坚持控诉，他指认的3人被送上军事法庭，其中两人被枪毙。当年夏天，极端派试图策动驻扎在巴黎的一些军团抓捕黎塞留、德卡兹和其他的大臣，并驱逐国王，让大亲王取而代之。因为阴谋分子内部出现叛徒，当局获悉了这个计划。德卡兹和其他的部长都没有把它当回事，威灵顿认为这是个笑话，波佐·迪·博尔戈则感觉"更应该同情起义者，而不是恨他们"。[41]

珀谢和其他高级警官承认，他们所揭发的"阴谋"实际上是警方自己编造的，他们从没发现过一起不是他们自己创造的阴谋。如果说这一事实意味着这个国家并不受任何阴谋威胁，但它也意味着这个国家被它自己的安全部门严重损害。正如前司法大臣路易－马蒂厄·莫莱（Louis-Matthieu Molé）指出，"人们普遍相信，与其说会发生图谋诡计，不如说会发生警察策动的骚乱"，结果是"阴谋策划者被同情为被害人，而揭发他们计谋的那些人则成了邪恶政府的走狗"。每当一桩阴谋被公之于众，不管是真的，还是编造或虚构的，公众舆论都会分化，那些极端分子就会利用事件，使其有利于自己目标的实现。极端保皇派把它当作警力松弛的证据，认为政府在鼓励革命活动，以推翻王室。自由派则指控极端保皇派使用挑唆之人以制造危机，这样就能使其专制统治合法化。经常有充足的证据能证明政治光谱两端的人都做了邪恶之事，然而各自的敌人又有充分的理由去回应挑衅。这就会引起持续数月的激烈政治辩论，温和派夹在其中，成为双方嘴里"敌人的走狗"。在1817年6月里昂叛乱和卡尼埃尔将军残忍报复的余波中，人们通过公开信和小册子的形式展开疯狂的争论。警方和军队都派出调查员，调查员各自又递交了内容差别很大的报告。与过去这些事件大部分参与者有关的难堪事实开始浮出水面，他们最后都变成主要参与者在法庭上的对质。[42]

"我认为这个国家正走在迷失的道路上。"威灵顿于当年3月绝望地写道。政治分歧如此严重，人们疯狂地指控对手，败坏政敌的名声——一本极端保皇派的小册子指控德卡兹为了给迪迪埃拥立拿破仑的起义造势，密谋策划了1816年的饥荒。就像在给朋友的一封信中写的，威灵顿似乎认为"路易十五的后人将没有机会统治法国了……"[43]

10 不列颠幽灵

英国没有遭受法国所经历的那些政治折磨。既然没有被革命影响,那王国就没有必要开倒车,而统治阶级也没有推动历史前进的动力。随着战争的结束,恐惧法国人和波尼(Boney)(拿破仑的昵称)的沙文主义情绪也烟消云散,曾经正是这种心理把所有阶层团结在一起。联结整个国家的战时情感纽带消失,随之而来的是不满和失望,复员士兵和水手人数的激增使情势更加危险。士兵们对曾为之奋斗的国王和国家心怀怨恨,因为他们显然非常忘恩负义。接下来的两年里,二十多万复员士兵沦落到了失业和贫困大军的行列里。

和其他地方一样,从战争向和平的过渡带来了混乱和麻烦。1814年的战时封锁结束和粮食大丰收,造成小麦价格跌落,这虽然缓解了穷人的痛苦,但为保护土地所有者的利益,议会出台了《谷物法》,允许外国谷物以"有利于"英国生产者的价格进入国内市场。这导致在之后的一年里,面包价格上涨了50%。东安格利亚(East Anglia)、德文(Devon)和康沃尔爆发的粮食骚乱被义勇骑兵和军队镇压,伊利(Ely)的5名骚乱者被处绞刑。南威尔士的矿工和铁匠在伦敦发起饥饿游行,高喊"我们要工作,而不是去乞讨",他们之后被军队镇压了下去。1816年,挟坦博拉余威而来的大洪水淹没了土地,丰收成为异想天开,底层人民的痛苦更加深重。7月,勒德分子在拉夫堡和诺丁汉袭击了工厂。10月,伯明翰爆发针对面包价格的骚乱,再次被军队镇压。

政府和地方行政长官都把这些骚乱当作革命意图的显露。威灵顿公爵认为不稳定的根源是失业,"主要在于英国所有中下层民众懒惰、挥霍、目光短浅,而这又源于长期的繁荣以及上层阶级和政府给他们的恶习戴高帽子"。卡斯尔雷和其他内阁成员认为混乱和教会参与度的下降之间有关联，政府于是拨款一百万英镑用于在主要街区修建新教堂。不过，卡斯尔雷的想法并没有在整个国家被接受。[1]

乡绅和工厂主开始担心爆发革命起义，一些中产阶级也有所忧虑。罗伯特·骚塞相信"我们身边充满了各种会引爆革命的导火索"，到9月，"这个国家整个的社会秩序结构处在极端危险之中；如果爆发革命，其血腥程度比法国有过之而无不及。除非采取严厉措施抑制这种可能性，否则革命随时将会爆发"。[2]

"那些对革命时代有深刻印象的老人对现在毫无根据的巨大恐惧感到震惊：大家经常听说激进势力的力量惊人，却从没有亲眼见过它们，"历史学家哈丽雅特·马蒂诺（Harriet Martineau）于1849年写道，"全副武装的乡绅搜寻田野和小径，试图在荒野和未曾遇见的敌人一决高低；在城镇中心，年轻的女士甚至用笨重的木板和铁皮封死了窗户，为抵御成千上万的叛乱分子的围攻做准备。然而他们从没在黑暗的夜中听到行军的脚步声。"[3]

比发生革命更让内政大臣西德茅斯子爵和他的同僚们烦恼的是，要求议会改革的呼声再次响起，尤其这次似乎部分成功地驾驭了底层人民的不满。汉普登俱乐部风生水起。代表们在全国各地巡游，宣传引入男性普选权、年度议会和秘密投票，同时搜集支持议会改革的请愿签名。1816年11月15日，已经成为最有名的改革家之一的亨利·亨特（Henry Hunt）在伦敦温泉场组织了露天集会。[4]

亨特是威尔特郡一个农民的儿子，他以前假装自己是上层人士，行为举止表现得像他以为绅士该有的那样。这使他因为冒犯而被捕入狱，在狱中，他遇到了卡特赖特、霍恩·图克和伯德特。与这三个人的关系对亨特似乎没有什么影响，他仍然过着花天酒地的生活，甚至抛弃妻子，与另一个女人结了婚。1803年，他组织民兵抵抗法国侵略者，但很快对当兵感到厌倦，转而重操旧业，于1810

年又被关进了监狱。他这次和因为攻击政府而被关进新门的科比特共享一个牢房。这是一个转折点。从此之后，自私、自负又傲慢的亨特开始把自己奉献给了人民的事业。他身材高大结实，穿着讲究，戴一顶象征自己纯洁理想的白色帽子，很快就成了政治集会上的明星。

在 11 月 15 日的集会中，他头戴一顶自由之帽，在酒馆窗户上挥舞法兰西三色旗，向一万名群众发表了长篇演说。尽管演讲满是蛊惑和谩骂，但很难断定他的目标具有革命性。他是要获得集会群众的支持，从而向摄政王发起进行议会改革的请愿。因为与摄政王见面的请求被拒绝，他于 12 月 2 日在同一地点组织了第二次集会，以抗议当局对人民的侮辱。不过在赶往集会的路上，亨特被一个叫卡斯尔的先生拦了下来。亨特迟到了，他发现一个装饰有旗帜的马车停在那里，斯宾塞的激进派追随者詹姆斯·沃森（James Watson）博士站在上面刚完成演讲，旁边是他的儿子詹姆斯和阿瑟·西斯尔伍德，西斯尔伍德是斯宾塞的另一个追随者。小沃森继续演说，他号召集会人群拿起被禁的武器，挥舞起法兰西旗帜，出发去占领伦敦塔，他的后面跟着一些群众和一群士兵。他们在半路上劫掠了一家枪店，还在进城途中杀死了一个行人。在皇家交易所，他们遭遇了奥尔德曼·肖（Alderman Şhaw）和五个警察，警察逮捕三个领头的人，并叫军队前来清理街道。沃森的助手托马斯·普雷斯顿（Thomas Préston）是队伍里唯一到达伦敦塔的人，他没能说服卫兵投降。这场闹剧的主要角色被判了叛国罪。[5]

1817 年 1 月，西德茅斯发现 "一场重大危机" 近在眼前。他从这个国家各地的治安官、土地所有者和工厂主那里收到信件，信中警告起义即将爆发，底层阶级在串通密谋，汉普登俱乐部在策划革命，那些在全国各地搜集请愿签名的代表实际上在促进 "全英各地的底层人民联合起来"，信号一旦从伦敦发出，整个国家各地方将同时爆发革命。首相利物浦勋爵认为要保持克制，但是他也在尽全力保障安全：2.5万名正规军士兵被派到英格兰各地支援地方民兵和义勇骑兵，另外还有2.5万名士兵驻扎在爱尔兰。[6]

正是在这样的背景下，兰卡夏郡纺织工、米德尔顿汉普登俱乐部代表塞缪尔·班福德（Samuel Bamford）来到首都，和伦敦改革派的其他"乡下兄弟"发起了请愿。他们大多是手工艺人，坚信自己的事业具有正义性，信奉善意和常识。他们与亨特、伯德特、科比特以及英勇但最近被革职的上将、激进派国会议员托马斯·科克拉内（Thomas Cochrane）会面，最终发现并不是所有的伦敦改革者都与他们持有相同的信念。

威斯敏斯特国会议员、伦敦汉普登俱乐部主席伯德特缺席了1月22日在斯特兰德冠锚酒店举行的联合会议。因为他的缺席，卡特赖特代行主席职务，并提议放弃争取普选权和限制房东特许经营权的要求。这让外地代表十分震惊，他们几乎都不是房屋所有者，并且已经搜集到超过50万人的普选权请愿签名。亨特为外地代表发声，虚张声势的科克拉内海军上将也证实请愿签名的存在，这引来对乡下兄弟的嘘声响彻圣史蒂芬大厅。公众集会和向国王发起请愿是合法的宪政途径，所以这没必要被看作有其他的意义。

但是同一天早上，当摄政王驱车前往威斯敏斯特召集新一期国会时，有人射击并打碎了马车的窗子。当局认为是一枚子弹。亨特则认为它更可能是"碎石头或土豆"。两院都以夸张的方式向摄政王表示忠诚，还暂停了国会会议。几天后，讨论"国家处于危险的无秩序状态"的文件提交给国会，随后他们成立了秘密调查委员会。两院分别于2月18日和2月19日收到委员会的报告。[7]

上议院委员会的报告称他们发现的"证据使他们相信，都市里已经形成了叛国阴谋，试图通过全面起义推翻政府、法律和王国的宪政体制，从而无所顾忌地掠夺并瓜分财产"。同时进攻的还有伦敦塔、银行、各军事要塞和监狱,并将囚犯武装起来,让他们在城市胡搞一气。应该是第一次温泉场集会点燃了阴谋企图,而且"一定数量的长矛和武器已经分发了出去",但是根据委员会的报告,由于没有做好充足的准备,起义被叫停。"即便这次尝试以失败告终,但类似的计划似乎并没有停止,"报告继续说,"即使起义只实现部分目标,人们会有更多理由去相信,王国其他地方将会发生更多的骚乱。"危险无疑是真实存在的:"在这个国家的部分地方,那些团体的个体成员最近似乎采购了大量武器,这充分说明他们是要发起暴力活动。"一个"管理委员会"周密地策划了这些活动,他们通过"代表和宣传员"与附属的委员会沟通和联络。报告称这些委员会在操控无辜人士,卷入其中的很多人还没有被充分告知行动计划就被要求进行秘密宣誓以得到认可。报告还透露,阴谋的领导者们在群众集会上所表明的真实目标显然与最初说法相矛盾,"他们最初是要摧毁社会秩序,实现普遍的财产平等,同时还要努力腐化大众的道德,让宗教信仰烟消云散"。而集会"则经常性地被中断,尤其伦敦的集会上,取而代之的是亵渎性和煽动性歌曲,还有对宗教礼仪进行滑稽模仿",这些都是在煽动人们准备"为最骇人的场景发泄愤怒,使用暴力"。[8]

下议院报告描绘了一幅略有差异,但与上议院报告互为补充的画面。它确认汉普登俱乐部试图利用底层群众的压抑情绪,"诱导他们寻找速效的解救方案,不仅要实现全民普选和年度选举的议会改革,还要完全推翻当前的政治秩序,瓜分田地,消灭国家财产"。教会当然也要被摧毁。报告复制了以"英国人武装起来!"为标题的传单文本:"整个国家都在等待从伦敦发出武装斗争的号令!抓紧时间,闯进枪械店或其他类似的地方寻找武器!消灭所有胆敢碰我们一根指头的警察;面包价格不再上涨;不要摄政王,砍下他的脑袋;没有酷吏、没有什一税;不再有圈地;没有赋税;没有主教这类没用的废物！要么站起来，要么永远做奴为马。"这些据称被分发给伦敦塔卫兵的原始文本和传单并没有在文件中找到，而目前保存在国家档案馆的则是根据报告制作的材料。

下议院委员会也发现了"一个指导所有行动的秘密委员会的踪迹"。"我们委员会十分确信，"它向下议院保证，"这些团体的一些成员以代理授权的形式成为整个组织的执行人员，他们制订计划，为起义做准备。他们人数如此之多，以至于有足够的物质力量掌控所有抵抗运动。"很明显地存在着一个由24人组成的公共安全委员会。那些不愿意加入造反者队伍的人进入了"黑名单"，他们将在革命后被处置。有报告显示枪械店在做了不得的事情，有人被监听到盘算着他们将在重新分配中得到多少土地。同样，这在文件中并没有得到证据的支持。

在下议院委员会的剧本中，起义将会在夜间发生。他们会火烧军营，抢夺大炮和武器，占据泰晤士河上的桥梁，蹲守伦敦塔和银行。"他们还进一步设计了用来消灭街上骑兵的武器"，一幅"很专业的"示意图让委员会深感震惊。阴谋分子已经"侦测"了将要进攻的建筑，绘制了平面图，并且造访了枪械店，确定要偷什么东西，还与军营和啤酒馆里的士兵闲聊，试图策反他们。这一原始方案被抛弃，阴谋分子决定于1816年12月2日在温泉场举行第二次集会，暴动一触即发。[9]

两个报告的委员会成员都否认对其夸大事实的指控，上议院委员会评论说，任何真实证据的缺失都是因为阴谋分子的意图和行动"难以被简化为文字，它们是通过口耳相传的方式被传递下去"。下议院坚持认为他们已经展示了"他们相信是合理的东西，并且他们的调查结果没有夸大的言论"，下议院还解释他们之所以没有追加其中一些更为重要的证据，是因为那样的话容易使他们的线人受到怀疑。他们进一步承认，卷入阴谋的人实际上非常少，几乎没有中产阶级，没有农业工人，只有一些来自工业城镇的人和那些凭借坚定的禁欲主义而默默忍受贫困的人。然而，叛乱阴谋还是构成"普遍的混乱、劫掠和流血事件"这样真实的威胁。[10]

在如此的背景下，委员会报告所基于的真实文本读起来就非常有趣。只需要查看他们从沃森博士位于布鲁姆茨伯里的住宅搜查到的物品清单，你就会发现所谓的证据都不足为信。他们将搜查出来的每一件物品都描述为极端重要。大多是"旗帜设计"，它们是三色旗，仔细看会发现是不确定的三种颜色呈水平带状排列，上面写着并不血腥的文字："自然，给饥饿的人提供食物；真理，保护被压迫的人；正义，惩罚犯罪行为。"文件里提到的"伦敦塔计划"只是一张看起来像大门的草图。"用加密的图例和解释对军队人数进行的所谓计算"也许只是一个洗衣清单。"经过认证"的反骑兵武器设计图则是一幅看起来像机械蟑螂的涂鸦，只有不可理喻的想象才会把它当成一类武器。[11]

下议院委员会的报告认定，"诱导士兵的计划已经获得通过，并已经展开了持续的活动"，他们频繁造访兵营，试图"博得士兵的同情"。密封文件里唯一能证实以上说法的是伦敦塔里 6 名士兵证实约翰·胡珀（John Hooper）曾拜访他们。他花了 1 先令请他们喝啤酒，并给了其中一个士兵一卷传单，还挥舞着从自己帽子里拿出的"一束多彩丝带"，说希望他们有一天都能穿得像这束丝带一样。其他一些被审问的士兵也喝了胡珀给的啤酒，但是没说经历了上述事情；其他士兵甚至没有注意到他的出现。一先令没有在革命事业中用得其所。根据一个政府间谍的报告，西斯尔伍德和其他人讨论，"要用双倍薪水换取士兵的忠诚，或者用 100 基尼换取他们不管不问"。这个间谍没有解释他们如何用人 100 基尼来将伦敦塔里的士兵全部收买过来。[12]

报告还断定阴谋分子"订购了大量矛头"，并已付清全款，把它们分发了出去，这与西斯尔伍德、普雷斯顿和沃森之间的两段谈话似乎存在着明显的矛盾。他们三人同意先订购 250 个矛头，之后再订购 500 个，而两个政府线人也证明他们发现沃森只私藏了 199 个矛头，尽管这一证词没有得到任何实物清单的支持。鉴于三人宣称自己"准备好证明他们没有私藏矛头，也不知道矛头的存在"，所以仍然不确定矛头是否与他们有关系。[13]

西德茅斯于 1817 年 2 月 24 日发表的演说中引入了搁置《人身保护法》的法案，他让议会相信，法国大革命产生的"邪恶精神"正通过"发行最能够诋毁宗教和最具煽动性的出版物"毒化底层人民。他极力指控英国的激进派和大陆上发酵的革命存在联系，并总结说，他所看到的证据"无一例外地证明存在着发动大规模骚乱的企图"。[14]

在接下来的辩论中，辉格党人格雷爵士指责证据太过琐碎，而且不存在所谓的威胁。他指出，证据中的每一例违法行为都受到了现有法律制裁，根本没必要颁布另外的法规，更不用搁置《人身保护法》。在给下议院的一份请愿中，亨特反驳了报告，他称内政大臣一直都知道他的想法，集会并不带有革命企图，"而且几乎所有参与集会的群众都没有所谓的革命想法"。在上议院，国王的弟弟苏塞克斯公爵驳斥了内阁，说从来都没有什么阴谋，阴谋分子也没有"积少成多"到造成威胁。一些议员进一步批评内阁，认为他们不仅没能采摘到和平的果实，反而在维也纳会议上签订了"耻辱的"条约。

西德茅斯用耸人听闻的阴谋图景加以回应，他坚持认为"那些叛乱活动以难以置信的速度在全国蔓延开来，是史无前例的"，而且"几乎没有一户人家能够摆脱邪恶阴谋分子的骚扰"。他警告道，激进分子"嘴上说进行议会改革，心里谋划的其实是叛乱和革命"。支持西德茅斯的利物浦说，"根据他所掌握的可靠消息，这个国家部分地区的叛乱分子十分小心,他们的保密程度非常高,所以尽管知道他们的存在,但是能搜集到的证据并不足以将他们送上法庭"。利物浦表示支持搁置《人身保护法》,虽然这令他坐立不安,感觉很痛苦,但又不得不做这个决定。[15]

3月4日,《人身保护法》被搁置,而1795年以来制定的《煽动集会法》和其他一些压迫性法令则在十天后被重新引进。刺杀摄政王的图谋和刺杀国王一样,都会被判为叛国罪,蛊惑士兵也将被界定是恶劣的叛国行为。逮捕行动开始。3月27日,西德茅斯向各郡治安长官发布通知,他们有权搜查"亵渎性和煽动性的"文学作品,可以在没有法律判决的情况下,拘捕出版人和经销商。为了躲避抓捕,科比特和其他人逃到了美国。

4月初,在曼彻斯特郊外的圣彼得广场举行的一场集会结束后,大量贫困的纺织工背着睡觉用的毯子,成群结队地向伦敦进发,他们要向摄政王请愿,乞求他帮助他们摆脱困境。曼彻斯特治安官根据《骚乱取缔令》,拘捕了两个领头人,而另外六七百人仍然冒着大雨前进,他们在路上遭遇几个连的重骑兵、民兵和特别警察的骚扰并被逮捕。只有一个"裹毯者"到达了伦敦。

4月底,伦敦中央刑事法院开始对被控犯有叛国罪的詹姆斯·沃森博士、阿瑟·西斯尔伍德、托马斯·普雷斯顿和约翰·胡珀进行审判。检察官拼命地证明被告曾试图"治国王于死地"并"要发起针对国王的战争",但审判很快就成了一场闹剧。被告无罪释放,政府为此感到十分难堪,而它的对手则弹冠相庆。塞缪尔·罗米利爵士指出,如果他们被指控激化骚乱,就会被判有罪,他还谴责内阁"不依不饶地要给王国境内发生的每一起不满和骚乱事件扣上极端严重的罪名"。[16]

1817年6月9日,几百个人聚集在德比郡的彭特利村,在富裕的库存商杰里迈亚·布兰德雷思(Jeremiah Brandreth)的带领下前往诺丁汉，希望在那里与其他组织会合。他们目标太多且缺乏统一性，从免费牛肉和朗姆酒到废除一切税赋，以及要求释放据称被关押在伦敦塔的伟大人物。队伍混乱不堪，出发没多久就有人掉队。其余人被两名军官发现，追逐他们的第15骑士团的18名步兵逮捕了28个男性，收缴了15把火枪和45支长矛。布兰德雷思和另外3人被绞死，首级也被斩了下来，其他很多人则被判处流放。这次危险事件的革命性可能从以下事实判断出来，一些参与者在审讯期间相信，要取代当时政府的"临时政府"会为他们提供补给。[17]

各种激进活动随后都显著减少，这与同时进行的清剿叛乱领袖和普通纺织工人的行动有关。这些人一般在晚上被执勤军队从床上拉下来。这种恐吓手段吓住了不少寻求安稳的活动人士和他们的追随者。但造成各种激进活动的减少可能还有其他各种各样与当局解决潜在危机有关的原因。

威廉·科比特认为政府在整个1816年都在寻找机会进行整肃，可能是想借此来扰乱议会改革进程。"他们十分渴望阴谋活动！"科比特说。温泉场骚乱和刺杀摄政王事件后，政府似乎在尽其所能地散布恐惧。"内阁报纸孜孜不倦地将每一次行动都夸大为叛国和煽动事件，"伦敦激进派的弗朗西斯·普赖斯（Francis Place）说，"（他们）利用大众普遍的焦虑和部分人的不满，雇用线人煽风点火，策划阴谋，鼓动暴乱，制造叛国罪行……每一起阴谋事件，不管是真还是假，都有可能被点燃为群众运动，每一本微不足道的出版物（有的就是他们自己出版的）都有可能被界定为蛊惑作品。随着这些本来没有意义的事件被当局夸大为严重的、具有煽动意图的残暴骚乱，它们就成了让人感到恐惧的叛国行径，会动摇政府的根基，并威胁要推翻它。"[18]

越来越多的人怀疑当局使用了密探，有些人相信温泉场集会骚乱是由政府线人卡斯尔挑起。卡斯尔是审判沃森、西斯尔伍德等的主要证人，他的证据与其说不利于被告人，不如说对他自己和他的主人更加不利。他使用老套的伎俩让被告人在精心挑选的目击者面前承认他的挑衅性陈述，比如法国大革命的口号"希望最后一个国王被最后一个神父的肠子给勒死！"新闻界开始揭露卡斯尔。人们发现卡斯尔曾经以制造给孩子们玩的纸娃娃营生，不仅是一个造假者，还是一个小偷，重婚过，做过皮条客。他称自己住的地方是托马斯太太经营的招待所，结果证明那是个妓院，而他否认自己知晓这一情况。他长期充当"自首告发同犯的人"——参与犯罪活动是为供出对同犯不利的证据，同时又否认自己是共谋。在一个案件中，他向犯罪团伙提供银行支票，接着又揭发后者并提供证据，致使犯罪团伙被捕，被处以绞刑。他和内政部的关系被揭发出来后，人们都感到十分恶心，政府也在下议院受到了攻击。卡斯尔雷为他进行辩护，说他的出发点是为了至高无上的国家安全，而且需要用手段保障它；他还形容卡斯尔是与颠覆国家的阴谋进行抗争的勇敢战士，这遭到威廉·黑兹利特（William Hazlitt）的嘲讽。"根据阁下那周全而开明的想法，外国人的刺刀将有利于维护国家自由和主权；间谍和线人将有利于维护国内的道德、宗教和社会秩序，"他写道，"这是一个完美的体系，从头至尾都是有价值的。"[19]

其他密探策划的活动开始被揭露出来。在兰开夏郡，一个不知名的男性曾试图鼓动人们起义，焚烧工厂，把"曼彻斯特变成莫斯科"。塞缪尔·班福德在一天晚上给一个陌生人开了门，后者催促他一起加入向伦敦进发的队伍，这几百个人手持用菜刀制作的短剑，要刺向内阁的胸口。班福德认为这个陌生人并不是政府密探，而是无辜被骗的傻瓜。"所有最基层的管理机构都处在极度焦虑之中，他们有没完没了的阴谋诡计需要去应付，"弗朗西斯·普赖斯指出，"线人口中的谣言在鲁莽、绝望的人那里有很大的市场。"在伦敦，天真的"乡下兄弟"周围布满了政府线人,当他们回家时其中一个人会被一个叫理查德的先生跟着。理查德是个失败的建筑商,重婚过,被判过欺诈罪,不过他是天生的演员,并将以奥利弗的身份扮演重要的角色。奥利弗来到约克郡,告诉当地关心局势的人,说伦敦即将发生革命,就等着北边发出革命的信号;对彭特利村叛乱分子的审讯表明,那里的骚乱就是由他煽动的。[20]

西德茅斯承认使用了线人,但否认关于指使密探挑唆的指控,他还尝试扑灭任何会给国家造成严重危险的进一步问询,而只有他知道这些危险是什么。"这些人除了坦白自己的罪行,"西德茅斯说那些被处死的叛乱分子,"还透露说一场远比他们参与的叛乱更可怕的暴动正在酝酿之中,如果继续执行《人身保护法》,它迟早要爆发。"然而,当局开始停止使用密探,还在一定时间里约束了线人的行为;根据罗米利所言,"从当局不再雇佣密探开始,全国各地就不再有任何表达不满的迹象了"。[21]

是否真有或曾经存在过动乱的危险于是便成了值得怀疑的问题。中部和北部军队指挥官、将军约翰·拜恩(John Byng)爵士曾经参加过半岛战役和滑铁卢战役,他对整个事件的看法则轻松很多。当然有很多18世纪90年代的老革命还活跃着,他们的观点随时间的推移显得更为激进。但他们无奈地处于分裂状态。沃森和西斯尔伍德这样的人的确想看到暴力革命,但即使他们有想法,我们也不清楚他们要如何发动。我们有理由相信大多数激进派把革命看作一类群众运动,也许会造成小规模流血事件,但他们的主要目标是逼当局让步,而不是要推翻政治体系。斯宾塞主义者(Spenceans)通常被认为是"无害的疯子",他们反对暴力,还抵制过温泉场集会。1814年斯宾塞去世后,他们变得更宗教化,其政治理念则被千禧年愿景充斥。[22]

有人认为温泉场集会是由法国革命分子精心策划,以点燃英国的革命,从而在法国和比利时制造类似的动乱。一个出席沃森审判会的证人证实,他曾经看到卡斯尔(Castle)和一个穿"法国大衣""温文尔雅"的人"谈论巴黎"。英国驻荷兰大使克兰卡特勋爵(Lord Clancarty)警告卡斯尔雷,说英国所面临的"阴谋诡计"和在比利时活动的法国流亡者有密切的关系,比利时已经成为"阴谋策源地,是叛徒和诽谤者的巢穴,他们在那里策划叛国罪行,要让整个世界变得动荡不宁"。克兰卡特相信整个维也纳体系有被国际革命运动推翻的风险。[23]

亨特不是丹东,沃森也不是罗伯斯庇尔。一个线人形容二十岁的青年沃森样貌"落魄而优雅",他曾经在酒醉时领导了袭击伦敦塔的行动(之前就被当作精神病人)。就连丹东本人能否在英国大众中煽起骚乱也值得怀疑。虽然人们普遍感到愤怒,但他们关注的点并不集中,而且肯定不是针对王室。摄政王的女儿夏洛特·奥古斯塔(Charlotte Augusta)在1817年11月的离世引发了全国范围的悲痛,人们在房屋外挂上了白布,商店停业两周。[24]

卡斯尔雷有过革命和叛乱的经验。在成为忠诚的内阁成员之前,他一度鼓动自治,还为共和主义干杯。他见识过所谓改革派的业余热情,他们的不堪一击和漫无目标。他也见识过1798年民兵是如何轻而易举地镇压他们,更不用说正规军,以及如何轻松高效地在极端的革命环境中恢复秩序,正如他自己所做的那样。他和其他内阁成员似乎也不太可能被沃森和西斯尔伍德这类江湖郎中给吓到。西德茅斯评论说,如果一个人没有准备好被暴力致死,那他就不应该从政。卡斯尔雷在遗嘱中允许他的妻子卖掉珠宝首饰,以应对革命。但是正如韦尔斯利侯爵在上议院嘲讽地指出,如果他们真担心爆发革命,就应该立即恢复议会,而不是坐等暴力结束时才做出决断。1817年5月,一个下议院委员会发布建立警察力量的可行性报告,遭到政府的强烈反对。当班福德和其他"乡下兄弟"被逮捕，在枢密院接受审讯时，和他们一起围坐在桌子周边的利物浦、西德茅斯、卡斯尔雷和其他一些人礼貌地讯问了他们的活动。氛围如此轻松，以至于他们都开起了玩笑，爆发出"阵阵笑声"。最善意的解释或许是因为政客们经常被自己的谎言所迷惑，被自己捏造的故事给吓住。海峡对面一个比他们都要显赫的人也很快犯上了同样的症状。[25]

11 道德秩序

克莱门斯·文策尔·洛塔尔·冯·梅特涅-温尼伯格-拜尔施泰因（Klemens Wenzel Lothar von Metternich-Winneburg-Beilstein）1773年出生在科布伦茨，是莱茵兰一个古老家族的帝国伯爵的儿子。1788年，15岁的梅特涅被送到斯特拉斯堡大学。他一方面全身心投入学习，一方面表现出了出色的社交能力，举止优雅，品位不俗，懂得享受。他风度翩翩，被同学看作纨绔子弟。在十分严肃的弗雷尔·冯·施泰因（Freiherr von Stein）那里，他显得聪明、狡猾又自负。不像同时代很多人那样，梅特涅对法国大革命的评价并不积极。他不是独断论者，也熟谙启蒙运动的政治文化。他毫不怀疑革新和变化是历史的必然。但他信奉应该有秩序地执行公共事务。他对被他称为"醉酒的乌合之众"感到恶心和震惊，这些人模仿巴黎暴徒攻占巴士底狱，袭击了斯特拉斯堡市政厅。当看到大学的宗教研究科主任公开焚烧斯特拉斯堡主教堂标志的时候，他更加坚信这个世界已经被搅得混乱不堪。与之相对，1790年10月6日在法兰克福，他协助利奥波德二世筹办了神圣罗马帝国皇帝加冕礼，这场典礼没有实际的作用，但其象征意义十分显著，这让他意识到这是自己信仰的一切东西的化身。上百辆马车载着皇帝和选帝侯们进入城市，侍从骑着覆有华丽马衣的马儿围绕左右，一起等待三百响礼炮齐发。梅特涅领会到这个繁复仪式背后传递出的潜在信息，并深深着迷于其中暗含的神授等级秩序。年轻的黎塞留公爵也在场，他更是被宫女身上装饰的耀眼珠宝震撼到，而年轻的梅特涅伯爵的仆人穿着用金子点缀、绯红天鹅绒制成的华丽制服，同样让黎塞留公爵深感陶醉。[1]

不到两年后，1792年7月，梅特涅见证了利奥波德的继任者弗朗西斯二世的加冕礼，这是神圣罗马帝国的最后一场加冕仪式。在短暂游历过伦敦、布鲁塞尔和维也纳之后，二十二岁的梅特涅于1795年开始了为帝国服务的生涯。他的第一个任命是驻德累斯顿公使，第二个职位在柏林。1805年，他在柏林与普鲁士签订条约，将普鲁士拉进了第三次反法同盟的阵营，却在耶拿战役和奥斯特里茨战役中惨败于拿破仑。联军失败后，1806年，拿破仑废除了神圣罗马帝国，梅特涅的主人弗朗西斯二世成了奥地利的弗朗西斯一世。拿破仑占领期间，梅特涅担任奥地利驻法国大使。

梅特涅潇洒出众、举止优雅、能言善辩，拥有无与伦比的魅力，是个天生的外交家。在得到拿破仑对自己才能的认可后，为结识更多的人脉并扩展自己的影响力，他几乎把巴黎所有知名的女性都睡了个遍，其中包括法国皇帝的妹妹卡罗琳。多亏了梅特涅，奥地利王室在1809年大败于法国之后，逃过了被消灭的命运，弗朗西斯也因此没有像预言的那样，变成弗朗西斯零世。在签订了使弗朗西斯转而与拿破仑结盟的《维也纳条约》之后，梅特涅被任命为奥地利外交大臣，他在这个位子上一待就是三十九年。

梅特涅鄙视拿破仑是法国大革命的产物，是盛气凌人的暴发户，不过他对拿破仑仍崇敬有加。他承认拿破仑有实现目标的智慧和能力，认可他对大革命的镇压和成功地将法国转型为高效的国家。从这个角度看，梅特涅试图在哈布斯堡皇朝效仿拿破仑的做法。不过奥地利国家建立在中世纪原则之上，由等级制的传统黏合在一起，他得出结论，认为只有严格遵循现有制度，才能延续王朝的生存。这一信条成为梅特涅在接下来的岁月里处理严峻国际形势的首要原则。梅特涅尽可能地使奥地利与拿破仑阵营站在一边，同时也在为与法国为敌时占据有利位置做准备。1813年的莱比锡战役标志这个政策获得成功，他受封亲王称呼（他的新纹章刻上了"法的力量"的铭文）。他随后主导了维也纳会议，为奥地利作为家长式专制君主国的延续提供了他所认为的坚实基础。维护1815年达成的协议对梅特涅来说既是原则性的要求，也是最重要的事务。[2]

对奥地利最大的威胁是欧洲可能会爆发的革命战争。不过回到1814年初，当时拿破仑败局已定，梅特涅和卡斯尔雷已经为避免第一次革命战争和解决第二次革命战争划定了框架结构。1814年3月9日在肖蒙（Chaumont）签订的条约中，英国、奥地利、俄国和普鲁士已经承诺为遏制法国而结成长期同盟。这一条约经受了拿破仑从厄尔巴岛出逃的危机，还动员军队在滑铁卢战胜了拿破仑。卡斯尔雷紧跟威灵顿的部队到达巴黎，他建议将联盟变成永久同盟。于是在1815年11月20日，按照现在他们自封的称呼来讲是四大国的全权代表签署了《四国同盟条约》。尽管条约的最初目标指向法国，但它也使四国为捍卫维也纳会议上达成的所有安排而结合在一起。他们进一步同意定期召开大会，评估形势，制定保卫和平所需的必要政策。它是一个泛欧安全体系，旨在维护既存的领土和制度安排。在梅特涅和大部分大陆的统治者脑中，它也具有维护他们赖以生存的道德秩序的作用。

梅特涅是启蒙思想和旧制度的奇妙混合物。他既不信宗教，也不信君权神授，但是他却尊崇建立于宗教之上的专制君主制度。他怀疑一切变化，因为变化势必扰乱秩序。他对专业人士和中产阶级抱有敌意，因为他们天性追逐自我利益，要求变更既存的等级秩序，改变政治结构，而这两项都威胁到了梅特涅所支持的体系。梅特涅不间断地警告人们，是律师领导了法国大革命。

梅特涅的立场逻辑有着根本缺陷。他反对自由主义和现代进步观，偏爱基督治下的和平。王权和教权是基督治下和平的两大支柱，据说法国大革命之前，人们遵守上帝的律法，并把它当作合法性的基础。按照德意志哲学家弗里德里希·施莱尔马赫（Friedrich Schleiermacher）的说法，"更多是宗教统治着人们"，而且"人们的生活更加清净，处事方式更为得体"；"劳动更廉价，工人更勤勉";"人更顺服";"不会允许自己有其他思想,甚至也不能有对更美好生活的向往"。3

现在的状态是史无前例的。惊人的向上流动性和社会腐化当然没有在18世纪出现过,这是世俗化进程的一个侧面,每一件可以想象的事物都引来无数的想法,同时还有赤裸裸的非法战争,法国国王教唆叛逆的美国人向英国的兄弟国王开战,俄国、普鲁士和奥地利统治者联合攻打合法的波兰国王,将其赶下王位,加以蹂躏,这只是两个例子而已。欧洲每个天主教统治者的后人现在都成了教会的保护人,并以此来增强自己政权的合法性,而他们在之前已经关闭了宗教机构,限制了神职人员的特权,关闭了修道院,还毫无廉耻地将教会财物收归己有,自己成了大富翁。弗朗西斯的叔叔约瑟夫二世不仅最先废除了宗教命令,没收教会财产,还鼓吹反教权思想,使得反宗教意识大为盛行。

当拿破仑在1809年打败奥地利,占领弗朗西斯的美泉宫的时候,他在宫廷大门两边分别竖立起两座巨大的方尖碑,方尖碑上站立着帝国鹰,以此彰显他的帝国地位。弗朗西斯并没有像别人那样因为视方尖碑为耻辱的标志而将之销毁,他把它们保留了下来。弗朗西斯和梅特涅不仅把方尖碑当作拿破仑的遗产而延续下去,还赞同废除古老的特权以及保留拿破仑给德意志和意大利带来的结构性变化。他们暗自对贵族和其他团体的特权消失感到高兴,并模仿法国把国家权力延伸到了私人领域。尽管他们对天主教表现出虔诚的信仰,但还是将教会从属于国家,并利用它来控制社会。4

1815年,奥地利王室并没有面临威胁:没有值得一提的社会动乱或者政治抗议,因为国家体系整体上有利于绝大多数人口,他们只希望用诚实的劳动换取物质回报和安宁生活,并没有进一步的欲望。国家事务上让人不满的因素是奥地利社会的保守氛围,这是由浪漫主义提倡回归到想象中的过去所引起;一伙匈牙利贵族渴求获得更大的自治权；加利西亚的残余爱国贵族梦想重建波兰国家；意大利省份过多的贵族和失望的拿破仑行政官及军官混杂在一起。这些因素无论如何都不可能破坏国家的安宁，甚至可以忽略不计。大约75%的人口仍然依靠土地过活，也没什么工业和大城市，所以也就不必为工业无产阶级的存在而操心。

梅特涅接受了佩尔根的信条，认为只有完全"冷静"的状态才能保证"秩序"的维系，而秩序早就成为哈布斯堡皇朝的绝对真理。佩尔根表示这个信条的核心是坚定的信仰，奥地利警方的任务不仅是要监督王朝自身的省份，还要监督"统治整个欧洲的精神"。结果，梅特涅领导的国务院不再仅仅关注于外交事务，还把注意力扩展到了治安上面。国务院成了巨大的机器，有十个由低等级公务员运作的部门，还有辅助处理像保密、解密、翻译、宣传印刷、档案、财政、邮政等事务的机构。梅特涅拥护严格的审查制度，将"出版自由"视为异端，他还利用以"奥地利观察家"为代表的报纸及以弗里德里希·施莱格尔（Friedrich Schlegel）和亚当·穆勒为代表的一众作家来宣传自己的观点和控制公共舆论。他向很多报纸期刊注入资金，并且付费让文章刊登在像巴黎的《辩论杂志》(*Journal des débats*)和伦敦的《纪事晨报》(*Morning Chronicle*)之类的外国报纸上。

梅特涅和于1816年当选为警察总长的约瑟夫·塞德尼斯基（Joset Sedlnitzky）都把控制邮政服务作为管控欧洲的关键环节。维也纳在18世纪已经在整个神圣罗马帝国建立了最为高效的邮政服务系统，中欧地区都处在通信网络之中。尽管帝国已经消失，但是原来的土地上运作的邮局仍然与奥地利的分拣办公室保持着业务联系。梅特涅试图将邮政网络覆盖到位于十字路口，且是各路颠覆分子汇聚的瑞士。瑞士所有邮路都经过伯尔尼，而伯尔尼的邮政服务则被保守的德·菲舍尔家族所控制，因此法国、德意志和意大利之间的邮件都处在奥地利当局的掌控之下。大多数进出意大利的邮件都要过路伦巴第，而伦巴第处在奥地利警方的监视之下。意大利其余的信件要经过撒丁王国或者那不勒斯和奥斯蒂亚（Ostia）这类港口城市。1815 年 7 月，梅特涅派他的邮政专家冯·利林（von Lilien）男爵去罗马，与教皇国协商把他们所有寄出的邮件集散到伦巴第。由于约瑟夫二世反对教权改革，教皇与奥地利在宗教事务上存在分歧，所以教皇国的国务秘书埃尔科莱·孔萨尔维（Ercole Consalvi）红衣主教没有意愿与之合作。梅特涅于是尝试与帕尔马、摩德纳（Modena）和托斯卡纳签订协议，在罗马邮件必经的意大利北部设置障碍——"我们把意大利一分为二，这样就成了它的主人"，他期盼道。托斯卡纳尽管由一个奥地利大公统治，但在罗马、撒丁和法国暗中的外交压力下，还是提出了异议。这对梅特涅是一个打击，因为托斯卡纳是王朝的意大利诸省中最脆弱的地区。[5]

　　数个世纪以来，意大利一直都是奥地利和法国统治者争夺优势地位的竞技场。这一竞争在大革命后仍然继续，而且拿破仑也正是在意大利确立了他的声望。在成为法兰西皇帝后，拿破仑也成了意大利国王，并授予他的儿子罗马王头衔，还将那不勒斯的波旁王国给他的妹夫约阿希姆·缪拉（Joachim Murat）统治。维也纳会议全数否定了上述安排。瓦解的威尼斯共和国领土被合并到奥地利重新获得的意大利省份伦巴第。它的西部靠着撒丁王国，受到法国的保护。撒丁王国重新得到了它的大陆省份彼埃蒙特和萨伏伊，被撤销的热那亚共和国的遗产也加强了撒丁的实力。奥地利皇帝的兄弟以托斯卡纳大公的身份重新入主佛罗伦萨，皇帝的一个孙子成为摩德纳公爵，而拿破仑的妻子（也就是弗朗西斯的女儿）玛丽-路易莎以波旁公爵身份统治帕尔马。教皇被重新安置到罗马，并恢复了他的代表团和马尔凯封地。那不勒斯的波旁家族成员从西西里返回，重新获得了他们以前的大陆王国。

/ 11　道德秩序　/

伦巴第-威尼西亚由维也纳直接统治,托斯卡纳、帕尔马和摩德纳接受奥地利的保护,而教皇则完全依赖奥地利的资助。那不勒斯国王,现在的两西西里国王,被梅特涅要求签订一个秘密协议,禁止在没有获得奥地利同意的情况下,在他的王国做出任何制度改变。梅特涅将向其他的意大利国家施加类似安排,这样就使它们成为由奥地利领导的某种联邦,但是撒丁和教皇并没有服从。梅特涅当然也成功地把法国完全排除在外,奥地利成了意大利的警察。如此一来,梅特涅不知不觉制造了半岛统一的景象——他成了意大利所有爱国者的共同敌人。而且他给自己设定了一个不可能的目标,因为在意大利不可能实现他所设想的秩序安排。

1789年之前,意大利大多数地方是法外之地,各统治者几乎没有设置警察机构,他们大多明白最好通过复杂的、经历数个世纪之久的社会相互依存模式和地方性的忠诚来维系统治和施加影响力。偏远地区通过被一些历史学家称为"社会土匪"(social banditry)的法外手段统治。其中的当事人是无法被理解的,因为他们受到人口中更贫穷阶层的保护,他们免受地主和国家的税收压迫,还在困难的时候从他们的劫掠收入中获得补贴。统治者、土地所有者和教会已经学会适应这一现实。

18世纪90年代时法国对意大利的入侵给国家事务造成了巨大的影响。统治者被推翻,封建制被废除,以前的政治和管理结构被法国模式取代,教会权力被限制,财产被没收。整个半岛第一次被置于共和政府的统治之下,然后又与法兰西帝国合并或者成立王国。在法外地区施加法国秩序形成了意想不到的后果:人们抵制法律执行、征税和征召年轻人服役的力量随着当局施加力度的变化而变化,而那些隐藏着的土匪也变得更有组织性。

然而法国的统治并没有带来多大的成效,他们所做的是以前的统治者想做而没敢或者不知道如何去做的事情,比如限制贵族和教会的权力，强制执行法律以及高效征税。1815年重返原位的统治者没打算推翻法国的制度，这使他们和贵族及教会产生了龃龉，而贵族和教会是他们王位的根本支柱。法国人所做的事情也让乡村民众感到愤怒，因为他们践踏了地方利益和情感，并没能扭转地方对他们的疏离。

法国革命的影响使受过教育的贵族和中产阶级激进起来，使他们对任何形式的政权都充满了敌意，甚至唤醒了他们将整个半岛联合为一个意大利国家的渴望。法国的统治使一个新的管理阶层产生，而拿破仑对意大利人力资源的开发造就了一个平行的军事干部队伍。这两类人不单单对前任君主回归或奥地利重新恢复统治感到威胁，他们也形成一股自然的领导力量，构成了另外一种选项。

1813年到1814年，拿破仑统治的退出在意大利北部造成了权力真空，这个真空迅速被建立独立意大利国家的思想给充斥。一些人希望保留已有的意大利王国，让拿破仑的总督欧仁·德·博阿尔内（Eugène de Beauharnais）亲王做国王。其他人则在英国驻巴勒莫公使威廉·本廷克（William Bentinck）勋爵［他是一个斗志昂扬的将军，以前担任过马德拉斯（Madras）总督，对意大利十分迷恋］的鼓舞下，主张整个半岛由拿破仑的妹夫约阿希姆·缪拉来统治，缪拉后来继续担任那不勒斯国王。1815年，当奥地利被拿破仑从厄尔巴岛出逃的消息弄得心烦意乱的时候，缪拉率领他的军队发动突袭，并号召所有意大利人支持他建立一个统一独立的意大利，但只有区区数百人响应，他的计划破产。

当法国人撤离，奥地利人重新占领威尼西亚和伦巴第的时候，军队指挥官海因里希·冯·贝勒加德（Heinrich von Bellegard）陆军元帅临时确定使用法国法律，并保留了行政部门和警察机构。他和维也纳的新任警察总长报告，称那里没有发生针对奥地利人的抵抗，也没有起义的迹象。但是在1815年，新的文官当局开始彻底裁撤拿破仑的公务人员和军官。这不仅造成政府效率的明显下降，还毁掉了一批有抱负、能说会道的意大利人的生计与前程。但是奥地利的行政机构并不打算交朋友。纹章委员会被建立起来，以清理多个政权遗留下来的贵族体系，以及那些与意大利上层疏远的人。拿破仑时期授予的贵族称号被废除。古老的威尼西亚（共和国时期授予的）头衔遭到降级。威尼西亚公爵被贬为德意志伯爵，威尼西亚伯爵和德意志男爵级别相当，而出示文件以及乞求奥地利公务员的过程本身就和降级一样充满耻辱。梅特涅有权将威尼西亚和伦巴第贵族视为"堕落和野蛮的贵族"，但是这项羞辱政策充满争议，因为这个阶层的根本利益就是维护现存秩序。[6]

弗朗西斯皇帝并没有更聪明些。他忽视当值官员的意见，规定把他自己的优先标准强加给意大利省份的行政机构。经由当地警官翻译后，这些规定变成了一系列怪异的条文，比如人们在特定情况下无法踏足公务部门，包括"与女佣有不正当的关系"，喜欢金融投机，或者仅仅是爱说话。这些规定使警方深度介入到人们的生活之中，以至于如一个奥地利评论家所说，"据说意大利不存在不受警察直接干预的社会关系"。[7]

弗朗西斯对共济会／光明会阴谋的担忧没有减少，他禁止了所有的秘密团体。政府官员、教师，甚至博士学位候选人都得发誓他们不属于任何一个秘密组织。弗朗西斯命令列出一份隶属于共济会会所的成员名单，结果让他十分震惊。共济会在18世纪的最后几十年就已经在意大利流行开来（只有拿破仑因为害怕共济会成为潜在的反抗力量，于1812年下达了禁令）。名单包含了大多数贵族和几乎所有的政府官员与军官，弗朗西斯不得不得出结论，他的意大利省份已经成为颠覆活动的温床。[8]

梅特涅在米兰建立了观察研究所（Beobachtungs Anstalt），并劝说其他统治者也成立类似的机构以搜集关于在半岛运作的共济会和其他秘密团体的情报。由于难以达成合作，梅特涅在意大利西部和南部建立了自己的情报机构，并由他派驻佛罗伦萨和罗马的外交官掌管。这些机构的有效性受到质疑，许多机构出面提供信息，被捕的人隐藏信息最好的方法就是把手指向其他地方。大多数线人为很多主顾服务，他们在过去二十年里翻来覆去地倒腾情报，已经深谙如何向新的当局提供他们所希望听到的消息。他们不会透露自己所属派别的存在和活动，并且捏造假派别，让当局无法发现真实派别的行踪。他们会用让人害怕的名字命名并不存在的秘密团体，编造它们的仪式和神秘目标，以取悦主顾。结果是所有奥地利人的名字都会出现在名单上，都受到无中生有的指控。[9]

当收到警报称米兰有一桩阴谋正在酝酿之中的时候，他们的搜索工作有了回报。情报来自一个叫圣－阿尼昂（Saint-Agnan）的人，而他是从一个叫作科梅利的伯爵那里获得的消息。科梅利告诉阿尼昂有人正准备发动起义，要建立一个以罗马为首都的意大利国家，数以千计的意大利流放者将在某一重要节点乘坐英国船只回来支援。尽管这个情报本身听起来并不可信，但它与梅特涅从蒂罗尔总督那里得到的其他情报不谋而合。为了以防万一，梅特涅将由意大利人组成的奥地利军团转移到了其他的哈布斯堡省份，并用奥地利和匈牙利军队替换了他们，还让圣－阿尼昂重返米兰继续刺探情报。圣－阿尼昂在那里碰到了一个叫马歇尔的人，马歇尔告诉他起义的计划得到了法国国王路易十八的支持，而且路易十八打算建立意大利王国，并扶持他的侄子贝里公爵当国王。圣－阿尼昂被引荐给一些阴谋分子，成功地从他们那里拿到了一些材料，并将之以2800法郎的价格卖给了奥地利当局。之后他就消失了。

他在都灵重新现身时，撒丁国王成了新的主顾，他主动请缨，打入了巴黎的撒丁流亡者群体，这些人正策划颠覆撒丁国王。没能从维克多·伊曼纽尔那里赚到钱，他又来到瑞士，在那里写信给贝勒加德，称他掌握了威廉·本廷克勋爵和白金汉公爵准备在意大利发动革命的情报；还给梅特涅本人写信，说他有重要材料，这些材料只能由他亲自送过去（前提是支付12000法郎，或许还要给予土地和贵族头衔）。梅特涅付给他4000法郎，条件是他不能再踏足意大利。圣-阿尼昂交代的阴谋分子被抓了起来，并由皇帝本人亲自监督问讯。案子证据不足，从审判结果就可以看出来：一些人被判短期监禁，一些人被流放，一些人则无罪释放，但是他们在问讯和审判期间已经坐了20个月的牢了。[10]

我们无法对给梅特涅和其他人造成巨大困扰的阴谋网络的威胁程度做出评估，因为我们对它们知之甚少。它们大多起源于法国。最开始可能是由意大利比萨的菲利波·安东尼奥·博纳罗蒂（Filippo Antonio Buonarroti）发起，据说他是艺术家米开朗琪罗的后人。早年时候，卢梭的作品激发了他关于平等社会的梦想；法国大革命爆发后，他被吸引到巴黎，与圣·朱斯特（Saint Just）和罗伯斯庇尔进行了合作。他还跟着法国入侵部队进入意大利，并开始在整个半岛范围内网络志同道合人士。罗伯斯庇尔倒台后，他在返回巴黎时被抓了起来，在狱中碰到了社会主义革命分子弗朗索瓦（化名是格拉胡斯）·巴贝夫［François（alias Gracchus）Babeuf］，两人撰写了《平民宣言》。在他们被释放后这本书于1795年出版，和其他一些作品一样都呼吁废除私有财产。巴贝夫和博纳罗蒂之后开始策划政变，试图以小团体的形式接管政权——他们鄙视人民革命的思想，推崇自上而下的改革。他们的阴谋被揭露，随后拿破仑入侵意大利，博纳罗蒂也返回那里，并创建了被他称为阿德菲的秘密团体，里面所有的成员都以埃米利奥相称，以纪念卢梭的《爱弥儿》。

博纳罗蒂将组织命名为阿德菲的原因，可能来源于一群心怀不满的法国军官，这些军官将他们于1803年建立的组织称为费拉德尔菲亚斯（Philadelphes），以对抗拿破仑日益扩张的权力。在法国入侵之际，秘密团体如雨后春笋一般在整个意大利涌现出来，一些拥护法国统治，一些反对法国统治，一些要维护天主教信仰，其他一些则没有明确的纲领和信条。一些团体取代或接管了当时的共济会会所。他们从占星学、埃及宗教符号、希腊和罗马神话、犹太教和天主教的经典中汲取营养，创造了奇异冗长的祷词和经文，组织结构和仪式也具有显著的共济会和光明会特征。我们无法精确统计他们的数量，甚至也无法确认他们是否真实存在，因为他们有时会合并或更改名称；而且因为保密的需要，团体成员还往往不知道这些变化，所以一些已经消失的组织仍然存在于成员的想象之中，于是线人就会得到关于这些团体存在的假情报，并报告给警方，警方则把它们记录下来。这些团体不仅包括中心社、光线会、五社、锡伦西奥希腊人、天主会、罗马使徒，还包括一些听上去是拿奥地利警方开玩笑的名称——黑腹社、赤膊社等。1809年，博纳罗蒂创建的新组织加入其中，其成员被称为崇高完美的大师，管理机构——大苍穹（the Grand Firmament）——则坐落在瑞士，据说它控制着一个分支机构，而具体的活动并不为人所知。[11]

  烧炭党则没有那么神秘。关于烧炭运动的起源有很多种说法，瑞士、法国、德意志、苏格兰、英格兰和古埃及都有可能是它的起源地。它在古埃及据说由伊希斯女神创建，不过其他人主张的运动创始人是底比斯的菲洛梅拉、罗马的神密特拉、11世纪的圣·西奥博尔德、圣殿骑士团、法王弗朗西斯一世或者是德意志的炭炉公会。最可靠的解释是它起源于共济会的一个分支，并模仿了这个分支会所及其在法国的同类组织——法国烧炭党，他们的结构都很松散，但由于通商的本性和游牧的生活方式，他们的网络又有很强的韧性。就像共济会的基层单位是会所；烧炭党的基层组织也是会所；就像共济会成员之间以"兄弟"相称，烧炭党成员也互相称呼为"好兄弟"。他们在意大利的出现可以追溯到1808年,直到拿破仑统治结束,据称组织已经十分庞大:会员人数(所有数据都只是猜测)从4000人上升到了8万人,而一个研究认为已经达到了64.2万人。[12]

从烧炭党仪式和典礼能够很好地判断出其运动的性质。入会仪式在树林里的小木屋举行,如果找不到树林,就在城市公园里进行。开始是沉思时间,接着申请人宣布他之所以要加入好兄弟,是为了寻找真理,并驯服自己的欲望。申请人然后被蒙上眼睛,由人领着绕过一个树桩,来到熊熊燃烧的烈火前面,烈火象征着胸中时刻燃烧的仁善精神。他手持斧头跪下,宣誓保守秘密,并随时准备为兄弟们赴汤蹈火。斧头是要提醒入会者,如果不能遵守诺言,就会被杀死,而且尸体也将被肢解和焚烧,一点骨灰也不会留下。整个过程会持续一段时间,期间有大量令人毛骨悚然、充满戏剧色彩的誓词和咒语。留存至今的烧炭党《教义问答手册》里充斥着暴力的语言,比如主张财产是"反人类的暴行",不过里面更主要的是以天主教教义为蓝本的陈腐教条,宣扬信仰、希望和仁慈是核心美德,另外卢梭主义的"自然美德"概念也闪烁其间。从初级向高级进阶的仪式模仿了基督十字架受难的形式,当事人扮演成耶稣,迫害他的人和杀手则穿成奥地利人的样子。在十字架上罹难后,他被释放下来,并获得了新生。

仪式的道具有匕首、斗篷、斧头、火堆、葡萄酒、圣杯以及血水,印刷品则画上了十字架、王冠、太阳、月亮、公鸡、束棒斧、梯子、圣西奥博尔德的神谕、骷髅、交叉的骨头、几何分规、三角形、矩形以及沐浴在光芒下的古怪三重冕。与其说这些毫无意义的图像象征促使发动起义和推翻现存秩序的绝望,不如说象征逃避这个冷漠的世界,以兄弟关系平等相待,并抚慰由现在的教会所无法治愈的精神焦虑。以拜伦和海涅为代表的很多旅行者深刻记述了意大利年轻人的失落感和疏离感,其中最有代表性的是司汤达的小说

《帕尔马修道院》里的主人公。

梅特涅在1816年年初游历意大利北部的时候,并没有感受到人们的精神焦虑。第二年,他展开了更长时间的考察。天气、景色和纪念碑都让他感到愉悦,所到之处他还都能碰到似乎很喜欢他并对奥地利皇帝表忠心的人。"雅各宾党人在躲着我,因为他们认为我是悬在他们头上的剑",他在家里开心地写道。"我们组建的欧洲警察队伍在规模上超过历史上的任何一个时期,他们从没让我们失望过",他向驻圣彼得堡的大使吹嘘道。"我敢保证,任何要推翻现存秩序的计划在初始阶段就会被我们发现,"梅特涅在写给法国驻都灵公使的信中更加自信,"你看到我是欧洲最了不起的警政大臣,一切事物都在我的掌控之下。"他写道:"我的眼线多到没有什么能逃出我的手掌心。"其他人则并不相信他的话。[13]

英国驻维也纳大使查尔斯·斯图尔特（Charles Stewart）勋爵曾在信中向他同父异母的兄弟卡斯尔雷勋爵抱怨梅特涅"对间谍和警察不同寻常的偏爱",在他看来"雇主因此经常犯错,并没有得到很好的帮助"。英国外交官罗伯特·戈登（Robert Gordon）爵士的看法也大同小异,他在两年后陪同梅特涅和弗朗西斯考察意大利。"没有什么能比得上梅特涅亲王靠自己对人的感觉搜集事实和信息:这个习惯使他收到的情报都契合自己的口味,直到发现他自己没有漏掉什么隐藏的东西的时候,他才会平静下来,"戈登写道,"但这种沉耽于秘密的偏好恐怕使他对自己的发现给予太多的关注。幻影是在黑暗中编造出来并进一步壮大,如果它被公开出来,反而就没那么重要了;他的线人自然地就会夸大情报,因为他们知道自己得到的奖励和情报造成的幻觉程度成正比。"[14]

梅特涅相信许多派别虽然的确鼓动了人们"思想上的骚动、不满和抵触",但并没有构成威胁。"监控在过去两年里从未放松过,并且我知道尽管不能否认那些秘密团体的存在,而且他们邪恶到与政府作对，但可以确定他们缺乏充满干劲的领袖，也缺少能发动有效革命的统治力量和其他手段。"梅特涅在1817年11月3日结束对意大利考察后给弗朗西斯皇帝的备忘录中写道。在他看来，民族主义情绪会遭遇对序和有效管理的反击，这将让意大利人相信奥地利的统治是有好处的。[15]

这不意味着可以放松警惕。领导哈布斯堡警方对付意大利境内的颠覆活动的伦巴第-威尼西亚总督扫劳伯爵，建立了一套广泛的线人网络，不仅包括奥地利诸省，还覆盖了像罗马这样的地方。扫劳曾在财政危机期间做过教皇的财长。大量文件像雪花一样涌向他的办公室，但其中大多毫无研究价值。比如一份于1816年1月11日从维也纳传来的报告说一切很平静，人们只关心经济、生活水平和时尚话题。"不过，"报告继续说，"监控公共安全的人十分警惕，再琐碎、最偏远地区的政治活动都逃不出我们的眼睛。我必须强调意大利仍然活跃着邪恶力量，他们冥顽不化，沉迷于国家独立的目标，试图把这个四分五裂的国家胡乱地拼凑在一起，这样无政府主义者似乎就实现了他们一直以来的计划，犯罪诡计最终也可以得逞。"这类报告言之无物，只起到警告的作用，尤其像这个报告作者说他偶然听到那不勒斯的雅各宾团体为了挑起国内战端，正试图扶植国王的小儿子篡位。[16]

另一个线人称一个"十分可靠和正直的"朋友"打包票地"告诉他，拿破仑的妹妹、前托斯卡纳女大公，巴乔基伯爵夫人（Countess Bacciochi），尽管已经隐退到的里雅斯特，但还是和她的弟弟热罗姆以及前警政大臣富歇一起与身在美国的约瑟夫·波拿巴（Joseph Bonaparte）图谋诡计。她被奥地利警方置于大概是最严密的监控之下，但线人依然声称监控还要加强。结果到处都散布着和拿破仑家族成员起居生活、日常习惯有关的没有意义的流言，而拿破仑家族的人并没有发起政治行动的兴趣，反而都对自己能被允许过着相对舒适的生活而心存感激。[17]

这类无效情报的典型例子是一个叫"布林迪西公爵"(Duke of Brindisi)[他也用菲律宾和安西罗塔(Ancirotta)的名字做贸易]的人向奥地利当局揭发了一个叫圭尔菲(Guelfi)的秘密协会。这个组织据说是英国线人在本廷克和霍兰勋爵的支持下于1813年成立,意图是鼓动起义,使意大利国家独立。布林迪西伪造了协会章程、内部密码和其他文件。直到截获布林迪西和同伙的通信往来后,意大利警方才发现这是一桩骗局,承认圭尔菲是捏造的产物,尽管这个协会真的存在并在意大利各地活跃着。[18]

与臆想的恐怖威胁进行斗争的方法不仅低效,而且还有负面效果。英国驻佛罗伦萨公使伯格什勋爵向卡斯尔雷保证:"我既不属于激进派,也从未忘记我从小到大所坚持的原则,即不戴有色眼镜看待国外的颠覆分子和雅各宾主义;但我同时也要宣称,奥地利在意大利建立的体系对臣服于政府的意大利人是不公平的,如果这种状况持续下去,他们会在安全上遇到麻烦。"[19]

这并不意味着其他统治者会更加敏感。教皇庇护七世已经经历过革命和拿破仑法国的蹂躏,一直都害怕发生动乱。他一度相信巴黎的阴谋分子会使西班牙和意大利卷进"普遍的革命",然后匈牙利的爱国者袭击奥地利,而法国推翻波旁王朝的时候,土耳其就计划派兵登陆意大利。他甚至怀疑过自己的国务秘书孔萨尔维红衣主教,后者是极端反动派,并以无所不用其极的狂热分子而著称,有一次甚至报告说看到了他给英国外交官一个"共济会式的拥抱"。[20]

孔萨尔维不是自由主义者,但他曾尝试引进法式管理结构,并模仿法国宪兵队建立了教宗宪兵队。1816年10月23日,他签发了建立警察力量的法令,让罗马总督可以自由行事,并阐明"他在执行任务时,不受任何司法裁决的约束"。他还得到了一大笔资金以资助"秘密探索者",这些人按照区域给所有家庭都建立信息档案,记录了每一个人的姓名、出生日期、祖籍地、财产状况、生活方式、道德背景和其他细节。隐退到罗马的西班牙前国王查理四世的家庭档案可以让我们窥见一二，档案记录的人从旧臣到仆人到厨房女佣，有好人、有被冤枉的人、有老实人（这里是不好的绰号），也有完全不可信赖的人。[21]

地方警察总长被要求每周提交一份"政治报告"，议题涵盖食物供给、市场管制、管理嫌疑人的效率、外国人管理、公共礼仪、亵渎性的书籍和小册子以及公众对宗教和政府的态度。在教皇国，反对政府不仅是刑事犯罪，还是异端行为。那些被当地警方认定为越轨的人会收到和道德戒律有关的警告：在没有得到警方许可情况下，他们不得离开所在的城市，也不能在黄昏和黎明之间离开家门；他们必须在复活节奉献服务，在修道院进行三天的宗教静修，还要每月向警方汇报一次，证明其向神父告解，并获得了赦免。这些往往施加在那些受过教育的贵族或中产阶级年轻人身上，所以具有很强的侮辱性。[22]

上述措施并没有达到控制社会的效果。1817年6月，教皇的马尔凯省小城马切拉塔（Macerata）爆发了一场暴乱，着实让警方吓了一跳。这次行动十分不幸，是几十个阴谋分子试图占领这个地方。晚上小规模交火后，他们就被围捕了起来。十一个人被判死刑，十一个人被判终身监禁，七个人被判十年监禁，两个人被判的时间则短了一些。严厉的判决反映出当局的慌乱处境。[23]

尤其让统治者们担心的是旅行者，尤其是外国旅行者。为了阻止他们，一个烦琐的签证和边境检查体系被建立起来。"那些在另一个世界创造炼狱的人会发现，为了拯救欧洲而建立的警察局和海关与其相比有过之而无不及。"亚历山大昔日的老师拉·阿尔普于1817年8月在意大利给沙皇写道。"为了去那不勒斯，一个人被搜查和询问的次数达14遍之多……"司汤达愤怒地说。"作家的旅行箱会被翻上 21 遍或 22 遍，"他在 1817 年 1 月初写道，"海关一看到书就大发雷霆，好像他知道书里写了什么一样。"玛丽·雪莱（Mary Shelley）记录在 1818 年 3 月一个米兰人是如何从法国来到撒丁王国，然后被送返巴黎，让另一个官员在通行证上重新会签，在差点要再次被送回去会签的时候，她被告知"可以通过"（她的书却不能带着）。他们都精疲力竭，边境管控的效率也十分低下，因为工作人员一般没接受过什么教育，文化程度低，警方和海关雇员经常因为偷懒或者无知而漏掉什么。一个旅行者被一个警察准将询问姓名和其他细节，而他刚刚把自己的通行证递交上去，上面包含了所有询问到的内容。这个警察随后叫这个旅行者把文件内容读出来，旅行者回答说规定只要求他提供通行证，他没有朗读的义务。这个不识字的警官没有选择，只有交还通行证，然后摆手让他通过。[24]

二十年的战乱结束后，英国游客蜂拥来到意大利，因为被当作天生的自由主义者，他们成为特殊的怀疑对象。没有人比拜伦受到更多的监视，他花几年时间在意大利巡游，因为纠缠的爱情，而过着流浪般的生活。当局有很多理由对拜伦保持警惕，因为他常常与对这个国家最不满的群体接触，其中包括贵族和作家。拜伦理解这些人的沮丧和疏离感，还加入了他们的秘密组织。不管他走到哪里，都被当地警方和奥地利线人密切监视着，结果，维也纳、卢卡（Lucca）、拉文纳、佛罗伦萨、博洛尼亚、比萨和梵蒂冈的档案里充满了关于拜伦日常行踪的报告；大部分很无聊、记载不准确，而且非常潦草，报告内容甚至详细到记录他何时起床、何时上床、谁拜访了他、什么时候拜访的、客人待了多久等。[25]

"警方通过对拜伦不间断的监视获得两个发现，"奥地利密探朱塞佩·瓦尔坦科利（Giuseppe Valtancoli）于 1819 年 10 月 4 日报告，"首先，他的表链上有个三角形（或者说是金字塔形）纹章，纹章上刻着三个小星星；纹章封印上的F.S.Y三个字母在几个月前刚被圭尔菲协会采纳为新的标志。"第二个发现是拜伦的秘书给米兰一个人写的信件，其中摘录了"耶稣共济会"英文出版物里的内容。瓦尔坦科利还凭借一个无懈可击的证据发现，拜伦"性欲强盛，纵欲过度"，但在政治生活中，他是"一个严格遵守戒律的英国人"，除了"毁灭和流血"，不会屈服于任何东西。另一个间谍在报告中称拜伦的秘书花大量时间用加密语言写信，却从没发现他们寄过信，这说明是很多路过的英国人把信给带走的。监控拜伦另一个可笑地方是，大量目击到他活动细节的证据却将他的同一活动指向两个不同的地方。[26]

最让梅特涅担心的在意大利的外国人不是英国人，甚至也不是法国人。他的外交官和线人曾经在热那亚、都灵、博洛尼亚、罗马、那不勒斯和其他一些地方发现俄国间谍在积极煽动对奥地利的仇恨，鼓动民族主义梦想家，让他们相信亚历山大沙皇会支持他们为祖国解放而展开的斗争。梅特涅并不确定俄国人的真实目的，因为沙皇的想法很难揣摩。

12 神秘主义

亚历山大在 1801 年登上沙皇宝座的时候，就已经决心依据导师拉·阿尔普灌输给他的原则改造俄国。在一小帮朋友的支持下，他启动了对国家的彻底改造，并设立相关部门执行改革。但是，他也很快就碰到了变革进程的拦路虎，有制度的、经济的，也有社会的：他的臣民 10 个就有 9 个是农奴，要么隶属于国家、教会，要么就属于贵族地主，而解放这些农奴将引起暴力抗议，甚至会遭到全体贵族的反对。随着针对改革的敌意不断增长，1812 年拿破仑进攻莫斯科的时候，亚历山大被迫用妥协来换取支持。因为看不起贵族的顽固滞后，又因为其他原因害怕贵族——其父亲和祖父都是被贵族杀害的，他从来没有原谅过贵族。[1]

拿破仑一被打败，亚历山大就再次把精力转移到了国内，他毫无掩饰地表示要推行改革，解放农奴。"我的目标是维护世界和平，并使俄国成为文明国家，这两点是我的政策的出发点。如果不能实现上述目标，就让雷劈死我吧！"他宣布。由于拿破仑战争和法国占领的影响，在 18 世纪最后十年出生的俄国贵族是最先接触欧洲文明的一代，他们能够敏锐地察觉到俄国相对于其他欧洲国家的落后。亚历山大·本肯多尔夫（Aleksandr Benckendorff）上校在 1814 年参观英格兰的时候惊叹道："对我来说，这里的富足、精致和自由似乎达到了人类幸福的顶点。"他沮丧地反思俄国如果要达到如此发达的程度，"还需要好多代的努力才行"。许多年轻官员返回祖国的时候，都希望支持他们的君主推行改革工作。[2]

他们更保守的父母、神职人员以及理论家，比如历史学家尼古拉·米哈伊洛维奇·卡拉姆津（Nikolai Mikhailovich Karamzin）感觉沙皇的改革违背了俄国的传统根基，不符合俄国政治社会实体的根本原则和精神基础，有违国家天命。很多人不仅把 1812 年法国军队占领莫斯科视为军事入侵,还把它看作是一次精神袭击。海军上将希什科夫(Shishkov)认为,必须清剿法国人,驱除法国的影响;莫斯科前总督罗斯托普钦伯爵(Count Rostopchin)辩称,一定要"消灭"沉耽于法国文化和思想的俄国年轻人。[3]

亚历山大陷入了绝境,他心灰意冷。不过他虽然无法给国内带来改变,但他追求创造更好世界的梦想。在1815年圣诞节,他发布了神圣同盟文本,其他签署国十分生气,认为文本内容异常愚蠢,而且可能会产生破坏性影响。1816年1月1日,亚历山大签署声明,感谢他的军队和人民为胜利做出的贡献,战胜了他称之为"恶魔最后一次统治世界的挣扎",只有各国统治者发自心底地坚持神圣同盟原则,这一胜利才能得到维护。3月,他写信给卡斯尔雷,提出了多边裁军方案,声称维持大规模驻军不符合他们所创造的和平精神(卡斯尔雷建议亚历山大最先进行裁军)。[4]

梅特涅一向都很讨厌沙皇对自由主义的热忱,并对他关于将宗教引入公共事务的想法表示怀疑。"从1815年起,他就对雅各宾主义亦步亦趋,结果陷入了神秘主义,"梅特涅于1817年8月底给弗朗西斯写道,"既然他根本上倾向于革命,那他的宗教意识也是一样。"那年晚些时候,亚历山大通过了一部宪法,梅特涅的预言由此成真。这部宪法是给沙皇的半自治省份波兰制定的,是欧洲最具自由主义色彩的宪法。1818年3月15日,在波兰议会第一阶段会议结束时发表的演讲中,沙皇宣布波兰是新宪法的试验场,并要把这部宪法推广到他所有的领地,还敦促波兰人起好模范的作用。他告诫人民:"向你们同时代的人证明自由主义制度,它不朽的神圣原则并不危险,不要把自由主义与威胁到我们时代社会秩序并带来可怕灾难的颠覆性教义混淆。"他委托尼古拉·尼古拉维奇·诺福西尔斯夫和彼得·安德烈维奇·维亚泽姆斯基亲王为俄国帝国起草宪法,并宣布准备把在18世纪70年代获得的俄国西部省份领土和波兰联合起来，这样就能使波兰宪法有更大的适用范围。[5]

沙皇用法语发表的演讲，以法语和俄语进行出版，这在整个欧洲引起了骚动，尤其在德意志。根据维也纳会议达成的决议，包括普鲁士在内的德意志国家的统治者将引入宪法，但他们大多数都拖拖拉拉。演讲在维也纳引起了更高的警觉，弗朗西斯和梅特涅都视宪法为通往革命道路的第一步。对于他们来说，亚历山大那"真心实意地实施宪法，最重要的是，全心全意地用宪法来实现有利于人类的传统目标，让它与秩序兼容，为国家繁荣创造价值"的话语和异端邪说没有什么两样。[6]

梅特涅非常警惕异端邪说。他在1817年6月注意到"一些思想疾病正在扩散，并显现出流行病的症状"，循道派教义就被囊括在了里面。他担心循道派可能会在中欧，尤其在德意志寻找到肥沃的土壤，因为那里有越来越多的人正被神秘主义所俘获。根据他的说法，符腾堡和巴登有一大批人"陷入了抛弃世界的臆想，他们要去神圣的地方寻找存在，以获得拯救"。1816年，大雨导致莱茵河和内卡河谷发生洪灾，世界末日般的粮食歉收致使饥荒横扫德意志。不清楚梅特涅是否将这一灾难与逃避物质世界的潮流联系起来，但他相信，这背后隐藏着政治危机。"一些神秘主义者的确有纯粹的道德和精神动机，但我们可以从其他一些人那里分辨出政治疾病的征兆。"他说道。他为克吕德纳女爵的行为而操心，后者变卖自己的珠宝，抵押自己的房产，给灾民筹集救济金，还走遍德意志和瑞士，将基督的爱传递给了大众，梅特涅称她的目的是"鼓动贫穷阶层反抗有产者"。克吕德纳还向欧洲各君主请愿，要求公开忏悔，并宣布"上帝的权利"就是人类的权利。他以及他的皇帝主人应该接受某种精神审查的观点震惊了梅特涅，因为这种思想不仅荒诞，在根本上还具有颠覆性。在梅特涅看来，"社会的稳定和国家的安宁"处在危急关头，"王室应该立即想出办法，阻止这些新型革命倡导者的计划"。他敦促德意志诸国的统治者把女爵驱逐出去，大部分统治者都遵照行事，驱逐的手段还十分残酷。[7]

各种宗教复兴主义浪潮也席卷了俄国的上层社会，其中很多是天主教和其他宗教。亚历山大持泛基督教主义的态度，并于1817年3月放松了限制，向因为饥荒和宗教迫害从德意志逃来的难民打开了大门。梅特涅警告沙皇，这样鼓励人们走向极端教义会使他自己最终葬身于雅各宾主义者的手中。[8]

梅特涅不仅对亚历山大的"神秘主义"而气愤，更因亚历山大的外交利益而恼怒。沙皇不仅不会撤出驻法国的庞大军队，他的线人还活跃在意大利、科孚和门的内哥罗，并且俄国驻各宫廷的外交官说服欧洲列强干涉中南美，以帮助西班牙恢复其在那里的殖民地。趁拿破仑在1807年入侵西班牙之际，中南美的殖民地爆发独立运动，许多欧洲国家害怕他们的殖民地建立独立共和国会使共和主义从新大陆传到旧大陆。梅特涅还怀疑俄国外交官在为俄国、法国、那不勒斯和西班牙的波旁王室之间建立联盟而活动。亚历山大驻马德里大使德米特里·帕维拉维奇·塔季谢夫（Dmitri Pavlovich Tatishchev）正在谈判把俄国多余的舰只卖给西班牙，以弥补后者在特拉法尔加海战中的损失，而西班牙的代价是割让米诺卡岛——俄国几十年来都在地中海寻找海军基地。这让英国内阁比梅特涅更加焦虑。[9]

拿破仑在1807年入侵西班牙并让他的哥哥约瑟夫担任西班牙国王的时候，英国是西班牙的主要盟友。斐迪南七世于1814年恢复王位的时候，请求英国出兵相助以恢复其在南美的殖民地。英国拒绝卷入其中，只签订了一个承诺保持中立的条约，答应不以任何方式协助南美叛乱分子，也不允许船只运送军火给他们。然而不少英国退伍老兵前往南美，加入了玻利瓦尔和其他起义者的阵营。他们的事业代表了时代主流的浪漫主义精神，其领导人物成了英雄。说得更确切一点，西班牙统治的结束使它以前的殖民地向英国敞开了贸易的大门。应西班牙的要求，卡斯尔雷于1817年宣布，英国反对除西班牙以外的任何武装力量干涉南美，并最终于1819年通过《国外兵役法》，禁止起义者在英国招募士兵。不过，英国仍然与他们保持贸易联系。

1816年8月，梅特涅向圣彼得堡派去了一位新大使。担任此职的路易斯-约瑟夫·勒布泽尔腾（Louis-Joseph Lebzeltern）男爵是一位奥地利外交官的儿子，他出生于里斯本，从1809年起就跟着梅特涅驻在巴黎。勒布泽尔腾是一个和善有趣的人，他热衷于参加派对，喜欢金钱和一切奢侈品，在工作上却勤勤恳恳。除了奇妙地结合了玩世不恭和坦率处事的性情外，他还是一个虔诚的天主教徒，也许正是这宗教层面的原因帮他在1810年重返圣彼得堡的时候，赢得了亚历山大的信任和喜爱。他曾经陪同亚历山大访问巴黎，之后被派到了罗马。在指示中，梅特涅要求勒布泽尔腾"阻止俄国沙皇的野心计划"，即阻止"沙皇干涉欧洲所有事情"的倾向，阻止"沙皇扮演各国之间争论的调停者的角色"。勒布泽尔腾开了个好头——刚到那里，他就得受到了沙皇的热烈欢迎，后者拥抱了他，还称呼他是老朋友。亚历山大否认他卷入到意大利的事务中，还解释他没有在普鲁士煽动恐慌，但是他感觉普鲁士已经处于革命的边缘。[10]

梅特涅还为法国"坏死"的形势以及相邻的归属于荷兰王国的比利时省的紧张状况而担忧。他有理由相信法国和其他国家的流亡者正聚集在布鲁塞尔，谋划在法国发动暴乱。不止他一个人有这种想法，根据英国驻海牙的公使克拉卡蒂勋爵所说，布鲁塞尔已经成为"雅各宾难民"的磁石，各国的颠覆运动都在布鲁塞尔进行协调。在1817年2月写给英国内阁以祝贺其强力镇压了"温泉场起义"的信中，梅特涅警告威灵顿，"荷兰王国今天成了一个中心，也许是各种叛乱活动最活跃的中心"。金奈尔德勋爵之前听说，那里的人"以讨论实现普遍共和为最快乐的事"。在1817年3月分发给同盟国宫廷的备忘录中，亚历山大呼吁他们阻止政治难民的流动，因为他们"是盘旋在欧洲上空的革命思想的载体和代表，他们的影响力或许已经遍及两个半球"。布鲁塞尔太近，以致使法国不得安宁，而法国的安宁依然是同盟国关注的核心。[11]

滑铁卢战役后，他们决定在法国留下15万占领大军，由法国支付为期五年的占领费。他们将在三年后重新评估占领安排，而在期限要结束的时候，军队似乎的确起不到什么实际作用了。不受欢迎的占领军不利于波旁王室统治，并且军费也在侵蚀这个国家的经济基础。"人民的憎恶和支付的困难正促使外国军队从这个国家的核心区撤离。"波佐·迪·博尔戈于1817年12月给俄国外交大臣内塞尔罗德伯爵（Count Nesselrode）写道。他称法国至今十分稳定，尽快撤军可以帮助这个国家恢复正常。[12]

亚历山大担心他的大使因为靠得太近而看不清事实。英国和奥地利也有他们的困惑：梅特涅和威灵顿发现他们搞不懂俄国之所以鼓吹同盟撤军，是不是在为它与法国和解做准备，每个怀疑的人都有自己的理由。梅特涅不信任波佐·迪·博尔戈，他还通过奥地利驻巴黎大使尼古拉斯·查尔斯·德·文森特（Nicolas Charles de Vincent）男爵，对博尔戈进行监控。他不相信法国可以治理好自己。他对法国的内政大臣德卡兹评价不高，原因更可能是后者能力不足，加上他卑微的出身也让梅特涅感到不爽，他对德卡兹的鄙视从他给这个法国人写信的轻蔑口吻中一览无遗。他认为德卡兹搜集情报的努力"十分荒谬"，而且拿破仑的前警察总长萨瓦里在的里雅斯特与梅特涅秘密会面时确认，德卡兹有意要破坏法国的局势，以击垮波旁王朝，如此梅特涅就再也不相信德卡兹了。"德卡兹部长还可靠吗？"梅特涅于1818年2月19日向威灵顿问道。鉴于当时正准备在9月底的会议上讨论撤军，因此梅特涅的这个问题分量很重。随着期限的临近，法国极端派的步伐加快，试图游说并恐吓同盟，让他们不要撤军。[13]

会议原本只包括列强的主要大臣和部长，但是令卡斯尔雷和梅特涅生气的是，亚历山大坚持出席会议，这使会议级别成了最高级。会场选在了艾克斯－拉－沙佩勒（亚琛），这里不在法国而又紧挨法国，一个拥有大量优质旅馆和设施的温泉镇，有利于接待大批人物。这些人包括沙皇、弗朗西斯皇帝、普鲁士国王腓特烈·威廉，以及他们的外交大臣和随行，另外还有较为低调的英国代表团，包括卡斯尔雷勋爵、他的秘书克兰威廉勋爵（Lord Clanwilliam）、他驻盟国首都的大使以及威灵顿公爵。各国宫廷的大使、大量记者、其他相关方以及一群银行家也参加了会议。他们被要求向法国提供贷款，这样法国就能向盟国支付剩余的赔偿。其中塞德尼斯基派来的特伦克男爵与其说是来放贷，不如说是过来刺探情报的：会议里潜伏了普鲁士和奥地利的间谍。[14]

在接下来几个月的会议里，亚历山大重新提及他的南美计划。通过派往维也纳的特使戈洛夫金伯爵之口，他提出南美殖民地的叛乱和他们在欧洲大陆所对抗的恶魔是一样的性质，盟国必须帮助西班牙王室重新恢复它在南美的统治。但是梅特涅和卡斯尔雷不允许改变会议议程，英国为了维护海洋霸主地位强烈反对干涉南美。当亚历山大于9月16日到达的时候，他发现梅特涅和卡斯尔雷已经设定了会议议程。[15]

梅特涅首先到达艾克斯－拉－沙佩勒。他在随行人员和侍从的陪伴下驶进小镇，心情十分开心：他被误当作弗朗西斯皇帝，因此受到狂热的欢迎。"艾克斯真是风景如画，我对它的模记忆像仍停留在二十六年前，"他给妻子写道，"乡间地势起伏，植被茂盛。气候很棒，特别适合散步。我们都受到了周到的款待，一大群外交官被阻止接近我们，这象征我们是与众不同的。"开始的时候十分愉快，梅特涅陪同亚历山大和普鲁士国王参观了教堂，他们在那里见到了珍藏的查理曼的遗物，包括希罗底（Herodias）用来包裹施洗者圣约翰头颅的布、圣母玛利亚的裙子、耶稣童年时穿的衣服以及他在十字架上扎的腰带。会议吸引了知名音乐家和剧作家来到这里，歌德在他的戏剧演出时也露了面。画家托马斯·劳伦斯（Thomas Lawrence）受摄政王的委托，来为出席会议的君主和权高位重的大臣作画，这幅画将珍藏在温莎城堡的长廊里。一个特别制作的木结构画室从英格兰运过来，但因为迟了一步，劳伦斯就把它放在了市政厅里。[16]

亚历山大看上去心情很好，一切看起来似乎会很顺利，以至于梅特涅在写给他妻子的信中保证这将是"一次无与伦比的会议"。代表团很快地安顿了下来，晚上的时候还要参加非正式聚会。妻管严的卡斯尔雷是大人物里唯一把妻子带来的人，他的妻子曾因为缺乏社交能力，而在维也纳会议上成为人们调侃的对象。"我们开始时聚集在卡斯尔雷夫人的周围，但我不知道屋子里的氛围怎么就变得不可描述，让人感到尴尬与无聊起来，"梅特涅写道，"我们一般都觉得这位夫人毫无魅力，然后就会转移到我的会客厅来。"[17]

根据克兰威廉勋爵的记载，卡斯尔雷夫人招待的晚餐似乎并不总是很无聊。当时克兰威廉与卡斯尔雷同父异母的兄弟、英国驻维也纳的大使查尔斯·斯图尔特勋爵产生了分歧。"一个晚上，他和我在卡斯尔雷夫人的晚餐桌上拌嘴，这时夫人出现了，"克兰威廉回忆说，"我开了一个不当的玩笑，他朝我掷了一个土豆，土豆砸烂在墙上。我十分生气，在他拿起另一个土豆的时候，我拎起瓶子，威胁要打破他的头。他看我怒火中烧，就停了下来。"[18]

沙皇没有放弃他那创造一个国际关系新时代的梦想：在一个手写记录中，他陈述会议的主要任务首先是从法国撤军，然后是重新安排列强间关系，接着要制定阻止"腐烂的"道德"疾病"从法国传到其他国家的方法。他对派驻法国部队的视察结果证实了他的怀疑。会议组织了几场阅兵，以检阅即将撤离的同盟部队，俄军的军容军纪让沙皇深感不安。10月8日，沙皇发出一份备忘录，敦促列强通过决议，表明现在的领土安排不可更改，而为了保证领土秩序，列强之间要展开联合军事干涉，以防任何国家发生叛乱起义。他不断地向他的兄弟君主们呼吁遵守神圣同盟的原则，并重申要再次将南美问题列入会议议程。[19]

卡斯尔雷在梅特涅的支持下驳斥了亚历山大的所有提议，普鲁士首相哈登贝格亲王则持谨慎支持态度，因为他的主人腓特烈·威廉深受沙皇的影响。英国外交大臣指出，亚历山大关于同盟要确保维持每个国家现状的提议，意味着所有国家都无法对自己的政府结构做出改变，因为外国随时可以介入进来。他接着说，"在一个所有同盟国家都能参与管理欧洲的可行方案出来之前，必须抛弃所有普遍而又无法施行的担保动议，国家有权利依据自身的体系来制定公平而合理的安全政策"。他甚至反对亚历山大提出的若法国爆发革命，就自动触发同盟干涉机制的建议。[20]

梅特涅和卡斯尔雷对俄国军队的庞大规模表示不安，亚历山大则向他们保证，他已经拥有了渴望得到的土地，现在的国土面积已经超出了他的管理能力，而且他目前的抱负就是给自己的国民创造幸福。"我视我的军队为欧洲的军队，我只将他们用于造福欧洲"，亚历山大告诉卡斯尔雷。这并不能缓解焦虑。哈登贝格想着让欧洲军队驻扎在布鲁塞尔以防止法国攻击普鲁士莱茵省。但其他人并不支持这一想法，这样的军事安排无疑会给普鲁士军队扩容制造机会。所有人达成一致意见的是他们不能放松安全机构对波旁家族所有成员的监视。[21]

不管他们有怎样的分歧，至于大众关心的同盟能够就根本的问题达成一致，会议重申了他们将联合维持欧洲现状，这就是最紧迫的事情,梅特涅的得力助手、会议秘书长弗里德里希·冯·根茨解释说。"欧洲各国的国内形势无一例外都在升级,它预示着文明世界将遭遇罗马帝国崩溃以来最剧烈的动荡,"根茨写道,"人们就服从旧原则还是接纳新原则,就维护旧社会秩序还是创造新社会秩序而进行殊死搏斗……所有阶层都处于沸腾状态,所有国家都面临丧失平衡的威胁;最稳固的制度从根本上遭到了削弱,就像被地震的第一个冲击波袭击的城市大楼一样,所有事物将在接下来的一段时间被全部摧毁。"在根茨看来,欧洲各国只有肩并肩地战斗,才能生存下去,如果他们中有一个跟不上节奏,大家就都会被暴风消灭。[22]

根茨是个了不起的人。他度过了一个充实的人生,在柯尼斯堡跟着康德学习,沉迷于感情和感官之事,常常一边过着典型的18世纪放荡生活,一边又和哲学家威廉·冯·洪堡讨论乌托邦,还体验过法国大革命带来的激情。在成为梅特涅助手、给他做陪衬之前,他以作家的身份而闻名,并且还养着一群混蛋和线人对英国施加监控。维也纳会议期间,他担任秘书,在欧洲外交场合树立了独特的地位,然后又将其影响力运用到了艾克斯会议上(Aix)。"我可以认为这次会议是我人生的巅峰",他给一个朋友写道。"从没有哪个时刻,我能带上如此荣耀的花环",他给另一个朋友写道。更重要的是,他赚取了大量金钱。在这样的场合,各君主和大臣给会议秘书赠送大礼是惯例,礼物有镶嵌钻石的宝石状鼻烟壶,有时还会送些钞票,而根茨更是利用这个场合也从银行家那里得到了不少好处。这些银行家有伦敦的拉布谢尔(Labouchère)和巴林、阿姆斯特丹的霍普、巴黎的戴维·罗斯柴尔德、所罗门和卡尔·罗斯柴尔德,根茨虽然形容他们是"庸俗而无知的犹太人",但也相信他们的判断。[23]

亚历山大的随从武官亚历山大·伊万维奇·米哈伊洛夫斯基-

丹尼莱维斯基（Aleksandr Ivanovich Mikhailovsky-Danilevsky）指出，这次会议比维也纳会议更为顺畅和高效。他把这归因于没有女人参与其中，而女士在其他会议中扮演了重要角色。这有一定的道理，不过虽然这次没有舞会，没有维也纳会议里那充满色情的狂热，但还是有大量巴黎女郎在艾克斯散发活力，著名的文艺交际花利卡米尔（Récamier）女士也流连现场，给各位首脑送水递茶。还有一位女士的出席引起了骚动，让梅特涅心神不宁。[24]

亚历山大将他驻伦敦的大使克里斯托弗·安德烈耶维奇·列文（Kristof Andreevich Lieven）伯爵召到会议现场，而大使把他的妻子也带了过来。多罗西娅·列文（Dorothea Lieven）是个不寻常的女人：她既不漂亮，也不十分聪明，但她抓住了一些与其年纪相仿的大人物的心，使她自己无论出现在哪，都成为政治事务中的焦点。在来艾克斯的前几个月，她刚过完33岁生日，她希望能利用好第一次在国际舞台上表演的机会。

她原名叫多罗西娅·克里斯托佛洛芙娜·本肯多尔夫（Dorothea Kristoforovna Benckendorff），是俄国一个步兵将军的女儿，也是叶卡捷琳娜女皇的宫女，她的父亲和女皇都是德意志波罗的贵族，而她自己主动服侍亚历山大的母亲玛丽亚·费多罗诺夫娜（Maria Feorovna）皇后；1800年14岁的时候，她嫁给了另一个德意志波罗的贵族列文将军。她的丈夫于1810年成为俄国驻柏林的大使，1812年被调到伦敦。她在伦敦一开始并不愉快，她错误地与显赫的辉格党人调情，还对摄政王表现出敌意。不过几年之后，她在英格兰社会成功地塑造了自己的形象，独立地以俄国大使夫人的身份行事。她利用自己的地位给俄国外交大臣卡尔·冯·内塞尔罗德提供情报，为俄国的利益在英国展开游说，试图说服英国高层支持亚历山大关于干涉西属美洲的建议。

10月22日，梅特涅在内塞尔罗德的寓所与她第一次见面就被迷得神魂颠倒。和往常一样，他彻底坠入了这种青年人初恋的感觉。他把短暂碰面时没能向她描述的感觉写进信中，而文字又难以表达他的激情。10月26日，所有参会人员去泡温泉，尽管梅特涅很高兴在车上与她紧挨着坐，但还有其他人在旁边。第二天，他在"她的石榴裙下"花了一个小时。几天后，她来到梅特涅在剧院的包厢，梅特涅说，"她属于他了"。她是个忙碌的女人，不在梅特涅身边的时候，会"重燃"与亚历山大的弟弟君士坦丁大公之间她所谓的"温柔抚摸"，1805年到1807年，只要她的丈夫不在，他们俩就会缠绵到一起。[25]

11月中旬，当会议不再需要列文出席，两口子离开艾克斯的时候，梅特涅感觉身心憔悴。如潮水般涌来的信件说他是多么想她，说他经常在她当时住的那条街道漫步，重温他们之间的甜蜜时刻。他抱怨说"最厌恶自己的职业"，只有在想起对她深沉的爱的时候，才会从残酷的现实中获得一丝慰藉。[26]

11月下旬，会议结束，劳伦斯的肖像画也完成了，君主们和大臣们来到布鲁塞尔，由威灵顿带领他们参观滑铁卢战场。列文夫妇在他们去往伦敦的途中经过布鲁塞尔，梅特涅十分高兴，他于11月23日到达布鲁塞尔，期待能与她见上一面。

亚历山大的人接到情报，称一伙拿破仑时期的前军官正准备在他离开艾克斯的时候把他绑架到法国，然后威胁他签署声明，说同盟国已经决定让拿破仑从圣赫勒拿岛返回法国，并立他的儿子为法国国王。沙皇从艾克斯到布鲁塞尔的行程因此被更加精心地规划。所有荷兰军队，因为里面有很多人曾为拿破仑服务过，所以被安排与沙皇离得远远的。沙皇由瑞士雇佣兵护送，成百上千的警察被部署在沿线地区，其中有一些身着便衣。[27]

在布鲁塞尔，梅特涅真的和多罗西娅进行了几次亲密约会。每当她的丈夫离开的时候，她都会给梅特涅送去便条。但是他们最长的一次约会被中途打断，当时威灵顿正带领其他人去滑铁卢，公爵坚持梅特涅也一同前往。她于11月27日离开的时候，梅特涅坐下来给她写信，眼泪把笔迹都弄模糊了。"我现在唯一的幸福就在于你，"他写道，"我的心肝，我的灵魂，我所有值得的东西都属于你。"两天后，在哈登贝格开完一场极其无聊的会议后，他写信说他对公共事务再也提不起兴趣了。[28]

亚历山大从布鲁塞尔回到艾克斯，然后途经法兰克福去卡尔斯鲁厄看望他的妻子。他从那里出发又到了维也纳。在艾克斯的经历并没有让他感到开心，他的副官彼得·米哈伊洛维奇·沃尔克斯基亲王记录说他没法与沙皇交流，因为他会突然发火，并在毫无征兆的情况下辱骂随行人员。亚历山大因为梅特涅而感到挫败，他内心最渴望达成的事情都没有实现，没能增加俄国在国际舞台上的特权。他的妹妹叶卡捷琳娜曾经提醒他，称梅特涅和卡斯尔雷都是力图"推翻一切王室"的"秘密团体"的活跃分子。不清楚亚历山大是否真的相信了妹妹的话，但他的确不信任梅特涅，而且他知道如何复仇。[29]

亚历山大是德意志那些憎恨奥地利影响力的人的天然支持者。他的华沙演说已经表明自己支持自由主义者，进一步说，他支持德意志的民族主义者。他与符腾堡、巴伐利亚和巴登的王室有密切联系，而他们与梅特涅多有龃龉，他还被很多人视为是德意志诸小邦反抗"奥地利暴政"的天然领袖和保护人。他轻而易举地就能对"维也纳的达赖喇嘛"施加报复——他驻维也纳的大使用"达赖喇嘛"称呼梅特涅。[30]

13 条顿狂热者

虽然梅特涅认为艾克斯会议取得了成功,还大方地把功劳归于了自己,但他在1818年底写了一段充满厌世情绪的文字。12月初,他到达科布伦茨,从那里写信给多罗西娅·列文,告诉她自己的生活,并向她保证,他虽然有很多缺点,但并不自负,而且他已经不想再做政治家,支撑他走下去的唯一理由是他认为他所做的是好事。他在位于约翰尼斯堡的城堡写他想沉溺到莱茵河里,而这条河就在他的窗外。几天后他在阿莫尔巴赫与怀孕了的肯特公爵夫人(即将出生的就是未来的维多利亚女王)待在一起,然后又于12月11日到达维也纳。"第二天,我被人生中所有的恐惧给吞噬,"他给多罗西娅写道,"沙皇亚历山大到达宫廷,五十人参加了晚宴,三百人参加了之后的晚会。亲爱的,我在会客厅里被他们包围,却感到十分孤独!"他每天都陪着沙皇,视察军队,检查军营,一边品茶一边回味维也纳会议,晚上还要进行无聊又折磨人的会谈。梅特涅总结说,"这个世界上找不到还有比我和他之间有更大差异的两个人了"。他试图利用沙皇在这里的机会说服后者,让列文担任驻维也纳的大使,这样他就可能与多罗西娅相见,但是没有成功。"你知道我是多么讨厌宫廷及和它有关的一切,"他写信抱怨道,"一个大臣的生活是如此糟糕"。新的一年充满了挑战,这些也让梅特涅从低谷中走了出来。[1]

最后一支同盟军队撤出法国领土后不久,1818年11月底,倍感挫败的黎塞留递交了首相辞呈。黎塞留之所以辞职,是因为他无力弥合在宫廷里斗争的各党派之间的裂痕。1817年有利于中产阶级的选举改革提升了自由派多数的地位,而他们对日益歇斯底里的极端保皇党的每一步都持反对意见。大多数政治争论都是鸡毛蒜皮的小事,却都用极端残酷的手段来处理,这背后是根深蒂固的仇恨。"我和那些被送上断头台的是一类人，你们则属于被绞死的那一帮。"一个女人告诉德卡兹，语言既斤斤计较，又凶恶残忍。国王无法控制住他的兄弟和极端派，黎塞留也无法控制住自由主义者。他离开后，德索勒斯侯爵（marquis Dessolles）领导的新内阁于1818年12月18日上台。很快就清楚，政府的实际领导权落到了内政大臣德卡兹手里。这让极端派异常愤怒，他们认为德卡兹还不如革命那一派，并痛恨他对路易十八施加的影响。[2]

德卡兹掌权在欧洲的保守圈造成了一定的恐慌。亚历山大听到这个消息时他还在维也纳，他立即要求弗朗西斯皇帝动员他的军队。法国国王的健康出现问题时，形势似乎更加危急。威灵顿相信法国国王驾崩将会导致法国王室垮台，而梅特涅则跑到各国宫廷，商议一旦发生事变，将采取何种措施应对。路易国王听到外面的风声，冷冷地告诉梅特涅，说他的身体状况很好，如果他真的去世，将由他的合法继承人继承王位。[3]

梅特涅远没有被说服，他派遣正要前往里斯本去处理其父去世事宜的勒布泽尔腾，让他在路过巴黎的时候给德卡兹转交一封信，以试探后者的立场。1819年1月28日，在与这个法国大臣进行了一番长谈后，勒布泽尔腾汇报说"革命正在毫无阻力的条件下迅速发展"。他几乎是以歇斯底里的语气进行解释，弑君派已经夺取了权力，与他们一起的是曾在百日王朝中显露不忠的那一帮人。根据勒布泽尔腾的说法，路易十八被德卡兹弄得稀里糊涂，他描述德卡兹是一个伪装着的自由主义者，而路易十八无助地被拖向无底深渊。[4]

2月，控制上议院的极端派给一部关于改革选举制度的新法律投了票，这部法律以排除大部分自由派代表的方式缩小了选举权范围。为了给德卡兹在上议院中创造多数支持，国王设立了60个新名额。在梅特涅看来，这一做法具有"灾难性"后果，"路易十八他自己成为动摇其王位的革命运动的领头人，"他给大使文森特男爵写道。[5]

内塞尔罗德在巴黎的妻子支持极端派，她警告自己的丈夫，称形势已经危急到俄国和其他列强不得不发起军事干涉的地步。"不用怀疑，夏天的时候，你就在军队里面，"她于3月18日写道，"我抑制不住悲伤地想到接着将会遍地荒芜，革命甚至会蔓延到与亚洲交接的地方……我难以跟你描述在这里上层人士之间蔓延的担忧和恐惧。"如果内塞尔罗德不把他妻子的话当回事，那他也不能忽视根茨的警告，"德意志各地的人都被用语草莽的煽动性宣传给煽动了起来，局势正在发酵"，而法国"被严重地蛊惑"，英国也"处于高度戒备状态"。[6]

梅特涅认为最值得关注的是普鲁士。这个国家处在破产的边缘，被是否应该引进新体制的激烈争论撕扯着。1819年1月，国王任命威廉·冯·洪堡履职，负责起草宪法。洪堡拒绝了，因为他担心在这个歇斯底里的环境下，他无法自由发挥。梅特涅估计这个国家即将爆发革命。[7]

在1806年耶拿和奥尔施塔特两场战役中被拿破仑羞辱之后，普鲁士从国家层面上加速了行政、法制、经济、教育和社会的转型，用弗雷尔·冯·施泰因的话来说，普鲁士正在进行一场"自上而下的革命"，这成为国家发展的主要动力。改革同样被视为一项挑战，它激起全德意志范围内的民族主义意识，煽动了强烈的怨恨。这是一种充满浪漫元素的民族主义，人们"重新发现"所谓的远古传统和价值，其中牵涉到德意志人民的"天分"和德意志命运的半宗教式理念。1808年，"道德联盟"在柯尼斯堡成立。由它聚集起来的年轻人要实现自我完善，并再造他们的国家。第二年，路德维希·雅恩（Ludwig Jahn）在柏林建立了一个更具中产阶级色彩的"德意志联盟"，随后又成立了"体操联盟"，这个运动员协会的目标是增强年轻人的体格和精神力量。雅恩是个古怪的条顿拥护者，他蓄着让人难以忘记的胡子，而他鼓吹复兴的"古德语"主要存在于他的想象之中，他还提倡用战无不胜的德意志将军取代日历里圣人日的圣人。他之所以组建体操协会，是要重振德意志年轻人的精神。他的追随者披着粗麻布袍，腰上挂着短剑，在没有举办精气神竞赛的时候，他们用所谓的中世纪方式发表演说和唱歌，使自己看上去是个德意志人。[8]

这些协会激发了来自德意志各地的人参与到1813年的反法"解放战争"，以及这一年之后发生的数次对激励德意志国家团结起来摆脱枷锁具有重要意义的历史性事件。其中最著名的协会是由贵族煽动家马约尔·阿道夫·冯·吕措（Major Adolf von Lützow）组建的义勇军，其成员是具有理想主义的志愿者，他们的制服据说效仿德意志服装的传统样式，有长袍、宽松的裤子和黑色的大贝雷帽，他们的队伍引起青年诗人特奥多尔·科尔纳（Theodor Körner）的注意，后者在被杀死之前，用散文的形式把他们的事迹记录了下来。

1813年点燃的希望很快被维也纳会议给浇灭了。解决方案让希望恢复神圣罗马帝国的传统主义者和梦想将日耳曼民族国家付诸实体的激进分子都深感失望。德意志分裂为三十九个政治单元，大部分为那些最没有原则、屈从于拿破仑的人所统治。维也纳决议的条款要求他们制定宪法，但只有符腾堡、巴伐利亚、巴登、萨克森－魏玛和拿骚等少数邦国照做，而即便如此，他们也被严格限制了选举权，统治者的特权依然稳固。邦国组成了以奥地利为主席的联盟，称为德意志邦联，邦联会议是它的机构，有规定好的程序、职责和权力。梅特涅于1816年在法兰克福主持邦联会议，没有迹象显示它有什么前途，只不过是一个受操纵的清谈馆。于1814年创办《莱茵河周报》（Rhenische Merkur）并且与自由主义和民族主义相抗争的约瑟夫·戈雷斯（Joseph Görres）形容维也纳决议是"一个巨大的骗局"。[9]

所有这些只给一小部分人带来了困扰，因为大部分人在政治上得过且过，不过尽管他们不构成任何政治力量，但那些和戈雷斯想法类似的人制造了足够的杂音并打击了那些想恐吓传统派的人的态度。军队中的不满情绪尤其明显。空气中飘浮着和1813年爱国者起义类似的革命味道，许多拿起武器把法国赶出家门的人将西班牙游击队对抗拿破仑的精神视为一种激励，认可其中一些残酷的技巧，比如谋杀和囚禁。这整段经历让参与其中的人变得亢奋，并更加野蛮起来。1816年1月，英国驻柏林的特使报告，称普鲁士军队深受"革命情绪的影响"，他的上级卡斯尔雷担心，"普鲁士军人将不再服从文官政府的指挥"。普鲁士军队由像格奈森瑙（Gneisenau）这样热忱的爱国将军领导，一些人视他们为危险"派别"的"大元帅"，普鲁士军队因此似乎真的成了一种威胁，这也是沙皇亚历山大在1815年之后不愿撤出军队的一个原因。[10]

比军队的状态更让普鲁士当局不放心的是各种爱国协会以及可能存在的各种秘密团体。道德联盟在1810年就已解散，然而它的精神流传了下来。年轻人已经习惯穿"传统的德意志"服装，或者穿雅恩的白色衣服去参观1813年的战场，追忆那充满希望、让人难以忘怀的组织运动。卡斯帕·大卫·弗里德里希（Caspar David Friedrich）的伟大画作描绘了这些黑衣漫游者，他们在天堂般的背景中陷入了沉思。人们对这幅画有很多解读，产生了疑惧和神秘感。德意志大学里的学生组织兄弟会几乎在保守阵营引起了恐惧。他们的很多成员对传统德意志服装的样式进行了改造，他们也被称为"狂热的条顿分子"和"条顿煽动家"。根茨无法抑制对这些人的厌恶，"龌龊的德意志传统服饰古怪而让人生厌，把书本夹在胳肢窝下是对上帝和别人都不尊重的行为。他们一路吸收由臭名昭著的教授传授的错误思想"。他们致力于实现德意志统一，因此是"根正苗红的雅各宾党人"，根茨说，因为统一"必须要通过最暴力的革命，通过推翻欧洲"才能实现。[11]

德意志似乎真的只有以共和的形式才能实现统一。德意志各邦国的统治者在拿破仑战争中的表现已经使他们失去了爱国者对他们的尊重，他们遵守维也纳会议的安排和继承因为与拿破仑结盟而获得的土地，更削弱了爱国者对他们的信心。德意志的民族主义者自然地转向支持共和主义。

普鲁士尤其脆弱。在过去半个世纪里，它的领土面积首先扩大了四倍，接着萎缩了三分之二，然后差一点被从地图上抹去，最后又经历了急剧扩张。它的一些省份被其他国家包围，成为孤岛，缺乏与核心地区文化和宗教的联系，这些省份于1815年被划给普鲁士，因为英国希望看到一个能阻止法国入侵比利时或德意志的强大德国。结果塑造了一个庞大而又松散的王国，许多问题由此产生。

普鲁士是1813年时反抗拿破仑统治德意志的前沿阵地。在与拿破仑进行的最后一场战斗中，普鲁士军队声名远播，为滑铁卢战役的胜利立下汗马功劳。普鲁士因此自然成为有野心的民族主义者关注的焦点，他们希望把全德意志统一为一个政治实体。但是它的统治者害怕他的王位在这个过程中会丢掉。腓特烈·威廉三世国王和善而友好，同时又有很深的个人挫败感。普鲁士所有国王经历的最羞辱的事是他惨败于拿破仑，并充满耻辱地把一半领土给割让了出去。威廉三世与王后路易丝享受着美好的婚姻，而当王后在1810年去世后，国王陷入了彻底的绝望之中。作为"黄金和玫瑰十字架修会"的成员，他笃信圣经，还将炼金术和占星学视为科学。

腓特烈·威廉曾对改革思想持包容态度，因为它可以防止王国分裂，但是一旦实现了和平，他又害怕改革会限制他的权力。他使自己被朝臣包围，其中包括他儿子的老师、胡格诺派传教士约翰·彼得·安西永（Johann Peter Ancillon），他的枢密大臣丹尼尔·路德维希·阿尔布雷希特（Daniel Ludwig Albrecht），宫廷里的中间派女士福斯女伯爵，侍奉了三位国王的忠实朋友，后来成为警政大臣的威廉·路德维希·乔治·冯·赛恩-维特根施泰因（Wilhelm Ludwig Georg von Sayn-Wittgenstein）亲王。这样的顽固保守派幕僚集团削弱了哈登贝格宰相的权力，加深了国王对改革深深的恐惧感。柏林大学法学教授安东·海因里希·施马尔茨（Anton Heinrich Schmalz）的观点也强化了国王的恐惧，他认为德意志的民族主义从根本上是要实现共和国，这对普鲁士国家是巨大的威胁。

1815年5月，腓特烈·威廉发誓要在普鲁士制定一部宪法，但对实现诺言并没有表现出热情，制宪进程停滞。施马尔茨出版了小册子，声称宪法只会削弱所有德意志王室的活力，保守主义观点随后重新流行起来。国王授予施马尔茨勋章，清楚表明了自己的倾向。施马尔茨辩称道德联盟仍然活着，它和兄弟会及其他组织以民族情感为伪装，秘密地宣传共和理念。亟须展开政治清算，根除可能的威胁。"我怀疑那些致力于传播这一观点的人，除极个别例外，大多数本身并不相信有秘密团体的存在，他们这样只是想让大家知道他们受到了迫害，"格奈泽瑙将军评论道。[12]

在1806年沦为法国的附庸国之前，普鲁士王国并没有严格意义上的警务结构。为了监视法国和它的合作者，同时也是为了防止反法情绪演变为反政府情绪，新措施应运而生。枢密大臣卡尔·冯·纳格勒（Karl von Nagler）被任命主管由内政部和外交部组成的小型警务系统，同时还控制着邮政服务。他发现自己面临着法国警务系统的竞争，后者能够付给线人更好的报酬，并且可以截获更有价值的情报。1809年，他和柏林警察局长尤斯图斯·格鲁纳（Justus Grüner）确定了合作关系，技术上来说，格鲁纳是他的下级，但在行动控制方面效率更高。[13]

格鲁纳32岁,是普鲁士的一名文官,他对法律有强烈的兴趣,发表了很多法理学著作。作为勇敢而热忱的爱国者,看到拿破仑对德意志的摧残,他的敌意日益增长,他压抑住自己基于国家利益的理想主义,而且既然首要任务是反制法国警方,他很快就开始执行和富歇一样的措施。"必须监视俱乐部、咖啡馆、赌场,外国人会在这些地方和说坏话的人会面,比如态度摇摆的作家、爱发牢骚的人,"他解释说,每个政府官员都是线人,并且应该无所顾忌地让间谍"监视嫌疑人。"[14]

1811年,被提拔为国家警察总长的格鲁纳详尽地阐述了他的工作任务。他的外国巡捕将对每一个踏上普鲁士领土的外国人进行监控,他在柏林的所有外国使馆、赌场、妓院都安插了线人,外国首都和主要城市也遍布着普鲁士间谍。他拦截邮件,把伪造的信件交给邮局,送到法国人那里。他谨慎地对付嫌疑人,安排女人或开出诱人条件引诱他们,把他们带到偏僻的地方,比如把他们捆绑到施潘道城堡(the fortress of Spandau)。专门委员会也建立起来,这样就能在常规的司法系统外审判嫌疑人。[15]

普鲁士的爱国者和法国派之间的斗争与宫廷里的保守主义集团和决心重建普鲁士的改革派之间的斗争是重合的。格鲁纳因此发现他是在浑水之中航行。社会如此分裂,以至于妻子和情妇有时候是为不同的利益,而非为她们的丈夫或情人的利益而工作,这正在成为关于普鲁士精神的暗中斗争。法国人视改革派和道德联盟的成员为雅各宾主义者,他们威胁到了高卢治下的欧洲和平。格鲁纳和爱国分子结盟,就反法议题与道德联盟进行紧密的合作。同样,他还和奥地利驻柏林的大使合作,通过后者向梅特涅传递情报。法国很快认定格鲁纳是"秘密派别的首要人物",并决心一定要让格鲁纳下台。随着普鲁士与法国于1812年在拿破仑入侵俄国之前签订军事同盟协议，格鲁纳被迫辞职。[16]

在俄国和英国政府的资助下，格鲁纳来到了布拉格，他在那里开始组建反法的泛德意志体系，并创设了一个情报搜集网络，用来搜集法国军队人数和对俄行动的情报，还在俄国警察部部长巴拉绍夫将军的要求下，制订了在法国部队后方煽动武装起义的计划。1812年8月，他被由他创建的普鲁士警方逮捕，被监禁在了彼得沃德城堡（the fortress of Peterwardein）。[17]

当拿破仑的势力退却的时候，格鲁纳被释放，并在各行政机构任职，然后成了宪兵队的首要人物。1815年，他为巴黎的联军创建警察网络。随着任务完成，柏林的行动也定型，他就被边缘化，被下放到各种非重要岗位上。不过他仍然代表哈登贝格，在暗中整合泛德意志网络，以传播普鲁士统治下统一的思想。[18]

接替格鲁纳成为普鲁士警察总长的是一个截然不同的人。威廉·路德维希·乔治·冯·赛恩-维特根施泰因亲王比格鲁纳年长七岁。尽管有无数的头衔，但是他来自一个穷困阶层的家庭。他刚读完马尔堡大学的学业时，法国大革命就爆发了，当时他的哥哥出发去了俄国，在那里展开一段非凡的军旅生涯，而威廉则在科布伦茨加入了波旁亲王的反革命军队。结果并不如人意。

他从来就没有机会挺进法国，也没能在瓦尔米作战，因为当时他与法国流亡者有联系，被奥地利和普鲁士警方当局抓了起来。"像普通犯人一样，我被士兵们徒步押送，然后被扔进了监狱"，他的物品被没收，还不准写信。在没有书面缘由的情况下，他被单独关押了9个星期，期间既没有受到审讯，释放的时候都没有得到一个说法。[19]

他的命运在遇到哈登贝格的时候改变了。哈登贝格注意到他讨人喜欢的行为方式，而且他行事也很谨慎，哈登贝格开始派他完成各种任务，其中最有名的一次是以"爱情的使者"（postillion d'amour）的身份，完成与他的情妇通信的任务。他也进入宫廷，这里是他如鱼得水的地方。"威廉亲王具备所有将自己置于最有利地位的能力，"根据施泰因的描述，"他聪明、冷静、精于算计、顽强，同时也细致入微……"他的确是个完美的朝臣，他与上级有着良好的关系，鄙视那些失宠的人，他自私而刻薄，却又细致而谨慎，他是驾驭复杂事务的大师，施泰因将之形容为"宫廷的大人物"。国王毫无保留地信任他，维特根施泰因很快就取代了哈登贝格，成为战争大臣赫尔曼·冯·博延口中的"幕后宰相"。1812年，他被任命接替格鲁纳。[20]

维特根施泰因掌握了格鲁纳创建的架构，所做的只是把他们的任务从反抗法国变成迫害普鲁士爱国者。甚至第二年在普鲁士转换阵营后，他仍然以此行事，他当时总结说爱国者是伪装着的雅各宾党人。他对1813年的爱国者暴动持很深的怀疑态度，并将新建立的战时后备军或者说是志愿军视为实现"无政府和推翻王权"的革命力量，所以就把它解散了。[21]

1816年，哈登贝格发布命令，要求废除秘密警察，解散警方雇员，销毁相关档案，称警察制度只是战争时期的非常措施。维特根施泰因回应，宣布并没有所谓的秘密警察，有的只是监控外国人的机构。结果没人再提解散警察机构的事情。普鲁士的警察机构没有因为未发现法式雅各宾主义而萎缩，普鲁士警方仍然在维特根施泰因的副手——法学家卡尔·阿尔贝特·冯·坎普茨（Karl Albert von Kamptz）——的领导下，在1815年后的几年里拓展了自己的业务范围。

警方的间谍人数明显增加，人们外出散步时要环顾四周，注意是否有人跟着他们做记录。邮件成批量地被截获。"我不是在给你写我这里发生了什么，因为这对我来说是无法完成的事，"传记作家兼外交官卡尔·奥古斯特·瓦恩哈根·冯·恩斯（Karl August

Varnhagen von Ense）从伦敦给他的出版商写道，"代我向我所有的朋友们问好，不过不要叫他们给我写信，因为在当前的形势下，每一个单词都会被恶意地解读；纸现在是邪恶的东西，它随时都可能变成红炭"。[22]

压抑的氛围尤其在年轻人当中引起了巨大的愤怒。德意志比欧洲其他任何地方有更大比例的人口参加了大学教育，有大量富有激情的有文化的年轻人。前工业时期，大多数国家处于停滞状态，青年人的激情难以发泄。德意志邦国以及他们的首都既小（德意志境内十几个最大的城市在人口上可以与巴黎媲美了）又逼仄。渺茫的前景自然使年轻人期盼拥有一个更大的国家，希望有合适的首都让他们能够发挥才能，而这只有通过德意志的统一来实现。很多邦国缺乏有效的政治结构，法律没有被恰当地使用，这些也侵犯了年轻人的正义感，所以他们对宪政有所欲求。一个叫卡尔·福伦（Karl Follen）的22岁律师领导了一个叫基森"黑衣人"（用以描述成员所穿的德意志传统服饰）的组织，这个组织也叫"不妥协之人"（Unbedingten），向他们的黑森大公统治者请愿，希望能够引进宪法，提高政府的管理效能。

1817年10月18日，来自十二所大学的一群学生聚集在图林根瓦尔特堡（Wartburg）的城堡，纪念莱比锡战役四周年和马丁·路德反抗罗马教廷三百周年。路德正是在这个城堡把圣经翻译成德文的，但并不是他反抗宗教的方面吸引了学生，而是精神净化和德意志国家的再生以及实现德意志的伟大复兴，引起了他们的共鸣。

他们身穿德意志传统服饰，在山脚下集合，点燃了篝火，把大量象征制度机构的东西扔进了火堆，他们认为阻挡德意志实现真正伟大就是这些制度。这些东西包括一些怪异的符号，比如黑森士兵的假发、普鲁士卫兵的胸衣、拿破仑法典的复制品、1815年维也纳

/ 幻影恐惧：政治妄想与现代国家的创建，1789-1848 /

条约的文本、普鲁士的《宪兵法典》(Codex der Gendarmerie），以及各式各样让他们感觉不爽的书籍。听完激情洋溢的演讲，唱完爱国歌曲后，他们登上山，来到城堡，继续用哥特的方式庆祝节日。

这次不足五百人参与的事件引起了巨大的骚动。"瓦尔特堡的恶作剧对所有国家都造成了或大或小的冲击，它提倡恐怖主义、不宽容和蛊惑人心的专制主义，"普鲁士国王的亲属、朝臣梅克伦堡公爵查尔斯写道，"直接的革命行动就近在咫尺。"维特根施泰因火上浇油，让人们对革命更加恐惧（他本人对革命并不当回事）。[23]

沙皇敦促奥地利和普鲁士联合要求魏玛大公惩罚其领土上"过分"的当事人。但是事情没有这么简单。正如梅特涅所说，"我们预料到，而且每天收到的情报都确认，德意志雅各宾主义的中心在普鲁士，特别就是在柏林"。他于1818年1月28日给他驻在那里的大使齐奇伯爵写道："革命的确只在魏玛被公开组织起来，但是幕后指使的人却是在柏林被发现的。"奥地利警察总长塞德尼斯基相信，遍布德意志的大学协会正在"深度谋划煽动革命，他们不仅鼓励学生，还在大部分教师之中进行宣传，他们要掀起政治和宗教上的狂热，要用革命的方式推翻所有君主制度，并建立蛊惑人心的代议制自由，实现德意志人民的团结"，这是倒行逆施的行为的一部分。[24]

沙皇亚历山大的顾问亚历山大·斯图尔扎出版攻击普鲁士大学的册子，谴责这些学校鼓励年轻人"投身于反叛活动和腐败行为"。他建议取消学术特权，将学生置于警方的监视之下。"所有灾难都集中在德意志"，根据他的说法，"那里将被革命的深渊给吞噬"，只有采取严厉的措施，才能拯救欧洲和整个宇宙。[25]

小册子的出版让德意志的自由派和爱国者十分震惊，他们感觉被自己的统治者欺骗了。亚历山大在1813年解放了德意志,他们把亚历山大看作同道中人,还一厢情愿地把他想象成自己的捍卫者。尽管描写他们的文章都骇人听闻,但他们的组织其实渺小而脆弱,面对国家机器的压迫时,他们毫无还手之力。让所有人都失望的是,他们感觉到日益浓厚的绝望氛围——这种绝望情绪处于他们敌人的掌控之中。[26]

14　自杀恐怖分子

1819年3月23日上午11点左右，巴登大公国的曼海姆小镇上，一个20岁出头的男子出现在作家奥古斯特·冯·科策比（August von Kotzebue）的家门口。他告诉开门的侍从说他希望向伟大的作家表示敬意。侍从告诉他主人已经外出，下午才会回来。年轻人出去溜达了一圈，在温伯格酒馆吃了午餐，还和酒馆里的几个牧师讨论了宗教改革运动。

57岁的科策比创作的戏剧剧本超过两百部，这些戏剧上演的地方远及莫斯科和纽约，而其在德意志上演的频率甚至比歌德和席勒的作品还要频繁，他还有大量故事和小说作品被翻译成多种语言。18世纪80年代，他来到俄国，在那里获得了一个资深法律职位，迎娶了俄国将军的女儿，并被授予贵族头衔。他之后在维也纳做剧院指导，于1816年又回到德意志，在曼海姆定居。科策比受到奥地利皇帝、普鲁士国王和亚历山大沙皇的资助，充当亚历山大的外国联系人，并向他通报德意志文艺界正在发生的事情。

科策比身上集中了德意志大多数学生和爱国者所鄙视的一切元素。他出生于启蒙运动时代，深受18世纪浪漫主义思潮的影响，他的作品关注诸如女性道德堕落和救赎的题材，这正好与爱国者伪作的中世纪禁欲主义和相应地认为妇女造成腐化影响的观点格格不入；他被指控是"错误的女性时代的辩护人"。他的保守主义与他们的自由主义迎面相撞。科策比贬低大学和学生对条顿传统的模仿，让他们备受凌辱。他的窗子曾经被砸碎，他关于德意志的历史书是瓦尔特堡节上被焚烧的书籍之一。[1]

早上拜访他的年轻人叫卡尔·路德维希·桑德，是一个低级普鲁士官员的儿子。他以前在巴伐利亚的埃尔兰根（Erlangen）大学学习神学，并加入了当地的兄弟会。因为不满兄弟会的狭隘目标，他建立了一个叫条顿尼亚（*Teutonia*）的组织，并在一个古老的德意志坟场举行月光仪式。他劝自己的同侪坚定立场，还创立了一个泛德意志的学生团体，但以失败而告终。他于是在1817年离开埃尔兰根，前往耶拿，那里的大学正是兄弟会运动的中心。桑德参加瓦尔特堡节，发表了宣言，用路德教和民族主义口号，号召通过骑士般的自我否定，实现德意志的精神解放。他敏锐地意识到自己软弱的缺点，下定决心以意志和勇气的行动将之克服（他曾在1814年应征入伍，但战争却早早就结束了）。在理论哲学教授雅各布·弗里德里希·弗里斯（Jakob Friedrich Fries）（他是一个疯狂的德意志沙文主义者，也是臭名昭著的反犹主义者）的影响下，桑德坚定了自己的信念，并寻求机会证实自己。

他于下午五点重返科策比的住处，上楼来到会客室，得到了作家的接见。短暂交流后，桑德撸起袖子，掏出一把匕首，呼喊着"祖国的叛徒"，往科策比身上捅了数刀。当科策比吓坏了的家人和侍从冲进屋子的时候，刺客挥刀向自己的肚子捅去，然后蹒跚下楼，走出了房门。他在外面的大街上跪着，高喊感谢上帝助其一臂之力，接着又往自己的胸脯捅了两次。科策比死了，桑德却活了下来。

在给他包扎、搜身的时候，人们发现了一份声明，他宣称自己已经为此次行动做了很长时间的准备，还号召德意志人民站起来，完成宗教改革未竟的事业，团结教会和国家，并以他为榜样，做出自我牺牲。他也无疑是受大学兄弟会的指派，向科策比行刺的。[2]

梅特涅听到这个消息的时候，正陪同他的皇帝在罗马访问教皇。弗朗西斯警告他加强警卫，但他却坚决地回驳，说他不怕碰到命运的安排。"我俩都会被刺杀的"，皇帝悲伤地总结说。梅特涅"十分肯定"谋杀是耶拿大学的秘密学生团体策划的，他们曾向埃尔兰根的同伙发布刺杀科策比的命令，而行凶者应该就是"不折不扣的阿萨辛派（Haschischin）"，一类因嗑药而疯狂的宗教狂热分子。"我们能对连命都不要的人做什么?"梅特涅反问道。[3]

根茨很快就回答了梅特涅的问题。"道德领域和现实世界的暴力灾难可以是有用的,甚至可以是有益的,"他声称,"即使不是对它们的受害者,至少对那些幸免于难的人而言,只要能催生出解决方案,激发在其他环境下都不可能采取的措施,那它们就是有用的。"这起事件是"德意志的疾病与怨恨在我们这个时代最清楚无疑的显露",严重程度比法国"还糟糕得多"。敌人就在他们中间,他警告没有时间去犹豫了。谋杀已经让全德的公共舆论深感震惊,它坐实了所有阴谋理论家的信念,甚至原本对阴谋论嗤之以鼻的人在态度上也发生了180度转变,这就给政府对大学进行管制提供了绝好的机会和丰富的借口。梅特涅也同意如此行事。学生本身不是问题,他们的社团也不过是"毫无影响力的幼稚游戏";危险的是教师——"如果没人遏制恶魔的话,他们会将一代年轻人变为革命者"。[4]

恶魔绝对不是空口无凭的。柏林大学神学教授威廉·德·韦特(Wilhelm de Wette)给桑德的母亲写的一封信被广为传播,他在信里面安慰桑德的母亲,说她儿子的行为虽然"非法,且得到了世俗治安官的制裁",但他的信念使他得到了救赎,"因为他相信自己的所作所为是正义的,所以他是正确的"。韦特向她保证,谋杀者将在天堂得到救赎,他的事迹是"时代最壮美的标记"。维特根施泰因使韦特丢了工作,但他的言论已经造成了危害。全德意志的学生都放弃了他们所选的学科,转学神学。当桑德受刑被剑斩首的时候,旁观者用手帕沾染他的血液,把手帕撕碎、分发,并将之供为圣物。[5]

科策比被刺杀的新闻在欧洲引起了轩然大波,激起了恐惧和暴行,各种阴谋论也甚嚣尘上。7月1日,一个叫卡尔·勒宁(Karl Löning)的学生试图对拿骚公国的政府头脑卡尔·弗里德里希·冯·

伊贝尔（Karl Friedrich von Ibell）行刺，这加剧了欧洲的不安氛围。勒宁告诉审讯者，说他之所以要杀死伊贝尔，是因为后者"压迫他的祖国"。他之后自杀而亡。勒宁曾经是福伦的副手，是他的"不妥协之人"组织的成员，关于那个组织的邪恶的故事流传开来。《德意志和其他国家的秘密社团》的出版标志着对事件的臆测已经到了不可收拾的地步。《德意志和其他国家的秘密社团》的作者隆巴德·德·朗格勒（Lombard de Langres）以前是个革命分子，他警告说，"欧洲正在经历特殊的危机，这里的道德和政治形势十分不正常，预示着即将发生不可避免的灾难……我必须把可怕的阴谋、反常的原则以及邪恶的计划给揭发出来。而且我要让所有人知道，不止德意志在酝酿着革命，西班牙、法国、意大利和波兰都是革命的策源地；它还在俄国生根发芽；英格兰也不能置身事外"。他冒着生命危险揭发这些秘密，他宣称他们生活在由阴谋分子的特殊毒药托法那仙液（acqua tofana）所营造的恐怖之中。据称约瑟夫二世皇帝和利奥波德二世皇帝都是因为服用这一毒药而意外身亡的。[6]

《德意志和其他国家的秘密社团》反复讨论了巴吕埃尔（Barruel）那永远进化的阴谋主题，把兄弟会和道德联盟、克伦威尔、平等主义者、卡里奥斯特巫师、耶稣会叛徒以及光明会联系在一起，并用令人毛骨悚然的语言解释数以千计的"新人是如何在不碰面的情况下认识了彼此，如何在不说话的情况下理解了彼此的想法，如何在没有友谊的前提下相互关照"，这些议题在人们之间制造了"最黑暗的阴影"。他们的目标是篡夺权力和统治世界。这是"一个集团对抗整个人类的阴谋"。他们以小团体的形式运作，指挥整个地区：莱茵河畔法兰克福的指挥美因茨、达姆施塔特、尼古维德（Nieuwied）和科隆；魏玛的指挥卡塞尔、哥廷根、韦茨拉尔（Wetzlar）、布伦瑞克和哥达；德绍的指挥托尔高（Targau）、维滕贝格、马格德堡、梅克伦堡和柏林；诸如此类，从而控制了整个德意志及周边地区。这些小团体往往派出以文学人物为代号的间谍搜集特定对象的情报，后者的名字被写在"血书"上，通过这种"地狱般的调查"可以刺探到每一个权势人物的弱点，并进一步控制他们，摧毁他们。他们的终极武器是托法那仙水，这种由鸦片和斑蝥制造的液体无臭无味，释放出的毒液可以在一瞬间杀人于无形。[7]

这一畅销读物向读者描绘了阴谋分子的入会仪式。穿着黑色衣服的前辈首先进入洞穴，一边抛撒红色花朵，一边蛇形前进。装饰物包括三盏昏暗的台灯、排列整齐的骷髅和落满灰尘的咒语书。新人要在那里冥想8个小时，一些造访这里的鬼怪留下难闻的气味后消失。接着出现两个男人，他们给新人递上三杯盛有绿色药水的杯子，在新人的头上捆扎饰有神秘符号、浸染血液的丝质头巾。新人随后背上十字架。他被剥光衣服，肉体上被用血液画上符号，脖子上挂着驱邪符。他的睾丸上扎有粉色丝带。之后，五个男人进来，匍匐在地上。新人的衣服将被焚烧，火堆旁站着另外一个人，而五个男人则在骚动中被抓了起来。然后，凭空传出的声音叫他发誓，抛弃所有的世俗联系，包括和他的父亲、母亲、家庭和朋友的关系。在做出这个可怕的誓言后，他要在血水里洗澡。整个过程持续24个小时。如果他不遵守誓言或背叛组织，就会被扔进巴黎郊外的地牢，在那里缓慢地度过余生。[8]

巴黎就这样陷入了那些相信阴谋论的人的思想之中。包括威灵顿在内的很多人都视阴谋为邪恶的源泉，奥地利驻在那里的大使文森特同样认为，一定要找到"试图建立新秩序的势力的核心据点"。极端派怂恿描述德卡兹是革命分子的工具，而国王则是德卡兹的傀儡。"这里所有一切都在崩溃，"内塞尔罗德伯爵夫人于4月9日从巴黎给她的丈夫写道，"首个雅各宾分子就是国王，他最终将戴上红帽子。"她感觉只有俄国能挽救形势。"哦！但愿皇帝越来越憎恶自由主义,这个毁灭欧洲的词语!"她三天后写道。她又写了好几封信,催促内塞尔罗德采取行动,并预言灾难将要发生。"科策比的遇刺让人不寒而栗,它证明那些人不会停下来,"她5月7日写道,"刚刚拜访我的施塔克尔贝格伯爵告诉我,说他们在蒙托里奥发现了烧炭党组织。烧炭党正在策划毒杀奥地利皇帝,笼统地说,他们要谋杀王国里的所有人。我认为所有这些必须引起我们的高度警惕,因为它们都不是夸张之言;人们兴奋地忘乎所以,以为自己无所不能……"[9]

亚历山大和梅特涅尤其担心德卡兹所改造的法国军队。他们相信外围无所事事的半薪军官和拿破仑的前军官构成了更大的威胁,而且他们由德卡兹之前任命的拿破仑以前的元帅洛朗·德·古维翁·圣西尔(Laurent de Gouvion Saint-Cyr)领导。古维翁·圣西尔解聘了不少保皇派人士,代之以能干的拿破仑时期的军官,这支军队因此更为专业化。这引起了威灵顿的警觉,他指出,法国军队不像其他国家军队,它根本上是一支政治力量。勒布泽尔腾警告,法国军队已经变得"波拿巴主义,或者说更具革命性质"。波佐·迪·博尔戈向内塞尔罗德确证,"滑铁卢军队整体上重新建立了起来"。直到9月,他都认为战争部"掌握在秘密的军事委员会手中",这个委员会是大革命阴谋总部的一个分支。[10]

梅特涅简单地考虑了亚历山大的建议,后者建议与其他三个政权协调行动,要求法国辞退古维翁·圣西尔,并重新恢复被艾克斯会议的共同协议终止了的大使级会议。但是他害怕类似的措施会被法国视为冒犯,可能激起更多无法解决的矛盾。不管怎样,梅特涅希望利用德意志的形势来挖掘机会。[11]

他利用了自杀恐怖分子造成的巨大威胁,并且在没有丝毫证据的情况下便发出警告,"人们可以相信在今天的德意志,有上百人为实现自己的信念,可以把他们的财产和生命都奉献出来"。在盛行的恐慌情绪面前，证据都是多余的；根茨在收到一封警告他将被刺杀的匿名信后，便通知警察守护在他的床边，并在家蜷缩了八天。梅特涅打算从当前的形势中尽可能找到可资利用的东西，从而一劳永逸地解决他所看到的德意志问题。但是他也知道必须加快步伐，恐惧仍然笼罩在大家心头，他要让9月在法兰克福举办的邦联会议通过一揽子压迫性法案。为了做好准备，他于8月召集德意志主要邦国代表来到卡尔斯巴德的温泉小镇开会。他自信能够掌控局面，而且忍不住要快点到达"战场"，他自己如是说。[12]

"我认为要不了多久，甚至很快，你将会听到反对我的巨大声浪，但哇哇叫的都是愚笨的人，我更多地把这类谩骂和抨击当作是一种鼓励，"梅特涅于7月18日从慕尼黑给多罗西娅·列文写道，"当无赖在德意志以道德和祖国之名行凶时，我可能成为刺杀的对象，而你也将和许许多多还未被此类疯狂行为困扰的上流人士一起为我流泪。"在亢奋的情绪之下，他于7月21日来到卡尔斯巴德。"我希望在上帝的帮助下，可以摧毁德意志的革命，就像我打败了世界的征服者（拿破仑）那样，"他于五天后给他的妻子写道。[13]

第二天，他在特里普采与腓特烈·威廉和哈登贝格会面，以事先确保他们之间的合作。国王感到很无助。"六年前，我们是在旷野上与敌人战斗；现在他乔装打扮，游荡在我们的周围，"国王抱怨说。梅特涅利用国王的情绪，削弱了国王对那些与他意见不一致的普鲁士大臣的信心，他建议国王，如果他们不是被阴谋分子收买，就是在包庇正在策划推翻普鲁士王室的革命分子。第二天早上，梅特涅给弗朗西斯皇帝汇报，称他感觉已经把腓特烈·威廉说服了。8月6日，九个德意志主要邦国的代表在卡尔斯巴德举行了第一次会议。他们在接下来的两周里几乎每天都要开会。普鲁士外交大臣克里斯蒂安·冯·本斯托夫（Christian von Bernstorff）和其他一些代表没有被梅特涅说服，反而和根茨联合起来主导了会议进程，把代表们都拉到了他的一边。他之所以能做到这一点，在很大程度上是受到了从英格兰传来的令人震惊的新闻的帮助。[14]

也许是受到瓦尔特堡事件的鼓舞，包括亨利·亨特在内的一群英国激进分子于1818年1月在伦敦举办盛大晚宴，以庆祝宗教改革三百周年。激昂的演说和纵情的饮酒都无法掩盖议会改革已经失去动力的事实，尤其是失去了工人阶级的支持。在6月的选举中，一些激进分子和好斗的辉格党人重返了议会，其中包括威尔逊将军，但这对结果没有产生太大的影响。

1818年夏天发生了数次罢工，尤其在兰开夏郡，当地纺织工人的工资已经连续三年下降，从每周24先令降到了18先令。7月，2万人在曼彻斯特参加罢工，这个数字接近了这座城市总人口的1/5。《人身保护法》的搁置已经到期，这促使人们为游行和罢工做准备，在有些地方，人们在荒地和空旷的农村展开演习，以确保有序地发起行动。工人因此能够在他们的横幅后面展示不同寻常的力量，因为当年粮食歉收，纺织业也供过于求，他们越发绝望的心情都写在了横幅之上。乔治·坎宁表达了当时的恐惧，认为威胁"比1793年还要严重"。[15]

法兰西三色旗和自由之帽可能是最受欢迎的道具，但人们主要的诉求是面包和黄油，这在接下来的一年里持续发酵。四万纺织工于1819年6月16日聚集在格拉斯哥外围，向摄政王请愿，要求向加拿大的失业工人拨款，结果一些激进分子展开游说，要求制定进行议会改革的修正案。五天后，贫穷的纺织工人在曼彻斯特的圣彼得广场集会，诉求同样是拨款。在伦敦，最革命的斯宾塞主义者把他们的能量限制在苏豪区的干草棚"教堂"，那里集会的掌声震耳欲聋，其中许多参与者都是抱着娱乐的心态而来。他们大声叫嚷着大宪章和权利法案，威胁贵族、教士和吝啬的商店主，同时高喊共和主义口号，坚持说摄政王被腐败的内阁所蒙骗。[16]

/ 幻影恐惧：政治妄想与现代国家的创建，1789-1848 /

尽管治安官和线人频繁地报告颠覆性的言论、演习、储藏的矛和其他的武器，然而最后得出的评估结论却经常是"一些值得警觉的叛乱活动正在酝酿之中"；虽然这些威胁和报告表明它们应该受到重视，但当局仍然没有采取相应的措施。法国驻伦敦的代办拉图尔－莫布尔（Latour-Maubourg）于 7 月 20 日报告，称政府"不会为使用镇压的方法处理骚乱而后悔，因为宪法赋予了政府这个权利"。[17]

既然激进分子在威斯敏斯特没造成什么影响，亨特、卡特赖特和其他人就在露天场合举办煽动集会，这样参与的效果会更好。他们提供了一个更好的平台，并展示出他们在全国各地所受到的欢迎。饥饿的失业听众回家后，演讲者和组织方在像曼彻斯特展翼鹰这样的大型酒店参加丰盛的晚宴，人们举杯向 1688 年致意，向汉普登、科贝特、穷苦的纺织工、托马斯·潘恩、《论人权》、人民以及身在囹圄的所有同事致意，自以为是的狂欢精神弥漫其间。他们没有草拟请愿书送到国会，而是模仿选举，选出了他们"自己的国会成员"或"立法律师"，然后由他们个人到议会进行辩护。在一场于 7 月 22 日在圣彼得广场召开的集会上，亨利·亨特被投票选为曼彻斯特的代表。

曼彻斯特是英格兰第二大城市，土地属于莫斯利家族，治安官是奥斯瓦尔德·莫斯利（Oswald Mosley）爵士——他们都是上流社会托利党地主或教士。当时的形势让他们感到很焦虑。为了给自己打气，他们组建了由有产市民组成的救助和公民力量委员会。但是这最终只意味着他们当地的有产者组建了一个神经过敏的组织，对叛乱的恐惧让他们呼吸困难。他们尤其对工人的操练感到担心，也不愿接受这些工人是在自尊心的驱使下，真心希望被训练得更有秩序，而不是乌合之众的聚集。8 月 5 日，曼彻斯特的常驻治安官诺里斯（Norris）向西德茅斯报告，称演习活动已经成为"叛乱最可靠的发动机"。"他们的确声称演习是为了让曼彻斯特在下周一的时候更有秩序,"他接着说,"但是军事训练与这一目标之间不存在必然关系,更值得警惕的事实是,大家无不感受到一种道德信念,即造反和叛乱成了他们的终极目标。"[18]

他所说的"下周一"是指亨特准备于1819年8月16日在圣彼得广场举行露天集会。这次集会最初是以如下的方式被宣布的:"亲爱的公众们,1819年8月9日,星期一,这里将举办一场集会,地点就在圣彼得教堂附近,这次集会的主题是让国会下议院以最快的速度、高效地完成激进派的改革……"治安官宣布这次集会非法。组织者和西德茅斯咨询了律师,他们都认为集会是合法的。集会被重新安排在了下个星期,但宣传单上的"激进派"等词语被删掉了。[19]

当天大约有5万至6万人参加了集会,包括了一些带着小孩子的家庭,很多人都身穿节日盛装。他们在标语后面有序前进,其中读起来最暴力的标语是"要么同票同权,要么去死",但即便是这样的标语,旁边也配有心形图案、握紧的双手和"爱"的字符。奥尔德姆代表队有200名身穿白色衣服的女人,她们的横幅写着"普选权、年度议会、投票选举和取消结社法"。亨特从他的马车上站了起来,旁边由身穿白色衣服的曼彻斯特女性改革者护卫。他用一如既往的夸张动作指出,"10个还是12名乐队演奏出同样的曲子,'看,征服者英雄来了'"。他走上讲台,乐队奏起《天佑国王》,所有人都脱下了帽子。[20]

治安官为应对暴乱已经做好了准备:有曼彻斯特和萨尔福德的义勇兵支援他们的特警分队;第15轻骑兵的6个连队、第31步兵团、第88团的几个连和一队乘骑炮兵都已准备就绪。尽管没有发出通知,而且也不合法,治安官还是下令逮捕了亨特。因为警务总长说他不会在没有得到支持的情况下发起行动,所以义勇兵被命令提供支援。这支队伍里什么人都有,包括店主、商人、制造商、律师、一些钟表匠、保险代理人和一个舞蹈教师，他们刚刚尽情地吃过早餐，许多人还喝了不少酒，以至于都爬不上，也驾驭不了他们的马。他们向圣彼得广场进发，一个士兵撞到了一个抱着婴儿的妇女，导致婴儿被摔死。当义勇兵出现在集会现场的时候，亨特叫群众欢迎他们，大家不知道后面将会发生什么。[21]

业余的士兵费力地向人群中挤去，但很快就被堵住，进不得也退不得。治安官命令士兵宣读《骚乱取缔令》（Riot Act），但没有人听到他们的话，所以他们没等到法定时间，就命令轻骑兵前来支援。轻骑兵试图用军刀清出一条路来，但造成了人员受伤，惊慌失措的人群开始推搡。那天结束的时候，共有15人丧命，数百人受伤，其中像滑铁卢幸存者约翰·李斯（John Lees）这样的一些伤员最后还是不幸罹难。这个事件很快就以"彼得卢屠杀"而出名。[22]

治安官还没来得及反思，这次事件就成了催化剂，当晚军队巡查了整座城市，以防止更麻烦的事情发生。第二天，曼彻斯特高级警官报告给当局，称5万之众正携带矛枪，从米德尔顿和奥尔德姆向这里赶来。交易所和大多数商店都停止营业，人们被告知待在室内，军队路过的时候，城市一片寂静。然而这纯粹是个谣言，最终什么都没有发生。[23]

死伤者包括大量的妇女和儿童，人们对此异常愤怒，曼彻斯特治安官和义勇兵的所作所为遭到了普遍的指责。包括市长、高级市政官和伦敦下议院在内的很多团体和个人都向摄政王请愿，要求举行公开调查。但是政府仍然态度强硬。内阁感觉他们必须得绕过法制和秩序，还给曼彻斯特治安官送去一封公开信，称赞他们的勇气和决心。当雪莱夫人在晚宴上问起这件事的时候，威灵顿回应道："如果不对这起事件中的治安官表示支持，其他的治安官在以后类似的事件中将不敢行动，那样的话，这个国家将会变成什么样！"内政大臣现在宣布集会是非法的，而治安官的措施则合情合理。用一个通讯员的话来说，内政大臣的观点是"所有要求激进改革的集会都不仅要煽动人们敌视和鄙视现存政权，以削弱政府的合法性，更是公开的叛国阴谋，他们要推翻政府，要砍下国王的头"。[24]

那些要求进行调查的人被以煽动叛乱罪起诉，菲茨威廉伯爵因为参加了表示支持的集会被解除中尉的职务。政府坚持自己的判断，认为革命正在发酵，并竭尽所能地煽动人们心中的危机感。西德茅斯在每一次讲话中都发表不实言论，抹黑激进派。当他在议会遭到格雷勋爵的反驳时，他宣称圣彼得广场上"戴着自由之帽、拿着矛枪的示威者手上沾满了血"。[25]

威灵顿在9月的时候收到利物浦的提醒，"兰开夏郡和周边地区的情势十分危急"，因此他让约翰·拜恩少将率领军队在北边驻扎，并跟他说"全国各地的激进分子在跃跃欲试，要让他们知道，不论是全面起义还是局部起义，我们随时奉陪到底"。他进一步告诉拜恩，"他们的企图……不过就是暴力劫掠有钱的城镇和人家，他们必然被消灭"，只要将军保持警惕，努力维持部队的战斗力，"那些激进分子就没有机会去掠夺和谋杀，他们将面临不可挽回的损失"。[26]

这些谈话甚至让辉格党的格雷大伯爵都感到害怕，他给议会改革的支持者写道，"暴徒想要的不是改革，而是革命"，如果他们继续煽动改革，他们自己将会被"送上断头台"。像罗伯特·骚塞一样，很多人都感觉"国外有邪恶的精神"，而思想光谱另一边的弗朗西斯·普赖斯则认为这个国家正处在内战的边缘。塞缪尔·班福德认为如果有人想发起革命，那他们没有比现在更有利的时机了。[27]

当激进派组织另一场集会的时候，曼彻斯特警方警告，"公开的暴力"即将爆发，要采取适当的措施。新贝里监狱被改造成堡垒，建造了壕沟和工事，兵营也得到了加固。但是这些灾难预言者失望了。彼得卢事件后的数次抗议集会都以和平的方式而结束，军队没有进行任何干预。数千人表达了愤怒，但他们是通过加入前一年由卫理公会牧师建立的议会改革联合社团来表达诉求。政府及其支持者没有想到群众的本性是遵纪守法的。在写给巴黎的波佐·迪·博尔戈的信中，威灵顿沾沾自喜地宣布他们已经驯服了风暴，并树立了一个好的榜样，让大家知道如何对付"似乎要给我们带来危险的全面革命"。[28]

内阁声称现有法律不足以应对类似威胁，因此于12月提出了被称为《六条法令》的法案。《训练预防法案》使所有演习都面临七年流放的惩罚；《武器收缴法案》限制了拥有武器的权利，并赋予治安官展开搜查的广泛权力；《不端行为法案》简化了关于惩罚的行政管理程序；《煽动集会法案》将公共集会的人数限制在50人内，取缔了游行和横幅，集会时间从1小时缩短为15分钟；《亵渎和煽动诽谤法案》和《印花税法案》全面强化了审查制度。

在上议院反驳这些提案的时候，霍兰勋爵称新法案将"激化不满和敌意"，无法"挫败骚乱起事者的企图，也无法挽回有误解的大众已经疏远了的感情"。"政治动乱时期的大型集会为不良企图创造了条件，同时反映出不满的程度，"他说，"这些法案将会破坏有误解的大众的团结，会使可恶的煽动者丧失信誉；而他们往往是相对无害的发泄口，没有幽默感的人和不满的人可以借此发泄坏情绪，如果被打压，他们就会转移到地下，结党营私，制造阴谋，政府里的人的安全会受到威胁，社会的和平与幸福会被颠覆。"[29]

的确，措施被证明是多余的。经济和政治氛围的好转削弱了兰开夏郡纺织工人参与骚乱的兴趣。他们更北边的工友们仍在策划集会和示威，并将于4月在格拉斯哥和周边乡村举行大罢工，这可能是政府线人的杰作。大约500人携带武器参加了游行，其中20人试图发起革命，但当他们发现没有任何响应的时候，就逃跑了。另外40人在安德鲁·哈迪（Andrew Hardie）的领导下，争取到了炼铁工人的支持，但却被骑兵包围了起来。这些企图被轻而易举地镇压了下去，其他一些证据也显示，尽管有一些顽固分子要诉诸暴力，但大多人只是喜欢他们的口号，并不属于参与大规模抗议。伦敦的暴徒表达不满的方式是砸碎部长家的窗户，这只是无厘头地发泄不满，不能称其为革命的先兆。正如未来的法官、辉格党阁员詹姆斯·阿伯克龙比（James Abercrombie）于1820年1月初给朋友写道，"没有任何一个理性的人会认为迷失了方向的激进派可以推翻政权"。但是过激反应和不必要的立法成了寻常的现象，就像在德意志，桑德和勒宁的行动已经激起了歇斯底里的反应。[30]

梅特涅已经将科策比遇刺事件利用到了极致。"感谢上帝，我现在完成了任务，"梅特涅于9月1日在卡尔斯巴德给妻子写道，"限制性措施成功出炉，婴儿即将在这个世界诞生。"在8月31日的最后一场会议上，德意志邦联主要国家的代表同意了梅特涅提出的所有压制性措施。根茨满足地说，"这是1789年以来最大的退步"。形式上，会议在9月1日闭幕。也可以说邦联会议于9月20日在法兰克福进行的投票象征着它的闭幕，投票意味着所谓的《卡尔斯巴德法令》生效。[31]

法令严格限制出版，审查图书，限制进口印刷品。公开演讲，包括授课和宗教布道都受到了严格的控制，警方线人坐在他们中间，一字不落地记录演讲的内容。德意志每个邦国都要指派专员，监控教师、他们的授课内容和受众。学生组织被取缔，任何从属于某个组织的学生都不能担任公职。大学逐渐从求知学习的地方转型为训练公务人员的地方。[32]

为了探测"庞大组织"的底部，控制"为数众多的分支机构"（它们一刻不停地宣传疯狂的、颠覆性的、毫无羞耻的革命教条，还鼓励和帮助学生从事最恶毒的犯罪活动），一个中央调查委员会在美因茨建立了起来。它的职责是协调并完善各邦国的调查行动，研究并分析"革命机器，评估它的性质、根源和影响力"。梅特涅希望它"可以像雷电一样",发挥最大的功效。[33]

在卡尔斯巴德会议还没开始,法令还没出台的时候,梅特涅已经开始镇压哈布斯堡皇朝领地的所有教育机构。其他的德意志君主也跟了上来。在普鲁士,维特根施泰因和康普茨已经采取十分残酷的措施,全方位打击"造谣生事的人",德意志传统服饰和雅恩体操协会的外套都被禁止,而体操协会也被取缔。[34]

7月,普鲁士政府设立了一个可以任意扣押文件和开展审讯的调查委员会。雅恩遭到逮捕,被扔进了施潘道监狱,然后被判在库斯特林和科尔伯格城堡(对他最严重的指控是,他的一个体操运动员曾经表达要刺杀康普茨)服长期徒刑。警方突袭搜查了柏林大学历史教授恩斯特·莫里茨·阿恩特(Ernest Moritz Arndt)的家,带走了大量文件。"突然出现的不是弑君者和无套裤汉,"康普茨争辩说,"法国首先出现的是百科全书派,接着是立宪主义者,然后是共和主义者,最后才是弑君者和叛国的人。为了防止最后一类人出现,必须阻止百科全书派和立宪主义者,不能让他们有立足之地。"这一理论使每一个受过教育的人都处于受怀疑的地位。那些被指控"无意地"地"造成、鼓励或者促进革命"的人大多是普鲁士最优秀的知识分子,包括施泰因、施莱尔马赫和费希特,还有以约克将军和格奈森瑙为代表的军事精英。[35]

维特根施泰因抱怨,因为"遇到来自最受尊敬的人们最强烈的反对和普遍的抗议",调查是"在极为困难的条件下"进行的。这没有阻止他和委员会主审官乔佩的步伐,乔佩把抓捕煽动者变成了私人的爱好,还因在嫌疑人的文件里制造伪证而出名(他后来患上了被迫害妄想症,认为自己成为他迫害的那些人搜捕的目标)。警方对他们盯上的任何人都保持着监视。他们鼓励相互揭发,勒索人们相互牵连。公寓被搜查,文件被成捆地转移,信件被截留。文本里的文字被截取出来,然后被捏造成另外的样子。康普茨疯狂地指

/ 14 自杀恐怖分子 /

控，称他发现了大量不惜挑起内战，为德意志统一做准备的阴谋。他十分依靠审判来进行统治，叛国罪的范围都扩展到了假想的行动，甚至还利用刑事法庭审判人们对国家的态度，由此普鲁士的司法系统从法制工具变成了以国家名义发起政治斗争的工具。人们可以因为对世俗权威缺乏应有的尊重或者态度粗鲁而被判有罪。[36]

德拉古式的刑罚成为当时的惯例。在普鲁士，17个学生因为隶属于一个没有资质的俱乐部而被判在监狱里服刑12年。另外8人因为对俱乐部持同情态度而被判61年监禁。在巴伐利亚，总共有42名医生、教授、教士和学生将在审判中被判长期徒刑。在威斯巴登，一个叫C.R.希尔登布兰特的教师被最高法院判处在城堡服刑19年。[37]

在不懈地打击"革命阴谋与煽动家网络"的过程中，美因茨委员会审讯了上百人，研究了堆积如山的材料，仍没有对他们的行为给出解释。它不需要给自己的侵入行为提供理由，只凭少量证据，甚至一时兴起，就能大肆抓捕。卡斯帕·大卫·弗里德里希（Kaspar David Friedrich）被盘问他的画作表达的意思，画中描绘了身着德意志传统服饰、在大自然中陷入深思的年轻人，审问官认为画中人一定是在谋划阴谋。

施泰因认为这一"审问机构"荒谬且没有必要，还过于蛮横。格奈森瑙同意这个观点。"到现在还没问出一桩真实的阴谋或者一个神秘的、有宣誓的团体，只是在信件和文章中发掘出大量拙劣的文字，它们是描绘各种政府形式的观点，表达了对一个宪法和统一德意志的诉求。"他于夏天给朋友写道。作为一个无利害关系的英格兰旅行家，威廉·雅各布（William Jacob）也认为这些要求实现德意志统一的诉求没有危害。"我交流过的人里面，没有两个人对为实现他们的目标而首先要做什么达成过一致意见"，他评论道。很多人惊讶于当局的夸张反应。"大学里的混乱几乎都是大臣们的无能、武断以及完全没必要的干涉造成的,这些大臣没有目标,不懂节制,以羞辱习惯了被宠的好学青年为趣味。"拉·阿尔普给沙皇写道。就他所看到的,德意志所谓的革命运动不过是"大臣们编造出来的谎言"。[38]

其他人开始从更邪恶的角度看待正在发生的事情,认为精心策划的反革命是恶意编造的证据,并利用人们的恐惧心理开历史的倒车,从而抑制德意志民众所享有的公民权利。梅特涅和根茨越来越歇斯底里的宣言使德意志看上去正在遭受"欧洲革命里最恐怖"的剧痛,而只有"果敢的行动"才能阻止灾难,这似乎证实了人们的想法。许多人相信,梅特涅和维特根施泰因与其说真是要镇压革命,不如说他们是要否定中产阶级和自由派人士在公共场合发言的权利。他们的努力即将成功,因为镇压导致大批受教育的专业人士流亡到了瑞士、法国、英国和美国。不过这也滋养了真正的革命情绪,就如身在安全的瑞士,对时局进行观察的海因里希·冯·加格恩(Heinrich von Gagern)所指出的,革命"是国家主权者唯一可以借以违反法律的资源"。[39]

《卡尔斯巴德法令》使梅特涅在欧洲获得了认可,包括卡斯尔雷和他英国内阁的同事都对他称赞有加。"没有人比(摄政王)更反革命的了,"奥地利驻伦敦大使馆的秘书菲利普·冯·诺伊曼(Philipp von Neumann)报告说,他还指出,英国最近的事情"极大地鼓舞了类似的观点"。不过他对英国内阁的"虚弱"感到失望,后者没有发布支持法令的公开声明。"在风暴中发表原则性宣言是强有力的措施",梅特涅于10月7日给德卡兹写道。德卡兹似乎认同了这个观点。[40]

几周之前,在梅特涅准备让邦联会议通过法令的时候,阿贝·格列戈尔(Abbé Grégoire)被选进了法国议会。格列戈尔以前是革命议会的副主席,并投票赞成处死路易十六。他进入法国议会的新闻在保守的社会中引起了巨大的恐慌。德索勒内阁垮台,德卡兹于11月成为首相。他立即就更改了选举法,试图把格列戈尔排挤出议会。他也曾做出让威灵顿和其他人大舒一口气的决定,用德·拉图尔－莫布尔将军取代了古维翁·圣西尔。

梅特涅的确不仅要镇压革命学生,还要关闭自由派和中产阶级的所有发泄渠道。在他看来,德意志一些邦国的宪法和维也纳会议制定的关于其他国家也应引进宪法的条款,最后都会造成根茨所称的"社会各阶层里甚至就在王室周边存在的大量革命创新者和党羽"的胜利。他认为这将对奥地利王室造成毁灭性的打击。于是他行动起来,去阻止,可能的话,还要扭转形势。[41]

他曾成功劝说德意志邦国派代表到维也纳参加会议,他希望在宪法问题上复制卡尔斯巴德的胜利。大多数统治者和他们的首席大臣都对当年发生的事情感到恐慌,他们十分害怕被自杀恐怖主义者刺杀,所以有理由把他们看作梅特涅所有提案的橡皮图章。但是符腾堡国王不像梅特涅那样害怕威胁,由于与沙皇有着密切的关系,他也不像其他统治者那样容易动摇,而沙皇本人也在证明一个问题。

10月和沙皇进行了一番交流之后,勒布泽尔腾报告,称亚历山大知道德意志形势的严峻性,并放下狠话说他将采取必要的镇压措施"应对威胁到公共秩序的精神与道德腐败"。他对穿着"奇装异服"的德意志年轻人进入波兰王国与波兰学生表达亲善,感到十分愤怒。德意志的学生在被驱逐之前,他们的传统长袍被剪碎,头发也被剃成俄国步兵的发型。沙皇现在很大程度上把德意志尤其是普鲁士当成"腐烂的坏疽",并结束了与波兰人的蜜月关系,因为后者没有对沙皇赐予他们的福利表达应有的感激。然而沙皇并不特别可靠。因为有沙皇撑腰,符腾堡反对梅特涅,梅特涅要求德意志诸邦国撤销宪法的计划由此泡汤。根据勒布泽尔腾的说法,俄国之所以这么做,完全是因为沙皇要为在艾克斯－拉－沙佩勒会议上没有达成西班牙殖民地问题的目标而复仇。沙皇公开支持德意志南方邦国在维也纳会议上抵制梅特涅提出的所有关于修改《联邦决议》的议案。[42]

会议于1819年11月25日开幕,直到次年5月才结束。会议的《最后决议》于1820年6月8日在法兰克福的邦联会议上成为法律,它停止了废除宪法的行动,也不再禁止引入新的宪法。但是它的确规定,引进的任何宪法都必须建立在君主主权之上,而不是人民主权之上。它还规定了邦联各邦国之间的关系,严格限制单个国家的行动自由,因此关闭了悄悄发生的自由化的大门。但此时,梅特涅和其他所有人手头上又有了更重要的事情要处理。

15 腐化

新年刚过没几天，西班牙就传来了令人震惊的消息。1820年1月1日，拉斐尔·德尔列戈（Rafael del Riego）市长和安东尼奥·基罗加（Antonio Quiroga）上校在加的斯郊外把军队置于自己的控制之下，发动了政变。这次的行动方式相对新颖。它不像是叛变，更像是政治示威，是政治抗议或有政治意图的宣言。在所有政治表达渠道都消失的国家里，只有军队能表达政治吁求，因为它是唯一还存在着的机构（除了教会）。如果政变集团没有得到大多数军人和其他机构的支持，卷入其中的部队就会撤回营地，其领导人将面临惩罚或者被流放。斐迪南七世于1814年回归后，废除了国民议会于1812年制定的宪法，随后发生了至少三次类似的政变，他们都没有取得广泛支持。列戈的政变则取得了一定的成功。

斐迪南早就在加的斯集结了大量部队，意图将他们送到大西洋彼岸，恢复他在前西班牙殖民地的统治，但大多数军官和人民都对此不甚热衷。一方面，他们对在另一个世界没有尽头的驻留前景感到绝望，另一方面，他们的工资很低，生活还无聊到让人心生厌倦。在竭尽表达自己诉求的宣言中，他们要求恢复1812年宪法，重新召开国民议会。不过列戈和基罗加一开始没有得到加的斯其他部队的声援。

威灵顿认为这件事影响甚微，还认为军队很快就会回到他们的营地。梅特涅也不重视这件事，因为它似乎没有对欧洲其他地方的稳定构成威胁。法国外交部长、拿破仑时期的警察总长艾蒂安·丹尼斯·帕斯基耶尔（Étienne-Denis Pasquier）比其他人更清楚地意识到，军官们经不住诱惑，会用各种手段创造机会，使自己得到提拔。他同时觉得这件事应该让那些极度依赖大规模军队的君主们好好反思一下，军队有时是王权的唯一支柱。不过，巴黎很快发生了一件让西班牙政变黯然失色的更加恐怖的事件。[1]

　　1820年2月13日晚上11点,当贝里公爵在第一幕演出结束,护送他妻子登上马车后返回剧院的时候,一个刺客靠近并刺死了他。他倒在地上,被抬回自己包厢的前厅,手上仍牢牢抓着他自己从身上拔出来的匕首。他躺在沙发上,等待医生的到来。由于伤势明显过重,一个神父也被叫了过来。没人想引起恐慌,所以戏剧仍然照常进行,以戏剧中的威尼斯狂欢节为背景,高级神父主持了临终仪式。公爵的妻子赶了回来,路易十八也迅速来到现场,陪他的侄子走完了人生的最后几个小时。

　　贝里是大亲王最小的儿子,所以他不是王位继承人,不过他却被寄托了王室的所有希望。他的哥哥昂古莱姆公爵娶了路易十六的女儿,而在革命监狱里的五年时光对她产生了巨大的影响,使她丧失了生育能力。贝里虽然不是特别聪明,但他勇敢而仁慈,加上自由主义的本性,很受人们的欢迎。尽管他没有男性子嗣,但他那21岁的妻子在几年前生育了一个女儿,并已怀上了另外一个孩子。他的过世使所有阶层都感到灰心和沮丧。甚至还造成了严重的政治后果。[2]

　　两极化使议会在过去几个月里的辩论异常尖锐,议会外,政治光谱的两端也爆发出越来越多的攻击性言论,导致恐怖威胁被肆意散播,压抑的氛围流行开来。当刺杀的消息被散布出去后,人们凭自己最深层的恐惧和偏见臆断。它传出去后就有了自己的生命,真相无法辨别,一些人相信一场大规模的阴谋正在酝酿之中,其他人认为杜伊勒里宫已经受到了冲击,街头斗争正在上演,一场对皇室及其支持者的圣巴塞洛缪日大屠杀正在进行中,等等。地方长官在得到完整消息前,不会发布官方声明,而故事已经被旅行者传了出去,其中充斥了漫无边际的疯狂想象。行刺主人公在谣言中是拿破仑时期的一个英雄军官、马具匠路易·皮埃尔·卢韦尔(Louis

Pierre Louvel），贝里曾冒犯过他，往他脸上吐了口水，把他胸前的荣耀勋章扯了下来，还引诱过他的妻子或女儿，或是姊妹。在一个更离谱的版本中，卢韦尔和拿破仑有联系，谣言开始说皇帝已经登陆了法国，登陆了西班牙，登陆了美洲。[3]

卢韦尔的确同情拿破仑，但他唯一可信的目标就是要推翻波旁王朝，并且有自己的计划。这没能阻止人们到处寻找卢韦尔的同伙，极端派很快就锁定了他们的目标。指控德卡兹的信件洪水一般地淹没了警局。一系列的书籍和宣传册将卢韦尔和18世纪以来针对葡萄牙和波兰国王的刺杀与敌对行动联系在了一起，行事者是一个"心怀不轨的派别"的成员，他们很少改名字，这些派别包括共济会、光明会和雅各宾派，现在又自称自由主义者。德卡兹被指控是最大的同谋，甚至可能亲自策划了刺杀行动；一份出版物把同谋者描绘成邪恶的犹大。[4]

"我此刻听闻贝里公爵阁下不幸身亡。"梅特涅于2月20日给公爵的家人写道。就像波佐·迪·博尔戈给威灵顿写的，"雅各宾主义和拿破仑主义正在合流，他们高昂头颅，不仅胆大，而且疯狂"，梅特涅很快得出结论，"自由主义正在行军之中"，并将发起"一波刺杀行动"。梅特涅在给勒布泽尔腾的信中得意地指出，公爵遇刺证明，就像他一直相信的那样，存在着覆盖全欧洲的阴谋。亚历山大也有类似的想法。"桑德和卢韦尔的匕首是在同一个火炉中锻造出来的，"他在圣彼得堡的舞会上对法国大使皮埃尔·路易·德·拉·费隆奈（Pierre Louis de La Ferronnays）说，"你确定最近的这个行刺者没有和他一样疯狂的同伙吗？这个同谋者难道不像他一样意志坚定，为了刺杀其他人，走上断头台也不害怕？"在伦敦，摄政王认为他自己所处的环境十分危险。威灵顿在给他的西班牙老战友阿拉瓦将军的信中否认了卢韦尔是独狼的可能性。"这几乎可以肯定是一桩阴谋，我们应该看看法国有没有勇气去揭示阴谋的真相，"他在信中把法国的状态和1793年做了类比,"上帝知道这一切怎么结束,但依我而言,我相信我们需要采取行动来恢复秩序。"在他写信的两天后,伦敦发生的事件似乎印证了他最深层的恐惧。[5]

根据《年鉴》(Annual Register)的记载,彼得卢事件仅过去四个月后,"1820年伊始,这个国家的形势更平静,没有发生像前几个月可能发生的群体性暴力"。这一平静状态被阿瑟·西斯尔伍德[也叫"马库斯·布鲁特斯"(Marcus Brutus)]给打乱了。他是林肯郡一个农民家庭的儿子,曾担任西印度军队的军官,之后游历美洲和法国,其间有一段时间参加了法国军队。回到英格兰后,他沉溺于赌博和革命冲动,之后成了斯宾塞主义者,还于1802年策划了刺杀国王的行动。他是曾经试图操纵1816年亨特的温泉场集会的当事人之一,和沃森、普雷斯顿一起被逮捕,被判叛国罪,又被无罪释放。他现在策划在2月23日当内阁成员在哈罗比勋爵的家中吃晚宴的时候,把他们全数杀害。他计划率领一伙雇佣来的人从侍从的人口冲进去,砍下西德茅斯和卡斯尔雷的头颅,然后用矛挑着把它们带到伦敦市长官邸,在那里宣称自己是不列颠共和国的领袖。为了实现这一计划,他在离艾奇韦尔路不远的卡托街租了一个马厩,开始堆干草,把枪支、刀剑、匕首和炸药藏在里面。[6]

西斯尔伍德的判断力从来都不怎么样。他之前结识了一个叫乔治·爱德华兹(George Edwards)的石膏塑像工匠(他最受欢迎的产品是伊顿的头像,学校学生把它买回去当作投掷的目标来用)。拿破仑战争期间,爱德华兹设计了有利可图的骗局,他向法国囚犯保证可以把他们带出国,之后又告发他们,以此赢取奖金。战争结束后,爱德华兹成为内政部的线人。用他同时代的传记作家的话来说,爱德华兹是"一个残忍的恶棍,他捏造叛国罪行,然后将其揭发;他是披着人皮的魔鬼,煽动绝望愤怒的人从事犯罪活动,而后又告发他们,他赚的每一笔钱都沾满了别人的鲜血"。西斯尔伍德邀请爱德华兹参与了他的行动,加上另外一个参与者可能也是间谍,他的计划被泄露给了政府。结果,内阁成员们没有赴宴,当他们从干草堆里拿出武器的时候,大多数阴谋分子都被一群警察给抓了起来。那些当晚没有到现场的人在第二天也遭到了逮捕。西斯尔伍德和他的四个同伙被绞死,其他人被判流放。从他挥霍奢侈的生活方式可以判断,爱德华兹应该是得到了不菲的报酬。[7]

阴谋的揭发给当局带来了极大的便利,因为它平息了人们对其在彼得卢事件处理方式上的批评。"我不知道我们是否应该公开我们知道的关于这件事情的一切",威灵顿在给黎塞留的信中得意地说,但他坦诚这次策划的细致程度让人胆寒,它的嗜血欲望甚于1792年的九月大屠杀。有理由相信整起事件由爱德华兹策划,可能得到了内政部门线人的协助,内阁成员可能知道,也可能并不了解。他们当然要利用威胁。2月28日,卡斯尔雷在他位于圣詹姆斯广场的家里举办了一场晚宴,列文伯爵夫人问他是否采取了预防措施,"之后他就制造了两把手枪,随身携带,即使在自己的晚宴桌上也是如此",一个客人如此描述。我们无从分辨随身带枪究竟是因为真的害怕还是做戏表演。不管怎么样,贝里公爵遇刺之后,政府更加坚信国家正面临革命的风险。在等待行刑的过程中,一个牧师看望了叛乱分子,他说他们"终于摆脱了上帝的恐惧",这反映了他们是如何看待这类邪恶计划的。与牧师的话相呼应,一种认为去宗教化和各种"亵渎神灵"的教堂都与革命倾向之间存在着联系的观点被传播开来。公共舆论依然不为所动,尤其是将西斯尔伍德及其同伙的行动斥为"愚蠢"和"凶恶",并不认为他们是试图推翻政府的危险刺客。公共舆论在其他方面也与政府的政策不符。[8]

彼得卢事件后,亨特被关进了兰开斯特监狱,被释放后他来到了伦敦。他的马在快到普雷斯顿的路上死去,数千人参加了它的葬礼，它的墓碑上刻着"噫吁！可怜的鲍勃！！！"。他进入伦敦的时候，受到了约三十多万民众的欢迎。3月2日，在冠锚酒店举办了纪念这位激进派政治家、拜伦的朋友约翰·康恩·霍布豪斯从新门监狱释放的晚宴，450名宾客首先向"主权在民"致了敬。革命涂鸦随处可见，内容有"内战——自由——死亡抑或杀死乔治四世——亨特不朽——消灭独裁者，消灭可恶的王室——消灭可恶的国王——消灭可恶的乔治四世——消灭教会"。关于演习，甚至是人民武装的报告可能是真实的。彼得卢事件后，那些参加集会的人都会被军队镇压下来。此类活动尽管非常被动，但当局仍然保持着高度警惕，西德茅斯把"恶毒的"卡托街阴谋和曼彻斯特以及"世界另一半追求类似目标的人"联系在了一起。9

大陆的形势似乎已经稳定，路易十八想尽一切办法使德卡兹保住了职务，但是极端派利用贝里公爵遇刺引发的恐慌心理，策划了更多的反王室阴谋。那件事后不久，两个拿破仑时期的军官和一个警方线人密谋公爵夫人位于杜伊勒里宫里的房间引爆一枚炸弹，使公爵夫人流产。他们于4月29日安装并引爆了炸药，但公爵夫人并没有受到什么影响。两个军官感到沮丧，心灰意冷，但是警方线人指责他们是胆小鬼，给他们做工作，最终他们在5月6日晚上引爆了第二枚炸弹。他们被逮捕，在审判中被判处死刑，但在公爵夫人的请求下他们获得了缓刑。一段时间后，公爵夫人交给大亲王一张据说是在她梳妆台下找到的纸条，上面警告有针对所有皇室成员的刺杀阴谋。大亲王把纸条转交给黎塞留，严格的安全措施开始实施。各种嫌疑人被带去接受审讯，几天后，公爵夫人的告解神父拜访审判此案的法官，告诉他公爵夫人坦白了纸条是她自己写的事实。国王最终不得不让步，辞退了德卡兹。在极端派的支持下，一个由黎塞留掌控的内阁走马上任，引进了一揽子镇压措施，推动立法，限制了选举权。这些在第二年制定的新选举法中得以显现，它

/ 15 腐化 /

把权力从都市中产阶级手中转移到了土地贵族那里。法国似乎得到了控制。[10]

不过威灵顿现在对西班牙的形势又有了新的想法。2月底，加利西亚和阿拉贡的军队表态支持列戈和基罗加，到3月初，兵变已经蔓延到了马德里。"这些军队骚乱之所以让人不安，是因为西班牙政府和国家的人民没有一点共同利益，而且除了军事暴动的方式，其他权威也没法响应人民。"威灵顿给黎塞留写道。3月6日，国王同意召集国民议会。第二天，马德里的皇宫被军队团团包围，国王同意重新引进1812年宪法。"这给德意志的邦国开了很坏的头，他们的军队结构基本一致"，威灵顿于3月24日给黎塞留写道，还说西班牙正在发生的事是"真正的邪恶"。西班牙的事件促使威灵顿"仔细思考对社会秩序造成威胁的因素"。梅特涅也担忧西班牙叛乱者可能会给其他地方造成不好影响，这并不是危言耸听。拉·费隆奈从圣彼得堡向帕基耶报告，称帝国的官员比他们在巴黎的同侪更经常地谈论革命的话题。波佐·迪·博尔戈则认为是英格兰树立了不好的榜样，它"把叛乱事业的宣教者送到了世界的每一个角落"。[11]

梅特涅开始对欧洲感到绝望。他于1820年4月7日给驻伦敦的大使埃施特哈齐（Esterházy）亲王写道，他感觉自己就像站在病床边的医生，已经放弃了让病人起死回生的希望。他写信给勒布泽尔腾，比喻欧洲是"被风暴无情肆虐的一片大海"。他不知道如何处理西班牙的事情。他写道："我一直以来形成了一个习惯，就是不允许自己去试图理解西班牙正在发生的事情，因为我对它全然不知，对它的人民想要什么和要说什么都是一头雾水。"他能确定的是，并没有像"浸在玫瑰水里的革命"的东西，他无法接受一个实行宪政的西班牙。1812年的西班牙宪法与1791年法国制定的宪法非常相似，它建立在主权在民的原则之上，把核心的行政角色保留给了国王。如果让这样的"错误信条"生根发芽，其他国家的政治根基也会受到削弱。根茨赞同梅特涅的观点，认为西班牙所释放的"有害而腐化"的原则将会带来危险，尽管他相信不是西班牙，而是法国，将使"所有文明国家的社会秩序坍塌"。[12]

亚历山大要进行军事干涉。他说西班牙要对它犯下的罪行向世界"赎罪"。这完全不符合梅特涅的想法。为了适当地满足亚历山大的欲望，也为了国家利益，梅特涅指令勒布泽尔腾劝亚历山大召开讨论西班牙事宜的大使会议，还要他建议沙皇派列文伯爵担任俄国驻维也纳的大使，因为此人对形势有很好的了解。卡斯尔雷也对进行干涉的说法表示担忧。5月初，他起草了一份国务文件，强调四国同盟的目标是维持1815年确立的领土现状；只有出现明显威胁到领土安排或威胁到世界和平的情势的时候，才能对另外一个国家的内政采取军事干涉。威灵顿递交了一份备忘录，其中引用了一手经验。他写道："欧洲没有一个国家像西班牙这样陷于最不利于让别国干涉的事务。"[13]

这类讨论在大陆上不起作用，千疮百孔的边界使恐怖的威胁无处不在。人们用十分丰富的词汇形容神秘的阴谋，其中有的更具浓厚的科学和医学色彩，比如人们会引用"腐蚀""发炎""肺痨""坏疽"等类似的说法。"世界正在发高烧，"梅特涅于1820年6月给文森特写道，"它虽然会要一些人的命，但不会杀死所有人。现在最重要的是在瘟疫之中活下来，不要被感染，还要帮助那些病倒的人。"[14]

监控是重中之重，最轻微的骚乱也应该被当作病症来处理，以防止它蔓延开来。梅特涅关注着所有细节，他的警察也做好了准备。情报显示拿破仑时期的警察总长萨瓦利正在与拿破仑的继子欧仁·德·博阿尔内亲王一起策划诡计，据说他们在瑞士各地会见"不具名的人"，暴力事件即将在巴黎爆发。梅特涅和巴黎的波佐·迪·博尔戈保持着高度的警惕。[15]

身着朴素的极端派卫队军官在自由派代表离开议会的时候殴打了他们，还强迫街上的人，尤其是学生高喊"国王万岁！"6月初，他们殴打了一个叫尼古拉斯·拉勒芒（Nicolas Lallemand）的法学学生，致使其由于伤势过重而身亡。他的葬礼成为人们示威的焦点，示威随后变成了骚乱。一些人把几天的暴力事件看作革命的序曲，直到6月的第二个周末，军队赶来才平息了骚乱。很多人认为这一插曲很可能是极端派和警方策划的挑衅行为。[16]

警署总干事克劳德·穆尼耶（Claude Mounier）男爵（他是1789年一位杰出革命家的儿子，在拿破仑时期做过公务员）坚持认为整个事件是由"起义总务委员会"精心策划的。那些不愿去追究骚乱可能有固有根源的人接受了这个说法，关于人们是被金钱收买而走上大街的流言也被四处传播开来。逐渐地，保守阵营滋生了如下信念，即有某种黑暗力量控制着事件的走向，人们称之为"指导委员会"。6月24日，波佐·迪·博尔戈向内塞尔罗德报道了一起未遂的"大阴谋"：策划者显然是想得到军队的支持，但失败了，又转而抹黑军队。他们付钱给教师，让他们煽动学生，并指导学生讥讽士兵，投掷石块，以激起"无知的屠杀"。虽然极端派和他们的线人在煽动，但没有发现能够证实上述言论的证据。不过叛乱和革命的氛围正在酝酿之中。[17]

为了回应内塞尔罗德焦心的盘问，列文伯爵夫人从伦敦报告，称让英国人担忧的革命只有"闺蜜革命"（boudoir revolution），当时国王找到了一个新的情妇。不过伦敦的大街上并不平静，因为卡罗琳王后的遭遇引起了广泛的公共讨论，许多显赫的辉格党人和以威廉·科比特为代表的激进派已经在利用形势，争取大众对改革的支持。[18]

1795年嫁给摄政王来到英国的时候，布伦瑞克的卡罗琳公主表示她要赢得"人民"对自己的喜爱。她很大程度上实现了目标，因为她成了她那令人厌恶的丈夫的牺牲品。因为受到丈夫的冷遇，她在国外待了六年，而她的丈夫因为被一众卑鄙的宠臣环绕，所以关于他道德败坏、放荡不羁的故事被传播开来。1820年1月底，乔治三世驾崩的消息一传出来，卡罗琳就赶回英格兰，参加她丈夫乔治四世的加冕礼。乔治四世没能用钱把她打发走，就休了她。当她到达伦敦的时候，自然成了所有对国王和政府心怀不满的人的焦点。

因为国王已经做好了阻止她的准备，卡罗琳和反对派的领袖人物结伴而行，并在公共场合露面，很好地利用了她受委屈的妻子的角色。卡罗琳吻合女性主义的观点，在人群中激起了骑士精神和同情心理，她的小过错都被忘记。对她表示声援的公众游行很快成了反政府骚乱，6月，西德茅斯的住宅连续三个晚上都遭到了攻击。他和威灵顿公爵的马车被暴徒团团包围，窗户也被打碎。西德茅斯、卡斯尔雷和国王都收到了死亡威胁。人们高喊"没有王后，就没有国王！"6月15日，第三警卫团发生哗变，他们在结束任务后仍不肯放下武器。他们被强制归队，并在第二天撤出首都，不过这天晚上，一伙暴徒在他们撤离的营地外聚集，禁卫兵骑兵被召集以驱散他们。"我特别担心伦敦军队的状态，"威灵顿不无惊恐地写道，"在这个国家面临的最为紧要的关头，我们和公众有理由对军队的忠诚度表示怀疑。他们是我们唯一的安全保障，不仅要对付革命，还要保护我们国家所有人的财产和生命安全。"西班牙最近发生的事不能被忽视，他不建议动用军队恢复秩序。人们发现士兵在调侃王后的健康，还很难听地嘲讽国王。有报告称，甚至连妓女都不愿为不支持王后的士兵提供服务。根据奥地利驻伦敦的代办所言，卡罗琳的现身就像是能够削弱所有现存秩序的"传染病"，他预言如果卡罗琳被指控的问题坐实，革命就将爆发。[19]

耸人听闻的情报称不满情绪在全国各地蔓延,人们预感政府也在为国王与王后8月的离婚做着准备。国会大厦周边立起了新的关卡,虽然没人能确定他们在紧急关头会如何行事,但是军队甚至野战炮都被部署到了关键地点。随着"彼得卢大屠杀"纪念日的临近,人们加入集会和游行之中,以纪念大屠杀罹难者。王后的煽动性演讲暗示她的丈夫应该被废黜,而且《星期日》报纸火上浇油地散布了大量王室丑闻。内政部线人约翰·谢戈格(John Shegog)警告他的上级,称激进派正在准备与"散布在世界各地的共和主义者"结成联盟——在那个时候,共和主义者的人数正在不断增长。[20]

梅特涅于7月初来到巴登,陪伴他生病垂死的爱女玛利亚。就是在那里,7月15日他听到了那不勒斯爆发革命的消息。他感到十分震惊,即使他女儿三天后的去世也没让他如此焦虑不安。根茨从没见过状态如此糟糕的梅特涅。梅特涅在不到一年之前造访过那不勒斯,那时候他还写,说他没看到意大利"有任何骚乱的迹象"。"那不勒斯地区的人们对现状特别满意,"他写道,"要不是那些俄国间谍在意大利四处煽动各个群体,告诉他们亚历山大沙皇有自由主义倾向,人们心中永远都不会有任何波澜。意大利总是有不满分子。意大利人不断地呐喊,但他却无动于衷。"[21]

梅特涅不是唯一一个感到震惊的人。"这些安宁而繁荣的王国有很多需要注意的地方,但都没有引起阁下的关注",英国驻那不勒斯的公使威廉·阿科特(William A'Court)爵士于三个月前向卡斯尔雷报告。奥地利驻那不勒斯的大使雅布洛诺夫斯基亲王承认,"月球似乎是比那不勒斯更应该发生革命的地方"。这件事不仅让人始料未及,更让人感到困惑。[22]

7月1日圣西奥博尔德节(the feast of St Theobald),作为烧炭党的支持者,一个叫路易吉·米尼基尼(Luigi Minichini)的神甫(他也是烧炭党在诺拉这个小镇的大头领)肩上斜挎毛瑟枪,跨上马背，率领他的烧炭党成员向邻近的阿维利诺进发。他之前说服了米凯莱·莫雷利（Michele Morelli）中尉和他那领不到军饷、心怀不满的骑兵部队加入进来。他们一路上鼓动的农民要么很冷淡，要么充满敌意。刚到阿维利诺，莫雷利就宣称他忠于"宪政的国王斐迪南"，随后这成了一个笑话。

斐迪南四世国王在18世纪90年代的时候被法国从他的大陆王国赶走，流亡到西西里，是英国在那里保护他。受到英国的压力，他以西班牙宪法为蓝本，在岛上颁布了宪法。据说正是"宪法"这个词让他"精神错乱"，当他的替代者，阿希姆·缪拉国王，被逐出那不勒斯的时候，他便在那里重新恢复王位（两西西里王国的斐迪南一世），并废除了宪法。然而鉴于那不勒斯的烧炭党闹事，他重新夺得大陆王国的时候宣称："人民是主权者，国王只是以宪法为基础，代为执行法律……"[23]

不知道如何处理队伍里出现的国王拥护者，阿维利诺的指挥官派人去寻求指导。军队被从那不勒斯调过去维持秩序，但他们偶遇了国王拥护者。那不勒斯军队的指挥官大部分参加过拿破仑战争，他们打心眼里记得他们那浮夸的将军约阿希姆·缪拉国王。古列尔莫·佩佩（Guglielmo PePe）将军是其中的典型，他曾被授予荣誉勋章，获得过元帅军衔。斐迪南国王待他不薄，但他对波旁王朝没有好感，甚至感到厌倦。

为了应付军队叛乱和厌倦情绪，斐迪南国王于7月6日下令引入1812年宪法，同时还宣布退出政治生活，宣布由他的儿子卡拉布里亚公爵（Duke of Calabria）弗朗西斯科（Francesco）担任王国主教总代理。两天后，国王和他的儿子在盛大的典礼上庄严宣誓效忠宪法。7月9日，莫雷利中尉率领他的部队进入那不勒斯，一路上收编了其他的队伍，后面还跟着米尼基尼神甫及约6000名几乎没有配备武器的男人，他们手擎烧炭党的三色旗，红色代表博爱之火，蓝色代表希望之烟，黑色象征他们名字里的炭。王国主教总代理向他们致敬，然后整座城市沉浸在了疯狂的欢宴和典礼之中，间或伴有零星的暴力事件。

　　让梅特涅担心的是整个过程没有发生流血事件，而且国王接受了宪法，英国则认为这是可以忍受的。梅特涅的担心是多余的。阿科特是个极端保守主义者，他在给上级的报告中描绘了一个极端黑暗的画面。卡斯尔雷非常担心，因为那些他通常认为不值一谈的事件现在变成了疾风暴雨和火山爆发式的景象。7月29日，布朗中校从米兰发回报告，称"那不勒斯的传染病"已经传到了米兰，咖啡屋挤满了讨论政治的人，他们用词"更加极端和绝望"，"所有人都会提到宪法和起义"。"这里的自由主义分子毫无顾忌地讨论他们如何为西班牙人和那不勒斯人而感到高兴，"他接着说，"他们已经做好了一切准备。"拜伦在教皇辖地拉韦纳也能感受到兴奋的情绪。"这里的火山还没有爆发，"他写道，"但是地表滚烫，空气中充满了骚动的气息。"卡斯尔雷告诉德卡兹（现在是法国驻伦敦的大使），如果他们不立即采取行动，"火山终会喷发，火焰将烧掉所有的一切"。卡斯尔雷和威灵顿都认为现在"是时候做出表率"，他们相信奥地利应该立即行动，法国或许也要提供支持。[24]

　　奥地利无法容忍正在发生的事情，因为它和那不勒斯签订的条约规定，在没有得到奥地利的许可下，那不勒斯不能更改政府形式。更重要的是，梅特涅相信那不勒斯正在发生的事情是西班牙革命的翻版。"那不勒斯革命的平静和井然秩序使人肯定，7月1日到8日发生的事情是事先计划好的，只有事先在暗中有所策划，有位高权重的人做出决策，这一切才能发生。"他于7月17日给埃施特哈齐写道。他接着指出，奥地利王室的命运处在生死攸关的时刻。[25]

　　那不勒斯事件构成的威胁其实无足轻重。人民没有革命诉求，要的仅仅是一种无政府传统，而统治者早就接受了这一事实，也并不打算去消除它。在18世纪末拿破仑战争期间，他们已经组织或者鼓励"神圣的信仰"这样的军事组织，以维护天主教信仰的名义与法国对抗，抵消法国的影响力。1816年，他们模仿烧炭党，建立了卡尔德拉里（Calderari）。这是世俗的王权和大众之间的联盟，致力于对抗中产阶级和贵族。缪拉对王国的法式管理迎合了中产阶级和贵族的利益，通过引入更高效的系统，实现经济发展和社会进步。斐迪南的回归使这些大部分被推翻，他以底层民众作为王位的支柱，借此抑制有产阶级和军队的野心，而有产阶级和军队也渗透进了烧炭党。革命之后的选举使大量温和贵族走上前台。新政府的措施更加柔和。在彭特克沃（Pontecorvo）和贝内文托（Benevento）的教皇飞地得到了严肃的尊重。一份批评奥地利的文件因为用词激烈而被压下。巴勒莫的一次群众骚乱被成功地镇压。外交大臣坎波基亚罗公爵竭尽全力向欧洲各宫廷保证，他的政府控制住了形势。

奥地利临时代办门茨伯爵（Countde Menz）对所发生的事情持乐观态度。"人们必须承认，"他向梅特涅报告，"宪政观念的确已经生根发芽，并在这个国家的人们心中占据了统治地位。教士、贵族、军人、资产阶级以及最重要的统治阶层都认可了它。"他接着说，叛乱本来不是针对君主制度，但是无能、腐败且专制的宫廷已经没有能力提供秩序，还成了经济发展的阻力。门茨认为新制度可以给地区带来稳定，他报告称这个国家要更改1812年宪法（对保守派的斗牛来说，这根本就是一块布莱卡红布），要建立上议院，并给予国王否决权力。甚至反动的阿科特都承认之前的国家制度已经无法捍卫。[26]

俄国和普鲁士代表的观点印证了上述分析，而巴伐利亚公使则强烈地反对梅特涅的新闻喉舌所印发的耸人听闻的论断。"直到现在，王国从7月1日以来所发生的事情都没能证实那个奥地利观察员的声明，"他于9月26日给他的上级雷希贝格伯爵写道，"每一件事都让人觉得，如果外国军队不加干涉，新建立的制度将不会遭遇

/ 15 腐化 /

抵抗。"27

这类说法削弱了梅特涅的政策基础。他与德意志造谣者的冲突最近受到批评，舆论已经开始质疑是否存在对《卡尔斯巴德法令》合法性的威胁。美因茨委员会行动的正当理由已经开始软弱无力，因为委员会越来越没用，却还要绝望地搜寻颠覆证据。1月，委员会将矛头指向了尤斯图斯·格鲁纳，他当时正在威斯巴登接受毫无希望的治疗，却要在病床上接受审判。2月底，巴伐利亚公使冯·岑特纳（von Zentner）男爵抱怨，这种事情很糟糕地反映了德意志邦国的君主在艰难地"维持人民对他们的信任"。梅特涅要他们找到和真实阴谋有关的准确证据这给委员会增加了更大的压力。用委员会里一个叫马蒂亚斯·埃德勒·冯·拉特（Matthias Edler von Rath）的成员的话来说，他们不是被命令去寻找肇事者，而是要制造犯罪。28

在那不勒斯的例子中，犯罪被当成了革命。既然明显是烧炭党的杰作，那就是阴谋。为了不被人抓住把柄，梅特涅暗示那不勒斯所发生的是正义的公民自决，这件事情纠正了错误的东西，所以应该被认可。他宣称欧洲面临的挑战来自"秘密结社"，它们构成了"真实的力量，是在黑暗中运作的更危险的部分，它们破坏了社会结构的每一个组成部分，而在各地遗留的道德坏疽在不久的将来会繁殖出恶劣的后果"。烧炭党和其他秘密社团后面是有"庞大野心"的中产阶级，他们的野心只有通过颠覆社会结构才能实现。让他的观点更加生动的是，阴谋的体量可能非常巨大，达到了巴吕埃尔所描述的程度。人们突然就开始讨论并撰写和烧炭党、他们的力量以及他们的能力有关的东西。那不勒斯驻圣彼得堡的大使告诉亚历山大，单那不勒斯的阴谋分子可能就达到70万之多。红衣主教孔萨尔维在那不勒斯的线人跟他说，那里的阴谋分子达120万之众。各国的政治警察竞相搜集资料，整理记录，以证明他们一直都在追踪阴谋分子。[29]

梅特涅有更重要的理由拒绝接受那不勒斯所发生的事情。两西西里王国如果以君主立宪的形式稳定下来，实现言论和出版自由，奥地利就会失去对意大利半岛南部的控制。另外，这样一个王国一定会与同样是君主立宪的法兰西波旁王朝建立密切联系，法国就可以借助与两西西里的关系对半岛施加影响。它还会为所有不满人士和反对奥地利统治意大利的民族主义者提供基地。

其他人更加担心军事方面。紧跟着西班牙的政变，军队在那不勒斯事件中所扮演的角色成了一种模式。"最近发生在西班牙和那不勒斯的两次军队暴动应该让君主们思考一下未来，因为王权的垮塌近在咫尺……而反叛将首先由王权的支柱——军队来发动，"莫斯科前总督、当时纵火焚烧莫斯科的罗斯托普钦（Rostopchin）伯爵于8月1日在巴黎治疗痔疮的时候给朋友写道，"我认为如果现在不采取严厉的措施恢复以前的秩序，欧洲大部分王权将在接下来的二十年惨遭颠覆，启蒙运动的果实将由军队独裁者来实现。"[30]

亚历山大非常想对那不勒斯革命采取军事干涉，而他的将军们则没有什么欲望。禁卫军指挥官瓦西契科夫将军认为俄国军队并不能胜任这个任务。"人们的精神状态不太好，"瓦西契科夫给沃尔孔斯基亲王写道，"人们普遍感到不满，没有勇气忍受战事造成的牺牲，普通人也不清楚战争的必要性……"军官不希望和那不勒斯打仗，他们甚至同情后者。梅特涅听到这个消息的时候会很开心，因为他最不希望亚历山大涉足他认为是奥地利后院的地方。[31]

8月1日，梅特涅给意大利所有宫廷送去了一份备忘录，解释他对局势的看法。他将欧洲问题的根源追溯到法国大革命，坚称法国大革命受到了英国的影响，而英国"在近一个世纪里，一直沉浸在错误的思想中"。德意志和意大利最近发生的事情是法国大革命的自然结果，且是可预见的。西班牙发生的事情则有所不同，它是

"少有的政府无能的结果,这种无能很难在历史中找到前例"。那不勒斯的革命在性质上更加恶劣,因为它不是军队本身发起的行动,"它是由派别发起,军队与其说属于国王,不如说属于这个秘密集团"。梅特涅总结说:"军队效忠于真正的上司,他们的指令是无形的,他们的力量却能被广泛感受得到。"梅特涅还警告,说烧炭党是"建立在违法章程上的秘密组织",它已经通过革命的"艺术"获得了"一定程度的完整性",以致人们无法预料政府什么时候会被推翻。"那不勒斯不久前发生的革命因此很特殊,它无疑对一切政府都构成了最严重的威胁,因为一个阴谋集团在暗中策划并为灾难做了准备,因为它利用军队里被腐蚀的部分来完善自己。"

梅特涅在备忘录的第二部分为奥地利的干涉做了准备,并试图加深人们因为各自的隐秘目标而产生的恐惧。他称1815年固定下来的局面是完美且不可变更的,但是各个社会的中产阶级已在挑唆人们推翻它,"那些阶级在任何时间和地点,都准备着要实现雄伟大业,试图抓住时机掌控政府的方向舵"。这意味着所有合法政府都处于威胁之中。"如果那不勒斯的革命成功,如果烧炭党的统治被认定是合法的,意大利其他政府将不会轻松下去。"他接着解释奥地利的特殊地位,奥地利发现自己成了那不勒斯王权的担保人,它没有选择,只能宣布反对那不勒斯的新国家体制。[32]

不过他下决心,奥地利,奥地利自己,应该行动起来。它需要得到盟友的同意,而不是他们的支援。比如法国的积极响应可能会增强其在半岛的势力。但是一方面梅特涅不放心法国的企图,甚至怀疑它要利用危机控制卢卡公国,另一方面法国人也警惕奥地利可能会趁机强化对意大利的控制,而且他们的一些线人也透露,奥地利首相的确在利用烧炭党实现这个目标。他们还担心英国会利用事件将西西里变成英国的被保护国。没人知道俄国的打算:亚历山大长久以来对意大利的兴趣成为普遍焦虑的根源。[33]

/ 16 魔鬼帝国

沙皇在华沙等待波兰议会的开幕。讽刺的是，尽管沙皇当时强烈地反对宪法，但是诺福西尔斯夫还是向他呈递了俄国宪法的最终文本，这是沙皇两年前命令诺福西尔斯夫和维亚泽姆斯基起草的。他看了一眼，把它扔到一旁，便不再提及。接下来的几十年里，除了沙皇、诺福西尔斯夫、维亚泽姆斯基和诺福西尔斯夫的秘书，没有人知道这份文件的存在。

在他向波兰议会做的公开发言中，亚历山大说虽然出于公共利益而进行的果敢忠实的抗争值得赞扬（这激怒了梅特涅，他抱怨这番话等同于邀请欧洲的不满人士表达他们的怨愤），但是他警告，"邪恶之魂灵再一次试图扩张它那危险的帝国，它已经在欧洲的上空徘徊"。当代表们拒绝了内阁提出的若干项措施，并表现出可恶的独立精神的时候，他最深处的恐惧得到了证实。波兰军队最高指挥官君士坦丁大公相信巴黎已经派出了"代表团"去散播革命，他警告他的哥哥，称波兰将遇到麻烦。亚历山大正是在华沙听到了关于巴黎军事阴谋的消息，这似乎又证实了他最害怕的东西。[1]

当法国的警察总干事克劳德·穆尼耶正在提出他的"指导委员会"概念的时候，一个真实的阴谋近在眼前，而它居然完全躲过了警方的注意力。穆尼耶之前收到过警告，但由于最近从各种线人那里收到了太多要发动密谋的报告，他就把这个阴谋给忽略了。这次阴谋由拿破仑时期的军官策划，以加德大街的法兰西斯巴扎商场（Bazar Français）为中心，军官们的同事频繁在此聚集。一个旨在拥护拿破仑的儿子取代波旁王朝的计划逐渐产生。以前是船长的莱昂·南迪尔（Léon Nantil）和夏尔·法维耶（Charles Fabvier）上校与驻巴黎的各军事单位联络，不过他们接触到的大部分高级军官要么态度不明朗、左顾右盼，要么只支持让奥尔良公爵取代波旁王室,或者就是建立共和国。阴谋分子也联系了驻扎在康布雷的两个步兵团和一个骑兵团,希望他们向杜埃(Douai)进发,支援驻扎在那里的三支或者更多的部队,然后再到瓦朗谢讷(Valenciennes)征兵,并在比利时前线与4000名左右的流亡者会合。联合军队的人数至少有1.2万名,他们将穿过诺尔省所有驻军的城镇,穿过加来海峡省和索姆河,一路行至巴黎。巴黎步兵的哗变将分散当局的注意力。[2]

军事政变本打算于8月10日发动,但被推迟了9天。一些士兵在这期间逃走,而且在巴黎指挥军队的马尔蒙元帅也很快变节。36名军官和士官被逮捕,更有53人接受了审讯。没有浮现和所谓的阴谋相关的有效证据。警方的文件显示他们徒劳地拼贴无关的情报片段,以此来捏造一些证据。塞纳省第一军团的一个军士长于6月19日开小差的事实引起了注意,他身上带的是"一把军刀和一对护腕带"。[3]

审判阴谋分子的法庭似乎不打算打破砂锅问到底,而且有证据显示身居高位的人可能已经知道此次阴谋,即使他们没有参与进去。一些受审的阴谋分子似乎就是政府的线人。三人被判死刑,一些人被判监禁。法庭的氛围并不紧张,甚至还有点漫不经心。在审判一个军团所有的军官时,主审官拉普将军得到的托词是相似的,都说他们当时在与情人约会,拉普还禁不住称赞了军团的"勇气"。[4]

同样是在华沙,亚历山大听到了从葡萄牙传来的惊人消息。8月24日,波尔图城外发生了军队骚乱,影响很快就遍及全国。这是一次不流血事件,主要目的是抗议英国在葡萄牙的存在,并要求当初为躲避拿破仑而逃到巴西的皇室返回葡萄牙。这次骚乱由自由立宪派主导,对其他人没有造成威胁。但是首先在军队中爆发的事实使这次骚乱与西班牙和那不勒斯的阴谋如出一辙。

西班牙的消息也没有好到哪里去。之前在议会中占多数的温和派失去了阵地。其他欧洲国家的政府敌视他们，否认他们的合法性，这鼓励了极端分子。8月，列戈现身马德里，并受到了群众的热情款待，他还要求提名自己为独裁官。尽管列戈没有成功，但他利用民粹主义煽动了民众情绪。

亚历山大无法不被这类消息吓到。他的副官阿瑟尼·安德烈耶维奇·扎克拉夫维斯基（Arsenii Andreevich Zakrevsky）写信给圣彼得堡的瓦西契科夫，要求他密切监视所有"冒进人士"，但是常识和自由主义本性促使沙皇想出了另外一个办法。在写给弗朗西斯的一封长信中，沙皇提出如果他们之前同意与西班牙革命分子进行谈判，温和派便会因此受到鼓舞，那不勒斯也就不会发生革命。"麻痹可怕敌人的唯一方法也许就是剥夺它煽动群众的权力，"沙皇自言自语，"要考虑人们的期望和需求，并提前给他们提供一部分他们力争通过暴力攫取的自由。"他开始认为解决那不勒斯危机的最佳方式是让路易十八参与进来，让他成为波旁王室的领袖，并做宪政君主，用以法国《宪章》为模板的宪法取代1812年宪法。[5]

梅特涅感到害怕并且认为他能够嗅到亚历山大的近臣约安尼斯·卡波迪斯特里亚斯（Ioannis Capodistrias）伯爵在外交事务上的影响力。卡波迪斯特里亚斯是科孚特（Corfiote）贵族，爱奥尼亚岛在1807年被法国占领的时候他来到俄国，开始为沙皇服务。1813年至1815年，他是沙皇的国务秘书并且在维也纳会议的谈判中扮演了重要角色。根茨形容他是"一个受人尊敬的人，为人十分正直，是所有本性善良的人的朋友，是一个有着正义灵魂的贵族，有着崇高的精神——但遗憾的是，他有时会做出错误的判断"。他这样说是因为卡波迪斯特里亚斯本性上倾向自由主义，时不时地与他和梅特涅产生分歧。[6]

梅特涅相信卡波迪斯特里亚斯是亚历山大的邪恶天才，曾经在维也纳会议上试图削弱他的影响力。他抓住卡波迪斯特利亚斯的小辫子，搜集所有可能暗示他和反动队伍为伍的材料。他频繁地截获卡波迪斯特利亚斯的信件，希望能够发现把他和颠覆分子联系在一起的东西，而当发现卡波迪斯特利亚斯和可疑的布林迪西公爵有通信往来的时候，他很高兴。他立即告知亚历山大，说他的大臣和意大利的革命分子有勾搭。奥地利首相不懈的挑拨离间明显是心怀恶意，卡波迪斯特利亚斯的同事内塞尔罗德实际上没有把梅特涅让其转交给沙皇的一些情报展示出来。梅特涅敦促多罗西娅·列文利用自己的影响力让沙皇把卡波迪斯特利亚斯驱逐出宫廷。（德卡兹的警察频繁地截获梅特涅最私密的信件，当他于1819年兴高采烈地向路过巴黎的卡波迪斯特利亚斯展示梅特涅的信件的时候，后者十分震惊，甚至怀疑这些信件是法国人伪造的，以使俄国和奥地利产生嫌隙。）[7]

卡波迪斯特利亚斯和他的主人一样有着矛盾的心理，他一方面致力于实现俄国的国家利益，同时又同情与他们有矛盾的自由主义者和民族主义者，甚至还尝试在自己的自由主义本性和害怕革命的心理之间做出妥协。他也和亚历山大一样有精神上和宗教上的热情。他年轻有为，对他而言鼓励、阻止或者偶尔支配别人并不是难事，但他并不清楚自己是否能控制像亚历山大这样多变而固执的人。

到1820年夏末，亚历山大退回到了更为反动的姿态。根据卡波迪斯特利亚斯所说，过去几个月发生的事情"让沙皇对某个指导委员会的所有行动都产生了怀疑，委员会可能将巴黎的影响施加到整个欧洲，以推翻现在的政府，建立对他们有利的制度，实现革命暴政"。他逐渐相信巴黎是革命"活跃的永久来源地"，并且宣称他有"真实性无须怀疑的证据"，他于9月3日从华沙给黎塞留写道。他并没有真的提供什么"证据"，历史学家也没有发现它们。"证据"证实西班牙叛乱的幕后指使是"巴黎俱乐部"，那不勒斯事件的幕后指使是"马德里俱乐部"。这或许同样是葡萄牙同事向英国驻圣彼得堡的大使查尔斯·巴戈特（Charles Bagot）爵士所展示的"证据"，从其中可以很清楚地得知，"（西班牙秘密团体）的目标是在欧洲所有国家确立共和体制；为了达到这个目标，他们向所有地方都派遣了间谍，而其核心组织则在巴黎、维也纳、热那亚、里窝那、普鲁士和波兰"，他于9月16日向卡斯尔雷报告。[8]

"在法国大革命的大众专制主义学校成长起来的人精通于用波拿巴的专制手段制造动荡的艺术，他们顽固地要重新夺回因为欧洲旧制度的恢复而被剥夺的权力，"亚历山大断言，"这些社会敌人的致命影响力已经渗透到所有的地方，它所蔓延之处都遭受了致命的打击。"被梅特涅派到华沙与沙皇会面的勒布泽尔腾汇报，说亚历山大抱怨英格兰的激进派、爱尔兰的丝带主义者、那不勒斯的烧炭党、西班牙叛乱分子，甚至包括俄国在内的各地颠覆势力，说他们受到巴黎的统一指挥。当时信件中让人熟悉的意象除了"腐化"和"坏疽"，还有"大洪水""风暴""险滩瀑布""巨浪""地震""火山"和"喷发"这些更丰富的地理词汇。[9]

然而，亚历山大向拥护现状的阶层所做的欢迎演讲却给盟友造成了麻烦。梅特涅希望在维也纳召开外交大臣会议，为奥地利军队干涉那不勒斯革命政府造势。他还想劝说其他国家模仿美因茨委员会建立警方的联合"情报中心"，这个泛欧的反革命机构囊括由各国特使领导的广泛国际力量，它不必向各国宫廷汇报工作。但是亚历山大坚持召开包括法国在内的所有同盟成员国君主会议，以制定一个联合战略，既不向革命动荡妥协，也反对欧洲任何地方发生体制变更。

不希望看到奥地利肆意处理意大利事务的法国主动提出居间调停。不过这需要得到英国的支持，而尽管卡斯尔雷热衷于通过高层会议处理欧洲问题，但是他暗示英国不会参加这种看上去站在了反革命联盟一边的会议。利物浦内阁的处境十分尴尬。国王离婚的事情已经让王室名誉扫地,而且国家现在的氛围十分糟糕。"我无法跟你形容我正在忍受的和已经忍受的惨状,因为我们的国家、国王的政府,当然还有我们所有人,都长期被危险而悲惨的氛围笼罩。"西德茅斯于1820年9月给朋友写道。当时对王后的审判正准备开庭,"我坦率地说,这个形势没有一点令人满意的地方,准确地说,我们不知道哪里才安全,哪里才能得到解救"。政府能做的最后一件事就是让它的外交政策和专制君主国家的外交政策保持一致,即压制全民性的宪政运动。正如卡斯尔雷向英国驻维也纳的大使查尔斯·斯图尔特勋爵指出的那样,英国政府不能做出无法履行的承诺,因为它总要寻求议会的支持才能行动。英国因此无法参加接下来要举行的会议。[10]

帕基耶和黎塞留对卡斯尔雷的立场感到失望。他们和其他人都感觉如果英国不积极支持对那不勒斯的干涉,就会让全欧洲的革命分子觉得英国是站在他们的那一边。梅特涅和亚历山大急于得到英国的支持,或者至少也要让其参加会议,他们竭尽全力地说服英国内阁改变立场。列文,特别是他的伯爵夫人在伦敦费劲口舌地劝说英国参加会议,声称如果英国对那不勒斯和西班牙政府采取强硬立场,政府就得给国内的激进派来个下马威。[11]

在亚历山大的坚持下,会议地点从维也纳转到了小镇托罗波(奥帕瓦),因为沙皇担心维也纳的社交氛围会让参会人员分心。托罗波位于后来属于奥地利的西里西亚,交通位置便捷,离普鲁士和俄国的波兰王国都很近。会议于10月20日开幕。到现场的君主只有亚历山大和弗朗西斯,普鲁士国王腓特烈·威廉则派他的王储儿子参加会议。其他参会人员还有各国的全权代表、卡波迪斯特利亚斯、梅特涅和哈登贝格。俄国驻维也纳的大使戈洛夫金伯爵以及普鲁士外交大臣本斯托夫也出席了会议。会议由梅特涅主持,根茨任秘书。英国只派出查尔斯·斯图尔特勋爵作为观察员列席会议;法国和英国类似，命令驻圣彼得堡和维也纳的大使拉·费隆奈和卡拉曼侯爵作为观察员出席会议。同盟发生了分裂，两个宪政国家和三个绝对君主制国家分别站在了两边。[12]

"托罗波小镇有特别多漂亮舒适的房子，所以参会人员都得到了妥善的安排，"梅特涅一到那里就给家人写道。7000名当地居民把街道打扫得干干净净，粉刷了他们的房屋，立起一座凯旋门，并用其他的装修物欢迎贵宾的到来。他们的热情并不让人奇怪，因为将有400多人入住，还有1200多人要做短暂停留，这对当地经济是个不小的拉动。不过连绵的雨水很快就使街道满是烂泥。镇议会于是用木板铺设步道，但这在外交礼仪上却造成了另外一个问题——往相反方向行走的部长、大使、将军、公爵、亲王和伯爵会迎面相遇，他们不得不估量对方的身份、政治、外交、军事、贵族等的地位和头衔，有一方必须得踩到泥巴里，来为另一方让路。[13]

到达托罗波的第二天早晨，亚历山大和梅特涅进行了3个小时的会晤。"他像跟一个老战友一样跟我打招呼。"梅特涅高兴地记录道。梅特涅对自己听到的东西很满意，感觉亚历山大懂得了些道理。梅特涅在第二天的早上会见了卡波迪斯特利亚斯，让他吃惊的是，后者非常"讲道理"。他难以相信他们身上发生的改变。"这一切都太棒了，如果不打自己一拳，我还以为自己是在做梦。"[14]

亚历山大敦促斯图尔特做最后的努力，力争把英国拉到自己的一边，他跟这个持怀疑态度的大使解释说，巴黎运作着巨大的阴谋，而罗伯特·威尔逊爵士则是主要推手。他们应该都联合起来与"致命的思想"斗争，并"制定一些行为规范，按规范行事，这样他们才能阻止军队革命分子公开结社的阴谋诡计，才能把纵火犯都抓起来，让他们失去行动能力"。这正是卡斯尔雷和他的内阁所反对的东西。[15]

在10月23日的开幕会议上，梅特涅抛出了他的议程表。他希望各国发表声明,谴责两西西里王国非法的革命事态,他们绝不会承认任何由革命产生的政府,并且他们有责任通过军事干涉来镇压革命,"解救"国王。本斯托夫代表普鲁士对梅特涅的提案表示支持,但是几天后俄国的立场记录在了卡波迪斯特利亚斯撰写的备忘录里。备忘录称如果有必要,不排除军事干涉的可能,但之后应该按当地人所能接受的形式,联合重建两西西里王国。备忘录还提议同盟各国接受一项干预原则,即任何国家如果其改变体制的行动对其他国家构成威胁,或者树立了负面的示范作用,就会面临干预。梅特涅很不开心。"乌云压了下来,第一个星期的和平氛围已经被阴沉的焦虑表情所取代。"斯图尔特于11月3日向卡斯尔雷汇报。氛围只会越来越严肃。[16]

11月9日,亚历山大收到从圣彼得堡传来的消息,谢缅诺夫斯基军团发生了哗变。这是沙皇最喜欢的一支部队,他本人就曾在里面服役过,在他还是大公的时候,还获得了该兵团的名誉上校头衔。沙皇的大多数幕僚也都来自这支部队。拿破仑战争期间,谢缅诺夫斯基军团战功卓著,最后荣归祖国。但是这支常胜的作战单位过于招摇莽撞,让亚历山大的弟弟尼古拉大公十分不快,他任命施瓦茨上校为新指挥官,以驯服这支桀骜不驯的队伍。

10月16日,施瓦茨鞭打了一些士兵,他们被授予过代表俄军最高荣誉的圣乔治十字勋章,按照传统应该免于侮辱性的惩罚。士兵们向所属的战斗单位进行了投诉,暴躁的施瓦茨把它当作哗变来处理。士兵们被关进彼得及保罗城堡,军团里的其他人都站了出来,表达对被关押士兵的支持。因为施瓦茨不得人心,所以士兵们打碎他住宅的窗户,把他们的投诉信送到了指挥官瓦西契科夫将军手上。将军命令他们离开,叫他们与战友一起待在监狱里,士兵们照做了。瓦西契科夫和圣彼得堡总督向亚历山大保证一切都处于控制之下,这件事由于施瓦茨的判断失误所造成,影响微乎其微。[17]

亚历山大并不接受瓦西契科夫和圣彼得堡总督的解释。他没有把事件仅当作是军事哗变，而视其为能够证实存在一个极为高效、涉及广泛的阴谋的另一个证据。像他给索菲·梅歇尔斯卡亚（Sophie Meshcherskaia）公主的信中写的那样，哗变是"用尽秘密手段在各地迅速扎根的邪恶帝国"的宣言，而"邪恶帝国被撒旦的思想控制"。没有人与他争辩。"地球上没有人可以说服我相信哗变是士兵策划的，或者它只是施瓦茨上校的残酷刑罚导致士兵们产生的应激反应，"亚历山大给阿拉克切耶夫将军写道，"我相信事件背后隐藏着其他动机……我把它归咎于秘密团体。"他跟他的弟弟米哈伊尔大公说他毫不怀疑"外国势力对军团施加了影响"。他严密地监视着西班牙驻圣彼得堡的大使，大使去到哪里就被跟到哪里（警方注意到他经常光顾是各地最好的妓院）。亚历山大之后告诉威灵顿"西班牙最近一任驻俄国的公使滥用大量金钱腐化我们的军官和士兵"。尼古拉大公也相信西班牙驻圣彼得堡的大使插手了哗变事件。[18]

从得到的证据入手，加上对"撒旦精神"动机的预期，亚历山大得出结论，是巴黎指挥了这场哗变，意图逼他返回圣彼得堡，这样托罗波会议便会失败，那不勒斯的革命事业就得到了拯救。11月22日，沙皇写信给瓦西契科夫，说他在没有处理完手头上的事之前不会回去，"因为那些遍布欧洲各地的激进分子和烧炭党人都巴不得我放下该干的事情回去；我们还有好多文件要处理，要通过决议；他们非常害怕我们正在做的事情"。[19]

"我们无疑是在火山口上，我没有夸大的成分，如果沙皇不在这里，就没人能拯救我们"，疯了似的内塞尔罗德伯爵夫人于11月24日在圣彼得堡给她的丈夫写道，她还说整个圣彼得堡社会处于恐怖之中，她担心沙皇再不回来，兵营就会发生叛乱，沙皇应该拯救自己的国家，而不是坐在托罗波开会。"不要以为我杞人忧天，"她接着说，"如果我把要说的话全告诉你，把军队的气氛告诉你，你会战栗不安的。"[20]

一些地区持有的这种偏执妄想的程度让人难以置信，尤其在瓦西契科夫和米洛拉多维奇呈现出如此放松的状态下。法国驻圣彼得堡的代办加布里亚克伯爵写了两份关于这个事件的长篇报告，他认为其影响不值一提。他指出大量的军事人员无所事事只有残酷的阅兵和无休止的训练（轻微的渎职就会遭受严厉的惩罚），这正是造成不满情绪的原因，他还指责"致命的军事狂热使整个帝国大家庭都消耗殆尽"。他坚信没有什么社团、共济会或者其他组织参与哗变事件。年轻军官接触到大量所谓的自由主义原则，但他认为这些军官并不明白其中的真正含义，他们一边像对待尘土一样对待士兵和仆人，一边高谈看起来很高尚的自由和平等思想。梅特涅在圣彼得堡的使节也持同样的观点，他向梅特涅保证，哗变"并没有我们这个时代军事叛乱的特征"，还说俄国军官既没有能力，又残忍异常。[21]

梅特涅不认为俄国的哗变会对欧洲其他国家构成威胁，认为这件事将使亚历山大更容易对付，因为后者将不太可能坚持向其他国家派出俄国军队了。隐藏在所有关于革命动乱威胁到基督社会机体的激烈讨论之下的是直截了当的现实主义政治，奥地利的国家利益无法与俄国在意大利的存在相容，这和奥地利不允许法国插足意大利是一样的道理。[22]

但是亚历山大并没有那么容易地改变他的目标。11月6日，卡波迪斯特利亚斯再一次抛出和平解决那不勒斯问题的提案，即制定与法国类似的宪法。他称这将有利于扑灭欧洲的革命之火。内塞尔罗德支持他，并建议把法国囊括进来。"毕竟灾祸起于法国，是它在过去的25年里使欧洲变得荒无人烟，而且现在成功指挥作案的密谋及指令可能也来自法国，"内塞尔罗德于11月9日写道，"法国因此理所当然地成为体系里的首要国家，它的体制孕育了如此的灾难，不止一次地让文明世界饱尝血和死亡的滋味。"[23]

卡斯尔雷也没有什么帮助，他声称没有国家联盟可以擅自决定别国的内部事务，"当所有国家都臣服于这样一个裁判所的决定和它的意志的时候，没人不会感觉到害怕"。他指出，西班牙和那不勒斯发生的革命不对任何人构成威胁，但是如果被同盟攻击，他们会为了自卫而变得具有攻击性，可能就像法国大革命那样勇猛而战无不胜。[24]

那不勒斯当局对任何合理提议都秉持开放态度，阿科特这样解释说。他从那不勒斯报告说："温和的宪政主义者（其中包括所有贵族、高层军官以及当时行政机构的大多数成员）已经冷静了下来，他们同样心有忧虑（因为激进分子被鼓动了起来），因为他们的希望依赖于各国能够达成强有力的宣言，以确认当前的形势，同时为欧洲提供充足的担保，以及保证这个国家享有宪法带来的好处，即承认财产是代议制的基础，王室也被允许拥有一定程度的司法特权，因为这个权利被议会的宪法否决了。我有充分的理由相信，这个国家总体而言已经准备好并将同意接受现状，只要会议能够联合发出明确的声音。"[25]

梅特涅没有被卡斯尔雷和其他人说服，他不会放弃已经决定好的目标。他已经为奥地利军队占领那不勒斯后的重建做好了打算。首先将报复所有参与革命的人（与革命者谨慎而宽厚地处理被他们推翻的独裁者相反，梅特涅的报复措施将十分严厉）。政府、行政机构、军队和警察力量将按照既定的长篇文件来组建，其出发点是"人民的暴烈脾气和他们充沛的仇恨情绪"，代议机构将不再适用于意大利。[26]

为了能够达到目标，梅特涅需要的就是得到俄国和普鲁士的支持，而这并没有多么困难。"俄国沙皇现在相信神秘的政治和秘密团体会带来危险后果，"梅特涅给孔萨尔维写道，"他丰富的想象力帮助他超越了理性的桎梏。结果，他把秘密组织该负责的和不该负责的全部归咎于他们。"普鲁士王储同样被轻而易举地动摇了。

11月19日，梅特涅发布了一份由俄国、普鲁士和奥地利的全权代表们签署的协议初稿。文件首先称同盟的宫廷受到了攻击，欧洲所有国家被"犯罪的传染病"威胁，他们希望"确保人民的幸福，保证文明和平发展，以及正义和法律受到基督道德的监督"。协议规定三国同盟不承认任何用非法手段造成的政治变迁，并将用一切办法恢复秩序：首先将用"温和的手段"来解决，如果失败了，就会采取"强制措施"。他们决定派遣奥地利军队占领当地，"把自由重新交还给两西西里王国的国王和国民"。尽管只有三国宫廷的代表在上面签了字，但是协议暗示英国和法国也批准了它。[27]

斯图尔特和卡拉曼对他们没有被事先告知而气愤，他们强烈抗议把他们的政府列为协议当事方。卡斯尔雷很生气，坚持要求撤销协议，协议被撤回了。然而，梅特涅仍然不达目的不罢休。他写信给斐迪南，邀请他与三个国王及他们的大臣会晤，讨论他的王国的未来，并寻求他们的支持。

亚历山大仍然在寻找和平解决方案，他建议让教皇在他们和那不勒斯政府之间斡旋。梅特涅赞同沙皇的提议，并让勒布泽尔腾带着他的书信去罗马拜访孔萨尔维，带着弗朗西斯的书信拜访教皇。勒布泽尔腾没有要求教皇斡旋，反而与后者协商允许奥地利的军队通过教皇领地，并劝说教皇加入他们，对"亵渎神灵的"那不勒斯政权展开圣战。孔萨尔维和教皇都不情愿卷进去。教皇国和那不勒斯国家共享很长的边界，他们害怕卷入事端使其遭受那不勒斯的攻击。[28]

在他们等待斐迪南对他们的邀请做出回应的时候，梅特涅和根茨采纳了亚历山大在艾克斯提出的想法，并着手为制定普遍的干涉原则做准备,这一原则将被列入《担保法案》中。干涉原则是以军事协助来保障所有现存政府的安全。所有国家发生的任何改变——即使是其统治者带来的改变——如果煽动了其他国家人民的叛乱,将自动触发同盟的军事干涉。虽然这些原则从来没有写进正式的法案中,但它们揭示了三国宫廷与英国内阁之间的巨大分歧。梅特涅当然希望得到卡斯尔雷的支持,但是当他考虑到奥地利的国家利益的时候,就只得擅自行动。

然而,最重要的是让外界感觉到同盟仍然完整无损。根茨因此抱怨这明显的分歧,他形容英国观察员在里面扮演的角色不具有建设性。"一年前,斯图尔特勋爵迎娶了三个王国里面最富有的女继承人之一,"根茨于1820年12月31日评论道,"这个让他爱到心神不宁的女人,至今控制着他,他几乎不敢去托罗波。即使每天都收到要他返回维也纳的不可抗拒的命令,但他待在托罗波的时间还是没有超过五天,他在12月时基本上都缺席了。"斯图尔特总结,他周围没有什么可以关注的东西,他跟卡斯尔雷说,"这里的政策多建立在对幻想魔鬼的惊慌上,以及害怕波拿巴的幻影变成现实";总之,托罗波的状况没有什么好说的了。[29]

泥泞的道路不利于行走或骑马,而冬天一降临,天气就变得非常寒冷,更没有什么风景可以去欣赏。"我们都无聊死了",亚历山大的幕僚沃尔孔斯基亲王写道。大部分显赫人物在晚上会到梅特涅的住所。"这是一天中最让人开心的时刻,尤其当梅特涅自己开启聊天闸门的时候,"拉·费隆奈于12月20日给他的妻子写道,"他真像人们说的那样睿智,精于谈吐,能够把故事阐述得十分生动。他知道如何添加别人想都想不到的有趣细节。"[30]

他们没有更得意的娱乐活动了。一个俄国人在亚历山大的套间举办舞会,用银盘子装饰了他的屋子,用从当地化学家那里得到的水晶状调味剂给女士们准备了柠檬汁。他们跳舞到深夜两点,亚历山大另一个助手说,"舞会异常欢乐,但要结束的时候,到处都是恶心的汗臭味,因为当地女士并不干净,他们明显很少洗澡"。[31]

给斐迪南发去邀请之后,君主和他们的大臣所能做的只有等待。梅特涅抱怨他驻那不勒斯的临时代办和其他宫廷的使节,说他们没有提供关于斐迪南是否会来的确切消息。"那里没有一个犹太人,因为他无处不在,我们什么都不知道,"梅特涅于12月23日给家人写道,"从和这个犹太人有关的一点消息来看,我们猜测国王会来的。"他建议他们都利用好休会时间,到维也纳好好地享受,但亚历山大没有听他的,因为去维也纳就意味着要参与宫廷,要参加首都的社交应酬。沙皇和他的妹妹玛利亚及他的弟弟尼古拉一起度过了休闲时光。"我处于完全孤独的状态,"他于12月给亚历山大·戈里津(Aleksandr Galitzine)写道,"吃饭的时候,或者我们有机会外出享受户外空气的时候,我的妹妹是唯一可以解闷的人。"他们在托罗波渡过了圣诞节,没有安排什么庆祝活动。梅特涅收到了一个礼物,那就是斐迪南接受了他们邀请。[32]

弗朗西斯皇帝最后再也受不了,返回了维也纳,快速引起了那里的一阵骚动。会议休会结束,于1月在靠近意大利的莱巴赫[卢布尔雅那(Ljubljana)]重新开幕,那里可能会暖和一点。除了亚历山大,其他人都一身轻松地离开了托罗波。亚历山大关于维也纳的不祥预感得到了印证,在驶进城市的时候,他遭遇了致命的车祸。[33]

17 撒旦会堂

1821年1月8日，两西西里的斐迪南国王到达莱巴赫。梅特涅提前四天就来到会场，和往常一样，他给自己安排了"让人心情愉悦的办公室，舒适的卧房以及成行排列的会客厅"，他给多罗西娅·列文写道。弗朗西斯皇帝两天之后到达，普鲁士国王又在弗朗西斯皇帝之后两天到达，亚历山大沙皇最后来到会场。查尔斯·斯图尔特勋爵以英国观察员的身份列席会议，布拉卡伯爵代表法国以类似观察员的身份履职。亚历山大为实现自己派兵干涉的目标，本打算邀请西班牙的斐迪南七世参会，但是梅特涅认为奥地利在伊利比亚半岛没有攸关利益并成功地使沙皇相信，邀请斐迪南七世会阻碍会议进程。他还搁置了葡萄牙的约翰国王要求参会的请求，叫他向他的英国盟友寻求帮助。[1]

会议于1月11日开幕，它不过就是一场逢场作戏。斐迪南打算公开否认他对革命的坚持和在宪法面前做出的承诺，还要谴责去年夏天在那不勒斯发生的事情，并向他的兄弟君主们寻求帮助。但是正如根茨所指出的，和斐迪南打交道并不容易，"他对工作从来没有表现出一点兴趣，并且现在已经丧失了工作的习惯，已无法阅读内容超过一页纸的文件。尽管他身体很健康，但是年龄和不幸的遭遇已经使他思想愚钝，而且自从三年前迎娶帕萨那女士（现在的头衔是佛罗里达女公爵，随时都会来到会议现场）以来，他整个人就变得懒散而懈怠"。[2]

问题随着十分崇拜梅特涅的阿尔瓦罗·鲁福（Alvaro Ruffo）被任命为全权代表而迎刃而解，鲁福是斐迪南驻维也纳的大使。梅特涅和根茨把国王要交给他那担任主教总代理的儿子和那不勒斯政府的信件转给了鲁福，连同一起的还有国王写给盟国的请愿书。根茨紧接着就以三同盟国宫廷的名义撰写了声明，称奥地利将在同盟国的大力支持下，向两西西里王国派遣军队，以协助国王恢复政权。在各国代表看到这份文件之前，奥地利就将声明公之于众，还狡猾地表示，奥地利、俄国和普鲁士要采取的行动已得到了英国和法国的许可。

斯图尔特表达了抗议，卡斯尔雷异常愤怒，并于1月19日发布公告，称英国和其他各国之间保持距离，强调尽管奥地利通过和两西西里国王签署协议而具有了干涉的权利，但是同盟国无权这样做。公告追溯说英国分别在1815年、1818年和1820年已经对同盟国充当欧洲警察的倾向表达过抗议。这使莱巴赫被笼罩在一片阴云之中。"对大陆来说，英格兰已经死掉了"，梅特涅悲叹道。[3]

卡斯尔雷的公告也许使意大利和各地的自由主义者兴高采烈，但是它没能为利物浦内阁挡住来自英国报界的猛烈抨击，也没能回应针对议会把自己和奥地利及俄国的专制行为联系在一起的攻击。关于英国议会辩论的报告"比意大利所有革命"都让根茨感到害怕，他总结道，英国已经"接受了完全不同的政治和道德秩序"。"必须用血肉之躯打败革命，"他开始相信，"道德武器明显软弱无力……炮兵和骑警在一边，煽动分子和志愿者在另一边，最终将以两个体系的殊死搏斗而结束，而对他来说，最后幸存下来的将拥有全世界。"那些不同意他的人都是"不老实的人"。从1789年发自心底地赞扬法国大革命以来，他的心路历程经历了巨大的转变。尽管卡斯尔雷在下议院为奥地利干涉那不勒斯的权利极力辩护，但是同盟国领导层的分歧已经不再是秘密。黎塞留认为梅特涅正在犯错，并且他的政策迟早会遭到"报应"，将削弱奥地利在意大利本就弱化了的影响力。他还警告说，同盟为了在宣言和协议中表示团结，把他们不喜欢的东西一股脑儿地放在一块，会产生无法预料的后果，让人以为极度绝望且分裂的敌人联合在了一起。古板的宣言导致古板的反应，它将使温和派走向极端，黎塞留警告道。[4]

2月6日，一支6万人的奥地利军队跨过波河，到达教皇国，开始向那不勒斯进发，"他们的意图是和平而温和的"。梅特涅随后驻扎下来，向鲁福描绘他重建那不勒斯政府的蓝图。2月20日，鲁福按计划向同盟国的政府递交重建计划，并得到了肯定的答复。梅特涅要求意大利其他国家的使节（他们之前被梅特涅邀请来到莱巴赫）也考虑接受重建方案。他还给使节们上课，表达希望在米兰建立一个"情报中心"的愿望，它将在意大利执行和美因茨委员会在德意志展开的一样的任务，为旨在对抗巴黎的"指导委员会"发起"道德行动"提供依据。[5]

会议于1822年2月25日闭幕，并决议在8个月内，即9月，再次召开，以审查意大利形势，处理任何值得关注的问题。亚历山大最后试图提出西班牙问题，那里的形势正在恶化，内战迫在眉睫。但是黎塞留排除了法国参与的可能性，他相信如果法国干涉其中，路易十八将面临和拿破仑一样的后果，况且没人想看到俄国军队横穿欧洲。[6]

奥地利军队向那不勒斯进发的时候，君主们继续留在了莱巴赫，以防止意外情况发生。他们整天无所事事，亚历山大的幕僚扎克拉夫维斯基（Zakrevsky）趁天气好转出去打猎，还捕获了两只石山羊，不过打猎的乐趣转瞬即逝。"无聊的氛围很折磨人，晚上的时候，所有人都陷入了绝望"，扎克拉夫维斯基给朋友写道。梅特涅举办了一场舞会，但因为那里只有一个女士，舞会并不是很成功，而随着天气愈发寒冷，已经没有什么办法来消磨时光了。[7]

巴黎传来的轰动性新闻打消了无聊的气氛，杜伊勒里宫发生了爆炸。这个消息在传播的过程中，又添加了更多的内容，说爆炸造成数名皇家成员伤亡，并把矛头指向了光明会和指导委员会。"炸弹"被藏在一个仆人楼梯间的洗衣篓后面，在1月27日下午4时被引爆，威力实际上和烟花差不多，而且可以肯定是极端派策划的这起事件。黎塞留尽其所能向各界人士保证没必要过度担心，但是他认为事件的目标是推翻王室统治的信念没有动摇。"有太多切实证据可以证明秘密派别的分支每天都在扩大，都在自我巩固。"内塞尔罗德写信给黎塞留，信封里塞进了一张被圣彼得堡警方截获的纸条，内塞尔罗德认为它是一个阴谋分子送给他在俄国的同伙的，并警告黎塞留提高警惕。黎塞留回应说，警察通常都特别愚笨。甚至拿破仑的所谓高效警察都无法阻止刺杀企图，他提醒内塞尔罗德，连法国最受欢迎的君主亨利四世都遇到过不下十三次的刺杀企图。他跟内塞尔罗德保证，称"国王和其他王室成员的生命都不会因为这起爆炸而有危险"。但是这既没能说服内塞尔罗德，也无法说服有末日降临情结的亚历山大。[8]

"我们是不是没有尽到基督徒的责任，竭尽上帝赋予我们的所有力量及一切手段去与敌人做斗争？"沙皇于2月15日从莱巴赫给亚历山大·戈里津写道。他丰富的想象力把敌人比作朱迪思（Judith）和霍洛芬斯（Holofernes）、尼布甲尼撒（Nebuchadnezzar）和其他圣经里的怪兽。他接着说："毫无疑问，所有社会都有普遍的阴谋，他们相互交流并协调，我自己有证据可以证明这一点。"他称既然基督信仰已经变成了同盟国据以存在的"根本原则基础"，"所有这些反基督、建立在所谓的伏尔泰等哲学原则上的派别已经做出了最坚定的起誓，他们决意要报复所有国家的政府。我们已经看到他们在法国、英格兰、普鲁士的所作所为，而且他们已经成功推翻了西班牙、那不勒斯和葡萄牙的政府。他们的座右铭是杀死天主教（Inf）……（L'Infame是伏尔泰对天主教会的简称）我都不敢写下这可怕的渎神之语……"这封在一周之内写就的信件揭示了亚历山大是多么偏执顽固，他感受到了欺骗和背叛，认为"地狱的魔鬼正在攻击我们"，还无所顾忌地引用圣保罗和《圣经启示录》的文字。仅仅几周后传到莱巴赫的新闻，不仅让亚历山大更加坚定自己关于普遍国际阴谋的信念，还让他发现他们的效率如此之高，奸诈程度如此之深。[9]

3月10日，奥地利军队获得了首场胜利。那不勒斯人一听到奥军行进的消息，逞英雄的行为就偃旗息鼓，人们开始脱下军装，寻找脱罪的借口。佩佩将军迎战进军的奥地利人，他的部队原定于3月7日抵达列蒂（Rieti），然而士兵人数却以小时计地萎缩了下去。但是在3月14日早上，梅特涅被一个信使叫醒，得悉彼埃蒙特爆发了革命。他立即与弗朗西斯和亚历山大开会，他们一致认定是指导委员会指挥彼埃蒙特的叛乱分子趁奥地利军队向那不勒斯进发之际，在帝国的背后掀起了动荡。他们也很清楚，法国两侧的王国都处在革命状态之中，而巴黎也有爆发革命的条件——都灵的消息已经引起了巴黎的恐慌，黎塞留说："宫廷贵族的马车扰乱了交易所的正常秩序，他们不惜亏本，亲自去抛售了手上的政府债券。"[10]

彼埃蒙特发生的事情实际上没有报道的那么夸张。都灵一群对维克多·伊曼纽尔一世（Victor Emmanuel I）的反动政权不满的贵族和艺术家希望逼国王把王位让给他的侄子，即22岁的卡里尼亚诺亲王查理·阿尔贝特（Charles Albert），他们相信阿尔贝特和他们的价值观相似。这种混合了统一意大利的诗意图景和"自由"的浪漫主义理念的价值观也为无聊而满腹牢骚的军官所共享。3月9日晚上，贵族在都灵做查理·阿尔贝特的工作的时候，一群军官在附近的亚历山德里亚发起哗变，他们高擎拿破仑于18世纪90年代给意大利设计的绿、白、红三色旗帜，宣布使用西班牙的1812年宪法。1812年宪法已经被政治上不成熟的自由主义分子用烂了，它象征着含混不清的自由概念，而在保守主义者那里，它也成了难以定义的颠覆标志。3月12日，都灵军营的士兵出来声援在亚历山德里亚的战友，他们不仅要求采纳宪法，还鼓动对奥地利宣战。措手不及的国王把王位让给了他的兄弟查理·费利克斯（Charles Felix），但后者当时正在国外,于是费力克斯的儿子查理·阿尔贝特履行摄政王的职责,采纳了宪法。

权衡再三之后,梅特涅、亚历山大和弗朗西斯决定让奥地利军队继续向那不勒斯进发,另外再从伦巴第派遣6万士兵驻防彼埃蒙特,如果需要的话,俄国也将派出9万士兵。"彼埃蒙特已经效仿西班牙、那不勒斯和葡萄牙而革命化,也受到了之前制造过事端的巴黎指导委员会的影响……"亚历山大给戈里津写道,"我现在明白主为什么现在还让我留在这里!"感谢万能的主仍与他的同盟站在一起,并且手中握有必要的手段。在现在这种情况下,君主会议的价值无法估量,亚历山大声称,"我当前在与撒旦王国做斗争;没有任何一个大使可以胜任这个工作,只有那些主将国家社稷寄予其身上的人,才能在这场斗争中坚持下来,(如果他本就要斗争到底的话),才不会向撒旦的力量妥协,并愈发强大,一步一步地把撒旦的面具打掉"。在他写下这些文字的时候,这想象的面具已经完全滑落了下来。[11]

早在1814年,敖德萨的一群希腊居民就已经建立了一个叫"友好旅店"的协会,将散居在欧洲的有相似观点的同仁们聚集在一起。它有着共济会式的组织结构,模糊的目标是"纯化""希腊国家",并最终把希腊从土耳其的统治中解放出来。它的成员人数不到1000,其中大多数是知识分子和在远方营生的商人。他们中的一些人经常和卡波迪斯特里亚斯接触,在俄国工作的其他希腊人则试图赢得沙皇对他们事业的支持。卡波迪斯特里亚斯总是毫不客气地把他们打发走,而沙皇则很愿意为教友的解放而发起圣战,同时把自己帝国的版图扩张到南方——他和他的弟弟分别叫亚历山大和康斯坦丁不是没原因的——他知道这将会引起严重的外交后果。他无法承担自己被发现赞助任何要颠覆被承认国家的事业,即使是土耳其的也不例外。

1820年，友好旅店选举亚历山德罗斯·伊普西兰蒂斯（Alexandros Ypsilantis）伯爵为新主席。伊普西兰蒂斯以前是俄国军官，也是亚历山大的幕僚。离开在俄国的工作后，他开始为希腊的自由战争做准备，他估计一旦战争打响，沙皇一定会站在希腊人的一边。同年，土耳其驻希腊雅尼纳省的总督阿里帕夏（Ali Pasha）（直到当时，帕夏是苏丹最忠实的大臣）声明他是希腊人的朋友，还加入了友好旅店，并宣布从土耳其独立。一支土耳其部队被派去抓捕他，而雅尼纳当时被伊普西兰蒂斯的人给占领了。1821年3月6日，伊普西兰蒂斯领导一支由4.5万名左右被驱逐的希腊人组成的杂牌军攻进土耳其领土，还号召他的同胞们起来反抗压迫。土耳其人毫不费力地赶走了这支由散兵游勇组成的队伍，伊普西兰蒂斯则逃到奥地利，试图寻求政治庇护；然而，他却碰到了奥地利警察，接着开始了七年的牢狱之灾。

沙皇亲自过问这件事，认识到直觉会驱使他支持希腊事业，如此便背叛了他的盟友和原则之后，他说服自己相信是巴黎的指导委员会主导了全部进程。他跟自己的兄弟康斯坦丁承认，"他以前从没碰到过如此狡诈、诡计多端而又背信弃义的陷阱"。就像他告诉英国驻圣彼得堡的新大使查尔斯·巴戈特（Charles Bagot）爵士的那样，希腊事件"唯一的目标就是分散俄国对欧洲其他部分的注意力，就像他们之前一直做的那样，要置沙皇于非常不利的地位"。没有人会怀疑这不是指导委员会的杰作。甚至连卡斯尔雷都相信了沙皇。"（希腊）成了叛乱精神的分支，这个组织正系统地在欧洲扩大自己的影响，"卡斯尔雷给巴戈特写道，"叛乱将在政府统治力量遭到削弱的地方爆发。"[12]

在亚历山大看来，"无须怀疑，这样的起义冲动同样受到了巴黎的中央指导委员会的煽动，他们打算模仿那不勒斯，声东击西，阻止我们摧毁撒旦会堂，而撒旦会堂的建立就是要维护并传播他们的反基督信条"。在这样的时刻,他们一定要团结保卫"我们主的信仰"。希腊就成了分散注意力的地方。"革命的委员会驻在巴黎,"他解释说,"在想尽办法点燃了法国以外的革命后,它很可能就要尝试点燃法国,这样就可以把西班牙和彼埃蒙特的革命者连在一起。"他正在阅读《约伯记》,在前面四章里发现了"和我自身境遇相似的情况"。[13]

3月20日,奥地利和那不勒斯双方指挥官签署了停战协定。"世界正处在得到拯救的前夜,或者说正处在深渊即将淹没它的边缘",梅特涅给奥地利财政大臣施塔迪翁(Stadion)伯爵写道,后者一直在抱怨军事干涉造成的庞大开支。一周之后,梅特涅收到了他的部队已经胜利进军那不勒斯的消息,他们和烧炭党人一样受到了欢迎。"复兴的时刻到来了!"他跟一个法国外交官叫道。他给妻子写信说,"所有都会烟消云散,因为实际上只不过是一场乌有"。[14]

1821年4月12日,弗朗西斯再次给教皇写信,要求他驱逐烧炭党,或者至少发布一份表示支持的公告,声明世俗政权自身无法完成"有益的工作","恶魔的源泉已经处于道德和宗教的控制之下"。红衣主教孔萨尔维并不着急。教皇国的烧炭党没有支持他们的那不勒斯兄弟,也没有尝试阻止奥地利军队向那不勒斯进发。不过他们的人数足以制造严重事端,而且既然他们经常声明支持教会和天主教信仰,就没有理由把他们驱逐出去。[15]

4月初,梅特涅终于恢复了平静,并且宣布"革命已经过时了……我不是说将不再有革命,而是革命已经丧失了重要性"。彼埃蒙特最近发生的革命明显已经证明了这一点。倒霉的卡里尼亚诺亲王刚一承认宪法,他的父亲就否定了它。他发现自己所在的位置十分尴尬:他的随行人员里,温和派和激进派争得不可开交,而他本人则犹疑不决。俄国驻都灵的大使警告,如果他不立即向现实低头,将会产生极其严重的后果。糊里糊涂的亲王放弃了摄政权,离开了他的位置。4月18日，忠于王室的彼埃蒙特军队和奥地利人在诺瓦拉击溃了剩余的叛乱分子。[16]

在5月底从莱巴赫返回的时候，弗朗西斯提名梅特涅为帝国首相，他从1809年起就实质上履行了首相职责。这是对梅特涅获得胜利的肯定。他镇压了意大利最大的两个国家的自由主义，还通过展示武力威吓住其他国家。1821年9月13日，教皇发布简短的《耶稣教会诏书》，谴责烧炭党"赋予任何人根据自己的信条随意创立宗教的权利"，因为"他们举行亵渎神的仪式，滑稽地模仿神圣的礼仪"，更因为"他们策划毁灭他们最痛恨的教宗"。得悉教皇发布诏书之后，梅特涅给所有其他意大利国家施加压力，要求他们通过立法宣布阴谋派别成员是非法的。1821年11月，他自夸地说他已经摧毁了烧炭党。或许更重要的，就像他自己跟埃施特哈齐所说，他成功地"把沙皇亚历山大从自由主义的领地给拉了出来"。[17]

梅特涅认为是时候清理存货，为未来做准备了。"事实显示，1814年以来的大量危险阴谋已经获得了足够的力量和行动手段，他们掌控了许多国家政府机构的管理分支，"他总结说，"我看到革命不可避免的后果是失序、无政府和死亡，而其他很多人只看到启蒙运动和偏见之间的斗争。"革命之所以能够壮大，是因为人们没有听从他的警告。"煽动分子清晰而明确的目标是实现统一和一致。这就要推翻所有既存的合法事物……君主必须反对这一普遍的毁灭计划，要遵守原则，保护所有合法的既存事物。实现这一原则的唯一方法就是反对新生事物……事实也证明，每个国家的煽动分子和所有骚动的人都建立了情报与行动中心……我们必须与这一情报中心做斗争。"[18]

人们仍然不听梅特涅的警告。连亚历山大都把他的建立一个泛欧洲情报搜集和警务中心的提案搁置在了一边。黎塞留甚至给关于巴黎指导委员会的概念泼冷水。"把原因归于法国的无形力量似乎更方便，它的影响很容易被感受到，而那些地方之所以发生灾难，真实的原因轻而易举地就能从当地政府的软弱和无能上找到,他们那点呼吸的气量,不被推翻才是怪事",黎塞留于5月9日给卡波迪斯特里亚斯写道。再也无法指望得到英国和法国支持的事实令梅特涅异常失望。他开始把英国踢出盟友的行列,还困惑于这个国家似乎越来越不能维持一种"冷静"的自持,而这是他在处理自己国内事务时遵循的根本原则。英国现在被卡罗琳王后的一系列麻烦弄得动荡不宁,而她的去世也无济于事。[19]

尽管她在之前一年受到了异乎寻常的欢迎,但是她于1821年7月19日试图参加丈夫乔治四世加冕仪式的努力最终以侮辱性的失败而收场。她坐车离开的时候受到嘲讽,而同样的人群在12个月以前还对她的到来报以欢呼。不过,卡罗琳于几周之后意外去世,人们又以令人震惊的方式转而表达对她的支持。她的葬礼于1821年8月14日举办,就像上一年的离婚事件那样,成了人们表达对政府憎恶的焦点。她在汉默史密斯离世前表示希望被埋葬在布伦瑞克。葬礼游行队伍在前往哈里奇(Harwich)的过程中要乘船穿越伦敦市中心,当局担心这会造成危险,于是就秘密规划了一条迂回线路。这激怒了那些出来向王后献上最后敬意或者说是围观的人,尤其当他们遭遇大量被部署负责保障游行队伍穿越城市中心区的部队的时候,他们的愤怒更是达到顶点。人群和卫兵产生了冲突,造成大量人员伤亡。[20]

10月,乔治四世在卡斯尔雷的陪同下访问汉诺威,梅特涅前去迎接国王,他还利用这个机会会晤了英国外交大臣。他们再次确认互相支持,就共同利益达成一致,主要是阻止亚历山大向西班牙派兵。国王造访汉诺威给梅特涅带来了另一次与多罗西娅·列文见面的机会,后者的丈夫正陪同国王一起访问。梅特涅因此十分愉悦,他对1821年秋天的世界赞美有加。

沙皇的心情则十分不同。他之前去托罗波和莱巴赫是为了重新定义同盟，通过确立干涉他国内政的原则来实现这个目标，还要派兵给西班牙带去和平，并用宪政的方式解决那不勒斯问题。这些都实现的话，俄国就能扩展他在三个波旁王朝的影响力，并实现对奥地利的控制。结果沙皇自己被别人挫败了。他的宪政方案遭到了无视，西班牙问题被搁置一旁。而在希腊问题上，他又不得不压制自己的本意，却又不能得到任何好处。

当他回到俄国的时候，问题更严重了。尽管伊普西兰蒂斯的蛮干行动被土耳其军队击败，但是摩里亚（Morea）爆发了群众起义，双方陷入了异常残忍的持久战。俄国社会在传统上十分惧怕土耳其，他们和希腊人一样是东正教徒，希腊人可以自由地加入俄国的外交和军事组织中，而军队在过去半个世纪里也因为与土耳其的一系列战争赢得了荣誉。土耳其清洗希腊人的残暴故事被演绎成对俄国东正教兄弟的镇压，在俄国激起了强烈不满，人们急不可耐地要支援他们的教友，惩罚土耳其人。长期没有参与战事的军队也蠢蠢欲动。

人们无法理解沙皇为什么会拒绝他显然应该做的事情——援助希腊。但亚历山大感到十分无力。"如果我们跟土耳其宣战，巴黎的指导委员会就胜利了。"他在8月的一个晚上跟卡波迪斯特里亚斯解释道。他向法国大使保证，他有确凿的证据能证明伊普西兰蒂斯已经被指导委员会利用，后者曾强迫他协助意大利的革命分子。他们的目标不仅是要使亚历山大背叛他的信条，还要分裂俄国和奥地利，由此拆散同盟。俄国针对土耳其的任何军事行动都将在多瑙河的摩尔达维亚（Moldavia）和瓦拉几亚公国进行，这里紧挨奥地利帝国的东南边境，俄国在这样一个战略意义如此敏感的地方采取的所有行动都将对奥地利造成威胁。[21]

亚历山大写信给梅特涅和卡斯尔雷，并请求弗朗西斯和乔治四世帮他寻找解决办法。他将俄国代表希腊采取行动的必要性与奥地利需要干涉那不勒斯和彼埃蒙特进行类比。梅特涅则不这么认为，不仅因为希腊起义者具有革命性，而且不应该一边粉碎革命，一边还去支持另一场革命。俄国采取军事干涉不可避免会让它获得对奥地利来说是至关重要的领土。英国不希望看到俄国领土的扩张，也不希望看到俄国在那个地区获得影响力，因为国家利益要求英国保护土耳其，而且军事干涉将让俄国在爱琴海获得立足之地，使其在地中海能够建立军事存在。法国是土耳其的传统盟友，也不希望看到俄国海军在其南部海岸地区获得比英国更多的好处。普鲁士的态度仍然很消极，因为本斯托夫不想让普鲁士卷入新的国际纠纷之中。[22]

让各国政府难堪的是希腊事件掀起了公众的想象，大陆各地的人们都在为希腊反叛者欢呼。希腊反叛者以浪漫主义的自由斗士形象出现在了油画和印刷品上，他们疯狂，但无愧于是古希腊人后裔。在欧洲各国，尤其在欧洲中心的德意志，男人、女人、诗人、知识分子、艺术家以及各阶层的追梦者被起义激发了起来，他们写最疯狂的宣言，以示声援。因为它没有对任何国家的社会结构造成任何挑战，所以这股潮流还得到了最保守的贵族和中产阶级的支持。

梅特涅从来不会错过任何机会，他指控卡波迪斯特里亚斯和全欧洲的俄国外交官在鼓动热情，散布支持希腊的宣传。卡波迪斯特里亚斯否认指控，但他因为受到牵连而名誉受损，很快发现自己处在了一个让人无可奈何的位置。为了避免造成竭力鼓动希腊人的印象，沙皇与他的大臣保持了距离，大臣最终别无选择，只得请求延长休假，去德意志作矿泉疗养。卡波迪斯特里亚斯之后退休去了瑞士，但是他在俄国的职务保留到了1827年（他当时被选为新成立的希腊共和国的总统，最终于1831年被同胞刺杀）。梅特涅非常高兴地看到一直视为眼中钉的这个人离开了岗位。

梅特涅或许赢得了胜利，但由于他把自己的意愿强加在同盟身上，最终导致了分裂。英国和法国这两个立宪君主制国家不会跟三个绝对君主专制国家保持由梅特涅给他们设定的一致步调。他还致命地削弱了同盟的道德信用。对那不勒斯更为开明的贵族和中产阶级的合理诉求用兵，使除了顽冥不化的教条分子之外的所有人都认为，奥地利并不是保卫文明，对抗野蛮，对很多人来说，它更像是在保卫野蛮，反对文明。

"国家的聪明人在为完善社会秩序而奋斗，"富有经验的法国外交家和政府官员，从1817年起就担任法国议会议员的比尼翁男爵（baron Bignon）写道，"为了阻止这一趋势，内阁已经在智慧和物质上使出了浑身解数，试图阻止国家的前进，甚至让它倒退。"他指出，神圣同盟现在在最有思想的欧洲人眼中已经是一个不神圣的联盟，它力图阻击任何让它感到害怕或者威胁到它的特权的东西。"生于野蛮，并且只为野蛮服务，绝对权力现在已经成为启蒙国家的制度主宰者和裁判官。"[23]

18 指导委员会

"这里有很多讨论、争吵和阴谋诡计，但实际上一切都很平静，"法国首相黎塞留于 1821 年 6 月给朋友写道，"人们的信心在增强……建造了很多桥梁，挖掘了很多运河，成立了很多保险公司、储蓄银行和其他各种机构，这证明联合的精神已得到了快速的发展。每个地方都在发展工业或准备发展工业，工厂正经历前所未有的繁荣，我承认我无法解释这个现象的原因。"当年三月，警察署长做的关于臭名昭著的、不安分的里昂工业中心的报告证实了黎塞留的看法。"都很平静，都很和平，"报告说，"动荡的唯一源泉就是想象力。"[1]

5 月 5 日拿破仑去世的新闻出乎意料地没有引起骚动。拿破仑的很多信徒只是拒绝相信这个消息，并且对他第三次登陆仍抱有期待。其他人将他们的政治希望寄托在拿破仑的儿子身上，而后者和他的外祖父住在维也纳。不过，大多数波拿巴主义者意识到他们的使命已经结束，并转而支持主流的自由主义反对派，这个派别里有邦雅曼·贡斯当、拉法耶特侯爵、自由派议员马克－勒内·瓦耶·德·阿尔让松（Marc-René Voyer d'Argenson）和雅克－安托万·曼努埃尔（Jacgues-Antonie Manuel），律师约瑟夫·梅里卢（Joseph Merilhou）、银行家兼议员雅克·拉菲特（Jacques Lafitte）和一些将军。他们很多都是共济会分会——真理之友的成员，而真理之友会堂则吸纳了很多学生成员。[2]

警察总干事克劳德·穆尼耶（Claude Mounier）没有放松警惕。"各种症状让我们相信革命团体正在谋划着什么东西，"穆尼耶在当年的 1 月 22 日记录道，"巴黎、马德里、那不勒斯、里斯本、都灵和伦敦的自由主义分子非常团结，他们之间的联系十分活跃。"对挑衅和夸大有所了解的多纳迪厄（Donnadieu）将军讽刺这种说法，并公开指责警方用线人激化矛盾纠纷。当时的历史学家和政治家弗朗索瓦·基佐相信，各种阴谋是失序社会和无能政府的共生产物。"阴谋成为必需品，这样就可以使政府有理由去害怕，还可以用惩罚来弥补因为无能而失去的力量。"根据多纳迪厄将军的说法，不管什么时候需要阴谋了，都可以"由自私自利的卑微线人制造出来"。这一点上，穆尼耶似乎参透到了其中的奥秘。

1820年8月的法兰西斯巴扎阴谋失败后，很多能逃到国外的领导人选择到革命的那不勒斯寻求庇护。1821年春天，其中一个叫皮埃尔·达吉德（Pierre Dugied）的人返回法国，并开始以他在那不勒斯见到的烧炭党的温迪特（Vèndite）为蓝本，建立叫温特斯（Ventes）的基层小组。第一个温特斯于1821年5月在巴黎建立，吸引了大量学生和商店主，拉法耶特和一些议员也加入了进来。[3]

在温特斯的带动下，不满人士组织的团体在全国各地生根发芽；因为烧炭党没有准则和固定纲领，它很容易地吸纳了波拿巴主义者、奥尔良主义者、自由分子、革命家、厌倦了的士兵和所有对有产者、特权阶级、政治党派、教士、警察或者连特定对象都没有的满腹牢骚的人。军队很快就被侵入，尤其在没有衔位的军官当中，烧炭党成了让他们怀念拿破仑时期光辉岁月的俱乐部。"坦率地说，革命党派是一个令人困惑的大杂烩，里面有形形色色的充满愤怒和不满的人。"一个自由派议员的儿子、法官弗朗西斯克·德·科尔塞勒（Francisque de Corcelle）回忆说。像他这样的人更感兴趣的是有序地实现进步，但是黎塞留在第二届任期内采取的镇压措施阻止了这种可能。"从那以后，由于对无法通过合法途径实现目标感到绝望，为数众多的思想家和政治家开始诉诸革命。"在1821年，烧炭党的温特斯风靡了整个法国，成员人数达到5万之多。他们中多数人是不是活跃分子并不清楚，而且几乎没有人有特定目标。根据对一些成员有了解的大亚历山大·仲马（Alexandre Dumas père）

所言，拉法耶特和他的儿子乔治，瓦耶·德·阿尔让松、雅克·查理·杜邦·德·厄尔（Jacques Charles Dupont de l'Eure）、克劳德·迪尔盖·德·科尔塞勒（Claude Triguy de Corcelle）、雅克·克什兰（Jacques Roechlin）、梅里卢等人组成了一个"指导委员会"，社会主义历史学家和政治家路易·布朗（Louis Blanc）也证实了这一点。尽管他当时只有十岁，人们却相信他的洞察力和有机会接触到大量一手资料。不过，即使他们真的组成了一个委员，那显然没能成功地指导出什么。[4]

唯一与委员会有关的真实阴谋发生在 1821 年底。它的目标是煽动法国东部的贝尔福要塞军营哗变，以呼应马赛和索米尔（Saumur）骑兵学校发生的骚乱。他们打算在 12 月 29 日夜间发动起义，但是索米尔的图谋在几天前被内鬼告发，贝尔福起义于是被推迟到 1822 年 1 月 1 日。阴谋分子行动迟缓，无意中拉响了警报，显得十分无能。几个小时内，他们就被轻而易举地抓了起来。他们在马赛的同伙也没有好多少，在巴黎的所谓指挥官则袖手旁观。索米尔的阴谋分子于 1822 年 2 月做了第二次尝试，这次持续了较长时间，取得了一定的成功，但是他们的头目贝尔东将军把时间浪费在谈判和吃饭上，以至于丧失了主动权。贝尔东最后被一个线人逮捕，被判处了死刑。贝尔福起义中被抓起来的阴谋分子成为交换另一个叫卡龙的中尉军官的筹码。9 月，拉罗谢尔（La Rochelle）的第 45 步兵团的四名军士官发起另一场无疾而终的起义，结果付出了生命的代价。[5]

这些阴谋事件都没有使整支部队陷入混乱，人数上万的所谓烧炭党也没有应援。他们也没能在人民群众中引起反响。尽管公众随时准备高呼"皇帝万岁！"或者"打倒波旁王室！"，但就像当时的社会主义历史学家不得不承认的那样，他们在政治上仍然很平静。但这绝不会影响到当局感知到建立更严格的、分布更广的警察队伍

的需要。⁶

　　1821年12月，黎塞留的第二任内阁被极端派拉下马来，后者指责黎塞留太过自由主义，并且由他们在议会中最活跃的议员让-巴蒂斯特·德·维莱尔（Jean-Baptiste de Villèle）接替了黎塞留。刚上任一周，维莱尔就任命盖伊·德拉沃（Guy Delaveau）为新的巴黎警察总长。之所以选择德拉沃，与其说是因为他那值得怀疑的律师才能，不如说是因为他对波旁王室和教会表现出忠诚，尤其他和修会有密切的联系。修会起源于耶稣会的运动，意图是在天主教的贵族信徒中推广更为虔诚的生活方式，它还催生了其他组织，比如鼓励人阅读"好"书、抵制颠覆思想的"良好研究协会"。因为很多成员也积极参与到"骑士信仰"和其他的极端军事组织，修会已经逐渐有了政治化倾向。弗朗谢·德·埃斯普雷（Franchet d'Esperey）于1822年1月接任警察总干事。埃斯普雷不聪明，也没有能力，他和"骑士信仰"靠得很近。在接下来的七年里，这两人将用自己的权力竭力地反革命。

　　德拉沃严格要求他的雇员参加宗教仪式，要求他们向他出具神父提供的证明，以确认他们做了告解。"告解证明"和英国的《宣誓法案》（Tert Act）起到了同样作用，除非在教堂里参加了团契聚会，否则任何人都不得担任公共职务。鉴于法国在过去半个世纪经历了程度很深的世俗化进程，这是让人震惊的创新举措。同时，德拉沃对下属的实际作风不闻不问，根据其中一个人的说法，这导致警察总署"呈现出最让人沮丧的景象，它是令人作呕的禁欲主义和放荡败坏的混合体"。他说，"虚伪而错置的热情和金钱欲如此伪装在伟大的面具后面，这个面具是忠君和为路易十八献身，没有比这更让人恶心，更可恨和丑陋的了"。⁷

　　德拉沃不相信任何人，他在秘密警察内部建立间谍网络，以实现对他们的监视。他把自己的线人安插在所有部门专员和领导人的办公室里，这些线人直接对他负责。"在如此错综复杂的结构之下，不难理解这个地区为什么很快就成了阴谋、结党、仇恨和激情的温床，修会针对圣教和国王的挑衅和敌意就这样产生了，"安全部门的首脑保罗·路易·康莱（Paul Louis Canler）写道，"因为行政机构的注意力都在政治事务上，结果就使警务工作被贬到了次要位置，甚至被完全忽视。"本应拨给他们的财政款项流到了政治线人那里，导致刑事犯罪不断增加。[8]

所有被德拉沃和弗朗谢认为是不忠心的显赫人物都被置于了监控之下，同时大量警务时间只是用来监视人民，而是常常没有正当的理由。朋友之间如果在一家餐厅的私密厢房聚餐超过两次，他们就会遭到监听。人们可能因为，就像一个男人所经历的那样，"一直都热情地支持革命体系，即使没有什么道德瑕疵"，也将被置于监控之下。一个为艺术家运营电台的瑞士公民受到监视，因为他用"淫秽而煽动的"言论，以及通过阅读"可恶的作品"来污染年轻人的思想。一个以前做文书工作的人受到监视，因为他抛弃家庭，为了"让自己过上怠惰而羞耻的生活"带着一个年轻女孩离开南特来到巴黎，而且还因为他听过"波拿巴的荣耀"演讲。德·布罗伊公爵发现两个仆人拷贝他的信件和日记交给警察后，不得不开除他们，监控通信的黑色内阁十分活跃，为了提高杀伤力，它的一些雇员不仅拆开和拷贝信件，还会把信封里的钱给偷走。贪污受贿十分常见。乔治·蒂克纳（George Ticknor）是一个在巴黎学习的美国人，一天一个警察专员和一个律师造访他家，称他们必须搜查他的行李，在翻箱倒柜的过程中，他们还停下来和蒂克纳说了几次话。驻巴黎的美国公使发去投诉信，但只得到了否定的答复，对方声称并没有发生这样的搜查。这两个造访他家的人意图很明显：敲诈一笔贿赂后，他们才会离开。[9]

申请在法国旅行的通行证将使申请人面临"被指控是自由派间

谍的风险，他们可能把指导委员会的命令带到各地方，而这些指令除了公理教会教友顺耳听到并记到脑子里，没有人知道它们的存在"。当时的一个评论称，"如果一个人请求办理出国通行证，他就带有其他目的，将被当作意图推翻一切的阴谋分子来对待"。富歇以前的部门上司、已经退休多时的皮埃尔－马里·德马雷，夏天时到他一个担任小镇镇长的老朋友那里待了两个星期，就提交了堆积如山的文件材料，以及与很多人之间令人捧腹的通信往来，其中包括与他自己以前的助手、两个大臣、两个省长、一个市长、几个和他此次行程有关的警官，内容涉及什么时候由谁给他签发过通行证，在哪里盖的章，他每天和谁待在一起，以及他每天和谁吃饭。[10]

一天诗人皮埃尔－让·德·贝朗杰（Pierre-Jean de Béranger）申请了去布里德耶的通行证，因为自由派议员曼努埃尔也申请了去同一个地方的通行证，警方便认为有什么阴谋正在酝酿之中，结果他们两人都被监控了起来。尽管他们拼命地证明到布里德耶不会碰面，但是警方还是决定在贝朗杰回到巴黎时搜查他的住所，结果没能成功。"如果不是他的熟人，就没法和他对话，"一个线人抱怨，"进他的家门如此之难，不论是我们，还是巡视员，都不被允许进去，因为是陌生人，所以他怀疑我们是警察派过来的。后来，我们派过去的一个线人凭敏捷的身手突破门卫阻拦，获得了成功。"[11]

线人的组成十分混杂，有男有女，一般是没有其他收入来源的被遗弃的妇女，还有赌博或嗜酒成性的男人，不过有时候也包括臆想者和政治狂热分子。他们的特点都是不专业且能力不足。警方线人经常用各种技能，一般用勒索的方式招募为自己服务的告密者和掌握各种技能的轻微刑事犯。他们会躲在妓院、赌场或其他让人声名狼藉的地方抓人，操纵他们，让他们提供情报，甚至派出去刺探或偷窃文件。轻微刑事犯和没有执照的妓女会被照顾免于指控，而他们每次犯下的新罪行都会成为被线人进一步利用和掌握的筹码，之后他们被命令去诱骗、硬闯、偷盗、安装或做其他窃取情报的事情。[12]

正如康莱所解释，因为线人只有一个办法才能获得他/她的上级认可，"就是找出阴谋，如果经过长期的搜索都无济于事，就要编造出精巧的假阴谋。在一桩所谓的阴谋中，某个从没考虑过要造反的实诚丈夫和父亲被牵扯了进来，线人捏造几个从犯，连及其他无辜者，最后就把整个事件报告给了警方"。[13]

警方线人经常把自己伪装成工人，在酒吧把人灌醉，酒醉不清的人就会抱怨形势，抱怨政府和国王，或者唱拿破仑时代的歌曲，然后便遭到逮捕。很多下班后去喝酒的无辜工人醒来时发现自己在监狱里。当警方线人伪装成商人的时候，他们会诱骗手艺人、印刷工和交易员去制作、印刷或者提供被禁止的东西，比如被取缔的文学书、三色绶带或者拿破仑半身像。一个线人和一群工人成了朋友，他委托其中一个木工依据他提供的图纸用钢管做一个盒子。快要完工时，他以那个盒子为证据，报告说这些人都是秘密协会的成员，还认定那个盒子是"恶魔的机器"，试图要消灭国王一家。木匠在被捕的那天晚上在自己的囚室上吊身亡，他的罪行似乎得到了坐实。[14]

所有调查的主要目标是搜寻逃匿的指导委员会成员和受到无情监控的前军官，后者被认为是最有可能的指导委员会通讯员。每个省的省长都定期地收到通知和特别警告，提醒他们必须检查穿过他们管辖区域的人的通行证，并详细地告知他们应该去哪里盖章，找谁盖章。他们还被责成检查邮政局长有没有在没有确认有效通行证的情况下，给任何人提供新马匹。他们因为涉嫌在没有检查通行证的情况下允许人们通过而受到斥责，但是也要忍受旅行者的抱怨，说疯狂的宪兵半夜冲进他们的旅馆骚扰，要求检查他们的证件。大量文献清楚地表明，爱管闲事的人给巴黎的内阁写与旅行者有关的骇人信件，指控地方当局行事拖拉。在和通行证、签证、旅馆和酒店登记、邮车线路以及其他重要文书有关的事务上，警方似乎总是丢失那些应该被监控的人。[15]

1822年秋天，警方急于查明有多少拿破仑时期的前军官和革命分子正穿越到西班牙，加入当地的自由派。一个警方线人以前军官的身份来到西班牙驻巴黎的大使馆，表明自己要为宪政政府工作。使馆很快接受了他，保证他将获得与其地位相符的头衔，并让他之后再来使馆。他们会晤了很多次，讨论诸如怎么去西班牙，走哪条路过去，应该带什么文件，在什么时候在哪里可以拿到金钱资助、暗码和其他一些必要的东西。随着事情久拖不决，线人的担忧日益增长，他有一种奇怪的感觉，仅仅几周之后，他意识到西班牙大使圣·洛伦索（San Lorenzo）公爵实际上一直在捉弄他，试图以此弄清巴黎警方对他们护送真正的志愿者穿过边界的方式了解多少。另外一个线人和一个与西班牙革命分子打交道的前拿破仑军官保持着联系，而且很明显还成了朋友。他得到了一个疯狂的消息，说法国的所有自由主义者将在收到指导委员会的信号后在位于法国边境的巴约讷（Bayonne）会合，在那里与西班牙军队会师后，就会向巴黎进发，而军官自己则要在所谓倒戈了的加尔各答兵团的协助下，用毒箭刺杀路易十八。[16]

体系不仅仅没有效率和重点，还经常以闹剧收尾。巴黎有两个线人，一个为警察总长工作，一个是军事警察的雇员，他们都在揭发某一桩阴谋。一天晚上，他们在酒馆碰面，都假装成拿破仑的军官，互相灌酒，怀念以前的旧岁月。他们答应第二天在杜伊勒里花园见面，讨论如何重新回到以前的生活。后来他们又在不同的咖啡馆见过多次，终于在一个私人房间，他们介绍了各自同样是伪装成不满现状的波拿巴主义者的同事。一开始并不明朗的讨论逐渐变得

/ 18 指导委员会 /

清晰，就是要推翻波旁王室，并拥护拿破仑的儿子，直到有一天，警察闯进了他们的会面地，逮捕了为军警工作的线人和他的同事。他们被关进鲁福斯（La Force）监狱足足一个月后才有机会把消息传给军警总部的领导，然后被放了出来。[17]

1823年9月，德拉沃急切地想知道奈伊元帅的儿子们在什么地方，于是便在全国展开为期数周的搜索工作，只发现他们平静而公开地生活在巴黎。警方听说伊波利特·卡诺（Hippolyte Carnot）（他是流亡的、弑君的、督政府战争部长的儿子）来到巴黎，却无法通过通行证办公室或邮车线路找到他的踪迹，也没能在首都任何一家酒店找到他的住宿信息，于是他们将卡诺列为怀疑对象，展开了调查。他们最后在世嘉-菲尔斯大街（Rue des Quatre-Fils）18号的出租房找到了他，"在那个塞满了东西的公寓里，"他和一个"体态优美"的女士住在一起。两个线人拜访了他，自报家门说是银行雇员，很着急地要找到另外一个拿破仑时期的贵族，以给他支付钱款。他们密切地监视卡诺的公寓和他的情妇，注意到拿破仑时期职位颇高的治安官安东尼·布莱·德·拉·默尔特（Antonie Boulay de La Meurthe）拜访过他。他们随后拜访了布莱·德·拉·默尔特，同样以银行家的身份（这是他们最喜欢的伪装）问他是否知道卡诺人在哪里。也许是因为怀疑银行家是警方线人，默尔特回答说他不知道卡诺在哪，于是他也成了被怀疑对象，并受到了监控。在其他身份的掩护下，线人又多次造访卡诺，结果没有得到任何情报，"不管谁询问卡诺先生，立刻都被他的佣人们用'间谍'的诨号给回绝了过去"。[18]

伪装成银行职员与人搭讪，谎称要把遗产或者一大笔钱转给对方的把戏已经不再奏效，而且他们笨拙的提问方式经常使自己的身份暴露出来，还会被佣人给的误导性答案戏耍。线人经常在报告中用"我们的提问方式很适当"的语句掩盖实际上很愚笨的问题，没有得到令人满意的回答也被如下的说辞所掩盖:"他不情愿回答,但从他收缩的面部肌肉、惊讶和焦虑的姿态,可以清楚知道他很可能跟我撒了谎。"当没有证据可以指控嫌疑人的时候,报告就会说"他结合了最不道德的东西和最糟糕的政治原则",就好像对淫荡的女人或少女的喜好和这个案件有什么关系似的。[19]

这个时期的警方档案大部分都在巴黎公社运动中被付之一炬,但没有理由认为被毁掉的东西比留下来的更有价值。通过遗存下来的文件信息可以判断,在情报搜集上花费的时间大多都是无效的。那些和各种颠覆活动有关的文件无法提供可靠的证据,仅仅是堆积了大量与所谓的秘密协会有关的无关文件,其中大部分明显是伪造的。

不过,他们的确为首席档案专家西蒙·迪普莱(Simon Duplay)撰写以巨大阴谋为主题的权威性报告提供了材料,他在1822年的秋天编制了这部报告。迪普莱以前是罗伯斯庇尔的秘书,罗伯斯庇尔倒台后,他幸存了下来,成了富歇的雇员,他的部门致力于"搜集所有反体制、反政府、反首席治安官的阴谋和计划,还要追踪煽动者、作家和类似的同谋者……"[20]

迪普莱的报告体现了所有对巨大阴谋深信不疑的人的想法。"报告把1816年以来发生的阴谋都归咎为秘密协会,是秘密结社的冲动后果,所有这些机制的根源都能在首都找到。"报告大胆地断言:"尽管当局还没能获得和主要推手有关的司法证据,但是这么多不同场合的各种行动已经证实指导委员会的存在,他们至少已经掌握了足够多的事实,可以明确地分辨其主要成员。"他接着列出了成员的名单,包括拉法耶特、贡斯当、瓦耶·德·阿尔让松、议员雅克·克什兰(Jacques Koechlin)、奥古斯特·德·凯拉特里(August de Kératry)和富瓦将军。迪普莱举出的唯一"事实"是他们中的一些人一从监狱中出来,就向卷入阴谋的不同人物提供了资金帮助。[21]

根据他的说法,巨大的阴谋起源于德意志,那时德意志刚经历了耶拿战败,学生社团的注意力从相互竞争转移到了刺杀拿破仑,然后目标又变成了推翻所有德意志王室。它们的影响力渗透到法国著名的自由主义者施特尔夫人的"文学游行"。迪普莱说1815年的时候,法国运作着两个秘密协会,其中一个叫"黑针骑士",他承认"警方的档案没有提供和这个组织有关的具体信息";另一个叫"睡狮协会"的共济会社团是由在英国的法国俘虏建立,他们奉拿破仑为总导师,而且据说它的会所遍及法国。不过,迪普莱掌握的唯一线索就是一个老成员的证词,这个人一开始并不知道为何要加入组织,只知道他们要绑架皇室成员,并威胁如果同盟入侵,就会把皇家成员全部杀死。[22]

"因此,1815年底或者1816年初的时候,首都盘踞着一个指导委员会。"迪普莱毫无逻辑地写道。他进而确认指导委员会在法国的每个省份都以"民族独立"为名建立了地区委员会。根据他的说法,它导演了1816年的迪迪埃起义,参与了"黑针骑士"试图占领文森斯的行动(尽管迪普莱稍早前就已承认他没有关于这个组织存在的情报)。他将一些骚乱和所谓阴谋与巴黎指导委员会联系在一起,这些仅是某些个体的证词,说看见一个人从另一个人那里收到来信,而后者被警方怀疑与巴黎自由派有接触。"与巴黎自由派有接触并不是没有证据,尽管没有情报可以证明革命委员会(*comité directeur*)从巴黎指挥了1817年的阴谋,"迪普莱写里昂叛乱时说道,"拉瓦莱特夫(Lavalette)人似乎为联络接洽提供了房屋。"遗存下来的警方材料包含线人监视拉瓦莱特夫人房屋的报告,但没能证实上述说法。[23]

根据迪普莱的说法,里昂叛乱失败后,指导委员会关注议会途径,他们为请愿拉票,组织竞选活动,对议员施加影响。然而它与全国所有秘密团体都保持着联系。这对迪普莱造成了极大挑战。线人上报的团体名字多得吓人，比如友谊会、仰慕法国价值、三百寡妇冠军、太阳社、共和会、玛丽·路易丝和她的儿子，等等。调查有时会发现一些团体已经消失或者改换了名字。迪普莱对这些组织之间的关系感到困惑，比如"自由骑士"和改革者协会（他认为改革者协会是指导委员会的另外一个名字）之间的关系。

奇怪的是，迪普莱没有详细阐述资料里和"伟大苍穹"有关的文件。这些文件描述了入会仪式，要求成员宣誓放弃基督教信仰，烧掉王冠和权杖，还有一些用不规则拉丁语写的让人胆寒的指令、誓言和组织条例。据说一个线人被允许参加该组织在都灵举行的一次"会议"，他发现"阿德尔菲"和巴黎的指导委员会有密切联系，成员包括邦雅曼·贡斯当、雅克-安托万·曼努埃尔、皮埃尔·保罗·鲁瓦耶·科拉尔（Pierre Paul Royer Collard）和奥古斯特·德·凯拉特里。[24]

迪普莱对一个自称为"麦西"（Misraïm）的共济会社团迷惑不解，它的分支机构延伸到最不可到达的地方。报告称在蒙彼利埃、尼姆、马孔（Mâcon）、瑞士、意大利，甚至俄国，都发现了它的踪迹。据说它还在苏格兰有分支，头目是阿索尔公爵（Duke of Atholl），而英格兰分支的成员则包括了国王的兄弟苏塞克斯公爵。档案里有社团的教义（一些难以读懂的含混文字），它有79个进阶等级和"在赤道上"（under the Equator）颁布的文件，还描述了成员佩戴的有黑色十字的玫瑰形饰物，上面刻着难以解读的文字。

迪普莱得出结论，所有这些转移注意力的名字都是由阴谋分子编造出来的，以把警察的注意力从真正的事情上转移开来。在他的世界观里，所有事物都存在着复杂的联系，而且根本上都是传说中的指导委员会搞出来的。在卢韦尔刺杀贝里公爵的事件中，"虽然还没有证实是指导委员会直接导演了2月13日的刺杀行动，但至少已经从行刺者本人那里得知，他的疯狂行为受到了周围煽动性力量的影响"。

讽刺的是,从一开始就不看好法国警方的梅特涅现在相信,他们已经完全被指导委员会给渗透了。亚历山大十分担心他们不靠谱,于是坚持他们只能向提供了良好道德证明的人发放前往俄国的通行证。[25]

19　得克萨斯公爵

沙皇亚历山大的注意力仍然集中在西班牙。英国驻维也纳的全权公使罗伯特·戈登（Robert Gordon）爵士于1821年向卡斯尔雷汇报，"西班牙是欧洲所有革命分子依赖的讲坛，他们要利用这个平台传播他们的邪恶学说"。1821年12月黎塞留内阁的垮台让沙皇感到不安，他害怕如果西班牙革命分子无法被阻止，他们那"傲慢的胜利"会在法国引发革命。同样，沙皇跟威灵顿解释，作为一个非常倚重军队的君主，他反对任何因为军队违令而产生的东西。[1]

他建议派遣一支4万人的俄国军队穿过奥地利和意大利到达法国，以镇压可能发生的革命，或者也可以侵入西班牙，帮助斐迪南国王恢复王权。

列强对西班牙制宪政府的敌视和法国极端派对国王支持者的鼓励已经削弱了温和派，并强化了被称为"高贵的人"（*exaltados*）的极端势力。1822年的选举中，他们赢得了多数，列戈当选为议会议长。政府实际上把国王囚禁在马德里，内战阴云密布，一伙保皇党人聚集在加泰罗尼亚，以国王之名摄政。[2]

梅特涅现在认为西班牙正在发生的事情"是我们这个世纪所遭遇的最严重的瘟疫之一"。他在信中所用的语言已经接近病态的程度，他在六月向勒布泽尔腾保证，说阴谋已经渗透到"社会的每一根血管中"。"这次革命之所以特殊，是因为它是遍及整个欧洲的派系阴谋的预演"，他于1822年7月5日给文森特写道，巴黎的指导委员会给被它选中的革命提供"可观的资金支持"。他得出结论，烧炭党、条顿狂热者、波拿巴主义者、那不勒斯人、西班牙人和其他叛乱分子已经"完美地融合"成一个统一的组织。[3]

不能把西班牙事件和它的前美洲殖民地——从墨西哥到秘鲁——

正在发生的事情割裂开来。这些地方现在几乎完全从西班牙独立，这让欧洲列强面临着困境，如果承认他们是独立国家，就相当于认可了革命。"世界上已经有太多共和的观念，"法国驻伦敦的大使勒内·德·夏多布里昂（René de Chateaubriand）在1822年4月10日跟卡斯尔雷的一次谈话中说道；"这类思想愈发流行，欧洲君主国家命运的前景就愈发渺茫。"在前一年继承其父伦敦德里侯爵（Marquess of Londonderry）爵位的卡斯尔雷向夏多布里昂保证，英国内阁"绝不会承认革命政府"。夏多布里昂建议他们行动起来，"把君主制带进新世界，不要承认共和制，因为它会通过'果实'将'种子'传播给我们"。卡斯尔雷总体上表示同意，尽管他也在提防着法国在西班牙及其前殖民地的利益。[4]

3月8日美国总统詹姆斯·门罗（James Monroe）发表了一份事实上承认了南美和中美新兴国家的宣言，使问题更加复杂。这是美国警告欧洲各国远离美洲事务的第一个宣言。勒布泽尔腾称这个宣言"颠覆了所有依法成立的政府形式"。他早就怀疑门罗有"雅各宾思想"，而且在他看来，美国政府的权力"来源并不纯洁"，因为它就是从革命中诞生的。他还相信，美国这一举动是事先准备好与叛乱殖民地的革命领袖相呼应。梅特涅进一步强调，证据"确凿地证明这些行动出自同一个根源，而且由同一个机构指挥，它不懈地要毁灭新旧两个世界的旧社会秩序"，他还暗示门罗总统得到了指导委员会的指令。亚历山大也看到了全球性的威胁，并建议组建欧洲统一军，这样就可以镇压西班牙革命，然后穿越大西洋，对付殖民地的叛乱。一个英国外交官形容亚历山大的想法"近乎疯狂"。[5]

卡斯尔雷持有相同的观点，他决定让英国与三个君主专制国家的反动政策保持一段距离。但为了约束他们，卡斯尔雷答应了梅特涅的恳求，将参加于1822年9月召开的会议。他同意参加在维也纳举办的讨论希腊和西班牙问题的预备会议，但不参加主要为解决意大利问题而在佛罗伦萨召开的会议。在去维也纳的路上，他打算在巴黎做短暂停留，以打消路易十八和其内阁干涉西班牙的意图。梅特涅认为即使英国外交大臣只参加一场会议，也是巨大的外交胜利。"亲爱的侯爵，这是一个非常重要的时刻，"他于1822年6月6日给卡斯尔雷写道，"我真心认为这是新时代的开端，如果无法实现我期待的结果，就只能怪罪于同盟国的内阁了。"[6]

卡斯尔雷的身体状况不好，他显得精神紧张，在下议院的讲话甚是糟糕。利物浦和威灵顿表示担心，卡斯尔雷听从了他们的建议，到他喜欢的肯特郡克雷进行休养。他的秘书汉密尔顿·西摩（Hamilton Seymour）去看望他，对他的变化深感震惊。他们在花园里散步，西摩大胆地揣测，认为卡斯尔雷一定对接下来的旅程非常期待，与旧友们的见面会让他感到快乐。"伦敦德里勋爵把手放在自己的额头上，缓缓地说，'其他任何时候我都很享受，但现在我太累了'（他的手依然搭在额头上），'太累了，我无法再承担这个新责任了。'"几天后，这个英国外交大臣用割喉的方式结束了自己的生命。[7]

梅特涅听到这个消息时写道："这是最让我受打击的灾难之一。"这很容易理解。乔治·坎宁接替卡斯尔雷担任外交大臣，迅速地把他认为英国应尽可能地远离欧洲事务的观点付诸实践。他任命威灵顿为英国观察员参加会议，其简要的任务就是敦促各国实施奴隶贸易禁令，并且尝试阻止法国或其他国家干涉西班牙。[8]

威灵顿到达维也纳的时候，君主们已经在那里了，他们没有时间举行部长级别的预备会议。他因此不得不参加君主级别的会议，而场地已经被梅特涅转移到了维罗纳。"佛罗伦萨挤满了各路外国人，"威灵顿向勒布泽尔腾解释，"而且毫无疑问，各种多管闲事之人都想去那个开会的地方，一些人为了满足他们愚蠢的好奇心，其他人心里则盘算着阴谋诡计和刺探情报。"位于奥地利境内的维罗纳很容易被隔离，也很容易让奥地利自己的间谍遍布其中。他于1822年10月13日到达维罗纳，这样就能匀出几天时间来参加预备会议，以设定议程，他认为这是"1814年以来最重要"的会议。[9]

结果无疑令人印象深刻。按照习俗，当地居民把壁毯、毛毯、床单，甚至衣服挂在他们的窗户上，以此来点缀房屋，欢迎驶进城市的君主们。参会的有沙皇、弗朗西斯皇帝、普鲁士国王和他的两个儿子、撒丁和两西西里国王、托斯卡纳大公、摩德纳（Modena）公爵、帕尔马女公爵，以及等级低些的意大利统治者、大臣、大使和贵族。他们聚集在戏院看戏或者看剧，欣赏专程赶来的外国歌手和演员们的表演，男人胸前的装饰和女人胸前的珠宝熠熠闪光。只有威灵顿经常穿的是普通衣服，也不带饰品。这个城市有两个宾馆，对困惑的游客来说，其中较好的那个宾馆的旅行手册就像是一本宫廷年鉴，上面罗列着亲王、公爵、伯爵和男爵的名字。那些没能在两个宾馆找到房间的人被安置在当地贵族的破落宅邸里。这些宅邸因为主人财富的减少而变得破败，主人们清扫了灰尘，还对内部进行了翻新。[10]

分会召开的日期不固定，经常是一个宫廷有事需要讨论就召集开会。虽然会议的初衷是评估意大利的安全，并采取必要措施保护欧洲秩序免遭革命威胁，但很快就发现会议并没有统一目标，每个国家都有自己的议程。单个国家的利益和各国之间的竞争凌驾在了应付所谓普遍阴谋威胁的共同政策之上。奥地利需要加强它对意大利的霸权，法国呼吁干涉西班牙，俄国希望法国的提案获得通过，自己便能干预希腊事务，普鲁士要避免卷入事端，远离麻烦，英国的主要兴趣是强化奴隶贸易禁令。讨论自己不感兴趣的主题时，梅特涅会故意夸张地胡写乱画。会议很快就退化成一系列毫不相关的讨价还价。国家利益冲突与个人偏见及私人恩怨交织在一起。"太多微不足道的仇恨、嫉妒和诽谤相纠缠，"夏多布里昂精彩地描述道，"人们互相抱怨，夸耀自己；一个人在屋外得到的夸奖在屋子里就被撕得粉碎……"[11]

根茨和英国驻君士坦丁堡的大使斯特兰福德勋爵谨慎地会面，讨论如何在不支持叛乱者的前提下迎合席卷欧洲的亲希腊狂潮，而夏多布里昂则与亚历山大讨论如何在不告知法国外交大臣蒙莫朗西（Montmorency）的情况下，组织对西班牙的侵略。沙皇认为必须狠狠地惩罚西班牙的叛乱分子，但他更希望在得到同盟的同意后发起武装干涉，因为这可以让他取得对希腊进行干涉的筹码。梅特涅不这样想，他不断地提醒亚历山大，说希腊的叛乱分子和接受指导委员会领导的叛乱分子并不一样。"希腊被秘密派别的诡计欺骗，还得到了他们的支持，它不过是别人的工具。秘密派别用欺诈的手段在同盟国之间，尤其是在奥地利帝国宫廷和俄国宫廷之间制造不合。"梅特涅提醒内塞尔罗德。[12]

梅特涅之所以邀请意大利各国统治者，是希望他或许可以逼迫他们接受由他指定的政府形式。但是直到当时他没有获得多少成果：摧垮那不勒斯的革命政权或许是一次胜利，但后面发生的事情并不那么光荣。奥地利军队入侵那不勒斯已经过去两个月时间，斐迪南才被说服重返王国，而他一返回就开始肆意清洗所有在革命时期没有站在他一边的人。本应给斐迪南做顾问的同盟专员无法阻止他的清洗行动，他们的意见也遭到无视。斐迪南任命的政府甚至比引发革命的政府还要无能。引入梅特涅新秩序的行动十分缓慢，结果令人失望。它没能解决真正的恶魔，据他的代办门茨报告，真正的恶魔从来都不是烧炭党，而是"插科打诨""道德沦丧"的人以及缺乏教养的当权者。伯格什勋爵报告说，"同盟没能把国王和这个国家团结起来，而是扩大了他们之间的裂痕"。[13]

斐迪南甚至听不进梅特涅的建议，还请求他结束奥地利军队对那不勒斯的占领。梅特涅之前坚持由两西西里王国承担行动的成本，但既然这个国家在革命前就碰到了财政危机，他就让罗斯柴尔德银行为其提供贷款，以清偿它欠奥地利的债务。奥地利军队一直到1827年才撤离那不勒斯，耗尽了王国75%的财政收入。在更北边的彼埃蒙特，紧接着那次失败的叛乱，查理·费利克斯（Charles Felix）继承了王位，他希望帮助过他的奥地利离开他的国家。梅特涅则想方设法地留住奥地利军队，这样他就能用驻在国的钱让自己的军队驻扎在意大利各处。彼埃蒙特的其他方面也不容乐观，因为国王没有引进梅特涅所建议的政府形式。[14]

梅特涅教育意大利各国的统治者和大臣如何实现好的统治，并鼓励他们采纳统一方案。最终各国通过了一系列原则，所有国家重新立法，重组他们的行政机构。这包含以下几点：1. 王权和教权紧密结合，宣传抵制颠覆思想的信仰；2. 加强贵族在政府和社会中的角色；3. 强化父权；4. 快速而严厉地惩处叛国罪行；5. 限制学校和大学的数量；6. 加强对出版业的审查。[15]

梅特涅本来希望获得意大利各国对他模仿美因茨模式在米兰建立调查委员会的计划的支持，还希望制定一个邮政公约，这样他就有权实时监控整个半岛的邮件往来。大多数意大利国家对委员会都持温和态度，但是统治力最强的托斯卡纳却认为它没有意义，还对审查原则提出质疑；罗马则对它表达了公开的敌意，害怕教皇国的精神自由会被损害。孔萨尔维红衣主教聘请法国驻圣彼得堡的大使拉·费隆奈和教皇国驻圣彼得堡的公使蒙莫朗西与沙皇交涉，轻而易举地就得到了亚历山大的支持。孔萨尔维同样抵制了梅特涅所有关于邮件服务都要经过伦巴第的奥地利办公室的企图，而孔萨尔维也获得了俄国和法国的支持。因为还需要这些力量阻止法国和俄国干涉西班牙和希腊，梅特涅不能强制执行这个议题。[16]

亚历山大不仅把内塞尔罗德，也把他驻马德里的大使塔季谢夫、驻伦敦的大使列文都带在了身边，让梅特涅高兴的是，列文把他的夫人也带了过来。她迫不及待地把她的会客厅变成了会议的中心舞台。梅特涅、威灵顿、那不勒斯的全权代表鲁福、法国的全权代卡拉曼和普鲁士公使本斯托夫将在那里度过晚上的时光（他们不希望夏多布里昂现身，因为他总是讲他最近在美国的旅行故事，十分无趣）。会议的很多事情都在那里讨论，列文夫人参与其中，并受到了鼓舞。"我很高兴自己能在这里，我的好奇心得到了满足，跟以前的（会议）相比，这或许是最有趣的一次了，"她于10月23日给在圣彼得堡的哥哥写道，"女性元素非常少，这里一个女人都没有……"[17]

这句评论很奇怪，尤其考虑到拿破仑的遗孀玛丽-路易莎也来了，她的雍容气质震撼到很多人。她出现在戏院，化着浓妆，戴着珠光宝石，她的独眼配偶尼伯格伯爵陪伴左右。夏多布里昂试图用昔日荣光的主题吸引她的注意力，但她却反过来说她不会再想起以前的日子。另一个现身维罗纳的显赫女士是雷卡米尔（Récamier）夫人，人们相信梅特涅在担任奥地利驻巴黎大使的时候，就已经勾搭上了她。梅特涅没有恢复和她的脆弱关系，八卦传言他在闲暇时勾搭上了一个更年轻的女人。威灵顿在这一点上不甘落后，夏多布里昂尖酸地指出，他不光是为英国利益而来维罗纳的，他还要在这里的街道上寻欢作乐。当局之前把这座城市所有妓女都封禁了，她们都被撤退到乡下，但很多人会用篮子装上水果或蔬菜，伪装成街头小贩进城。因为她们没法在街上做交易，所以那些急切要得到陪伴的人就带她们去自己的住处，在室内完成交易。[18]

列文公爵夫人注意到维罗纳的其他俄国人对她很冷淡。她给哥哥写道："因为我有十年时间是待在英国，她们就认为我是英国人；因为我每天都与梅特涅见面，她们就把我当成了奥地利人。"这可能和沙皇没有给予她足够的关注有关。沙皇曾经被新来的伦敦德里夫人惊艳到，她是前查理·斯图尔特（Charles Stewart）勋爵的年轻妻子弗朗西丝（Frances）。沙皇像是被流星击中的年轻情人一样，围着弗朗西丝团团转，但他的情愫几乎是柏拉图式的。[19]

贵格会的废奴主义者威廉·艾伦（Wilisam Allen）于1814年的时候在伦敦见过亚历山大，他来到维罗纳，表达了与沙皇会面的意愿。虽然他给沙皇带的奴隶贸易主题的书籍在路上被奥地利警方没收，但在两次长谈中，他们简要地讨论了废奴问题以及诸如监狱改革和教育等其他话题。他们还谈论了希腊叛乱，艾伦指出，"沙皇似乎很同情希腊人，他说有证据表明，这场针对土耳其人的叛乱接受了巴黎革命分子的指挥"。在他们第二次谈话结束的时候，亚历山大建议他们一起祈祷。"我们随后在等候上帝时，拥有了一段极为珍贵的时光，被神圣的甜蜜感觉包围。"艾伦回忆说。亚历山大的医生塔拉索夫（Tarasov）记录，因为长时间地跪着，沙皇的膝盖上有大块结痂伤疤。[20]

亚历山大仍然决意对西班牙发动军事干涉。"他说他认为西班牙是革命和雅各宾主义的总部，"威灵顿在跟沙皇交流后于10月21日报告，"国王和皇室成员处于极度危险之中，如果对西班牙革命置之不理的话，欧洲所有国家，尤其是法国都将不安全。"梅特涅希望五大国发布"道德准则"，联合谴责西班牙革命政府，以此来阻止亚历山大。但在会议的第二阶段，蒙莫朗西坚持，法国将保留自行处理西班牙事务的权利，因为西班牙的形势对法国构成了直接的威胁。亚历山大支持蒙莫朗西，同意必要时支持法国发动军事干预。威灵顿抗议说英国不会坐视别国采取干涉行动。沙皇坚持自己的态度并告诉威灵顿，他要向彼埃蒙特派遣15万名士兵来支援法国。[21]

为了掩饰同盟内部已经存在的裂痕，梅特涅想出来一个新方案。他建议列强分别向西班牙的政府和议会发去文书，要求其修改宪法，如果西班牙拒绝这么做，他们将召回大使。他说服了亚历山大和腓特烈·威廉遵循这个方案，但蒙莫朗西保留了法国独立决定文书内容的权利。三个宫廷最终就文书内容达成一致，承诺在法国遭受攻击或者与西班牙爆发战争的时候，他们将提供军事援助。在梅特涅的请求下，他们向各自的大使和公使发布联合通报，告知他们与希腊起义有关的官方立场。"在那不勒斯和都灵的军事叛变面对正规军到来而畏缩的非常时刻，大革命在奥斯曼帝国挑起了叛乱之火，"通报描述道，"这些巧合的事实让人无法不怀疑造成它们的原因的同一性。恶魔在这么多地方出现，它有着相似的形式，说着类似的语言，尽管爆发的由头不尽相同，但它滋生出来的原因明显是一致的。"重申了这一信念之后，会议闭幕了。会议以争夺和幻想而结束。两天后，梅特涅陪同弗朗西斯和亚历山大造访威尼斯，在那里观看了戏剧，会见了罗西尼——尽管奥地利警方发布警告，称这位作曲家"被革命原则深度传染"。[22]

12月25日，梅特涅离开威尼斯来到维也纳，夏多布里昂接替蒙莫朗西成了外交大臣。夏多布里昂坚持军事干涉西班牙，并不全是因为他希望粉碎革命，而更是想用军事行动让法国军队放弃造反的想法，洗刷滑铁卢一役的耻辱，挽回法国的尊严。梅特涅使出浑身解数去打消他这个念头，因为他害怕如果革命被镇压了，法国可能会允许西班牙人制定以大宪章为模板的宪法。梅特涅最不希望看到西班牙实现有效的君主立宪制度，因为这会让人疑惑为什么不让那不勒斯实行同样的制度。他甚至想出一个怪诞的建议，即任命两西西里的斐迪南一世为西班牙重建时期的摄政王，这样可以保证西班牙遵照规则行事。坎宁也急于阻止法国干涉西班牙，原因则不尽相同。他认为法国在伊比利亚半岛影响力的扩张将是一场"灾难"，他写信给法国政府、路易十八和大亲王，力劝他们适可而止。坎宁的信没能对法国内阁造成任何影响，法国正在为战争做准备。[23]

1823年4月6日，大亲王的儿子昂古莱姆率领6万人的法国精锐部队在3.5万名西班牙志愿者的支援下，穿过边界，进入了西班牙。虽然亚历山大对俄国没被允许一起参与行动感到失望，但他听到这个新闻的时候仍然十分开心。维也纳的公共舆论也很积极，而梅特涅则恼羞成怒。

没有人知道法军将采取怎样的军事行动，也不知道他们将如何赢得大众的支持——双方仍然清晰地记得拿破仑的入侵和由此激起的游击战。人们也不知道在遭遇西班牙的宪政派军队时，法国军队会怎么做，他们或许会在政治上颠覆自己，因为许多拿破仑时期的军官之前已来到西班牙，为宪政事业而战斗。一个爆炸性的谣言使事情更加复杂，这个谣言传遍了法国西南地区，说拿破仑没有死，而是在西班牙登陆。3月，多姆山省（Puy-de-Dôme）的宪兵队报告，大多数人口相信拿破仑已经加入了由西班牙革命将领弗朗西斯科·埃斯波斯（Francisco Espoz）和米纳率领的队伍，正准备向法国进发。图卢兹则盛传米纳实际上就是拿破仑的伪装身份。[24]

恐慌是毫无根据的。当法军于4月6日跨越毕达索阿河（Bidassoa river）的时候，他们遭遇了一支500人左右的队伍，这些人穿着拿破仑时期的各种制服，聚在法国三色旗下高唱《马赛曲》，还要求士兵们加入他们的行列。一发大炮就足以驱散他们。在科伦纳（Corunna）附近，由英国将领罗伯特·威尔逊爵士率领的一队拿破仑时期的士兵与法军发生了小规模冲突，其中保皇派的士兵毫不犹豫地就让路了，更不用说心有恐惧的倒戈分子。和1808年相反，西班牙农村人口总的来说并不排斥法军，有时还表现出了喜悦之情。支持国王的教士此次将法军视为解放者。当他们于5月23日进军马德里的时候，群众满怀激情地焚烧了列戈的肖像。

西班牙政府挟持国王撤退到加的斯，于是昂古莱姆在首都建立了以他的名字命名的摄政政权。梅特涅依然坚持让两西西里的斐迪南成为西班牙摄政，拒绝承认昂古莱姆政权。法国没有理睬他，他们的军队也进展顺利。9月底，昂古莱姆进攻特罗卡德罗城堡，把国王解救了出来。几天后，斐迪南废除了1820年以来引进的所有改革，并展开了疯狂的报复。11月7日，列戈被处死——他被关在一个系在毛驴尾巴上的笼子里，在马德里的街上巡游后即被绞死，他的尸身被切割成了五块。[25]

对法国政府和波旁王室来说，顺利入侵西班牙在很多方面都是一次胜利。军事上的胜利在很大程度上掩盖了他们之前怠惰因循和滥用特权的形象。值得一提的是，昂古莱姆率领他的胜利之师进入巴黎的日子被选在了奥斯特里茨战役和拿破仑加冕礼的周年纪念日——12月2日。

更重要的是，与其说让士兵与阴谋做斗争，不如说是让无聊且沮丧的士兵有了发泄精力的出口，他们都很享受这次经历。他们造反的念头一夜之间就消失了，按照弗朗西斯科·德·科尔塞勒的说法，"秘密团体将因为虚弱无力和无所事事而死去"。没有军队的话，烧炭党就会衰落。科尔塞勒说烧炭党不过是"某些恶毒怨恨和一些信条之间的交易，是暂时性联盟，这个联盟连造就了它的特殊环境都无法适应"。讽刺的是，与它对抗的伟大同盟也同时开始凋敝，原因如出一辙。亚历山大在考虑复制法国的胜利，跨越大西洋；斐迪南国王则决定赐予梅特涅得克萨斯公爵的称号，全然漠视他的盟友坎宁向所有继承西班牙前殖民地的国家任命了英国领事人员。12月3日，门罗总统宣布，南北两个美洲向欧洲的殖民主义关闭了大门。[26]

20 使徒

梅特涅没有使用过他的跨大西洋头衔,但并不是因为他谦逊。"我的生活已经变成一种传道工作,"他在1824年跟妻子倾诉,"我走到哪儿都会发现一群人在虔诚地等候他们的领路人。如果不能给予他们精神上的宽慰,我在良心上不忍离开他们……真的有很多人追随我、跟着我、看着我,把他们的手伸向我。"梅特涅已经"向聋子布道"了好多年,但现在人们已经看到他是如何把德意志"从革命的边缘"拉回来,而革命则由统治者身上"最令人鄙视的弱点"和"形形色色的创新者与空想家"所驱使,人们满怀感激地聆听着。[1]

德意志的确平静了下来,但很多人怀疑这里之前发生的事情到底算不算一场风暴。比如符腾堡国王公开讽刺梅特涅和他的圣战运动,指控他错误地"把年轻人的梦想和激情当作了阴谋"。1822年美因茨委员会的报告只不过是确认各种学生团体之间存在密谋联系以及颠覆性的思想非常流行。唯一似乎参与了科策比卡尔·桑德(Karl Sand)谋杀案的团体是基森的"黑色"组织,但他们的领导人卡尔·福伦(Karl Follen)已于1820年逃到国外,委员会因此没能对他进行审讯。福伦来到巴黎,和约瑟夫·雷伊(Joseph Rey)以及瓦耶·德·阿尔让松等自由派人士建立联系,然后定居在瑞士的库阿尔,并在那里创建青年团,继承被封杀的兄弟会,一个泛德意志联盟得以创立。他的一个副手达内·约翰内斯(Dane Johannes)(有时叫约阿希姆)·维特·冯·道林与福伦一起流亡,但他因为缺乏资金而答应奥地利警方监视福伦。不过他没能提供足够的情报,因为福伦在1824年离开欧洲,移居到了美国(他在那里获得哈佛大学德语教授的职位,向学生教授体操,据称还把圣诞树引入了美国家庭)。根据报告,委员会的确对西班牙、意大利,尤其是希腊的学生团体产生了很大的影响,但它不得不承认反叛的政治活动"更多是靠引诱、预谋和事先准备，而不是用实际行动来表达自己的诉求"。[2]

1822年9月，普鲁士的教育改革家、教育大臣弗雷尔·冯·阿尔滕施泰因写了一封辩护信以为学生辩护，这让梅特涅更加难堪。在他看来，学生们只是太幼稚，但他们关于建立伟大德意志的热情心愿值得称颂，他还指责国家对学生的惩罚是危险的违法行为。同时，司法当局开始抱怨警方采取的可耻措施，后者在没有许可的情况下肆意拘禁人们，司法当局也着手撤销在科策比刺杀事件后人们争论最激烈的头几个月里判处的有罪裁决。[3]

在梅特涅的强力要求下，委员会付出加倍的努力。因为德意志很多学生都逃出国，来到瑞士和巴黎，所以委员会便招募间谍；它会抓捕一名学生，用长期监禁来威胁，让他到国外监视自己的同伴。这个学生的身份有时会被揭穿，继而被杀害，但他留下的证据却少之又少。委员会的1824年报告确认秘密社团的存在，但没能提供揭示其行动的证据。[4]

这些都没能动摇梅特涅关于德意志酝酿着"巨大的反社会阴谋"的信念；他解释之所以没有活动的迹象，是因为法国的革命"基地"没能提供强有力的支持，导致它软弱无力。1824年4月，弗朗谢·德·埃斯普雷收到一份详尽报告，其中证实巴黎的指导委员会"没有组织、没有条例、没有经常性的集会"。

但是法国太平静了。路易十八于1824年9月16日的去世终于满足了众人期盼已久的心愿。尽管引起了一些恐慌，但并没有革命的迹象，大亲王以查理十世的名义顺利继承王位，这表明王政的复辟是安全的。"在以前，权力转移会引发历史性的大革命，这次权力转移的平静无疑证明，法国的道德退化已经被快速地扭转"。梅特涅承认。[5]

这不是说危险已经过去，梅特涅还催促美因茨委员会找出更多的证据。整个德意志的信件都被拆封，稍有可疑的就会遭到检查，但检查结果却总是让人失望。在1828年做的最后一次报告中，委员会得出结论，德意志的革命倾向在本质上几乎完全是理智的，除非外国干预其中，否则他们没有机会发动革命，而且也没有证据表明有人严肃地思考过用什么来替代现存的秩序。它总结说，和欧洲其他地方一样，德意志正在发生的是贯穿整个大陆现代化进程的必然后果，没有单独对付它的办法。[6]

梅特涅没有被说服，找不到阴谋证据反而让他更疑神疑鬼。他的本性就是要往死里窥探，往深处探究，不管这个领域过去发生了什么。为了得到全方位的情报，在1814年的维也纳会议上，梅特涅布置了天衣无缝的情报网：不管白天黑夜，他都知道哪个代表，在什么时候，和谁做了什么。这是情报搜集的一次胜利。没有为他实现外交目标带来一丝好处（只给历史学家提供了笑料）的事实并没有削减他对情报的渴望。他在欧洲所有首都和宫廷的各个角落都安插了线人，还把自己很大一部分精力放了警务上面。考虑到他所认为的挑战，情报人员必须把他们的搜索范围扩大到潜在颠覆力量，直到无边际的新领域。这导致人们日常生活最私密的角落都遭到入侵，他们要探寻既无法自我证实又事与愿违的无尽角落。

在奥地利国内，警察遍布各个角落，他们为自己的无所不知感到自豪。他们毫无羞耻地监控并刺探情报，英国大使馆里牧师的妻子玛莎·威尔莫特（Martha Wilmot）到维也纳不久就给她的妹妹写信说"你刚落脚，一张监控之网就布置了下来"。其他旅行者也有这种描述，大家都对这种肆无忌惮地剥夺自主权的行为而感到震惊。人们都知道所有人家的佣人都被警方记录在册，而一个在奥地利旅行的美国商人查尔斯·塞尔斯菲尔德（Charles sealsfield）吃惊地发现隐私无处可藏。一天晚上，在一个维也纳商人为他举办的晚宴上，主人谈到了一个新提议的公共借贷方案，第二天他居然接到了警方传唤，谴责他讨论与生意无关的国家事务。维也纳商人一回家就解雇了他的佣人，然后又被传唤要求他解释为什么解雇佣人。[7]

"酒店的每个侍从都是拿薪水的线人，"塞尔斯菲尔德写道，"他们拿着工资在酒馆和旅店观察，在吧台上吃饭。其他人则为同样的目的而造访帝国图书馆或书店，调查不同的人买了哪些书籍。当然了，邮局收寄的信件只要有一点可疑，就会被拆封检查；他们也不会费心掩盖这种侵犯公信力的行为，邮局办公室的章戳经常出现在书信作者的名字旁边。奥地利在执行这类可恶政策时不会像法国那样施以巧计，也不似普鲁士以军事蛮力贯彻，奥地利人的方法愚蠢且卑鄙，尽管是所有此类臭名昭著行动者里面最蹩脚的，依然以自己为帝国服务，成为有头有脸的人而感到骄傲。"[8]

外国人是首要的怀疑对象，像托普利兹（Töplitz）和卡尔斯巴德这样著名的温泉挤满了操着外国语言的奥地利贵族。不速之客和贵族一起住宾馆，到酒吧吃饭，还时不时地去听音乐会，漫游散步，并把他们的情报报告给警方。旅行者所住的房间处在主人持续的监控之下。[9]

1817年，维也纳大学的一群瑞士学生组建"维也纳瑞士人协会"，他们聚集在餐馆，讨论自己国家的形势。因为很快引起了警方的密切关注，他们于是决定把协会解散了。然而他们还是被逮捕，受到了审讯，在瑞士当局持续的外交干预之下，他们才被释放，条件则是离开奥地利，永远不得入境。1819年，一个在克里姆勒瀑布（Krimml waterfalls）写生的普鲁士学生被警察包围，要求检查他的文件。他按照要求出示了文件后，警察便离开了，但是当天晚上他还是在附近的乡村旅店被赶下床，像危险的罪犯分子一样，被扣上铁链，押解到了因斯布鲁克。几天后他被释放，既没有受到指控，也没有人向他解释原因，只是被告知最好尽快离开奥地利。[10]

遗留至今的警方监控外国人的档案中没有给人以深刻印象的内

容。文件记述的不过就是官方套话，罗列了光顾温泉城镇的有嫌疑却没有情报证实的外国人的名字，拼写还经常是错误的。一个人据说对拿破仑主义的叛乱分子抱有同情，另一个人据说与烧炭党有接触，第三个人被发现阅读伦敦的《纪事晨报》。两个人会面，其中如果有一个是意大利人、波兰人或曾经在拿破仑军队服役过，这两个人就都有了嫌疑。八卦，甚至报纸上的只言片语，都在暗示或支持空想的阴谋。[11]

学生仍然是被密切监视的对象。他们不断地被审问和调查。和其他城镇的任何人有接触都会使其遭到怀疑；讨论西班牙、那不勒斯和彼埃蒙特的事件也会惹火上身。唱《德意志祖国》这样的歌曲会使学生面临48天的拘押。警方杜撰学生社团"密谋"的报告，称社团与监狱里的雅恩，与瑞士、巴黎和华沙的学生都有联络，正在策划与波拿巴主义者在法国发动革命，以实现德意志的统一，而这一切都得到了自称是领导阶层的机构的指挥。支持希腊独立斗争的团体如雨后春笋般涌现，他们被视作指导委员会的分支机构。不过其他组织也成了被怀疑对象——在以天主教为主的地区清教社团被视为具有"革命性"，甚至客商的活动也受到了严密的追踪。[12]

地毯式的监控最终适得其反。维也纳警方早在1804年就注意到，为了躲开无所不在的窥探者，人们会避免在公共场合相互交谈，朋友们在咖啡店碰面，常常坐在那里几个小时不发一言，只在离开的时候道别。警方的视察员安东·克拉梅茨－利林塔尔（Anton Krametz-Lilienthal）抱怨，格拉茨的学生被明目张胆的告发吓怕了，他们相互之间几乎不做任何交流。[13]

奥地利警方整体上并不十分残忍，但他们的确会关押嫌疑人，关押的期限有时候还很长。从1810年3月26日到1831年去世，卡尔·弗赖尔·冯·格拉夫·科别尔斯基（Karl Freikerr von Glave-Kobielski）在没有被指控的前提下一直处在监禁之中。亚诺什·巴茨扎尼（János Bacszany）因为与1794年的雅各宾叛乱阴谋有关而被捕，两年后却又被释放。巴茨扎尼住在维也纳。1809年拿破仑在瓦格拉姆取胜后，雇用巴茨扎尼谱写歌曲，号召匈牙利人发动反抗哈布斯堡皇朝的起义。巴茨扎尼跟着法军离开维也纳，在巴黎定居下来，但奥地利警方于1814年找到他，把他押回国，他在监狱里一直待到1845年离世。[14]

直到19世纪20年代，伦巴第-威尼西亚的警察当局把这个省份当成"即将爆发叛乱的殖民地"，执行着一种被司汤达称作"一种恐怖统治"的政策。交流已经成为"最危险的娱乐"。1821年10月，一个叫乔治·班克罗夫特（George Bancroft）的美国旅行家很不开心地看到布雷西亚被山边的落日笼罩。"当我满心欢愉的时候，两个奥地利士兵出现在离我不远的地方，其中一个携带手枪和刺刀的士兵粗鲁霸道地命令我蹲下去，他威胁性的语气蛮横而无理，傲慢而轻侮。"[15]

1826年，伦巴第-威尼西亚的秘密警察被重组，向最高专员颁布的十八个条款授予其无上的权力。第一条是"调查并揭发所有对最尊贵的统治家族，尤其是对备受尊崇的皇帝陛下，和这个国家构成威胁的方案、阴谋、密谋、计划、企图、诡计和行动；调查任何可能威胁到公共安全和王室内外安全的事件"。第二条是在奥地利领土范围内外"追踪秘密团体、组织、兄弟会、帮伙和派别，不管他们的性质如何"。第三条是"刺探公共舆论"，"监控那些对公共舆论有重大影响的人，监控制造和传播错误思想、不准确或有害新闻的人"，还要"搜集大众发表的各种意见、评论、发言、主张、意图和抱怨"。第四条是监控报纸、期刊和其他出版物造成的影响，使用一切手段侦查走私违禁物品的人，对书店和印刷商保持监视。第五条是监视国家公职人员的公务或私人行为，监视从事宗教活动、宣传教义的神职人员以及教育从业人员。更进一步的任务是"监视一切领事人员、外交官、其他的官方人士或秘密间谍、冒险家、自由思想家、探险者等",监视一切旅行者的行为和他们的通信往来,建立情报网络,等等。指令建议避免"任何形式的挑衅和引诱",避免用违法手段获取情报,并且警告因为"政治派别的意志、秘密团体的狂热、脾性和私人意图的强烈比诽谤中伤他人名誉的恶习更普遍,他们能轻而易举地将激情引导成为报复情绪",所以警方在选用线人的时候应该多加小心,同样也要对线人的报告仔细甄别。[16]

托斯卡纳的哈布斯堡大公国的警察不仅效率低下,在甄选线人方面也缺乏鉴别能力。他们在拜伦1822年移居到比萨之后,耗费了大量的资源跟踪诗人和他的家人。拜伦对一个小规模英国侨民聚居地的礼貌性拜访被解读为在贯彻上级机构的命令。一个叫路易吉·托雷利(Luigi Torelli)的线人对拜伦的活动进行了富有想象力的解读,拜伦和一个不在岗的骑兵下士的斗殴被描述是"难解难分的酣战",诗人还被报告说在他租住的宅邸藏了一尊大炮。帕尔马和摩德纳公国的警察名义上由拿破仑的遗孀玛丽-路易莎指挥,他们同样太过激情,却又没有能力。不过梅特涅在里面安插了自己的人。1822年,法国驻佛罗伦萨的公使抱怨,说他的奥地利同事"和他的线人与警察像国中之国一样驻扎在这里"。[17]

梵蒂冈宁可依靠自己的机构,也不愿与梅特涅合作。它自己的机构遍布各地,有侵入性,效率则十分低下。与其他地方的同事一样,他们忙于审查旅行者带来的危险,旅行者在每个国家和省份的边境、在路边的检查点、在城门、在酒馆,甚至在马厩,都要出示证件。任何希望停留一晚的人都要到当地警局进行登记,证明他们人在那里,他们的话语可能没有他们文件中隐含着的秘密信息重要。处理这类事情的更高级警察当局会发出自己的指令,命令各地官员对旅行者进行检查,双重交叉的"t"或者不加点的"i"会使旅行者受到持续的监控或者被迫离开当地。同时,忘记携带或丢失证件的农民在市场之间不断往来，还有去罗马的流浪汉和朝圣者都让警察不堪重负，人们经常在不受检查的情况下就被招呼穿过城门。[18]

类似程度的野心、行动、无能和懒惰同样也是用于政治整顿的教皇警察力量（所谓的高警）的特点。他们窥探、窃听、跟踪人们，拆封信件，不过因为他们太过明目张胆，人们在公共场合便不开口说话，与跟踪他们的线人耍手段，不去邮局托运重要的东西，只邮寄无关紧要的物品。谣言、小道消息和怒骂是警察所必须追踪的，唯一能让他们从中知道人们在想什么的是涂画在城墙和公共建筑上的标语，每天早上他们还得把这些标语清理干净。每件事都被一样地对待。在博洛尼亚最富裕的一群人为建立一个娱乐俱乐部而申请执照的时候，他们遭到调查，最后孔萨尔维红衣主教收到了一份长达200页的调查报告。[19]

1820年伊始，奥地利警方和他们在意大利各地的盟友抓捕了大量人员，罪犯提供了各种情报。光明会据称活跃在托斯卡纳，圣殿骑士团据称活跃在罗马，以及一系列令人眼花缭乱的且拥有怪异名称的团体分布在半岛各处。其中卡尔·福伦的追随者约翰内斯·维特·冯·道林组建的秘密组织在1821年彼埃蒙特政变被镇压后不久即被捣毁。一些人认为道林是梅特涅自己的一个秘密线人，他在1818年去巴黎的时候用不同的名字入住豪华宾馆，会见各类人士，当时就引起了巴黎警方的怀疑。他曾向警方提供情报，说德意志的秘密协会正准备刺杀执政的亲王们。他们的暗号是"INRI"，不是"拿撒勒人耶稣，犹太人的王"的意思，而是"杀死不公正的国王是正确之事"的意思。道林之前移居到瑞士，加入福伦的队伍，然后以受普鲁士迫害的难民身份来到英格兰，最后去了意大利。他告诉奥地利警方，称有一桩牵涉到德意志、意大利和瑞士的国际阴谋，而瑞士则是阴谋的指挥中心。他说尽管他以前是共济会成员，但他现在不属于任何秘密组织，不过他以坚决的口吻建议不要讨论烧炭党的话题。根据道林的说法,烧炭党和光明会是一家的,他们力图摧毁现有的社会秩序,展开谋杀并制造混乱。[20]

1822年末的时候,米兰警方逮捕了一个叫亚历山大·安德里(Alexandre Andryane)的法国年轻人。在日内瓦学习的前两年,安德里遇到了博纳罗蒂,并被他迷住。博纳罗蒂已经在以"大苍穹"为主体的"崇高完美的大师"的庇护下,为把所有秘密社团和叛乱分子团结起来而工作了好几年,"崇高完美的大师"是一种亚略巴古社团(areopagus),其成员身份仍是未知之谜。安德里的目标不是推翻这个或那个王室,而是要发起普遍的社会革命。1818年,安德里把社团的名字从"崇高完美的大师"改为"世界",根据一些线人的说法,它在意大利的用名是"阿德尔菲"。安德里(代号是柏拉图)声称他的使命是与他认可的一切革命行动建立联系,并尝试把他们统合起来,使他们在经历过去两年的失败后能够重新燃起希望。他与很多叛乱分子建立了联系,参加了一些秘密社团的会议,但他自己没有被触动。他遇见的人重复地喊着烧炭党血腥的口号和誓约,但这些人实际上却是温和自由派分子,想要实现压迫性较小的体制,比如建立君主立宪制度。他们过分夸大自己的成员人数、影响力和潜能,一些更诚实的社团则向他承认,他们的组织就是个赝品。安德里决定带着博纳罗蒂委托给他的文件离开那里。还没来得及离开,他就遭到逮捕,随身携带的文件也被没收。文件中有国际阴谋的证据,描述了"崇高完美的大师"的组织结构和仪式。[21]

安德里被判处死刑,之后减刑为终身监禁,但是八年后,他在斯皮尔伯格(Spielberg)的摩拉维亚堡垒被赦免,回到了巴黎。他在巴黎出版回忆录,发明了新的阴谋理论。道林于1830年从监狱被释放出来后,也出版了内容煽情的回忆录,在书中用在监狱里的见闻丰富了大阴谋那寻常无趣的内涵。他一进监狱就刮擦墙壁,宣称他找到了前人留下的加密信息和传递的指令。这类文字更让容易轻信的人感到害怕。[22]

　　令人惊奇的是，道林的回忆录引起了警方的关注。说得委婉些，安德里和道林编造的故事和材料是不可信的。既然他们拾掇各种似乎能够吻合的事实，警察就得严肃地对待他们。警察似乎没有考虑到的是，他们自己的文件似乎无法证实巴吕埃尔阴谋和隆巴德·德·朗格勒（Lombard de Langres）的秘密。很多书籍和小册子的主题围绕圣殿骑士团、共济会、光明会的大阴谋来编写，其他周边的文字也涉及这一共同主题，大阴谋已经成为家喻户晓的话题。它激起装腔作势的人和幻想家的灵感，骗子也会利用它向警察兜售和某个阴谋有关的重要情报。大阴谋主题也提供了一个免受定罪的途径，就像在安德烈·阿沙尔（André Achard）的案子中展示的那样。阿沙尔于1824年7月因为抢劫而被捕，他承认自己是受到在巴黎运作的以十字联盟为名而发起彼埃蒙特起义的阴谋成员。这次起义的目标是把拿破仑的儿子推举上王位。他因此逃脱了罪行，阿沙尔揭发参加起义的官员名字，警方却查无这些人，并且他提供的为数很少的真实信息也都是为公众所熟知的东西。[23]

　　法国和奥地利警方似乎都没有停下来去思考安德里之流所编造的故事的真实性。如果安德里指出的那些人真的是与法国、德意志和瑞士的同伙有接触的叛乱分子，像他这样的人似乎就不可能突然现身米兰，并被委托以重要文件。秘密社团的人肯定会小心内鬼出现，并且一定会用密码或其他东西确保真实性。法国警方档案里的一些文件显得业余而愚蠢，让人十分费解。描述入会仪式的内容都来自一本以大阴谋为主题的书，其中对隐形墨水的描述十分幼稚，比如"把橡木胆研磨至细颗粒，将其溶解在纯水中，直到混合物变白而又不至过浓，用一支新笔蘸上，在白纸上写字即可"。[24]

　　警方和他们的主人没能做成的另一件事是正视那些目标达成失败的秘密社团的实力和影响范围。这促使他们夸大威胁，粗暴地展开过分的惩罚，实际上也就创造了烈士。1820年10月，尽管记者兼诗人西尔维奥·佩利科（Silvio Pellico）所属的"凡迪塔"（vèndita）事实上是个自由派组织，但他还是遭到逮捕。1822年初，经历漫长的审讯，佩利科被判处死刑，之后获得减刑在斯皮尔伯格堡监狱服15年徒刑。他于1830年被释放，两年后出版了记述其遭遇的小书《我的监狱》（Le mie Prigioni），此书成为国际畅销书。一个原本对任何人都无害的平庸诗人成了烈士，他的事迹让哈布斯堡王室在整个世界臭名昭著，也激发无数年轻人拿起武器来反抗它的统治。

另一个获得烈士殊荣的人是费代里科·孔法洛涅里（Federico Confalonieri）伯爵，他参与到彼埃蒙特宪政主义者的密谋之中，并于1820年鼓励宪政主义者支持参与伦巴第—威尼西亚解放斗争的同志。他被警方追踪，于1822年被捕。1824年初，经过极其漫长的审判后，孔法洛涅里被判处死刑，然后减刑为终身监禁在斯皮尔伯格堡。但他在去斯皮尔伯格堡路上的经历可谓神奇而怪诞。他手脚铐着链子，被装进一个没有窗户的马车运到米兰，两边坐着全副武装的警察。1824年3月初，押送他的队伍停在了维也纳。经过两年的监禁和审讯，他已经憔悴得无法行走，于是被驾着来到楼上一个装饰讲究的屋子。当时正值狂欢节的高潮，孔法洛涅里在第二天晚上坐在一个普通的马车里穿过城市的时候，城市的宫殿灯火通明，人们衣着花哨，挤满了街道，欢歌载舞。马车在位于博豪斯普拉茨（Ballhausplatz）的首相官邸停了下来，他被带上楼来到一个小书房。孔法洛涅里发现他对面的人是梅特涅。

他们之间的交谈持续了整整两个小时，奥地利首相十分礼貌地询问他在意大利做了什么，问他巴黎指导委员会的情况，这令他百思不得其解。梅特涅就像对待一个淘气的小男孩一样教育他，训斥他被"错误"的思想误导，站在了注定要失败的坏人的一边。"我们追求的事业因此不仅更正确,"他温和地断言,"它也更成功。"奥地利首相的自信给孔法洛涅里留下了深刻印象,这展现了梅特涅的价值观,任何与他的观点不相符的事物都被蔑为雅各宾主义。梅特涅用雅各宾主义这个词形容慈善家、自由主义者、宪政主义者、自然神论者、不可知论者和其他各类人。梅特涅也从孔法洛涅里身上得知了一些让他吃惊的东西,尽管他之前已有所了解。会谈之后,在一封于3月7日写给勒布泽尔腾的信中,梅特涅写道,他"在彼埃蒙特叛乱爆发之前,就已经听说俄国驻都灵的使馆发生了一些奇怪的事情"。[25]

21 兵变

亚历山大的最后一点自由主义思想已经被清除，而他的"神秘主义"则变得极为反动。"我的抱负是维护和平，打击革命，镇压无所不在的革命分子，这也是我唯一渴望的荣耀。"他于1824年7月向拉·费隆奈宣称。他已经在扑灭那些他曾经鼓励的人的精神和曾经将其作为自己崇高理想的精神上取得巨大成功。[1]

亚历山大在1801年登上皇位时做的第一件事就是废除秘密远征队——一个对付政治颠覆的邪恶机构；释放了上百名政治犯；还禁止刑讯逼供。"在一个有秩序的国家中，应该依法处理和审判犯罪，惩罚罪犯。"他在4月2日签发的一份宣言中解释道。事情并没有如愿地进行下去。秘密远征队的职能丝毫不差地被圣彼得堡的总督办公室接管。1805年，开赴战场之前，亚历山大不得不组建了一个处理国家安全事务的机构，即1807年的公共安全委员会。1810年，他学习拿破仑，设立了以巴拉绍夫将军为首的警察部，巴拉绍夫把拿破仑的警察系统中最糟糕的部分都移植了过来。亚历山大的朋友、政治家维克托·帕夫洛维奇·科丘别伊抱怨，"圣彼得堡充斥着各种间谍：外国间谍、俄国间谍、拿薪水的间谍、志愿的间谍；警官开始伪装起来，他们甚至认为部长也隐瞒了真实的自己"。根据科丘别伊的说法，"他们尽其所能地煽动犯罪……无所不用其极"地诱人掉进陷阱。亚历山大批评巴拉绍夫采取的措施，称监控是没有意义的，所有指控告发应当被忽略。不过他还是设立了由雅科夫·伊万诺维奇·桑格伦（Yakov Ivanovich Sanglen）[一个以前叫圣·格兰（Saint-Glin）的法国流亡者]领导的秘密部——用以监视巴拉绍夫。圣彼得堡总督有他自己的独立秘密警察力量，还有一个大家最害怕的间谍网络。[2]

沙皇忙于对外征战，谋取和平，所以任命阿列克谢·安德烈耶维奇·阿拉克切耶夫（Aleksey Andreevich Arakcheev）将军为部长会议主席，留在国内掌控局势。阿拉克切耶夫是个冷酷无情的人，经常被人称作"吸血鬼"。虽然他小心谨慎地约束自己的行为，只执行沙皇的指令，但他很快就将权力扩展到了政府所有部门。他出现在哪里，那里的人就会惊慌失措。亚历山大返回俄国后，便把国家运作的权力交给了阿拉克切耶夫将军，而自己则专注于改革事宜。[3]

当局势失控，沙皇发现他面临的邪恶势力对国家的进攻已经严重到难以对付的境地。1817年，亚历山大将教育部和宗教事务部合并，并任命亚历山大·尼古拉耶维奇·戈里津为部长。作为沙皇的老朋友，戈里津在青年时很浪荡，但在被任命为东正教会圣会代理官后，他开始阅读圣经，逐渐成了上帝的信徒。他曾经帮助沙皇在精神上渡过了1812年的艰难时光，并让沙皇坚定了拯救世界的决心。作为俄国圣经协会的创立者之一，戈里津鼓励所有基于圣经的信仰：像亚历山大一样，比起传统的东正教信徒，他更多是一个再生的基督徒。然而他拒绝宗教改革，并斥之为不道德。

1819年，亚历山大指令米哈伊尔·尼古拉耶维奇·马格尼茨基（Mikhail Nikolaevich Magnitsky）清洗据称是无神论和不道德温床的喀山大学（University of Kazan）。马格尼茨基仓促地检查一番后，便解雇了过半数的教职人员。清除图书馆不道德的文学书籍，从马基雅维利开始，宗教改革时期和当时很多德意志作家的作品都被销毁。被视为与圣经不符的地质学被移出课程大纲，数学和哲学教师的数量被削减，神父被雇佣教授宗教课程。马格尼茨基辩解称，教育的唯一目的是培养"真正的东正教子民，沙皇臣民，对祖国有用的品行良好公民"，并与"现实的邪恶精神"相抗衡。[4]

哈尔科夫的大学、多尔帕特的大学、维尔纳的大学和莫斯科的大学都遭到了类似的清洗。圣彼得堡大学的创始人谢尔盖·谢苗诺

/ 21 兵变 /

维奇·乌瓦罗夫（Sergei Somionovich Uvarov）与"西方一切东西都是肮脏"的理念斗争，有力地捍卫了自己的阵地。他坚持认为不可能没有"不危险的教育，就像没有不燃烧的火焰"。他最终被解雇，由马格尼茨的密友D.P.拉尼什接任，他将那些与他观点不相符的人视为"革命的爬行动物"。拉尼什刚上任就立即解雇了4位教授，这惹得学生离校出走。这个大学在几个月内就只剩下40名学生。[5]

亚历山大在统治的第一年没有废除和新闻有关的法律，期刊的数量有所上涨，文学创作的景观更加生动，但这一切在1817年发生了变化。俄国科学院主席亚历山大·谢苗诺维奇·希什科夫（Aleksandr Semionovich Shishkov）海军上将定下基调，称18世纪"滋生出的无神论和堕落思想"导致整个时代都被"摧垮，被谋杀"，"洪水激流"淹没了宗教和文明。像传染病一样的法语将恶魔"从一个国家带到另一个国家，从一户人家带到另一户人家，从一所学校带到另一所学校，从一份报纸带到另一份报纸，从一座剧院带到另一座剧院"。[6]

这类言论似乎触犯了亚历山大所信奉的原初思想，但他没有反驳。他越来越默认此类观点。1819年1月他的妹妹叶卡捷琳娜的去世深刻地影响了他，由于挣扎于内心的矛盾，他在精神和政治上感到十分孤立。他寻找内心平静的努力似乎越来越无法与他绝对君主的身份相兼容，他不止一次地表达过逊位的想法。但同时，他认为离开皇位就无法履行对赐予其沙皇角色的上帝的责任，是一种怯懦的表现。亚历山大偏执妄想的程度也越来越严重。不管提到什么名字，他都会翻看梅特涅给他列出的所有政治嫌犯的黑名册。偏执也表现在个人层面，"他不仅担心自己的安全，如果在街上听到有人笑，或发现宫廷侍从笑，他都会觉得是在嘲笑他"。他昔日的情妇玛丽亚·安东诺夫娜·娜丽什季娜（Maria Antonovna

Naryshkina）向德布瓦尼伯爵夫人透露。他失聪的问题越来越严重，会以为人们当着他的面嘲弄他，或者在背后讥讽他。[7]

1822年6月，他会见了"圣人"佛提乌（Photius）。佛提乌只以面包和水为生，穿粗毛布衬衣，佩戴铁质腰带。沙皇很快就被他的魅力所折服。佛提乌坚定地要把包括圣经协会成员在内的所有"异教徒"驱逐出俄国。1824年4月30日，他向沙皇揭示"革命计划"和"秘密团体在俄国和其他地方所从事的神秘邪恶事业"，还劝沙皇取缔圣经协会，驱逐戈里津。[8]

1822年8月1日，在前往维罗纳之前，亚历山大命令解散包括共济会会所在内的所有协会。这个措施很不受欢迎。圣彼得堡只剩下一个法式咖啡馆，还受到了警方的严密监视。能够让人们自由轻松地进行社会交往和展开学术讨论的沙龙消失了。共济会会所和其他社团提供了受欢迎的社交消遣。有理想主义抱负的年轻军官聚集在诸如福利联合体之类的地方，像道德协会一样致力于重建社会的道德机理。也有像俄国文学热爱者自由会、绿灯（Green Lamp）、阿尔扎马斯（Arzamas）这类以普希金为主角的文学社团，他们的成员不仅关注文学，还讨论文学作品的功能——他们中的很多人用政治眼光来分析文学。他们把科策比刺杀卡尔·桑德的行为视作英雄之举，把玻利瓦尔当作偶像，称赞列戈和基罗加的宣言。他们写诗吟诵，写批判国家事务的文章，呼吁变革。普希金的《自由颂》建议确立君主立宪制，而在《村庄》中，他表达了解放被压迫人民，让自由降临俄国的希望。

这类组织并不具有革命性。当一个叫尼古拉·屠格涅夫（Nikolai Turgenev）的年轻人加入福利联合体的时候，他惊讶地发现所有围坐在一起的成员哀叹俄国的形势，表达对未来的虔诚希冀。当他释放自己的两个家奴，并建议其他人也这么做的时候，回应他的只是令人瞠目结舌的沉默。"人们会发现这里的人和他们所做的事情有很多不一致的地方,这里的人必须拥护在年轻人那里十分受欢迎的自由主义思想,同时又很虔诚地为专制政府服务,"一个法国外交官指出,"一个年轻的俄国军官会用鞭子武装自己,向绝对君权臣服;但当周边环绕着自己的奴隶时,他还会表现得像美国公民一样,教导你什么是人的权利和自由。"[9]

这些社团通过培育团结意识,宽慰了似乎在这个冷漠的世界里无法施展才华的一代人。很多人都沦为孤僻而又多余的人。普希金在他的《叶甫盖尼·奥涅金》(*Eugene Onegin*)一诗中描述孤僻的年轻人是怎样走到一起,一边喝凯歌香槟和拉斐酒,一边讨论伟大之事。尽管讨论不出什么结果,但它让年轻人通过无害的方式释放了自己的激情。

虽然大多数社团都乖乖地解散了,但其他团体则转入到地下,他们的成员发掘出阴谋带来的快感。福利联合体变得更政治化,在圣彼得堡分化出北方协会,在乌克兰的军事基地设立了南方分支。北方协会的领导人是24岁的警卫队长尼基塔·米哈伊洛维奇·穆拉维约夫(Nikita Mikhailovich Muravev),他在17岁时参加过对法战争,在战斗中表现十分突出。他虽然罗列出一系列社团目标,支持君主立宪制,支持解放农奴,但他仍然是那一代人的典型代表,立场偶尔左转,偶尔右转。社团其他成员立场波动的幅度甚至更大,很多人根本就没有一个固定的想法。一个叫亚历山大·伊万诺维奇·雅库博维奇(Aleksandr Ivanovich Yakubovich)的年轻人叫嚣要杀死沙皇,但被他的一个同侪描述是"一杯水的风暴"。[10]

南方协会更激进一些,领导人帕维尔·伊万诺维奇·佩斯捷利(Pavel Ivanovich Pestel)是西伯利亚总督的儿子。佩斯捷利以前在圣彼得堡和德意志学习,在1812年的博罗金诺战役中受过伤,1821年,27岁的他晋升为上校。他是一个共和主义者,但并不清楚协会里现在有多少成员同意他的信条,也不清楚这些人里面有多少是真的赞同他：佩斯捷利坦诚地跟尼古拉·屠格涅夫说他能信赖的人只有五六个。南北协会开会，试图达成一致目标，但从没有达成过一致方案，更不用说发起共同行动。[11]

协会成员大多是军人，他们把列戈和基罗加的宣言当作效仿的模板。他们中的一个人解释，说"我们的革命会很像1820年的西班牙革命；因为这次行动由军队在人民的帮助下来执行，所以这样的革命不会流一滴血。"他们似乎并没有提到西班牙革命在被镇压之前发生过大规模流血事件的事实，也没有一个阴谋策划者想出如何效仿他们的宣言方案。佩斯捷利告诉他的一个朋友，军事政变之后，他会与华盛顿一样隐退（去修道院，而不是弗农山庄）。他没有阐述如何转交权力，以及如何治理这个国家。北方协会实际上任命谢尔盖·彼得罗维奇·特鲁贝斯克维奇为"独裁官"。特鲁贝斯克维奇是一个害怕革命的保守主义者，他似乎希望由沙皇来处理各种事务，从而让所有一切得以友好地解决。虽然他们在策划革命，但似乎没有一个人是标准意义上的革命者。他们的动机很不成熟，有理想主义色彩，带有表演成分，他们实际上是在戏弄革命。[12]

过去的三代皇室成员已经建立了对军队的崇拜，并在一定程度上将此视为一种控制的手段和一种自我认可的形式。沙皇和他的手足兄弟刚出生就开始扮演士兵，他们似乎从来没有脱过军装。他们热衷于游行，一种完全没有军事价值的统治仪式——适得其反，频繁的游行惹恼了军队，使这个特殊场合的意义都没有了，这是主权者在以前难得的游行机会。

在过去的半个世纪里，俄国帝国扩张得比地球上其他任何国家都要快，但是也正因如此，它对武装入侵患上了一种病态的恐惧。1812年，在没有动员全部军事实力的情况下，俄国就成功地击退了欧洲最强的军事力量，这支军事力量由有史以来最伟大的将领指挥。军事胜利没能缓解恐惧，亚历山大没有打算撤出留驻在法

/ 21 兵变 /

国的庞大军队。维持这样一支军队需要耗费大量金钱,一半的财政收入砸入其中(还不包括海军开支),成千上万的精壮男性被调离耕田和工厂,从而无法为经济发展做贡献。军官本应该在政治、艺术、新闻、法律和其他的自由行当开发事业。战争的结束则使他们失去了发光发热的机会,他们感到无聊、沮丧,部队生活的残酷让他们深感愤怒。更糟的是,他们的工资非常低,许多中尉都无法给下属发放工资;因为害怕穿坏制服,他们不敢外出,在营房时就用毯子裹着身体。其他国家的外交官经常报告此类不满事件,1822年8月,法国驻圣彼得堡的代理公使博伊斯雷康特(Boislecomte)注意到,部队里所有人都在讨论动荡局势和贵族青年的不满情绪。一个将军告诉他,没有发生革命的唯一原因就是还没有人能领导革命。[13]

谢缅诺夫斯基军团发生的"兵变"使人们感到震惊,但沙皇并没有调查原因,直接把它归罪为指导委员会。沙皇惩罚了谢缅诺夫斯基军团的所有人,把士兵发放到遍布全国前线的军事单位——这是一种很奇特的"传染病"处理方式。他命令每个军事单位都成立一个士兵和军官监控网,检举战友可以得到报酬,但这没能解决最根本的问题。[14]

做出惩罚不到几个星期后,瓦西契科夫将军给沙皇递交了一份正在策划各种兵变的军官名单。沙皇看过后陷入了沉思。"我亲爱的瓦西契科夫!"他过了一会儿说,"你从我登基开始就为我服务,你知道我自己也曾有过和鼓励过这样的幻想和错误。"他停顿了一下,补充道:"这不能由我去施加惩罚。"不久之后,禁卫军首长本肯多尔夫上校递交给亚历山大一份报告,列出了人们表达的各种不满。叛乱分子宣称的一些目标让人十分担忧,但他们对这个国家没有造成威胁:在莫斯科和圣彼得堡,或许有在国外接受教育的个体可以给他们提供契合心志的思想,但其他地方并没有这类人。"可以很自信地说，俄国内部甚至没有人想过什么是宪政"，报告补充说贵族并不想失去他们的特权，人民已经习惯了他们现在的处境。亚历山大没有回应。"我知道我周围到处都是刺客，他们恶毒地想杀害我本人"，他跟一个将军说，但对此没有采取行动。他越来越不关心自己周边发生的事情，仅仅因为想摆脱宫廷生活的拘束，他毫无目的地巡游了俄国。[15]

1824年7月，在英国出生的军官、驻乌克兰的约翰·舍伍德上尉向他递交了一份报告，其中载录了南方协会的章程和诗歌。沙皇喃喃念着和上帝旨意有关的东西，随后把报告扔在了一边。1825年，迪比奇将军警告沙皇，称麻烦正在发酵；10月，本肯多尔夫递交了另一份报告，提醒沙皇注意军官团的秩序即将瓦解；他解释，迟滞而渺茫的职位晋升使军官们产生了极度的不满情绪。之后沙皇又收到一份报告，这才终于命令展开调查。[16]

亚历山大之后把他的帝国交给阿拉克切耶夫管理，自己又开启了另一次旅行。沙皇不在时，阿拉克切耶夫的情妇在他位于格鲁奇诺（Gruzino）的宅邸被佣人杀害，悲伤愤怒的阿拉克切耶夫抛弃一切，离开了他的国家，之后也一直沉浸在这种情绪中无法自拔。阿拉克切耶夫忽视了舍伍德的加急信，信中警告驻扎在乌克兰的第二军即将爆发起义。[17]

11月19日，沙皇感染伤寒，大病了一场，不久后在亚速海的塔甘罗格（Taganrog）去世。沙皇驾崩的消息于11月27日传到圣彼得堡，军队和文官开始向新沙皇、亚历山大的弟弟康斯坦丁宣誓效忠。而此时，康斯坦丁实际上并不是王位继承人。亚历山大早在1819年就已经否决了康斯坦丁，部分是因为他多变而暴躁的脾气，部分是因为他与原配德意志公主离了婚，迎娶了头衔不符合苛刻的俄国皇家法典的波兰女士。康斯坦丁以前宣布过放弃皇位，并将之让予他的弟弟尼古拉。但是亚历山大只把这件事告诉了他的母亲，其他人并不知道。他把相关文件委托给教会的显贵保管,后者对文件的重要性却一无所知。

在华沙听到人们拥护他成为新沙皇的时候,康斯坦丁写信告诉尼古拉,说是他,而不是自己,才是新沙皇。尼古拉一开始不相信,几封通信后,他开始准备继位,并让军队和文官在12月14日重新向他宣誓效忠。不知道为何,康斯坦丁在军队中很受欢迎,被认为有自由主义的本性。人们困惑为什么要重新宣誓,北方协会决定利用有利时机,展开进一步行动。他们并没有想出最佳方案,只是要发起行动。在12月13日举行的最后一场会议上,他们的领导人精神发生错乱,提升士气的战前演讲无疾而终。但是他们支持康斯坦丁和宪政政府的计划与基罗加宣言没什么不同,他们也没有准备动员自己的人发动革命,只是命令他们行动起来,因为他们的头衔要求他们这样做。[18]

早在12月14日早晨,米哈伊尔和亚历山大·别斯图热夫(Alexander Bestuzhev)兄弟率领他们军团的莫斯科夫斯基(Moskovsky)部队出走位于圣彼得堡的军营,并在这之前就告诉士兵,称真沙皇康斯坦丁被关在监狱里,他们必须解救沙皇。士兵们按阅兵时的顺序排列成队,向参议院广场(Senate Square)进发。海军卫队和掷弹兵部队很快就加入了他们的队伍。等候的时候,他们周围挤满了困惑不解的旁观人群。形形色色的阴谋分子现身,发表充满激情的宣言后散开离开。北方协会"独裁官"特鲁贝斯克维奇的助手布拉托夫上校也出现在现场,但随后就跑去向新沙皇宣誓效忠。独裁官本人没有任何行动。特鲁贝斯克维奇在城市巡游了一圈,努力向各个当局解释他从来没有不忠不义,之后来到曾经帮助过他的妹夫、奥地利大使勒布泽尔腾的宅邸,寻求庇护。

这支三千人的队伍到达参议院广场后,既感到寒冷,又不知所措。军官们喊出士兵们不能理解的各种口号,士兵们则驯服地呼喊

"乌拉"：口号并没有包含丁点儿关于宪政是什么的内容，他们用"康斯坦丁和宪法"来称呼康斯坦丁和他的妻子。

同时，尼古拉调集了其他军事单位，但在镇压之前，他派米洛拉多维奇将军前往谈判。米洛拉多维奇骑马现身时，被一个叛乱者开枪射杀。尼古拉又派出另一个军官，再然后是大主教谢拉菲姆（Serafim），最后是他的弟弟米哈伊尔大公，都被射杀了。尼古拉然后命令一支骑兵部队驱散兵变者，不过冻僵了的兵变者没有反抗，他们没有履行职责，在一片混乱中撤退，这惹得当时围观的一大群人哄笑起来。虽然到中午，旁观者就开始呼喊支持兵变士兵，其中有人呼喊尼古拉退位，有人扔石块，但他们本性上是驯服的。

在派出另一个特使表达善意之后，尼古拉派炮兵来到现场，并命令他们发射霰弹炮。兵变士兵没有射击抵抗，也没有自我防卫。他们开始撤退，但是他们的阵形被惊恐的平民冲散，即刻就溃败下去。一些人试图穿过涅瓦河逃命，肆意射击的炮兵炸开了冰冻的河面。射出多少炮，多少人员溺亡，数字已经无从查证。

北方协会的计划在九天后才传到他们在乌克兰的同志那里。佩斯捷利已经被逮捕，谢尔盖·伊万诺维奇·穆拉维约夫－阿波斯托尔成了新领导。他直到12月30日才集结兵力，率领切尔尼戈夫团的800名士兵离开军营。他之前已经发布了一份声明，称国家的病根源自沙皇没能履行上帝的旨意。他们一边行军，一边试图拉拢其他军事单位。阿波斯托尔与效忠于沙皇的队伍展开战斗，以失败而告终。

叛乱者的行动更多是一种姿态，而不是真的要攫取权力，也没有对王权本身构成威胁，事件本身不是革命恐怖，更像是一场闹剧，它使尼古拉在个人层面和政治层面上都被置于一种困难的境地。这个腼腆的29岁青年根本就没有做好成为君主的准备，也不可能一下子就适应这样一种他并不喜欢的角色地位，同时还要面对臣民们对他的仇视。从一开始就要为他的皇位而斗争，这让他颜面尽失，况且新沙皇向民众展现了如此进攻性的一面，而皇位继承一般是举行大赦的。这反映在尼古拉和他的外交官向外界陈述此次叛乱时矛盾的表达方式：他们一会儿对这一事件带来的严重恶劣表示愤怒，一会儿又镇静地宣称这只是一场微不足道的摩擦。总而言之这起叛乱让人十分难堪。[19]

尼古拉不仅没有做好准备，还缺乏解决问题的能力。作为一个威严、帅气而又高大的男人，他不缺乏魅力，他的行为举止让很多人为之倾倒。根据一本书的描述，尼古拉是"一个缺点和优点都有的奇妙混合体，他既卑鄙又伟大，野蛮又侠义，勇敢卓绝又多疑怯懦，公平正义又专制独裁，大方又残忍，虚浮又简约"。这些很大程度上是源自他并不快乐的童年。[20]

他曾经是父亲的最爱，但15岁时父亲的去世让他遭受打击。之后他和弟弟米哈伊尔由拉姆斯多夫（Lamsdorff）将军抚养，深受后者的摆布。"拉姆斯多夫将军知道如何在我们的心中种下一类情绪——恐怖"，尼古拉后来写道。男孩在他的英国奶奶简·莱昂（Jane Lyon）那里获得宽慰，奶奶离开的时候，他大哭了一场。艰苦的童年让他有着自卫式的顽固，并经常演变成攻击性的特点，他的家庭教师留意到，他的行为中有"太多暴力"，他玩游戏时吵闹得无法无天，并总是伤到自己或他人。[21]

尼古拉和他的弟弟接受了一种泛泛（或许流于表面的）教育和基本的宗教指导，但他主要的精力放在了军事训练上面。尼古拉是听着军令、军号和加农炮声长大的，这让他对等级充满敬畏，也让他建立了强烈的荣誉感和责任心。在军事生活的组织和程序中，尼古拉看到了最值得信赖的行为准则和对抗不确定性与无序生活的避难所。[22]

尼古拉认为制服可以提醒人们，他们不是可以为所欲为的私立个体，而是要为组织提供服务的成员。制服可以让人很快地对其在国家结构里的位置产生认同。这就是他为什么把制服引进民间机构，甚至引进大学，也是他为什么在诸如土地调查、林业、矿业、工程和交通的管理领域里引入军事组织结构的原因。除了制服，编制化还出现在其他地方：军官要留胡须，不管头发是什么颜色，胡须一定要是黑色，而文官则必须把胡须剃干净。尼古拉将签发数十道命令，涉及制服纽扣的数量，以及夹克、裤子和马裤的裁剪方式。[23]

1817年，尼古拉迎娶了普鲁士腓特烈·威廉三世的夏洛特公主。两人相亲相爱，相敬如宾，成为夫妻关系的典范。1825年12月12日，读完哥哥康斯坦丁让他相信他要继承皇位的信后，尼古拉找到夏洛特，跪在了他的皇后面前，夏洛特则拥抱了他，像往常一样称呼他"尼克斯"（Nicks）。[24]

尼古拉崇拜恐怖的伊凡，尤其敬慕彼得大帝，后者起草了规定公民等级的等级表；他将国家视为一个金字塔结构，他自己在顶端履行上帝赋予的义务，而底下的每个人都被自己对上级的义务捆绑，要为高于自己等级的人履行义务，同时对低等级的人享有权利。因为否认所有其他思想，并视不同的想法为"异端"，尼古拉认为讨论没有任何益处。

十二月兵变与尼古拉视为正常的东西大相径庭，他既困惑又震惊。镇压兵变后，尼古拉回到他焦虑的妻子旁，马不停蹄地又在东宫建立了一个审讯室，并在当晚审问了第一批犯人。犯人们双手捆缚在后背，一个接一个地被带到房间，接受尼古拉的亲自审讯。第二天，他设立调查委员会，但仍坚持亲自审讯主要兵变人员。尼古拉像任性的孩子一样审问他们，一会儿像一个失望的父亲，用更温和的语气与他们交谈，希望博得同情，表达帮助他们的愿望；一会儿又朝他们大吼大叫，一边跺着脚，一边威胁施加严厉的刑罚，同时逼迫犯人们去盯着一支蜡烛。尼古拉会在不同的日子调整对同一个犯人的审判方法，在每一阶段的最后，当犯人被送回他们在彼得保罗城堡（Peter and Paul fortress）的牢房时，他都会详细说明是否要把他们用链子锁起来，铐起来还是不加锁链，赐予还是剥夺微不足道的特权。尽管可能做出尝试，但他发现还是无法完全理解整个情况。[25]

调查结束后，5人被绞死，另有121人被判以不同程度的监禁或者被流放到西伯利亚，300人受到纪律处罚，被降级或转移到了其他部队，并受到监视。一些当时已经逃到国外而缺席审判的人被判处死刑。和英格兰及法国犯人因为轻微的证据就被绞死、被送上断头台或被流放相比，这些判决算是轻的。但这些被称为"十二月党人"的叛乱参与者很快就成了烈士。俄国已经有几十年没有出现死刑的案例，受到刑罚的人全部都是贵族，他们被终身流放到西伯利亚的农民茅舍或者在高加索前线部队服役，对一些出身十分显赫的贵族来说，这十分残酷。一般被流放到西伯利亚的罪犯之妻是被允许跟着她们的丈夫，待刑期结束后一起回来。但尼古拉下令剥夺叛乱者妻子的贵族衔位及他们处置自己财产的权利，即使刑期结束，或丈夫去世，也不得回归原地，他们养育的孩子也可能被打入农奴阶层。[26]

很多评论批评此次调查的方式。在报告中，委员会认定福利联合体是一个以接管国家权力为目标，组织良好，政府机构完备的社团。尽管很多成员都认为目标难以实现。其中一个叫亚历山大·德米特里耶维奇·博罗夫科夫（Aleksandr Dmitrievich Borovkov）的成员曾经为警方当过15年的线人，当时是一个不起眼的文学作家，他承认他们曾经大肆鼓吹无中生有的阴谋。博罗夫科夫指出，怎么会有人对扎瓦利什（Zavalishyn）这样夸夸其谈的幻想家深信不疑。在1822年到伦敦旅行的时候，他要宣布前往西班牙参与革命战斗；失败后来到加利福尼亚，因为喜欢那里的气候，便决定要为俄国占领那片土地；之后他又来到墨西哥，打算在那里成为光荣人物；最后他回到俄国，又在北方协会发表自己的见解。马克西姆·雅科夫列维奇·冯·福克（Maksim Yakovlevich von Vock）是俄国的最高级警官之一，他总结说，叛乱是人们对国家事务忍无可忍之后的绝望爆发，是疾呼求援。尽管事件是违法而应受到谴责，但他指出，"叛乱一开始就注定要激发更多的不满，没有什么能够消除它的影响力"。[27]

  尼古拉的看法和福克不同。"路易十六没能履行自己的职责，所以受到了惩罚，"他小时候在一篇历史课的文章中写道，"一个君主没有权利原谅国家的敌人。"因为叛乱事件而感到困惑和屈辱，他在阴谋论里找到了藏身之处。在这一点上他并不孤单。调查委员会的一些成员使皇太后玛丽亚·费奥多罗芙娜（Maria Feodorovna）坚信，为了加入南方协会，准成员必须发誓，协会的上级成员可以要求他做任何事，即使谋杀自己的父亲、母亲以及兄妹姐弟也不例外。他们习惯于谴责和指控各种将军与官员，反对外国人、共济会和各种社团。他们疯狂地进行指控，揭露光明会，杜撰光怪陆离的理论。奥地利驻伦敦大使馆的秘书菲利普·冯·诺伊曼日记的首篇便很好地揭示了此类无稽之谈："阴谋分子计划在亚历山大沙皇葬礼的当天，在他位于圣彼得堡的墓前刺杀所有皇室成员……"[28]

  对尼古拉来说，唯一的答案就是外国"暴民"发起了大阴谋。他委托普鲁士司法大臣卡尔·阿尔伯特·冯·坎普茨（Karl Albert von Kamptz）在《文学报》（*Allgemeine Litteratur-Zeitung*）上撰写了一篇文章，大意是叛乱是遍布欧洲的秘密社团的杰作。1826年4月，沙皇发布命令，称每个人都隶属于一个组织，要么是秘密组织，要么是公开组织，所有人必须明确身份，坦白交代。他始终认为阴谋仍然没有消失，一些阴谋分子已经逃走，正在重建力量，甚至那些被流放到西伯利亚的人可能会和那里大量的波兰罪犯合谋起事。[29]

22 大清洗

尼古拉在5名"十二月党人"行刑的那天发表宣言,声明必须对"内部已经被疾病侵蚀"的社会加以清洗。他接着解释,说这一疾病对"本质上"纯洁的俄国来说是新生事物。他强调父母必须保护他们的孩子免遭(外国)恶势力的影响,还要教育他们理解俄国那"热爱沙皇和奉献君主的民族性格"。[1]

尼古拉打算与过去一刀两断,采纳一项全新的措施来保护这个国家。他不需这类进行监视和镇压的秘密警察;他想要建立一个可以让他自己扮演父亲般角色、用深沉的爱使臣民远离危险的机构,而且他要直接控制这个机构。沙皇把所有从事执法和刑事侦查的警务工作都转移到内政部。1826年7月3日,沙皇颁布帝国敕令,在隶属于他的帝国皇帝首相府下设第三个专职部门,专门处理具有政治属性的事务。他任命44岁的亚历山大·克里斯托弗洛维奇·冯·本肯多尔夫将军为帝国皇帝首相府第三部的掌门人,以贯彻他的理念。

本肯多尔夫未必能够领导这个面临革命风险的帝国的秘密警察。他在女士那里风流倜傥,但并不十分聪明,精力也不十分旺盛,人到中年时就心不在焉,容易健忘,很多人觉得他是个没用的废物,甚至就是个笑柄。他出身于德意志波罗男爵望族,父亲是步兵将军,与沙皇保罗一世关系很密切;他相继在巴伐利亚的学校和法国耶稣会士在圣彼得堡开办的学校接受了教育。1798年,他成为谢缅诺夫斯基军团的军官,并在九年后参与了埃劳战役(Eylau)。同一年,他陪同彼得·阿列克谢耶维奇·托尔斯泰(Petr Alexeevich Tolstoy)前往驻巴黎的大使馆上任。本肯多尔夫非常享受在巴黎的时光,他见到了包括后来驻法国首都的奥地利大使梅特涅这类有趣的人。他似乎模仿了梅特涅,在情场上十分得意,甚至还与别人分享他的经历。1812年,他被授予"极大的自主权",奉命指挥分遣队,袭扰拿破仑的撤退部队。他取得了胜利,在对待法国战俘及听命于他的农奴上比其他大多俄国军官都要人道。第二年,他在莱比锡战役中指挥一个旅的部队战斗,然后接着解放了荷兰和比利时,还参与了1814年的法国战役。

1819年,本肯多尔夫成为禁卫军首领,他很快就意识到情况并没有那么好。他尤其担心士气低落、纪律松弛的年轻军官会染上异端的政治观点,但是他尝试做出的补救却遭到战斗部队指挥官的阻挠。他相信1820年发生的谢缅诺夫斯基兵变和任何国际阴谋都没有关系,但这并没有妨碍亚历山大对他的喜爱,之后他成为骑兵部队的指挥官。[2]

本肯多尔夫和尼古拉大公走得很近,后者很喜欢并且信任他。亚历山大驾崩的消息一传到圣彼得堡,他就出现在和皇位继承有关的大多数交谈之中。12月14日早上他和尼古拉在一起,是第一个命令自己的部队效忠新沙皇的将领。尼古拉任命他为调查委员会的成员。他在委员会中贡献了理智的声音,展现了人道的一面。调查期间,他对囚犯总能做到以礼相待,甚至对囚犯表达关切,而且很多囚犯也认可了他的善意。[3]

1810年从巴黎返回俄国的时候,本肯多尔夫效仿富歇的机构建立了一支警察力量,并向亚历山大提交了一份备忘录,其中的附带意见是警察力量必须建立在道德基石之上,组成人员"必须真正地为人民着想"。亚历山大对警察力量并没有表示过强烈的兴趣。1810年到1820年期间,外交部的财政预算增加了三倍,而公安部的财政预算基本没有变化,只占国家财政不到百分之三的比例。1819年,亚历山大撤销了警察部,而警务人员仍然作为执法部门自行其是,他们为执行法律或以国家安全的名义,用贿赂和恐吓的手段来获取情报。警察大多能力低下,没有接受过教育,唯利是图,这个群体集中体现了秘密警察所具有的偷窥、险恶、腐败的特点,他们监视无害个体，对更严重的问题却视而不见。1820年2月，莫斯科警方报告了有多少人聚集在英格兰俱乐部，有多少人参加了化装舞会以及有多少人在某个日子去了剧院（分别是120人、136人和769人）。但他们却没有报告，就像法国大使每个月都会提及的那样，人们已经对亚历山大沉溺于宗教、越来越沉默寡言感到倦怠，人们强烈希望亚历山大能试着享受生活，并让他们也能享受生活的美好。警察也没有发现很多普通人正在讨论驻扎在圣彼得堡的禁卫军已经处于叛变的边缘。巡警同样低效腐败，执法残忍粗暴，当街殴打人民。[4]

十二月党人起义之后，本肯多尔夫递交了另一份备忘录，对当时的国家形势做了悲观的描述。"我们的秘密警察笨头笨脑，"他写道，更糟的是，"正直的人害怕它，激进分子却在利用它。"他认为一个高效的秘密警察机构应该权力集中，线人遍布各处，半军事武装覆盖整个国家。圣彼得堡、莫斯科和所有省府的邮政首长应该保持警戒，要密切监视所有私人信件。为了让体系保持高效，最重要的是让人们尊重它，首先，它的领导人物要值得称颂，这样"那些可能想要向政府通报阴谋或用有趣新闻展示能力"的正派人士才会有足够信心采取进一步的行动。"干坏事的人、要阴谋诡计者和其他对自己的错误表达忏悔的人，或者那些受到谴责后想要改过自新的人，至少可以知道从哪里爬起。"他的言论有内在矛盾：一边谴责惯于揭发指控和耍伎俩的警察的不端行为，一边又倡议更大规模地起用间谍。[5]

办公室在丰坦卡街（Fontanka Street）的第三部有16个人，他们受本肯多尔夫首相办公室主任马克西姆·雅科夫列维奇·冯·福克的领导。福克是一个有人缘、接受过进步思想教育的人。他迅速建立起一支5000人的线人队伍，其中大部分被安插在社会的重要位置。他在1826年7月给本肯多尔夫写了一封信，说明了征

/ 22 大清洗 /

募线人的过程。福克之前认识了一个名叫内菲德夫（Nefedev）的低等贵族，他相信"得益于在莫斯科中上层社会的人际关系"，内菲德夫可以出色完成他的使命。他将是一个"我可以依靠的行走的百科全书"，他可以完美地刺探出莫斯科所有人的情报，他有很好的理由频繁地拜访莫斯科各界人士，他还在莫斯科有一个经常举办娱乐活动的房子，也就是说为实现第三部的利益他无须在社交场所与目标人物打交道。内菲德夫是"一个拥有三级圣弗拉基米尔（St Vladimir）勋章的国务委员，他自负又渴望荣誉"，所以雇用他是理所当然，况且"他的作用显而易见"。福克每次被拒绝的时候都会感到吃惊和冒犯，"所有生来享有特权、财富和才智而又没有将天赋用在为大众谋福利的人比阴谋分子都更有罪"，他的这句话反映了尼古拉认为所有社会成员都应该履行自己义务的观点。本肯多尔夫并不十分挑剔，他准备给线人付薪酬，并雇用想要"赎罪"的罪犯。[6]

6月25日，创立第三部的十天前，本肯多尔夫已经是宪兵队（Gendarmerie）的司令官。宪兵队建立于1815年，由一支重骑兵队改名而来，其任务是在俄国驻法国的军队中充当军警。它现在是第三部的执行武装。这支力量的军队背景让本肯多尔夫十分满意，因为他希望自己能够指挥一支没有被警察污染的力量。他重新组织了宪兵队，将其命名为皇家宪兵新兵团（New Corps of Imperial Gendarmes）。兵团士兵穿着象征天空般澄澈的蓝色制服，戴着象征纯洁的白斜挂肩带和手套；兵团是为正义而战的道德之师。帝国由五个部分组成，下面又分成八个行政区，每一个都由宪兵将军掌控。既然本肯多尔夫是帝国首相府第三部的直接代表，那他就是所有地区宪兵部队的最高司令，不管官衔怎样，他对所有省的总督都可以施加影响。

当本肯多尔夫请求沙皇发出指示以界定第三部的角色时，传奇开始了。尼古拉当时手上拿着一个手帕，把它递给本肯多尔夫，说：

"这是给你的指示,你用这块手帕擦试的眼泪越多,你为我完成目标的忠心就越明显。"宪兵队应该融入社会,让人们喜欢自己、信任自己。"如果他们喜欢你,你可以轻而易举地得到任何东西",本肯多尔夫跟一个新任命的宪兵说。"如果一个宪兵不受欢迎,"他跟另外一个宪兵说,"他就是没用的。"宪兵新兵团站在比其他臭名昭著的腐败机构更高的道德平台上做事,它可以施加有利的影响;他们跟着榜样行事,以腐败为耻,他们保护弱者,在任何需要他们的时候提供帮助和建议,甚至家庭纠纷也不例外。[7]

"透过你,人们可以看到一个官员称职的样子;通过我的机构,把受煎熬的人的心声传递给帝国君主,并不加迟疑地把缺乏防卫能力和沉默的公民置于沙皇的保护之下。"本肯多尔夫告诉一个新征募的士兵。处在矫正错误、帮扶弱者的位置上,宪兵团会得到所有热爱祖国、热爱真理、热爱美德的人的支持和帮助。本肯多尔夫也警告,作为美德捍卫者,他一定要在遭遇恶魔攻击的时候奋起抵抗。[8]

公共舆论至多也就是表示怀疑。线人从圣彼得堡和莫斯科的会客厅发来报告,人们相信如果他们是被有能力的正直人士监管,新的警察机构可能有所改观,否则"药将比疾病更糟糕,以前是一个,现在他们将会逼迫我们接受两个糟糕的警察系统"。[9]

意料之外的问题是其他运行中的警察机构——城市警察、总督的警察、军警,将第三部的建立视作一种威胁。为了表达他们的愤怒并展现他们的地位高于新成立的机构,这类情绪现在已经演变成狂热的行动。他们开始搜集所有人的信息,莫斯科和圣彼得堡挤满了线人。人们害怕自己的仆人,即使在上流社会,人们也变得谨慎起来,因为那里满是贵族告密者。8月23日,第三部成立仅仅两个月,愤怒的福克跟他的长官抱怨,说他自己被城市警察监控着,线人监视他的房屋,记录来访者的姓名,跟踪他到任何地方。他义愤填膺地说,"监控本身正在成为被监控的对象,这违背了最初的意义，不符合规矩"。处于相互的监控之中，不同竞争机构的线人互相拆台，留置错误的线索，挑起争端，然后指控笨手笨脚的另一方对混乱负责。第三部和它的宪兵很快就默认了其他机构的伎俩，不论是对是错，人们认为他们也开始收受贿赂。[10]

尼古拉意识到他对十二月党人的惩罚使他成为俄国国内外很多人的仇视对象，这反而让他觉得真有阴谋正在威胁他的皇位。"我们不为寻找受害者而实施逮捕，"沙皇有一次说，"而是要让我们的控诉者知道真相。"这表明了第三部的真正使命：发现针对沙皇和他的政府的阴谋。不管本肯多尔夫希冀的是什么，第三部的首要职责不是帮助被压迫的人，而是发现叛乱。第三部不可避免地成为政治操控和宣传的工具。[11]

根据本肯多尔夫的观察，1827年时，这个国家的氛围并非没有可能发生革命。评估每一个社会团体态度的材料首先从宫廷开始，宫廷里的人是完全忠诚的，对他自己以外的圈子并没有影响力。除了那些不再满足于上任沙皇授予的职位和影响力的人和那些希望看到一个更加自由的政府形式的人被描述为"不满意"，住在首都的贵族、高官和其他显赫人士被描述为"满意"。在本肯多尔夫看来，这些"不满意"的人构不成一点威胁。包括住在首都和较大市镇的土地拥有者、未在政府供职的贵族、商人、受过教育的人以及作家在内的"中产阶级"被描述为"满意"，并且支持这个国家。公务人员和整个管理系统"在道德上最为腐败"，但并不构成政治威胁。军队则比较消极。农奴不幸福，宗教人士因为贫穷和地位卑微而感到沮丧，但这些阶层并不重要。

只有一个阶层的确值得关注。"我们的年轻人，17~25岁的青年人组成了帝国最为堕落的群体，"一份报告指出，"在这些狂妄的人中间，我们可以看到雅各宾主义的种子和革命的改革精神。"报告接着总结道，如果不加制止，这将"使年轻人变成真正的烧炭党人"。

一切都可以追溯到他们的成长经历。这对尼古拉来说并不奇怪。在调查十二月党人起义的过程中,他就已经坚信教育系统正在向贵族青年散播"坏疽之疾"。1826年2月对哈尔科夫大学展开的调查报告称,"现在的青年一代已经全部染上了'坏疽',人们已经能够深切感受到它的影响力,治疗疾病刻不容缓"。家庭的私人教育也没有好多少。"必须根除这个疾病"。"一句话,"检察官总结说,"我们需要根本的忠君教育,而不是颠覆教育,没有君主制的教育,整个帝国的平静将处在危险之中。"[12]

"我们对受到感染的青年人需要进行持续警惕的监控,"福克建议本肯多尔夫说,第三部把精力放于此,追踪它所能找到的一切线索。1826年,第三部的一个线人,实际上是一个代理人,捏造了一个阴谋情报,称姓氏为科里特斯基(Kritsky)的三兄弟正准备发动起义,谋杀沙皇。调查没有找到任何线索,但三兄弟在施吕瑟尔堡(Schlusselburg)被严加看守,这个城堡是关押政治犯的地方。两年后,曾经参与南方协会叛乱并被判处死刑的伊万·伊万诺维奇·苏克西诺夫(Ivan Ivanovich Sukhinov)被改判到尼布楚的矿坑过艰苦的劳工生活,他尝试团结狱友,在矿井组织反叛,但被出卖后被判处枪决之后上吊自杀。还有其他报告称军官和年轻贵族联合起来在全国各地宣传反叛的噪声。1826年夏天,福克的线人传来好消息,也证实了真正的颠覆活动十分罕见。这个线人之前注意到一群年轻人频繁在一个叫莫尔德维诺夫(Mordvinov)的人的公寓聚集,他渗透到这群年轻人内部,只发现"莫尔德维诺夫和他的伙伴不过是一群浪子,他们聚在一起做的唯一事情就是纵欲狂欢"。为了防止意外发生,他们发起进一步调查,观察莫尔德维诺夫为找到漂亮姑娘,经常光顾哪些妓院。[13]

1831年,第三部收到关于流放到西伯利亚的十二月党人A. N.穆拉维约夫正在西伯利亚伊尔库茨克(Irkutsk)策划阴谋的报告。报告所依据的材料来自罗曼·马多克斯（Roman Maddox），乍看马多克斯的背景，第三部可能会沉思片刻。他是有英国血统的剧院经理的儿子，1812年时17岁的他就已经展现出不同寻常的表演天赋，并且决心要成立切尔克斯人（Circassian）部落的党派团体。他伪造文件，证明自己是骑兵团中尉和战争大臣的副官，材料中还有他和财政大臣的法律委托书。马多克斯带着文件前往高加索，他昂首阔步地穿过军事基地和检查站，不明智地给警察部写了一份批评性报告。他被关押进彼得和保罗城堡，然后又被关在施吕瑟尔堡长达十三年时间。刚出狱，他就应征成为一名宪兵。1829年，他被安排驻扎在伊尔库茨克，一边忙于监视穆拉维约夫，一边和他的妻妹偷情。他报告说穆拉维约夫正和其他的十二月党人秘密通信，一个叫"伟大事业联盟"的秘密社团正在圣彼得堡和莫斯科策划颠覆国家政权的行动。第三部派出一个高级宪兵协助已经深入到阴谋团体内部，手握进入圣彼得堡和莫斯科社团"入场券"的马多克斯。马多克斯被召回圣彼得堡，向本肯多尔夫展示了一批令人称奇的伪造物。本肯多尔夫然后又派他去莫斯科，他使用"入场券"打进了当地的"伟大事业联盟"内部。马多克斯还指挥着一队宪兵，他们充当联络员，及时地传回各种讯息、秘密会议的记录和杂乱的声明。在"深入刺探"的过程中，他设法迎娶一个富户人家的女儿，但很快便失败了。他拿到了对方的嫁妆，却没有得到她的人。马多克斯有一段时间成功逃出了警方的视线，最终在身无分文返回莫斯科的时候，遭到逮捕，并再次被扔进了施吕瑟尔堡监狱。[14]

另外一个反复无常地玩弄第三部的人是开普坦·舍伍德（Captain Sherwood）。他因为警告南方协会发动阴谋而证明了自己的价值，并从中收益颇丰：他获得提拔，被封为贵族，受赐维尼（Vernii，意为"忠诚"）姓氏。他同样也在第三部获得了职务。1827年，舍伍德被派到南方调查那里是否存在阴谋活动。他在当地漫游，喝高加索的水，流连于敖德萨，在基辅停留时，还创立了一个间谍网络。不管去到哪，他的行为方式都神秘莫测，或者暗示，或者眨眼，或者虚张声势，让人感到害怕，鼓励人们在没被他揭发前去自首——钦差大臣果戈理也拙劣地模仿了这种方式。舍伍德发现如果向被流放或遭监禁的十二月党人的家人暗示，说他们挚爱的丈夫、兄弟或儿子可以有条件释放，他们就会准备好揭发任何他们可以想到的人物。

对舍伍德来说不幸的是，当地宪兵司令开始担忧自己的权力受到削弱，而舍伍德提供给本肯多尔夫的或真实或伪造的情报可能会说他的坏话。当地宪兵司令因此对舍伍德施加监控，整理了一份罗列舍伍德所有不当行径的材料——专业上的、道德上的和性关系上的——他还把不少完整地记录舍伍德骂本肯多尔夫的话的材料一并附在了后面，送往了圣彼得堡。舍伍德立即就被召回，并遭到解雇。他诉诸各种违法行为，希望让第三部相信真的有事情将要发生。一切都是徒劳：因为自己吃力不讨好的行为，他被流放，离开了圣彼得堡。因为不甘心自己的遭遇，舍伍德写信给米哈伊尔大公，并附上了一份指责第三部效率低下的报告，称部门没能真正解决被流放的十二月党人和波兰革命分子造成的威胁；还指控福克的继任者、本肯多尔夫的副手雷昂提·杜贝尔特（Leontii Dubelt）无能又腐败。他让大公相信，为了能影响司法，把人送进监狱或使其流放，或者解救某人出狱，就必须要拜访杜贝尔特的情妇，这已经是整个圣彼得堡都知道的事；他还指控杜贝尔特收受了价值十万卢布的贿赂。大公把报告转给杜贝尔特，后者把舍伍德发配到了施吕瑟尔堡监狱。[15]

早在17世纪立法就已经鼓励揭发罪行，但没有将可能有害国家的（包括"邪恶的意图"）行为列为死刑犯罪。18世纪初，"默认即是违法"的概念得以建立，有嫌疑即可成为判案的证据。彼得大帝的改革使所有嫌疑人成为实际上的罪犯，还强化了揭发的义务。揭发罪行可以获得回报，比如得到提拔，受封贵族，授予奖章，获得地产和抚恤金。因此揭发罪行成为很值得的尝试。鉴于公务系统普遍腐败，当问题官员遭受调查时，一次随意的揭发就可能收获意想不到的回报。[16]

一个资深的省宪兵司令洛马舍夫斯基上校声称，他可以一眼分辨出哪些揭发会被置之不理，哪些能够得到调查。但是如果对一桩明显虚假的揭发置之不理，他自己就可能陷入被人揭发的境地，揭发人会举报他因为收受贿赂，所以搁置案子。而在圣彼得堡的第三部由于就在尼古拉的眼皮底下，所以没人愿意冒置虚假揭发于不理的风险。尼古拉从来都没有放松对本肯多尔夫的控制，对他保持了密切的监视。尼古拉很容易心生怀疑，同时又很难释怀。

可能来自波兰的一个名叫卢科夫斯基的人，于1835年从英格兰带着情报来到俄国，说一个俄国－波兰人秘密社团正在策划从英属印度出发，途经波斯、格鲁吉亚和阿斯特拉罕（Astrakhan），到俄国来颠覆王权。他没有提供可以支持这一说法的人或者事实。尼古拉尽管认为证据"不清晰"，但他相信"在我们这个时代，任何东西都不应被忽略"，于是开始调查这桩阴谋。

1831年1月，64岁高龄且已经退休的雅科夫·伊万诺维奇·桑格伦被沙皇召见。到达后他发现尼古拉十分痛苦，尼古拉把先前收到的一份报告给他，叫他研究并做出评估。报告耸人听闻地描绘了光明会策划的一桩阴谋，光明会显然已经渗透到了俄国的上流社会，已故沙皇亚历山大最亲密的顾问，甚至可能还有亚历山大本人，都皈依到了他们的组织。报告声称，包括第三部的整个行政管理体系已经被渗透，而尼古拉周围满是寻找时机刺杀他的叛徒。第三部被牵涉其中使得真相开始暴露，而现在知道是舍伍德插手了这份报告的撰写，因为他希望借此使自己转危为安。桑格伦试图让沙皇的内心恢复平静，让他相信这份报告全是胡言乱语——但效果并没有持续多久。[17]

几天后，沙皇从同样已经退休的马格尼茨基那里收到一封来信，信中警告他欧洲正面临光明会策划的阴谋威胁。马格尼茨基在信中引用一连串让人头晕目眩的原始材料，让尼古拉对这个被讲烂的故事有了完整的了解。信中说光明会建立于18世纪80年代，他们制造托法那仙水，还有一个圣箱，里面藏着他们的秘密和三十个国王的伪造印章，如果亵渎之手碰到这个箱子，它就会爆炸。信里还讲他们干涉法国大革命，于1792年在瓦尔米战役中娴熟地操纵事态发展，击败了布伦瑞克公爵领导的反法联军。从那一刻起，"阴谋分子，不管是反上帝、反君主，不管是哪种层次的共济会，是蔷薇十字会、太阳骑士、伏尔泰和卢梭的信徒、圣殿骑士、斯韦登伯格的追随者、圣马丁还是魏斯豪普特，他们都以雅各宾主义者的名义走到了一起"。他们已经渗透到了全欧洲和俄国，科策比和贝里公爵谋杀案以及十二月党人起义都是他们的杰作。[18]

在接下来的信中，马格尼茨基展示了阴谋更为邪恶的一面。"他们用最毒辣的诡计将文学作品、科学和艺术作品为己所用，从最基础的儿童读物到高等教育的经典启蒙课程都充斥着这种计谋，一方面，只有最富有经验的人通过最细微的考察，才能发现其中的阴谋意图，另一方面（这对光明会来说是最重要的），他们的诡计轻而易举地就影响了头脑简单的人。"自由主义者急迫地推广教育，因为只有这样才能把他们的教义传播出去，他们给反对他们的人贴上"耶稣会士"或反启蒙主义者的标签，羞辱嘲讽思维正常的人。德意志科学大会不过就是他们讨论战略的地方，教会尤其是圣公宗（Anglicans）和循道宗（Methodists）连同"拜火教徒与达赖喇嘛信奉者"都被光明会控制着。欧洲大部分机构都已被渗透，法国和英国政府比共济会好不了多少，其中威灵顿公爵是表面上支持王权，实际却在预谋推翻王权的典型。

充满道德力量的俄国成为阴谋集团疯狂报复的对象。在政治层面，俄国会遭遇叛乱、战争和外交上的攻击；在道德层面，俄国会遭遇"政治堕落"的威胁。阴谋集团达成目标的手段有文学创作和外国旅行者，尤其通过商人和银行家，也许他们的确只从事商贸往来，但实际上却传染了"疾病"。大多数商人是犹太人，罗斯柴尔德兄弟是他们的头脑，而领导光明会商业领域活动的人却是法国银行家拉菲特。[19]

关于犹太人参与传播危险"疾病"的说法有着深厚的"土壤"，尼古拉一直把犹太人看作异类，很不喜欢他们，认为他们躁动不安，本质上带有颠覆性的特点。他认为犹太人无法融入等级制度，所以要强行同化他们。作为君主，尼古拉首先采取的行动是强制犹太人参军（这几乎触犯了犹太人的所有宗教法典）。他继而还把犹太人的学校机构或改造成俄国的，或将之遣散，最终甚至禁止犹太人穿着传统服饰。[20]

尼古拉也不喜欢文学家和知识分子。文学家和知识分子挖社会墙脚的概念加深了他的疑虑。尼古拉颁布收紧审查制度的法律，以此控制年轻人的阅读，通过塑造社会风气来保证国内安全，操纵有利于现存体系的舆论。之所以能控制年轻人读的东西，是因为所有新的出版物都要被审查，所有可能激发猜疑的报刊都要被取缔。"教育年轻人，除了必要的逻辑和哲学课本，这些书籍都不应该印刷出来，因为我们这个时代到处都是无效的且具有摧毁力的诡辩术。"指导意见中写道。维持社会道德水准的第二个目标更难实现，它将制造灰色地带，其范围取决于审查被实施的程度。第三个目标是禁止批评政府、行政制度或任何可能轻蔑体系的行为，这一目标退化到吹毛求疵地认为公务人员的任何评论都有可能是对他自己工作的不满。[21]

尼古拉认为，作家应该书写帝国的胜利和荣光，应赞美生命，引导大家在思想上与君主的观点保持一致。有效接管审查工作的第三部因此监控作家们在想什么、在做什么，阻止作家发生政治或道德上的可疑倾向，甚至给作家提供可选的写作主题。不少作家可以适应这种情形，他们对接下来得到的奖金和荣誉心有感激。那些不遵守规则的作家就要面对不理解和恼羞成怒。本肯多尔夫之后会拜访或写信给那些给他制造麻烦的作家。他给莱蒙托夫的抗议信，其中并不牵涉政治内容，他礼貌地告诉作家，是主人公阿尔别宁抛弃妻子的内容促使他写了这封信。他给《莫斯科电报》（*Moscow Telegraph*）的编辑尼古拉·亚历克桑德罗维奇·波列伏依（Nikolai Aleksandrovich Polevoi）写信，礼貌地说他对文章中像自己一样"聪明的男人"宣称对革命做出贡献的内容感到悲伤。他对这样一个天才堕落到写这样"没用的内容"感到吃惊。"如果可以用正确的思想写作，像你这样富有才华的作家可以给国家做出很大的贡献，可以平抚激情，而不是煽动激情"，本肯多尔夫谄媚地说，称那些年轻人需要得到波列伏依的明智指点。[22]

在1828年发布的一份年度报告中，本肯多尔夫自夸地说第三部在三年时间里已经揭露"所有那些用各种途径成为有头有脸的人物"的资料，"所有自由主义者、激情分子和提倡俄国宪政的人"都处在监控之下。但是根据一个充分查阅档案的俄国历史学家的说法，本肯多尔夫手下提供的情报质量非常差，第三部扔掉了成堆的不相关信息，比如一个人在舞会上穿的袜子颜色，他们穿的衣服值多少钱，某天打牌输掉了多少钱，这些信息让大众觉得第三部无所不能，但无法提供有价值的线索。第三部从不领报酬的告密人那里得到的情报90%都是错误的。[23]

潮水般涌向第三部的情报没有进行任何形式的过滤。告密者即使提供完全虚假的疯狂指控和报告也不会受到谴责，更不用说受到惩罚。告密者没有受到指控，他们的话语反而得到了不该有的重视。忽视司法程序加重了责任感的缺失：人们可能有时在半夜或者在大街上就被抓起来，受到监禁的时间也长短不一，被释放之后也没有人告知他们为什么被抓起来。外国人，尤其是法国人很容易毫无理由地就被抓捕，毫无解释地就被驱逐出县城。[24]

与此同时，本肯多尔夫在写给华沙康斯坦丁大公的信中说，旨在对所有人进行密切监视的精密机制也让人失望且不可靠。虽然康斯坦丁偶尔会表扬宪兵司令"指导情报工作的手腕十分高超"，但是这些工作大部分都在无用地询问拿着签发了通行证的人的行踪，他们是出现在另一个地方还是转入了地下，嫌疑人是否逃脱了密集的监视网络；这一切都表现为一连串的失职无能。[25]

奥森尼·安德烈耶维奇·扎克雷夫斯基（Arsenii Andreevich Zakrevsky）在1828年执掌内政部的时候，留给他的是一片废墟。机构人员懒散又缺乏激情，做事乱无章法，经常把工作带回家，文件散布在圣彼得堡各处的住宅里面。最惹人生气的是公安部门的工作，扎克雷夫斯基发现797份重要案件资料躺在未结案的托盘里，其中有一些案件久拖未结已达十二年之久。在一次打击腐败的行动中，财政部有大批官员被草草解雇，谣言由此产生，说他们因为政治原因而被终结了职业生涯。第三部一个调查腐败的人士循着谣言，竟对部里所谓的政治阴谋展开了调查。[26]

行政机构的一团糟糕和安全部门的笑柄并没有产生大的影响。十二月党人起义之后，笼罩在俄国社会上空的恐惧和忧郁窒息了所有试图反叛的企图，威吓人们认可现存体系的不可变更。欧洲大多数国家可以说也是同样的情况，尤其在法国，充斥着革命无用的论调。

23 反革命

查理十世在1824年9月登上法国王位时，根据法国王室的古老仪式，在兰斯大教堂（Reims Cathedral）举行了他的前任都不敢做的登基涂油礼和加冕仪式，以此公开表明他要成为哪种国王。查理十世强烈地认为应该向奥尔良公爵表现友好姿态，而路易十八与奥尔良公爵、拿破仑时代的各位将领都保持着一定距离，查理十世还赦免了大量政治犯。征战西班牙的胜利表明了军队的可靠，烧炭党运动也已经式微，警方上报的秘密社团数量也有所下降。在当年的选举中，警方公开为保皇党候选人游说拉票，劝阻要给其他候选人投票的选民，选举最终在平静中顺利结束。[1]

1826年1月，新一任奥地利大使阿波尼（Apponyi）伯爵抵达巴黎，他将入住位于圣多米尼克大街和荣军院广场的艾克木尔酒店的豪华建筑里。这座酒店是达武（Davout）元帅遗孀的财产，在大使1848年被召回之前，大使夫人都在此举办巴黎最光彩夺目的音乐沙龙。梅特涅在指令中表示，尽管法国的恶劣影响仍然通过每日刊发的出版物，像致命的"炮弹"一样在整个大陆泼洒"道德毒药"，对欧洲造成威胁；它依然是"革命的最大工厂"，但法国国家本身已经不再受革命的困扰。[2]

阿波尼曾于1825年3月造访巴黎，与维莱尔首相举行了会面，并给予他很高的评价，此外，阿波尼还会见了警察局长德拉沃。德拉沃愉快地和阿波尼分享梅特涅的想法及忧虑，而他在对待各地阴谋的思路上也是大同小异——1824年5月，德拉沃发现贵格会的斯蒂芬·格雷莱（Stephen Grellet）和威廉·艾伦出现在哪里，哪里就会爆发叛乱，所以他十分确信这两个人卷入了阴谋中。法国和奥地利警方之间的关系变得亲密无间。[3]

梅特涅更担心英国，而非法国，他对英国外交大臣乔治·坎宁尤感焦虑。梅特涅认为煽动反对《结社法》是革命行为，1824年撤销《结社法》则标志着政府权力的削弱。取消《结社法》很显然忽视了"阴谋团体"的潜在影响，其明显的证据是他们打算在伦敦新建一所世俗大学。"我委托你和陛下说，"梅特涅于1825年指导埃施特哈齐，"我肯定不会错，如果世俗大学建立起来，英国的末日就到来了。"1826年建立的伦敦大学学院是英国第一所向所有种族和信仰的人打开大门的大学。[4]

尼古拉登基俄国皇位没有缓解梅特涅的焦虑。他对这个新沙皇的印象并不好，担心他那有自由主义倾向的危险妻子会产生负面影响。尽管勒布泽尔腾已经说服他的妹夫、"独裁官"特鲁贝斯克维奇离开他的避难所——奥地利驻圣彼得堡大使馆——去自首，但尼古拉还是认定奥地利大使是雅各宾党人，并将他解职，于是梅特涅失去了一个很好的情报来源和一个能够在俄国首都施展影响力的人。梅特涅追求欧洲和平和政治安宁，他觉得这个目标很难实现。

临近1827年底时，梅特涅再婚了。比梅特涅小33岁的玛丽-安托瓦内特·莱卡姆（Marie-Antoinette de Leykam）是一个大美人，她成了梅特涅幸福的源泉。因为丈夫得到晋升，刻薄的多罗西娅·列文现在成为亲王夫人，她评论说梅特涅新迎娶的年轻女士家世不好，这门不当户不对的婚姻使梅特涅抛弃了神圣同盟。1829年1月，他们结婚还不到十四个月，莱卡姆去世，留下梅特涅郁郁寡欢。就是在这样的悲伤氛围中，梅特涅看到一场新的风暴即将席卷法国。[5]

维勒拉的内阁已经相继实施了反革命的极端措施。措施不仅要纠正错误，比如通过立法，补偿在18世纪90年代被没收财产的人，还要采取措施巩固天主教信仰，尤其是树立教会在公共和私人生活中的核心角色。各种法律被引进，以保护并支撑教会的地位，1825年，亵渎神明被列为死罪。就像在这种政治氛围里经常发生的那样，个人层面上并不虔诚的官员和公职人员表现出过分的热情，比如上诺曼底的省长禁止了既定的莫里哀《伪君子》（*Tartuffe*）演出，因为这部剧羞辱了教会。这引发了人们强烈的抗议，巴黎内阁也否决了他的做法。不过这没能缓解各地日益强化的信念，人们认为这个国家正在悄然倒退，蒙洛西耶形容"一个充满野心的入侵集团受到耶稣会的鼓舞，在阴影的掩护下悄悄地潜入进来。他们是匿名的非法团体，渗透到整个世俗管理机构，将治安官变成自己人，收买部长，收获并支配所有的好处……"蒙洛西耶在1792年逃出去之前，在制宪大会上属于捍卫宗教的保皇党人士。[6]

　　法律上来说，耶稣会已经在法国消失，政府则睁一只眼闭一只眼地看着它运营几座宗教学校。合理的估计认为各地学校的数量在108~500所之间，但自由派分子相信实际数量要远超这个数字；那些被日渐增长着保守主义势力弄得焦虑不安的人把耶稣会比喻为不易被察觉的反革命代理人（就像光明会害怕右派人士一样），并开始认为耶稣会势力无所不在。一些人声称蒙鲁日（Montrouge）的耶稣会教堂容纳了5万多名教士，甚至有谣言说他们正在训练使用枪械。尽管国王并不指望武装耶稣会可以帮助他，但他逐渐把自己置于真正的反革命立场之上。[7]

　　1827年4月12日，国王坚持参加了5万多名巴黎国民卫队士兵表演的阅兵仪式。这支阅兵队伍代表巴黎的武装力量，构成单位来自据说是态度保守的富裕地区，而来自工人阶级地区的人则非常少，但所有人根本上都希望他们的城市能够有序运行。警察队伍已经混进了不满人士，这些人甚至策划在阅兵时刺杀国王，国王身边的人也建议他不要参加阅兵。结果，大多数人都热烈欢迎了查理的到来。一个方阵还高喊："打倒首相！打倒维勒拉！打倒耶稣会！"只有一个方阵对查理国王表达了敌意。不过国王还是被激怒了，而更加愤怒的维勒拉则顺水推舟地建议国王发布法令，取缔了国民卫队。正如巴黎军司令官马尔蒙元帅评论的那样,国王似乎在故意寻找对抗元素;建立于1789年的国民卫队是公民权利的象征,解散国民卫队是对人民主权原则的冒犯,也造成大批武装力量走向对立面。[8]

解散国民卫队使政治氛围紧张了起来,警方的行动更加剧了这一态势。警察总长弗朗谢·代斯佩里收到警告,称包括拉菲特和梅里卢(Merilhou)在内的自由派分子正在策划阴谋,一份受到重视的报告称指导委员会正往地方派遣密探,他们把秘密护符挂在表带上,形状是榛子大小的金色心脏;在鲁昂,一个叫阿德里安·巴尔贝(Adrien Barbet)的人从金器店订购了几把匕首后,被抓起来接受审讯;而巴黎和伦敦的主要自由派人物正聚拢起来。达德利·库茨·斯图尔特(Dudley Coutts Stuart)勋爵在从瑞士返回的过程中被拒绝穿过法国领土,因为他娶了拿破仑的兄弟吕西安·波拿巴(Lucien Bonaparte)的女儿,这个事件可能与另一份报告有关系,当年早些时候,吕西安曾伪装成女人从瑞士进入法国。[9]

根据一位高级警官的证词,1827年11月的大选引发了一场喧闹的示威游行,成群的极端派人士和警方线人利用权力,竭力将游行激化成暴力事件。他们没有成功,虽然自由派候选人受到极大的限制,但还是赢得了大多数席位。维勒拉不得不宣布辞职,国王召见由温和保皇党人马蒂尼亚克(Martignac)子爵组成新一届内阁。马蒂尼亚克力求走中间道路,他立法放松审查制度,限制耶稣会的活动,但他无法维持长久的权力,于1829年被迫辞职。为了拯救自己的抗争政策,查理用最激进的极端派人士波利尼亚克替换马蒂尼亚克,传言圣母玛利亚将拯救法国的任务委托给波利尼亚克。波利尼亚克的确相信,就像国王也相信一样,他必须勇敢地直面到处发表宣言的革命分子,必须重建王室权力。[10]

形势似乎一片大好。过去三年里,各省的省长和警察局长的报告表明所有的地区和城市都被"完全的宁静"所笼罩,"对国王表示忠诚"也十分普遍。秘密警察报告的政治事件也很少,除选举时政治事件的数量会有所增加,但很快便会消退。巴黎警方的报告满是斗殴、抢劫、自杀、溺水、溺婴和行为不端的嫖娼事件,都没有提及早些时候的"叛国骚乱"。新上任的警察局长、政治上温和的律师路易-莫里斯·德贝雷米(Louis-Maurice Debelleyme)撤销了煽动挑衅的线人,将用于政治警察的资金转移到刑事案件上。他还在巴黎设立一个新警察分支——城市警察,尽管统一以军事形式行动,但他们比不招人待见的皇家宪兵要更亲民一些。[11]

1826年和1827年庄家歉收,接下来几年里发生食物短缺和失业和贫穷。爱尔兰、瓦隆尼亚(Wallonia)、莱茵兰和法国发生了食物暴动。1829年和1830年之间的冬天正逢冰期,法国一些地区粮食价格的上涨幅度达到75%。这些都只引起零星的面包骚乱,也没有演变为严重暴动。根据当时的社会主义历史学家路易·布朗的描述,人们已经因为麻痹而变得十分顺从。他们"特别鄙视耶稣会和教士",还鄙视波旁王朝——主要因为他们恢复王权的方式,"人民对祖国受到的羞辱感同身受",但是他们没有权利或权力要求,也不对更美好的世界抱有希冀,所以"他们既不怀抱希望,也无法展望未来","资产阶级和人民之间既没有共同利益,也没有一致的仇恨"。解散国民卫队就这样悄无声息地过去了。成功征服阿尔及尔的远征倒让军队有事可做,同时还提振了士气,所以也没有理由担心军队。[12]

1830年3月2日,在自由派占多数的新国会第一阶段会议期间,一群议员向国王呼吁,说他没有聆听人民的声音,没有实施和解措施。国王的反应是解散议会,重新举行大选。重新选举使自由派获得压倒性的胜利。鉴于查理的态度,很多人认为政变会在议员重返全国各地等待8月1日召开新议会的期间爆发。

7月25日，查理签署四部法令，解散了议会，将选民人数减少了75%，并要求所有出版物必须获得政府颁发的执照。"国王给自由派下了战书。"梅特涅给弗朗西斯写信说道。不过，不管是查理，还是他的部长们，都没有做好准备，也没有应对即将发生的挑战的应急方案。法令签发后的第二天，7月26日，查理驱车前往朗布依埃城堡打猎。巴黎军司令官马尔蒙元帅从报纸上得知法令后，立即前往朗布依埃城堡，请求指示。他之前没有收到警告，所以没有做军事上的准备，手头上没有充足的兵力，也没有应急的弹药补给，同时很多军官也不在巴黎。[13]

群众并没有立即做出反应。巴黎宪兵在7月26日和27日之间的夜晚发出的报告和往常没什么不同。他们先在王宫广场抓捕了十二个非法集会和"干扰公共治安"的人，然后在克利希的街垒抓捕了一个"叛乱"分子。如果不这样，他们便需要认真地阅读报告，并从里面记录的斗殴、抢劫、酗酒、为治病而卖淫、决斗、从塞纳河捞出来尸体中找到也需要动用骑马宪兵对付的聚集群众。平静无法持久。因为担心国王发起行动，巴黎的银行暂停发放贷款，大量工场关门，还辞退了工人。[14]

第二天，城市各处冒出路障壁垒，人们涌向街头，到处可以感受到焦虑、政治冲动和感情用事的浓厚氛围。学生、艺术家、作家和作曲家加入即将燃爆的人群之中，大仲马、贝朗杰、阿里·谢费尔（Ary Sheffer）、李斯特和柏辽兹（Berlioz）都在其中。"自由万岁"的呐喊和令人称奇的其他各种口号混杂在一起，其中很多与当时浪漫主义和古典主义之间的文学争锋有关，而这次文学之战开启于维克多·雨果（Victor Hugo）的开创性剧本《爱尔那尼》（Hernani）在1月上演的第一个夜晚。

"这里一切仍然十分平静，"自由派议员布罗格利公爵在7月27日记录道，"昨天警察试图激化骚乱，但不幸失败，旁观的人耸了耸肩膀。由于还在等远方的同伴和议员,所以我们有意不做反应,主动权在我们这里。"形势在那天晚上的后半夜开始发生变化。因为马尔蒙把他的部队调到了罗浮宫周围,所以街道上十分空旷,成群的工人和少量商店主开始聚集。之前遭遣散的国民卫队士兵也加入其中,到处都插满了三色旗。7月28日早晨,巴黎的空气弥漫着骚乱的气息。然而形势还可以挽回,马尔蒙说,他仍然没有从国王那里得到任何指令。[15]

让人十分吃惊的是,查理十世和波利尼亚克仍然不停地说指导委员会已经准备好发起叛乱,他们给工人分发钱财,制造匕首,购买军火。不过,虽然决定对抗,但他们却没做好准备,国王在关键时刻败给了自己的紧张情绪。正如布罗格利指出的那样,国王用法令抛出挑战宣言,"他面对的既不是秘密社团,也不是指导委员会",只是一群正在思考如何应对却手足无措的议员。因此国王本应该成功,如果军事上做好充足的准备,胜利手到擒来。用路易·布朗的话来说,查理缺乏他所渴望拥有的独裁者的勇气。[16]

面对骚乱,迟迟的不行动很快就削弱了军队本身的作用,马尔蒙在等候国王命令的时候,部队中开始有人逃窜。马尔蒙催促国王赶紧行动,因为他仍然相信形势可以得到控制,他的想法也许是对的。一般来说,像皇家宪兵一样不受欢迎的部队如果稍稍看到他们的雇主有垮台的可能,就会立即解散;而那些为政府做坏事的人也会最先被叛乱分子弄得分崩离析。不过7月28日到29日的报告关注更多的是三个女人因为"煽动卖淫"而遭到逮捕。[17]

"如果有需要,我即刻就会跨上马背,而不会像我哥哥一样坐在囚车里",国王挑衅地对莫尔泰马尔公爵说。但他并没有亲自领导军队,甚至没有给马尔蒙发布一道合理的命令。为了避免陷入被动,马尔蒙开始从城市撤退。犹豫良久后,查理登上马车,驶向海岸,登船来到了英国。他也许败给了自己的宣传,并开始相信一个全能的指导委员会已经接管并将上演血腥仪式。实际上,正如贝朗杰所评论,"那时是查理十世政府自己单独策划了反对自己的阴谋"。[18]

革命让反对派的领导人十分震惊,而像拉法耶特和拉菲特这类本来长期从事反叛活动的人发现他们自己没法应对形势。梅特涅如果看到他们这个样子,也会笑起来。但这不是什么开心的事情,因为是国王的不当举措制造了革命形势,权力现在从它隐藏其中的、众人所知的阴沟里释放了出来,必须要重建秩序。

拉法耶特和其他自由派人士急忙把"匿名的胜利"(其中一个人形容此次叛乱为"匿名的胜利")据为己有。他们很幸运地没有遇到其他竞争者,更激进的一方也很吃惊,底层阶级是在没有领导的状况下发起革命的。一个观察家注意到在三天的革命期间,叛乱的劳动者驯服地要求中产阶级和学院的学生来领导他们。一些人相信如果拿破仑的儿子出现在大街上,帝国就会重现。基于同样的原因,如果共和主义者掌握了主动权,法国很有可能就变成一个共和国。[19]

路易·布朗有效利用了混乱局面,他见证了杜伊勒里宫风暴,注意到暴民表现出一种令人困惑的参差不齐的忠君态度,他们无情地摧毁了一些肖像,还在其他肖像面前脱帽致意。最终,波旁王朝能否幸存下去仍然悬而未决,结果在国王无法得到救赎的时候,拉法耶特、拉菲特和其他人就已经施展高超的手段,让奥尔良公爵获得了王国陆军中将的头衔。路易·菲利普一世继承了法国王位,称号是法国人民的国王而非法国国王,他接纳三色旗作为国旗,由此承认了1789年大革命和拿破仑帝国的遗产,接纳了人民主权的理念。[20]

虽然"七月革命"的确实现了政权变更,而且尽管德拉克鲁瓦的油画和维克托·雨果的文学作品对此给予高度评价,七月事件的参与者则很难说具有革命性,那些走上街头的人的动机和心情与梅特涅想象的没有什么区别。"我几乎见证了我们(1789年)大革命爆发以来的所有事件，我可以向你保证，7月27日、28日和29日事件的参与者和大革命参与者没有一点可以类比的地方，"前首相路易－马修·莫莱（Louis-Mathieu Molé）于8月18日写信给威灵顿公爵，"革命期间，人民具有侵略性；而这次，他们是在保卫自己；革命者会破坏法律，而这次他们站在了法律的一边。"他继而指出，尽管人们情绪高涨、义愤填膺，但并没有发生劫掠和犯罪活动。"这次革命没有阴谋的成分，也没有阴谋分子参与其中"，莫莱解释道；法国社会遭到攻击，然后它做出了自卫。莫莱不是唯一一个注意到阶级之间存在着以积极的热情将人民团结在一起的兄弟情谊。[21]

1830年的七月革命和1789年革命之间唯一相似之处在于它们引起的反应。当时，巴黎发生的事情被整个欧洲的自由派人士和潜在的革命分子当成号角，被更保守的人当作危险的火山发出的隆隆声响。对双方来说，这次革命激起了关于1792年的回忆，他们害怕或者渴望法军动身输出革命，或者用他们的尖刀创造自由。

巴黎的消息在德意志引起了异乎寻常的欢呼。一个驻扎在美因茨的普鲁士军官指出，"城市很多年轻人戴上法国帽徽，唱起《马赛曲》，剧院里每一处表达敌视暴君、热爱自由的句子都会引起阵阵掌声"。巴黎事件当然也在比利时引起了共鸣，这里的比利时是指说法语的前奥属尼德兰地区，已经在维也纳会议上并入到新的荷兰王国。毫无同情心的荷兰国王、清教徒威廉一世的政府对这些天主教省份深感不安。南方地区的两次粮食歉收和对工业的歧视已经造成了十分困难的情况。很多逃亡的法国革命者与拿破仑时期的军官都驻留在布鲁塞尔。他们没在布鲁塞尔制造革命，大多都涌回巴黎，然而荷兰当局为保险起见，决定取消原定于8月25日举行的威廉国王生日庆典。这被看作是怯懦的表现，使当地爱国者有了底气。当晚，布鲁塞尔上演了一场法国作曲家奥柏（Auber）的《波尔蒂契的哑女》（*La Muette de Portici*），咏叹调"为祖国奉上崇高的献祭"章节引起雷鸣般的掌声,观众则自发唱起了《马赛曲》。在群情激昂的氛围下,剧院里的观众走上街头,群众变成暴徒,制造了一场骚乱,他们攻击政府部门,撕下皇室徽章。皇家军队撤离了这座城市,留下警察维护公共治安,布拉班特(Brabant)的黑黄红三色旗被升了起来。[22]

仅仅两周后的9月8日,在布伦瑞克的一次面包骚乱中,在位的查理公爵的宫殿遭遇示威者的攻击,他们要求重新召集本地议会——等级议会。查理是个小气的暴君,因为沉迷于华贵的珠宝,而被称作"钻石公爵",他从后门逃了出去。暴民洗劫宫殿的时候,卫兵只是漫不经心地站在一旁。公爵的兄弟威廉取代查理的位置,一切都恢复了正常——也许并不奇怪,一些证据表明布伦瑞克贵族在幕后参与了整个过程。类似的骚乱也在萨克森和汉诺威爆发。在黑森-卡塞尔,威廉二世未能履行制定宪法或改革腐败的行政机构的承诺,这里到处都是针对面包价格、行会规则以及税收的暴乱事件。除了社会问题,憎恨情绪还聚焦到国王那花钱如流水的低俗情妇身上,国王甚至封他的情妇为贵族。接着发生的暴乱和抗争让威廉不得不召集等级代表会议。(1831年开会的时候,议员坚持推选威廉的儿子为联合摄政,这激化了形势,而他们情妇之间不得体的争吵让十分紧张的政治事务黯然失色,还使当地政治在接下来的几十年里问题丛生。)[23]

在英国,巴黎革命没有造成特别轰动的影响,但氛围更加严肃,当跟随查理十世逃亡的马尔蒙元帅登陆朴茨茅斯的时候,他惊讶地发现每个角落都飘展着法国三色旗。"朴茨茅斯的感觉和引发法国革命的氛围完全一样",马尔蒙说道。辉格党人格雷伯爵的反应代表了大多数人的想法。"如何用合法的方式抵御已将所有法律都推翻的政权?暴力是唯一的途径,感谢上帝,成功了,"他于8月3日给列文公爵夫人写道,"在我看来,巴黎人民展示了毫不畏惧的勇气,他们值得被称赞和敬佩，人们感觉到巴黎人民不仅捍卫了法国的自由，还保护周边所有国家的自由不被毁灭。"辉格党政治家亨利·布鲁厄姆（Henry Brougham）给布罗格利送去了他对"当时最伟大的自由保卫战最真挚的祝贺"。[24]

巴黎革命前正好一个月，6月26日，乔治四世国王去世，接下来议会的解散再次在英国引发了议会改革问题。法国革命以最少的流血牺牲，成功带来宪政上的改变，使一些英国人认为可以用武力来达成目标。政治家、土地所有者爱德华·吉本·韦克菲尔德（Edward Gibbon Wakefield）说道："随着1830年7月巴黎事件的爆发，国内很多团体强烈呼吁从根本上改变。""这次全新的革命在中产阶级那里造成不同一般的影响，使很多计划着各种议案的人站在了我这一边，"弗朗西斯·普赖斯于7月写道，"光荣属于一切有勇气、博爱和诚实的巴黎人，平凡人十分渴望证明自己是勇敢而诚实的，是充满博爱精神的。所有人都要去抵抗试图控制法国政体的政府。"比利时两个月后发生的不流血革命让改革分子看到希望，让现状维护者感到丝丝恐惧。这些威胁感也来自另外一个地区。[25]

1830年夏天，英格兰南部农村地区发生了新形式的骚乱。这一骚乱从肯特开始，慢慢向西蔓延，之后又往北传到莱斯特郡。以神秘的"斯温长官"（'Captain Swing'）命名，这起骚乱被唤作斯温暴动，它从根本上是农业萧条时期，劳动者因为贫穷、低工资而有意识发起的叛乱行为，其中还混杂了其他原因，包括对什一税、地租、狩猎法以及打谷机的敌视，加上激进派的煽动；叛乱还吸引了佃农、铁匠、木匠和其他乡村居民。叛乱的形式与仪式不尽相同。在很多例子里，首先遭殃的是牧师，他们受到或多或少的威胁，被要求减少什一税。其他受冲击的有什一税征集人、穷人的监工、庄园管家和富有农民。谈判一般能和气地展开，自称是依法行事的抗议者有时可以得到食物和饮品。只有当他们的谈判要求被拒绝时，

/ 23 反革命 /

事情才会往糟糕的方向发展；叛乱者会焚烧干草堆和打谷机，也会推搡烦人的农民，可能会把他按进水池子里。26

零星的攻击主要发生在晚间，火把照亮了黑夜，人数有时达到数百之多的叛乱分子消失在田野之间，没人知道他们什么时候在什么地方会再次出现。他们成功地在有产阶级内部制造了恐惧。政府派遣骑兵部队前往坦布里奇韦尔斯（Tunbridge Wells）、克兰布鲁克（Cranbrook）和坎特伯雷这些镇子，与其说他们是镇压极不稳定的骚乱分子，不如说是炫耀武力。其他地区则由当地治安官和土地所有者来解决。在治安监管方面，英国与大陆存在很大的差距。27

尽管发生过彼得卢惨案、让人警醒的卡托街阴谋、对卡罗琳王后的审判以及她的葬礼，尽管需要频繁地动用军队镇压在1822年粮食萧条期间，偶尔发生的粮食骚乱和在1824年废除《结社法》的推动者，但人们对建立用于维持秩序的军队的想法保护坚决地抵抗。只有在爱尔兰，建立一支高效维和部队的需求得到了普遍认可，1822年，全爱尔兰岛部署了乡村警察。英国其他地方仍然是传统形式的警察体系，人们认为这就足够了，尤其是1820年的政治动荡之后，政府对待骚动的态度已经发生了转变。

1820年的时候，英国国家已经从1815年的萧条恢复了过来。1822年发生了一次农业危机；1826年随着向南美独立的西班牙殖民地疯狂投资形成的泡沫的破灭，金融危机爆发。1825年11月，恐慌已经蔓延到资本市场，引发了银行的挤兑风潮，60家国家银行和6家伦敦银行倒闭。这让人们感到苦恼，还引发了一些骚乱，但都被军队镇压下来，不过经济仍然继续增长，形势逐渐平静下来。利物浦政府已经软化了态度，不再把每一起民间混乱视为潜在的革命威胁。坎宁的内阁获得成功，他的价值观并不反动，以至于梅特涅形容他是隐藏着的雅各宾主义者。

19世纪20年代的后半期，贸易联盟和其他组织开始成形，同时社会上展开了广泛的经济学讨论，研究资本组织的原则和社会如何适应及融入变迁的与急速工业化的世界，这种讨论既不具有政治性，也没有革命性。18世纪90年代的激进派是一个混合体，它吸收了社会各界的人士，他们花销钱财，缴纳税款，搬迁居所，蹲守牢狱，频繁更换妻子或伴侣，他们的这些政治活动甚至使其中受人尊敬的人也螺旋式地堕落到支持任何可以赚钱的贸易方式。人们成为印刷商、装订商、石匠、马裤制造商、背带制造商、鞋匠、出版商、妓院老鸨、皮条客、办事员、教师、布道者、扒手，等等。他们要么死去，要么离开，要么继续前进。下层社会的老斯宾塞激进分子即将灭亡。前几十年的极端分子大多已经在"生意场"上成了受人尊敬的商人。现在检举色情作品比指控煽动和亵渎要多得多。十年里真正发生的一次革命事件是1828年废除了《审查和社团法》，并在第二年通过了《天主教徒解禁法》（Catholic Emancipation Act），但这并没有对法律体系和秩序造成威胁。[28]

由威灵顿托利党内阁的内政大臣罗伯特·皮尔（Robert Peel）在1829年4月15日提出的法案于6月19日正式成为《警察法》（Police Act）。法案以内政部长的名义在伦敦都市区设立一个法定机构，由内政部长任命两个委员代表他行事，首批委员分别是一名上校和一名律师。这支新力量遭到辉格党、治安官和教区委员会的敌视，法案侵犯了后两者的管辖权。人们普遍地批评法案攻击了公民自由，政府试图建立雇佣军，引进"谍报"系统，这些完全不符合英国的传统。当警察戴着帽子，穿着蓝色制服（夏天是蓝色燕尾服和白色帆布裤）第一次出现在街上的时候，他们唯一的武器是一个摇铃和一支警棍；新警察会被人喊"条子""狗腿子""生龙虾"，以及"珍妮·达比斯"（宪兵警察）的诨号，或者被诽谤是压迫者和间谍。

农村地区依然缺乏有组织的警察机构，在革命和拿破仑战争时发挥作用的义勇骑兵团已经被解散——这或许是一件好事,因为在仍然保留义勇骑兵的威尔特郡(Wiltshire),斯温叛乱分子比其他地方更坏更暴力。在其他地方,土地所有者把事务握在自己手上,里士满公爵招募一个私人警察巡视自己在苏塞克斯的地产,而其他人则组建武士随从队、马队和看门人来镇压叛乱分子。麻烦继续扩散着,而且鉴于大陆发生的事情,威灵顿局促不安起来。1830年10月26日,威灵顿起草了《驻英格兰北部军队撤防时期预防灾难的备忘录》,尽管他辩称只在必要且合法的前提下动用军队。[29]

那些处在英国政治光谱另一端的人没把威灵顿的担忧当回事。"如果政府是明智而温和的,那革命的狂欢节就不值得恐惧,"格雷于9月给列文亲王写道,"我还没发现有一场大众革命不是政府激化的结果。'人民不是因为激情而诉诸革命,而是实在无法再忍受下去了,'老年人如萨利这般评价道,而整个历史进程都将成为证据。法国的例子将鼓舞受到同样压迫的各国人民,让他们毫无迟疑地选择实现解救。不过,在军队和神圣同盟那里,并没有发现与之对抗的迹象。"格雷继续指出,如果维也纳达成的协议更公平些,麻烦就不会表现得那么明显。这句话说得很对,正如下个十年将说明的那样。[30]

24 雷神朱庇特

1830年8月3日，当巴黎第一次骚乱传到耳朵的时候，梅特涅已经在他位于波希米亚金日瓦特矿泉镇的乡村居所待了一个夏天的时间。他在第二天半夜得知叛乱结果的消息后，便立即给他的皇帝写了一封信。"革命，最糟糕的一场革命胜利了，"他写道，"这证实了两件事：第一，法国政府选择了错误的处理方式；第二，我两年前的想法是对的，当时我就提醒法国内阁关注形势的危险性。不幸我的声音淹没在一片狂乱之中。"他于第二天返回了维也纳。[1]

在经过卡尔斯巴德的时候，他停下来与正在那里做矿泉疗养的内塞尔罗德进行了商议。和往常一样，梅特涅很快就在新的形势中找到了机会。巴黎事件肯定会鼓舞其他国家的革命分子，尤其是意大利和德意志的革命分子，如果他们发起革命，就可能得到法国的武装支持。面临这一威胁，各国应该团结起来，重建1815年以后的协作，同时他认为有必要召开一次新的会议。在未与尼古拉商议之前，内塞尔罗德什么事都做不了，但他同意俄国和奥地利必须联合保卫1815年的安排。一回到维也纳，梅特涅就着手加强奥地利驻伦巴第—威尼西亚的军事力量，并下令征召更多的士兵。"我们要武装到牙齿"，他向巴黎的阿波尼保证。不过对奥地利及其盟友能够征召到足够多的士兵以抵御人数上占优势的法国，梅特涅并没有信心。哈布斯堡王室几乎要破产了。[2]

到9月1日，梅特涅越来越沮丧。"我从内心深处感到我们将要开始见证老欧洲的灭亡，"他给内塞尔罗德写道，"我决意与它共存亡，我要继续履行自己的职责，君主们也要履行他们的责任。""老欧洲存在的时间还不到四十年，"内塞尔罗德回复，"让我们努力保护它，永远和今天一样；如果它没有变得更糟，我们就做得很好了，因为让它变得更好几乎是不可能的了。查理十世之所以失败，就是因为他没有意识到这个事实。"[3]

梅特涅希望德意志各国能够到法兰克福参加邦联会议，联合对抗"革命的幽灵"。但由于担心遭到法国攻击，巴伐利亚、巴登和符腾堡倾向于保持中立，称梅特涅激起大家反法和反革命的决心是出于好意，但他大批的部队留守在意大利解决麻烦，如果德意志遭到攻击，奥地利便没有能力给他们提供援助。有证据显示，如果遭遇挑衅，法国将发起进攻。11月30日，《国民报》（Le National）编辑阿尔芒·卡雷尔（Armand Carrel）写道："革命只有通过发起进攻才能保卫自己，这是1792年法国的本能反应，除非我们首先出拳，否则又将无法得到解救。"[4]

普鲁士在维也纳会议上得到莱茵地区的领土，因此抵御法国进攻的缓冲地带得以建立，但是如果邻国比利时爆发革命，普鲁士首当其冲。梅特涅强烈要求腓特烈·威廉坚定立场，与奥地利和俄国协同行动，不过普鲁士国王并没有兴趣，他只看到自己冒着最大的风险与革命瘟疫对抗。为了避免刺激法国，威廉取消了原定在秋天于科布伦茨进行的军事行动。普鲁士也没有采纳梅特涅的建议充当德意志警察。普鲁士外交大臣本斯托夫认为，布伦瑞克、汉诺威和德意志其他地方的麻烦与法国或者说和革命思想没什么关系，反而是贫穷、饥饿以及"个体官员和领导的浮躁、欠考虑的管理行动"应该负更大的责任。如果派军队镇压已经山穷水尽的穷人进行的情有可原的叛乱，可能会使士兵被国外的革命思想污染，造成士气低落，所以他拒绝考虑军事干涉。基于同样的理由，他反对梅特涅组建泛德意志军事力量，抵御可能出现的法国入侵并在合适时机干预法国。普鲁士驻巴黎的大使海因里希·威廉·冯·维特建议承认路易-菲利普，支持巴黎的新政府，以此避免形势向更糟糕的方向发展。[5]

梅特涅拒绝承认路易-菲利普，也不接受法国的现状，部分是因为他不相信菲利普可以维持王位超过几个月。互相敌视的王朝正统拥护者和共和主义者分别揪住公民国王的理念不放,这让梅特涅感到十分滑稽。不过其中也牵涉原则问题。同盟国在1814年设立的政权是维也纳解决方案的基石。如果三天时间的群体性骚乱就推翻了这个政权,那么理论上说,其他国家也能很快实现宪政变迁,所有领土安排也能在很短的时间里发生急剧变化。尼古拉对此表示赞同。尽管他之前不停地通过法国驻圣彼得堡的大使提醒查理十世遵守宪法,不要刺激自由派人士,但他还是认为路易-菲利普正在侵犯正统原则。"那个奥尔良人不过是一个臭名昭著的篡位者",尼古拉给哥哥康斯坦丁写道。他坚持认为各国应该强化道德立场,对抗路易-菲利普,他甚至想用军事行动推翻路易-菲利普的王位。同时,尼古拉命令驻巴黎的大使和全部使馆工作人员立即撤回国内,还命令在法国的全部俄国公民立即离开法国。法国人无法入境俄国,挂着三色旗的船只也被要求离开俄国港口。他命令检查人员认真核查,禁止"任何不虔诚或关于雅各宾的内容"出版发行。[6]

根据本肯多尔夫的汇报,俄国社会大多数人对查理十世的倒台欣喜若狂,就好像他们认为那个政权"虚伪而阴险"。自由派人士支持路易-菲利普继位,年轻人为他欢呼,而"法国人民的国王"头衔的启用激发人们讨论变更俄国王室性质的可能性。报告强调,虽然只是"闲谈碎语",但如果法国开始支持欧洲其他地方的革命运动,形势就会发生变化。陆军元帅迪比奇(Diebitsch)建议把大批俄国军队调往波兰,以应对法国可能发动的入侵。[7]

波兰本身就是一大问题。维也纳会议规定把波兰的小王国以共主联邦的形式置于俄国的保护之下,即沙皇也是波兰国王。俄属波兰俗称为议会王国,军队士兵人数有4万之多,指挥官是沙皇的哥哥康斯坦丁大公。俄国的全权代表诺福西尔斯夫(Novosiltsev)伯爵掌握王国行政权力,而伯爵对程序正义的态度既不符合宪法精神,也不符合宪法条文的规定。议会里出现越来越多的反对声音，好斗情绪越来越强烈，直到1825年，恼怒的亚历山大解散了议会。

波兰的年轻人并不比他们在俄国和德意志的同侪缺乏实现自我进步和改造社会的意愿。维尔纳大学的"好学者"（Philomaths）及华沙的"潘塔克伊那"（Panta Koyna）与德意志的兄弟会有很多相似之处。另外，自由波兰人联盟和爱国协会则要求实现民族独立。一部禁止此类社团的法令于1822年通过，抓捕行动随即展开。就像在俄国一样，禁止令起到了鼓励阴谋活动的作用。因为爱国协会和自由波兰人联盟的成员分散在俄国西部省份和波兰军队中，加上波兰军队参与了俄国的军队行动，两国的叛乱分子就这样实现了接触。十二月党人的起义过于纷乱，波兰人没来得及加入其中，不过他们之间的关系被揭露出来。康斯坦丁爆发了。"他因为自己被蒙在鼓子里而感到愤怒，也因为没有发现眼皮底下的阴谋而感到羞耻，他陷入了极度的狂躁之中。"他儿子的家庭教师、法国流亡者说道。"大批线人"开始投入工作，"他们的指控成为很有分量的证据"，监狱然后就爆棚了。[8]

尼古拉将他成为波兰国王的加冕礼往后推迟了很久，而当他于1829年4月到达华沙的时候，访问并不成功。人们本来对他的造访怀有乐观期待，希望他能亲自解雇让人憎恶的诺福西尔斯夫，5月28日，本肯多尔夫向圣彼得堡报告，说波兰人喜欢他们的新国王。但是尼古拉害怕并痛恨波兰人，而且他无法隐藏这种情绪。[9]

尼古拉发现波兰议会的态度十分无礼。他和他的波兰大臣做的每一场演讲几乎都招来了尖锐的提问，这些提问都是关于那段分裂了两个国家的血腥历史。尼古拉和康斯坦丁之间也十分紧张，后者觉得既然已经把皇位让给了弟弟，他自己至少应该可以在波兰做自己想做的事情。他还觉得是时候把亚历山大的想法付诸实践，把以前属于波兰的俄国帝国西部省份并入议会王国。驻扎在这些省的俄国军队已经从属于他的指挥，被冠以波兰的名称，制服领子和袖口的颜色变成了波兰绯红，而不是俄国红，但这正好与尼古拉的想法相抵触。鉴于西班牙和拿破仑革命、谢缅诺夫斯基军团哗变和十二月党人起义，人们觉得他们已经注意到制服所隐藏的含义。[10]

和他的兄弟们一样，康斯坦丁其实是在军营里长大，他为军队而生，还把军队当作自己的情妇一样对待。王国有一半以上的财政开支用于军事，而其中很大一部分用于生产制服，而康斯坦丁则乐此不疲地设计服装样式。不管天气如何，他几乎每天都要阅兵，这让士兵和服装都无法适应。任何一点小错误都会遭到虐待般的惩罚，比如纽扣缺失或不够锃亮，而且严厉的惩罚是康斯坦丁思想的一部分，军官甚至也会受到惩罚，这导致有人因为无法忍受羞辱而选择自杀。[11]

康斯坦丁听到巴黎发生七月革命的时候十分惊慌。"很多人曾极力否认其存在性的指导委员会终于卸下了它的面具，我们从这个事实可以看到叛乱分子从最开始就接受了指导，他们知道他们的位置和扮演的角色。"他写信给尼古拉，同时向后者保证波兰没有危险。他写道："我向你保证，军队和大部分民众都是值得信赖的。"尼古拉已经开始集结军队，摆出向法国进发的架势，而随着比利时革命的爆发，他考虑派兵支援他的内兄荷兰的威廉国王。[12]

高级成员被捕后，爱国协会的领导位置由一小群下属人员填补了上去。他们决定在12月的某日发动起义，但随着警方的到来，他们把行动的时间提前到11月29日晚上。和十二月党人一样，他们幻想只要枪声一响，挥舞旗帜，整个国家的人就会与他们一起奋斗，而他们的行动却一片混乱。因为战斗信号贻误，一些叛乱分子迷了路，应该执行刺杀任务的一群人让康斯坦丁逃之夭夭，一些最有能力的波兰将领因为不愿一起造反而被谋杀，唯一的结果是随着军火库被突袭，一伙武装暴徒占领了街道。

"我的所有监控措施被证明是无效的",焦虑的康斯坦丁于12月13日给他的弟弟写道。他信任的警察网络已经让他被情报淹没,其中大部分是不准确,而且虽然已经意识到一桩阴谋近在眼前,他仍然感到十分吃惊。因为不得不在晚上逃离卧室,他抱怨自己"光着脚",没有衣服和金钱。最重要的是,他对十六年来孜孜不倦地投入到军队的努力付诸东流感到绝望。他建议俄国从波兰王国撤出所有军队,等待波兰人做出行动,他相信波兰人会像以前一样再次主动释压。正如康斯坦丁所预料,波兰上层人物很快掌握主动权,遏制住了革命行动,他们然后向圣彼得堡派遣特使,以寻找解决方案。不过尼古拉要求,只有波兰人彻底臣服,他才会展开对话。俄国的社会分裂成支持波兰人的年轻贵族一派,和认为要利用绝好机会镇压波兰的另一派,他们要实施"大屠杀",让波兰人彻底闭嘴。[13]

俄国帝国处在破产的边缘,更糟糕是,一场致命的霍乱疫情暴发开来。和疫情有关的黑暗谣言开始流传,医院发生了骚乱和袭击事件。尼古拉在其中的一次暴力事件中表现出勇敢气魄,他在没有护卫的情况下冲进人群,叫愤怒的人群跪下向上帝祈祷,人们听从了他。诺夫哥罗德兵变则没有那么好对付,3名将领和160名军官惨遭屠杀。尼古拉派军队镇压了哗变者,129人死于鞭刑。这不是应该犹豫的时候,沙皇命令军队进驻波兰。[14]

他的行动让邻居松了一口气。德意志大部分地区都处于动乱之中,让普鲁士最头痛的是它的东西两线都爆发了革命。腓特烈·威廉同样占据很大一部分波兰省份,如果议会王国的波兰人获得胜利,这些地方就很有可能群起效仿。叛乱精神像霍乱一样无情地传播到欧洲各地。"这种罪恶和霍乱的惊人相似之处在于他们的传播性,其所到之处都被感染,运动之狂热也显而易见。"本斯托夫于1831年1月29日给他的国王写道。另一个普鲁士官员感到他们与之斗争的是"无可救药的精神霍乱"。[15]

梅特涅对波兰起义表示欢迎；他相信俄国可以扑灭革命之火，但尼古拉的注意力将因此分散，使他无暇干涉欧洲其他地区。梅特涅需要腾出手处理意大利事务，七月革命的新闻已经在那里的统治阶层引发恐慌，还在各地激起了不当的热情。彼埃蒙特和摩德纳发生了未遂叛乱，悲观的人预料更多骚乱将会爆发。教皇庇护八世于11月30日的去世加深了人们的不确定感。枢机会议于12月14日召开，选择继任者，梅特涅采取行动，向所有认识的红衣主教施加压力，以选出与他观点相投的教皇。1831年2月2日，保守的红衣主教卡佩拉里（Cappellari）当选，成为教皇格里高利十六世，但在这个消息传遍半岛之前，2月3日，帕尔马、摩德纳和教皇国内部的博洛尼亚及使馆区就发生了骚乱。重申自己权威的努力归于失败，罗马向奥地利求援，梅特涅开始派兵。[16]

他的警政大臣塞德尼斯基在过去的一个月里灰心丧气，但梅特涅使其冷静了下来，甚至让他保持了幽默感。威吓公使和大使们的一天过去后，他像雷神朱庇特（一个女士如此形容）一样成了沙龙里受女士欢迎的魅力人物，还开起了玩笑。但是他对重建大国间协作的可能性感到沮丧：俄国因为波兰而陷入困境，普鲁士左右摇摆，英国则依然冷淡。[17]

威灵顿不希望与大陆上的军事行动扯上关系，拒绝梅特涅召开会议的提议，因为他害怕会演变成另一个皮尔尼茨会议（Pillnitz）（最初的奥普联盟就是于1791年在皮尔尼茨发布了反对法国的宣言）。不过在当年夏天和初秋，威灵顿和英国很多像他一样的人感觉，如果荷兰王国无法镇压比利时叛乱，各地的颠覆性要素将"使欧洲陷入大火之中"，就像列文公爵夫人给她的哥哥亚历山大·本肯多尔夫指出的那样，"这富足、自由、幸福而繁荣的英国无法置身于扰乱欧洲的危险传染病之外"。[18]

虽然威灵顿的托利党赢得1830年夏天的选举,但是改革问题仍然悬而未决。威灵顿已经失去了作为滑铁卢英雄的大部分声誉,而且他的内阁被激进派和辉格党人围困。辉格党利用了人们对于去年夏天设立的城市警察的反感和不满。10月26日,他们以"不要新警察!"为口号,在考文特花园和皮卡迪利组织示威活动,两天后又在海德公园角发起了抗议。只配备着警棍的城市警察阻止了这次暴行。

议会于11月2日开幕,威灵顿清楚地表明他不会启动议会改革。辉格党人和改革分子不同程度地表达了震惊和愤怒,而社会阶级的底层民众则通过各种方式表达不满和压抑已久的怨恨。城市暴徒配合斯温暴动,在一周内通过星星点点的暴力事件参与了打砸窗户、纵火和私闯房屋。威灵顿的红颜知己哈丽特·阿巴思诺特(Harriet Arbuthnot)太太指出,国王"很害怕,王后半夜都会吓得哭起来";弗朗西斯·普赖斯这样的激进派人士摩拳擦掌,他们相信这样的群体性情绪的示威将迫使政府做出改变;列文公爵夫人给她驻圣彼得堡的哥哥汇报,说英国"处于革命的边缘"。威灵顿在伦敦周围部署了7000人的军队,为保护他的阿普斯利宅邸,还给军队部署了详尽的指令,包括多少士兵防守皮卡迪利会客厅,多少士兵保护杜罗勋爵的客厅,多少士兵守卫公爵夫人的卧房等,以及他们在什么时候才应该开枪。[19]

高潮于11月9日降临,当时国王正准备去市政厅参加市长举办的晚宴。极端激进派已经组织好了一场示威。一份标语写道:

自由还是死亡!不列颠人!诚实的人!!!

时机终于到了。所有伦敦人在周二聚首。我们向你们保证,我们目睹了警察从伦敦塔转移了6000把砍刀,为血腥的镇压做准备。记住国王的可恨演讲！！那些该死的警察现在武装了起来。

英国人，你们还能忍受吗？

另外一份则呼吁人们向法国看齐，称"如果需要新的警察，就让它从人民中产生，并让它受到人民的控制"，就像法国国民卫队一样。[20]

国王听从劝说没有参加晚宴，示威人群劫掠了一番后，向西区移动，他们一定要制造事端。警察在斯特兰德与他们相遇，用挥舞警棍的新方法，不流血地将之驱逐。但麻烦没有消退。反对派趁机于11月15日在议会中击败政府，产生了以格雷伯爵（Earl Grey）为首的辉格党新内阁。[21]

支持改革的人数达到新高。已经被选进议会的亨利·亨特提出赋予女性选举权的动议，这造成了骚乱。骚乱和各种集会的数量急剧增长。"国家的形势十分吓人，"日记作家查尔斯·格雷维尔（Charles Greville）在11月21日写道，"每张海报都会引发新的混乱，导致机器被摧毁，工人联合起来，以及工资的快速增长。"格雷维尔相信骚乱和贫困没关系，而是由像科贝特这样的人的挑衅演讲，尤其被外国的新闻所煽动。新内政大臣墨尔本勋爵比警察处理斯温暴动时的态度更加激进，他派高级军官到动乱地区掌握情况，但很多人仍然感觉这个国家正在滑向革命。[22]

11月29日的华沙革命和彼埃蒙特骚乱的消息让前景更加暗淡。"我不记得自己经历过这样的时代，没有见过这样的恐怖和近在眼前的恐慌，人们的思想在倒退，向法国和爱尔兰那里靠近，误入歧途地支持波兰和彼埃蒙特，在这里重犯纵火、暴动和杀人的罪行。"格雷维尔于12月30记录道。上校威廉·内皮尔爵士认为革命"不可避免"，诗人罗伯特·骚塞告诉格雷维尔，说假如他有钱，就会带着家人逃到美国。[23]

"我坚定地相信存在着难以战胜的阴谋,"威灵顿于12月6日给马姆斯伯里(Malmesbury)伯爵写道,"但是我认为我们对它没有一点了解。"他从巴黎得到和爱尔兰人有关的报告,说他们正准备在爱尔兰制造典型的叛乱。他写道,"我倾向于认为阴谋分子在这个国家的行动是由英国人制造",但他感觉"原本的焦点是在巴黎……我知道巴黎的宣传协会已经从全欧洲募集资金,掌握了大量财富,尤其是从法国的革命银行家那里得到大量捐款。我认为这些资金部分用在了腐化和扰乱英国的目的上"。他甚至考虑法国入侵的可能。"银行家"这个词现在和"自由主义分子"一起被载入了圣殿骑士团的教规之中。[24]

梅特涅感觉他的全球性阴谋理论已经得到全面的证实。"这段时间发生的事情的出处和起源都很容易被辨识,各地行动的指挥中心也可以被找到",梅特涅在10月份激动地说。"摩德纳革命不是一起孤立事件,"他于1831年2月写道,"它是笼罩整个意大利的庞大阴谋的一部分,它预示着即将发生大火,而纵火者希望所有地方都被燃烧。人们可以找到大量证据,不过教皇国刚刚爆发的叛乱表明所有证据都是不必要的。"梅特涅称法国间谍正走遍意大利,到处散发钱财。他并不十分担心意大利人。"意大利到处都有在咖啡馆和其他公共场合高谈阔论的有闲人和无产者,这只是他们的习惯,"他在4月向埃施特哈齐解释说。但正如他跟阿波尼保证的那样,"叛乱和意大利人没有关系,因为形式完全是法国式的,而且得到巴黎指导委员会的指导,德意志最近的小骚乱也起到了示范作用"。他从意大利发生骚乱的各地得到的情报"无一例外地表明意大利的革命不过是巴黎委员会的杰作……是指导委员会的线人发出起义的信号"。他在缺乏丝毫证据的情况下断言:"在所有发生骚动的村庄,活动的头脑人物都是一个或几个法国人。""欧洲阴谋派别制造骚乱的密度超乎了想象，"他于6月3日给阿波尼写道，"不过如果巴黎的指导委员会不鼓励和指导革命，骚乱的影响就无关紧要。"[25]

"最近的法国革命和接连爆发的冲突使以往简单的猜测变得不容置疑，几年来，任何做出思考的人都能发现所有革命运动都来自一个发源地，这个中心就是巴黎，"梅特涅断言，"委员会指挥着那些明显有组织性的团体，试图推翻所有合法的君主制宪法，他们几乎不隐藏自己的存在，也毫不掩饰自己的预谋。只有他们使用的手段和代理人依然是个秘密。"[26]

梅特涅唯独没把波兰革命和巴黎联系在一起，他认为波兰事件是个孤例，在根本上是国家间的战争。波兰已经投票废黜尼古拉的波兰国王身份，因为他违反波兰宪法，破坏了波兰和俄国之间的联盟关系。波兰人已经连续战胜入侵的俄国军队，迪比奇和俄国的其他高级军官越来越感到挫败，霍乱也使他们的部队遭受毁灭性的打击。不过尼古拉决意要惩罚他眼中的"叛乱分子"。以著名的非革命派人物恰尔托雷斯基（Czartoryski）亲王为代表的波兰领导层明白，他们无法长期维持战争胜局，于是急着通过谈判达成解决方案。他们试图引入奥地利和英国居间调停，建议成立一个中立的波兰国家，由波兰大公或已故的乔治四世国王的某个兄弟担任波兰国王。但英国和奥地利都不想参与进来。普鲁士尤其反对出现一个独立的波兰国家，因为它害怕波兰一独立，自己的波兰省份就会丢失，然而普鲁士必须谨慎行事，因为整个德意志都弥漫着强烈的亲波兰舆论氛围。[27]

这给正在准备对法战争的梅特涅造成了麻烦。梅特涅扩充奥地利军队，希望和普鲁士及俄国建立联合武装力量，由1809年阿斯彭战役的胜利者奥地利查理大公指挥，但被查理大公拒绝。1831年3月7日，查理大公制作了一份备忘录，称奥地利的军队和财政资源都不足以应付当前的冲突，这场战役面对的是明显无法获胜的意识形态。他指出，即使任它自行发展，法国的革命精神也将自行熄灭。挑战反而会让它变得危险。战胜法国只会将这个国家陷入更严重的混乱，将影响联军的干涉效果，激化德意志、波兰和意大利的革命倾向。梅特涅回应，称他们正在和无政府势力作"生死斗争"，不能袖手旁观，不能任其发展。[28]

实际上只有路易-菲利普才能遏制无政府势力，然而他自己正遭受四面八方的围攻。共和主义者似乎在 1830 年 7 月放慢了节奏，但他们也在迎头追赶，打算在合适的时间发起革命。这也同样适用于其他有想法的人，包括军队和工人阶级里的很多人，他们认为应该用战争打败敌人，扫除 1815 年的耻辱。路易-菲利普必须压制共和主义者，迁就军人和工人阶级，还得向疑虑重重的各国保证他的和平意向。比利时革命增添了他的烦恼，因为比利时呼喊着法国提供军事支援。德意志和意大利发生的每一次革命都会在法国引发同情浪潮和要求政府出兵干预的呼声。波兰被法国人视作 1815 年的患难兄弟，波兰革命激发法国人走上街头，要求立即采取军事行动。路易-菲利普艰难地维持平衡，一边要响应对波兰的同情呼声，一边要秘密地向各国保证自己的和平态度。

1830 年 12 月，路易-菲利普差点被人民之友协会领导的一次未遂革命给推翻，当他努力扑灭危机后，政治不稳定仍在持续。"疯狂依旧，"奥地利驻巴黎大使的表亲鲁道夫·阿波尼伯爵于 1831 年 2 月在他的日记中指出，"客厅里跳舞，街道上战斗，革命正如火如荼地进行；所有东西似乎都被撕裂开来，我们坐在一座隆隆作响的危险火山之上，新国王摇摇欲坠，新政府也失去了它的根基。"[29]

弗朗西斯皇帝随后承认，他在 1830 年没有向法国宣战的唯一原因是奥地利没钱打仗。没钱的说法是真的，但这给了名声败坏的银行家们插手的机会，从中攫取利益。罗斯柴尔德家族的五个兄弟，尤其是巴黎的詹姆斯和维也纳的所罗门，给大部分欧洲政府都贷过款，特别是通过购买法国和奥地利的公债，向他们提供了大量资金。詹姆斯·罗斯柴尔德明确表示，一旦有国家向法国宣战，法国债券的价值将从现在的低值73%降到45%以下。奥地利和普鲁士的公债价值也将下滑，所有投资人随之将面临损失。作为资深的投资商，路易-菲利普根本不需要上述提醒，也同样不需要他的部长、银行家拉菲特和卡齐米尔·皮埃尔（Casimir Perrier）的提醒。梅特涅和罗斯柴尔德有密切的关系，后者之前为他解决了很多问题，现在又帮他的岳母注销了一笔40万法郎的债款。根茨和这几位银行家的关系甚至更加紧密，还从他们那里获得了丰厚的回报。他依照路易-菲利普的建议，并在罗斯柴尔德兄弟的支持下，劝说梅特涅支持举办一场共同裁军会议。[30]

另外一个政府根基受到动摇的是英国，著名辉格党人约翰·拉塞尔（John Russell）勋爵于3月1日抛出改革法案。这一法案极具革命性：撤销衰败选区，以消灭让人震惊的选举异象（圆形的老塞勒姆地区有1名议会议员代表；绝大部分已经沉入北海之中的邓尼奇有2名议员代表），并把选民范围扩大一半以上。在议会的第二次宣读中，法案以一票多数获得通过，但一个月后因为破坏性动议，法案又被搁浅。伦敦和其他城市发生了骚乱。辉格党首相格雷伯爵建议国王在4月底解散议会。接下来的选举中，辉格党获得了压倒性多数，改革法案再次被讨论。格雷警告说，除非改革的反对者不让步，否则"将会发生这个世界从没遭遇过的麻烦，所有事物都将卷入其中"。到5月底，威灵顿认为"我们正处于大革命的前夜，或者说我们已经身处革命之中"。他相信法案所带来的变化将从根本上破坏英国的社会结构。"我总体上并不悲观，"他几天后给梅尔维尔勋爵写道，"但我承认，如果改革法案获得通过，我实在不知道如何拯救教会、有产者和殖民主义，不知道怎么让爱尔兰与我们保持联合,国王最终也将不复存在。"[31]

很多人有与威灵顿一样的担忧,内塞尔罗德在给列文公爵夫人写的一封信中承认,她寄给他的法案复印件让他"感受到了真正的恐惧"。内塞尔罗德写道:"完全消灭衰败选区将颠覆政府本身,如果这个建议被通过,我就离开英国。"公爵夫人本人被比利时问题的解决方式震惊。国王在1831年6月的国会开幕大典上演讲,称"比利时人民有权管理自己的内部事务,有权依据最有利于自己未来幸福和独立的认识决定自己的政府形式"。伦敦举行了一场旨在解决比利时危机的会议,在奥地利和俄国极不情愿的情况下,各国同意比利时成为中立和独立的王国,最重要的是,由萨克森－科堡(Saxe-Coburge)的利奥波德担任比利时国王。信任俄国帝国的人"完全无法接受"人民可以与政府脱离关系并选择自己的国王的概念,这里面蕴藏着危险,因为它涉及如下问题:如果比利时可以,为什么波兰就不能? 它还意味着专制政权和自由主义国家之间的所有协作走向终结。列文公爵夫人警告内塞尔罗德,如果沙皇支持荷兰国王对抗比利时人,英国和法国两大自由主义国家就会联合起来,结果整个欧洲将会被彻底革命化。[32]

英国没有发生革命,为应对改革派,政府采取了必要的镇压措施。6月,军队驱散了威尔士梅瑟蒂德菲尔(Merthyr Tydfil)的激进矿工。法院对被捕的斯温暴动分子判处严厉的刑罚:34个郡的1976名暴动分子中有252人被判死刑(最终只有19人被处决),其他人遭遇流放、监禁、罚款或者担保不扰乱治安。负责监督那些即将被流放人的警官在他们出发前说他"从没见过这么好的人",他指出这些人是因为对不公平感到愤怒而参加暴乱,并不是因为什么革命的本性。[33]

在1831年7月6日到7日的晚上,拉塞尔的第二个法案以136票多数在下议院通过,但这更加坚定了顽固的托利党人的决心,他们煽动了人们对笼罩在法国、比利时、波兰、意大利、德意志以及英国的大阴谋的恐惧。威灵顿没有对内政部的报告做更多回应,报告称"市区有2000名法国士兵,一些人被发现手持地图站在街角,好像正在摸索城镇的情况",威灵顿认为报告可能把游客当成了法国士兵。他一脸坚毅,称自己只需一个团就能镇压革命,前提是城市警察已经遏制并驱散了众多集会,同时警察不能像军队那样,在民众中引起愤慨。10月15日,内政大臣墨尔本勋爵提出《特别警察法案》,要求允许快速征募一支人数庞大的警察力量,而且"特别"警察的招募可以使组织者取消至少一场集会。[34]

改革法案于10月7日被送交上议院,被41票大多数否决。这激励伦敦、曼彻斯特、德比、诺丁汉和其他城市发生了一连串骚乱——在诺丁汉,纽卡斯尔公爵的城堡被焚毁。治安官和托利党人在大街上被羞辱并遭到攻击,教会人士,尤其是主教,被扔泥巴和石块——23名主教中有21名在上议院对法案投了反对票。反对改革的知名人士家里遭到洗劫,工厂被纵火焚烧。在布里斯托尔的三天暴动中,市长公馆、主教官邸、海关大楼、三座监狱以及数不清的其他建筑被彻底烧毁。墨尔本勋爵说自己被"吓得半死"。法案被否决已经使大部分民众的情绪发生改变,坚定拥护王室一直是英国国家生活的基石,这一原则也开始动摇。威廉四世国王的受欢迎程度遭到削弱,共和主义者感到有十足的底气质疑保留"肥胖的比利"的意义,同时很多呼声要求废除贵族制度。[35]

威灵顿于11月5日给埃塞克斯主教写道,他现在相信"就算还没有一个真正的计划,底层阶级明显希望发动针对财产权的暴乱"。盖伊·福克斯之夜(又称篝火之夜),被焚烧的并不是天主教里的火药阴谋策划者盖伊·福克斯的假人雕像,而是滑铁卢战役的英雄和各类主教。保守的地产所有者加固他们的住宅,并给自己的随从配备武器,而拉特兰公爵则在贝尔沃城堡装置了一座加农炮,以驱赶革命暴徒。议员约翰·亨利·诺思（John Henry North）是紧张局势的一名受害者，他在哈罗教堂的墓志铭写道，诺思享年44岁，他用"自己的凡胎肉体实践伟大的精神，反抗对宗教和英国宪政的革命性入侵"。[36]

25 丑闻

梅特涅最亲密的合作者和挚友弗里德里希·冯·根茨（Friedrich von Gentz）被认为是同路人，他之前觉得"革命和反革命之间会摆出阵势，一决胜负"，而时代精神会被"加农炮所征服"。他曾经呼吁把宗教重新引入到生活的每一个角落，关闭学校，推行"封建制度"，虽然效率不高，但"它能帮我们远离暴徒，远离假冒的学者和学生，尤其可以帮我们摆脱记者"。但是1830年的事件让根茨重新思考了一番。[1]

一切叛乱实际上都没有要推翻王权或颠覆社会秩序；他们都是对压迫、不公正、腐败和虚伪的反叛。根茨催促梅特涅承认路易-菲利普，支持波兰人抗击俄国；在写给詹姆斯·罗斯柴尔德的一封信中，他表达了一个信念，即正统派和人民主权之间的竞争是没有意义的，因为人民主权将很快成为新的合法事实，而针对人民主权的任何战争"只会加速各王权的垮台，即使获胜的王权也不例外"。他辩称，奥地利的政策因为忤逆历史进程，所以从根本上就是错误的。"我应该与梅特涅共存亡，"他于1832年的第一天写道，"不过他现在就是个蠢蛋，如果让我来写过去十五年的历史，那将是对梅特涅的长篇控告。"根茨和他的一个朋友承认，他现在认为推翻拿破仑是欧洲的不幸，这是奥地利政策中的最大错误。[2]

梅特涅的观点与拉特兰公爵更接近。他认为七月革命不过是1789年革命的"再生"。"错误而糟糕的人民主权原则已经宣布自己取得了胜利"，他哀叹道。这一胜利受到了各国的帮扶和教唆，尤其英国和普鲁士，它们承认法国王朝的更迭，因而显示出了软弱性；更糟的是，他们解决比利时危机的"骇人"方案是创立一个新的独立国家，而奥地利是在极不情愿的情况下对此做出让步。梅特涅认为这一做法"令人恶心",因为这一方面鼓舞了叛乱分子,另一方面又破坏了 1815 年解决方案——许多法国人称七月革命是对滑铁卢战役的反击,这绝对不是一个巧合。³

不过梅特涅面对到处都是灾难反而好像很高兴。"多年来,那些说存在一个地下发动全球革命的指导委员会的人面临的都是不信任和怀疑,现在事实证明的确存在这样可恶的宣传机构,它的中心就在巴黎,在各个国家都有分支,"他说道,"因此,每一个和这一庞大的危险阴谋有关的证据都无法用过多的注意力进行观察和调查。"⁴

梅特涅把注意力聚焦到德意志,那里出版了成百上千的政治小册子,国家处在一种沸腾状态之中。一个爱国协会被建立起来,以支持出版自由;自由主义者呼吁施行宪政,他们为波兰人反抗俄国压迫而欢欣鼓舞;他们无视当局,歌唱颂扬巴黎和波兰自由斗士的诗歌。维特·冯·道林出版的煽情回忆录和一本根据美因茨委员会的档案撰写德意志秘密社团活动的八百页书籍,暗示一切只是冰山一角。⁵

梅特涅警告普鲁士现在实际上的首相维特根施泰因,称革命正以"每步 1 英里的速度"向我们逼来,即使"赴汤蹈火",也要与之抗争到底。他敦促普鲁士做好自我武装,因为"革命肯定会像瘟疫导致饥荒一样引发战争"。1831 年 8 月,梅特涅呼吁德意志的主要宫廷委派有实权的将军制定联合军事方案,并召集各国外交大臣于 9 月在维也纳开会。他驳斥本斯托夫关于德意志没有真正的革命的观点,称其是"倒胃口的胡说八道"。他甚至策划了小伎俩,把弗朗西斯皇帝写给腓特烈·威廉国王的信拆开,放在本斯托夫的办公室,制造其被发现私拆信封的假象,本斯托夫因此被免职。但是德意志国家仍然回避梅特涅关于制定一部新版卡尔斯巴德法令及动员军队与法国作战的劝告。⁶

华沙和俄国人的斗争在 9 月 8 日以失败告终,这激起了巴黎的骚乱和全德范围的示威游行。为免遭俄国的报复性惩罚,波兰士兵快速逃到德意志,他们在所到之处都受到了热情的款待。人们把士兵带到啤酒馆或自己的房子,请他们喝酒吃饭。"如果美因茨的公民在他们城市没有灌倒一个波兰人,似乎就是不同寻常的事,"一个驻扎在美因茨的普鲁士军官回忆道,"至少我没有看到一个清醒的波兰人。"逃亡的人尤其受到女人的欢迎,这个军官说"好多无赖穿上波兰军装,操一口蹩脚的德语,这比从警察局长那里得到的通行证更管用,能让他们顺利穿过这个国家"。[7]

在各处生根发芽的委员会向被遗弃的流亡者提供帮助,梅特涅总结说他们是"法国宣传机构的分支"。"很明显,德意志被巴黎的指导委员会长期操纵着",梅特涅跟巴伐利亚公使弗雷德亲王保证道。波兰人的出现鼓舞德意志青年公开大胆地宣扬民族主义和自由主义思想。"对波兰的热情之后就是黑红金的狂热",普鲁士军官回忆说,他奉命逮捕所有穿戴黑红金三色帽徽的人,这一措施"没能压制住狂热,反而极大激发了人们的激情"。[8]

到1832年春天,梅特涅感觉自己十分孤立,遭到德意志境内"迂腐的无套裤汉党"的围攻,因为这些无套裤汉称德意志并不存在革命威胁。他还在国外卷入了与法国争夺意大利的斗争之中。奥地利军队已经撤出博洛尼亚,把维和的任务交给了教皇。但教皇的军队表现如此糟糕,以至于再次爆发了革命。1832年1月,梅特涅不得不再次把他的军队派到那里。法国这时表示抗议,还派军队在安科纳登陆,声称要帮助教皇抵御奥地利的侵犯。极为愤怒的梅特涅发表声明,称法国的行动是"政治犯罪"。(僵局一直持续到两国军队在1838年撤出意大利。)[9]

梅特涅不能指望尼古拉、腓特烈·威廉及其他欧洲君主。英国似乎要开启改革:1832年3月22日,下议院三读改革法案,在第二天早些时候,法案就获得了通过。由于法案在上议院以9票之差被驳回,所以格雷要求国王在上议院设置一些新席位,以让辉格党占据多数。国王一开始同意,但后来又改变了想法。5月9日,在得知国王的决定后,格雷辞职。"照英国目前的情况看,"梅特涅给弗雷德写道,"所有通往好结果的道路都遇到了阻力,一场疯狂的革命正在逼来。"这个国家的氛围十分凶险,政治讨论到处都在提及查理一世。[10]

在威灵顿努力组建新内阁的时候,他被警告有人要对他行刺。全国到处都是群众集会,策划着抵制纳税,建筑街垒,使城镇有如要塞一般难以攻入,还有群众示威和直接的武装抵抗。在伦敦市区,从事贸易和商业的人谈论如何施压,威胁要对英格兰银行发起攻击,喊出"不要公爵,要黄金"的口号。[11]

现在激进派和工人阶级之间实现了很好的协调。他们变得更有组织性,武器供给也十分充足。也许更重要的是,大部分中产阶级已准备不再认可土地贵族的统治地位,因为这个体制既荒谬,又没有公正可言。越来越多的人觉得在不得已的情况下,武力可以是有效的手段,甚至一些正规军军官也明确表示,如果形势需要,他们会与反抗团体一起站在当局的对立面。[12]

同时,中产阶级和几乎所有最激进的改革者既对改革充满期待,又对社会变革感到恐惧。他们虽然威胁使用暴力,在伯明翰政治联盟的例子里,他们的确制定了暴动方案,但他们把工人阶级当作冲在前面的敢死队,一边准备好释放他们,一边又把他们紧紧攥在手上。这一边缘政策有虚张声势的成分,但革命的威胁却真实无疑。5月15日,威灵顿得出结论,这个政府是组建不起来了,他决定放弃阻挡革命洪流的斗争。梅特涅听到这个消息时十分震惊。他写道:"灾难正向英国袭来。"几天后,家门口遇到了挑战,梅特涅必须做出行动。[13]

1832年5月27日,星期日,人们开始向莱茵河畔普法尔茨的汉巴赫村聚集，这里位于风景如画的卡尔斯腾堡下方。他们是第一波人数达两万之众的集会群体。他们原计划是举办很有名气的民俗节，这个民俗节旨在吸引游客，刺激当地经济发展。随着人群的聚集，各式各样的人都踊跃而来。满满一车的男青年佩戴象征民族运动的黑红金丝带，一队队身着白色衣服、头戴橡树叶花环的少女唱着民歌。人群摩肩接踵，很是热闹。从法国回来的德意志流亡者歌唱《马赛曲》，哼着罗西尼歌剧的曲调。还有穿着制服的波兰流亡者，佩戴德意志三色丝带，以及手擎波兰旗帜的女士率领队伍向城堡进发。民俗节一直持续到6月1日，里面有露天市场和娱乐场，虽然有几起酗酒闹事，甚至刑事案件，但总的氛围十分愉悦。蛊惑人心的演讲主题多样，从推翻暴君到国家重拾中世纪传统和古老的德意志道德。人们到处都在谈论"德意志合众国""德意志人共同的祖国""欧洲国家邦联共和国"这样的口号。

　　梅特涅对狂欢庆典的消息感到异常震惊，但他没有掩饰自己幸灾乐祸的心情。他说在5月27日同一天，在巴黎的德意志流亡者邀请拉法耶特作为嘉宾举办了一场盛宴，结果证实这是法国首都指挥的"汉巴赫丑闻"。"每件事之间都有关联，都可以看作欧洲革命的一次尝试"，梅特涅在7月初给弗雷德写道。他在给维特根施泰因的信中说他其实不关心发生了什么，但他乐意看到阴谋分子公开行事，这样德意志的统治者们就会被吓到。维特根施泰因更是冷嘲热讽，抱怨影响力还"不够大"，希望节日的组织者一不做二不休，把巴伐利亚国王给废黜掉。[14]

　　"德意志西部最近上演了丢脸的丑闻，与英国和法国长久以来给世界带来的骇人丑闻相比有过之而无不及，"梅特涅给他驻罗马的大使写道，"这些场面还不至于成为革命，但它们包含了革命所有的特点，是革命的直接预兆。"德意志所有统治者决意联合采取强硬行动。"危及国家的危险现在已不再局限在其中的一个或两个国家，各

/ 25　丑闻 /

国面临的风险是相同的。"梅特涅断言。他在伦敦跟诺伊曼保证,光明会在兄弟会的伪装下还活跃着。15

汉巴赫节起到了预期的效果,在柏林的统治阶层散播了恐怖的种子,因此腓特烈·威廉不假思索地就同意梅特涅在邦联议会召开前所提出的方案,批准了梅特涅起草的文件,其中有六项条款重申君主主权,强化了君主可以任意提高税收的权力,以及君主可以不经臣民的同意进行统治。会议内外有反对的声音。像梅特涅鄙视自己一样讨厌梅特涅的英国外交大臣巴麦尊勋爵发布了一份直言不讳的公开通告,嘲讽地表示他将运用自己的智慧和影响力抑制德意志邦联议会的压迫激情。16

1832年6月28日,梅特涅凭借六项条款的通过回击了巴麦尊的嘲讽。7月5日,他又亲自撰写增添了十项条款,从根本上重申了卡尔斯巴德法令:禁止传播在德意志境外出版的政治材料;取缔所有社团、大会和节日庆典;禁止佩戴丝带、帽徽或其他徽章,禁止挥舞旗帜,禁止栽种自由树;将大学和外国人置于严格的监管之下;引渡逃犯,实行军事互助。会议然后规定,所有旨在反对上述原则的抗议和请愿都将被视为叛乱行径。

这引发了一波抗议和消极抵抗。爱国分子和自由派人士高唱《马赛曲》和支持波兰的《华沙舞曲》,当局对这些歌曲施加禁令后,他们开始唱包含颠覆元素的德意志传统歌谣。流行民歌里加入丑化恶人的内容,比如普鲁士警察总长兼司法大臣康普茨,歌曲还对卡尔·桑德、波兰人和希腊的自由斗士大加赞扬。双方用符号展开了潜意识的较量。他们用蓝色取代黑红金色的丝带和帽徽,当警察抓住他们说这种颜色和被禁的颜色类似,禁止他们佩戴蓝色饰物的时候,他们就会戴上绿色、粉红色等颜色的饰物;警察跟在后面,吃力地发布各种与领带、帽子和背心样式有关的奇怪禁令,直到巴伐利亚当局宣布蓄留任何款式的胡须都是违法行为。17

巴伐利亚设立了一个以议员安东·冯·布朗米尔（Anton von Braunmühl）为首的特殊部门，专门处理"政治诡计"。这个部门和美因茨委员会合作，为王国境内的每个大学讲师和教授都制作了卷宗档案。伍兹堡大学的贝尔教授被判处15年监禁，马尔堡大学的约尔丹教授被判处5年监禁，另外五人因为叛国罪被判到要塞服务。一个叫帕斯托尔·魏迪希（Pastor Weidig）的校长在没有被判刑的情况下被关押了五年，最后自杀而亡；他留给妻子的自杀遗嘱因为政治安全的原因而没能交到她手上。[18]

1833年4月3日，晚上9点30分左右，几个携带了武器的年轻人袭击了法兰克福的几处主要警卫室，他们高喊革命口号，号召公民武装起来，而驻足的公民则表现得目瞪口呆。这是无比愚蠢的阴谋的高潮，鱼龙混杂的学生和年轻技工参与其中，还夹杂着零星的波兰流亡者。自诩为革命者的人们在城市游荡了一个小时，他们试图在逃出城市守卫及正规军的监视之前在市民中间激发反应，最终有50多人被逮捕。[19]

警方在对他们和卷入其中的其他人的调查材料中几乎没有提供连贯的证据，更不用说找到嫌疑人的动机。他们中大多数人是稀里糊涂地参与了进去（在至少一个例子中，警方相信那个男孩是疯了），他们似乎是在道德上而不是在政治上被煽动和被蛊惑，他们因为对德意志公共生活的腐败感到恶心而参与暴动。虽然他们大多不知道好的世界应该是什么样，但他们都希望在自己站出来表示决心后，可以为世界带来好的改变。调查拖拖拉拉，直到1836年才对204名学生做出审判，其中39人被判死刑。一个叫弗里茨·罗伊特（Fritz Reuter）的诗人因为参加集会和冒犯普鲁士国王而被判斩首，然后又被减刑至监禁30年。[20]

在法兰克福警卫室事件后两个月的1833年6月，一个泛德意志的警务情报交换机构——邦联中央委员会建立了起来，同时建立的还有部长委员会，它由臭名昭著的、被同事描述为"沉迷于猎捕煽动家"的普鲁士警察总长和司法大臣卡尔·阿尔伯特·冯·康普茨领导。这个机构直到1842年才开始运作，调查全德范围内所有所谓的阴谋，牵连到1800人。它最了不起的成就是起草了黑皮书，一本事无巨细地记载参与颠覆活动的或受到审讯的所有人信息的书，里面囊括了2140个名字。[21]

梅特涅彻底调查了警卫室事件，并敦促其他德意志国家实施反对"时代疾病"的行动。"敌人集中他们的全部力量，准备发起攻击，他们有指挥部，有兵团，有先头部队，还有后备军"，梅特涅警告道。他向弗雷德承认，他并不十分担心街头暴动，因为街头暴动很容易镇压下去，他更担心的是他所称的"革命权威"，即自由主义获得合法性的过程。

这一说法正符合俄国驻符腾堡王宫的公使彼得·冯·迈恩多夫（Peter von Meyendorff）男爵的沮丧情绪。迈恩多夫在1833年4月跟内塞尔罗德抱怨，德意志的行政机构、宫廷、警局及邮政局几乎所有政府雇员都"属于阴谋集团"。"警方知道如何赶走流浪汉，知道如何找到窃贼，但他们几乎无法识别正在贯彻宣传部门指令的法国和波兰间谍。"他一边抱怨，一边还说是法官放走了危险的颠覆分子。他也对邮政服务机构的态度表示愤怒。"为了发现更多隐藏在这里与卡尔斯洛赫（Carlsrouhe）的那科瓦斯基（Nakwasky）保持联络的阴谋分子，我要求他们监控那科瓦斯基的通信往来，他们却答复说所有为国王服务的邮政雇员都发过誓，要尊重邮件的私密性；我费劲心力还是无法说服他们截留信件，进行检查。"[22]

迈恩多夫发现到处都是阴谋。6月8日，他向内塞尔罗德报告，称图宾根发生一起骚乱，一群学生打碎了校长办公室的窗户，这个校长正是符腾堡议会的保守派议员。16名宪兵恢复了秩序，并逮捕了8名学生。但在迈恩多夫看来，骚乱揭示出"革命狂热的新症状,而德意志的青年则患病不轻",这证明"德意志的大学普遍存在庞大阴谋的分支机构,尤其那些至今保留兄弟会的大学问题尤为严重",骚乱还清楚地表明"年轻人已经疯狂到无法治愈的程度"。[23]

让梅特涅生气的是,并不是每个人都像迈恩多夫那样想。奥地利内政部长弗朗茨·安东·冯·科洛弗拉特(Franz Anton von Kolowrat)伯爵尤其是个让人讨厌的异见者。"你的方法充斥着暴力,不知变通地维持事物原来的样子,"他于6月给梅特涅写道,"在我看来,这恰恰最容易引起革命的爆发。"他接着解释,说这种方法耗尽了国家财政,使税负压力更加沉重,也让人民对政府充满敌意。梅特涅不允许中产阶级分享管理国家的权力,因为后者就会敌视贵族,这迟早会激起满是怨气的中产阶级发动群众去推翻政府。科洛弗拉特建议做出让步,为群众谋福利,并向中产阶级让渡一些权力。"这是你拯救我们的唯一方法;你的方法也许不是明天也不是明年,但用不了多久,就会将我们引向十足的灾难。"[24]

梅特涅没有理睬科洛弗拉特。1833年8月,他在托普利兹会见腓特烈·威廉,劝说后者抓紧收缩新闻自由,以及废除1815年以来制定的所有法律。这次会面给另外一场两个皇帝和他们部长之间的重要会议打了前哨。会议于9月在波希米亚的慕尼黑城堡举行,目的是在俄国和奥地利之间达成一份攻防协议。如果梅特涅的话可信,沙皇一到这座风景如画的小城便开始恭维他,说:"我来这里是听候领导的调遣,我希望你指正我犯下的错误。"梅特涅回应,说尼古拉是奥地利的守护天使。如果尼古拉的配偶的话可信,沙皇对奥地利首相抱有很深的怀疑。"我每次见到梅特涅都情不自禁地用手画十字",她回忆沙皇的话说。即便如此,1833年9月3日,俄国和奥地利签署了联合公约,两国不仅要加强合作,跟踪、引渡可疑的颠覆分子,还要应要求对嫌疑人进行监控。两周之后,两国皇帝签署协议,像谴责不虔诚的异端一样,谴责了"不干涉的错误教条"。[25]

这又激起干涉伊比利亚半岛的幽灵,斐迪南七世国王于1833年9月在那里去世后,国家陷入内战之中。西班牙问题分裂了各国,保守派本性上支持斐迪南的弟弟唐·卡洛斯(Don Carlos)亲王,反对合法继承人、斐迪南的女儿伊莎贝拉,因为她还不到三岁,而她的母亲玛丽亚·克里斯蒂娜王后在自由派首相塞亚·贝穆德斯(Zea Bermudez)的幕后垂帘听政。更复杂的是,葡萄牙的两个王位觊觎者多姆·佩德罗(Dom Pedro)和多姆·米格尔(Dom Miguel)之间也展开了竞争。尼古拉缄默地支持唐·卡洛斯,但顾及正统性原则,无法插手其中。

1834年伊始,梅特涅和德意志各主要国家的大使在维也纳召开了一次会议,旨在协调安全政策。他再次发现大家并不情愿接受他的领导,他尤其对巴伐利亚外交大臣奥古斯特·冯·吉斯(August von Gise)男爵感到气愤,并称呼他是"空心南瓜"。在梅特涅自己的人中也有不支持他的,奥地利国务委员卡尔·弗里德里希·冯·库贝克(Karl Friedrich von Kubeck)赞同科洛弗拉特,认为依赖暴力是危险的,梅特涅的政策最终会把中产阶级推向革命的一边。根茨现在同样持开放的批评态度,他指控梅特涅"与时代相忤逆"。梅特涅与奥地利正在失去对德意志的影响力,这主要体现在两方面。一方面,德意志诸国的君主和大臣们越来越不喜欢被指指点点,尽管他们也许同意梅特涅的政策。另外一方面,多数德意志国家开始认为在与法国开战的问题上,普鲁士比奥地利更靠谱。普鲁士和其他德意志国家之间关税联盟的建立为更紧密的合作扫清了障碍。同时,梅特涅虽然仍在关注革命幽灵,但他的注意力开始向其他地方转移。[26]

前一年,当他在维也纳重新团结德意志大臣们的时候,梅特涅不得不处理自家后院发生的一桩阴谋。一群上百人的波兰流亡者离开巴黎,为了避免引起怀疑,他们三两成群地走在一起,目的是要到奥地利的波兰省份加利西亚发动叛乱。加利西亚当地居民没有起义的意愿,阴谋分子很快就被抓获。1833年底,一伙来自意大利、波兰、德意志和瑞士的大约700人的团伙开始在瑞士聚集,他们计划进入萨伏伊,在彼埃蒙特发动叛乱。他们当中有19世纪20年代的西班牙和意大利的起义者、30年代的老革命分子以及形形色色的民族主义者。一些人看上去特别疯狂,一些人则怀揣浪漫主义的英雄理想,而率领一支队伍的波兰指挥官则喝得酩酊大醉。他们的领导是拿破仑的拉纳元帅的私生子,他有一半意大利血统,在1830年波兰革命中表现得非常软弱无能。1834年2月初,一支400人的队伍划船穿过日内瓦湖,直指萨伏伊,却发现湖岸防守严密,于是在湖上来来回回好几次,直到他们耗光了食物和饮用水,只得返回并解散。另一支前往萨伏伊的队伍在阿讷马斯(Annemasse)种植自由树后,就一瘸一拐地返回了他们的出发地。这些可笑的行动参与者会很感激地发现梅特涅给他们赋予了多么重要的意义。梅特涅认为这些人预示着"革命的全面爆发,革命计划着攻击政府最高层,煽动社会最底层",他给阿波尼解释,"巴黎的委员会已经为全面革命做了好几年准备,为了获胜,革命需要建立一支活跃而好战的军事力量。被当作英雄的波兰难民正是这支军事力量的来源"。他接着向阿波尼保证,说他有证据可以让大多数心怀疑虑的人"睁眼"看见阴谋是多么恐怖,而每次小规模的骚动经过审查后都变成了全面革命的一部分。[27]

  入侵萨伏伊和巴黎没有关联,其中也没有革命要素;这起事件是意大利人朱塞佩·马志尼(Giuseppe Mazzini)的主意。马志尼于1805年出生在热那亚,当时正值法国人统治,他的父亲是秉持雅各宾信条的大学教授,母亲是狂热的宗教分子。马志尼研修法律,但是他的文学造诣很高,所以开始从事写作。19世纪20年代末,他加入烧炭党,不过之后因为受到指控,坐了牢。他一出狱就流亡到热那亚,在那里见证了意大利在1830年到1834年发生的各种叛乱的失败。马志尼总结叛乱之所以失败,是因为他们追求的宪制政府的目标是错误的,永远都无法获得大众的支持:在教皇国使馆区,农民站在政府一边反抗烧炭党运动;在博洛尼亚,重建秩序的奥地利军队受到民众的欢迎。

接二连三的失败之后,意大利的自由主义者基本上放弃了秘密结社,开始思考更具建设性的方案,比如推动经济和社会进步。意大利最大的问题是贫穷,它本身就是糟糕的经济、腐败和失败统治的产物——1829年的教皇国,250万总人口里有40万乞讨者和无家可归的人。虔诚的革命分子来到法国和英国等其他国家,他们逐渐被马志尼团结起来,而他自己也提出了解决意大利弊病的独家方案。[28]

在马志尼看来,因为意大利处于四分五裂的状态,所以意大利国家的根本问题是它的自然生命不被承认。"意大利的问题不在于哪里都有的个人安全或国家这里或那里的行政管理问题"马志尼争辩道,"意大利的问题是民族问题;是独立、自由和统一为一个国家的问题;是共同纽带、同一国旗、共同生活的问题和2500万人共同遵守的法律的问题,这2500万人是阿尔卑斯山和大海之间的意大利人,属于同一个种族,拥有一样的传统,分享共同的激情。"[29]

答案是解放整个意大利,塑造同一国家。虽然马志尼不是保皇分子,但他意识到只有一个真正存在的君主逐渐接管各国,并将国家置于自己的统治之下,才能实现国家统一。有人把教皇视作理所当然的统一人物,但1831年上台的格里高利十六世极端反动,他于1832年发布《论自由主义》通谕,谴责所有的自由主义运动,这让人们对教皇的幻想落空。其他人支持秉持自由主义思想的托斯卡纳大公，但他在1831年的可悲行为鼓励了自由主义者与他脱离关系，因此也不是合适人选。鉴于那不勒斯国王的反动态度，只有撒丁国王勉强算是合适的人选。1831年在都灵登上王位的是前卡里尼亚诺亲王查理·阿尔贝特，他是一个多变、软弱而又不可靠的人，曾在1821年辜负了自由主义者的期望，自那以后，他成为梅特涅普遍阴谋论的强烈支持者。然而马志尼乐于看见阿尔贝特登上王位，还发表公开信，呼吁国王拿起武器为意大利的自由和统一事业而斗争。30

马志尼在他位于马赛的基地联合半岛范围内和流亡在外的志同道合人士创建了一个网络。1831年7月，他建立新的运动组织青年意大利党。和烧炭党及其他团体不同，青年意大利党没有仪式、入会典礼和誓词，也没有披风、匕首和血杯。他将青年意大利党称作使徒组织，并逐渐发展出一套学说：受苦受难的意大利是如基督一般的受难者，其使命是获得再生。在这样的情景下，被意大利爱国者视为"匈人"的奥地利获得罗马帝国迫害者的角色。奥地利的野蛮统治为神圣事业制造了殉道者，正好印证马志尼的说法。

因为查理·阿尔贝特没有满足他的诉求，马志尼决定通过入侵萨伏伊来催促阿尔贝特，正好当时都灵发生军官政变，而撒丁发生了海军兵变。都灵的军事政变被压制下来，海军哗变也以失败而告终，萨伏伊入侵成了一场闹剧。都灵有12人被处决，100多人被扔进牢房，上百人逃亡国外，更多的烈士和斗士由此产生。1834年4月，马志尼和其他国家的17名代表一道成立了"青年欧洲"组织。青年欧洲在一年内就吸纳了青年意大利党的86人，青年瑞士的260人，青年波兰的50人，青年德意志和青年法国各14人；青年乌克兰、青年蒂罗尔、青年阿根廷、青年奥地利和青年波希米亚后来都加入了进来。青年欧洲实际上成为民族主义国际，其基础是日益强盛的世俗民族崇拜。

马志尼被迫从瑞士转到巴黎,然后来到伦敦,他像蜘蛛一样从巨大网丝的中心向外编织自己的阴谋计划。接下来的10年里,有8次叛乱企图要么由马志尼策划,要么是受到他的启发——1837年发生了2次,1841年1次,1843年3次,1844年1次,1845年1次——全部都以失败而告终。发生在两西西里王国的4起叛乱中,所谓的自由主义分子遭遇当地农民的顽强抵抗,3起发生在教皇国的起义中,叛乱分子遭遇当地人的仇视;还有1起发生在托斯卡纳。马志尼没有因此而气馁。那些被意大利的保皇派农民劈成粉碎的人和那些被奥地利或那不勒斯保皇派军队射杀的人提升了殉道者在人们心中的地位,人们纷纷通过写诗和印发廉价刊物来纪念烈士。但是为民族信念斗争的人依然少之又少。

对梅特涅来说,他们的人数已经够多了。梅特涅把马志尼的行动和烧炭党运动不加区分地对待,他担心民族感情的吸引力会腐化奥地利军队。在意大利服役的士兵被要求提防这类"诱惑",被警告如果放纵自己,就会被革命的"秘密法庭"审判,甚至遭到谋杀。梅特涅在警察部门里建立了一个由80人组成的特殊机构,为达到监控意大利叛乱分子活动的目的,奥地利帝国投入了大量的资金。[31]

形形色色革命的失败产生了大量的政治流亡者,他们主要集中在英国和法国,1837年,达到了1.3万人之多。其中数量最为庞大的是波兰流亡者群体,他们构成了独特的问题,因为没有什么可以失去,所以他们准备和任何与维护现状为敌的人走到一起。"波兰人在所有阴谋中都起到主要角色的作用,因为他们填补了并不那么容易被填补的空缺——随时准备战斗的强健之人,"梅特涅于1834年4月给弗雷德写道,"自从波兰难民出现后,巴黎宣传机构的特点越发不同,开始变得强硬。"然而梅特涅当时最害怕德意志人。1831

年之后，在巴黎的德意志人的数量每五年增加一倍。他们以艺术家、出版商和专业人士为主，在政治上十分活跃。最知名的是诗人海因里希·海涅（Heinrich Heine），梅特涅认为他是德意志"委员会"的成员。梅特涅专门安排教授威廉·宾德尔（Wilhelm Binder）博士以线人的身份成为海涅的朋友，打进他的生活圈，以"发现德意志革命党是如何与法国宣传机构建立联系的"。宾德尔的任务没有成功，因为海涅在他们第一次会面时就看穿了他的身份，跟他说了些无关紧要的东西。梅特涅和普鲁士公使约翰·彼得·安西永（Johann Peter Ancillon）不停地要求驱逐海涅和其他流亡者，但这样的要求被法国内阁挡了回去。虽然流亡者总是现身于法国的内部颠覆活动，不停地给法国当局制造麻烦，但法国仍然按传统方式给他们提供庇护。法国、瑞士的一些州以及英国和其他国家（没有法国和瑞士那么严格）一直都依循基督教的待客传统，遵守政治避难原则；1830年之后，政治避难的概念在英国、法国和比利时这些国家已经根深蒂固。引渡要求在逻辑上都应该被拒绝。比利时则制定法律，拒绝任何国家政府引渡政治难民。[32]

1835年，邦联议会对海涅的所有作品批判了一番，还批判了自由主义诗人路德维希·伯尔内（Ludwig Börne）、小说家海因里希·劳贝（Heinrich Laube）、记者卡尔·古茨科（Karl Gutzkow）的作品。同年12月3日，迈恩多夫跟内塞尔罗德解释，说古茨科出版了小说《反宗教的不道德》。"古茨科将一些没有良心但有才能的青年作家团结起来，他们大多是犹太人，他还创建了青年德意志组织，这个名称本身就有很重要的意义"，迈恩多夫解释说。古茨科很危险，因为他传播外国文学，称"所有国家应该把他们的开明思想和文明化的渴望结合起来"，还攻击"德意志对法国的仇恨是过时的愚蠢思想"。迈恩多夫强调"这些信条是危险的"，它们能"明显地推动革命步伐"。[33]

1834年2月，奥地利和俄国签订引渡协议，要求两国警方加大合作，阻止俄国流亡者和逃犯穿过哈布斯堡领土。梅特涅和本肯多尔夫开始交换情报——主要是通报打算到维也纳刺杀弗朗西斯、到圣彼得堡刺杀尼古拉或者到地方发动叛乱的波兰人群体，而这些情报大部分都是虚假信息。1835年9月，梅特涅和本肯多尔夫在托普利兹再聚首，双方同意加强进一步合作，他们决定派遣一名高级宪兵军官前往维也纳，向奥地利警方学习警务方法，并提供情报。他们还同意协调宣传，一个叫巴龙·德·施维茨（Baron de Schwietzer）的俄国人被派到维也纳，和梅特涅一起对德意志媒体施加影响。梅特涅对托普利兹会议十分满意。一起参加会议的沙皇把梅特涅称为联盟的"拱顶石"，这是对奥地利首相极大的恭维。两大国之间的关系由此确立，梅特涅和本肯多尔夫之间几乎以同志相称。[34]

"我亲爱的伯爵，不知你是否注意到伦敦最近获得了它从未有过的地位，"梅特涅于1836年12月给本肯多尔夫写道，"甚至包括法国在内的所有国家的难民都逃往英国，我有理由相信，英国宣传机构和他们达成了一致，它还为国王的革命行动提供着资金支持。"[35]

根据梅特涅的说法，英国已经承担起"疾病传播者"的角色。"法国这个摇篮已经毁灭，"他在1835年12月2日给阿波尼写道，"昨天是法国的，明天是英国的。"英国的改革法案最终于1832年6月4日通过。因为不情愿被比作查理一世和路易十六，国王威廉四世没有到国会亲自批准法案。6月18日，也是滑铁卢战役纪念日，威灵顿骑马从市区返回时遭到一伙暴徒袭击，差点就落下马来。他在霍本（Holborn）被投掷石块和粪渣，不得不躲到林肯酒店的律师事务所。第二天，国王在阿斯科特被人群投掷了石块。[36]

"英国王室的所有问题现在全依赖于英国军队的纪律和效率"，威灵顿评论道，这个国家今后只有"在军队的协助下"，才能维持统治。其他很多消极人士，甚至华兹华斯都认为改革法案是"有史

以来最严重的政治犯罪"。1833年1月，梅特涅评论说"魔鬼现在已经在英国登基"。英国的革命条件非常成熟。³⁷

英国的城市在过去几十年里经历了急遽扩张，1801年到1831年期间，利物浦人口数量从8.2万涨到20.2万，曼彻斯特从7.5万涨到19.4万，利兹从5.3万涨到12.3万。改革法案拉锯期间，伯明翰政治联盟的一次集会吸引了15万人参加；1831年布里斯托尔发生的骚乱表明群众可以控制城市，他们毫无忌惮地制造混乱。唯一有常规警察力量的城市是伦敦，过去三年里，伦敦成立了一些工人协会，其中规模最大的工人阶级国家政治联盟尤其敌视城市警察，因此经常有冲突发生。人们要求议会进一步改革和废除谷物法的呼声十分强烈。1834年制定的《新济贫法》在全国实施期间引起了不满和骚乱。³⁸

作为礼宾路易-菲利普驻伦敦的大使塔列朗的女主人，迪诺女公爵于1834年7月19日在日记中记载，"这里发生的每一件事都和法国大革命的最初模样不谋而合"。"思考这个伟大国家未来的人不可能不感到害怕，四年前我来到这里时，这个国家辉煌而自豪，但现在却变得一塌糊涂"，她在一个月后写道。10月回到法国的时候，迪诺女公爵听说了议会纵火事件，她感觉这不是偶然。"这是恐怖的灾难，它是不祥的征兆，实体大厦和政治大厦都在摇摇欲坠！"她写道，"那些古老围墙不想因为给这个时代的卑鄙信条提供容身之所，而使自己受到玷污！"1834年11月，资深辉格党人、诗人托马斯·莫尔在他的文章中记录，前辉格党政府做过头了，"不仅破坏了制度，还动摇了原则，这需要后面好几代人来修复"。"这个国家几乎就要发生革命，"他总结说，"没人能阻止它。"这无疑也是梅特涅的想法。³⁹

26 污水沟

1833年4月1日,法国的"斯芬克司"号蒸汽轮船拖着一艘驳船驶离埃及亚历山大港,驳船上载着来自底比斯古城的方尖碑,这块方尖碑有3000多年的历史,是埃及总督穆罕默德·阿里帕夏赠送给法国的两座方尖碑中的一座,以此感谢法国政府向他提供的军事支持。为了运送这块庞大的礼物,必须建造一艘能在尼罗河上行驶的特殊驳船,它离开尼罗河,穿过地中海,驶向大西洋沿岸的葡萄牙港,通过比斯开湾和英吉利海峡,方尖碑最终经由塞纳河,于1834年抵达巴黎。运送和立碑的过程如此艰难,以至于第二块方尖碑根本没有运到巴黎〔一个半世纪后,法国最像法老的总统弗朗索瓦·密特朗(François Mitterrand)将第二块方尖碑的所有权归还给了埃及人民〕。

这庞大而笨重的物件刚到巴黎,如何处理它的问题即由路易-菲利普国王决定。1836年10月25日,菲利普在纱帘后面亲眼见证人们借助专门发明的机器,将方尖碑竖立在协和广场(place de la Concorde)的过程。看着方尖碑被稳当地树立起来,屏气凝神的人群中爆发出欢乐的掌声,菲利普国王也站到阳台,把人们的目光吸引了过去。

方尖碑所在的协和广场原名叫皇家广场,广场中心原来是路易十五骑马的雕像。1789年,广场易名为革命广场,路易十五雕像也被断头台取代,包括路易十六在内的成百上千人在这座断头台上被处决。1795年,为纪念协和女神,广场更名为协和广场,但1814年它又改名为路易十五广场。12年后,昂古莱姆(Angoulême)公爵夫人建议路易十世以她的父亲路易十六重新命名广场,并开始建造路易十六雕像作为纪念。1830年革命之后,广场再次启用协和之名,路易-菲利普决定沿用这个名称。国王在广场中心安置政治上中立的残破石碑，其上覆盖有称颂拉美西斯二世法老统治的象形文字，这样他就驱散了在意识形态上进行指控的空间，解除了危险的政治雷区，当然也遭到一些人对方尖碑所代表的阳物崇拜的诋毁。这一纪念碑象征着菲利普国王在过去六年所获得的成就。

如果七月革命真的是由指导委员会策划并发动，那它也不可能以如此偶然的方式展开。三天的骚乱被称为"光荣三日"，起初是几个宪兵打架滋事，然后在没有军队阻挠的情况下演变为叛乱，人们升起挚爱的三色旗，营造无政府状态，形成了一种赋权的喜气感。这一成就被自由主义精英攫取，自由主义分子制造拥护路易-菲利普为法王的热烈氛围，这是王室与共和主义之间的妥协，得到大部分自由主义人士和波拿巴主义者的支持，同样也获得了具有实用主义精神的所有保皇派人士的认可。但对那些建筑路障的核心成员来说，这并不是一个可以接受的结果。他们担心革命被中途废止，需要以共和的形式重新振兴革命精神。

形势在很多方面让人想起1789年。拉法耶特被任命为重新设立的国民卫队司令官，国民卫队取代被遣散的皇家宪兵队，以维护城市安全。俱乐部和社团涌现出来，大批新出现的刊物掀起影响广泛的讨论，君主立宪派、共和派和社会主义者都提出了各自的主张。新国王和他的内阁逐渐采用印花税和分配税来限制出版自由，他们还制定新规则，使申请许可证的流程复杂化，出版的技术性问题也成倍增加。出版商屡遭罚款，作者经常被告上法庭。

恢复街道上的秩序是个很有挑战性的任务，因为公众情绪依然十分多变，任何一次小事故都会演变成大的动乱。1831年9月17日，一位新警察总长被任命以对付当时的形势。新总长亨利·吉斯凯（Henri Gisquet）当时39岁，是银行家和自由主义活动家，他的任命让人十分吃惊，但结果令人满意。"没必要解释，我的任务本质上就是政治任务，"吉斯凯之后写道，"这个国家动荡不宁的狂热激情不仅危及社会秩序,还对七月王朝构成威胁,解决这一问题是我任上的首要目标;他们既然构成了威胁,我就必须动用所有道德和物质手段来对付他们。"同时,吉斯凯坚定地认为他并不是在与有组织的阴谋打交道,他所对付的不过就是一些身份可以识别的利益团体,必须动用各种手段才能打败这些利益集团。[1]

吕西安·德·拉·奥德(Lucien de La Hodde)警官识别了七类总是用各种手段制造麻烦的人。第一类是学校里的青年人。"这些绅士们在天性上就是要与政府对抗;如果他们和中产阶级邻居持有同样的想法,他们中很多人会感受到被嘲笑的痛苦,"奥德写道,"学校里的青年人喜欢噪音,好斗,充满激情。"奥德认为第二类人特别重要——"没有信仰的律师、没有病人的医生、没有读者的作家、没有顾客的商店主以及那些从报纸上了解政治,渴望成为政客的天真之人"。第三类人是放荡不羁的人,"他们是一群幻想家,对平淡的生活感到恐惧"。第四类人是"主权人民,即巴黎当地的工人阶级或者定居在郊外的工人。他们天性勇敢,惯于战斗,每一次公共骚乱都有他们的身影"。第五类人是容易轻信上当的人,"这类人不值得批评,但他们非常可怜。他们不是坏人,却被年鉴编撰者巴雷斯特(Bareste)告知这个国家的统治非常糟糕;被可憎的魔术师蒲鲁东告知财产会被偷盗;被为讨债苦恼的千万富翁勒德律-洛兰告知,爱国者将因饥饿而死亡"。第六类人是心怀不满的人,其中囊括了各种有能力的人,他们被排斥在政权生活之外,无法参与其中。根据拉·奥德的说法,他们虽然聪明到足以实现目标,但他们总是在即将成功的时候被排除在外。第七类是政治难民。随着西班牙、意大利、德意志、波兰和其他地方的叛乱起义相继被镇压,成千上万的政治难民来到法国避难。他们在自己国家造反失败,希望在法国重整旗鼓,以重现18世纪90年代法国的革命之势,最后解放他们的国家。"这种病毒曾经使法国的革命疫情异常严重,现在法国则已经接种了病毒疫苗。"2

根据拉·奥德的说法,其他地方发生的叛乱事件的数量都远不及法国这个始作俑者多,它们得到军队支持的程度也没有法国广泛。拉·奥德称:"据说被民主派腐蚀的军队有一大群愚昧无知、醉醺醺的士兵,他们很容易因为几句好听的话和几瓶啤酒就被灌输错误的教条。"另外一个参加过几次骚乱的观察家证实了这样的说法。"我经常注意到,共和派从来都没有准确地估算过自己的数量;他们希望很多人加入进来,他们相信他们的战友有几十万人之多,"他写道,"第一声枪响后,旁观者散去,他们的人数突然只剩数百而已。"而他们的动机也值得被怀疑。3

人民之友和人权协会是立志要推翻七月王朝的政治组织,他们英勇斗争,试图把每一次小骚乱都激化为抗争性事件,他们挖掘每一次叛乱的潜力,关注粮价骚乱或同情波兰起义者的抗争——1831年9月华沙向俄国投降,导致巴黎连续几天处在混乱之中。骚乱在一定程度上成为常规的消遣。1832年1月,一起试图在圣母大教堂纵火以制造骚乱的阴谋被揭发,法官问讯主谋康西特莱他的职业时,后者回复:"暴乱分子。"4

"人们每天都漫无目的地聚集在大街上,"亚历山大·仲马写道,"人群最开始不超过五个人,但很快就膨胀起来;警察很快地赶到,挑衅般地在街上巡逻;顽皮的小孩开始向警察投掷白菜梗或萝卜根,半个小时或一个小时之后,下午五点或者晚至半夜,形势就足以演变为小规模的骚乱。"5

1832年6月5日的拉马克(Lamarque)将军的葬礼给不满人士提供了宣泄情绪的绝好机会。拉马克是一个勇敢自律的战士,他对拿破仑的忠诚从来都没有动摇过,也从没做出过妥协,如果不是愚忠的话,他就是爱国话语最好的诠释者。出于各种动机,很多路人加入拉马克的送葬队伍。他们没有紧迫的动机，也没有明确的目标，人群规模膨胀仅仅是因为一些人在拥挤之中被推搡到了前面，他们与法律和秩序维护员发生的碰撞足以引发动乱。骚乱在一天里似乎随时都有可能发展成革命，示威者的队伍不惮于冲突，他们中的一些人挥舞红色旗帜，和警察及士兵爆发了冲突。不过因为缺乏领导，也因为没有明确目标，事件很快平息了下来。[6]

1832年6月的暴力冲突之后，人民之友开始走向衰败，残余的活跃力量加入人权协会，与共和主义运动家埃莱奥诺雷－路易·卡韦尼亚克（Éléonore-Louis Cavaignac）领导的指导委员会进行公开合作，在巴黎和郊区集合了3000~4000名成员。分散在各省的俱乐部和组织很可能达到三四百之多，其中一些与其说是政治组织，不如说是慈善机构。不过这些组织并不构成威胁，1832年夏天，巴黎警察总长自信地声称，"共和主义者无法再组建起一个有效党派，他们受到了孤立。虽然仍坚持自己的政治观点，但他们现在不敢再召集那些受到打击的、四分五裂的成员"。[7]

法国的政治动荡一定程度上是糟糕的经济形势造成的。1827年开始的一场危机导致严重的经济倒退，整个国家的工厂停止运转，失业率在1830年和1831年达到高点。以里昂为代表的纺织业中心爆发了面包暴动和打砸机器骚乱，尽管1832年底的时候，经济开始回暖，但利润并没有立即回馈至底层人民。霍乱疫情同时也穿越欧洲，横扫巴黎，不仅造成死亡，还加剧了社会动荡。就像惯常发生的那样，人们开始抱怨当局和所谓的疾病携带者，发生以凶杀告终的群体性暴力，刑事犯罪也有激增。1833年，里昂、圣埃蒂安、南特、阿维尼翁和巴黎都发生了暴力和叛乱事件，这些几乎都和工作条件及食物问题有关。[8]

大多数波拿巴主义者都支持新政权，但路易-菲利普的和平主义让很多士兵感到失望，甚至单纯的工人也希望扫清1815年的"耻辱"。1832年警察总长报告说："工人们在谈论即将到来的战争，他们认为只有打败1815年的敌人，才能实现真正的和平。"当年7月22日拿破仑之子雷希施塔特（Reichstadt）公爵的死亡或许让波拿巴主义者失去了他们的王位候选人，但这为波拿巴家族更有野心的拿破仑皇帝之侄路易·拿破仑（Louis-Napoléon）扫清了道路。虽然路易·拿破仑将发起一连串行动，试图颠覆国家政权，但这些带给这个新政权的只不过是一些尴尬和窘迫。9

正统派也只是带来麻烦，不能称其为威胁。1830年底，因为审判波利尼亚克和其他保皇派大臣，西部和米迪地区（Midi）的老波旁家族大本营爆发了数起骚乱事件。贝里公爵夫人在伦敦避难，她使尽浑身解数维持波旁家族的事业。1831年2月14日，贝里公爵遇刺纪念日，贝里公爵夫人为她丈夫举行了一场弥撒。一具华丽的灵柩台安置在圣日耳曼奥塞尔教堂（l'Auxerrois），她的儿子在画像里是身穿皇家披风的亨利五世，十分显眼。愤怒的人们聚集而来，教堂遭到洗劫；在疯狂掠夺之后，暴徒继续践踏巴黎大主教的驻所，还攻击了其他教堂，撕毁皇室徽章，甚至连耶稣受难像也没能逃过厄运。第二年，公爵夫人来到法国西部，试图效仿18世纪90年代的旺代叛乱发起暴动。行动计划还没有落地，公爵夫人就在11月被捕，之后又被悄悄释放，于1833年6月，作为不受欢迎的人，公爵夫人被送到了国外。还是1833年，警方粉碎了正统派试图打入杜伊勒里宫舞会，刺杀路易-菲利普和他家人的企图。虽然不清楚这将如何加速正统派的事业，但它的确没让新国王和他的大臣们生活地更轻松。

之所以担心，更重要的原因是在法国避难的外国人数量十分庞大。到1832年，有6000名波兰人和4000名德意志人、意大利人、西班牙人和葡萄牙人聚集在巴黎周围，他们无所事事，没有维持生计的方法。其中一些人并不是政治流亡者，而是因为自己的国家发生了革命而被释放的刑事罪犯。根据吉斯凯的说法，一些人是来自俄国、奥地利和普鲁士的间谍，他们假扮成遭迫害的民族主义者，刺探情报。大多数是士兵的波兰人被送到兵站，他们会得到一个可以证明身份，并认证其行动的军事通行证。所有流亡者逐渐都拥有了身份卡片，有了固定住所和一定津贴。他们所驻扎的单位不超过20个，诸如普瓦捷、图卢兹或者奥尔良这样的中型城市，因为怕他们到邻国闹事，所以这些地方离边境很远。安置流亡者的开销十分巨大——到1837年，法国政府单就安置波兰人就花费了两千万法郎——不过，毕竟建立了有效的监控方法。任何离开登记住处的人都无法领取津贴。但是这个系统并不容易管理，也不总是有效。波兰人尤其喜欢四处迁徙，他们的家一般都在巴黎，巴黎所有的意见团体都试图争取得到波兰人的支持。[10]

吉斯凯是个聪明人，他认识到警察采用的很多方法都缺乏效率。他看不出使用线人或者到处寻找并不存在的阴谋有什么意义。他相信真正的政治活跃分子是审慎的，因此也很难被追踪，但他们一定程度上都需要在底层民众中招募劳役人员，只要这些底层民众言行上稍有不慎，他终究会找到他们的领导人。阴谋分子还经常因为意见分歧或内讧而互相背叛。"人权协会给我输送了好多线人，"吉斯凯写道，"我有时觉得那些加入人权协会又进入领导层的人的唯一目的，就是为警察部门提供更好的服务。"但他相信密切监控的作用，还在之后的15年里创建了2.5万份政治嫌疑人的卷宗档案。[11]

吉斯凯用搜查房屋和询问的方式骚扰各社团的成员，在他们中间制造矛盾，因为任何被抓捕审问后又被放出来的人，都有可能被怀疑站在了警方的一边。吉斯凯会在票已售出、食材准备就绪的最后1分钟禁止公共晚宴，以此扰乱社团的计划。在1833年9月27日的一次行动中，他派40名穿制服的警察在一场露天宴会周围站岗，结果晚宴上是一片"难过和沉默"。另一次行动中，警察在宴会举办的半途现身，要求人们放下嘴边的刀叉回家去。1834 年，一部禁止人数超过 20 人的社团的法律通过。这的确使共和主义者转入了地下，导致秘密社团只能以很小的规模运作，出现了社团原子化现象。1834 年 6 月成立的家庭同盟以 8~12 人的规模运作，每个以家庭相称的单位都有一个代号，比如，糖果或者妈妈。他们不留书面东西，每个家庭只有父亲才能和别人交流。他们的目标是废除特权，消灭经济不平等，以此来"拯救人民和人类种群"。他们虽然要发动武装起义，发动"社会革命"，但从没有严肃地实践并达成目标。[12]

吉斯凯用类似的方法骚扰出版业。警方会指控印刷商印刷反政府材料，以此进行无休止的搜查，没收即将付印的文本；总之就是各种骚扰，直到他们放弃印刷任何对政府不利的内容。分发商也会碰到类似的情况，报纸和期刊会因为各种可以想见的技术性问题而被送到法庭——四年时间里，《论坛报》(La Tribune) 被起诉了 111 次，《国家报》(Le National) 14 次，《漫画报》(La Caricature) 7 次。但这种手段造成了意想不到的后果，被告将法庭变成传播他们思想和政治观点的论坛，法院判案因此为共和思想提供了绝好的舆论平台。更危险的是记者和出版商被送进监狱，他们有能力使狱友归化，还能在那些他们需要得到支持的阶层人士中招募人员，由此为革命做好了准备。[13]

"叛乱风潮完全结束了，"住在巴黎的列文公爵夫人于 1835 年 9 月写信给阿伯丁勋爵说道，"暗杀依然存在，政府也不敢懈怠，但形势或许发生了转变。" 1834 年夏天，最后一次严重骚乱在里昂、波尔多、格勒诺布尔（Grenoble）和巴黎爆发，但他们的诉求是解决工资待遇、工作培训、环境，以及饥饿问题。他们没有领导者，很容易就被镇压下去。"我并不相信很多人关于社会秩序会被推翻的担忧，"狂热的正统主义者马耶（Maillé）公爵夫人写道，"政府支持这种利于它的恐惧。政府使尽解数挖掘人们心中的恐慌。"马耶公爵夫人说,人们渴求和平与安宁,而政府似乎是和平与安宁的最佳保护人。"人们不喜欢政府,但需要它,"她总结道。另一个住在巴黎的英国女士弗朗西丝·特罗洛普(Frances Trollope)之前评论说,"在这座城市,一边制造一边镇压叛乱是如此轻而易举又手段相似的事情,我们每天都在见证,就像我们每天都要吃面包一样"。虽然七月革命之后的几年里,危险元素来势汹汹,但到1835年,这些骚乱暴动就成了笑话,与其说它们带有政治性目的,不如说它们是警察习惯性的钓饵行为。[14]

人们适应动荡的程度可以从王位继承者奥尔良公爵向女士献殷勤时突遇暴乱的反映中表现出来。他在破败的穆费塔尔街区(Mouffetard quarter)提可顿街一处不起眼的住宅与一个年轻女士约会时,听到远处传来暴动的声音,随后又传来隆隆鼓声和砰砰枪响。声音越来越大,街上很快就挤满了闹事的人群。他们投掷石子,推翻马车,建筑路障。国王穿上衣服——为了方便,他的衣着正符合所造访街区的风格——吻别女士,走到大街上,顺手还给设置路障的人搭了把手。趁人不注意,国王溜了出来,一小时后他就全身制服,骑着马,指挥军队镇压了骚乱人群。[15]

在发生的很多起企图刺杀国王的事件中,最危险的一次是1835年7月28日"光荣三日"纪念日当天,发生在庙宇大街。当天阳光明媚,大量身穿节日盛装的群众聚在一起,国王及其随从骑马穿过大街,检阅国民卫队。突然,一个伸出25截枪管的"邪恶机器"从一处窗户连续射出火龙一般的子弹,国王逃过一劫,但他的座驾被射杀,他的儿子内穆尔公爵和茹安维尔亲王罹难,大量随行人员负伤,包括因伤势过重而死去的莫尔捷(Mortier)元帅和一些旁观者。

这一事件令大众哗然。根据密报而采取行动的警察虽然过于莽撞，搜查了错误的住宅，但他们还是很快就抓捕到行凶者，一个叫朱塞佩·马利亚·菲耶斯基（Giuseppe Maria Fieschi）的可怜的科西嘉罪犯，他曾给警方做过线人工作。他那不值言说的过往经历在审判过程中浮现水面，同时还知道他残酷地虐待他的情妇尼娜·拉塞夫（Nina Lassave），一个还没有长大、弱不禁风的独眼女孩。菲耶斯基和女孩的母亲是情人关系，他们住在一起的时候，女孩遭到他的强奸。历史学家路易·布朗形容菲耶斯基是"一类聪明的流氓，他卑微、残忍、十分胆大"，这类人"不属于任何党派，是无止境的贪婪和原始狂热的混合体"。主要的帮凶皮埃尔·莫雷（Pierre Morey）也不是个好人，他曾经站错队，支持冒牌的路易十七，并在众议院开幕当天策划了爆炸案，因此臭名远扬。[16]

梅特涅坚信菲耶斯基行刺事件是马志尼的杰作。"我毫不犹豫地认为这可怕的罪行是青年意大利，或者青年欧洲干的，他们在大陆所有角落都安插了共和主义的党徒，"梅特涅写道。他说马志尼希望以法国为基地，但被驱逐了出去，所以他发誓要找路易-菲利普报仇。这种说法并没有事实根据，就像第二年他确信年轻的退伍士兵路易·阿利博（Louis Alibaud）的行刺行径是不超过三个基层单位的"有组织的秘密社团"的杰作一样。法国驻维也纳大使注意到梅特涅听到路易-菲利普遭遇行刺的消息时总是幸灾乐祸，就好像这些都印证了他的庞大阴谋存在论一样。[17]

菲耶斯基行刺成为一个转折点。1836年6月阿利博刺杀国王的时候，列文公爵夫人报告给阿伯丁，说菲耶斯基引起了人们对革命的恐惧，"现在没人怀疑，如果阿利博获得成功，即使奥尔良公爵不在场，这次事件也将为国王赢得最广泛的支持。"6个月后，作家索菲·盖伊（Sophie Gay）以极度厌倦的口吻抱怨暗杀太多，还补充说"暗杀变得单调乏味"。1837年12月、1840年10月、1846年4月和7月接连发生了暗杀事件，虽然它们引发大众的恐慌，尤其让女王感到害怕，但它们的政治意义并不比海峡对面维多利亚女王所面对的更重要。[18]

随着暴动和革命威胁开始退却，暗杀成了不值一提的小事，威胁政治稳定的潜在来源，对王位的觊觎也越来越不值一提。波旁王室的竞争者贝里公爵的儿子亨利（尚博尔伯爵）对政治没有太大兴趣。"我相信他染上了体面的中产阶级的心态，不想惹麻烦，"内政大臣查理·德·雷米萨（Charles de Rémusat）写道，"他二十年来一直都很胖，他有的只是幻想和竞争者的偏见。"正统派逐渐沉寂了下去。[19]

波拿巴主义者也一样。虽然七月革命没有改变国家内部的实质性势力均衡，但它使在1814年到1830年被边缘化的拿破仑军政精英重回舞台的中心。他们藏身在合适的岗位上，在社会中也很有地位，他们并没有推翻当局的意愿。拿破仑皇帝死了，他的儿子死了，他的很多士兵也追随而去。剩下的那些人在过去二十年里完成了他们对国家最后的侍奉。

圣洛伊（Saint-Lew）公爵夫人［前荷兰女王霍尔滕塞（Hortense）］在她儿子路易·拿破仑·波拿巴（Louis-Napoléon Bonaparte）（拿破仑皇帝23岁的侄子）的陪伴下，于1831年来到巴黎处理她的事情。虽然《放逐法》（law of banishment）依然对波拿巴家族成员有效，但路易-菲利普还是让他们以匿名的方式回到巴黎。五年后，1836年10月30日，还是路易·拿破仑，他试图在有强烈同情拿破仑氛围的斯特拉斯堡激发第四炮兵团（1793年，他的舅舅率领第四炮兵团在土伦攻城战中一举成名）投诚。路易·拿破仑失败后被抓了起来。因为担心审判会让路易·拿破仑成为显要人物，路易-菲利普就像对待犯错的小孩一样，把他送到了美国。四年后，路易·拿破仑再做尝试，他在布洛涅登陆，企图发起暴动，结果再次被抓。这次审判不可避免，他努力把法庭变成宣扬波拿巴主义的讲坛，但这没有引起大多人的兴趣，更没有构成人们担忧的理由，警察总长加布里埃尔·德莱塞尔谴责他是"倒霉透顶的年轻人"。[20]

德莱塞尔于 1836 年 9 月 10 日取代吉斯凯，成为警察总长，这也是改变的标志。1830 年得到任命的吉斯凯必须与真实的威胁打交道，他使用了很多残酷手段。他的高效使自己变得不受欢迎，他的离职既标志政治威胁退却的事实，也表明现在专注处理刑事案件的警察迫切需要赢得民众的信任。德莱塞尔生活节俭，受人尊重，将完成让警方改头换面的使命。他清理警察部门，解雇了所有线人，将警察力量的注意力全转移到了刑事案件上。他只考虑追踪具体的政治颠覆活动，调查有切实证据的暗杀危机。关于推翻社会秩序的庞大阴谋的讨论不复存在。警务经费在过去十年里增加了一倍，在 19 世纪 30 年代里一直维持不变，只是到 40 年代才又开始上涨。[21]

讽刺的是，也是在这个阶段，警察成为有吸引力的文学题材，他们在位于耶路撒冷大街的被圣礼拜堂阴影笼罩的总部潜伏，然后又转移到格勒奈尔大街，像蜘蛛一样，把网编织在城市的每一个角落。巴尔扎克从很多警察和线人那里寻找写作题材，臭名昭著的维多克也是他的灵感源泉。他在 1841 年写的小说《黑暗的勾当》（Une Ténébreuse affaire）里描绘了邪恶的关系网，间谍、反情报活动和阴谋诡计自成逻辑地运作着，对普通人来说，这是一种神秘而又让人恐慌的场面。在巴尔扎克塑造的警察中，有一位如此冷酷而精于算计，他被描述为是纯粹因为热爱他的"艺术"而工作。在《交际花盛衰记》和其他作品中，警察和密探之间被描述是亲密无间的关系。亚历山大·仲马在 1827 年定稿的《巴黎的莫希干人》（Les Mohicans de Paris）中创造了一个聪明绝顶的警察形象，这个警察被恰如其分地叫作"豺狼先生"。维多克自己和其他与警方有联系的人因为出版回忆录而获得了现款，这些回忆录里常常充满了火药

/ 26 污水沟 /

味和纯粹的幻想。

巴尔扎克、大仲马、欧仁·苏（Eugène Sue）、维克多·雨果和许多其他作家普遍沉迷于将犯罪视为一种社会现象，并通过写作来思考其与政治的关系。他们描绘巴黎肮脏而堕落的黑暗角落，提出毛骨悚人的见解，以此取悦中上层阶级人士，这些见解让人浮想联翩，十分恐怖。比如在1842年到1843年连续出版的小说《巴黎的秘密》(Les Mystères de Paris)中，作者用一些外籍居民卓越的品质凸显城市底层人民身体和道德上的肮脏，其中煽动性的描绘堪比黄色作品。

写作的素材当然非常多。到19世纪30年代，巴黎已经成为欧洲的社交和文化首都。巴黎有比其他城市更多的剧院和音乐厅，更大的画廊和博物馆，这些为所有人提供了最好的音乐、文学和艺术作品。巴黎还吸引了有奇思怪想的各色人物，既有科学家，也有艺术家，既有文化流亡者，也有政治逃犯，巴黎所承载的好奇心和懒惰比其他任何国家都要丰富。但繁荣之下，豪华景象的后面，隐藏着庞大的工人阶级队伍，他们既是财富的源泉，又是有钱人的挑战；底下是一个寄生的黑暗世界，人们无法生存，无处可去，他们要克服巨大粪堆散发出的肮脏气味，才能生存下来。每一次遭遇庄稼歉收或寒冬的时候，都会从远处涌来大批绝望的人。巴黎城市的人口密度从1831年到1836年增长了10.5%，1836年到1841年增长了7.5%，1841年到1848年增长了12.9%。新来者常常漂泊无依，甚至失踪。他们削弱了本就脆弱的社会凝聚力，导致穷人犯罪问题越来越严重。此外，社会结构的不稳定，非法同居的非婚姻现象十分常见，私生子出生率攀升，甚至出现杀婴问题。成群的孤儿填充着犯罪队伍，他们在流行性饥荒中挣扎生存；成千上万的人口没有固定的收入来源，卖淫嫖娼现象也呈激增态势。[22]

文人也在描绘政治的黑暗世界。巴尔扎克在他的《乡村医生》

（Le Médecin de campagne）里描绘在农村中盛行的对拿破仑的宗教狂热，很多人依然不相信这个皇帝已经死去。苏在出版于1844年的《一个流浪的犹太人》重新书写了一个古老的主题，查理·迪迪埃在1833年复兴了这类题材，他的《地下罗马》是一部根据烧炭党的地下活动而写成的惊险小说。苏讲述了每个国家的秘密派别分支立志要摧毁君主制度、教会组织以及社会本身，其成员准备好了刺杀每一个挡在他们前面的人，女性成员则善于用诱惑的方式达成恐怖目标。乔治·桑德在《鲁多尔施塔特的伯爵夫人》（La Comtesse de Rudolstadt）中创造了一个伪造埃及神秘宗教、地下仪式和波希米亚地牢的世界，在这个世界里，一种全新的社会主义宗教被创造出来，工人阶级做好了革命暴动的准备。大仲马通过描绘政治阴谋分子聚集在地下墓穴，组织让人不寒而栗的集会，使他的读者体验到阅读的刺激。雨果则描绘暴力的共和主义工人计划着高筑路障，为神圣事业献身，从而让他的读者深感恐惧。[23]

巴黎正在运作着一些阴谋是毋庸置疑的：被遣散的各组织的残留物、昔日的巴贝夫追随者加上劳工协会这样的组织，还有像圣西门主义者、傅立叶主义者、蒲鲁东追随者（他们重组的社会"体系"中或多或少都有乌托邦色彩）等派别混杂在一起。但他们的领导者，其实大多是主要的社会主义人物，像艾蒂安·卡贝（Étienne Cabet）和路易·布朗并不支持暴力道路。只有路易·奥古斯特·布朗基（Louis August Blanqui）和他的追随者希望发动革命，虽然他们从长远的角度看到工人阶级并没有准备好发动一场彻底的革命。

正统派或许会抱怨路易-菲利普这个自命不凡的篡位者，还会嘲讽他的梨形身材，但实际上他们很舒服，也害怕用他们现有的一切去冒险。中产阶级并没有革命情绪，虽然每年都会以放烟花和设宴款待的形式纪念1830年的七月革命，但正如索菲·盖伊记录的那

/ 26 污水沟 /

样，富裕的共和主义者用路易十五的风格装修他们的住宅。1836年，列文公爵夫人在给阿伯丁的信中说，"人们希望并普遍地需要维持现在的这种享乐氛围"；她将这种氛围总结为"自利主义"。她属于那种认为所有地方都要发生革命的人，她将残酷的政治斗争看作史诗般的存在，在可能造成灾难性影响的斗争之中，事物的秩序是易变的；不安分的暴力革命以包括自由主义在内的各种伪装形式爆发出来，而在英国则是伪装成辉格主义；1837年7月，列文公爵夫人认为英国即将被革命吞没；在法国，她将路易－菲利普君主立宪政体的支柱路易·阿道夫·梯也尔（Louis Adolphe Thiers）看作革命的人格化身。[24]

列文公爵夫人后来的情人弗朗索瓦·基佐相信，到1840年，法国已经成为一个拥有稳定议会体系的货真价实的君主立宪制国家。后来的内政大臣雷米萨将在回忆录中证实这一观点。在他和德莱塞尔管理的期间，政治警察占用的经费不到警务开支的百分之一。他们不再拦截信件。雷米萨称："不再对所谓的社团实施监控。"他还解释说，在一个自由的国度，政府反对派可以公开自己的身份；只有在独裁国家，他们才必须东躲西藏，国家也就得从根子上把它铲除。"警察向一个暴君的大臣报告的任何情报，我从媒体和论坛那里就可以了解到。"[25]

警方仍然监控着路易·拿破仑·波拿巴、波旁家族的尚博尔伯爵及唐·卡洛斯的支持者。他们也追踪社会主义者，调查得到的每一起关于暗杀企图的情报，其中很大一部分甚至是虚假情报。一个人可以拜访警察总长或内政大臣，说他有重要的阴谋情报，而这个情报要用钱才能买到。猫和老鼠的游戏仍然继续着，警察在其中力图以最少的成本获取最多的信息，以确证线人所说的故事是否可靠；而线人则要在松口之前，从警察那里骗得尽可能多的钱财。这些告密者大部分是彻头彻尾的骗子。一个人透露说他卷进了反君主制度分子策划的阴谋之中，这些人谋划让一个普通人勾引王位继承者的妻子，并让她怀孕，以此扰乱王位继承大业。不过警察不得不对每个线索都进行调查。像雷米萨所解释的，在这样的案子中，"警察是愚蠢的，因为他们必须装作傻子"。他们也必须严肃对待大量寄给国王的包裹，这些包裹上往往写着"绝密内容"，所以只有国王可以过目。他们接到情报，称一个包裹可能有炸弹，于是特别召集了一个由化学家组成的委员会通过闻嗅来查找可能的爆炸物，后来德莱塞尔找到更简单的方法，即把包裹浸没到水中，溶解了内容物。大概在1844年，德莱塞尔打开了一份送到杜伊勒里宫、寄给国王的包裹，在里面发现了四条响尾蛇。[26]

他们没有自鸣得意的资本。"巴黎任何时候都有上万个流氓准备推翻现政府，还高喊：共和国万岁，帝国万岁，君主万岁，等等；在某个星期里面，无政府状态占据上风，在其他时间里，又是另一种政治目标占据优势，巴黎以此为代价使一些人的野心、仇恨和贪婪得到了满足，"一个警方线人说道，"我以前说过，我现在再重复一遍，并将不断重申到恶心为止，所有革命都来源于黑暗军团。统治者犯错是革命的序曲，中产阶级的领导地位是动力，而真正的力量，真正螺旋式地控制住或好或坏的政府的，并把它撕得粉碎的机器，是拥挤在巴黎污水沟里的那些人。"[27]

27 审查

梅特涅一直视巴黎为污水横流的排水沟,但他对英国却有比较高的评价。但在维也纳看来,现在的英国似乎走上了无政府的道路。1838年5月,弗朗西斯·普赖斯和激进派的威廉·洛维特(William Lovett)为伦敦工人协会起草宪章,列举了进一步推进议会改革的要求:男性普选权、秘密投票、年度选举、同等规模选区、议员报酬、取消选举的财产资格限制。1839年2月9日,全国产业阶级大会在伦敦开幕,包括传统激进派、反对《济贫法》的煽动家、修正主义者、贸易联合主义者、社会主义者等各类人士汇聚于此。大会在夏天于伯明翰重新召开,好斗氛围更为浓烈。都市警局在城市治安官的要求下派出90名警察予以协助,但这一行动被认为具有挑衅意味,牛环商业中心(the Bull Ring)发生了一系列严重冲突,后来军队到来才把暴动分子给镇压下去。一份要求改革的请愿书收集到128万个签名,在递交下议院的时候被即刻驳回。全国范围内因此爆发了一连串罢工和骚乱。

政府任命查尔斯·内皮尔将军管理北部地区,他对当时形势的危险性深信不疑。内皮尔意识到他必须不惜一切代价避免冲突,并且把他军队的士兵集中起来,以应付袭击。他邀请宪章派领袖观摩炮兵演习,还解释说要看守并养活一大批叛乱分子需要付出多么大的努力和组织成本,以及他的霰弹部队要花多长时间才能把他们消灭干净。如他后来给一个军官写道,如果一个分遣队遭遇溃败,叛乱分子闻到血腥味后会更加疯狂,"整支部队就将全军覆没"。不过内皮尔并不怀疑最后的结局。"可怜的人!他们会受到惩罚,"他于8月在日记中记录道,"他们与全英国为敌,整个国家的武装力量都把枪口对准了他们——蠢货!我们有武装力量,他们没有……可怜的人!可怜的人!他们对武装力量一无所知。"[1]

其他人的想法则不一样，《1838年纪事年鉴》(*The Annual Register 1838*) 批评工人协会的动机："恐怖成了他们唯一的权威基础。与所有秘密团体一样，他们以某种神秘制度和迷信仪式起家，不仅要激发新皈依者的想象力，让过程充满戏剧色彩，还要让非法诡计拾得尊严。因此，他们在晚上举行的秘密大会似乎总是非常肃穆，会场装饰着战斧、开鞘的刀剑、骷髅和其他恐怖符号。开幕仪式本身据说就有宗教特点。社团工作人员穿着白色法衣，排列在房屋两侧；桌台上则是一本打开的圣经。新入会的人蒙着双眼走进来——祷词和颂歌萦绕房间——神秘的韵文被宣读出来……"新会员接着宣誓，诵读让人胆寒的文字。"这些团体的条令一般是用暴力方式强制执行，他们的使者频繁遭遇暗杀。"当他们决定在某座工厂发动"罢工"的时候，通往建筑的道路常常会被封死，安装铁丝网的乱桩和当地人从没见过的陌生人不分昼夜地驻扎在此，拦阻新工人的进入……朗读者会警觉地发现社团的行动充满"神秘性"，以及和他们募集到的数量"异常惊人"的资金。[2]

这类零星发生的骚动和更广泛的企图实际没有什么关联。1839年在威尔士爆发的丽贝卡骚乱就是个典型的例子，他们多是乡村结构崩溃和非国教主义运动造成的后果，对英国治安官和工作人员的仇视、高额地租、什一税、高税率和《济贫法》也起到了推波助澜的作用。不过骚乱直接的导火索是当局设立的新收费关卡。脸部涂黑的人穿着女士服装趁天黑破坏这些关卡，他们的穿着和行头可能模仿了神秘的丽贝卡，而丽贝卡来自何处也和内德·勒德及斯温长官一样神秘。少数被曝光的革命暴动有纽波特发生的武装游行、谢菲尔德及约克郡西区的未遂起义。混乱局面于1840年被镇压了下去。[3]

1840年7月，全国宪章协会在曼彻斯特成立，它很快就在400多个地方建立了分支机构，其精力主要用于吸纳成员，而非蛊惑煽

/ 27 审查 /

动。它也开始收集签名,向议会发起新的请愿。请愿在1842年递交国会的时候,已经搜集到330万个签名,超过联合王国登记注册的选民数量。与第一次一样,这次请愿又被打发了回去。恰好当时的工作条件更加恶化,失业率和粮食价格进一步攀升。到1842年夏天,大概占总人口百分之十的人需要靠救济过活。与粮食暴动同时发生的是所谓的"活塞阴谋"事件,工厂工人将活塞拔出锅炉,导致蒸汽机失去动力。宪章派试图利用这次蔓延到兰开夏郡、约克郡、斯塔福德郡、柴郡、沃里克郡和南威尔士的动乱。政府反应强硬,大约一万五千人被逮捕。[4]

以1826年废除1793年《外侨法令》(Aliens Act)为标志,当局已经不再害怕外部渗透和颠覆分子的煽动行为。但风险仍然存在。撤销法案极大地方便了外国移民,在1905年《外国人法案》(Aliens Bill)出台之前,没有一个政治难民被禁止入境或遭到驱逐。虽然法国和比利时也接纳了大量政治难民,但英国是唯一允许他们进行公开政治活动的国家。

第一波政治难民来自意大利,他们因为1820年至1821年的未遂革命而离开自己的祖国。他们大多接受过教育,从事各种职业。1831年后,德意志人、西班牙人和数量可观的波兰人加入其中。在整个30年代,更多西班牙人和法国人移居而来,大量德意志人随后涌入。他们大多住在七晷区(Seven Dials)附近的查令十字街东侧或者苏豪区和伊斯灵顿区莱斯特广场后面狭窄道路上的肮脏贫民窟。他们以教授语言艰难维生。因为显而易见的原因,波兰人无法靠语言谋生。

波兰起义在英国贵族和关心政治的工人阶级中引起了极高的关注和同情。19世纪30年代早期,在此定居的难民只有500多人,议会根据他们的军衔发放津贴。除了一些和贵族及波兰制宪派政党有关的人受到辉格党的欢迎,波兰难民大多是共和主义者,是英国激进派和宪章派对他们表示出极大的热情。波兰人热衷于参加工人阶级运动，使运动势头更为猛烈，革命性质愈发凸显。他们鼓动叛乱，参与到最暴力的行动之中，比如纽波特游行。

工人协会发布了一份通告，称他们与所有难民站在一起，支持他们的事业：

> 亲爱的价值生产者们！压迫我们的人都那么团结，为什么我们不联合起来，建立兄弟纽带和神圣联盟？因为你的无知，所以他们强大，我们为什么不把权利和义务一起告诉我们的兄弟们呢？他们的权力来自凌驾于我们的地位，我们为什么不凭神圣的热情团结起来，揭示战争的非正义性、君主专制的残酷性以及它给我们造成的悲惨处境呢？……所以，同胞们，让我们培育国家之间的博爱情谊，让我们在各国之间构筑兄弟联盟。我们要聪明起来，不要当兵，不要做警察，不要被专制君主当工具来驱使，那样会使我们声名狼藉，我们要让兄弟们远离做奴隶的命运。让我们做好牺牲的准备，去传播真理，在犹太人、天主教徒、清教徒和异见者之间培育宽容之心！

1846年，一群宪章主义者和波兰及德意志流亡者创建了兄弟民主会（Fraternal Democrats），这个组织虽然致力于团结全欧的志同道合人士，但最终却只成为清谈馆。流亡者会参加相互的纪念活动——7月14日是法国的巴士底日，11月29日是波兰人的日子——他们还围绕国际团结的宏伟设想发表演讲，但都止步于此。[5]

不过梅特涅相信，"政治流亡者和秘密团体不厌其烦地从事针对合法政府的地下活动，迫使这些政府将他们的监控体系扩张到边界之外，如果他们希望避免隐藏的危险的话，"梅特涅于1837年12月给新的驻俄国大使费奎尔蒙特（Fiquelmont）伯爵写道，"我实际上并不十分信任我们在国外的拿薪水线人所传回的情报，因为把主要兴趣放在金钱上的人不值得完全信任。但当相互不认识且视角完全不同的人发出类似的安全警报时，想不相信他们都难。"梅特涅收到"明显是在煽动叛乱"的情报，尤其波兰流亡者建立了总部在伦敦，在巴黎和布鲁塞尔都有分支的"大都市协会"，这个协会积极参与到波兰、德意志和意大利革命的策划之中。历史学家的研究至今没有发现任何关于此类组织存在的证据，但梅特涅认为它们是真实存在的。[6]

弗朗西斯皇帝于1835年3月去世，但他不惜一切代价维持"安宁"的信条没有因为他的离开而消失。他的儿子斐迪南继承皇位，其精神状态并不适合统治国家，于是梅特涅依然掌管外交和安全政策，这意味着梅特涅控制着除财政以外的所有事务。不管根茨和科洛弗拉特说过什么，梅特涅仍然相信刺刀的作用，而他既然不相信普鲁士或其他德意志邦国能提供帮助，更不用说"已经向革命大步迈进的"英国，他的政策愈发显露出受困心态的特点。他往昔的盟友都不值得信任，他们无法提供情报，他觉得必须延伸触角，为整个大陆承担警察的角色。[7]

结果却是荒诞不经。梅特涅和本肯多尔夫之间通过外交渠道和直接通信交换的情报大多与波兰人的阴谋有关，而历史学家却无法识别这些可疑运动。1838年，梅特涅给本肯多尔夫提供消息，称法国和比利时的无政府主义者在策划巨大的阴谋，巴黎的共和主义者、"比利时不满意者俱乐部"、英国宪章派和"莱茵兰革命党派"都参与了其中。第二年，梅特涅警告本肯多尔夫，说他在比利时的一个最优秀线人已经发现"俄国潜伏着巨大的阴谋"。这一情报被他从那不勒斯收到的情报证实。这和波兰人的阴谋有关，他们的触角已经远及基辅、敖德萨、维尔纳，甚至伸到了莫斯科和圣彼得堡。亚历山大关闭的协会和十二月党人都死而复生，阴谋分子和波兰、德意志、法国以及比利时的类似团体保持着联系。一个叫巴龙·福斯廷（Baron Forsting）的问题线人被派往圣彼得堡，向本肯多尔夫透露具体细节，但他并没有说服本肯多尔夫。本肯多尔夫用最温和的口吻向梅特涅保证，通过初步的检查得出结论，整件事都"微不足道"，而更细致深入的调查可能只会发现情报是"一个年轻人做的梦，顶多是他未经深思熟虑而听到的谈话内容"。本肯多尔夫声称，俄国特别平静，俄国人没有想过与任何一个波兰人合作，而且福斯廷提到的所有人也都接受了调查，他们都是无辜的。[8]

1841年春天，梅特涅警告本肯多尔夫，一个在奥地利军队服役的波兰人之前试图推翻王室，现在正在与策划建立斯拉夫共和国的俄国军官接触。本肯多尔夫回复说这个指控"毫无根据"，"除非我们的军队指挥官、我们的省督以及我自己遭遇无端袭击，俄国并没有发生任何事情"。但他的确警告梅特涅，说他在巴黎的线人告诉他，波兰流亡者已经渗透进遣使会，正伪装成传教士，向哈布斯堡领地派遣间谍。[9]

警方线人提供的低质量情报总体上都是站不住脚的，但并不是所有情报都会让人吃惊。从他们的资料来判断，法国警方从来没有尝试过在流亡者里招募线人，甚至也没有招募过掌握相关语言的间谍，这严重制约了他们搜集情报的数量；线人无法拼写出外国人的名字，这使他们列举的嫌疑人十分不靠谱。更让人吃惊的是，鉴于哈布斯堡王室辖域内所说的语种包含了所有可能引发革命的敌人的语种，奥地利警方的文件居然充斥着离谱的拼写错误的意大利和波兰人名。[10]

从温泉镇发回情报的线人经常性地因为用他们自己能理解的，有时甚至是理解错误的的只言片语糊弄，而把事情搞砸。他们使尽浑身解数让没有重点的报告看起来很重要，比如一个在卡尔斯巴德疗养的波兰人，查普斯基伯爵"十分兴奋，他对俄国政府的偏见也

/ 27 审查 /

与日俱增"；或者在佩斯一家医院工作的卡里托斯基医生参与了刺杀梅特涅的阴谋，因为他"抑郁不乐""十分可疑"，而且他似乎还和巴黎的波兰人有联系。疯狂的指控和官僚用语使这些报告容易让人麻痹，可以想象对梅特涅也产生了负面影响。梅特涅想当然地接受了情报，有一次还煞有介事地问，"哪有不需要监控的社会？"[11]

在刚掌权时，梅特涅就拓宽了邮件拦截的范围，这产生大量有趣的材料。弗朗西斯皇帝也发展出类似的爱好，每天早上聆听弥撒到7点钟后，他就迫不及待地等候拦截到的消息。在王室领地所有主要邮局、海港、外国人经常光顾的温泉胜地，比如卡尔斯巴德、马林巴德（Marienbad）和托普利兹，邮件都会受到检查。当地工作人员随心所欲、不加区分地拆开私人信件，连高级官员、皇室成员、皇帝或者梅特涅本人的信件都不例外。

为了让尽可能多的欧洲邮件继续在奥地利领土过境，梅特涅确保哈布斯堡的邮政服务比其他国家更便宜、更快捷。1822年，警政大臣塞德尼斯基抱怨，这让他的工作人员压力非常大，因为这缩短了他们拦截邮件的时间。早上7点，抵达维也纳的邮件被从邮局送到保密大臣那里，然后一位次官从中挑拣出可能值得关注的邮件。这些信件需要在早上10点之前被拆封、复印、重封，并交换给邮局。1小时后，省里邮局的信件被带过来，他们尽快重新走一遍早上的程序，在下午2点之前把信件再重新送回邮局。又过两个小时，当天从维也纳寄出的第一批邮件被带进来，他们必须赶在晚上7点之前把邮件送出去。（从维也纳寄出的信件需要10到11天到达巴黎，特殊加快则要7天时间，不过梅特涅通过罗斯柴尔德的银行寄件，他们的通信交通超乎寻常的迅捷。）精明的人很快就意识到要在最后一分钟寄出信件，这样信件离开城市的时间所剩无几，审查官的压力就会剧增。[12]

审查官不足 22 人，他们都住在免费的房子里，收入也不错。但实际上他们就是囚犯，因为他们无法从忙碌的工作脱身。梅特涅对他们的成就十分骄傲，还曾经夸赞他们中的艾因菲尔德，说他单枪匹马就能解密 83 个密码。另一个叫约瑟夫·施奈德（Josef Schneid）的人能说 19 种语言。一个法国大使跟他的同事承认，他想不出有什么暗码是奥地利人在一个月内破解不出来的。

不过梅特涅的满足感放错了地方；他应该意识到，如果他的工作人员可以这么娴熟，其他国家的工作人员也可以如此。像他自卖自夸的那样，如果他的人可以从法国大使的卧房里"借到"法国的暗号，那反过来也一样，其他国家的人也可以从奥地利大使馆得到他们的暗号。而且如果他的专家聪明绝顶，那法国监控通信的黑屋部门也不会逊色。作为 1806 年到 1809 年的奥地利驻巴黎的大使，梅特涅知道他的信件会受到监控，所以他委托一个雕刻工做了一个很难识别的变异体印章。当他注意到他发出的信件被用冒牌货重新盖印时，他会写信给法国邮局领导说："我很荣幸地告诉您，很不幸，我的印章有一个小缺口。伪造的时候请用点心，这样我就不会发现你们漏出的马脚。"[13]

如果梅特涅可以这样聪明，那法国人也不会多笨。1818 年，梅特涅设立了一个他认为万无一失的秘密交流通道，他可以通过此途径与列文公爵夫人约会。梅特涅安排将列文公爵夫人写给奥地利驻巴黎使馆的秘书宾德尔男爵的信件放进英国外交邮袋运出伦敦。密封的包裹一到达英国使馆就会被人工交到宾德尔手上。宾德尔在包裹里面会发现另一个同样是寄给他的邮件，拆开来，里面是一个没有标注地址的密封信件，宾德尔知道要通过奥地利外交包裹把这个信件寄给在维也纳的梅特涅一个秘书手上。这个可疑的秘书打开信封后还会发现另外一份无标记的密封信封，他将此信封交给梅特涅。梅特涅之后就可以沐浴在信纸上那充满爱意的辞藻之中，但他对事实一无所知——巴黎的法国警方档案里留存了所有通信的复印件。[14]

如果说每封信都会被拦截，那每一个暗码也都可以被破译。正如约瑟夫·德·迈斯特在担任撒丁驻圣彼得堡公使时向他的上级所汇报的那样，外交官过度编码的癖好使密码更容易被破解。加密让文本变得重要起来，这会带来一些坏处：如果外交官报告是宫廷风情事件，另一方也许仅仅是把它当作小道消息，但如果用加密的方法报告，就会引起额外的关注，如果被解密，它就成了有害信息，另一方的窥探者将解读出隐藏的含义。1833 年，俄国的密码办公室主任得出结论，"密码破译员的角色已经终结"，因为所有人都成了破解密码的专家。[15]

无论如何，通信监控的意义值得怀疑。为了找出有价值的东西，那些审阅信件的人压力非常大，他们在无辜的文本中搜寻线索，歪曲文本含义，这便违背了工作的初衷。一旦人们意识到他们的信件会被人盗读，他们就会采取各种预防措施，比如用自己的密码，使用化名。其他人使用各种"无痕墨水"，一般是柠檬汁来写信——这一方法难以奏效，因为业余人士都知道如何破解（用蜡烛的火焰加热字迹即可）。一些人的确会因各种原因而把讯息放进他们的信件中，故意让警察挑选出来，但这些都没有对秩序构建提供有效帮助。很多人不再写信或者不用邮政服务——在法国，因为有太多被废弃的邮路，以至于议会需要对此展开辩论。[16]

梅特涅想要知道所发生的一切事情的欲望，和哈布斯堡君主保护他的人民不受倒行逆施的思想侵害的决心不相上下。第一步就是要限制人们受教育的机会，教育明显是有害而危险的东西。他们无法阻止贵族和有钱人接受教育，但他们可以防止下层阶级接受教育：在曼图亚，一家兰开斯特学校因为提供自由化的教育而被关闭，而弗朗西斯皇帝的第四任妻子卡罗琳·奥古斯塔（Caroline Augusta）甚至连幼儿园都要反对。[17]

"我不要学者,我要的是好公民,"1821 年,弗朗西斯在莱巴赫召见一群老师时说道,"你们的责任是按照培养好公民的方向教育青年人。为我服务的人必须按照我的指令来教学。做不到或者按自己的想法办事的人必须走人,不然我会让他消失。"教师不允许有任何原创思想,1820 年的一项法令规定,所有讲师必须接受警方监督,以防有不轨迹象。教职申请人必须接受警方调查他们的祖籍、过去的经历、思想观点以及朋友。他们的个人信息将递交给皇帝,皇帝因而能亲自审查问过。那些通过皇帝批准的会有三年试用期,在此期间,他们必须表现出在岗位中"没有敌视公共秩序或威胁到公共秩序的行为"。在伦巴第-威尼西亚,教育必须确保当地人民对皇室的忠诚,奥地利当局提供了初等义务教育,入学率比欧洲其他国家都要高。教育灌输公民义务、对君主忠诚、遵守法律,以确保意大利人成长为效忠奥地利皇帝的臣民。[18]

弗朗西斯认为科学、文学和历史根本上是危险的:首先按照定义,它们与圣经是冲突的;其次因为学习这些学科要阅读不务正业的、腐化的书籍;最后因为这些学科会让你思考各种各样的政治问题。1810 年,审查制度的一些条例规定,只有严肃的科学书籍才能被出版,同时大多数小说作品必须被禁止,特别是因为它们可能包含诋毁王室、宗教和法律的内容,更要严加提防。

弗朗西斯对教育本身并没有兴趣,他害怕渴求拓宽自己视野的人,害怕那些像他一样思考如何治理帝国的人。结果,当局对任何旨在教授和拓宽知识范围的活动都起了疑心。意大利的奥地利警方对教学机构和文学学院保持高度戒备,当这些组织开始穿过半岛里的省和国家边界相互交流的时候,警察就认为他们实际上是一个经过简单伪装的烧炭党网络。梅特涅对"到处都是的联合精神"大发雷霆,他竭尽所能地阻止任何机构或社团的成立,甚至连小镇的阅读俱乐部都不例外,如塞德尼斯基所说,"人们如饥似渴地阅读,直至成为谋杀犯"。[19]

梅特涅最信任的一件武器是审查。他将出版自由的概念视为异端思想,并终其一生都在限制出版自由,不仅在奥地利领土,还在其他所有国家付诸行动。如果遇到控制不了出版业的情况,梅特涅就会利用出版社传播自己的观点,驾驭御用文人的同时,他自己也笔耕不辍。当局不惜一切代价操纵新闻,由此产生了一些奇特效果,人们尝试通过报道和印刷作品来演绎事实,会二次揣测他们阅读的内容究竟是什么意思。维也纳居民可以在当地报纸上读到巴黎和伦敦发生的事情,但很难读到维也纳发生了什么,如果读得懂,一个人可以通过阅读伦敦或巴黎的报纸来了解维也纳发生的大事;虽然有种种限制,但并不是一件难事。新闻审查是一把双刃剑,它在让社会噤声的同时,也让当局失去了解人们想法的途径,政府因此必须刺探人们的生活,才能了解舆情,反过来这又让人民疑神疑鬼、守口如瓶。

审查制度拓展到所能想象到的所有表达形式,公众可以看到的、听到的以及读到的都要面临审查,包括音乐、图片展览、广告甚至墓志铭都难逃审查之网。因为肖邦与波兰人民争取独立的斗争有关联,所以人们不能弹奏他的音乐作曲。任何波拿巴家族成员的肖像都被禁止出版或展示,甚至包括拿破仑的妻子,即使她是奥地利皇帝的女儿。科斯丘什科、波尼亚托夫斯基、列戈、伊普西兰蒂斯及其他参加过各种独立战争的英雄的图片都遭到禁止,不仅包括版画,徽章、指环和烟斗上也都不能出现他们的图像。在世人物的画像在展出前必须得到警方的许可,同时不允许描画皇帝或宫廷官员穿着便装的肖像。[20]

要出版的书稿和从国外引进的书籍必须交到公安部的第四部门。作者带着他们的稿件到中央书籍修订办公室,由这个部门把稿件分发给两名知名学者阅读,这两人分别撰写报告,并提交给宫廷警察办公室。医学书籍会被交给大学里的特别审查员。如果两个审查员得出的结论不一致，稿件将被送到第三人那里接受评估。这个过程会耗时 8~12 个月之久，因为各国办公室需要协商哪些文字段落归谁所管。而神学内容方面，皇帝是最后裁决者。[21]

不允许批评皇帝、王室成员或者行政机构。禁止出现对王室和政府的不友好评论，甚至外国的或历史评价都不能出现。宗教是受保护的领域，任何和宗教有关的内容都有可能给作者带来麻烦。任何违背道德和色情的内容都会因为"品位"失控而受到审查。结果往往十分荒谬。历史书因为描写皇权被推翻、国王被刺杀以及可能的政府形式而被封杀。1816 年，梅特涅禁止卡罗琳·皮希勒（Caroline Pichler）以 17 世纪宗教战争为背景的作品《斐迪南二世》上演，因为这部作品里君主互相争斗的场景削弱了政权的合法性，可能激起革命者的希望。一部和古希腊历史有关的作品遭封杀，因为雅典和斯巴达可能成为煽动民主热情的榜样。基于同样的理由，出版社被禁止使用"宪法"一词。审查官的大脑自然偏执，在他们那里，到处都是潜在的批评。格里尔帕策在一部作品被驳回时找到审查官对质，要求对方说出哪些内容有攻击性；审查官回复说，剧中没有任何错误的地方，但"你说什么都没用了！"当一篇投稿给《维也纳日报》的短文倡议，通过建设住宅的方式激励从监狱中释放出的人，审查官因为"上述建议可能会被用于批评政府还没有创建类似机构"而把文章压制了下去。在一个难得清醒的瞬间，弗朗西斯自己承认"我们的审查制度真是愚蠢到家了"。[22]

到 19 世纪 40 年代中期，警方雇用的审查员数量增长了一倍；他们一年要处理 1 万宗案件，其中大多数是外国出版物，他们之前每月都要列出被禁书目，而从 1822 年开始，每两周就要起草被禁书目清单。但这些书目不会被公开，书商要用非常巧妙的办法才能知道上面包含了哪些书目。这不是一个简单的工作，因为被禁图书的数量有成百上千之多，而且经常是去年还被允许出版的书籍今年就被禁止了，书商不得不谨慎对待他们的货存。1845 年，在德意志出版的 1 万种图书中只有不到 1/4 被允许在奥地利发行，而递交审核的书稿有 1/5 没法出版。虽然审查一般属于公安部的职责，但外交部也感兴趣，它也有自己审核新书稿的办公室。[23]

伦巴第－威尼西亚有一个类似的系统，那里的稿件需要交给特别办公室，再由特别办公室把稿件转移至警察部，最后只有 1/4 能够满足警察部的要求。那些被标记为"合格"的稿件可以出版并自由发售。有的稿件被分类为"通过"，意味着可以出版，但只能有条件发售，不能翻译为外文。"有缺陷"指虽然书稿有危险倾向，但可以印刷，只有一些得到许可的人可以看这本书。"判刑"意味着这本书无法见到阳光。这个系统同样也造成了荒诞的影响。一篇关于绑领带艺术的文章因为写了一个叫"列戈"的时尚绑结法而被禁止。莱辛的戏剧《爱米丽雅·迦洛蒂》(*Emilia Galotti*) 因为其反面人物是个公爵，违反了不能说男爵以上衔位的贵族坏话的规则，所以被禁止。意大利的经典，比如塔索（Tasso）和阿里奥斯托（Ariosto）的作品都遭到了删减。在被禁的所有外国作品中，马里亚特船长的航海故事之所以被禁，可能是因为他曾经以辉格党人的身份竞选议员。[24]

在意大利，历史书是特别的审查对象，因为这个国家的历史提供了广阔的思考空间，从罗马的伟大到被征服和被分裂，狂暴的轨迹可能会到此结束。"那些沉迷于研究意大利历史的人，"约翰·冯·梅莱斯指出，"被认为是危险而疯狂的，他们对社会也没有任何用处。政府，尤其是警方，因为害怕历史教导人们自由思想和反叛精神而不相信历史书……他们相信，消灭过去的痕迹就可以更容易地掌握现在。"[25]

那些在国内被禁、在国外出版的昂贵集刊会被允许引入，因为他们认为只有贵族才能买得起，并且相信，贵族读这些书不会有造反的冲动。审查制度最重要的目标是让大众驯服，让他们读不到对他们日常工作和生存并不是必需的知识。在这个环境下，剧院是一个值得当局深度关注的地方，因为它吸引了各个阶层的人，并且它可以向没有受过教育的人传递有影响力的信息。在意大利尤其如此。

整个半岛的政府赞助了最流行的娱乐形式，戏剧和歌剧。鉴于高文盲率，戏剧和歌剧是大多数人唯一接触到的文化产品——包括一些懒惰而没有文化的王室成员也是如此。歌剧院的优点在于，它是体面而可控的聚会场所，各等级阶层的人在里面相聚，统治者可以在他自己单独的王室包厢与臣民讨论令人愉快的共同话题，而贵族、中产阶级和专业阶级、艺术家和其他一些人也都有自己的空间。在1815年后的十年里，意大利建立了超过600座新剧院。[26]

但是剧院，尤其戏院同时也成为表达不满的讲坛，传播的更多是情绪，而非具体的想法，这给审查官出了难题，因为找不到合理的逻辑，所以没法界定哪些东西可以讲，哪些东西不能讲。威尔第的《纳布科》(*Nabucco*)因为它的圣经背景（还因为没人想把自己和犹太人扯在一块）而通过审查。《埃尔纳尼》(*Ernani*)可能有颠覆性，但皇帝在里面是以被人同情的角色出现。《圣女贞德》在意大利一些地方，只有改编放置在古希腊的背景下才被允许出演。罗西尼的《威廉·退尔》被重新加工，并把背景放在苏格兰，以《斯特林的鲁道夫》为标题，这才被允许在意大利上演。

但审查官没法预测某一特定时刻里观众的反应。群众会对呼吁战争的咏叹调爆发出热情，并很自然地对贝利尼的《诺玛》(*Norma*)里被围困的德鲁伊教徒(*Druids*)和威尔第的《伦巴第人》(*I Lombardi*)里的十字军战士抱有好感。有些时候，戏曲里很受欢迎的咏叹调或合唱的混合曲目会以整部作品的形式表现出来，这使观众的情绪接近疯狂的地步，进一步会引发骚乱，最终爆发起义。奥柏的《波荷蒂西的哑女》(La Muette de Portici) 有着非同凡响的表现，足以使革命爆发。

最安全的方法就是尽可能地禁止。1815年到1848年间，奥地利禁止的外国书籍名录包括威廉·哈里森·安斯沃思（William Harrison Ainsworth）的三本历史小说、班扬的《天路历程》(Pilgrim's Progress)、詹姆斯·芬尼莫尔·库珀（James Fenimore Cooper）的四部小说、迪斯雷利的《孔塔里尼·弗莱明》(Contarini Fleming)、华盛顿·欧文（Washington Irving）的《纽约历史》(History of New York)、沃尔特·斯科特（Walter Scott）的十九部作品、玛丽·雪莱的《弗兰肯斯坦》(Frankenstein)、斯摩莱特（Smollett）的《兰登传》(Roderick Random)、斯威夫特的《格列佛游记》；几百本法国浪漫主义小说，其中大多以中世纪或16世纪到18世纪的法国为背景，巴尔扎克的三十几部作品、亚历山大·仲马的《三个火枪手》及其他所有小说、泰奥菲尔·戈蒂耶（Théophile Gauthier）的一些作品、维克多·雨果的全部作品、梅里美的三部作品、阿尔弗雷德·德·缪塞（Alfred de Musset）的大部分作品、安东尼·普列沃斯（Abbé Prévost）的《玛侬·蕾丝考》(Manon Lescaut)、卢梭的《爱弥儿》和《新爱洛伊斯》(La Nouvelle Héloïse)、乔治·桑德、司汤达和欧仁·苏的所有作品、阿尔弗雷德·德·维尼（Alfred de Vigny）的大部分作品——不过奇怪的是，拉克洛（Laclos）的《危险关系》(Les Liaisons Dangereuses) 侥幸存活了下来。[27]

1800年，维也纳只有二十家书商，这个数量虽然在1848年上升到三十家，但印刷商的数量同期却在下降。一些书商冒着巨大的风险储存和销售被禁书籍，而警方会突然搜查他们的房屋，惩罚非常严苛，书商只得遵守规则。出版社再版书籍不需要支付版税，因为作家凭书籍畅销而获利被认为是不道德的行为，这使得大部分作家必须从事其他工作，他们大多是在行政部门干活（1822年有2/3

的作家如此），自我审查因此不可避免。[28]

　　虽然胆子大的经常可以得到想看的书和出版物，但受教育阶层的大多数人都被无处不在的监控体系吓得胆战心惊，他们对审查制度十分顺从。早在1809年，之后担任警察总长的哈格尔男爵已经提醒皇帝，称这一体系最终将危及帝国本身，因为那些准备在公共部门从业的人会意识到，他们要避免通过学习和阅读来增长知识面，他们害怕学习和阅读使自己遭受怀疑而毁坏自己的前程。这导致的后果是行政部门被一帮没有受过教育的人把持，西欧的政治思想对奥地利社会几乎没有产生影响，奥地利社会开始向内看，不再关注外面的东西。[29]

28 一个错误

在一份标题为《我的忏悔录》(Ma Confession)的不寻常文件中,沙皇尼古拉阐述了他对1830年革命造成的形势的看法。尼古拉认为,俄国很幸运地躲过了革命精神的影响,守住了道德高地。过去十年,普鲁士和奥地利背离俄国,这削弱了他们自己。他们挖了一个又一个坑,并且承认"不正统"的路易-菲利普王室。尼古拉完成自己的使命,维护了正统原则。他们对路易-菲利普的承认是一个"致命的"错误,因为这意味着接纳革命信条,因此也就承认了人民主权,在欧洲各地引发了一连串灾难性后果。

虽然最后还是在梅特涅的劝说下承认了法国国王,但尼古拉坚决不在信件中用"我的兄弟"来表达敬意,而只用"阁下"称呼对方。当莫尔捷元帅到达圣彼得堡的时候(莫尔捷元帅担任法国驻俄国大使是个有争议的选择,因为正是他在1812年炸毁了克里姆林宫),尼古拉和他侃侃谈起拿破仑,却始终没有提及路易-菲利普。三年后,当马尔蒙元帅在托普利兹会见尼古拉的时候,沙皇仍然没有叫出路易-菲利普的名字。当沙皇于1844年访问伦敦的时候,他担心与当时同样受维多利亚女王接待的法国国王相遇。出于相似的原因,尼古拉也承认了比利时的独立地位,但仅因为荷兰王国承认了比利时,他并不认可利奥波德当选比利时国王。(这并不管用,因为利奥波德在为新王国组建军队的过程中,招募了大量为对抗俄国而参军的波兰流亡者,这些人成为比利时高级军官的主力。)[1]

不像奥地利和普鲁士,俄国仍然忠于自己的使命。"我说,让我们为庄严的时刻保存好圣火,人类的权力无法避免正义和邪恶原则之间的斗争,"尼古拉写道,"这一时刻正在来临,让我们为必将到来的斗争做好准备;他们决心要实现自己的目标,即使瑟瑟发抖也会重新集结……在危险的时刻,他们会发现我们随时准备向有意重返古老原则的盟友施以援手……这是我的告白,它严肃而坚决;这份告白让我们处在一个新的、被孤立的,但我敢说绝对是光荣的位置,我们问心无愧。"[2]

　　沙皇的战略关键是把他的人民和有害的外部影响隔离开来,尤其不能让人民受到法国的影响。几十年来,有教养的贵族在文化和价值观上已经完全法国化,与之形成对比,皇室成员和大多是德意志波罗贵族的宫廷成员则更多受到德意志的影响。尼古拉怀疑法国所有的东西,尤其在1830年七月革命后,他将巴黎视为道德塌陷和政治败坏的地方。七月革命发生的时候,沙皇最初的反应是召回在法国的所有俄国人。后来被丈夫疏远的列文公爵夫人在英国和法国社会有很高的地位,她因为没有遵守回国的规定,而被尼古拉抛弃,哥哥本肯多尔夫不得不与她断绝关系。奇恰戈夫将军是一个备受尊敬,有着骄人战场记录的指挥官(1812年,拿破仑穿过别列津纳河终结了他的常胜记录),他之前娶了萨里牧师的女儿,很多时间都待在布莱顿和巴黎的家里,他在那里有很多朋友。他给尼古拉写信,请求允许他豁免于新的规定;而得到的回应是他被剥夺了在俄国的财产、荣誉、衔位,甚至国籍。[3]

　　1831年颁布的一项法令规定,所有10到18岁的俄国青年必须在本国接受教育,18岁之后,如果通过了严格的审批手续,可以出国学习,但不能去法国。这使得传统上去法国大学的俄国学生现在被鼓励到德意志的大学学习——意料之外的后果是,凌驾于法国思想之上的黑格尔和马克思思想从更长远的角度对俄国的君主制度造成了更严重的威胁。同时,在德意志的俄国人很容易获取法国的书籍和期刊,这些书籍和期刊后来又被走私回国,或者在主人回国时,他的朋友们也有机会阅读。[4]

　　1834年,限定俄国臣民在国外居住时限的新措施被引进,贵族可以待五年,其他人则不得超过三年。不遵守规定或在他国定居将招致惩罚，比如没收财产或者使自己的家人遭到迫害。1840年，政府开始对申请海外旅行通行证征税，一个包括内塞尔罗德、本肯多尔夫和内政大臣佩罗夫斯基的委员会负责审核所有申请。之后还有更进一步的阻拦与限制措施。"一部限制旅行的法令在几个星期前颁布，"内塞尔罗德伯爵夫人于1844年4月给她的儿子写道，"很难跟你描述这部法令如何激怒了公共舆论……它激发了最被动的那些人的怒吼，这些人把法令视为对贵族的新的攻击。"备受争议的法令禁止25岁以下的俄国人出国旅行，申请通行证的流程也更加复杂，要求申请人亲自前往圣彼得堡，得到结果通知的时间也被无限延长。[5]

"沙皇对巴黎的痛恨史无前例，而住在那座邪恶之城的我被视为叛乱，在很长一段时间里可能都要受到监视。"列文公爵夫人于1838年10月给她的朋友库珀（Couper）小姐［后来的巴麦尊（Palmerston）夫人］写道。两年后，列文公爵夫人报告，说巴黎"到处都是异常出众的俄国女人"，又过两年，她评论"这被禁止的地点"虽然对俄国人来说"不那么神圣"，但已经成为"朝圣之地"；"圣彼得堡所有人"都出现在那里，巴黎"挤满了俄国人"。这一悖论可以为以下事实所解释，俄国秘密警察的第三部觉得要抓紧了解聚集在巴黎的波兰流亡者在做什么、在想什么，所以第三部开始派出伪装成特别无辜的寻欢作乐的俄国贵族线人。因为这些线人本身不被信任，所以他们必须受到监督，第三部又雇用了另一批人监视线人。这一体系被扩展到其他俄国人或许会去旅行或者波兰人会聚集的地方。"亚马孙政治女战士用发达的头脑，女性的语言，与两栖特务大军一起，为俄国宫廷搜集到新闻和情报"，屈斯蒂纳侯爵说道。然而女人并不被允许进入"不正统的"路易－菲利普宫廷。[6]

亚历山大和尼古拉两人没有对他们所统治的社会表现出压制的

倾向，而是渴望从道德上把社会塑造成自己希望的模样。1817年的教育部和宗教事务部合并，开启了将适当的世界观与教育体系相结合的进程。这没有产生预想的结果，而且尼古拉得到的报告满是抱怨，称学校和大学被不道德和异端的政治态度"败坏"。为了引进更复杂的东西，尼古拉请谢尔盖·塞米奥诺维奇·乌瓦罗夫（Sergei Semionovich Vvarov）帮他设计一个教育方案，即使不能治愈俄国社会，至少也要保证未来的孩子们是能够正确思考的。

乌瓦罗夫于1786年出生在上流名门之家，起初是一个热爱文学、拥有自由主义思想的青年，会用法语和德语创作抒情诗。他结识了一些文学泰斗，比如歌德和斯塔尔夫人，还在圣彼得堡的丰富文学生活中扮演活跃的角色；他是1815年阿尔扎马斯文学社团的创始人之一。他的职业生涯包括1806年和1810年在俄国驻维也纳的使馆任职；24岁时，被任命为圣彼得堡教区负责人。他在圣彼得堡的大学创立过程中发挥作用，但1821年，他在加利齐纳（Galitzine）和马格尼茨基的压力下被迫辞职。1826年，尼古拉让他重新进入教育领域。1832年，他被任命为教育部副部长，第二年升任为部长，一直到1849年，才离开教育部部长岗位。

尼古拉希望教育系统的变革能够培养牢靠的公民和国家仆人。乌瓦罗夫后来坦白，他在执行这个任务的时候几乎绝望，但他知道，鉴于"社会风暴席卷欧洲"，变革关系着"祖国的命运"。他认为自己的任务是"重建我们祖国的坚实根基，并在这一基础上实现国家的繁荣、强大和生命力"，还要识别"俄国的核心特征"，"要将她剩余的民族特征塑造为能够实现自我救赎的精神支柱"。[7]

乌瓦罗夫相信俄国社会在人类"成熟"的进步事业上落后于他国，不能让她自我放逐，要像对待孩子那样培育祖国。在确定培养方案所基于的原则时，他的出发点是东正教信仰，这一信仰是国家大多数人所共有的特征。在他看来，俄国的第二个特点是沙皇至高无上的地位。"专制是俄国政治生活的根本前提,"他辩称,"俄国这个庞然大物离不开君主专制这一伟大基石。"对于成熟的俄国人民来说,沙皇的慈父权威和保护是通往良善生活的最好指导。至于第三个特点,乌瓦罗夫将之称为"民族",是基于独特民族特性的价值信仰。[8]

东正教、专制和民族这个三位一体是在1833年被提出的,它不仅是教育体系的基础,还是整个社会和文化环境的基石。要提出能够界定国家和民族的新身份,要把俄国和其他国家明显区别开来——让她对肆虐他国的"坏疽"产生免疫。身份认同的要素,尤其俄国的核心特征和品质,要对俄国的浪漫主义有感染力,要激发有趣的思想和文学作品,包括普希金,尤其是秋切夫(Tiutchev)的作品。果戈理表示支持,他让人吃惊地证实农奴制度的合法性源自上帝的意志。但俄国属性很快又变成受困的叛逆心境,"危险而具毁灭性"的西方影响力和几十年来新发现与新发明带来的新发展给人很大的冲击。[9]

在学术作品和大众文学中,俄国历史的叙写只是展现俄国如何从斯拉夫的特殊天赋和独特的公社模式中诞生,不能用其他国家的历史书写标准来评判俄国。讽刺的是,这一浪漫的特殊主义在很大程度上习得自德意志的思想。

乌瓦罗夫的本意不是压迫,他希望鼓励年轻人去学习,但只能学习他认为对年轻人有利的东西:人类知识不可能全部都安全到可以毫无保留地传授给他们。他很骄傲地看到过去十年,也就是他当政的一半时间里,俄国的出版物数量从一年700本上升到了一年900本。不过,他反对印刷廉价书籍,因为它们可能"让底层阶级变得情绪化"。[10]

在乌瓦罗夫的治理下,大学也繁荣起来;他降低入学的社会阻力,执行最低的控制标准。年轻的亚历山大·赫尔岑(Aleksandr

Herzen）记得他的同学说过，人们不用再担心"内心想的东西"会被记录在册，人们已经可以接触在手稿中流传的被禁诗歌，甚至也可以得到官方禁书。维尔纳大学之前因为扮演了鼓励波兰爱国主义的角色而被关门，新的圣弗拉基米尔大学则打算用斯拉夫的兄弟精神把波兰人、白俄国人、立陶宛人和俄国人（并不存在官方的乌克兰人）统合起来。虽然基辅因为是所谓的俄国东正教和民族之摇篮而被选中，但本肯多尔夫跟尼古拉说，它碰巧也是确保秩序的第一集团军的总部。[11]

事情并没有按乌瓦罗夫所希望的那样发展。监督员被派到大学，一只眼睛监视教师和学生在做什么，一只耳朵监督他们在说什么。学校也受到监控，以防出现任何越矩行为。尼古拉自己会突然造访并搜寻颠覆的迹象，甚至检查一些学生的面相，给他们的面相做负面的评价。1834年，监督员的任务简化为监控学生教室外的行为。

私人教师没有豁免权。他们必须参加考试，遵守相同的行为规范和与公务人员一样的标准。甚至那些被贵族家庭聘请的也必须服从监管，接受评估。他们必须获得证书，因此其地位也被降格为国家公职人员。[12]

乌瓦罗夫到19世纪40年代中期开始去掉幻想，他的想法所激励的热情都已经消散，只留下一个凭惯性运作的逐渐丢掉灵魂的体系。一群乌克兰学生建立圣徒西里尔和迪乌斯协会（Society of Saints Cyril and Methodius）（西里尔和迪乌斯把基督教引入了俄国）的时候，他们因为第三部所称的"狂热错乱"行为而受到严厉的惩罚。1838年，一所新建立大学的四个学生因为保留波兰诗人米茨凯维奇所写的禁书而在军事法庭受审，他们最后被判到奥伦堡驻守。

讽刺的是，人们很容易获得外国书籍。进口书籍的数量从1832年的大约20万本增长到了1847年的100万本，只有150种被列入禁名录。不过，一群要求给出被禁书目的莫斯科书商，却被告知不可能，因为它"可能会使人们的注意力转移到被禁书目上"。然而当局的初衷没有因为这一理由而实现：在圣彼得堡一家书店搜查出了2581本禁书。[13]

不仅是外国书籍需要被控制，第三部实际上对俄国的所有出版物都进行严格的审查。审查的原则和范围与审查实体出版物一样，这让审查官的工作变得困难。只有显赫人物或官员从中解读出不一样的东西，并产生强烈的反应，一篇文章才会被视为无害。那些疏忽而又被高级官员或沙皇本人找到违禁内容的审查官，会和犯事的作者及编辑一起被关进禁闭室几天或几个星期。这不是惩罚，也不算监禁；这是严父甩手腕掌掴，是刺激审查官更努力做事的手段。本肯多尔夫虽然从没被关进禁闭室，但偶尔也会受到指责，他有一次遗漏了莱蒙托夫《诗歌之死》（这首诗暗示普希金的决斗致死是谋杀）的政治潜台词，因此受到了责骂。其他人提醒沙皇注意这首诗，称其"号召革命"，本肯多尔夫花了好大一番功夫进行解释。[14]

普希金是本肯多尔夫的一块心病，他不得不读完普希金写的每一篇作品，与他进行长篇对话，有时还要就某个单词的可能含义与他展开神秘的通信。所以当尼古拉决定亲自担当普希金的审查官时，第三部肯定松了一大口气。普希金起初对沙皇能够感兴趣很开心，但在尼古拉阅读他的《鲍里斯·戈杜诺夫》（*Boris Godunov*）剧本手稿，称他是一位潜在的伟大作家，并建议他学习沃尔特·斯科特的风格把剧本改编成小说的时候，他的情绪开始发生变化。普希金很快发现，尼古拉不仅对他的作品感兴趣，还对他的行为和从穿着里表现出的态度感兴趣。普希金经常在最私人的事情上受到告诫，包括他的婚姻大事，他必须定期汇报自己的所有事宜，像一个执拗的孩子一样被对待。[15]

根据一个作家的说法，到19世纪40年代，俄国审查官的数量比印刷出来的书都要多。另一个作家描述审查出版业的机构是"一个对准跳蚤的大炮"。这里反映的是，1840年时，最有名期刊的发行量也不超过3000册，而整个期刊出版业的读者不超过2万人。但是编辑们经常因为内容晦涩难懂而被训斥，或者被送到禁闭室，之后他们还要把内容编辑得简单易懂。[16]

法杰伊·维涅季克托维奇·布尔加林（Feddei Venediktovich Bulgarin）是《北方蜜蜂》（Northern Bee）的联合创办人和编辑，同时也是受雇于第三部的通勤线人，他因为印刷标题为"强迫婚姻"的诗作而被抓。这首诗描述了在一个没有爱的婚姻联盟里，淫乱的妻子证明自己是被迫结婚的事实，尼古拉认为这首诗隐喻了俄国和波兰的关系。果戈理出版《死魂灵》（1842）的时候也遭遇反对的声音，对方认为灵魂是不朽的，所以这个标题构成了亵渎。一首情诗被驳回时附带着一连串的反对意见，有人说不应该用神圣来形容一个女人，只有上帝是"神圣"的；而她的面容也不能被形容为天国一般美好，因为只有和上帝有关的才能用天国来形容；"一副慈祥的面孔值得全宇宙的关注"，其中"值得全宇宙的关注"的想法冒犯了宇宙里只有沙皇和其他"合法权威"的原则；从全世界退回到与一个凡尘女人独处，意味着要把责任推卸给国家。[17]

1836年，彼得·雅科夫列维奇·恰达耶夫（Piotr Yakovlevich Chaadayev）以书信的形式出版了一篇短文，对俄国国家所象征的一切事物展开全方位的抨击。恰达耶夫认为除了专制和农奴制度，俄国对文明没有任何贡献，对他自称为"俄国通过意淫自己是完美的来获得愚蠢的慰藉"大加挞伐。既然没法用理性来适当地处理这件事，也不能公开讨论恰达耶夫所提的话题，于是他被贴上疯子的标签，造成短文遗漏而出版的审查官也被解雇，刊载短文的期刊被停刊，编辑被下放到了西伯利亚。[18]

审查制度当然不局限于印刷或写作的文字；它也包括态度，因此也要审查行为。尼古拉禁止人们在圣彼得堡大街上抽烟，他认为抽烟扰乱了秩序。他还禁止戴灰色帽子，因为不知何种原因，灰色帽子会让他想起他特别憎恶且疑似为颠覆性力量的犹太人。戴白色帽子也违法，因为尼古拉把白帽子和波兰人联系在一起。他对波兰人有着几乎病态的厌恶和恐惧，形容他们是"介于人兽之间的物种"。他的恐惧也可能是源于害怕被刺杀，不管旅行到哪里，他都要做万无一失的防备。在波兰省份中，他会张贴错误的行程图，以迷惑可能的行刺者。在国外旅行时，他会匿名而出，有时还会伪装起来：1844年到访伦敦的时候，他的行程处于严格保密状态，以至于俄国驻伦敦的大使都不知道他从哪里穿过海峡，经过哪条路及什么时候到达。[19]

1834年，当时是莫斯科大学学生的赫尔岑因为参加派对而被抓了起来，据线人的报告，是因为他唱了一首粗俗下流的歌曲。他可以证明自己不仅没有参加集会，甚至都没有收到邀请。然而他还是被一个颇具长辈风范的宪兵队将领布道，这个宪兵将领是列索夫斯基（Lesovsky）。"波兰人列索夫斯基不坏也不蠢，他把自己的财产全都挥霍在了打牌和法国女演员身上，他很聪明地请愿在莫斯科做一个宪兵将领，而不是被关押在同一座城市的债权人监狱里，"赫尔岑写道。列索夫斯基劝赫尔岑保持低调，在几个月内不要发出声音。这个叛逆的年轻人没有听从他的意见。他和他的同学张扬地戴着卡尔·沙贝雷帽，有一次还和第三部发生了冲突。

宪兵队仔细检查赫尔岑的文章，在里面发现了一些反对宪制政府的内容，他们要求赫尔岑做出解释。赫尔岑回复，说是沙皇自己反对宪制政府。审讯官承认这是事实，但解释说，一个人可能因为好的理由也可能因为坏的理由而反对宪制政府，而他怀疑赫尔岑是基于坏的理由反对宪制政府。谈话内容退化为对语义的争辩，他俩都感到精疲力竭，没有一方占据上风。第三部得出结论，说这个年轻人"不危险，但可能会变得危险"，赫尔岑然后被判十个月监禁，之后的五年又被下放到西伯利亚。1840年，赫尔岑被赦免，但他回来时犯了一个大错，没有上门拜访第三部长官，亲自致谢。他又被叫到第三部长官那里，因为行为失当而受到训斥。[20]

有一个被人们接受的规矩。一方面，人们一般是在晚上被逮捕，逮捕的方式让人感到恐惧，让人失去方向感，嫌疑人被带到没有窗户的黑色警用帐篷里绕圈转，感觉像被带到了离家很远的地方。另一方面，第三部的官员和宪兵又十分礼貌——"真的是礼貌之花"，赫尔岑说；"是优雅和彬彬有礼的人格化"，一个法国旅行家说道——他们表现得很痛恨自己正在做的事情，很多人都知道他们在审讯的时候会流下眼泪。本肯多尔夫在普希金的文字里是一个"有着敏感心灵的"好男人，甚至对给他带来麻烦的人关怀备至——他给果戈理提供了金钱上的支持，还帮助果戈理让《死魂灵》起死回生。到达或者离开圣彼得堡的人，甚至到外地赴任的将军都希望亲自跟本肯多尔夫告别。[21]

廖提伊·瓦西里耶维奇·杜贝尔特（Leontii Vassilievich Dubelt）是一个以温文尔雅知名的官员，他是一个有着非凡家世的聪明男人。在18世纪90年代初穿越西班牙的时候，他的父亲瓦西里·伊万诺维奇（Vassily Ivanovich）和一个麦地那·科利（Medina Coeli）王室的年轻姑娘私奔，他们到意大利结婚后又一起去了俄国。廖提伊·瓦西里耶维奇出生于1793年，由受过教育的母亲带大，十四岁时，他加入普斯科夫步兵团，成为一个少尉。他在波罗底诺（Borodino）战役中腿部受伤，恢复后又参加了1813年到1814年的战争。他之后对时代精神抱有同情，加入了共济会。到1818年结婚时，他是步兵团上校，直到1829年和所在军的司令官吵了一番后，才从军中退役。他之后决定成为一名宪兵警察，这让他的妻子很沮丧。与大多数俄国人一样，他的妻子十分厌恶警察这个职业。杜贝尔特深爱他的妻子，尊重她的想法，但仍坚持自己的决定。他争辩说加入宪兵警察,就可以"支持穷人,保护不幸的人",帮助"受压迫的人获得正义"。他告诉本肯多尔夫,说他不会执行他认为是卑劣的命令。[22]

杜贝尔特在特维尔任职,但上任几天后,本肯多尔夫身边一个军官死去,所以杜贝尔特被要求顶替那个军官的岗位。本肯多尔夫很高兴地看到有人和他一样抱有宪兵警察的使命感,就把杜贝尔特留在了自己身边,授予其将军军衔,任命为参谋长。杜贝尔特成为具有实权的指挥官。1838年,杜贝尔特成为本肯多尔夫的副官,由此成为第三部兼宪兵队的实际领导人物。随着本肯多尔夫越来越心不在焉(人们都知道他要摸索着拿出自己的名片才能记起自己的名字),杜贝尔特掌握了整个机构的运作。1844年本肯多尔夫去世后,杜贝尔特仍然坚守着岗位。本肯多尔夫的继任者阿列克谢·费奥多罗维奇·奥尔洛夫(Aleksei Fyodorovich Orlov)伯爵很乐意把所有事务都交给杜贝尔特来处理。[23]

杜贝尔特有一项才能就是隐藏自己的聪明才智,他的有效方法使很多审讯工作得以顺利地展开。他经常亲自召见刚刚被逮捕的人,检查他是否感到舒适,询问他是抽烟筒还是抽雪茄,并为他提供最好牌子的香烟。不过他的一个犯人认为杜贝尔特和狼一样,他的行为像"猎食动物那样狡猾"。虽然他有几年都坚守自己早年的理念,并拒绝使用阴险手段,但还是逐渐扮演起马戏团经理的角色,运作起一支庞大的间谍网络,操控着成千上万人的性命。[24]

第三部转型成一个巨大的机构。它每天至少收到1万条情报,有时达到1.5万条,包括控诉,向沙皇的请愿以及对法院裁决提起的上诉,它们涉及免税、申请奖金、寻求法律意见以及其他各种事由。部门还会收到和科学或行政有关的计划和项目,要求改进创新。不过大众更关心私人问题,所以第三部的档案充斥着人们最隐秘的生活细节：档案记录了家庭争吵、当地纷争、婚姻问题、情妇的变换以及经济上的困境。[25]

奔萨省一个叫 I.V. 谢利瓦诺夫的地主意外地被宪兵逮捕（被捕的时候还是体面的），并被带到了圣彼得堡的杜贝尔特办公室。桌子上放着他几个月前在乡下写了一半扔进纸篓的一封信，里面描述了糟糕的歉收，还评论说像他这样的地主有道德责任帮助农奴渡过难关。谢利瓦诺夫可以看到信纸的边缘是杜贝尔特写的"自由主义"。谢利瓦诺夫被询问了和农奴制度有关的几个问题，但不管怎样回答，他似乎都无法让审讯官满意。最后杜贝尔特说出正确的答案，他一笔一画地记录了下来。在保证自己绝对清白之后，谢利瓦诺夫被判下放西伯利亚 6 个月时间。[26]

外国旅行者逐渐清楚地意识到，从进入俄国国家起，他们就遭遇了地毯式的监控。之后当选美国总统的詹姆斯·布坎南（James Buchanan）当时是一个外交官，1833 年在俄国的遭遇让他感到震惊。"俄国的警察毫无羞耻之心，"他写道，"我们时刻都被线人包围着，这些线人在生活中的地位有高有低。你很难雇用到一个不是警察秘密线人的佣人。"他们毫无顾忌地拦截信件，也不在意把信封重新密封，甚至会用不同颜色的蜡来做这项工作。"一个在 1843 年到这里做生意的洋基人很惊讶地被宪兵警察告知，他曾于 1820 年来过俄国寻欢作乐，二十年前的细节都被记录在案。人们觉得身处俄国如同身处一个玻璃笼子里。"[27]

各种警察力量，尤其是第三部，雇用了成群的线人，其中很多人无聊地将交谈引导至对政府的批评，这样就可以获得写进报告的素材。理发师、洗衣工和各类服务供应商会记录任何他们认为应该记录的事情。佣人被唆使报告主人家正在发生的事情，家庭成员被鼓励监视配偶、父母和孩子。

"俄国秘密警察在社会的上层阶级和底层阶级都有分支，"当时一个人写道，"不但如此，许多不知廉耻地充当线人的女士，却被社会所接受，有家庭也有配偶；甚至同样被污名的男人也因为这个原因过得还不错，他们不知羞耻地享受着傲慢的尊严。没有一个卫兵团没有间谍；在剧院，尤其是法国剧院，线人往往比观众还要多。简单地说，线人多到会让人们以为在任何地方都能看到他们，这一担忧极好地服务了政府的目标"。[28]

这在某种意义上是正确的：一旦人们意识到所有地方都有眼睛和耳朵盯着你时，他们就会假设当局比他们知道的东西更多，会主动避免卷进任何可能引起麻烦的事情。但这也鼓励人们采取秘密的行动方式，反过来又引起警方和线人怀疑，发起徒劳的调查。这种自我审查并不能让警方很好地达成目标，因为人们不仅知道不能随便评头论足，也知道不能表现出自己发现了他们，这使得搜集到的情报和实际之间的关系显得非常超现实主义。

安全机构在这种情况下能做的事情越来越少。结果，线人越来越抓紧记录值得怀疑的东西，并且沉迷于某些单词或短语的奇怪论调。警察竖着耳朵、睁大双眼潜伏窥探，不放过任何一个词语、一个信号、一句笑声、一声抱怨、一个张望以及任何可能暴露不端正态度的东西；一顶帽子、一件披风、一个领带、一方头巾、一根拐棍或任何可能被视为不符规则的穿戴服饰都受到监视。这些都使公民和国家之间的关系变成了猫和老鼠的关系，双方都维持着一种自我形象，做着无用功，而随着时间的流逝，就没有人再注意那些胡说八道的东西了。

赫尔岑结束刑期后在省里做行政工作。他的大部分时间都在给通行证盖章，审查投诉，传达其他各种官员的报告。赫尔岑在工作中发现自己在副署、核准当地警方关于自己的报告。著名的十二月党人 A. N. 穆拉维约夫在结束伊尔库茨克的刑期后，被任命为伊尔库茨克市长，不过虽然成为国家官员，但他的信件依然需要被拆封受到审查。当他抱怨的时候，邮政局局长强烈地否认，不过却说："打开的信封被很好地重新密封了起来，你没办法证明它们被打开过。"一个被流放到西伯利亚做劳工的波兰人发现，可以通过给卫兵好处或者给官员小孩做家教来躲开劳动。他因为做小本生意生活得非常好。19世纪50年代被释放的时候，他来到柏林，发现当地的生活并没有比在西伯利亚时的如意。[29]

在圣彼得堡，奥地利大使的妻子费奎尔蒙特伯爵夫人有几本西尔维奥·佩利科那强烈反对奥地利的、具有颠覆性的《我的狱中生活》复印本，她把这本书像流行的浪漫小说一样借给俄国宫廷成员。沙皇听闻此事，跟她要了一本阅读，还评论说书写得不错。但这似乎并没有让沙皇反思书中所描写的体系的荒谬性。与革命的九头蛇做斗争，已经成为沙皇和他的下属的惯性思维。

维尔纳省宪兵队指挥官罗马切夫斯基（Lomachevsky）上校在1840年短暂离职后重返岗位，他发现省长任命的一个委员会正在严刑逼供一个学生。他指出委员会经盘问得出的证据既荒谬，又自相矛盾，委员会反驳说罗马切夫斯基"破坏"了他们的工作。"为了使自己相信阴谋的存在，"首席审讯官跟他说，"你不得不去观察梯也尔和埃及帕夏的活动，去阅读在巴黎发行的《五月三日》（一本波兰流亡者的刊物）和《波兰青年》小册子，之后你就会清楚，不仅俄国陷入了阴谋，整个欧洲，甚至连埃及都没有幸免……"[30]

这一系统或许为一些名著提供了灵感，其中最著名是尼古拉·果戈理的短篇故事和戏剧，没有这样的灵感，其杰作《死魂灵》也不会是一部理智稳健的作品。但这一系统没能战胜颠覆活动，因为并没有什么颠覆活动存在，它也无法塑造有用且忠诚的公民。这个系统只是成功地使人们变得麻木，使社会变得混乱，俄国的经济、工业、社会和知识的发展都陷于停滞，它酝酿了一个革命的传统，并在几十年后被这一传统打败。

"诚实地说,如果让我选择在哪种政府底下生活,我会为我自己和我的家人选择共和制政府,"尼古拉有一次坦言,"我认为共和政府最能有效地保障安全。但它并不适合每个国家;它适合一些国家,但对另一些国家却是危险的。"在执政初期,尼古拉曾召集一个委员会,研究亚历山大的所有改革项目,以制定可以实施的方案。在委员会主席维克托·科丘别伊(Victor Kochubey)(1801年的时候,他是亚历山大秘密委员会的成员)的领导下,委员会按计划展开工作,但他们开会的次数越来越少,最终因为尼古拉兴趣的减弱,这个委员会慢慢丧失了作用。第三部为自己的利益提过改革问题。一份1839年的内部文件评价农奴制度是"埋在这个国家底下的火药桶"。另一份评估彼尔姆省非法工人团体的报告指出,其中的根本原因是骇人的生活水准。在调查了1841年圣彼得堡的工人生产条件之后,第三部为工人建立了一座医院。它之后又在莫斯科建立医院,1845年颁发了禁止晚间使用童工的禁令。"毫无疑问,在当前这个时代仍然存在于我们这片土地的农奴制度是邪恶的,这是所有人都能感知到的事实,"尼古拉于1842年告诉国务委员会,"但若现在碰它,更具灾难性的恶魔就会被释放出来。"尼古拉害怕改革农奴制度将引发全面暴动,还对地主贵族的可能反应感到担忧。[31]

尼古拉到19世纪40年代经历了一些中年危机,健康问题也日益严重。1841年,由于和妻子的一个侍女偷情,他时不时地会有罪恶感,对自己感到厌恶。他经常几个小时把自己锁在书房里。"我几天来仰望星空自问:我为什么不在那里?我好累啊……"1845年3月,他跟皇后的另一个侍女说。

即便他怀疑过自己统治这个帝国的方式,但从来都没有表现出来。"当一个人思考未来时,看见沙皇变得更加严酷而专制,这是一种切身的恐怖,"内塞尔罗德伯爵夫人给他的儿子写道,"没有任何人能让沙皇反思自己的观点。"亚历山大·尼基坚科（Aleksandr Nikitenko）是一个文学教授，也是一个审查官，他做出了或许最恰如其分的论断："尼古拉最失败之处在于，其统治本身就是一个错误。"[32]

29 波兰主义

19世纪30年代末,由于盟友的不争气,尼古拉认为俄国帝国在对战邪恶力量时处于四面楚歌的境地。"由奥地利和普鲁士组成的堡垒将要垮塌,"尼古拉的一个外交官,布鲁诺男爵于1838年记录道,"莱茵河沿岸的意识形态战争将推进到我们的边界。一句话,与1812年一样,俄国将再次与法国作战;但我们完全确信,这次战争比上次更为危险。我们并不是与公开的敌人做斗争,而是要保护自己不被更恐怖的敌人所伤害。我们要直面革命的精神,因为他们决意要推翻最强大的王国。"[1]

尼古拉对普鲁士最为担忧。更不靠谱的腓特烈·威廉三世于1840年6月去世,他的儿子腓特烈·威廉四世继位,俄国认为他会制造更大的麻烦。普鲁士的新国王是尼古拉妻子的兄弟,他在人格上十分复杂,相互冲突的特质交杂在一起。他肥胖、秃顶,不善骑马,缺乏所有他希望拥有的君主品质。受作家弗雷德里克·德·拉·莫特·富凯(Fredrich de la Motte Fouqué)的骑士小说激励,威廉四世对普鲁士的君权抱有浪漫主义情怀,认为君权的基础是国王与人民之间的情感与意识形态纽带。他喜欢韦伯这样的作曲家创作的"德意志"音乐,他看到莱茵河时会兴高采烈,并满怀激情地完成了高地德意志的文化标志,即科隆大教堂的建设任务。他相信德意志不仅要在政治上复兴,还要在精神层面重生,而这受到当时席卷欧洲的宗教觉醒的影响。

他一上台便下令大赦,恢复了一些人的名誉,比如军事改革家赫尔曼·冯·博延、体操之父路德维希·雅恩、历史学家恩斯特·莫里茨·阿恩特、自由主义政治家威廉·冯·洪堡及备受欢迎的格林兄弟,他们之前因民族主义倾向而受到迫害。他解雇了遭人厌恶的康普茨,后者在1839年不得不承认没有什么革命威胁,而那些有颠覆行为的年轻人不过是罪恶文学作品的受害者。已经变得多余的中央调查委员会于1842年被裁撤。不过这个新国王并不是自由主义者，而且他也不打算制定提供长久承诺的宪法。他对未来的想法或许是要实现德意志统一（普鲁士领导下的统一），但是统一的前提是国王和人民（中产阶级被排除在外）之间的精神纽带，德意志要沐浴在古老的父权阳光之下。国王的密友、政治顾问约瑟夫·冯·拉多维茨后来被俾斯麦形容"有效保存了存放着国王的新衣的中世纪衣柜"。[2]

尼古拉的想象没有使他领悟到他妹夫的浪漫主义思想，他只能看到威廉四世是一个危险的自由派人物，与民族主义者靠得太近，不仅虚弱，总的来说还不靠谱。1842年夏天，在科隆庆祝大教堂竣工时，腓特烈·威廉试图向当时在场的梅特涅传递讯息，告诉他自己关于普鲁士将如何重塑王朝的想法。他解释说他正在为一个新的反革命政治宗教奠定基础，这将激励并拯救普鲁士。梅特涅对威廉四世的看法并不比尼古拉更乐观；他十分惊恐，说国王的想法太过"艺术化"。[3]

因为膝下无子，所以腓特烈·威廉指定他的弟弟威廉为"普鲁士亲王"，即王位继承人。这两人在观点上根本是矛盾的，亲王不停地给国王的改革方案挖墙脚。亲王得到他的弟弟卡尔的支持，腓特烈·威廉跟他的妹妹、尼古拉的妻子承认，卡尔是"被革命分子操纵的愚蠢道具"。尼古拉对此完全赞同，而内塞尔罗德和俄国驻柏林的大使迈恩多夫男爵则相信，新国王所谓的改革是1830年以来最严重的威胁。[4]

让俄国人特别担心的是，普鲁士国王在对待波兰人的问题上十分松懈。在镇压波兰起义后，尼古拉于1832年废除了波兰的王国地位，将其领土吞并为俄国帝国不可分割的一部分。接着他没收所有参与起义者的和教会的财产，关闭高等教育机构，实行俄国的管理制度，对波兰的语言和文化施加各种限制。大量活动家到较为宽松的普属波兰、波森（波兹南）大公国避难。俄国军队里的波兰流亡者也以每年上百人的规模逃到波兹南大公国，用造访波兹南评估形势的迈恩多夫的话来说，这导致"革命思想像油斑一样渍染开来"。1840年9月，迈恩多夫给本肯多尔夫写信，催促他派一个俄国高级代表在波兹南和但泽这样的城市建立俄国的警察网络，因为监视波兰革命分子的行动无法依靠普鲁士来完成。1843年，尼古拉的马车在经过波兹南时遭遇枪击，这证实了迈恩多夫的想法，尽管柏林普遍认为是俄国警方策划了这起事件。[5]

俄国人对普鲁士行政机构无法有效确保国家治安的猜疑很难站住脚。1808年启动的改革，到19世纪20年代已经在全国范围内建立了旨在保护"普遍的善"的官僚机构，"普遍的善"最重要的含义是秩序。"所有非政府雇员或非军队人员必须接受最严苛的监管，必须忍受警方无休止的骚扰，"根据一个普鲁士军官的说法，"通行证这种麻烦东西"卷进了"如此多样而复杂的规定，要认真研究才能避免犯错。"警察尤其讨厌没有人身关系的个体，包括流浪汉、临时工或朝圣者，他们艰难地维持着生计。所有过夜记录，即使是和亲戚待在一起，也得由房主把他们的行踪报告给当局。[6]

普鲁士官员普遍认为一切抗议，不管是针对行会权利的游行示威，还是学生骚乱，都对既存秩序构成了挑战，必须动用一切力量来解决这些问题。作为一个阶层，这些官员受过教育，拥有财产，是现状的利益攸关方。他们的背后是一支效率不高但权力广泛的警察力量，包括没有官衔的军官组成的宪兵队及军队本身。在1808年到1815年期间，军队经历了民主化进程，和社会融为一体，但之后的几年，旧的贵族阶层重新确立起在军队中的影响力，对平民的鄙视一如既往。普鲁士卫队司令官、将军梅克伦堡的卡尔公爵称，只有残忍的力量才有能力解决所谓改革者提出的固执而错误的"理论"，这些改革者"像尝过一次鲜血就没法被驯服的猎食者，他们只能被征服"。[7]

大多数有一定规模的城镇都驻扎着军营，街角有警卫室或者"观察室"，无聊而爱管闲事的士兵会拦阻行人，检查他们的证件，任何可疑的东西都会使行人受到警告和训诫。普鲁士一共有26个要塞城镇，里面的哨所甚至比平地上还要多，士兵更加令人讨厌，加上要塞总督拥有绝对权威，他可以肆意地把人送进监狱或扔到城镇之外。每五六个居民就对应一个士兵，所以没有人能与军队对抗。[8]

在这种由官僚主导法律和秩序的体系之下，对颠覆活动的搜查没有失去意义，甚至中央调查委员会被裁撤后，监控系统仍然保持着警惕。警方尤其担心柏林出版业的那群聪明的年轻人，他们出版讽刺漫画，隐晦地刻画日常的政治现实，警方并不确定地知道每一篇文章或每一幅画所具有的颠覆意义。为以防万一，内政部长阿道夫·海因里希·冯·阿尼姆－博伊岑堡（Adolf Heinrich Von Arnim-Boitzenburg）伯爵于1842年向国王确证，所谓的幽默漫画"腐化了大众的道德、宗教和政治观念，它们帮助有害的哲学发挥其毁灭性影响，为民主说客和作者铺平道路"。[9]

尼古拉和他的部长都感到不放心。到1845年，俄国驻全德各国的大使都在报告值得警惕的事态，比如虔信派骚乱和其他宗教运动，西里西亚工人的"共产主义"活动以及波兹南的"恐怖事件"，这些都暗示普鲁士军队十分不靠谱；普鲁士警察没能尽到责任；宫廷正在经历宗教转变，国王打算引进宪政制度；也就是说普鲁士处在革命的边缘。[10]

腓特烈·威廉把王权寄托在人民之爱的愿景没能实现。1844年7月，一个没有明确政治动机的偏执狂持枪射击了国王和王后，当时国王和王后坐在柏林皇家宫殿庭院里的马车上。刺客随后被判死

/ 29 波兰主义

刑，因为大臣们劝说，认为减轻刑罚会成为一个不好的先例，所以腓特烈·威廉放弃了减轻刑罚的想法。刺客被处死，这引起公共舆论一片哗然。越来越多的强硬的中产阶级呼吁改革，要求开启自由化进程。腓特烈·威廉虽然打算响应民意，但是他的弟弟普鲁士亲王在尼古拉和梅特涅的支持下，强烈反对自由化改革。到19世纪40年代，两兄弟的冲突公开化，国王的改革议程很快陷入停滞。

普鲁士在那时面临着越来越严重的问题。1815年后的和平的三十年里，全德意志所有阶层的生活水平都有所提高，甚至工人阶级都享受到了经济繁荣带来的好处。这一繁荣是以巨大的社会混乱为代价，因为同时期的人口增长了38%，从2500万增长到了接近3500万，这些人口完全适应了全新经济模式，这一经济模式部分发自工业化早期阶段，部分源于行业公会的消亡、其他的限制性和保护性组织的消失，以及关税同盟的建立。劳动和生产的早期资本主义组织和社会本身的瓦解促使最贫穷的阶级向城市流动，他们无法适应新现实。到19世纪40年代早期，柏林有1/2到2/3的人口都属于赤贫阶级。[11]

1845年末，工业部门经历了爆发式的经济增长。1842年及1844年至1846年的农业危机引发了起普遍的贫困和饥荒骚乱，移民美洲的人数激增。1846年英国撤销《谷物法》和谷物供给的下降在国际上开启了竞价战争，农业歉收和马铃薯枯萎病开始从欧洲的一个地区肆虐到另一个地区。1844年至1847年，德意志的粮食价格上涨幅度约为50%，而底层民众最依赖的基本食品涨幅更为恐怖：一些谷物和马铃薯的价格达到了原来的两倍之多。到1847年夏天，整个德意志都陷入灾难性的危机之中。柏林出动军队镇压那些袭击马铃薯供应商的妇女们，骑兵也与饥饿的工人发生了冲突。[12]

奥地利同样受到了经济危机的影响，人们对国家的各种不满逐渐被放大。意大利人、波兰人、匈牙利人、捷克人，现在甚至包括德意志人，都将哈布斯堡王室视为实现他们各自国家理想的阻碍。梅特涅不停地阻挠自由派贵族提出的动议，比如塞切尼伯爵要在匈牙利建立一个文化民族国家空间，梅特涅于1844年极不情愿地答应，可以用匈牙利语代替拉丁语作为匈牙利的官方语言。"匈牙利即将掉入革命的深渊，"梅特涅做出让步时说。对像塞切尼这样的温和派设置障碍，进一步刺激了科苏特·拉约什（Lajos Kossuth）这样更为激进的匈牙利和意大利民族主义者。威尼斯的奥地利警察总长亲自建议梅特涅做出妥协，必须区别对待民族主义者和革命分子。[13]

梅特涅对其他各国没能发现他所看到的危机感到十分恼火，"革命的宣传机构一刻不停、满怀激情地向他们的事业终点进发，他们要使尽各种可用的手段，破坏当前的社会和政治秩序基础，他们要在各地发起普遍暴动"。其他各国普遍认可了法国七月王朝，路易-菲利普受欢迎程度的提高对"维持欧洲事务的现状构成了极大的威胁"，梅特涅辩称。他认为如果一个国家承认革命带来的君主立宪制度是好东西，合理的逻辑就是国王也要通过民主选举来产生，然后就是无政府状态。当路易-菲利普主张他的长子奥尔良公爵与奥地利的女大公结为连理时，即使女方对这个提议很高兴，梅特涅却劝其父不要答应这门婚事，他提醒奥地利皇帝想想玛丽·安托瓦内特遭遇了什么。[14]

法国旁边是主要的革命炼炉瑞士，那里的政府太过仁慈。"瑞士现在已经变成堡垒式的下水道，"梅特涅于1845年3月给巴黎的阿波尼写道，"欧洲所有丢失灵魂的人、冒险家和社会动乱的工程师都在那个邪恶之国找到了避难的地方。这些人在那里肆无忌惮地玩弄阴谋诡计。"更糟的是，清教徒人口占多数的州与分离主义联盟的天主教各州之间爆发了冲突。梅特涅因为支持后者而与法国产生龃龉，德意志大多数民意也不赞同梅特涅的政策，他发现自己支持的势力也处于劣势地位。梅特涅于1847年6月警告符腾堡国王："瑞士人很快就可以看到革命熔岩就要流出来。"[15]

瑞士的地理位置使它成为奥地利在意大利诸省的讨厌邻居，马志尼虽然从瑞士去了伦敦，梅特涅还是把瑞士看作防止半岛发生颠覆活动的关键战略基石。梅特涅要求驱逐马志尼，或至少要限制他的活动，但英国政府对此左右回避。梅特涅很生气地看到意大利人可以在伦敦公开策划行动，募集资金。1844年，梅特涅的确实现了一些目标，当时马志尼的追随者在卡拉布里亚里策划了一起乱糟糟的起义，梅特涅之后说服英国内阁拦截马志尼的通信往来。但这一成果在他眼前被搞砸了。

马志尼开始产生怀疑，他叫那些给他写信的人在信封里放罂粟籽。当拿到信件，却发现没有罂粟籽的时候，他就把怀疑公之于众。媒体报道了此事，下议院不得不在邮政办公室成立秘密委员会，报告说内政大臣的确要求邮政办公室把马志尼的信件交给他。报告还显示，在俄国政府的要求下，内政大臣还要求查看在伦敦的两个波兰流亡者的信件，但他没有在信件中发现"可以给绅士定罪"的内容。[16]

到19世纪40年代，意大利人和波兰人是仅存的仍然活跃于策划叛乱的群体。驻扎在巴黎的波兰民主协会至少尝试过鼓动波兰的活跃分子；1845年的一个波兹南活跃群体，和另外一个成立在克拉科夫（一个由维也纳会议设立的独立城市共和国）的团体同时在普鲁士的波兹南大公国和奥地利加利西亚省策划叛乱。这些都结束之后，他们就在俄国的波兰省份发起标准的叛乱。他们在伦敦的同伙敦促马志尼在意大利组织一起声东击西的骚乱，以牵制奥地利军队。策划起义的领导人，31岁的卢德维克·梅罗斯瓦夫斯基（Ludwik Mieroslawski）和23岁的爱德华·登博夫斯基（Edward Dembowski）愚蠢至极，他们的计划不切实际，注定要失败。

起义计划在1846年2月21日开始,但普鲁士警方在很久之前就逮捕了梅罗斯瓦夫斯基及整个波兹南起义的领导层。这使一些策划者希望取消起义计划,而其他人却犹豫不决,在没有协调好的情况下,骚乱很快就被警方和军队镇压了下去。克拉科夫的阴谋分子决定行动起来,他们发布声明,呼吁欧洲人民团结一致,表示自己必将取得胜利。登博夫斯基穿着农民服饰,手持十字架,领导队伍穿越村庄,试图吸引人们加入其中,却正面遭遇奥地利军队,军队得到了向皇帝效忠、手持长柄大镰刀的农民的协助,登博夫斯基被判处棒打死刑。在整个西加利西亚,农民成群结队地攻击庄园宅邸和所有他们可以下手的旅行者,在奥地利当局恢复秩序之前,大约2000名波兰上流人士被屠杀,其中大部分和阴谋分子并没有联系。

梅特涅沉浸在胜利的喜悦之中。根据他的说法,巴黎的波兰流亡者向义勇团分发了"成百上千册教理问答集合手册",他们"鼓吹财产分割,成群结队地攻击地主",这是"覆盖波兰领土的庞大共产主义阴谋的一部分"。不过"人民"在热爱皇帝的基础上,已经把革命给镇压了下去。"今天是农民扮演了警察的角色",梅特涅自鸣得意地说。波兰的流亡阴谋分子被揭示"像一群没有军队的,却要发动战争的参谋",他们那"蛊惑人心的行为正被民主要素所摧垮,是人民打败了他们"。但是没过多久,梅特涅意识到大屠杀和欧洲的主流舆论倾向并不相符,欧洲舆论对成群农民肆意屠杀地主的行为深感恐惧。梅特涅突然意识到他正在庆祝的是和1790年大恐慌没什么两样的东西。[17]

让事情更糟的是,传言说加利西亚农民拿到了佣金,或者他们受到了奥地利当局的指使。有一些证据显示这可能是真的,但并不全面。一些警官散布谣言,说波兰绅士鼓动法国殖民军队,黑色食人族正蜂拥进入加利西亚,屠杀并吞噬那些农民。这种谣言一般不会在最下贱的人那里引起太多的阶级仇恨,警察所需要做的就是稍

/ 29 波兰主义 /

加注意，防止暴力事件的爆发。奥地利当局在使用分化和统治手段的时候，从来没有过分拘谨，梅特涅在1837年曾考虑给农民发出信号，使匈牙利贵族就范。不管怎样，奥地利因为这起事件而受损严重。[18]

梅特涅开始修复损伤，却使自己困于其中。他一方面捏造了一个事件版本，说波兰贵族鼓动农民加入他们，屠杀所有非波兰人，而农民拒绝照做。波兰贵族接着尝试用"残忍手段"强迫农民，但发现即使射杀了一些农民也没法达到效果，这时农民开始抵抗，一些贵族在随后的战斗中被杀死。"如果幸运垂怜阴谋分子，数千名无辜受害者（奥地利士兵、警察和官员）将死于那些所谓的爱国者交到人民的匕首和凶器之下。"另一方面，梅特涅坚称所有这些都由巴黎所策划。"叛乱组织的使者从巴黎出发，然后回到巴黎，又再从那里出发。"这些民主派的使者在波兰会特别危险，梅特涅说："因为民主思想并不适合波兰人这样的斯拉夫种族，这些由移民群体提出的思想被他们改编成了共产主义，就是要掠夺土地财产，谋杀土地所有者。"梅特涅急于论证波兰民族主义的不合法，并且使用了非常激进的言论。[19]

"革命的大本营不在波兰，而在法国，"他在一份关于加利西亚事件的备忘录中写道，"波兰只是一个中转站，是革命社团的分支，波兰流亡者在这里和其他国家的流亡者一样，都不过是被法国激进主义利用的工具……波兰主义（一个梅特涅发明的词汇）只是一个标签，这个词背后潜藏着最残暴的革命形式；它就是革命本身，而不是革命的一部分；波兰移民者很清楚地表达了这些。波兰主义没有向过去占据波兰领土的三大政权宣战；它向所有现存的制度宣战，它鼓动推翻社会赖以为生的基础；战胜它不仅是三个国家的责任，战胜波兰主义是所有国家共同的任务。"这就是为什么英国、法国和比利时这些给流亡者提供庇护，并让流亡者自由活动的国家应受到谴责的原因，因为这些国家比革命的"大本营"好不到哪里去。[20]

很明显，不能再让克拉科夫共和国继续成为革命的潜在输出地，尼古拉催促梅特涅赶快把克拉科夫吞并进奥地利。梅特涅犹豫不决，因为吞并克拉科夫违背了1815年维也纳会议所做的领土安排。尼古拉明确表示，如果奥地利不吞并这个共和国，俄国就会吞并，1846年11月6日，梅特涅抢先了一步。他在辩护备忘录中称，这个共和国已经有意识地投向了革命的一方，使自己成为"革命的临时政府"。巴麦尊评论说，如果《维也纳条约》不再适用于维斯瓦河岸，它也丧失了在波河沿岸与莱茵河沿岸所具有的效力。[21]

波河沿岸发生的事情对梅特涅至关重要。他说整个波兰事件不过是虚晃一枪，意在让奥地利的军队从颠覆活动频发的意大利转移出去。"这个计划不是秘密；虽然俱乐部的神秘性阐释了它的存在，但它也不仅限于俱乐部里；阴谋的规模十分庞大，第一步已经实现，但最后还是失败了，"梅特涅于1846年5月在都灵跟他的公使解释，"肯定有一个阴谋，因为如果波兹南大公国和加利西亚的叛乱成功，并传染至波兰王国，那意大利就会立刻爆发起义。"虽然这一企图被挫败，但没有理由沾沾自喜，因为"革命是一种变化无常的力量，它可以改变自己来适应形势的变迁"。"革命的座右铭就是用'民族主义'来团结群众。它以热爱祖国的名义传播民族情绪，由此抬高自己的地位，使自己具有合法性。革命颂扬民族主义，使它不用依附于既存的国家，这样就使人忘记他们最根本的责任……"[22]

讽刺的是，奥地利的伦巴第－威尼西亚是意大利半岛上治理得最好的地方，同时也是法律和秩序运行良好的唯一所在。伦巴第－威尼西亚比意大利其他任何国家都要繁荣，工业化也最为超前。奥地利的统治比其他大多数意大利国家的政府更为仁慈，比如，这里税率更低，报纸出版量是邻国彼埃蒙特的两倍。因为经济落后，半岛其他部分被盛行的贫穷所困扰。教皇国在1832年破产，梅特涅建议威尼西亚的罗斯柴尔德银行提供贷款,这拯救了教皇。希望维持大规模常备军的各个君主不顾工业发展,把人力从土地上和工厂里抢夺过去:彼埃蒙特的士兵被迫离开家长达8年时间,成为3万士兵中的一员;在那不勒斯,服役时间达6年之久,常备军力为6万(西里西亚不征募士兵,因为人们的忠诚度不靠谱)。而这些军队在维持秩序的效率上比他们的警察力量好不了多少。[23]

撒丁王国首先效仿法国在1814年建立的宪兵队,建立了自己宪兵力量,接着教皇国也在1830年至1832年的骚乱后建立宪兵队,同时还用一支冠名为"百夫长"的恶棍队伍和两支其他部队加以补充。一支由德·萨利斯(de Salis)将军率领的4400名瑞士雇佣兵组成的部队由于不熟悉当地的语言和环境,犯了很多刑事案件。另一支力量是卡佩切·米努托洛·第·卡诺萨(Capece Minutolo di Canosa)亲王(他在1821年清洗了自由派)从失业者和犯罪分子群体中招募的宗座志愿者。卡诺萨亲王为摩德纳公爵创建了一支相似的力量,帮助其震慑贵族和中产阶级,以使他们臣服。轻微犯罪和抢劫案件不断,而警方则把精力用在政治监控和调查所谓的自由主义反对派身上。这使政治异见者和犯罪群体之间建立了潜在的同情,侦查颠覆活动和犯罪活动都变得更加困难。[24]

撒丁王国也首先通过引进就业证(根本上就是身份证)制度,对人民进行广泛控制。其他国家逐渐跟进,引进通行证和旅行许可证。这一控制监管的新潮流导致国家介入到财产权这一传统而敏感的领域,还通过医疗监管政策插手更私人的事务,首先是医生和护士,接着是助产士,然后是妓女,等等,不一而足。这种国家控制范围的扩张并不成功。一方面,它激起整村规模的骚乱,常常是在教士的率领下,人们为保卫古老的伐木或其他采集权利而闹事。另一方面,它扩大了腐败的范围——监控妓女的规定使巴勒莫出现最大的妓院,这个容纳了400个女孩的妓院由城市警察总长管理。[25]

/ 幻影恐惧:政治妄想与现代国家的创建,1789-1848 /

和梅特涅一样，意大利各国君主害怕创新会削弱自己的地位。教皇格里高利十六世拒绝建设铁路。撒丁王国禁止使用"国家""意大利""自由""宪法""革命"的审查制度实际上让铁路都成为非法词汇，就连科学杂志也不能出现铁路一词。撒丁王国的第一任首相卡米洛·加富尔（Camillo di Cavour）承认，在伦敦短暂停留后回到都灵的经历，就像进入了"一种知识上的地狱"。[26]

1846年夏天当选的新教皇庇护九世似乎预言得很准确。梅特涅给驻罗马的大使写信，说他相信将"从根本上战胜敌人的邪恶计划，这必将重新唤醒人们的勇气和那些献身于保卫帝国长存和繁荣永恒原则的人们的希望"。他很快就得把这些话收回去了。[27]

新教皇最开始的动作是释放政治犯，接着便开启一系列的改革。整个半岛的自由主义者都受到了鼓舞。撒丁王国的查理·阿尔贝特国王效仿教皇，也宣布了改革，这一引人注目的态度让自由主义者和民族主义者欢呼雀跃。托斯卡纳大公紧随其后，两位君主与教皇国签署关税同盟协议，以此表明对新秩序的支持。为阻止这一新集团做大，梅特涅感觉必须强迫帕尔马和摩德纳签署协议，防止他们自行其是。

新教皇的改革见效缓慢，由于教皇警察无法有效贯彻法律，1847年，被激怒的博洛尼亚公民组建了维持城市秩序的公民卫队。梅特涅认为公民卫队实际就是要以法国革命为模板，建立国民卫队，这不仅标志着建立了市民的力量，实际上还僭越了合法政府的权力。他命令陆军元帅拉德茨基（Radetzky）加强费拉拉（Ferrara）军营建设，而这激起博洛尼亚人的愤怒，爱国热情被激发；来自全意大利的众多志愿者使公民卫队的初衷改变，它实际上成为一个更军事化和反奥地利的组织。

"旧时代在匮乏中结束，新时代在饥荒中诞生，"普鲁士首相加伦伯爵（Count Galen）于1847年1月20日写道，"精神和物质上

/ 29 波兰主义 /

的苦难以可怕的形式横扫了欧洲——一种是上帝消失，一种是面包的缺乏。如果他们联起手来，是多么可悲的事情！"1847年夏天，德意志的经济和农业危机到了最糟糕的程度，粮食价格一落千丈。虽然食物骚乱得以平息，但普鲁士的问题没有得到解决。6月，梅特涅将这一形势比作1789年法国所面临的状况，这个类比是对的，但他的理由是错的。"这个世界病了；每天都有证据显示道德坏疽在肆虐传播"，他警告阿波尼，但真正的问题却在其他方面，即普鲁士的财政状况。随着1845年经济危机和全欧洲范围的信贷紧缩，普鲁士政府发现它用光了现金和贷款。它急需筹措资金建设铁路网和其他投资，而就像1788年路易十六那样，普鲁士必须召集议会，以获得筹措资金的支持。腓特烈·威廉于1847年召开了议会。就像1788年和1789年发生的那样，代表们一旦被召集讨论国家的财政困境，他们很快就会将话题转移到其他问题上，议会成为自由发表言论的论坛，他们开始讨论德意志统一的问题。[28]

到当时为止，改革力量已经成为有抱负阶层——医生、律师、商人和工业界人士——的主力。他们希望社会环境能够放松限制，但因为其财产和社会的野心，所以他们不支持任何激进思想，在19世纪40年代的大部分时间里他们一直对饥荒暴动者怀有敌意。不过财政危机也对他们产生影响，改变了他们的态度，使他们与社会的底层人群建立了更紧密的联系。他们的需求逐渐变得激进，在政治上更公开化。1847年9月，巴登的激进派领导人古斯塔夫·冯·施特鲁韦（Gustav von Struve）和弗里德里希·黑克尔（Friedrich Hecker）发表宣言，要求实现出版、集会和思想自由，要求废除《卡尔斯巴德法令》和其他的压制性立法。

奥地利也和普鲁士一样，掉进了政治-财政危机的陷阱之中。为哈布斯堡皇朝服务的是人数约为14万的庞大官僚队伍，他们勤劳、诚实，但效率低下，也缺乏创造性。这个国家的君主是无能的斐迪南，路易大公领导国务委员会治理着国家，他的身边则有梅特涅和科洛弗拉特（Kolourat）辅佐，后两者相互憎恶对方，甚至一度只用书写形式进行联络。梅特涅卑鄙到散布谣言，说他的竞争对手的大脑深受痔疮的影响。到19世纪40年代末，整个国家机器完全是凭惯性运作。奥地利国家在1815年就已经破产，之后的三十年里，它几乎三分之一的财政都用来归还贷款。这个时期里，军事开支占到了财政支出的40%。对意大利或其他地方的每一次军事干涉都威胁到这个国家的资信状况。它的大量财政还用在警务之上——1847年达到113.1万弗洛林，而用在教育事业的只有3.7万弗洛林。这个国家筹措资金的需求非常强烈。匈牙利议会在征税问题上采取不合作态度，每次讨论财政问题的时候都要求获得更大的国家自主权。1847年下半年，梅特涅变得更加悲观，和1789年做对比的内容突然更频繁地出现在他的通信往来中。[29]

"如果我没错的话，很多事情在1848年会清晰起来，而那些消逝了的年份将被浓雾遮蔽。尽管我以支持愚民政策而著称，但我也是启蒙之友。新的一年将比过去的一年更让我感到舒心，我对过去的一年没有什么好的记忆。"梅特涅在1847年快要结束的时候给腓特烈·威廉写道。[30]

30 逍遥法外的撒旦

1848年1月2日,一个吞云吐雾的奥地利上尉在米兰大街上走着,他的香烟突然被人打掉到地上。这意味着一场战争。出于强烈的爱国主义热情,米兰公民决定从1847年11月开始不再抽烟,让奥地利的财政当局收不到香烟税。打破抵制禁令的任何人都会遭到羞辱,被迫遵守规定,但到那时为止,还没有一个奥地利政府的人遇到过羞辱。为了报复当局,米兰公民给士兵们发放大量香烟,怂恿他们三人一组地走上街,在当地居民面前吞云吐雾。士兵遭到奚落和嘘声,还受到了攻击。街头的顽童、骂街的泼妇和小打小闹的罪犯加入其中,没多久,伤亡人数急剧上升,至少两人死亡,上百人受伤;士兵们逃回兵营躲避危险。

1月12日,巴勒莫爆发了革命。这次由马志尼的同伙煽动的叛乱很快就吸引了城市底层民众和周边乡村的土匪加入其中。麻烦向那不勒斯蔓延,两西西里王国很快也陷入动荡。斐迪南国王向奥地利求救,但没有得到响应。"叛乱党派策划的阴谋席卷了欧洲,他们要推翻既存的合法秩序,而奥地利被认为是其中唯一真正的防守者,于是成为煽动分子的攻击对象。"梅特涅回复斐迪南说,他当时还没有从香烟事件中回过神来。斐迪南不得不屈服,引进了一部宪法。为防止彼埃蒙特爆发骚乱,撒丁国王也引进了宪法。托斯卡纳大公和教皇紧随其后。[1]

对奥地利的第二波攻击并不比香烟事件更光明正大。作为国际知名的舞蹈演员、伦敦和巴黎舞台上的宠儿,那不勒斯出生的范妮·切里托(Fanny Cerrito)引发了第二波攻击。她当时在威尼斯的凤凰剧院表演《随军商贩》(*La Vivandière*)芭蕾舞剧。2月6日,她登台表演主打作品——《西西里舞曲》(*pièce de resistance*),在舞蹈中展现出了自己的灵活舞步。她表演时穿的裙子以作为意大利民族象征的红、白和绿三色镶边，舞者踩着类似铃鼓的吧嗒吧嗒响声落脚，观众由此沸腾。警察闯进来，逮捕了一大群人，还关闭了剧院，要求其等待进一步通知。

也许想到巴勒莫和那不勒斯事件就像想到埃特纳（Etna）火山和维苏威火山一样，亚历西斯·德·托克维尔（Alexis de Tocqueville）于1月24日警告他在法国议会的议员同事，说意大利人坐在火山口上。三天后，托克维尔打了另外一个比方。"你不能感觉到……我该怎么形容呢？革命气流？"他煞有介事地问，"我不知道大风这次是从哪里刮过来，也不知道它要到哪里去，相信我，我也不知道它要刮倒哪些人……"空气中真的有什么东西已经飘了好久了。[2]

整个欧洲感觉都不好，德意志人和意大利人尤其感到恶心，国家慢慢地侵蚀着私人生活，规矩和税收越来越多，执行任务的官员和警察也让人感到非常不满。工业革命已经改变了欧洲大多数国家的经济、社会和政治生态，制造了当时无人可以测量出的不平等鸿沟，大规模的贫民在经济链底端，每次灾荒都饱受饥饿之苦。19世纪40年代中期开始的经济危机逼迫一波又一波无助的人涌向更大的城市，住房短缺问题使很多城市的中心区域变得污秽肮脏、拥挤不堪。巴黎有至少1/4的人口处于贫困状态，他们栖身的肮脏贫民窟紧邻富豪人家的宅邸宾馆。不仅仅是穷人感受到了这种不正常的状况。[3]

年轻人和知识分子有一种幻灭感，对造成这些状况的国家体系，或许更重要的是，对精神和文化上的空虚感到绝望。19世纪40年代初，法国的王位继任者、路易-菲利普的长子奥尔良公爵在跟画家阿里·舍费尔的一段对话中说："这是一个繁荣而和平的时代，但它太过平静，以致很快就要停滞并腐烂。"1847年，法国诗人阿尔方斯·德·拉马丁（Alphonse de

Lamartine)号召"藐视的革命",以对抗缺乏生气又伪善的政治和社会格局。当年2月,社会主义者路易·布朗和历史学家朱尔·米舍莱(Jules Michelet)分别出版了他们的法国大革命历史著作,其中他们用史诗般、爱国主义和无上光荣来形容法国大革命。3月,拉马丁的法国大革命研究著作《吉伦特派史》(*Histoire des Girondins*)出版,这本书对法国大革命赞誉有加。本来是以恐惧和憎恶的眼光看待法国大革命的人开始从另外一个视角来观察,认为法国大革命是史诗般的伟大事迹。而现在这个时代正缺乏大革命所代表的品质。[4]

托克维尔的火山说和革命气流论或许过于虚幻,但危机感的确存在。一些人甚至建议国王让位于他的孙子巴黎公爵,而大部分人认为他至少应该解雇他那不受欢迎的弗朗索瓦·基佐首相。退休的英国军官里斯·豪厄尔·格罗诺(Rees Howell Gronow)上校之前住在巴黎,他记录了走在大街时感受到的"阴郁和藐视"之情绪,感觉"暴风雨即将来临"。1848年2月18日,玛丽·阿梅利亚女王记录,说巴黎已经没有黄金了,人们停止贸易,很多人离开了这个国家。她甚至考虑把自己的珠宝送到布鲁塞尔保管。[5]

到那时为止,唯一掠过巴勒莫和那不勒斯事件而让人们津津乐道是"卡拉布里亚风格"的时尚风潮。这种穿衣风格的特点是锥形羽毛帽、及膝筒靴和披风,它们本来是戏剧创作人为当时戏剧中经常出现的意大利土匪设计的服饰。欧洲北边的学生开始流行起这一风格,为符合格调,他们还常常蓄起浓密胡须。不过历史的变幻无常使托克维尔的警告即将成为现实。

1847年7月初,为了取消公共集会禁令,自由主义分子在巴黎举办政治宴会,希望吸引人们关注穷人的悲惨命运,为穷人发出呼喊。最终因为效果欠佳,宴会活动暂停,但是到第二年,由来自城市最贫困地区的兵源组成的国民卫队第12军团决定举办自己的政治宴会。政府提出异议，在2月21日拒绝了他们举办宴会的申请，活动被取消。第二天，针对政府的这个决定，一群学生发起示威，游行队伍穿过贫民区，在波旁宫区的首相宅邸发起抗议。他们抵达那里时，后面跟着一大群愤怒的群众。国民卫队和军队前来驱散人群，恢复秩序。他们压制住群众，拆卸了防御工事。入夜之后，军队力量也开始撤离。

政府在过去的二十年一直在学习如何解决这类骚乱，国王则十分镇静。他向被召来讨论画肖像的画家奥拉斯·韦尔内（Horace Vernet）保证，说没必要担心，"星星之火"很快自己就灭了。像勒德律-洛兰和路易·勃朗这样的自由派主力煽动家和最活跃的异见分子的缺席引人注目，因为他们也相信巴黎人民没有心情参与暴动。[6]

第二天，也就是2月23日早晨，更多路障设立了起来，国民卫队再次被召集，但这次只有拉丁区的有钱人出现在街上。这让路易-菲利普深感不安，他屈从于民意，解雇了基佐。解雇基佐获得显著的效果，随着公共舆论转向国王一边，危机开始消散。那些打算发起进一步行动的学生和工人被孤立，也没有可以站出来的领导人物，所以没人认为军队有必要出来扫尾，清理剩下的路障。格罗诺上校下午散步到他的俱乐部，参加晚宴，他发现街上的氛围十分愉悦。拉·奥德警官和将军一样，放松了下来，记者马克西姆·杜·康（Maxime du Camp）也感同身受，他与朋友路易·布耶（Louis Bouilhet）和古斯塔夫·福楼拜（Gustave Flaubert）在城市的大街上游荡了一整天。他们探测到一种早期的热情，当谣言和花言巧语在大街上的集会群众中流传的时候，"国王万岁！""共和国万岁！""国民卫队万岁！"和"军人万岁！"取代了"打倒基佐！"的口号。他们和大多数旁观者一样，相信一切都结束了，没人想到后面还会有麻烦，安全机关的前任领导保罗·路易·康莱（Paul

Louis Canler)判断,骚乱像过境的风暴一样已呈强弩之末。但格罗诺上校的晚餐却被粗暴地打断。[7]

格罗诺和一起吃饭的人被外面大街上的骚动给惊扰。他们走到窗前看到一队人拉着堆放尸体的马车悲伤地走过去,这些人嘴里高喊复仇的口号;他难以想出氛围在短短一两个小时内就发生了变化。

虽然政府早先没有命令军队发起进一步行动,但军队也没有撤出,各战斗单位都在大街上驻扎,占据了整座城市。格罗诺在奔赴宴会经过嘉布遣大道的时候,就发现第十四团连队在此驻防。无聊的士兵围站在临时生起的盆火前取暖,而路过的市民则发出欢呼,与士兵们逗趣。有人突然发生口角,吸引了一群路人驻足观看。一个市民无意间开了一枪,激起士兵也擦枪走火,部队随后撤退到外交部庭院避难。事件到这时已经变成一出悲喜剧,一名携带巨大乐鼓的军乐队成员堵在了外交部的门廊,后面的人只得站在外面等待。这个小事故至少造成30人死亡,超过70人受伤(统计数据有差异)。尸体被抬上马车,雪球般增长的人群被吸引进来,他们绕着城市,号召人民武装起来。[8]

到2月24日早上,城市一片混乱,携带武器的暴徒攻击了部队前哨阵地。不过形势还没有到令人绝望的程度。杰拉德元帅很早前就制定了对付群体性骚乱的计划,这被认为是一个万无一失的方案。不过巴黎的司令不是杰拉德,而是没有天分的蒂比尔斯·塞巴斯蒂亚尼(Tiburce Sebastiani)将军。国民卫队由雅克米诺将军指挥,他是一个优秀的士兵,却没有带领军队处理危机的能力。警察总长是加布里埃尔·德莱塞尔,一个法国政治家形容他是"一个很好的人,但更适合领导慈善团体,而不是指挥巴黎的警察"。这一描述也能形容路易-菲利普他本人。尽管巴黎大多数人都在等待政府方面采取强有力措施,以迅速恢复秩序,但国王却优柔寡断。[9]

74岁的国王感到年岁不饶人,他最近还失去了最亲爱的妹妹以及最可靠的顾问阿德莱德夫人。他对国民卫队的不靠谱感到十分震惊，他之前视这一武装起来的国民组织为他的王权支柱。他不喜欢动用军队，也不愿意射杀平民。直到下午早些时候，他决定把指挥权移交给比若元帅（Marshal Bugeaud），委托由他来恢复秩序。

托马斯·罗伯特·比若是佩里戈尔乡村地区一个贫穷侯爵的小儿子，他在奥斯特里茨战役中获得下士军衔，百日王朝时期，滑铁卢战役十天后，他因为击败强于自己六倍的奥地利军队而晋升上校。他确实非常适合领兵打仗：在阿尔及尔，他曾用冷酷无情的和平手段获得让人称奇的军事胜利，他也不会浪费时间遵循他所称的"政治假道学"。在夺取萨拉戈萨的半岛战役中，他学会把人部署到紧挨道路的两边墙壁，这样对挨着一边的狙击手来说，这个人很难被射中，而另一边的在狙击手射击时则容易被挨个击毙。他还会用小步兵野战炮炸开墙壁，破拆街垒，攻入房间。[10]

不过根据比若的说法，国王的指令到达他那里时已经晚了几个小时。他相信"在对付叛乱中每丧失一刻钟，都会使叛乱分子趁机增强物质和道德力量"。他形容军队60个小时以来，"在对付叛乱时都处在一个可耻的位置上"，他们没有充足的食物、草料和弹药。"我所能做的就是仰望苍天，深深哀悼这个在所有领域给法国带来17年和平、自由和进步的王朝的垮台。"[11]

路易-菲利普的长子奥尔良公爵四年前死于一场车祸，留下了一个襁褓中的儿子，巴黎伯爵。国王把王位让给了他。他脱下经常穿的制服，披上双排扣长礼服，摘下假发，带上黑色帽子。国王和王后肩并肩，后面跟着一小拨侍从，从侧门离开了杜伊勒里宫。一行人在协和广场登上一辆轿式马车和一辆敞篷车，他们驶出巴黎，往圣克卢方向出发。他们在圣克卢换马匹，又经过凡尔赛和德勒（Dreux），来到海岸。他们在勒阿弗尔（Le Havre）登船前往英国，最终在纽黑文登陆。郁郁寡欢的国王在旅程中一直自言自语，"比查理十世还要糟糕!"王室一行流亡至萨里定居,住在临近伊舍的克莱蒙特宅邸,到那时候国王还一直重复着这句话。克莱蒙特宅邸原本是为印度的克莱武而建,在1848年成为比利时国王、路易-菲利普女婿利奥波德的财产。[12]

路易-菲利普在几年前就曾指责自由派政治家亚森特·奥迪隆·巴罗(Hyacinthe Odilon Barrot),说:"你太年轻了,奥迪隆·巴罗先生……你都没经历过革命!"这个年轻人回答:"我却开始担心您太老了,您对革命担心的太多了!"巴罗现在仍记得这段对话。"是恐惧的幻影和断头台蒙蔽了本该灵敏而豁达的大脑,瓦尔密战役的炮火都没有让他感到害怕,是长期流亡在外的折磨以及后来层出的刺杀图谋让他产生幻觉,使他丧失了勇气:2月24日早上是国王的懦弱时刻,否则无法解释他为什么突然逃避远离。"[13]

国王逃离后没多久,暴徒蜂拥挤进杜伊勒里宫,连王宫和纳伊的奥尔良家族的财产都被洗劫一空。奥尔良公爵夫人带着巴黎伯爵驱车前往国民议会,孤注一掷地要让人们认可国王的权力,但以失败告终。诗人阿尔方斯·德·拉马丁召集他所能找到的所有反对派人士,在市政厅阳台宣布共和国成立,就是在这个阳台上,十八年前,拉法耶特向人民宣布路易-菲利普即位。

"在这个特殊而意外的时刻,我认为奥尔良王朝或许已经失去了对法国人民的统治权",格罗诺上校评论。他不是唯一一个对事件进展的随意性感到惊讶的人,所有巴黎人,包括那些很快拼凑出一个临时政府的人,都在自问,到底发生了什么以及是如何发生的。没有人能预料到过去几天所发生的事情。反对派领导人没有参与其中。建筑街垒的工人大部分渴望的是维持生计的工资,而不是共和国。"巴黎出现的骚动以革命而告终,"马克西姆·杜·康评论道,"它要求改革,却宣布建立共和国。"托克维尔虽然感觉革命一定程度上不可避免,但仍承认它出现得太偶然了。[14]

氛围似乎比1830年的七月革命要好得多。"所有环绕我们的危机都消失了"，阿波尼伯爵于2月28日在他的日记中记录道。"地球上没有比现在的巴黎更安全的城市了，"这个在过去十年里，每次爆发骚乱时都战战兢兢的极端保守人物写道，"没有比大街上的人更礼貌的了，我从没见过底层人民这样亲切热情。"当时人们向临时政府提出的要求就是得到工作机会的权利，组建贸易联盟的权利，和十小时工作制的权利。几乎没有人冒犯富人，没有人攻击大家宅邸，也没有流血的呼声。15

2月29日，巴黎发生的事情开始传到维也纳，引发了疯狂的流言、暴力的粮价骚乱和对政府债券的抛售。"好了，尊敬的先生，"梅特涅对俄国大使说，"一切都结束了！"他给沙皇写信，希望协调行动。尼古拉一听到巴黎的新闻，就陷入了恐慌。他写信给普鲁士的腓特烈·威廉："立即采取坚决的措施，要不然，我告诉你，我再重复一遍，我们就都完了。"普鲁士国王不需要他的姐夫告诉他事情有多么糟糕。"撒旦再一次被释放了出来！"他大声疾呼。威廉的最初反应是给维多利亚女王、尼古拉和梅特涅写信，建议他们建立一个团结联盟，他然后召集德意志国家开会。但接下来的事情让他精疲力竭。16

在巴黎新闻的驱使下，德意志每一个心怀不满和手中有斧头的人开始表达诉求。3月3日，科隆的群众示威被军队驱散。在巴登，暴力游行逼迫国王做出让步，两天后在斯图尔特，符腾堡国王接到请愿书，要求他召集德意志议会，撤销审查，引进陪审团制度，允许集会和宗教祈祷自由，改革财政体系。类似的请求也在黑森-达姆施塔特和拿骚被提出，3月6日，萨克森国王被迫召开等级会议。在巴伐利亚，因为最近与舞蹈演员洛拉·蒙特兹（Lola Montez）之间的丢人绯闻，政治上的敌意加剧，国王不得不让位给他的儿子。在没有斗争的情况下，政府一个接着一个地垮了台。

3月6日,柏林的人群冲上街头呼吁宪政改革,在接下来的两天时间里,更多的集会和示威接连发生。春季的好天气和嘉年华式的氛围激起了群众的兴致,150名城市宪兵警察根本就忙不过来。当局感觉有必要出动军队,而群众又特别讨厌傲慢粗鲁的士兵。3月13日,军队在驱散示威者时杀死了一些平民。为平抚暴怒,腓特烈·威廉只得答应进行改革。

普鲁士要改革的新闻传到圣彼得堡,皇后彻底崩溃。"我可怜的哥哥,我可怜的威廉!"她哀号道。"原谅你那懦弱的哥哥吧,欧洲要崩溃了,所有东西都烧了起来,俄国也可能逃不出被颠覆的噩运。"恼怒的尼古拉厉声说,他没有同情,之前不断地警告过腓特烈·威廉,让他注意自己的"自由主义"倾向可能会引起的后果。尼古拉然后转向他孩子的教师,当时后者正在给皇后阅读歌德的《浮士德》,他训斥教师传播如此"不敬神"的文学。虽然被革命浪潮吓得不轻,但沙皇仍然抑制不住自满之情,甚至还对腓特烈·威廉的作茧自缚而幸灾乐祸,更重要的是,篡位者路易-菲利普遭到了应有的报应。"路易-菲利普罪有应得,"他写道,"他从自己进来的那扇门被赶了出去。"和1830年形成对比的是,尼古拉这次没有召回他驻巴黎的大使。[17]

梅特涅也请求英国议会,说即使不提供军事支持,也要为抑制危机的传染提供道义帮助,但巴麦尊对他的态度十分冷落。"你一点都无法容忍抵抗,这种压迫政治是致命的,没有安全阀的密闭锅炉迟早要发生爆炸",英国外交大臣如此教训奥地利驻伦敦的大使。奥地利首相没有听进这些话。[18]

其他地方的事情让梅特涅在国内饱受批评,匈牙利民族主义者科苏特·拉约什在普雷斯堡(布拉迪斯拉发)的马扎尔议会上发表了措辞激烈的演讲,捷克爱国人士在布拉格举行集会,形形色色的个体、团体和组织开始表达诉求,很多人在发言中表示效忠于国王:

书商要求废除审查制度，律师要求变革司法体系，专业人士要求修改规章制度，制造商要求发起财税改革，其他人要求组建像样的内阁，建立地方议会，限制警察权力，等等。梅特涅对这些诉求置之不理。他要在这场风暴中坚定立场，相信自己的警察可以挫败所有的阴谋诡计。

3月11日，维也纳警方在未使用武力的情况下驱散了一群惹是生非的示威者，这似乎坚定了梅特涅的信心。但两天后在紧邻国土资产大楼（Land Estates）发生的学生示威却很难对付。对话的努力在理解缺失的氛围下破产，麻烦制造者散播的谣言让紧张情绪进一步升级，下午早些时候，军队被调来驱散人群。（军队可能是在梅特涅的头号敌人科洛弗拉特的命令下出动的，他要制造一场让首相下台的危机。）

就在越来越多人涌向街头，表达一系列诉求，要求梅特涅辞职的时候，枪声响起，血溅满地，同时街垒也搭建了起来。"弊病最终已经浮出水面，"梅特涅评论道。他从官邸的窗户看到一个波兰学生对着愤怒的群众发表慷慨激昂的演说，这足以坐实一桩国际性阴谋。相比之下，他现在被完全孤立，得独自面对异常棘手的祸患。更糟的是，那些本该与他肩并肩战斗的人正在逼迫他辞职。在得不到任何派别支持的情况下，梅特涅于当晚九点引退。他带着家人和两个忠实助手，用化名离开了维也纳，他当时身上仅有1000枚所罗门·罗斯柴尔德（Salomon Rothschild）借给他的杜卡特金币。最惨的是，为躲避席卷整个欧洲的风暴，他不得不来到自由主义的罪孽巢穴——伦敦。[19]

尼古拉这时无法幸灾乐祸。"我们在周日晚上8点从华沙得到电报，第一时间知悉了这个最恐怖的政治灾难。而时代的灾难会降临到我的政府和人民头上，"内塞尔罗德于3月21日给迈恩多夫写道，"我无法描述这个大灾难，人类无法预测它将带来的所有后果。"当即的后果并不难预料。[20]

3月15日,一群人在两个诗人的带领下穿过佩斯,涌进布达城堡,把一个政治犯从这个伪巴士底狱解救了出来;匈牙利正走在从奥地利独立的道路上。第二天,当梅特涅引退的消息传来时,柏林也开始沸腾起来。3月18日,一大群人聚集在王宫前,庆祝国王废除审查制度和承诺引进一部宪法,国王走向阳台,接受人们的致谢。高兴之余,国王被人群的规模给吓坏了。他要求清空场地,军队的行动一如既往的笨拙而粗鲁。人们困惑不已,由于人数太多,很难被驱散。冲突爆发,士兵射击,这座城市在黄昏时分已经陷入了混乱。

米兰人在同一天发起了反抗奥地利统治的叛乱,他们攻击有一万两千名士兵驻守的奥地利军营,经过五天残酷斗争,米兰人民把这支部队赶了出去,史称"光辉五日"。3月22日,威尼斯宣布从奥地利独立。帕尔马和摩德纳的统治者被本国叛乱分子赶出国,而为了维持君权,查理·阿尔贝特在3月底不得不代表撒丁王国向奥地利宣战,以支持伦巴第和维也纳的起义。托斯卡纳、两西西里和教皇也提供了象征性的支持。

德意志随后也被卷入进去。柏林暴力事件发生的第二天早上,腓特烈·威廉向他"亲爱的柏林人民"发布声明,坚称前一天所发生的各种和平欢乐的游行被已经伺机而动的无政府主义者、共济会成员、耶稣会士、犹太人、波兰人、法国罪犯、民主主义分子和意大利利用了。他下令让军队撤退,这让普鲁士亲王感到十分恶心,他指责哥哥胆小、懦弱,在愤恨逃亡伦敦的时候还把自己的剑给扔了。英国驻柏林的大使夫人伯格什(Burghersh)女士也认为国王软弱无能,她毫不怀疑"整个事件主要是由来自法国和波兰的领薪线人,在这个国家的犹太人的帮助下干的"。几个月后,就这个话题和维多利亚女王进行了长篇对话后,她转述说女王"相信德意志人一直被法国人和波兰人鼓动着,渐渐也学坏了"。[21]

手无缚鸡之力的腓特烈·威廉被迫任命了一个自由主义倾向的内阁。主要由穿卡拉布里亚样式的条顿服装的学生组成的新公民卫队在王宫担负起岗哨职责,国王不得不来到阳台,向被他的军队杀死的遇难者尸体脱帽致意,人们正抬着这些尸体绕着城市巡游。梅罗斯瓦夫斯基和其他1846年的未遂波兰起义者也被暴徒们释放了出来,他们以英雄的身份巡街,接受致意。国王被迫承诺给予波兰省份自治,无暇顾及重获自由的英雄将如何在全国范围内煽动起义。腓特烈·威廉被拥戴为德意志国家的领袖,只得跟着他所痛恨的、并且还禁止过的德意志三色旗坐车绕行柏林一圈。

黑色、红色和金色以前被法兰克福的邦联议会正式采纳过,这个议会已经通过一系列法案,允许各国单独废除压迫性法案,比如《卡尔斯巴德法令》。邦联议会也投票召集了一个新的全德议会。3月31日,574名参加预备国民议会的代表齐聚法兰克福。巴登代表弗里德里希·黑克尔和古斯塔夫·冯·施特鲁韦要求立即宣布成立德意志共和国。4月4日,预备国民议会颁布法令,称分割波兰是非法的,德意志人民的任务就是要重新恢复波兰的独立。奥地利新政府将在几周后宣布"自由奥地利在欧洲的协助下,将帮助波兰恢复自由,为了实现这一崇高理想,奥地利将不惜与俄国战斗到底"。被迫屈服于这样一个过分的要求,奥地利帝国的宫廷放弃维也纳,搬到了因斯布鲁克。为了保卫意大利和匈牙利领土,王朝实际上已经陷入两线作战的处境,而作为第三条战线的波兰也即将洞开。梅特涅一直热衷的1815年解决方案被炸得片甲不留。[22]

弗里德里希·黑克尔率领一支志愿者队伍从瑞士进入巴登,试图与身在巴黎的流亡者诗人格奥尔格·赫尔韦格(Georg Herwegh)结盟,为新生的德意志共和国提供武装支持。全欧洲的诗人、宗派主义者和鼓动分子挥舞各种三色旗帜,在阳台上对在街上和广场上集会的人群咆哮、叫嚷。每周都有新闻传来，说军营撤走，拘留所被攻破，惊慌失措的君主们做出了让步和妥协。学生"军团"穿着卡拉布里亚款式的漂亮衣服，为他们自己和他人的事业走上行军之路。各国流亡者都参与了进来，呼喊团结一致的口号。狂热甚至传到海峡对岸，宪章主义者在4月10日率领力量发起行动的时候，伦敦就做了最糟糕的打算。

各类工人组织有所停歇，部分原因在于1842年的事件遭到了残酷镇压。1835年，很多城镇都设立了类似于都市警察的机构，1838年到1842年的骚乱之后，一些郡建立起他们自己的警察队伍。骚动减弱部分还可以归因于生活水平在19世纪40年代的提高：粮价下降，并且1846年废除《谷物法》既抑制了谷物价格的上涨，又使骚动没有了目标指向。一些历史学家同时也提出了一种附随的文化解释。18世纪80年代建立的第一批鼓动改革的社团组织集会和召开会议，这形成了一种协会文化，这种文化经过演变，到19世纪40年代，已经把不少参与其中的人和组织吸收并消解。这些社团有宪章和制度，有规范的程序，有自己的议程、动议、决议和记录，各种联合体和协会就是底层人民的匹克威克俱乐部，让他们拥有了尊严感和价值感。伴随而来的是游行仪式，人们在旗帜下唱赞美歌，加上区别于宗教布道的演讲，一种补充甚至是可以替代教会的仪式感由此生成。支持改革的公会主义行动派和其他不断发展壮大的团体活动有所重叠，这有利于消耗人们的精力，这些团体有主日学校、唱剧班、合唱团、乐队、体育俱乐部以及各种事业型机构，比如和平主义和致力于动物保护的组织。有产阶级和市政当局鼓励工人阶级中的这种趋势，雇主提供晚餐和郊游的机会，还建设公共设施，比如，他们在1844年建了普雷斯顿摩尔公园，里面有音乐台、湖泊和便民设施。

1847年，形势开始糟糕起来，这使宪章主义者于1848年初重新启动他们的事业。虽然格拉斯哥和曼彻斯特发生了食物骚乱，但抗议者行动有序，他们轮流向国会发起请愿，人数估计达到600万之多。4月10日，群众在伦敦南部的肯宁顿公地举行集会，表达诉求，递交请愿。由于担心受到海峡对岸的影响，政府拒绝了十五万所谓的宪章主义者要求前往威斯敏斯特的诉求，还关闭了泰晤士河上的桥梁。大量特别警察被招募，规模可观的士兵在威灵顿公爵的率领下集结。没有发生暴力事件，请愿信由三辆马车递送了出去。普赖斯和洛维特的宪章重新列举了58年前威斯敏斯特改革委员会起草的每个细节，查尔斯·詹姆士·福克斯（Charles James Fox）便是委员会的成员之一，现在它再一次被忽视。[23]

5月18日，新的德意志国民议会在法兰克福召开。曾经参加过滑铁卢战役，如今已经垂垂老矣的海因里希·冯·加格恩（Heinrich von Gagern）当选为国会主席，他是兄弟会的忠实成员，也是温和的自由主义者。国民议会成员从事的都是梅特涅讨厌的职业，他们中有100多名大学教授，200名律师，更不用提还有一大帮记者，以及形形色色的文人学士。议会有假期的氛围，议员们相互提升超越，发表支持各项事业及团结其他国家的声明。他们在为波兰的自由呼喊时，还咒骂俄国"野蛮"，要求把它推回到亚洲去。

尼古拉发表一份声明以做回应。"在全能上帝的帮助下，我们追随东正教先辈的神圣榜样，已经做好与敌人斗争的准备。敌人不管出现在哪里，我们都将团结在神圣的俄国祖国周围，组成牢不可破的联盟，不遗余力地保卫俄国人民的名誉，保卫国家边界不受侵犯。""为了信仰、为了沙皇、为了祖国"，俄国喊着战斗口号，向世界表明自己的立场，"上帝与我们站在一起！列国啊，你们既然知道，就臣服我们吧，上帝与我们同在！"[24]

沙皇命令所有在国外旅行的俄国人回国，这让第三部头疼不已，因为9万多蜂拥回来的人同时，也把国外发生的事情带回国内，革

/ 30 逍遥法外的撒旦 /

命思想随之传播开来。为了记叙轰动的事件,很多人也从国外寄回信件,单是发往圣彼得堡的就有 40 万封,它们都需要被检查。尼古拉看到了危险。"绅士们!我没有警察,我不喜欢他们,"他在对上流人士发表的演讲中宣称,"你们就是我的警察。你们每个人都是管家,为了这个国家的和平,每个人都必须告诉我你们发现的每一件邪恶之事和越轨行为。""上帝独自就能把我们从普遍的废墟之中拯救出来",沙皇于 3 月 30 日说道,但他们并不完全信任上帝。他命令陆军元帅帕斯克维奇做好准备,在俄国西部边界构筑堡垒防线,还在波兰集结军队,以抵御入侵。边境地区也实施了军事管制。[25]

沙皇没有烦扰的必要。法国的革命从来就没有进展。拉马丁的临时政府是社会主义者和慈善家的随机组合,并不是致力于推翻社会秩序的雅各宾分子。在 4 月的选举中,奥尔良派和正统派的人数达到雅各宾派人数的 3 倍之多,温和自由主义者的人数也比前三类人数的总和还多。特别失望的极左派在街巷之间煽动冲突,5 月 15 日,他们发起一场群众示威,试图逼迫当局支持波兰民族的愿望。国民议会外的卫兵疲于应付,人群得以冲进去,接管议会,任命了新政府,他们然后又朝市政厅进发,但被国民卫队驱散。这类行径使中产阶级丧失了对工人的好感,政治氛围开始右转。当工人试图在 6 月发动起义的时候,国民卫队在新成立的由失业工人组成的别动队协助下,对工人们进行了残酷的镇压。首都之外,武装的农民成伙地洗劫乡村地区,搜寻并杀害革命分子。"共和国是幸运的,它有权命令军队向人民开火",路易-菲利普听到起义遭到血腥镇压后评论道。没有什么能阻止他做出这样的事,除了他自己的同情心,而这一情绪已经过时了。巴黎的事情在其他地方几乎毫无保留地又发生了一遍。[26]

一旦逼迫统治者让步的原始激情消退,制造叛乱的各集团之间就会产生很深的分歧。温和的一派以为他们已经实现了自己的目标，希望工人们返回他们的贫民窟，这样他们就能坐下来好好收获胜利的果实。政治光谱的另一边，没能发出自己声音的大众本来相信革命能给他们带来天赐之物，但惊讶地发现他们仍然和以前一样饥饿、凄惨，和以前一样受到践踏，他们因此发出了愤怒的回应。这反过来让本来对受压制阶层持同情态度的温和派警醒，他们并没准备好为社会动乱的暴力开路；他们与当局站在一块，积极地参与了反革命运动。在乡村地区，地方利益集团和宗教势力经常把最贫穷的阶层挡在现有秩序之外，对革命分子有时还会抱有极端的敌意。军队在有效的领导下会恪尽职守，而不与革命分子亲善。军官阶层有他们自己的世界观，他们更关心自己的军团、家庭、马匹和狗，所有政治都无法提起他们的兴趣。他们虽然很讨厌警察和官员，尤其对那些制定财政政策的人深恶痛绝，但他们也不喜欢作家或煽动家，对政治力量几乎一窍不通。

4月底，施特鲁韦被关进了监狱，黑克尔和赫尔韦格逃到瑞士避难，他们的队伍被皇家军队驱散。克拉科夫刚露苗头的起义因为遭到奥地利军队的炮击而溃散。7月，陆军元帅拉德茨基在库斯托萨击败撒丁军队，查理·阿尔贝特求和，留下米兰和威尼斯叛军接受惩罚。8月，皇帝返回维也纳。接下来的三个月里，反革命势力在奥地利和普鲁士获胜，鼓舞德意志其他统治者撤销他们之前勉强允诺的改革，收回了他们曾经放弃的特权。

11月，被自己之前开启的改革势头压制的教皇离开罗马，罗马已于1849年2月成立共和国。共和国吸引了全意大利的民族主义分子和全欧洲的革命分子与浪漫主义者，其中冲在最前的是显赫招摇的朱塞佩·加里波第（Giuseppe Garibaldi）。面对奥地利的包围，威尼斯依然不屈不挠，而匈牙利人在科苏特的率领下英勇地与奥地利及俄国军队做斗争，捍卫自己的独立。但到1849年夏天，这一切都结束了。在奥地利联军的支持下,法兰西共和国派遣一支军队消灭了罗马共和国。麻烦一结束,作曲家柏辽兹在返回巴黎的途中注意到,甚至巴士底广场柱子上的自由精神雕像也有了一个弹孔。[27]

拨开覆盖其上的灰尘,1848年的事件并没有带来任何改变。路易-菲利普是唯一一个下台的君主,并且他本来是欧洲最倾向于自由主义的统治者。他于1852年被更反动的拿破仑帝国取代。正如当时的流亡者赫尔岑所嘲讽,拿破仑帝国的唯一区别在于,他们用宪兵警察取代了在滑铁卢战役中被摧毁的大陆军。[28]

"真是耻辱,"梅特涅亲王于1848年9月从布莱顿给内塞尔罗德公爵夫人写道,他描述德意志的君主们已经处于卑微的地位,"背信弃义的煽动者非常少,不过就是一些恶心的犹太人和几个可怜的教授!"他们的想象力发生了转移,但幅度很小,庞大阴谋的主使者从银行家变成了犹太人。亲王的话似乎荒诞不经,事实是1848年虽然被普遍称为革命之年,但各种混乱是否都能被称为革命仍然富有争议。[29]

1848年1月到1849年中,爆发了一系列目标千差万别的骚乱,同时撒丁国王也断断续续地采取措施扩大自己的疆域,匈牙利贵族则艰难地从奥地利手中夺回自己的土地。巴勒莫人无法理解马志尼主义者在他们那里煽动蛊惑的企图,他们不知道"意大利"这个词意味着什么。在街垒后面战斗的巴黎市民要求获得工作和组织工会的权利,实现十小时工作制,取消负债人监狱,扩大选举权,等等。但是在阿尔萨斯,"革命者"攻击了犹太人的房屋和犹太会堂;布尔格(Bourg)发生了袭击修道院的事件;在贝桑松,市政厅遭遇袭击;其他地方则有海关大楼被攻击;在这个国家,人们从国家森林砍伐木材,勒德分子拆毁铁路线,破坏桥梁、纺织机械和纺织厂。[30]

在德意志,唯一的全国性暴动是希望实现国家统一,而且德意志帝国的呼声比共和国更为强烈。大多数人的要求——制定宪法,废除审查制度，实行陪审团制等——都与1815年维也纳解决方案的条款相符。另一方面，各地事件的动机不尽相同，常常是完全的本地特征，或限制在特殊利益范畴之内，乡村地区动乱的目标有劫掠、偷盗木柴和清算旧怨。许多行动都是表达对规则、税赋和官僚作风的愤怒。克雷菲尔德（Crefeld）的丝织工人希望建立行业工会。在维也纳，喊口号的学生和他们曾经帮助鼓劲的工人没有共同点，都被温和自由派所鄙视。大多数历史学家都同意，柏林的良好天气有利于群众走出来，如果下雨，就不会有人出来闹革命。大多数骚乱都有一定程度嘉年华式的轻佻氛围，它们之所以能成功，完全仰赖于统治者的无能和虚弱，这些统治者每次碰到骚乱都会联想到1789年革命。[31]

卡尔·马克思用他那沉闷的分类方式给这些事件下结论。"两起经济世界的事件加速普遍不满的爆发，并催熟了叛乱的情绪，"马克思在他的《法兰西阶级斗争》中写道，"1845年和1846年的马铃薯病虫害和歉收，加深了人民的普遍不满。"这曾是"人民为起码的生计而进行的斗争！"它不能解释为什么德累斯顿的街垒由马克思的资本家朋友弗里德里希·恩格斯、无政府主义者米哈伊尔·巴枯宁（Mikhail Bakunin）和作曲家理查德·瓦格纳（Richard Wagner）所操控，他们之间信奉的政策并不一致，都不缺起码的生活保障。在伦巴第－威尼西亚，虽然民族主义者挥舞他们的三色旗，但乡村地区的大部分骚乱不过是表达对国家插手财产权、土地使用和税收的不满。在波兰和匈牙利，叛乱的动机完全出于民族主义情绪，作为领导阶层，温和的自由派贵族并没有打乱社会秩序的意图。德意志的激进派，尤其是外来者，常常歪曲了最初的意图，或者完全颠倒了目标，使本来出于对经济条件或一些当地问题的愤怒而爆发的骚乱为他们自己所利用，企图实现巴枯宁的无政府社会，或实现波兰的解放；很多无国籍的波兰流亡者无处可去，无事可做，于是就加入了解放波兰的行动。[32]

有一件事不证自明：18世纪90年代以来，整个欧洲的君主和他们的大臣并没有在惊恐中预料到革命的发生。"各地方在1848年发生的革命都有仓促和贸然行动的特点"，曾经见证了巴黎和德意志不少地方革命的赫尔岑指出。他补充说："它像闹剧一样。"他震惊于公然制造动荡的"演员"数量如此之多，装模作样的人既缺乏信念，也没有特定的事业追求。由于到场时间太晚，马克思和恩格斯都显得措手不及。他们花了一年时间追逐各式各样的突发事件，他们拼命地设法赶到行动现场，但通常当他们赶到时，行动已经结束了。现场没有留下和任何人有关的线索，更不用说指挥者。没有跨国合作。没有要推翻社会秩序的意图。从来都没有任何庞大阴谋或任何指导委员会——不过，镇压势力有了巩固实力的绝佳机会，警察仍然留驻在那里。[33]

/ 余 波

从 18 世纪 90 年代早期开始，英国内阁、哈布斯堡君主、俄国和普鲁士的统治者和大臣，以及欧洲几乎所有其他国家都一直走在歧途上，他们镇压自己的人民，激化他们无法证实其存在的威胁。他们有时候似乎相信有威胁，其他时候又公然否认它的存在。人们通常怀疑他们陷入了自欺欺人的灰色地带，政治家倾向于相信这是他们出于权宜之计而发明的东西。但他们是否相信威胁的存在已经无关紧要，危害已经产生了。

最具破坏性的遗产或许是完全虚构的政治愿景，也就是特权阶层和无特权的人们之间处在永恒冲突的社会场域中；在这个框架里，有钱人和有影响力的人隐藏在他们的避难所，而外面则被凶猛的、无政府的底层穷苦民众包围，他们的领导人是疯狗一般的恐怖分子，他们要攻击那些避难所，推翻社会秩序。这一理念长期搅乱着欧洲和世界的政治话语。

对温和自由主义倾向的非必要镇压更直接地抑制了欧洲社会的自然发展，这在一些国家表现得更为明显，这也助力创造了一种国家控制个体的文化。它在更具压迫性的国家使年轻一代产生了疏离感，导致真正的恐怖主义运动在 19 世纪下半叶滋生出来。

在奥地利，庞大阴谋的威胁被用来证明某种秩序的正当性，而这一秩序阻抑了经济发展，比如要维系这一秩序，必须维持庞大的军费开支。这造成的长期后果就是哈布斯堡领地被欧洲其他国家远远地甩在了后面。威尼西亚和伦巴第在 1860 年脱离奥地利统治后，实现了经济上的繁荣，而王朝其他部分在经济上则依然落后，政治上得过且过。

在俄国，亚历山大和尼古拉试图把社会塑造成听命于国家的工具，这种努力的结果就是使会思考的年轻人走向对立面——首先在道德、智识和艺术上走向对立面，在19世纪60年代之后则更加险恶。他们引进了后来在很大程度上构成苏联模式基础的控制方法：本肯多尔夫宪兵队的善意威吓将塑造契卡和内务人民委员会（the Cheka and the NKVD）具有侵犯性的邪恶权力。后来联邦安全局成为上述机构的派生机构。在2010年，联邦安全局局长尼古拉·帕特鲁舍夫（Nikolai Patrushev）描述，说他指挥的力量连本肯多尔夫也会称赞有加，称联邦安全局是"我们的新贵族"。[1]

在德意志，对民族主义诉求的压制紧随拿破仑对德意志民族自豪感的羞辱而来，这让合法的爱国主义和民族情感演变成自卫的、满怀怨愤的亚文化。这一亚文化否定合理的爱国表达，使其逐渐变得焦躁且具攻击性，并在20世纪对整个世界造成了毁灭性的影响。

就像马志尼于1849年所写的："世界的统治者们联合起来与未来作对。"但他们也留下了毒性不亚于托法那仙水的毒酒，毒酒起到了咒语的作用。1917年到1918年，在未来紧追而上的时候，它引爆了一连串事件，造成千万人员的伤亡，使欧洲文明几乎毁于一旦。[2]

注 释

序 言

AAE – Archives du Ministère des Affaires Étrangères, Paris
AN – Archives Nationales, Paris
APP – Archives de la Préfecture de Police, Paris
BdS – Bertier de Sauvigny
CP – Correspondance Politique
HHSA – Hof- Haus- und StaatsArchiv
HHStAW – Hessischesches Haupstaatsarchiv, Wiesbaden
HStAD – Hessisches Staatsarchiv, Darmstadt
HStAS – Landesarchive Baden-Württember, Hauptstaatsarchiv, Stuttgart
MD – Mémoires et Documents
MM – Metternich, *Mémoires*
ÖStA, AVA – Österreichische StaatsArchiv, Allgemeine Verwaltungsarchiv, Vienna
PHSt – Polizeihofstelle
PRONI – Public Record Office of Northern Ireland, Belfast
TNA – The National Archives, Kew

1 驱魔

1. Maistre, *Lettres et opuscules*, I/274
2. Noailles, I/143; Cockburn, 11, 19; Shorter, 60
3. Cockburn, 5; Garros, 483
4. *Le Camp de Vertus*, 20–1
5. Edgcumbe, 151ff, 157
6. Zorin, 306–7, 312–13, 316, 321; Empaytaz, 40; Mikhailovskii-Danilevskii, 264–6; Shilder, *Imperator Aleksandr*, III/341–2; Krüdener, 5, 10
7. Empaytaz, 41; Angeberg, 1547–9; Zorin, 299
8. Droz, 217; Rudé, *Revolutionary Europe*, 285
9. Rey, 54–7
10. Rey, 53, 61
11. Rey, 104
12. Ley, 62
13. Ley, 100, 103, 139, 229; Zorin, 306–7

2 恐惧

1. Fox, II/361
2. Ségur, III/508; Rey, 86
3. Romilly, I/272
4. Schenk, 73
5. Fairchild, 50; Wollstonecraft, VI/140; Wordsworth, *Prelude*

6. Wangermann, 46; Zamoyski, *Holy Madness*, 75
7. Gooch, 317; Burke, *Letters*, VI/459; Cleves, 59
8. Maistre, *Soirées*, I/269, 329; Maistre, *Considérations*, 65, 69
9. Bonald, *Oeuvres*, I/1–4
10. *Essai*, 50–67
11. Ziolkowski, 69–74, 84; Wilson, in Bahr & Saine, 33–4
12. Roberts, 168; Rogalla von Bieberstein, 18–155
13. Barruel, I/39, 42
14. Barruel, II/33
15. Barruel, II/39–41, I/43, II/519, 524–5
16. Grenby, 66
17. Broers, *Napoleon's Other War*, 20
18. Barruel, II/527

3 传染病

1. La Mare, I/268
2. Cobb, *The Police and the People*, 22; Manuel, II/299ff, 312–13
3. See Birn, Darnton
4. Emsley, *Policing*, 1; Manuel, I/292, II/86
5. Cobb, *The Police and the People*, 14
6. Bibl, *Die Wiener Polizei*, 233
7. Bibl, *Die Wiener Polizei*, 234
8. Bibl, *Die Wiener Polizei*, 235–7, 271; Gebhardt, 60–1
9. Hughes, 12–13
10. Armitage; Archer, 58–9; Colquhoun, III/9–10, 316–17
11. Wangermann, 40; *Repercusiones*, 125, 123; Aris, 62
12. Bibl, *Die Wiener Polizei*, 257
13. Wangermann, 62; ÖStA, AVA, Pergen Akten, Karton 13; Karton 15, konvolut 1; Wegert, 42ff
14. Bibl, *Die Wiener Polizei*, 262–3, 266–7
15. Roider, 118–9
16. Bibl, *Die Wiener Polizei*, 278
17. Bernard, 180–1
18. Wangermann, 118
19. Wangermann, 122–6
20. Bibl, *Die Wiener Polizei*, 285–9; Wangermann, 127
21. Bibl, *Die Wiener Polizei*, 270–1, 297; Wangermann, 173–4
22. Bibl, *Die Wiener Polizei*, 274–7
23. Brauer, 5–7; Wangermann, 142–3
24. Roider, 86, 141
25. Miles, II/345; Nicolson, 87

4 反恐战争

1. Polovtsov, *Gertsog*, 125; Roider, 129
2. Zamoyski, *Holy Madness*, 91
3. Roider, 150; ÖStA, AVA, Pergen Akten, Karton 15, konvolut 7
4. Bernard, 201; Wangermann, 171–2
5. Bernard, 201, 211; Brauer, 9; Wangermann, 128ff, 133–52, 156–9
6. Wangermann, 170; Brauer, 6
7. Wangermann, 171–2
8. Haag, in Brauer, 112–13
9. TNA, TS 24/1/9, 952; 11/95
10. Mori, *Pitt*, 86, 90–1
11. Burke, *Reflections*, 86, 131, 173, 166; Mori, *Britain in the Age of the French Revolution*, 40; Brown, P.A., 77
12. Brown, P.A., 80–1; Archer, 60–1
13. Cobbett, *The Parliamentary History*, 826
14. Burke, *Letters*, VII/489, VI/211, 218, VII/177, VI/81–3, 100, 451, VII/119, 170, 229, 260, 357, 489
15. Romilly, I/351, 349
16. Emsley, *Repression*, 802–3; Brown, 83, 94; Stevenson, *Popular Disturbances*, 178
17. Brown, P.A., 168, 171; Emsley, *Insurrection*, 68–77; Mori, *Pitt*, 128
18. Mori, *Pitt*, 176, 123
19. Hilton, 62; Emsley, *Insurrection*, 85
20. Hilton, 65; Sparrow
21. Sparrow
22. Brown, P.A., 67
23. Stevenson, *Popular Disturbances*, 178, 41

24. Brown, P.A., 133–4
25. Brown, P.A., 138–9, 62: TNA, TS 952–7
26. Emsley, *Britain*, 32; Brown, P.A., 137, 142–6; Stevenson, *Popular Disturbances*, 160–7; Emsley, *Britain*, 38; Mori, *Pitt*, 180
27. *Second Report from the Committee of Secrecy of the House of Commons*, 1794, 2; Brown, P.A., 142–6, 135–6
28. Mori, *Pitt*, 191–2, 241; Hansard, XXXI/502; TNA, TS 24/1/9, p.5
29. *First Report from the Committee of Secrecy of the House of Commons*, 1794
30. *Second Report from the Committee of Secrecy of the House of Commons*, 1794, 13
31. *Second Report from the Committee of Secrecy of the House of Commons*, 1794, 6–7
32. *Second Report from the Committee of Secrecy of the House of Commons*, 1794, 72
33. Brown, P.A., 118, 141
34. Mori, *Pitt*, 242; Brown, P.A., 125–6
35. Emsley, *The Home Office*, 552
36. Brown, P.A., 136, 126–9; TNA, TS 24/1/9, 4; TS 952, 14; TS 11/951, no. 3

5 警惕的政府

1. Thale, xxiv; Mori, *Pitt*, 250; Harrison, 4
2. Emsley, *Repression*, 804
3. Mori, *Pitt*, 226, 261, 275–6; Sparrow; Stevenson, *Popular Disturbances*, 183–4
4. Stevenson, *Popular Disturbances*, 186; Chorley, 131–3
5. Brown, P.A., 146; Royle, 27
6. Burke, *Letters*, VIII/93, 131, 242, 245, passim
7. Stewart, 25
8. Royle, 31; McCalman, 10
9. *Report from the Committee of Secrecy of the House of Lords in Ireland*, 1798, 7
10. Hilton, 81; Stewart
11. *Report from the Committee of Secrecy of the House of Commons in Ireland*, 1798, 6
12. *Report of the Committee of Secrecy of the House of Commons*, 1799, xli
13. Thale, xxiv
14. Hone, *For the Cause of Truth*, 60–1, 78
15. Emsley, *Britain*, 37; Brown, P.A., 154–5
16. Johnston, 162, 19, 113, 36–7
17. See Beaurepaire
18. Brown, P.A., 168, 171; Moylan, 18–21, 3–5
19. Burke, *Works*, VIII/214–15, 256, 185–7, 188
20. Burke, *Works*, VIII/141, IX/110
21. Burke, *Works*, IX/103–5, 109, 110, 118ff
22. Archer, 62–4; Stevenson, *Popular Disturbances*, 313
23. Cleves, 86–9, passim; Cobbett, *Peter Porcupine*, 18–20, 99, 241, 256
24. Wilson, 15–16
25. Wilson, 255, 16, 57ff
26. McCalman, 60
27. Grenby, 41, 57
28. Grenby, 67–9, 90, 115; Wallace, 189, 223
29. De Quincey; TNA, TS 11/285; Gilmartin, in Clemit, 140; Burke, *Letters*, VIII/254; Payson; Playfair; *Jacobinism Displayed*; Gilmartin, in Clemit, 140, 142; Reith, 105
30. Burke, *Letters*, VII/387, 552–3
31. Worral, 53; TNA, TS 11/122/333, HO 42/66
32. Hilton, 100–1

6 秩序

1. Cobb, *The Police and the People*, 50
2. Cobb, *The Police and the People*, 50–1
3. Cobb, *Reactions*, 79, 44

443

/ 注 释 /

4. Cobb, *Reactions*, 41
5. Cobb, *Reactions*, 69, 75, 65–6
6. Lignereux, 13, 23, 97–8; Broers & Guimera, 52–3
7. Hauterive, *Napoléon et sa Police*, 43, 46, 48; Castanié, 26–7
8. Fouché, I/79, 320, 323; Aubouin, 286
9. Vaillé, 213, 231, 244
10. Aubouin, 286; Canler, 73
11. Fouché, II/8, I/411
12. *The Annual Register 1844*, 450
13. Darvall, 19–21, 54
14. Alison, III/21–2
15. Darvall, 64–5, 76–80
16. Hansard, XXIII, 1035
17. Wordsworth, 148
18. Pellew, III/84; White, 116, 119
19. Hansard, XXIII, 953–4, 1029–37; Palmer, 178; Darvall, 260
20. White, 99, 118
21. White, 118; Pellew, III/87–8, 94–5
22. Fraser, 13
23. Schenk, 122

7 和平

1. Mazour, 15; Sked, *Metternich*, 120
2. Pellew, III/132
3. Polovtsov, *Gertsog*, 370ff, 379
4. Montlosier, III/1
5. Boigne, II/5, 82; Romilly, II/390–1; Maistre, *Correspondance diplomatique*, II/193, 348
6. Maistre, *Corrrespondance diplomatique*, II/116
7. Uvarov, *L'Empereur Alexandre*, 37; Talleyrand, III/217
8. Broglie, I/262
9. Maistre, *Lettres & opuscules*, I/261; Maistre, *Correspondance Diplomatique*, II/92; Villèle, I/239, passim
10. Maistre, *Correspondance diplomatique*, II/351–2
11. Sturdza, 15; Bonald, I/4
12. Bonald, II/517

8 一百天

1. Wilson, 14–15
2. Boigne, II/34–5; Vaillé, 349–50; Zamoyski, *Rites of Peace*, 449–51
3. Polovtsov, *Correspondance*, I/155; Marmont, VII/87, 92
4. Broglie, I/295, 297
5. Alexander, *R.S.*, 84–5
6. Waresquiel, *Talleyrand*, 491
7. Alexander, *R.S.*, 222–7
8. Castellane, I/309; Marmont, VII/200
9. Marmont, VII/188; Broglie, I/331; Noailles, II/68–82; Boigne, II/134–5
10. Marmont, VII/193ff
11. Polovtsov, *Correspondance*, I/77
12. Chevalier, 225; Polovtsov, *Correspondance*, I/367, 377, 379, 382; Richelieu, 4
13. Waresquiel, *Richelieu*, 265
14. *Mémoires d'une femme de qualité*, II/47
15. Polovtsov, *Gertsog*, 461, 466
16. Pasquier, IV/99; Polovtsov, *Correspondance*, I/364

9 情报

1. Castlereagh, XI/232, 230–1
2. Castlereagh, XI/223–4
3. Langeron, 63
4. Castanié, 1; Fouché, I/200
5. Daudet, *Police Politique*, 246; *Mémoires d'une femme de qualité*, III/311–13
6. Daudet, *Police Politique*, 152, 156
7. Boigne, II/200–1
8. Daudet, *Police Politique*, 173
9. AN, F/7/3028, 3029, 9762, 9763, 9764, 3838; Hazareesingh, 97–8
10. AN, F/7/6727; Hazareesingh, 124, 131; Merriman, 33; Lignereux, 100
11. AN, F/7/3824; Lignereux, 100–1, 109
12. Vidocq, III/355–6
13. Villèle, II/215; Merriman, 33
14. Aubouin, 312; Peuchet, VI/63–5; Daudet, *Police Politique*, 2–3;

Froment, I/35; Spitzer, 64–5; Peuchet, V/312, VI/61–3, 178
15. Peuchet, VI/65–7
16. Peuchet, V/328–33
17. Ploux, 131–3; Hazareesingh, 47
18. AN, F/7/3054, 9908; Hazareesingh, 45–7, 50, 60–2
19. Hazareesingh, 542, 54–5, 57–8; AN, F/7/6668, 6816
20. Hazareesingh, 45; Peuchet, VI/143
21. AN, F/7/3029; Hazareesingh, 84–5, 87, 147
22. Daudet, *Police Politique*, 103, 113; *Carte Segrete*, I/226; BdS, *Metternich et Decazes*, 66
23. Daudet, *Police Politique*, 118–22
24. Daudet, *Police Politique*, 136
25. Daudet, *Police Politique*, 138, 142; AN, F/7/3029, 6668
26. Richelieu, 46, 148, 152
27. Richelieu, 133–4, 62, 149, 183; Castlereagh, XI/381, XII/240–1
28. Richelieu, 186; Benhamou, 146
29. Richelieu, 46, 151, 189, 190, 195, 223–4; Montchenu, 49, 125–6; Stürmer
30. Guillon, 43; APP, AA/328–9, 333, 340; Spitzer, 23
31. Berton, 27, 29–30
32. Raisson, 292–5
33. Froment, II/146–7, 174, 376, 390, 392; Peuchet, IV/335–6; Guizot, *Des Conspirations*, 62, 56–7; Raisson, 243, 246
34. Richelieu, 9, 36; Polovtsov, *Correspondance Diplomatique*, I/398; Guillon, 85; Ducoin; Pasquier, IV/111–14
35. APP, AA/333; AN, F/7/6816; Richelieu, 30–1, 33
36. AN, F/7/6667; Guillon, 82–3; Canler, 111; Grasilier, *Un Secretaire*, 24
37. Polovtsov, *Gertsog*, 490; Richelieu, 109
38. Guillon, 91, 102
39. Guillon, 95ff; Marmont, VII/233–43; APP, AA/340
40. Pozzo di Borgo, III/253; Wellington, *Supplementary Despatches*, XII/271–92, 302–3, 329–30, 601; AAE, 7 MD Angleterre/61, no. 24; APP, AA/342; Noailles, III/240; AN F/7/3839
41. Guillon, 99–103; AN, F/7/3054; Noailles, III/289–97, 302–3, 316; Langeron, 181; Polovtsov, *Correspondance Diplomatique*, I/747; Wellington, *Supplementary Despatches*, XII/600
42. Peuchet, VI/108–24, 177–8; Noailles, III/115; Pasquier, IV/172–82
43. Wellington, *Supplementary Despatches*, XII/380, 397, 213

10 不列颠幽灵

1. Wellington, *Supplementary Despatches*, XI/561; Alison, III/50–2
2. Southey, IV/145, 147, 210
3. Martineau, *The History of England*, I/243
4. Pellew, III/148
5. Hunt, Henry, III/348ff, 344, 366ff; Martineau, *The History of England*, I/53; TNA, TS 11/204, 11/197, 11/203, 3; Bamford, 25; Gronow, 198–9, who commanded a company of Guards at the Spa Fields meeting of 15 November, considered it 'a most dangerous period' and thought the speeches could not have been 'more violent and treasonable'
6. Pellew, III/165–6; White, 97
7. Hunt, Henry, III/429
8. *The Annual Register 1817*, 5–12
9. *The Annual Register 1817*, 13–18
10. *The Annual Register 1817*, 10, 17–19
11. TNA, TS 11/204, 3, 11/199, 11/198
12. *The Annual Register 1817*, 14; TNA, TS 11/204, 3, 11/203, 2
13. TNA, TS 11/203
14. Pellew, III/169–77

445

15. *The Annual Register 1817*, 25–6; Hansard, XXXV, 547, 553, 554, 561, 573, 582–3; Bartlett, 183
16. TNA, TS 11/197; Romilly, II/460
17. Thomis, 51–8; White, 166; Bamford, 156–8
18. Bartlett, 186; Wallas, 121
19. Wallas, 120; White, 146; Hunt, Henry, III/366ff, 480; Porter, 49–50; McCalman, 110; Hazlitt, IV/194
20. Bamford, 37, 43, 77; Wallas, 122; White, 150–1; Marlow, 64; *An Exposure of the Spy System*
21. Martineau, *The History of England*, I/345; Brown, 172–3; Pellew, III/212–13, 217, 185–96, 211; Romilly, II/483–4
22. Thomis, 47–8
23. McCalman, 108–110; Martineau, I/53; TNA, TS 11/198; PRONI, D3030/5310; Wellington, *Supplementary Despatches*, XI/696
24. McCalman, 109; TNA, TS 11/202; Hilton, 28
25. Bamford, I/120ff

11 道德秩序

1. Bibl, *Metternich. Der Dämon*, 47; Polovtsov, *Gertsog*, 121–6
2. Metternich, *Lettres*, 172
3. Schenk, 10
4. Stokes, in Brauer, 69, 75–6, 79–82
5. Reinerman, *Austria and the Papacy*, I/108ff
6. Rath, *The Provisional Austrian Regime*, 23–6, 74; Sked, *Metternich and Austria*, 186–8
7. Keates, 28
8. Rath, *The Provisional Austrian Regime*, 190–9
9. Reinerman, *Austria and the Papacy*, I/31–2
10. Rath, *The Provisional Austrian Regime*, 273–315
11. *Carte Segrete*, I/129, 74–150; Rath, *The Provisional Austrian Regime*, 222
12. Rath, *The Provisional Austrian Regime*, 225; for the secret societies in general, see also: Derek Beales, *The Risorgimento and the Unification of Italy*, London 1971; René Albrecht-Carrie, *Italy from Napoleon to Mussolini*, New York 1950; John Rath, 'The Carbonari', in *The American Historical Review*, vol. 69, No. 2, January 1964; Renato Soriga, *Le Società Segrete, l'emigrazione politica e i primi moti per l'independenza*, Modena 1942; *Memoirs of the Secret Societies of the South of Italy, particularly the Carbonari*, London 1821; J.M. Roberts, *The Mythology of the Secret Societies*, London 1972; Carlo Francovich, 'L'Azione rivoluzionaria risorgimentale e i movimenti della nazionalità, in Europa prima del 1848', in *Nuove Questioni della Storia del Risorgimento e dell'Unita d'Italia*, Milan 1961, vol. I
13. MM, III/27; BdS, *Metternich et son Temps*, 118
14. Bew, 430; Webster, 184
15. MM, III/88–94; Bibl, *Metternich. Der Dämon*, 219
16. Emerson, 62, 64, 69; *Carte Segrete*, I/49–50
17. *Carte Segrete*, I/179; ÖStA, AVA, Inneres, Polizei, PHst 3606, 824, 1084
18. Rath, *The Provisional Austrian Regime*, 230–5
19. Bew, 499
20. Consalvi, 128–9, 139; Emerson, 61
21. Hughes, 40–1; *Carte Segrete*, I/165
22. Hughes, 45, 47, 78
23. Hughes, 57
24. La Harpe, III/253–4; Beyle, *Rome, Naples et Florence*, 154; Shelley, I/200; Herzen, II/641
25. Origo, 103
26. Origo, 104–7

12 神秘主义

1. Nicholas Mikhailovich, *L'Empereur Alexandre*, I/141
2. Rey, 405; Benckendorff, *Vospominania*, 269; Borovkov, 353
3. Zorin, 250–3
4. Ley, 167–72; Webster, 97; Rey, 428–9; Webster, 65, 88, 93, 96–7
5. MM, III/54; Rey, 381; Shilder, *Imperator Aleksandr*, IV/173
6. Rey, 403–4; Gentz, *Dépèches*, I/380
7. Ley, 203, 242; Nicholas Mikhailovich, *L'Empereur Alexandre*, II/224; MM, III/51–3
8. Ley, 197–8
9. Webster, 409, 419, 423, 424; Srbik, I/569–70
10. Lebzeltern, 359–60
11. Nicholas Mihkailovich, *Doniesienia*, 34; Polovtsov, *Correspondance*, I/475, 546, 222, II/95, 102; AN, F7/6667; Wellington, *Supplementary Despatches*, XI/632; PRONI, D3030/5310
12. Polovtsov, *Correspondance*, II/155, also I/405–8, 512, 385; Pozzo di Borgo, II/47, also 48–9, 64–5, 446–53
13. Polovtsov, *Correspondance*, II/772; Pozzo di Borgo, II/429; BdS, *Metternich et la France*, I/71–2, 74, 114–16; BdS, *Metternich et Decazes*, 63, 67–70, 73, 75; Boigne, II/353, 371; Pasquier, IV/220; Polovtsov, *Correspondance*, II/650; Waresquiel, *Richelieu*, 529
14. Schenk, 123–4; Srbik, I/573; Emerson, 39; Wellington, *Supplementary Despatches*, XII/261
15. Webster, 55, 143, 124; Bew, 451, 455–6; Lebzeltern, 369–71; BdS, *Metternich et son Temps*, 135–7; HHSA, Gesandschaft Archiv, St Petersburg, 073
16. MM, III/124–5
17. MM, III/127
18. Bew, 453
19. Shilder, *Imperator Aleksandr*, IV/111, 114–15, 118, 120; Nicholas Mikhailovich, *Doniesienia*, 29, 34; Nicholas Mikhailovich, *L'Empereur Alexandre*, I/200; Lebzeltern, 373
20. Webster, 151, 157
21. Webster, 142–3, 170
22. MM, III/175, 174
23. Sweet, 217–19
24. Shilder, *Imperator Aleksandr*, IV/124; AN F/7/6667
25. Metternich, *Lettres*, 17; Lieven, *Kniaginia*, 37
26. Metternich, *Lettres*, 11, 13, 19–20, 17
27. Shilder, *Imperator Aleksandr*, IV/124; Dubrovin, *Bumagi*, 433, 500–1; Wellington, *Supplementary Despatches*, XII/829, 832–4
28. Metternich, *Lettres*, 21–2, 23, 36
29. Shilder, *Imperator Aleksandr*, IV/129
30. Srbik, I/569–70, 573, 584

13 条顿狂热者

1. Metternich, *Lettres*, 39, 43–50, 59–60, 63–6, 78–9, 88–90
2. Langeron, 166
3. Webster, 200; Wellington, *Despatches*, I/2, 7–8; BdS, *Metternich et la France*, II/304
4. BdS, *Metternich et la France*, I/223
5. BdS, *Metternich et la France*, I/226–7
6. Nesselrode, VI/37, 29
7. Siemann, 180; Baack, 30, 58–60
8. Clark, *The Wars of Liberation*, 559
9. Mann, 220, 246
10. Hippler, 196ff; Clark, *The Wars of Liberation*; Castlereagh, XI/106; Pozzo di Borgo, I/219–23, see also 229, 234, 236, 249; Nicholas Mikhailovich, *Doniesienia*, 1–5
11. Mann, 266
12. Simon, 120
13. Branig, *Fürst Wittgenstein*, 69
14. Obenaus, 91–7

15. Obenaus, 97–101; Hüber, 148
16. Obenaus, 93–4; Branig, *Fürst Wittgenstein*, 69; Hüber, 148; Siemann, 67
17. Obenaus, 103; Branig, *Fürst Wittgenstein*, 72; Siemann, 68; HHSA, Staatskanzlei Notenwechechsel mit der Polizeihofstelle, 56
18. Simon, 121
19. Branig, *Fürst Wittgenstein*, 8
20. Branig, *Fürst Wittgenstein*, 67, 73; Siemann, 68; Obenaus, 122–3
21. Obenaus, 107
22. Branig, *Fürst Wittgenstein*, 103–4; Obenaus, 108; Schenk, 124
23. Simon, 135; Obenaus, 122
24. HHSA, Gesandschaft Archiv, St Petersburg, 073; BdS, *Metternich et son Temps*, 161; Emerson, 114
25. Sturdza, 40–1, 65–6
26. Görres, 173; Gagern, 61–4; Turgenev, I/521;

14　自杀恐怖分子

1. Williamson
2. MM, III/232–5
3. Metternich, *Lettres*, 301; MM, III/235
4. Sweet, 220; Gentz, *Briefe*, III/1/387; Baack, 57; MM, III/228, 185ff, 262
5. Clark, *Iron Kingdom*, 401; Levinger, 142
6. Lombard de Langres, v, ix, xi; HHStAW, Abt. 210: 1255, no 50, Abt. 211, Nr. 13679, Abt. 12553, Abt. 3541, Nr. 5.6
7. Lombard de Langres, 30, 40, 174, 254
8. Lombard de Langres, 44, 227
9. Wellington, *Despatches*, I/55, 59; Nesselrode, VI/43, 48, 54, 62, 79–80
10. Wellington, *Despatches*, I/56, 60–2, 66; BdS, *Metternich et Decazes*, 83; Polovtsov, *Diplomaticheskie snoshenia*, 183
11. BdS, *Metternich et la France*, I/227ff
12. BdS, *Metternich et son Temps*, 153; MM, III/253; Zimmermann, 259–60
13. Metternich, *Lettres*, 315; MM, III/224, 225
14. MM, III/270, 271–5; HHSA, Gesandschaft Archiv, St Petersburg, 073; Baack, 65
15. Marlow, 66; Webster, 498
16. White, 179; McCalman, 140–2
17. Marlow, 92; Bamford, 180–1; AAE, 8CP Angleterre, 612, No. 97, 186
18. Marlow, 93; Bamford, 183, 186
19. Marlow, 101–2
20. White, 182; Marlow, 118
21. Hunt, Henry, III/613; Read, 81, 135
22. Bamford, 205–13, 220–5; Pellew, III/253–61; Marlow, 118–52
23. Read, 141–2
24. Edgcumbe, 68; Pellew, III/278
25. Pellew, III/270–1, 298
26. Wellington, *Despatches*, I/76, 80–1
27. Woodward, 63; Marlow, 154
28. Martineau, *History of England*, I/239; Wellington, *Despatches*, I/87
29. Moylan, 97, 99
30. Thomis, 66, 75; *An Exposure of the Spy System*; Berry, III/190
31. MM, III/226; Schenk, 99
32. Baack, 65
33. HStAS, Bestand E 65, 1
34. MM, III/295–6; HHStAW, Abt. 211/7995; Büssem
35. Branig, *Briefwechsel*, 132; Emerson, 128; Liang, 19–20; Legge, 41; Hoffmann, 276–83
36. Branig, *Briefwechsel*, 132; Siemann, 187; Hüber, 150; Obenaus, 111, 113–14, 125
37. Legge, 42; Siemann, 78
38. Schenk, 91–2; La Harpe, III/373, 423
39. Legge, 52; Gentz, *Briefe*, III/1/482; Schenk, 99–100; Büssem, 356; Gagern, 64–6
40. Bartlett, 215; Webster, 190–2; BdS, *Metternich et son Temps*, 163; *Metternich et Decazes*, 101
41. Gentz, *Dépèches*, I/421; MM, III/263

42. Nicholas Mikhailovich, *Doniesienia*, 59, 61, 63; Gentz, *Dépèches*, I/432–3; Lebzeltern, 374–83

15 腐化

1. Wellington, *Despatches*, I/100; Gentz, *Dépèches*, I/19–20; Pasquier, IV/378
2. Lamartine, V/265; AN, F/7/3839
3. *Mémoires d'une femme de qualité*, III/411; Ploux, 36–43
4. APP, AA/343, 346; Boigne, III/42–3; *Conjuration Permanente*; *Histoire complète*; Guizot, *Des Conspirations*; *L'Homme de Gibeaux*
5. MM. III/335; Nicholas Mikhailovich, *Doniesienia*, 219; *L'Empereur Alexandre*, II/285, 300; Polovtsov, *Correspondance*, III/328; Wellington, *Despatches*, I/99–100; HHSA Gesandschaft Archiv, St Petersburg, 011
6. *The Annual Register 1820*, 1; Aylmer, 19
7. Porter, *Plots*, 58; Aylmer, 58, 48; TNA, TS 11/204; Martineau, *History of England*, I/244
8. Reith, 207; Hone, *For the Cause of Truth*, 306, 325, 340; Wellington, *Despatches*, I/106; Neumann, 18–19; McCalman, 139; TNA, HO 41/6, 41/26
9. Hone, *For the Cause of Truth*, 302; TNA, HO, 40/11, 41/6, 41/26, 16–17; Marlow, 158–60
10. Canler, 240–2; Pasquier, V/95
11. Wellington, *Despatches*, I/101, 107–8, 112; Polovtsov, *Correspondance*, III/330, 354ff, 346
12. BdS, *Metternich et la France*, II/307; Nicholas Mikhailovich, *Doniesienia*, 220–1, 225, 307–8; Gentz, *Dépèches*, II/54
13. Pasquier, IV/499; Polovtsov, *Correspondance*, III/330; BdS, *Metternich et la France*, II/306; Nicholas Mikhailovich, *Doniesienia*, 228; Webster, 235; see also TNA, FO 92/44; Wellington, *Despatches*, I/117
14. BdS, *Metternich et la France*, II/305
15. Polovtsov, *Correspondance*, III/384
16. Roy
17. Noailles, IV/354; Barante, II/438–9; Spitzer, 45, 55; Polovtsov, *Correspondance*, III/390ff
18. Lieven, *Letters*, 48
19. Wellington, *Despatches*, I/127, see also 141, 144–5, 146; Robins, 125–8; Greville, I/32; Palmer, 172; Lebzeltern, 389
20. Robins, 165, 236, 182–3; Hone, *For the Cause of Truth*, 318; Wellington, *Despatches*, I/144ff
21. MM, III/254
22. Webster, 260; Gentz, *Dépèches*, II/68–9
23. Gentz, *Dépèches*, II/68–9; Romani, 6
24. Castlereagh, XII/284; Origo, 203; Pasquier, IV/526; Webster, 263
25. Gentz, *Dépèches*, II/70; BdS, *Metternich et la France*, II/317, 324
26. Schroeder, 38–9
27. Schroeder, 39
28. Siemann, 81–2; Weber, 82
29. MM, III/407, 435–6; AAE, 112 CP, Russie, 161, 57; Consalvi, 268; AAE, 33 MD, Naples, 11, 13; 9 MD, Autriche, 46
30. Dubrovin, *Bumagi*, 472
31. Shilder, *Imperator Aleksandr*, IV/192
32. Consalvi, 33
33. BdS, *Metternich et la France*, II/318, 330; AAE, 33 MD, Naples, 11

16 魔鬼帝国

1. Moriolles, 134–5
2. Mounier, 17–18
3. AN F/7/6676, 6702–3, 6991; APP, AA/353–9
4. Castanié, 288, 291; Mounier, 17–18; Marmont, VII/266–280; Guillon, 115ff; Peuchet, VI/108–24; APP, AA/353; Barante, II/502; Grasilier, *Un Secrétaire*, 36

5. Dubrovin, *Bumagi*, 16; Pasquier, IV/534-5; Schroeder, 48; BdS, *Metternich et la France*, II/361; HHSA, Gesandschaft Archiv, St Petersburg, 075, 10 September 1820
6. Gentz, *Dépêches*, II/89
7. Grimsted, 254, 272-3; *Carte Segrete*, I/185ff; Capo d'Istria, 244
8. Capo d'Istria, 251; Castlereagh, XII/301; Consalvi, 289-90
9. Polovtsov, *Doniesienia*, 548; Lebzeltern, 388
10. Webster, 283; Castlereagh, XII/311ff; Pellew, III/332
11. BdS, *Metternich et la France*, II/353-6; Webster, 277
12. Polovtsov, *Gertsog*, 552-3, 560ff
13. MM, III/373; BdS, *Metternich et la France*, II/417
14. Gentz, *Dépêches*, II/86; MM, III/373; Nicholas Mikhailovich, *Doniesienia*, 231
15. Webster, 288
16. Schroeder, 64; Webster, 524
17. Dubrovin, *Bumagi*, 22,109; Shilder, *Imperator Aleksandr*, IV/527ff; Nicholas I, *Pisma*, 263-4
18. Nicholas Mikhailovich, *L'Empereur Alexandre*, I/233; Oleinikov, 191; Shilder, *Imperator Nikolai*, I/2/603; Wellington, *Despatches*, I/491; Shilder, *Imperator Aleksandr*, IV/186-8; Greville, I/67
19. Shilder, *Imperator Aleksandr*, IV/185, 189
20. Nesselrode, VI/110-11
21. AAE, 112 CP, Russie, 142, 146; HHSA, Gesandschaft Archiv, St Petersburg, 011
22. MM, III/377
23. Polovtsov, *Gertsog*, 557ff; Grimsted, 248; Webster, 290; Polovtsov, *Correspondance*, III/493
24. Webster, 299, 303-4
25. Schroeder, 100
26. Schroeder, 77-9
27. BdS, *Metternich et la France*, II/414-15; Consalvi, 311
28. Consalvi, 326, 330, 335, passim; Capo d'Istria, 261; Lebzeltern, 396-9
29. Gentz, *Dépêches*, II/116-18; Webster 528
30. Shilder, *Imperator Aleksandr*, IV/191; BdS, *Metternich et la France*, II/415
31. Dubrovin, *Bumagi*, 29
32. MM, III/384; Rey, 436; BdS, *Metternich et la France*, II/393
33. Dubrovin, *Bumagi*, 34

17 撒旦会堂

1. BdS, *Metternich et la France*, II/417
2. Gentz, *Dépêches*, II/122-3
3. Schroeder, 252
4. Sweet, 233; Polovtsov, *Gertsog*, 582-3
5. Schroeder, 107
6. Polovtsov, *Gertsog*, 586
7. Dubrovin, *Bumagi*, 37, 46; MM, III/451
8. Dubrovin, *Bumagi*, 43; Polovtsov, *Gertsog*, 587, 589, 598
9. Nicholas Mikhailovich, *L'Empereur Alexandre*, I/221-30
10. MM, III/460, 494; Polovtsov, *Gertsog*, 612
11. Baack, 83; Nicholas Mikhailovich, *L'Empereur Alexandre*, I/535
12. Moriolles, 185; Webster, 358, 360
13. Nicholas Mikhailovich, *L'Empereur Alexandre*, I/535-7
14. BdS, *Metternich et la France*, II/481, 486
15. Consalvi, 378-9, 374; Spadoni, 3, 10, 22-3, 6; Roberts, 332
16. MM, III/463; BdS, *Metternich et son Temps*, 95
17. Reinerman, *Metternich and the Papal Condemnation*, 60, 56; MM, III/481-2; BdS, *Metternich et la France*, II/506
18. MM, III/504-5, 508
19. Polovtsov, *Gertsog*, 624-6

20. Armitage, 220; Palmer, 173-7
21. Capo d'Istria, 269; Nicholas Mikhailovich, *L'Empereur Alexandre*, II/375; BdS, *Metternich et la France*, II/512
22. Baack, 83
23. Bignon, 3-4

18 指导委员会

1. Waresquiel, *Richelieu*, 409; Hazareesingh, 68
2. Spitzer, 63; Guillon, 129; Guizot, *Des Conspirations*, 21-2, 24, 28-9; Guizot, *Mémoires*, I/24; Corcelle, 11
3. Guillon, 144
4. Corcelle, 5, 7-8, 9-12; Rémusat, II/58; AN, F/7/6667, 6684, dossier 5, 6685, 6686; Spitzer, 241; Dumas, I/446; Blanc, I/75ff
5. Guillon, 157ff, 167ff, 177, 192, 212ff
6. Blanc, I/125; *Paris Révolutionnaire*, I/275
7. Canler, 76; Peuchet, V/308-9
8. Canler, 74-5
9. Grasilier, *Un Secrétaire*, 35; AN, F/7/6969; Broglie, II/380-1; Froment, III/342-3; BdS, *La France et les Français*, 143
10. Froment, III/144; Desmarest, lxxff
11. Année, I/224
12. Gisquet, II/33, 34, 36-7
13. Canler, 243
14. Canler, 46, 243-8; Peuchet, V/312; see also Année, III/2-12
15. Année, II/115-21; AN, F/7/12292; APP, AA/333
16. Peuchet, V/356ff; Année, IV/158ff
17. Canler, 49-51
18. Annee, III/289, II/28ff
19. Année, II/117, 84, I/98; Grasilier, *Un Secrétaire*, 42
20. Grasilier, *Un Secrétaire*, 8; Desmarest, vii; Spitzer, 70
21. Grasilier, *Un Secrétaire*, 38
22. Grasilier, *Un Secrétaire*, 8, 18, 20-2, 27
23. Grasilier, *Un Secrétaire*, 23-4, 30; APP, AA/328, 329, 340
24. AN, F/7/6684, dossiers 6, 7, 9
25. Guillon, 146; Grasilier, *Un Secrétaire*, 32, 40-2, 45ff, 27, 34; Année, II/72-4; BdS, *Metternich et la France*, II/565-6; Shilder, *Imperator Aleksandr*, IV/547; AN, F/7/12292

19 得克萨斯公爵

1. Webster, 343; Greville, I/67
2. Lebzeltern 422; Nicholas Mikhailovich, *Doniesienia*, 93, 99, 112-13, 114
3. Schroeder, 200; BdS, *Metternich et la France*, II/600, 565
4. Webster, 429, 470
5. HHSA, Gesandschaft Archiv, St Petersburg, 013, No. 40, 16 May, 038, 5 June; Webster, 472-3
6. Webster, 541
7. Webster, 484
8. MM, III/556-7; Wellington, *Despatches*, I/284ff
9. HHSA, Gesandschaft Archiv, St Petersburg, 038, 22 June; MM, III/559
10. Brydges, 110
11. Chateaubriand, *Le Congrès de Vérone*, 117; Thürheim, III/322-4
12. Wellington, *Despatches*, I/332, 298
13. Schroeder, 147-8; Wellington, *Despatches*, I/210-13
14. Schroeder, 155
15. Reinerman, *Metternich, Italy and the Congress of Verona*, 284
16. Reinerman, *Metternich, Italy and the Congress of Verona*, 263-81; *Austria and the Papacy*, 110-11
17. Lieven, *Letters*, 57
18. Brydges, 127, 120-2; Chateaubriand, *Le Congrès de Vérone*, 69, 116
19. Metternich, *Lettres*, 325; Urquhart, 20-7
20. Allen, II/260-1, 278-9, 284, 286; Ley, 297

21. Wellington, *Despatches*, I/343-8, 457, 491
22. MM, III/615; Keates, 30
23. Schroeder, 232-3; Canning, I/69, 72, 86
24. Spitzer, 197-8; Emsley, *Gendarmes*, 99; Ploux, 55, 131-3, 180
25. Schroeder, 232-3
26. Corcelle, 12; MM, VII/657

20 使徒

1. MM, IV/107, 92; Nicholas Mikhailovich, *Doniesienia*, 273
2. Nesselrode, 189-91; Obenaus, 115; Wegert; Legge, 40; HStAS, Bestand E 65
3. Obenaus, 116, 112
4. HStAS, Bestand E 65; Obenaus, 116, 120-1; Nicholas Mikhailovich, *Doniesienia*, 292
5. BdS, *Metternich et la France*, II/894-5; MM, IV/143, 111
6. Liang, 21, 23; HHSA, Diplomatische Korrespondenz, Deutsche Akten, Alte serie, 135; Hüber, 154
7. Wilmot, 41; Sealsfield, 84-5
8. Sealsfield, 85
9. Sealsfield, 31-2; Wilmot, 41; HHSA, Inneres Polizei, PHSt, 26, 8446, 3906, 3755
10. Emerson, 122, 125
11. ÖStA, AVA, Inneres, Polizei, PHst 824, 9039, 8060, 9328, 603, 8446; HHSA, Diplomatische Korrespondenz, Deutsche Akten, alte serie, 135; *Carte Segrete*, II/7-138
12. HHSA, PHSt, Notenwechsel, 56/4, 5, 6; Gebhardt, 167-70; HStAS, Bestand, E 50/01; HHStAW, Abt, 211, Nr. 16210, 904
13. Bibl, *Wiener Polizei*, 314; Gebhardt, 169
14. Emerson, 51
15. Beyle, *Rome, Naples et Florence*, 101, 166, 172; Emerson, 65
16. *Carte Segrete*, II/231-64
17. Origo, 301-5; BdS, *Metternich et la France*, II/592
18. Hughes, 67-8
19. Hughes, 75-7
20. BdS, *Metternich et son Temps*, 173; *Carte Segrete*, II/271, I/402-516, 371-97; Witt, xiii, 7-8, 25, 85ff; Spitzer, 65; AN, F/7/6684, dossier 2, 6686, 6688, 6689
21. Roberts, 322; Andryane, I/104-5; AN, F/7/6667, 6685, 6686
22. Witt, 134-5
23. AN, F/7/6685
24. AN, F/7/6685
25. Confalonieri, I/153-82; Nicholas Mikhailovich, *Doniesienia*, 280

21 兵变

1. Grimsted, 63
2. Hingley, 21; Oleinikov, 106; Saint Glin, 36, 24ff, 378
3. Nicholas Mikhailovich, *L'Empereur Alexandre*, I/266
4. Flynn, 100
5. Flynn, 104, 111
6. Shishkov, 1101; see also *K Istorii Russkoi Tsenzury*; Monas; 136; Shilder, *Imperator Aleksandr*, IV/267-8
7. Rey, 395-6, 447; Shilder, *Imperator Aleksandr*, I/514; Boigne, III/194-6
8. Ley, 281-2
9. Monas, 52; Shilder, *Imperator Aleksandr*, IV/252; Riasanovsky, *A Parting of Ways*, 85; Turgenev, I/101-5, 106-8; Nicholas Mikhailovich, *L'Empereur Alexandre*, II/263-4; HHSA, Staatskanzlei, Notenwechsel, 56, 1
10. Turgenev, I/119, 174-5; Mazour, 132
11. Turgenev, I/176
12. Mazour, 151, 114
13. Kulomzin; Maistre, *Correspondance diplomatique*, II/178, 233, 308; Polovtsov, *Diplomaticheskie*

Snoshenia, 65; Nicholas Mikhailovich, *L'Empereur Alexandre*, II/417-22
14. Monas, 46; Dubrovin, *Bumagi*, 157; Shilder, *Imperator Aleksandr*, IV/548-50; Oleinikov, 192-3; Gernet, I/172-3, 175
15. Shilder, *Imperator Aleksandr*, IV/203, 204-15; Gentz, *Dépèches*, III/71-3; Shilder, *Imperator Nikolai*, I/1/170
16. Shilder, *Imperator Aleksandr*, IV/337ff, 410ff; *Imperator Nikolai*, I/1/177ff; Borovkov, 331-5; Benckendorff, Zapiska, 82-6; Edelman, 44
17. Shilder, *Imperator Nikolai*, I/2/623-6
18. *Mezhdutsarstvie*, 39, 89, 16; Villamov, 96, 113; Mazour, 163ff; Edelman, 48, 50; see also Nesselrode, 270, 272
19. AAE, MD 43, Russie, 28, 122; AAE, CP 112 Russie, 169, 170; Custine, *La Russie*, II/39-44
20. Marmont, VIII/36; Lubomirski, 258
21. Lubomirski, 65; Dubrovin, *Materialy*, 21, 41, 37; *Mezhdutsarstvie*, 11; Grunwald, 23-5; Polievktov, 10
22. Grunwald, 23-5
23. Lubomirski, 202; Grunwald, 84-5; Nicholas I, *Perepiska*, 131
24. *Mezhdutsarstvie*, 87
25. Grunwald, 64; Raeff, 27; Borovkov, 335ff
26. Shilder, *Imperator Nikolai*, I/2/635-8; Monas, 76
27. Shilder, *Imperator Nikolai*, I/2/525, 434; Vock, 172-3; Borovkov, 341
28. *Mezhdutsarstvie*, 101; Shilder, *Imperator Nikolai*, I/2/423, 425-6, 521; Neumann, 132; Grunwald, 81
29. Turgenev, I/192-3; Shilder, *Imperator Nikolai*, I/2/429-430; see also Moriolles, 135-6

22　大清洗

1. Polievktov, 75
2. Oleinikov, 183; Benckendorff, *Vospominania*, 305
3. Oleinikov, 229-30, 235-6, 254, 274
4. Oleinikov, 104; Kulomzin, 214; Monas, 47; Squire, 46-7; Shilder, *Imperator Nikolai*, I/1/163-4, I/2/493; *Tolki i nastroienie*, 677; Nicholas Mikhailovich, *L'Empereur Alexandre*, II/271-5; May, I/99
5. Benckendorff, *Proiekt*, 104, 615-16; see also Gershenzon, 163-5
6. Oleinikov, 269, 288; Vock, 168; Monas, 101
7. Dubelt, 495; Squire, *The Third Department*, 59; Stogov, 108; Oleinikov, 267, 270; Monas, 65
8. Benckendorff, *Instruktsia*; Nicholas Mikhailovich, *l'Empereur Alexandre*, I/266
9. Vock, 183
10. Vock, 175; Trotskii, 18; Dmitriev, 259-60; Oleinikov, 106; Vock, 193; Dmitriev, 259, 261
11. Oleinikov, 233; Trotskii, 18, 21
12. Trotskii, 28-30; Monas, 66-8; Shilder, *Imperator Nikolai*, I/2/427-9
13. Vock, 185, 189; Trotskii, 31; Bokova, 591ff, 611
14. Trotskii, 34-6; Monas, 80-1
15. Trotskii, 36-8
16. Ruud, 14-15; Anisimov, 13, 26ff, 50-2, 80-1, 147; Czerska, 109-10
17. Monas, 90-1; Bokova, 591ff; Trotskii, 33; Shilder, *Dva Donosa*, 518-35; Monas, 90-1, 116
18. Shilder, *Dva Donosa*, 67-84
19. Shilder, *Dva Donosa*, 85-7, 628-9
20. Riasanovsky, *Nicholas I*, 231; Monas, 12
21. Gershenzon, 130-1, 139
22. Benckendorff, *Pismo*, 1753-8
23. Trotskii, 16-17
24. May, II/309
25. Constantine Pavlovich
26. Dubrovin, *Bumagi*, 479, 534-42; Monas, 86, 82-3

/ 注　释 /

23 反革命

1. Broglie, II/416; Marmont, VIII/3-4; Année, II/507ff
2. BdS, *Metternich et la France*, III/1123-5, 1127; *Metternich et son Temps*, 212
3. Année, IV/1-2
4. Turgenev, I/185; BdS, *Metternich et son Temps*, 187; MM, IV/418, 350; Lebzeltern, 474-5; Gentz, *Dépèches*, III/61, 74, 76-7
5. BdS, *Metternich et son Temps*, 28
6. Merriman, 103; Lamartine, VIII/61
7. Broglie, III/157; Burleigh, 135; Cubitt, 16, 20, 25
8. AN, F/7/6997, 14282; Marmont, VIII/186-9
9. AN, F/7/6997, 1827, 6991, 6988, 6668
10. Canler, 94
11. AN, F/7/6767, 3880, 6753, 4174
12. Blanc, I/125
13. Marmont, VIII/238ff
14. AN, F/7/4174
15. Broglie, III/258
16. Haussez, II/232-3, 236; Broglie, IV/11; Blanc, I/112
17. AN, F/7/4174
18. Broglie, III/304; Béranger, 241
19. Boigne, III/342ff; Claveau, 9ff
20. Blanc, I/140ff, 193
21. Wellington, *Despatches*, VII/183; Blanc, I/199
22. Wierzbitski, 265
23. Baack, 234-6; Wegert, 108
24. Marmont, VIII/346; Lieven, *Correspondence*, II/36; Wellington, *Despatches*, VII/172
25. Wakefield, 26; Wallas, 244; TNA, HO 44/20, 21
26. Rudé, *The Crowd*, 150, 151-5; Archer, 17-18
27. Hobsbawm and Rudé, 254
28. McCalman, 28-9, 181
29. Hobsbawm and Rudé, 253, 255-6; Wellington, *Despatches*, VII/321
30. Lieven, *Correspondence*, II/74-5

24 雷神朱庇特

1. BsS, *Metternich et la France*, III/1358-62
2. Bibl, *Metternich*, 213
3. MM, V/23; Nesselrode, VII/152
4. Bibl, *Metternich. Der Dämon*, 251-5
5. Baack, 232, 166-9
6. Nicholas I, *Perepiska*, 36; Grunwald, 115
7. Shilder, *Imperator Nikolai*, II/1/318
8. Moriolles, 277
9. Sidorova, 67; Skarbek, 228; Shilder, *Imperator Nikolai*, II/2/455; Polievtkov, 121, 3; Dubrovin, *Materialy*, 12-14
10. Benckendorff, *Imperator Nikolai*, 13, 11, 5-6
11. Pienkos, 43-4, 47
12. Nicholas I, *Perepiska*, 42-3
13. Nicholas I, *Perepiska*, 36; Tatishchev, *Imperator Nikolai*, 65; Nicholas I, *Perepiska*, 67-8; Shilder, *Imperator Nikolai*, II/2/472-3; Sidorova, 69-70
14. Shilder, *Imperator Nikolai*, II/2/471; Grunwald, 129-30
15. *The Portfolio*, 3; Kosellek, 419
16. Reinerman, *Austria and the Papacy*, I/169
17. Thürheim, III/322-4
18. Lieven, *Letters*, 235, 246, 259
19. Fraser, 44; Lieven, *Letters*, 268; Wellington, *Despatches*, VII/354
20. TNA, HO 44/21, f.415
21. Ascoli, 98-9
22. Greville, II/68, 75, 77
23. Greville, II/99, 108
24. Wellington, *Despatches*, VII/355-6, 373, 375
25. MM, V/30, 46, 53, 152-4, 126-7, 138; BdS, *Metternich et son Temps*, 170
26. Emerson, 134
27. Seide, 159-60; MM, V/73, 76, 80
28. Bibl, *Metternich*, 213-14, 215
29. Apponyi, I/429

30. Sked, *Metternich*, 121; Bibl, *Metternich*, 219–23; Sweet, 300
31. Lieven, *Letters*, 289, 298, 300; Wellington, *Despatches*, VII/444, 352–3, 451
32. Nesselrode, VII/173; Lieven, *Letters*, 304, 324
33. Hobsbawm and Rudé, 259–62; Rudé, *The Crowd*, 155
34. Wellington, *Despatches*, VII/543–4, 556–7; Wallas, 295–6
35. Palmer, 389; Fraser, 169
36. Wellington, *Despatches*, VIII/30–3, 35; Fraser, xiii

25 丑闻

1. Mann, 281–2
2. Mann, 299–300, 301–2, 304–5; Bibl, *Metternich*, 221
3. MM, V/536, 48, 58, 59, 222; Bibl, *Metternich*, 218; Lieven, *Correspondence*, II/104
4. Sked, *Metternich*, 20–1
5. Wegert, 103; Neigebaur
6. Bibl, *Metternich in neuer Beleuchtung*, 221–3; *Metternich*, 256–9; Baack, 249–53
7. Wierzbitski, I/265–6
8. Bibl, *Metternich in neuer Beleuchtung*, 303–5, 247; HHSA, Staatskanzlei, Diplomatische Korrespondenz, Deutsche Akten, alte serie, 217; Wierzbitski, I/267
9. MM, V/319
10. Bibl, *Metternich in neuer Beleuchtung*, 311
11. Wallas, 310
12. Wallas, 301ff
13. Bibl, *Metternich in neuer Beleuchtung*, 318
14. MM, V/286; Müller, 25–6; Bibl, *Metternich in neuer Beleuchtung*, 327–9; Siemann, 87; Bibl, *Metternich*, 261
15. MM, V/351, 368
16. Bibl, *Metternich*, 237
17. Wierzbitski, 267; Clark, *Iron Kingdom*, 440, 446–7
18. Siemann, 213–15; Legge, 116; HStAD, Best. G 2 A, Nr. 52/5
19. Wegert, 178
20. Wegert, 198ff; Obenaus, 118; Hüber, 153
21. Obenaus, 118–19; Hüber, 152
22. Bibl, *Metternich. Der Dämon*, 262; *Metternich in neuer Beleuchtung*, 190–2, 369, 197; Meyendorff, I/24
23. Meyendorff, I/33–7
24. Bibl, *Metternich*, 247
25. Bibl, *Metternich*, 240; see also Tatishchev, *Imperator Nikolai*, 69–78
26. Bibl, *Metternich*, 240–2
27. MM, V/603, 617
28. Duggan, 26
29. Mack Smith, *Mazzini*, 121
30. MM, IV/267
31. ÖStA, AVA, Inneres Polizei, PHSt H22, 1093; HStAD, Best. GA, Nr. 52/5; Fenner von Fenneberg, 131–2; HHSA, Staatskanzlei, Notenwechsel, 57; HHSA, Statenabteilung, Frankreich, Varia, 99
32. Bibl, *Metternich in neuer Beleuchtung*, 422; HHSA, Statenabteilung, Frankreich, Varia, 99; Noiriel, 62; Grandjonc, 12, 90–1; MM/V/599; Siemann, 130–3; Reiter, 28–32
33. Meyendorff, I/58–60
34. Squire, *Metternich and Benckendorff*, 161, 369, 370, 380; MM, VI/83
35. Squire, *Metternich and Benckendorff*, 376
36. MM, VI/52
37. Wellington, *Despatches*, VIII/368; Fraser, 264; Southey, VI/175, 213, 222; Bibl, *Metternich in neuer Beleuchtung*, 358
38. Harrison, 60, 4, 292–301; Ascoli, 104–5

39. Dino, I/185, 220, 254; Moore, 222; MM, V/292, 621-3

26 污水沟

1. Gisquet, I/241
2. La Hodde, 12ff
3. La Hodde, 66-7; Chenu, 12
4. La Hodde, 67-8; Gisquet, I/366
5. Dumas, II/343, 508
6. Blanc, III/202
7. La Hodde, 145; Perreux, 64, 49; Gisquet, I/366; Guizot, *Mémoires*, III/205ff
8. Chevalier, xx-xxiii
9. Perreux, 19, 364
10. Gisquet, I/464, 471-3; Noiriel, 46, 50-2; AN F/7/6758, 6988
11. Gisquet, II/16-17, 29, 36; Chenu, 25-7, 29-30; Merriman, 10, 114
12. Perreux, 307-9, 361-2
13. Perreux, 310-13
14. Lieven, *The Correspondence of Lord Aberdeen*, 39; Maillé, 93; Trollope, *Paris*, I/130, 321ff
15. Joinville, 249
16. Du Camp, *L'Attentat Fieschi*, 63-6, 140, 149-51; Blanc, II/137; there were also large sections of the public who imagined his reported undying love for Lassave to have a redeeming quality that turned him into a kind of hero in their minds. See, for example, Dino, II/13
17. MM, VI/46-7, 148; Dino, II/78-9
18. Lieven, *The Correspondence of Lord Aberdeen*, 50; Girardin, I/45
19. Rémusat, III/383
20. Rémusat, III/406; Antonetti, 818; Tulard, 80
21. Aubouin, 327-8
22. Chevalier, 225
23. Rémusat, III/390
24. Girardin, II/202; Lieven, *The Correspondence of Lord Aberdeen*, 53-4, 57, 63, 74, 125; Maillé, 94
25. Guizot, *Mémoires*, VIII/1ff; Rémusat, III/377
26. Rémusat, III/382; Du Camp, *L'Attentat Fieschi*, 270-1
27. La Hodde, 402-5, 474

27 审查

1. Royle, 183, 189
2. *The Annual Register 1838*, 204-5
3. Rudé, *The Crowd*, 156
4. Hilton, 612-13; Rudé, *The Crowd*, 182-4; Palmer, 455ff
5. Freitag, 211
6. Squire, *Metternich and Benckendorff*, 377
7. MM, VI/364
8. Squire, *Metternich and Benckendorff*, 383-5
9. Squire, *Metternich and Benckendorff*, 387-8
10. Gisquet, I/464, 471-3; Noiriel, 46; AN F/7/6758, 6988
11. ÖStA, AVA, Inneres, Polizei, PHSt 9039, 420, 821; MM, VII/209
12. BdS, *Metternich et son Temps*, 110, 115
13. Sked, *Metternich*, 167-8; Emerson, 45-6; Maistre, *Correpondance diplomatique*, II/244; Vaillé, 316
14. BdS, *Metternich et son Temps*, 117
15. Maistre, *Correspondance diplomatique*, II/242-4; Squire, *Metternich and Benckendorff*, 160
16. Vaillé, 354-5, 361-3, 376
17. Schenk, 77-8
18. Schenk, 77; Gebhardt, 171; Bibl, *Die Wiener Polizei*, 300, 302-6; Mack Smith, *Victor Emmanuel*, 7
19. La Harpe, III/590; *Carte Segrete*, II/306; MM, VII/140; Bibl, *Metternich*, 283
20. Emerson, 153; Schenk, 154-5; Bibl, *Die Wiener Polizei*, 300
21. Sked, *Metternich*, 146-9
22. Emerson, 151; Schenk, 78; Zamoyski, *Holy Madness*, 198; Sked,

Metternich, 146; Bibl, *Die Wiener Polizei*, 290
23. Bachleitner, *The Politics*, 101–3
24. Keates, 31–2
25. Keates, 32
26. Duggan, 152–4
27. Bachleitner, *Quellen*, 60–9
28. Bachleitner, *The Politics*, 98–101
29. Marx, Julius, *Die österreichische Zensur*, 15, 10; Emerson, 181

28 一个错误

1. Grunwald, 115–16; Blanc, IV/203; Marmont, IX/58; Tatishchev, *Vneshniaia Politika*, 12–18
2. *Nikolai Pervyi*, I/112–14; Shilder, *Imperator Nikolai*, II/2/563–4; Tatishchev, *Imperator Nikolai*, 142–55
3. Squire, *Metternich and Benckendorff*, 155; Henningsen, I/134–7
4. Marmier, I/250
5. Nesserlode, *Lettres*, VIII/243–4
6. Lieven, *The Lieven-Palmerston Correspondence*, 156, 199, 235, 238, 250; Monas, 232; Custine, *La Russie*, III/107
7. Uvarov, *Desiatiletie*, 2
8. Uvarov, *Desiatiletie*, 3
9. Riasanovsky, *Russian Identities*, 135–6
10. Whittaker, 118
11. Herzen, I/105; Riasanovsky, *Russian Identities*, 136
12. Riasanovsky, *Russian Identities*, 145; *Nicholas I*, 217–18
13. Monas, 194–5
14. Oleinikov, 305
15. Oleinikov, 273, 294–6; Gershenzon, 136–7
16. Monas, 134; Gershenzon, 135; Lemke, 50
17. Monas, 121; Riasanovsky, *A Parting of Ways*, 247; *Nicholas I*, 222–3
18. Kohn, 112
19. Riasanovsky, *Nicholas I*, 229; Monas, 12; *Okhranienie*, 24; Figes, 61; Tatishchev, *Imperator Nikolai*, 12–18
20. Herzen, I/134–5, 194, II/433; Monas, 125, 129
21. Herzen, II/436; Marmier, I/262; Trotskii, 70; Oleinikov, 300, 303–4; Monas, 122
22. Dubelt, 501
23. Trotskii, 57–8
24. Trotskii, 66, 70
25. Monas, 64; Oleinikov, 277; Trotskii, 53
26. Selivanov, 291, 299–316
27. Marmier, I/263; Squire, 216, 218–19; Herzen, II/427–8; Bloomfield, I/315–16; see also Henningsen, I/181–96
28. Golovine, I/234, 236–7
29. Herzen, II/457; Monas, 79; Brus, 239
30. Monas, 111–2
31. Milchina, 33; *Zhurnaly Komiteta*; Trotskii, 25–7; Monas, 278; Riasanovsky, *Nicholas I*, 210
32. Grunwald, 231, 233; Smirnova-Rosset, 370–1; Riasanovsky, *A Parting of Ways*, 246; Nesselrode, *Lettres*, VIII/199, 201, 234, 244

29 波兰主义

1. Tatishchev, *Vneshniaia Politika*, 25
2. Obenaus, 121; Legge, 144
3. Barclay, 49–50
4. Barclay, 63; Meyendorff, I/166
5. Meyendorff, I/205, 164, 127; Dino, III/307–8
6. Wierzbitski, II/214
7. Lüdtke, 69
8. Lüdtke, 134, 148; Best, 211
9. Townsend, 19
10. Meyendorff, I/312–13, 320; Nesselrode, *Lettres*, VIII/276
11. Hamerow, 19–20; Ludtke, 80–1
12. Hamerow, 77
13. MM, VII/52; Bibl, *Metternich*, 298
14. MM, VII/48, 47–51
15. MM, VII/89–91, 379
16. MM, VII/5, 7, passim; *The Annual Register 1844*, 454–5

/ 注 释 /

17. MM, VII/169, 168, 193, 171-219, 242; Bibl, *Metternich*, 272
18. Sked, *The Survival of the Habsburg Empire*, 164ff
19. Bibl, *Metternich*, 273, 272
20. MM, VII/201, 200, 210-11, 205-6, 209
21. MM, VII/281-92
22. MM, VII/227-30
23. Mack Smith, *Victor Emmanuel*, 7, 24; Duggan, 77
24. Davis, 132-3, 137; Hughes, 138
25. Davis, 60, 110
26. Mack Smith, *Victor Emmanuel*, 8
27. MM, VII/249
28. Namier, 5; MM, VII/334, 330
29. Rath, *The Viennese Revolution*, 7; Sked, *The Survival of the Habsburg Empire*; Zamoyski, *Holy Madness*, 301; MM, VII/334, 424
30. Bibl, *Metternich*, 278

30 逍遥法外的撒旦

1. MM, VII/583
2. Tocqueville, 615, 603, 757-9
3. Langer, 91-2
4. Antonetti, 839, 887
5. Marie Amélie, 537-8; Gronow, 180
6. Boigne, IV/402-3
7. Gronow, 181; La Hodde, 449, Du Camp, *Souvenirs*, 21-3; Canler, 371
8. Du Camp, *Souvenirs*, 57ff
9. Barrot, I/504-5
10. Bouyssy, 80-1
11. Bouyssy, 81-2, 118, 42

12. Marie Amélie, 538-9
13. Barrot, I/218
14. Gronow, 183; Du Camp, *Souvenirs*, 109; Tocqueville, 798-9
15. Apponyi, IV/153, 159
16. Bibl, *Metternich*, 300; Riasanovsky, *Nicholas I*, 4; Barclay, 134
17. Smirnova-Rosset, 358; Grunwald, 248
18. Bibl, *Metternich*, 302
19. Bibl, *Die Wiener Polizei*, 321-9; Metternich, 310-11, 314
20. Nesselrode, *Lettres*, IX/70
21. Barclay, 142-3; Westmorland, Priscilla, 119, 127; Stadelmann, 4
22. Zamoyski, *Holy Madness*, 346
23. Rudé, *The Crowd*, 179; Palmer, 482ff
24. Riasanovsky, *Nicholas I*, 5
25. Monas, 239-40, 242; Riasanovsky, *Nicholas I*, 209; Grunwald, 261
26. Marx, Karl, *Class Struggles*, 52; Antonetti, 919
27. Berlioz, 51
28. Herzen, IV/249
29. Nesselrode, *Lettres*, IX/181-2
30. Rudé, *The Crowd*, 169
31. Stadelmann, 13, 68, 75ff, 42-4
32. Marx, Karl, *Class Struggles*, 38; Hughes, 63
33. Herzen, III/91-2, II/673

余 波

1. Lucas, 63
2. Mazzini, 117

ARCHIVAL

The National Archives, Kew
Treasury Solicitor's Papers: TS 11/197, 11/198, 11/199, 11/200, 11/201, 11/202, 11/203, 11/204, 11/285, 11/951, 11/952, 11/953/, 11/954, 11/955, 11/956, 11/993; 24/1/4, 24/1/5, 24/1/6, 24/1/7, 24/1/9, 24/3/33
King's Bench Papers: KB 33/6/1, 33/6/2
Privy Council Papers: PC 1/21/35A & B
Home Office Papers: HO 40/11, 40/17, 40/19, 40/20, 40/21, 40/22, 41/6, 41/26, 44/21, 79/2
Foreign Office Papers: FO/92/44

Public Record Office of Northern Ireland, Belfast
D3030/3531, D3030/5249, D3030/5250, D3030/5310

Archives Nationales, Paris
Série F/7 Police: 3028, État de personnes arrêtées; 3029, ditto; 3054, Police générale; 3824, Extrais de declarations de conducteurs de diligences; 3839, Rapports de commissaires …; 3850, Bulletins de Police; 3880, Bulletins des Préfets de Police de Paris; 4174, Rapports de la Gendarmerie de Paris; 6667, Complot du 27 janvier 1821; 6668, Personnes attachées aux Bonaparte; 6669, ditto; 6676, affaire du 19 août 1820; 6684–6689, Sociétés Secrètes; 6702–6703, Surveillance des officiers en non-activité; 6727, Gardes du Corps; 6753, Fonds de Police Secrète; 6758, Polonais; 6816, Patriotes de 1816; 6969, Mauvais esprit, etc; 6988, Police générale; 6991, Conspiration de Nantil; 6997, Police générale; 9764, Gendarmerie de Paris; 9908, Police générale; 12292, Circulaires; 12293, Police des journaux

Archives de la Préfecture de Police, Paris
Serie AA: 328, 329, Affaire Lavalette; 333, 334, 335, Affaire des Patriotes, Épingle Noire, etc.; 336–9, Ex-Conventionnels; 340, Conjurés de Lyon; 342, Attentat contre le duc de Wellington; 343, Affaire Louvel; 346–9, 352, Lettres anonymes; 353–9, Conspiration d'août 1820; 361, Affaire de La Rochelle

Archives du Ministère des Affaires Étrangères, Paris
Mémoires et Documents: Angleterre 7MD/61; Autriche, 9MD/46; Naples, 33MD/11, 33MD/13; Russie, 43MD/28
Correspondance Politique: 112CP Russie; 114CP Sardaigne; 8CP Angleterre; 11CP Autriche

Österreichisches StaatsArchiv, Vienna
Allgemeine Verwaltungsarchiv, Polizeihofstelle:
Pergen Akten, 11, 13, 15
Altere Polizei, 25b
Inneres, Polizei, PHst H 22, H 26, H 37, H 155, 15, 43, 70, 79, 157, 173, 251, 309, 603, 821, 824, 1030, 1084, 1093, 2374, 3357, 3606, 3755, 3877, 3906, 5243, 5961, 6884, 7038, 8060, 8446, 9039, 9328, 10.781, 11.420
Haus- Hof- und StaatsArchiv:
Notenwechsel mit der Polizeihofstelle, 55, 56, 57, 58
Staatskanzlei, Diplomatische Korrespondenz, Deutsche Akten, alte serie, 135, 217, 221
Staatenabteilung, Frankreich, Varia, 69, 99, 102, 105
Gesandschaft Archiv: St Petersburg 011, 013, 038, 073, 075

Hessisches Hauptstaatsarchiv, Wiesbaden
Abt. 210, Nr. 2701, 2908, 3541, 3780, 3796, 8317, 12552, 12553, 3541; Abt. 211, Nr. 904, 7995, 13679, 16210; Abt. 295, Nr. 22, 24, 201, 204, 16210; Abt. 1054, Nr. 1–7; Abt. 1097, Nr. B7, B17, B21, B77; Abt. 1255, Nr. 50

Hessisches Staatsarchiv, Darmstadt
Bestand G2A, Nr. 52/5

Landesarchiv Baden-Württemberg, Hauptstaatsarchiv, Stuttgart
Bestand E 50/01 Bü 600, Bü 644, Bü1248; E50/02; E 50/03; E 65 Bü 32; Bü 707; E 301, Bü 897; E 301

PUBLISHED

Agethen, Manfred. *Geheimbund und Utopie: Illuminaten, Freimaurer und Deutsche Spätaufklärung*, in Ancien Régime, Aufklärung und Revolution, Vol. XI, Oldenburg 1984

Alexander I, Emperor of Russia, *Correspondance de l'Empereur Alexandre Ier avec sa soeur la Grande Duchesse Catherine*, St Petersburg 1910

Alexander, R.S., *Bonapartism and Revolutionary Tradition in France. The Fédérés of 1815*, Cambridge 1991
Alison, Sir Archibald, *Lives of Lord Castlereagh and Sir Charles Stewart*, Vol. III, London 1861
Allen, William, *Life of William Allen, with Selections from his Correspondence*, 3 vols, London 1846
Alletz, *Dictionnaire de Police Moderne pour toute la France*, 4 vols, Paris 1823
An Account of the Seizure of Citizen Thomas Hardy, Secretary to the London Corresponding Society, etc., London 1794
Ancelot, M., *Six mois en Russie*, Paris 1827
Andryane, Alexander, *Memoirs of a Prisoner of State in the Fortress of Spielberg; by Alexander Andryane*, 2 vols, London 1840
An Exposure of the Spy System pursued in Glasgow in the Years 1816-17-18-19 and 20, etc., Glasgow 1833
Angeberg, Comte d' (Leonard Chodźko), *Le Congrès de Vienne et les Traités de 1815: précédé et suivi des actes diplomatiques qui s'y rattachent, avec une introduction historique par M. Capefigue*, 2 vols, Paris 1864
Anglade, Eugène, *Coup d'Oeil sur la Police, depuis son origine jusqu'à nos jours*, Agen 1847
Anisimov, Evgenii, *Dyba i Knut. Politicheskii sysk i russkoe obshchestvo v XVIII veke*, Moscow 1999
Année, Antoine, *Le Livre Noir de Messieurs Delavau et Franchet, ou Repertoire alphabétique de la police politique sous le ministère déplorable*, 4 vols, Paris 1829
Antioche, comte d', *Chateaubriand Ambassadeur à Londres (1822) d'après ses dépèches inédites*, Paris n.d.
Antonetti, Guy, *Louis-Philippe*, Paris 1994
Apponyi, Rodolphe, *Vingt-cinq ans à Paris, 1826-50. Journal du comte Rodolphe Apponyi*, Paris 1913
Archer, John E., *Social Unrest and Popular Protest in England 1780-1840*, Cambridge 2000
Aris, Reinhold, *History of Political Thought in Germany from 1789 to 1815*, London 1936
Armitage, Gilbert, *The History of the Bow Street Runners 1729-1829*, London 1932
Artz, Frederick B., *Reaction and Revolution 1814-1832*, New York 1966
Ascoli, David, *The Queen's Peace. The Origins and Development of the Metropolitan Police 1829-1979*, London 1979
Aubouin, M., Teyssier, A. and Tulard, J., *Histoire et dictionnaire de la Police*, Paris 2005
Aylmer, Edward, *Memoirs of George Edwards, alias Wards, the Acknowledged Spy, and principal instigator, in the Cato-Street Plot*, London 1820
Baack, Lawrence J., *Christian Bernstorff and Prussia. Diplomacy and Reform Conservatism 1818-1832*, New Brunswick 1980
Bachleitner, Norbert, 'The Politics of the Book Trade in Nineteenth-century Austria', in *Austrian History Yearbook*, XVIII, 1997
— *Quellen zur Rezeption des englischen und französischen Romans in Deutschland und Österreich im 19. Jahrhundert*, Tübingen 1990

Bahr, E. and Saine, T., eds, *The Internalized Revolution. German Reactions to the French Revolution, 1789-1989*, New York 1992

Bamford, Samuel, *Passages in the Life of a Radical*, 2 vols, London 1844

Barante, Amable Guillaume Baron de, *Souvenirs du Baron de Barante*, Vol. II, Paris 1892

Barclay, David E., *Frederick William IV and the Prussian Monarchy 1840-1861*, Oxford 1995

Barrot, Camille Odilon, *Mémoires posthumes*, Vol. I, Paris 1875

Barruel, Abbé Augustin, *Mémoires pour servir à l'Histoire du Jacobinisme*, 2 vols, Chiré-en-Montreuil 1973

Bartlett, C.J., *Castlereagh*, London 1966

Bayley, David H., 'The Police and Political Development in Europe', in Charles Tilly, ed., *The Formation of National States in Western Europe*, Princeton 1975

Beattie, J.M., *The First English Detectives. The Bow Street Runners and the Policing of London 1750-1840*, Oxford 2012

Beaurepaire, Pierre-Yves, *William Pitt, les Francs-Maçons Anglais et la loi sur les Sociétés Secrètes*, in *Annales de la Révolution Française*, No. 342, 2005

Belgioioso, Princess Cristina Trivulzio, *L'Italia e la Rivoluzione Italiana nel 1848: Parti Due*, Lugano 1849

— *La Rivoluzione Lombarda del 1848*, Milan n.d.

Benckendorff, A. Kh., *Pismo grafa Aleksandra Benkendorfa k Nikolaiu Aleksandrovichu Polevovomu*, in *Russkii Arkhiv*, 1863

— *Otryvok iz zapisok grafa A. Kh. Benkendorfa*, ed. Baron M. Korff, in *Russkii Arkhiv*, 1866

— *Pisma grafa Benkendorfa k N. B. Kukolniku*, in *Russkaia Starina*, 1871

— *Instruktsia Grafa Benkendorfa Chinovniku 'Tretiago Otdelenia'*, in *Russkii Arkhiv*, Vol. 7, 1889

— *Imperator Nikolai v 1828-1829gg. (iz zapisok grafa A. Kh. Benkendorfa)*, in *Russkaia Starina*, Vol. 86, April-June 1896 and Vol. 87, July-September 1896

— *Proiekt g A. Benkendorfa ob ustroistvie vysshei politsii*, in *Russkaia Starina*, Vol. 104, October 1900

— *Zapiska o sostoianii russkago voiska v 1825 godu. Iz bumag A. Kh. Benkendorfa*, ed. M. Sokolovskii, in *Russlii Arkhiv*, Vol. 3, Moscow 1904

— *Vospominania 1802-1837*, ed. M.V. Sidorova and A.A. Litvina, trs. O.V. Marinina, Moscow 2012

Benhamou, Albert, *L'Autre Sainte-Hélène. La Captivité, la maladie, la mort et les médecins autour de Napoléon*, Hemel Hempstead 2010

Béranger, P.J. de, *Ma Biographie*, Paris 1857

Berlioz, Hector, *Memoirs*, trs. David Cairns, London 1970

Bernard, Paul P., *From the Enlightenment to the Police State. The Public Life of Johann Anton Pergen*, Chicago 1991

Berry, Mary, *Extracts from the Journals and Correspondence of Miss Berry*, 3 vols, London 1866

Bertier de Sauvigny, G. de, *Metternich et Decazes, d'après leur correspondance 1816-1820*, in *Études d'histoire moderne et contemporaine*, Vol. V, 1953

— *Metternich et son temps*, Paris 1959
— *Metternich et la France après le Congrès de Vienne*, 3 vols, Paris 1968–72
— *La France et les Français vus par les voyageurs americains 1814–1848*, Paris 1982
Berton, Jean-Baptiste, *Considérations sur la police, etc.*, Paris 1820
Best, Geoffrey, *War and Society in Revolutionary Europe 1770–1870*, Stroud 1998
Beugnot, Claude Comte, *Mémoires du Comte Beugnot, ancien ministre (1783–1815)*, Vol. II, Paris 1866
Bew, John, *Castlereagh. Enlightenment, War and Tyranny*, London 2011
Beyle, Henri (Stendhal), *Rome, Naples et Florence*, Paris 1854
— *Journal*, 4 vols, Paris 1932
Bibl, Wiktor, *Die Wiener Polizei. Eine Kulturhistorische Studie*, Leipzig 1927
— *Metternich 1773–1859*, Paris 1935
— *Metternich. Der Dämon Österreichs*, Leipzig 1936
— *Metternich in neuer Beleuchtung. Seine geheime briefwechsel mit dem Bayerishen Staatsminister Wrede 1831–4*, Vienna 1928
Bieker, Eva. *Die Interventionen Frankreichs und Grossbritanniens Anlässlich des Frankfurter Wachensturms 1833. Eine Fallstudie zur Geschichte Völkerrechtlicher Verträge*, in *Saarbrücker Studien zum Internationalen Recht*, Vol. XXI, Baden-Baden 2003
Bignon, Louis-Pierre-Édouard Baron, *Les Cabinets et les peuples*, Paris 1822
Billinger, Robert D., *Metternich and the German Question. States' Rights and Federal Duties, 1820–1834*, London 1991
Binyon, T.J., *Pushkin. A Biography*, London 2002
Birn, Raymond, *Royal Censorship of Books in Eighteenth-century France*, Stanford 2012
Blanc, Louis, *Histoire de dix ans*, 5 vols, Brussels 1846
Bloomfield, Georgiana Baroness, *Reminiscences of Court and Diplomatic Life*, 2 vols, London 1883
Boigne, Adèle d'Osmond, comtesse de, *Récits d'une tante. Mémoires de la comtesse de Boigne*, 4 vols, Paris 1908
Bokova, V.H., *Epokha tainykh obshchestv. Russkie obshchestvennye obedinienia pervoi tretii 19 vekha*, Moscow 2003
Bonald, Louis Gabriel Ambroise vicomte de, *Oeuvres complètes*, 3 vols, Paris 1864
Borovkov, Aleksandr Dmitrievich, *Avtobiograficheskia Zapiski*, in *Russkaia Starina*, Vol. 96, October 1898
Bouyssy, Maité, ed., *Maréchal Bugeaud, le guerre des rues et des maisons*, Paris 1997
Branig, Hans, ed., *Briefwechsel des Fürsten Karl August von Hardenberg mit dem Fürsten Wilhelm Ludwig von Sayn-Wittgenstein*, Cologne 1972
— *Fürst Wittgenstein. Ein preussischer Staatsmann der Restaurationszeit*, Cologne 1981
Brauer, Kinley, and Wright, William E., *Austria in the Age of the French Revolution 1789–1815*, Minneapolis 1990
Broers, Michael, *Napoleon's Other War. Bandits, Rebels and their Pursuers in the Age of Revolutions*, Oxford 2010
— with Peter Hicks and Augustín Guimerá, *The Napoleonic Empire and the New European Political Culture*, London 2012

Broglie, A.L.V.C. duc de, *Souvenirs 1785–1870*, 4 vols, Paris 1886
Brown, Mark Liam, 'The Polish Question and Public Opinion in France 1830–1848', in *Antemurale*, Vol. XXIV, Rome 1980
Brown, Philip Anthony, *The French Revolution in English History*, London 1918
Brunschwig, Henri, *La Crise de l'État Prussien à la fin du XVIIIe siècle et la genèse de la mentalité Romantique*, Paris 1947
Brus, Anna, Kaczyńska, Elżbieta and Śliwowska, Wiktoria, *Zesłanie i Katorga na Syberii w dziejach Polaków 1815–1914*, Warsaw 1992
Brydges, Sir Egerton, *Travels of My Nightcap, or Reveries in Rhyme with Scenes at the Congress of Verona*, London 1825
Buloz, A., see Witt, Jean
Burke, Edmund, *Reflections on the Revolution in France*, in *Works*, Vol. V, London 1826
— 'Letters on a Regicide Peace', in *Works*, Vols VIII and IX, London 1826
— 'An Appeal from the New to the Old Whigs', in *Works*, Vol. III, London 1855
— *The Correspondence of Edmund Burke*, Vols VI–X, Cambridge 1967
Burleigh, Michael, *Earthly Powers. Religion and Politics in Europe from the French Revolution to the Great War*, London 2005
Burtin, P.M. Nicolas, *Un Semeur d'idées au temps de la Restauration. Le baron d'Eckstein*, Paris 1931
Büssem, Eberhard, *Die Karlsbader Beschlüsse von 1819. Die Endgültige Stabilisierung der Restaurativen Politik im Deutschen Bund nach dem Wiener Kongress von 1814–15*, Hildesheim 1974
Canler, Paul Louis Alphonse, *Mémoires de Canler, ancien chef du service de Sûreté*, Paris 1986
Canning, George, *Some Official Correspondence of George Canning*, Vol. I, London 1887
Capefigue, J.B., *Histoire de la Restauration*, 10 vols, Paris 1831
Capo d'Istria, Ionnes, *Zapiska grafa Ioanna Kapodistria o ego sluzhebnoi deatelnosti*, in *Sbornik Imperatorskogo Russkogo Istoricheskogo Obshchestva*, Vol. III, St Petersburg 1868
Carrano, Francesco, *Vita di Guglielmo Pepe*, Turin 1857
Carrot, Georges, *Histoire de la police française*, Paris 1992
Carte Segrete e Atti Ufficiali della Polizia Austriaca in Italia dal giugno 1814 al 22 marzo 1848, 3 vols, Turin 1851
Castanié, François, *Les Indiscrétions d'un Préfet de Police de Napoléon*, Paris n.d.
Castellane, Esprit Victor Elisabeth Boniface, *Journal du maréchal de Castellane*, Vols I and II, Paris 1895
Castlereagh, Robert, Viscount, *Correspondence, Despatches, and other Papers of Viscount Castlereagh*, Vols XI and XII, London 1853
Chateaubriand, René vicomte de, *Lectures des Mémoires de M. de Chateaubriand, ou recueil d'articles publiés sur ces mémoires*, Paris 1834
— *Congrès de Vérone*, Paris 1838
Chenu, A., *Les Conspirateurs*, Paris 1850
Chevalier, Louis, *Classes laborieuses et classes dangereuses à Paris pendant la première moitié du XIXe siècle*, Paris 1958

Chicherin, Boris Nikolaevich, *Vospominania*, Vol. I, Moscow 2010
Chorley, Katharine, *Armies and the Art of Revolution*, London 1943
Church, Clive H., *Europe in 1830. Revolution and Political Change*, London 1983
Clark, Christopher, 'The Wars of Liberation in Prussian Memory: Reflections on the Memorialisation of War in Early Nineteenth-century Germany', *Journal of Modern History*, Vol. 68, No. 3, 1996
— *Iron Kingdom. The Rise and Downfall of Prussia, 1600–1947*, London 2006
Claveau, A. G., *De la Police de Paris, de ses abus, et des réformes dont elle est susceptible*, Paris 1831
Clemit, Pamela, ed., *The Cambridge Companion to British Literature of the French Revolution in the 1790s*, Cambridge 2011
Cleves, Rachel Hope, *The Reign of Terror in America. Visions of Violence from Anti-Jacobinism to Antislavery*, Cambridge 2009
Cobb, Richard, *The Police and the People. French Popular Protest, 1789–1820*, Oxford 1970
— *Reactions to the French Revolution*, Oxford 1972
Cobbett, William, *Peter Porcupine in America. Pamphlets on Republicanism and Revolution*, ed. David A. Wilson, Cornell 1999
— *The Parliamentary History of England from the Earliest Period to the Year 1803*, Vol. XXIX, London 1817
Cockburn, Sir George, *Extract from a Diary of Rear-Admiral Sir George Cockburn*, London 1888
Colquhoun, Patrick, *A Treatise on the Police of the Metropolis*, London 1796
Confalonieri, Federico Count, *Memorie e Lettere*, 2 vols, Milan 1889
Coniglio, Giuseppe, ed., *Le Relazioni Diplomatiche fra il Regno delle Due Sicilie e il Regno della Prussia, I e II Serie: 1814–1848*, Rome 1977
Conjuration permanente contre la maison de Bourbon et les rois de l'Europe, Paris 1820
Consalvi, Ercole Cardinal, *Correspondance du Cardinal Hercule Consalvi avec le Prince Clément de Metternich*, ed. Charles Van Duerm, Louvain 1899
Conspiration des Chevaliers de l'Épingle Noire, Paris 1817
Constantine Pavlovich, Grand Duke, *Pisma Velikago Kniazia Konstantina Pavlovicha s grafom A. Kh. Benkendorfom 1826–1828*, in *Russkaia Starina*, Vol. 6, 1884
Corcelle, F. de, *Documents pour servir à l'histoire des conspirations, des partis et des sectes*, Paris 1831
Corti, Egon C., *Anonyme Briefe an drei Kaiser*, Leipzig 1939
Cubitt, Geoffrey, *The Jesuit Myth. Conspiracy Theory and Politics in Nineteenth-century France*, Oxford 1993
Custine, Astolphe marquis de, *La Russie en 1839*, 4 vols, Paris 1843
— *L'Espagne sous Ferdinand VII*, 4 vols, Brussels 1838
Czajkowski, Michał, *Pamiętniki Sadyka Paszy*, Lwów 1898
Czerska, Danuta, *Sobornoje Ułozenije 1649 roku. Zagadnienia społeczno-ustrojowe*, Wrocław 1970
Damas, Ange Hyacinthe baron de, *Mémoires du baron de Damas (1785–1862)*, 2 vols, Paris 1922

Darnton, R., *Poetry and the Police. Communication Networks in Eighteenth-century Paris*, London 2010

Darvall, F.O., *Popular Disturbances and Public Order in Regency England*, London 1934

Daudet, Ernest, *La Police et les Chouans*, Paris 1895

— *La Police Politique. Chronique des temps de la Restauration*, Paris 1912

Davis, John A., *Conflict and Control. Law and Order in Nineteenth-century Italy*, London 1988

De Quincey, Thomas, 'Secret Societies', 513–22 and 661–70, in *Tait's Edinburgh Magazine*, 1847

Des conspirateurs et des conspirations, par Theodore ***, Paris 1822

Desmarest, Pierre-Marie, *Quinze ans de Haute Police sous le Consulat et l'Empire*, Paris 1900

Dino, duchesse de, *Chronique de 1831 à 1862*, 4 vols, Paris 1909–10

Dmitriev, M.A. *Glavy iz vospominanii moiei zhizni*, Moscow 1998

Droz, Jacques, *Europe between Revolutions 1815–1848*, London 1985

Dubelt, E.I., *Leontii Vasilievich Dubelt. Biograficheskia ocherki i ego pisma*, in *Russkaia Starina*, Vol. 60, October 1888

Dubrovin, N.Th., ed., *Bumagi grafa Arsenia Andreevicha Zakrevskogo*, in *Sbornik Imperatorskogo Russkogo Istoricheskogo Obshchestva*, Vol. 73, 1890

— ed., *Materialy i Cherti k biografii Imperatora Nikolaia I i k istorii ego tsarstvovania*, in *Sbornik Imperatorskogo Russkogo Istoricheskogo Obshchestva*, Vol. 98, St Petersburg 1896

Du Camp, Maxime, *Souvenirs de l'année 1848*, Paris 1876

— *Histoire et critique*, Paris 1877

— *L'Attentat Fieschi*, Paris 1877

Ducoin, Auguste, *Histoire de la conspiration de 1816*, Paris 1844

Duggan, Christopher, *The Force of Destiny. A History of Italy since 1796*, London 2007

Dumas, Alexandre, *Mes Mémoires 1802–1830*, 2 vols, Paris 1989

Edelman, O.V., *Sledstvie po Delu Dekabristov*, Moscow 2010

Edgcumbe, Richard, ed., *The Diary of Frances Lady Shelley*, 2 vols, London 1912–13

Ellis, P. Beresford, and Mac A'Ghobhainn, Seumas, *The Scottish Insurrection of 1820*, London 1970

Emerson, Donald E., *Metternich and the Political Police. Security and Subversion in the Hapsburg Monarchy (1815–1830)*, The Hague 1968

Empaytaz, H.L., *Notice sur Alexandre, Empereur de Russie*, Paris 1840

Emsley, Clive, 'The London "Insurrection" of December 1792: Fact, Fiction, or Fantasy?', in *Journal of British Studies*, Vol. 17, No. 2, Spring 1978

— 'The Home Office and its Sources of Information and Investigation 1791–1810', in *English Historical Review*, Vol. 94, No. 372, July 1979

— *Policing and its Context 1750–1870*, London 1983

— *Gendarmes and the State in Nineteenth-century Europe*, Oxford 1999

— 'Repression, "Terror" and the Rule of Law in England during the Decade of the French Revolution', in *English Historical Review*, Vol. 100, No. 397, October 1985

Essai sur la Secte des Illuminés, Paris 1789

Fairchild, H.C., *The Romantic Quest*, New York 1993

Fenner von Fenneberg, Freiherr, *Österreich und siene Armee*, Leipzig 1847
Figes, Orlando, *Crimea. The Last Crusade*, London 2010
Fitzpatrick, W.J., *Secret Service under Pitt*, London 1892
Flynn, James T., *The University Reform of Tsar Alexander I, 1802–1835*, Washington DC 1988
Fouché, Joseph, *Mémoires de Joseph Fouché, duc d'Otrante*, 2 vols, Paris 1824
Fox, Charles James, *Memorials and Correspondence*, ed. Lord John Russell, 2 vols, London 1853
Fraser, Antonia, *Perilous Question. The Drama of the Great Reform Bill 1832*, London 2013
Freitag, Sabine, ed., *Exiles from European Revolutions. Refugees in Mid-Victorian England*, New York 2003
Froment, M., *La Police Dévoilée, depuis la Restauration*, 3 vols, Paris 1829
Gagern, Heinrich von, *Deutscher Liberalismus in Vormarz, Briefe und Reden 1815–1848*, Götingen 1959
Garros, Louis, *Quel Roman que ma vie! Itinéraire de Napoléon Bonaparte, 1769–1821*, Paris 1947
Gauchais, Colonel, *Histoire de la conspiration de Saumur*, Paris 1832
Gebhardt, Helmut, *Die Grazer Polizei, 1786–1850*, Graz 1992
Gentz, Friedrich von, *Aus dem Nachlasse Friedrichs von Gentz*, 2 vols, Vienna 1867
— *Dépèches Inédites du chevalier de Gentz aux Hospodars de Moldavie*, Vols I and II, Paris 1876
Gernet, M.N., *Istoria Tsarskoi Tiurmy*, 2 vols, Moscow 1951
Gershenzon, Mikhail, *Nikolai I i ego epokha*, Moscow 2001
Gillen, Mollie, *Assassination of the Prime Minister. The Shocking Death of Spencer Perceval*, London 1972
Gilmartin, Kevin, *Writing against Revolution. Literary Conservatism in Britain, 1790–1832*, Cambridge 2007
Gin, Emilion, *Sanfedisti, Carbonari, Magistrati del Re. Il Regno delle Due Sicilie tra Restaurazione e Rivoluzione*, Naples 2003
Girardin, Sophie Gay, Mme Émile de, *Le Vicomte de Launay. Lettres Parisiennes*, 5 vols, Paris 1868
Gisquet, M. *Mémoires de M. Gisquet, ancient préfet de police*, 2 vols, Paris 1840
Golovine, Ivan, *Russia under the Autocrat Nicholas I*, 2 vols, Paris 1846
Gooch, G.P., *Germany and the French Revolution*, London 1920
Goodwin, Albert, *The Friends of Liberty. The English Democratic Movement in the Age of the French Revolution*, London 1979
Görres, Joseph, *Germany and the Revolution*, trs. John Black, London 1820
Graham, Jenny, *The Nation, the Law and the King. Reform Politics in England, 1789–1799*, 2 vols, Lanham 2000
Grandjonc, Jacques, *Marx et les communistes allemands à Paris, Vorwärts 1844*, Paris 1974
Grandmaison, Geoffroy de, *L'Expédition d'Espagne en 1823*, Paris 1928
Grasilier, Léonce, *Évasions de prisonniers de guerre favorisées par les Francs-Maçons sous Napoléon Ier*, Paris 1913

— *Un Secrétaire de Robespierre. Simon Duplay (1774–1827) et son mémoire sur les sociétés secrètes et les conspirations sous la Restauration*, Paris 1913

Grenby, M.O., *The Anti-Jacobin Novel. British Conservatism and the French Revolution*, Cambridge 2001

Greville, Charles C.F., *A Journal of the Reigns of King George IV and King William IV*, ed. Henry Reeve, 3 vols, London 1874

Griffin, Charles J.G., 'Jedediah Morse and the Bavarian Illuminati. An Essay in the Rhetoric of Conspiracy', in *Communication Studies*, Vol. 63, No. 1

Grimsted, Patricia Kennedy, *The Foreign Ministers of Alexander I. Political Attitudes and the Conduct of Russian Diplomacy 1801–1825*, Berkeley 1969

Gronow, R.H., *The Reminiscences and Recollections of Captain Gronow, etc.*, ed. John Raymond, London 1964

Grunwald, Constantin de, *La Vie de Nicolas Ier*, Paris 1946

Guillon, E., *Les Complots militaires sous la Restauration*, Paris 1895

Guizot, François, *Des Conspirations et de la justice politique*, Paris 1821

— *Des Moyens de gouvernement et d'opposition dans l'état actuel de la France*, Paris 1821

— *De la Peine de mort en matière politique*, Paris 1822

— *Mémoires pour servir à l'histoire de mon temps*, 8 vols, Paris 1858–67

— *Lettres de François Guizot et de la princesse de Lieven*, 3 vols, Paris 1963

Hamerow, Theodore S., *Restoration, Revolution, Reaction. Economics and Politics in Germany 1815–1871*, Princeton 1958

Hammond, J.L. and B., *The Skilled Labourer 1760–1832*, London 1927

Harrison, Mark, *Crowds and History. Mass Phenomena in English Towns, 1790–1835*, Cambridge 1988

Haussez, C. Lemercier de Longpré, Baron d', *Mémoires*, 2 vols, Paris 1896

Hauterive, Ernest d', *Mouchards et policiers*, Paris 1936

— *Napoléon et sa police*, Paris 1943

Haywood, I., 'The Dark Sketches of a Revolution', in *European Romantic Review*, Vol. 22, No. 4, 2011

Hazareesingh, Sudhir, *The Legend of Napoleon*, London 2004

Hazlitt, William, *Selected Writings*, ed. Duncan Wu, Vol. IV, London 1998

Henningsen, Charles Frederick, *Eastern Europe and the Emperor Nicholas*, 2 vols, London 1846

— *Revelations of Russia in 1846, by an English Resident*, 2 vols, London 1846

Herzen, Alexander, *My Past and Thoughts*, trs. Constance Garnett, 4 vols, London 1968

Hilton, Boyd, *A Mad, Bad, and Dangerous People? England 1783–1846*, Oxford 2006

Hingley, Ronald, *The Russian Secret Police. Muscovite, Imperial Russian and Soviet Political Security Operations 1565–1970*, London 1970

Hippler, Thomas, *Citizens, Soldiers and National Armies. Military Service in France and Germany, 1789–1830*, London 2008

Histoire complète du procès de Louis-Pierre Louvel, etc... par M. G... ex-officier d'Infanterie, Paris 1820

Hobsbawm, Eric, and Rudé, George, *Captain Swing*, London 1970

Hoffmann, E.T.A., *Juristische Arbeiten*, Munich 1973

Hone, J. Ann, 'Radicalism in London, 1796–1802', in J. Stevenson, ed., *London in the Age of Reform*, Oxford 1977
— *For the Cause of Truth. Radicalism in London 1796–1821*, Oxford 1982
Howe, Daniel Walker, *What Hath God Wrought. The Transformation of America, 1815–1848*, Oxford 2007
Hüber, E.R., *Nationalstaat und Verfassungsstaat*, Stuttgart 1965
Hughes, Steven C., *Crime, Disorder and the Risorgimento. The Politics of Policing in Bologna*, Cambridge 1994
Hunt, Henry, *Memoirs of Henry Hunt, Esq.*, 3 vols, London 1820
Hunt, Tristram, *The Frock-Coated Communist. The Revolutionary Life of Friedrich Engels*, London 2009
Ilse, Leopold Friedrich, *Geschichte der Politischen Untersuchungen, Welche Durch die Neben der Bundesversammlung Errichteten Commissionen, der Central Untersuchungs-Commission zu Mainz und der Bundes-Central-Behörde zu Frankfurt in den Jahren 1819 bis 1827 und 1833 bis 1842 Geführt Sind*, Frankfurt am Main 1860
Jackman, S.W., ed., *Romanov Relations. The Private Correspondence of Tsars Alexander I, Nicholas I and the Grand Dukes Constantine and Michael with their Sister Queen Anna Pavlovna 1817–1855*, London 1969
Jacobinism Displayed, Birmingham 1798
Jewson, C.B., *The Jacobin City. A Portrait of Norwich in its Reaction to the French Revolution 1788–1802*, Glasgow 1975
Johnston, Kenneth R., *Unusual Suspects. Pitt's Reign of Alarm and the Lost Generation of the 1790s*, Oxford 2013
Joinville, François Ferdinand d'Orléans, prince de, *Vieux souvenirs 1818–1848*, Paris 1986
Junius, *American Democracy*, New York 1840
K Istorii russkoi tsenzury (1814–1820), in *Russkaia Starina*, Vol. 104, October 1900
Kann, Robert A., *A Study in Austrian Intellectual History. From Late Baroque to Romanticism*, New York 1960
Kassandrus, N.B., *Die Entlarvung der Reactionairen Umtriebe vom Wiener Kongress bis zum Frankfurter Wachensturm. Aspekte zu Einer Verteidigung der Liberal-demokratischen Bewegung*, Giessen 1987
Katz, Jacob, and Oschry, Leonard, *Jews and Freemasons in Europe 1723–1939*, Cambridge, Mass. 1970
Kauchtschischwili, Nina, *Silvio Pellico e la Russia*, Milan 1963
Keates, Jonathan, *The Siege of Venice*, London 2005
Kelly, Gary, *The English Jacobin Novel 1780–1805*, Oxford 1976
Kohn, Hans, *Pan-Slavism. Its History and Ideology*, Notre Dame, Ind. 1953
Komitet, Vysochaishim reskriptom 6 dekabria 1826g uchrezhdenny, in *Sbornik Imperatorskogo Russkogo Istoricheskogo Obshchestva*, Vols 74, 1891 and 90, St Petersburg 1898
Körner, Alfred, *Die Wiener Jakobiner*, Stuttgart 1972
Kosellek, Reinhart, *Preussen zwischen Reform und Revolution. Allgemeines Landnecht, Verwaltung und Sociale Bewegung von 1791 bis 1848*, Stuttgart 1967

Koubrakiewicz, M., *Revelations of Austria*, Vol. I, London 1846
Krüdener, Baroness Julie von, *Le Camp de Vertus, ou La Grande Revue de l'armée russe, dans la plaine de ce nom*, Lyon 1815
Kulomzin, A.N., ed., *Finansovie Dokumenty Trsarstvovania Impratora Aleksandra I*, in *Sbornik Imperatorskogo Russkogo Istoricheskogo Obshchestva*, Vol. 45, St Petersburg 1885
Lachenicht, Susanne, *Information und Propaganda. Die Presse deutscher Jakobiner in Elsass (1791–1800)*, Munich 2004
La Harpe, Frédéric-César de, *Correspondance de Frédéric-César de La Harpe et Alexandre Ier*, Vol. III, Neuchâtel 1980
La Hodde, Lucien de, *Histoire des sociétés secrètes et du Parti Républicain de 1830 à 1848*, Paris 1850
La Mare, Nicolas de, *Traité de la police*, 4 vols, Paris 1705–38
Lamartine, Alphonse de, *Histoire de la Restauration*, 8 vols, Paris 1851–52
Lamennais, Félicité de, *De la Religion considérée dans ses rapports avec l'ordre politique et civil*, Paris 1826
Land, Isaac, *Enemies of Humanity. The Nineteenth-century War on Terrorism*, London 2008
Langer, William L., 'The Pattern of Urban Revolution in 1848', in E.M. Anscomb and M.L. Brown, eds, *French Society and Culture Since the Old Regime*, New York 1966
Langeron, Roger, *Decazes, Ministre du Roi*, Paris 1960
Laven, David, 'The Age of Restoration', in John A. Davis, ed., *Italy in the Nineteenth Century*, Oxford 2000
Lebzeltern, Louis-Joseph Count, *Mémoires et papiers*, Paris 1949
Le Cabinet Noir et M. de Vaulchier, Paris 1828
Le Camp de Vertus. Revue de l'Armée Russe sur le Mont-Aimé (10 septembre 1815), Epernay 1896
Legge, J.G., *Rhyme and Revolution in Germany. A Study in German History, Life, Literature and Character 1813–1850*, London 1918
Leininger, Franz, and Haupt, Herman, *Zur Geschichte des Frankfurter Attentats*, in Herman Haupt, ed., *Quellen und Darstellungen zur Geschichte der Burschenschaft und der Deutschen Einheitsbewegung*, Vol. V, Heidelberg 1920
Lemke, M., *Nikolaevskie Zhandarmy i literatura 1826–1855gg*, Moscow 1909
Lennhoff, Eugen *Politsche Geheimbunde*, Vienna 1931
Le Pont d'Arcole et la Police Gisquet, Paris 1833
Leśnodorski, B., *Polscy Jakobini*, Warsaw 1960
Levinger, Matthew, *Enlightened Nationalism. The Transformation of Prussian Political Culture 1806–1848*, Oxford 2000
Ley, Francis, *Alexandre Ier et sa Sainte Alliance*, Paris 1975
L'Heuillet, Hélène, *Basse politique, haute police. Une approche philosophique et historique*, Paris 2001
L'Homme de Gibeaux, ou nouvelles preuves de la conjuration de M. Élie de Cazes et consorts, contre la Légitimité, Paris 1820
Liang, His-Huey, *The Rise of Modern Police and the European State System from Metternich to the Second World War*, Cambridge 1992

Lieven, Dorothea, Princess, *Correspondence of Princess Lieven and Earl Grey*, 3 vols, London 1890
— *Kniaginia D. Kh. Liven i eia perepiska s raznymi litsami*, in *Russkaia Starina*, Vols 113–17, January 1903–January 1904
— *The Correspondence of Lord Aberdeen and Princess Lieven 1832–1854*, Vol. I, ed. E. Jones Parry, Royal Historical Society, Camden Third Series, Vol. LX, London 1938
— *The Lieven-Palmerston Correspondence 1828–1856*, ed. Lord Sudley, London 1943
— *Letters of Dorothea, Princess Lieven, during her Residence in London, 1812–1834*, ed. Lionel G. Robinson, London 1944
Lignereux, Aurélien, *La France rébellionnaire. Les résistances à la gendarmerie (1800–1859)*, Rennes 2008
Linklater, Andro, *Why Spencer Perceval Had to Die. The Assassination of a British Prime Minister*, London 2012
Lomachevskii, A., *Raskazy iz prezhnei politseiskoi sluzhby v Peterburge*, in *Russkaia Starina*, Vol. 9, 1874
Lombard de Langres, V., *Des Sociétés Secrètes en Allemagne, et en d'autres contrées, etc.*, Paris 1819
Lubomirski, Prince Józef, *Souvenirs d'un page du Tsar Nicolas*, Paris 1869
Luc, Jean-Noel, *Gendarmerie, état et société au XIXe siècle*, Paris 2002
Lucas, Edward, *Deception. Spies, Lies and How Russia Dupes the West*, London 2012
Lüdtke, Alf, *Police and State in Prussia, 1815–1850*, trs. Pete Burgess, Cambridge 1989
McCalman, Iain, *Radical Underworld. Prophets, Revolutionaries and Pornographers in London 1795–1840*, Cambridge 1988
McDowell, R. B., *Ireland in the Age of Imperialism and Revolution 1760–1801*, Oxford 1979
Mack Smith, Denis, *Victor Emmanuel, Cavour and the Risorgimento*, Oxford 1971
— *Mazzini*, Yale 1994
Madelin, Louis, *Fouché 1759–1820*, Paris 1969
Maillé, Blanche-Joséphine, duchesse de, *Mémoires 1832–1851*, Paris 1989
Maistre, Joseph de, *Les Soirées de Saint-Pétersbourg*, 2 vols, Lyon 1836
— *Considérations sur la France*, Brussels 1838
— *Lettres à un Gentilhomme russe sur l'Inquisition en Espagne*, Brussels 1838
— *Lettres et opuscules inédits*, 2 vols, Paris 1851
— *Correspondance diplomatique*, 2 vols, Paris 1860
Małachowski-Łempicki, Stanisław, *Raporty Szpiega Mackrotta o wolnomularstwie polskim, 1819–1822*, Warsaw n.d.
Mann, Golo, *Secretary of Europe. The Life of Friedrich Gentz, Enemy of Napoleon*, trs. William H. Woglom, Yale 1946
Manuel, Pierre, *La Police de Paris dévoilée*, 2 vols, Paris 1791
Marancourt, *Eugène Sue et Le Juif Errant à la recherche des horreurs sociales, etc.*, Paris 1845
Marie-Amélie, Reine des Français, *Journal*, ed. S. Huart, Paris 1981
Marlow, Joyce, *The Peterloo Massacre*, London 1969
Marmier, X., *Lettres sur la Russie, la Finlande et la Pologne*, 2 vols, Paris 1843

Marmont, Auguste, duc de Raguse, *Mémoires du Maréchal Marmont, duc de Raguse de 1792 à 1841*, 9 vols, Paris 1857
Martineau, Harriet, *The History of England during the Thirty Years' Peace 1816–1846*, 3 vols, London 1849
— *Introduction to the History of the Peace. From 1800 to 1815*, London 1851
Marx, Julius, *Die Zensur der Kanzlei Metternichs*, in *Österreichische Zeitschrift für Öffentliches Recht*, Vol. 4, 1951
— *Die österreichische Zensur im Vormärz*, Vienna 1959
Marx, Karl, *Class Struggles in France (1848–1850)*, London 1942
— *The Eighteenth Brumaire of Louis Bonaparte*, New York 1926
May, J.-B., *Saint-Pétersbourg et la Russie*, 2 vols, Paris 1830
Mayr, Joseph Karl, *Metternichs Geheimer Briefdienst, Postlogen und Postkurse*, Vienna 1935
— *Geschichte der österreichischen Staatskanzlei im Zeitalter des Fürsten Metternichs*, Vienna 1935
Mazour, Anatole G., *The First Russian Revolution*, Berkeley 1937
Mazzini, Giuseppe, *A Cosmopolitanism of Nations. Giuseppe Mazzini's Writings on Democracy, Nation Building, and International Relations*, ed. Stefano Recchia and Nadia Urbinati, Princeton 2009
Mémoires d'une femme de qualité sous Louis XVIII, 6 vols, Paris 1829
Mérimée, Prosper, *H.B.*, Paris 1935
Merriman, John, *Police Stories. Building the French State, 1815–1851*, Oxford 2006
Metternich, Klemens Lothar von, *Mémoires, documents et écrits divers laissés par le prince de Metternich*, ed. A. de Klinkowstroem, 10 vols, Paris 1880
— *Lettres du prince de Metternich à la comtesse de Lieven 1818–1819*, Paris 1909
— *Mémoires du prince de Metternich*, Vol. IV: *Lettres inédites du prince de Metternich au baron Hübner, 1849–1859*, Paris 1959
Meyendorff, Peter von, *Ein russischer Diplomat an den Höfen von Berlin und Wien. Politischer und Privater Briefwechsel 1826–1863*, 2 vols, Berlin 1923
Mezhdutsarstvie 1825 goda i Vosstanie Dekabristov v perepiske i memuarakh chlenov tsarskoi semi, ed. B.E. Syroechkovskii, Moscow 1926
Mikhailovskii-Danilevskii, A.I., *Iz vospominanii A. I. Mikhailovskogo-Danilevskogo*, in *Russkaia Starina*, Vol. 104, October 1900
Milchina, V., *Rossia i Frantsia. Diplomaty, Literatori, Shpiony*, St Petersburg 2004
Mildmay, Sir William, *The Police of France*, London 1763
Miles, William Augustus, *Letters on the French Revolution, 1789–1817*, 2 vols, London 1890
Monas, Sidney, *The Third Section. Police and Society in Russia under Nicholas I*, Cambridge, Mass. 1961
Montcalm, marquise de, *Mon Journal 1815–1818 pendant le premier ministère de mon frère*, Paris 1936
Montchenu, marquis de, *La Captivité de Sainte-Hélène d'après les rapports inédits du marquis de Montchenu*, Paris 1894
Montlosier, Reynaud, comte de, *De la Monarchie française*, 7 vols, Paris 1814–24
Moore, Thomas, *The Journal of Thomas Moore 1818–1841*, ed. Peter Quennell, London 1964

Mori, Jennifer, *William Pitt and the French Revolution 1785-1795*, Keele 1997
— *Britain in the Age of the French Revolution 1785-1820*, Harlow 2000
Moriolles, Alexandre Nicolas de, *Mémoires sur l'émigration, la Pologne et la cour du grand duc Constantin*, Paris 1902
Morris, Marilyn, *The British Monarchy and the French Revolution*, New Haven 1998
Mounier, Baron, *Souvenirs et notes intimes du baron Mounier, secrétaire de Napoléon Ier, Pair de France, Directeur Général de Police*, Paris 1896
Moylan, D.C., ed., *The Opinions of Lord Holland, as Recorded in the Journals of the House of Lords, from 1797 to 1841*, London 1841
Müller, Harald, *Der Weg nach Münchengraetz. Voraussetzungen, Bedingungen und Grenzen der Reaktivierung des reaktionären Bündnisses der Habsburger und Hohenzollern mit den Romanows im Herbst 1833*, in *Jahrbuch für Geschichte 21*, Berlin 1980
Namier, Lewis, *1848. The Revolution of the Intellectuals*, London 1946
Neiberg, Michael S., *Dance of the Furies*, Cambridge, Mass. 2011
Neigebaur, Johann Ferdinand, *Geschichte der geheimen Verbindungen der neuesten Zeit*, Leipzig 1831
Nesselrode, Karl von, *Lettres et papiers du Chancelier comte de Nesselrode 1760-1850*, 11 vols, Paris 1904-11
Neumann, Philipp von, *The Diary of Philipp von Neumann 1819-1850*, London 1928
Nicholas I, Emperor of Russia, *Perepiska Imperatora Nikolaia Pavlovicha s velikim kniazhem Konstantinom Pavlovichom*, in *Sbornik Imperatorskogo Russkogo Istoricheskogo Obshchestva*, Vol. 131, St Petersburg 1910
— *Pisma Imperatora Nikolaia Pavlovicha k grafu A. Kh. Benkendorfu 1837 goda*, in *Russkaia Starina*, Vol. 1, 1884
Nicholas Mikhailovich, Grand Duke, *L'Empereur Alexandre Ier. Essai d'étude historique*, 2 vols, St Petersburg 1912
— ed., *Doniesienia avstriiskovgo poslannika pri russkom dvore Lebzelterna za 1816-1828 gody*, St Petersburg 1913
Nicolson, Harold, *The Desire to Please. A Story of Hamilton Rowan and the United Irishmen*, London 1943
Nikolai Pervy i ego vremia. Dokumenty, pisma, dnevniki, memuary, svidetelstva sovremennikov i trudy istorikov, 2 vols, Moscow 2000
Noailles, H., marquis de, *Le Comte Molé 1781-1855. Sa vie - ses mémoires*, 6 vols, Paris 1922-30
Nodier, Charles, *Histoire des Sociétés Secrètes de l'Armée et des Conspirations Militaires qui ont eu pour objet la destruction du gouvernement de Bonaparte*, Paris 1815
Noiriel, Gérard, *La Tyrannie du National. Le droit d'asile en Europe 1793-1993*, Paris 1991
Obenaus, Walter, *Die Entwicklung der Preussischen Sicherheitspolizei bis zum Ende der Reaktionszeit*, Berlin 1940
Okhranienie Nikolaia I v ego puteshestvii za granitsu, in *Russkaia Starina*, Vol. 100, October 1899
Oksman, Yu.G. and Chernov, S.N., *Vospominania i Raskazy Deatelei Tainykh Obshchestv 1820 godov*, 2 vols, Moscow 1931

Oleinikov, Dmitrii, *Benkendorf*, Moscow 2009
Origo, Iris, *The Last Attachment. The Story of Byron and Teresa Guiccioli as Told in their Unpublished Letters and Other Family Papers*, London 1949
Orlik, O.V., *Rossia v mezhdunarodnykh otnosheniakh 1815–1829*, Moscow 1998
Orloff, G.V., *Mémoires historiques, politiques et littéraires sur le royaume de Naples*, 5 vols, Paris 1821–25
Palmer, Stanley H., *Police and Protest in England and Ireland 1780–1850*, Cambridge 1988
Paris Révolutionnaire, 4 vols, Paris 1838
Parliamentary Reports:
— *First Report from the Committee of Secrecy of the House of Commons*, London 1794
— *Second Report from the Committee of Secrecy of the House of Commons*, London 1794
— *First Report from the Committee of Secrecy of the House of Lords*, London 1794
— *Second Report from the Committee of Secrecy of the House of Lords*, London 1794
— *Report from the Committee of Secrecy of the House of Lords in Ireland*, London 1798
— *Report of the Committee of Secrecy of the House of Commons*, London 1799
Parolin, Christina, *Radical Spaces. Venues of Popular Politics in London, 1790–c. 1845*, Acton 2010
Pasquier, E.D., *Mémoires du Chancelier Pasquier*, Vols IV and V, Paris 1894
Payson, Seth, *Proofs of the Real Existence, and Dangerous Tendency, of Illuminism, etc.*, Charlestown 1802
Pellew, George, *The Life and Correspondence of the Right Honble Henry Addington, First Viscount Sidmouth*, Vol. III, London 1847
Perreux, Gabriel, *Au Temps des Sociétés Secrètes. La propagande républicaine au début de la monarchie de juillet (1830–1835)*, Paris 1931
Petzold, Albert, 'Die Zentral-Untersuchungs-Kommission in Mainz', in Herman Haupt, ed., *Quellen und Darstellungen zur Geschichte der Burschenschaft und der Deutschen Einheitsbewegung*, Vol. V, Heidelberg 1920
Peuchet, Jacques, *Mémoires tirés des Archives de la Police de Paris*, 6 vols, Paris 1838
Pienkos, Angela T., *The Imperfect Autocrat. Grand Duke Constantine Pavlovich and the Polish Congress Kingdom*, Boulder 1987
Pii, Eugenio, *Idee e parole nel giacobinismo italiano*, Florence 1990
Pinkney, D.H., 'The Myth of the Revolution of 1830', in D.H. Pinkney and D. Ropps, eds, *A Festchrift for Frederick B. Artz*, Durham, NC 1964
Plamenatz, John, *The Revolutionary Movement in France 1815–71*, London 1952
Playfair, William, *The History of Jacobinism, its Crimes, Cruelties and Perfidies*, 2 vols, London 1798
Ploux, François, *De Bouche à oreille. Naissance et propagation des rumeurs dans la France du XIXe siècle*, Paris 2003
Polidori, J.W., *The Diary of Dr John William Polidori 1816, Relating to Byron, Shelley, etc.*, London 1911
Polievktov, M., *Nikolai I. Biografia i Obzor Tsarstvovania*, Moscow 1918
Polišenský, Josef, *Aristocrats and the Crowd in the Revolutionary Year 1848*, Albany 1980

Polovtsov, A., *Gertsog Armand-Emmanuel Richelieu. Dokumenty i bumagi o ego zhizni i deatelnosti*, in Sbornik Imperatorskogo Russkogo Istoricheskogo Obshchestva, Vol. 54, St Petersburg 1886
— *Diplomaticheskie snoshenia Rossii i Frantsii. Doniesenia frantsuskikh predstavitelei pri russkom dvore i Russkikh predstavitelei pri frantsuskom dvore*, in Sbornik Imperatorskogo Russkogo Istoricheskogo Obshchestva, Vol. 112, 1901
— *Correspondance diplomatique des ambassadeurs et ministres de Russie en France et de France en Russie avec leurs gouvernements*, 3 vols, St Petersburg 1902–03
Ponteil, Félix, *L'Éveil des nationalités et le Mouvement Libéral (1815–1848)*, Paris 1960
Porter, Bernard, *The Refugee Question in mid-Victorian Politics*, Cambridge 1979
— *Plots and Paranoia. A History of Political Espionage in Britain 1790–1988*, London 1989
Pozzo di Borgo, Charles-André, *Correspondance diplomatique du comte Pozzo di Borgo et du comte de Nesselrode*, 2 vols, Paris 1890
Presniakov, A.Ye., *Apogei samoderzhavia: Nikolai I*, Leningrad 1925
Price, Munro, 'The "Foreign Plot" in the French Revolution: A Reappraisal', in B. Coward and J. Swann (eds), *Conspiracy and Conspiracy Theory in Early-Modern Europe*, Aldershot 2004
Prochaska, Alice, 'The Practice of Radicalism. Educational Reform in Westminster', in J. Stevenson, ed., *London in the Age of Reform*, Oxford 1977
Raeff, Marc, *The Decembrist Movement*, London 1966
Raisson, Horace, *Histoire de la police de Paris*, Paris 1844
Rath, R. John, *The Viennese Revolution of 1848*, New York 1969
— *The Provisional Austrian Regime in Lombardy-Venetia 1814–1815*, Austin, Tex. 1969
Read, Donald, *Peterloo. The 'Massacre' and its Background*, Manchester 1958
Reinerman, Alan, 'Metternich and the Papal Condemnation of the Carbonari, 1821', in *Catholic Historical Review*, Vol. 54, No. 1, April 1968
— 'Metternich, Italy and the Congress of Verona, 1821–1822', in *Historical Journal*, Vol. 14, No. 2, June 1971
— *Austria and the Papacy in the Age of Metternich*, 2 vols, Washington 1979–89
Reitblat, A.I., ed., *Vidok Figliarin. Pisma i agenturnie zapiski F.V. Bulgarina v III Otdelenie*, Moscow 1998
Reiter, Herbert, *Politisches Asyl in 19 jahrhundert*, Berlin 1992
Reith, Charles, *The Police Idea. Its History and Evolution in England in the Eighteenth Century and After*, Oxford 1938
Rémusat, Charles de, *Mémoires de ma vie*, 4 vols, Paris 1958
Repercusiones de la Revoluciòn Francesa en España, Actas del Congreso Internacional celebrado en Madrid 27–30 noviembre 1989, Madrid 1990
Rey, Marie-Pierre, *Alexandre Ier*, Paris 2009
Riasanovsky, Nicholas V., *Nicholas I and Official Russian Nationality in Russia, 1825–55*, Berkeley 1959
— *A Parting of Ways. Government and the Educated Public in Russia 1801–1855*, Oxford 1976
— *Russian Identities. A Historical Survey*, Oxford 2005

Richelieu, Armand-Émmanuel du Plessis, duc de, *Lettres du duc de Richelieu au marquis d'Osmond 1816–1818*, Paris 1939

Roberts, J.M., *The Mythology of the Secret Societies*, London 1972

Robins, Jane, *Rebel Queen. How the Trial of Caroline Brought England to the Brink of Revolution*, London 2007

Rogalla von Bieberstein, Johannes, *Die These von der Verschwörung, 1776–1945: Philosophen, Freimaurer, Juden, Liberale und Sozialisten als Verschwörer Gegen die Sozialordnung*, in *Europäische Hochschulschriften*, Vol. LXIII, Frankfurt 1976

Roider, Karl A., Jr., *Baron Thugut and Austria's Response to the French Revolution*, Princeton 1987

Romani, George T., *The Neapolitan Revolution of 1820–1821*, Evanston 1950

Romilly, Sir Samuel, *Memoirs of the Life of Sir Samuel Romilly*, 2 vols, London 1841

Rössler, Helmut, *Zwischen Revolution und Reaktion. Ein Lebensbild der Reichsfreiherrn Hans Christoph von Gagern 1766–1852*, Göttingen 1958

Roy, J.J., *Tableau de Paris dans les quinze premiers jours de juin 1820*, Paris 1820

Royle, Edward, *Revolutionary Britannia? Reflections on the Threat of Revolution in Britain 1789–1848*, Manchester 2000

Rudé, George, *The Crowd in History. A Study of Popular Disturbances in France and England 1730–1848*, New York 1964

— *Revolutionary Europe, 1783–1815*, London 1985

Ruud, Charles A., and Stepanov, Sergei A., *Fontanka 16. The Tsars' Secret Police*, Stroud 1999

Saint Glin (Sanglen), Yakov Ivanovich de, *Zapiski Yakova Ivanovicha de-Sanglena 1776–1831*, in *Russkaia Starina*, Vol. 37

Schenk, H.G., *The Aftermath of the Napoleonic Wars*, London 1947

Schroeder, Paul W., *Metternich's Diplomacy at its Zenith 1820–1823*, New York 1969

Sealsfield, Charles, *Austria as it is: or, Sketches of Continental Courts*, London 1828

Ségur, comte de, *Mémoires, ou souvenirs et anecdotes*, Vol. III, Paris 1824

Seide, Gernot, *Regierungspolitik und öffentliche Meinung im Kaisertum Österreich anlasslich der polnischen Novemberrevolution (1830–1831)*, Wiesbaden 1971

Selivanov, I.V., *Zapiski Dvorianina-pomieshchika*, in *Russkaia Starina*, Vol. 28, 1880

Shelley, Mary, *The Journals of Mary Shelley 1814–1844*, 2 vols, Oxford 1987

Shilder, N.K., *Imperator Aleksandr Pervii. Ievo zhizn i tsarstvovanie*, 4 vols, St Petersburg 1897–98

— *Dva Donosa v 1831 godu*, in *Russkaia Starina*, Vol. 96, December 1898 and Vol. 97, February 1899

— *Imperator Nikolai Pervyi. Ego Zhizn i Tsarstvovanie*, 2 vols, St Petersburg 1903

Shishkov, A.S., *Mnenie Admirala i Prezidenta Rossiiskoi Akademii A.S. Shishkova o rassmotrivanii knig, ili o tsenzurzhe*, in *Russkii Arkhiv*, 1865

Shoemaker, Robert B., *The London Mob. Violence and Disorder in Eighteenth-century England*, Hambledon 2004

Shorter, Clement, ed., *Napoleon and his Fellow Travellers. Being a Reprint of Certain Narratives of the Voyages of the Dethroned Emperor on the Bellerophon and the Northumberland, etc.*, London 1908

Sidorova, M.V., and Shcherbakova, E.I., eds, *Rossia pod Nadzorom. Otchety III Otdelenia 1827–1869*, Moscow 2006

Siemann, Wolfram, 'Die Mainzer Zentraluntersuchungskommission 1819–1828', in *Deutschlands Rühe, Sicherheit und Ordnung. Die Anfänge der Politischen Polizei 1806–1866*, Tübingen 1985

Simon, Walter M., *The Failure of the Prussian Reform Movement 1807–1819*, Ithaca 1955

Skarbek, Fryderyk, *Pamiętniki*, Warsaw 2009

Sked, Alan, *The Survivial of the Habsburg Empire. Radetzky, the Imperial Army and the Class War, 1848*, London 1979

— *Metternich and Austria. An Evaluation*, London 2008

Smirnova-Rosset, Aleksandra Osipovna, *Vospominania, Pisma*, Moscow 1990

Sollogub, V.A., *Vospominania*, Moscow 1931

Southey, Robert, *The Life and Correspondence of the Late Robert Southey*, Vols IV–VI, London 1850

Spadoni, Domenico, *Una Trama e un Tentativo Rivoluzionario nello Stato Romano nel 1820–21*, Rome 1910

Sparrow, Elizabeth, 'The Alien Office', in *Historical Journal*, No. 33, 1990

Spence, Peter, *The Birth of Romantic Radicalism. War, Popular Politics and English Radical Reformism, 1800–1815*, Aldershot 1996

Spies and Bloodites!!! The Lives and Political Hisotry of Those Arch-fiends Oliver, Reynolds, & Co., etc., London n.d.

Spitzer, Alan B., *Old Hatreds and Young Hopes. The French Carbonari against the Bourbon Restoration*, Cambridge, Mass. 1971

Squire, P.S., 'Metternich and Benckendorff, 1807–1834', in *Slavonic and East European Review*, Vol. 45, No. 104, January 1967

— 'The Metternich—Benckendorff Letters, 1835–1842', in *Slavonic and East European Review*, Vol. 45, No. 105, July 1967

— *The Third Department. The Establishment and Practices of the Political Police in the Russia of Nicholas I*, Cambridge 1968

Srbik, Heinrich von, *Metternich. Der Staatsmann und der Mensch*, 2 vols, Darmstadt 1957

Stadelmann, Rudolph, *Social and Political History of the German 1848 Revolution*, trs. James Chastain, Athens, Ohio 1975

Stanhope, John, *The Cato Street Conspiracy*, London 1962

Stead, John Philip, *The Police of Paris*, London 1957

Stevenson, John, 'The Queen Caroline Affair', in J. Stevenson, ed., *London in the Age of Reform*, Oxford 1977

— *Popular Disturbances in England, 1700–1832*, London 1992

Stewart, A.T.Q., *The Summer Soldiers. The 1798 Rebellion in Antrim and Down*, Belfast 1995

Stogov, E.I., *Zapiski Zhandarmskovo shtabs-ofitsera epokhi Nikolaia I*, Moscow 2003

Sturdza, Alexandru, *Mémoire sur l'état actuel de l'Allemagne*, n.p. 1818

Stürmer, Baron Bartholmeus von, *Napoléon à Sainte-Hélène*, ed. Jacques St Cere and H. Schlitter, Paris n.d.

Sweet, Paul R., *Friedrich von Gentz. Defender of the Old Order*, Madison 1941
Système de legislation, d'administration et de politique de la Russie en 1844, par un homme d'état russe, Paris 1845
Talleyrand-Périgord, Charles-Maurice, prince de, *Mémoires du prince de Talleyrand*, Vol. III, Paris 1891
Tanshina, Natalia, *Kniaginia Liven*, Moscow 2009
Tatishchev, S.S., *Vneshniaia Politika Imperatora Nikolaia Pervogo*, St Petersburg 1887
— *Imperator Nikolai I i Inostrannie Dvory*, St Petersburg 1889
Taylor, David, *The New Police in Nineteenth-century England*, Manchester 1997
Thale, Mary, ed., *Selections from the Papers of the London Corresponding Society 1792-1799*, Cambridge 1983
The Annual Register, *1812, 1817, 1818, 1819, 1820, 1838, 1844* London 1813-45
The Parliamentary History of England, Vol. XXXI, London 1818
The Parliamentary Debates from the Year 1803, to the Present Time (Hansard), Vol. XXIII, London 1812; Vol. XXXV, London 1817
The Portfolio; or a Collection of State Papers, etc. etc. illustrative of the History of Our Times, 5 vols, London 1836-37
The Trial of James Wilson for High Treason, with an account of his execution at Glasgow, August 1820, Glasgow 1834
Thomis, Malcolm I., *The Luddites. Machine-Breaking in Regency England*, Newton Abbot 1970
— and Holt, Peter, *Threats of Revolution in Britain, 1789-1848*, Hamden, Conn. 1977
Thürheim, L. von, *Mein Leben*, 4 vols, Munich 1914
Tissot, Victor, *La Police Secrète Prussienne*, Paris 1884
Tocqueville, Alexis de, *Lettres choisies, souvenirs 1814-1859*, Paris 2003
Tolki i nastroienie umov v Rossii po doniesieniam vyzshei politsii v S.-Peterburgie s avgusta 1818 po 1 maia 1819g, in *Russkaia Starina*, Vol. 22, 1881
Townsend, Mary Lee, *Forbidden Laughter. Popular Humor and the Limits of Repression in Nineteenth-century Prussia*, Ann Arbor 1992
Trefolev, L., *Benkendorfovskie 'shaluny'*, in *Russkii Arkhiv*, Vol. 8, 1896
Trial of James Watson, Senior, for High Treason, etc., London 1817
Trollope, Frances, *Paris and the Parisians*, 2 vols, London 1836
— *Vienna and the Austrians*, 2 vols, London 1838
Trotskii, I., *Tretie Otdelenie pri Nikolae I*, Leningrad 1990
Tulard, Jean, *La Préfecture de Police sous la monarchie de juillet*, Paris 1964
Turgenev, Nikolai, *La Russie et les Russes*, 3 vols, Paris 1847
Urquhart, Diane, *The Ladies of Londonderry*, London 2007
Uvarov, S.S., *L'Empereur Alexandre et Buonaparte*, St Petersburg 1814
— *Esquisses politiques et littéraires*, Paris 1848
— *Desiatiletie Ministerstva Narodnogo Prosveshchenia 1833-1843*, St Petersburg 1864
Vaillé, Eugène, *Le Cabinet Noir*, Paris 1950
Varnhagen von Ense, K.A., *Denkvurdigkeiten und Vermischete Schriften*, 6 vols, Mannheim 1837-42
Vaulabelle, Achille de, *Chute de l'empire et histoire des deux Restaurations*, 8 vols, Paris 1847

Veit, Ursula, *Justus Grüner als Schöpfer der Geheimen Preussischen Staatspolizei*, Coburg 1937
Vidocq, François Eugène, *Mémoires*, 4 vols, Paris 1828–29
Viel-Castel, Louis de, *Histoire de la Restauration*, 20 vols, Paris 1860–78
Villamov, G.I., *Votsarenie Imperatora Nikolaia I-go*, in *Russkaia Starina*, Vol. 97, February 1899
Villèle, comte de, *Mémoires et correspondance*, 5 vols, Paris 1888–90
Vivien, Auguste, *Le Préfet de Police*, Paris 1842
Vock, M.M. von, *Peterburgskoe Obshchestvo pri vosshestvii na prestol imperatora Nikolaia, po doniesieniam M.M. Vocka A.Kh. Benkendorfu*, in *Russkaia Starina*, Vol. 32, Vol. 9, 1881
Wakefield, Edward Gibbon, *Swing Unmasked; or, the Causes of Rural Incendiarism*, London 1831
Wallace, Miriam L., *Revolutionary Subjects in the English 'Jacobin' Novel*, Lewisburg 2009
Wallas, Graham, *The Life of Francis Place 1771–1854*, London 1925
Wangermann, Ernst, *From Joseph II to the Jacobin Trials. Government Policy and Public Opinion in the Habsburg Dominions in the Period of the French Revolution*, Oxford 1959
Waresquiel, Émmanuel de, *Le duc de Richelieu 1766–1822*, Paris 1990
— *Talleyrand. Le Prince immobile*, Paris 2003
Weber, Eberhard, *Die Mainzer Zentraluntersuchungskommission*, in *Quellen und Darstellungen zur Geschichte des Deutschen Verfassungsrechts*, Vol. 8, Karlsruhe 1970
Webster, C.K., *The Foreign Policy of Castlereagh 1815–1822*, London 1925
Wegert, Karl H., *German Radicals Confront the Common People. Revolutionary Politics and Popular Politics 1789–1849*, Mainz 1992
Weiss, John, *Conservatism in Europe 1770–1945*, London 1977
Wellington, Arthur Wellesley, Duke of, *Despatches, Correspondence, and Memoranda*, Vol. I, London 1867
— *Supplementary Despatches, Correspondence, and Memoranda*, Vol. XI, London 1864; Vol. XXII, London 1865
Wells, Roger, *Insurrection. The British Experience 1795–1803*, Gloucester 1983
Welschinger, Henri, *La Censure sous le Premier Empire*, Paris 1882
Westmorland, John Fane, Earl of, *Memoirs of the Great European Congresses of Vienna-Paris, 1814–1815 - Aix-la-Chapelle, 1818 - Troppau, 1820 - and Laybach, 1820–21*, London 1860
Westmorland, Priscilla Countess of, *The Correspondence of Priscilla, Countess of Westmorland*, London 1909
White, R.J., *Waterloo to Peterloo*, London 1957
Whittaker, Cynthia, *The Origins of Modern Russian Education. An Intellectual Biography of Count Sergei Uvarov 1786–1855*, DeKalb 1984
Wierzbitski, K., *A Life of Adventure. An Autobiography. By Colonel Corvin*, 3 vols, London 1871
Williams, Alan, *The Police of Paris 1718–1789*, Baton Rouge 1979

Williamson, George S., 'What Killed August von Kotzebue? The Temptations of Virtue and the Political Theology of German Nationalism, 1789–1819', in *Journal of Modern History*, Vol. 72, No. 4, Chicago 2000

Wilmot, Martha, *More Letters from Martha Wilmot. Impressions of Vienna, 1819–1829*, London 1935

Wilson, Ben, *Decency and Disorder. The Age of Cant 1789–1837*, London 2007

Witt, Jean, *Les Sociétés Secrètes de France et d'Italie*, Paris 1830

Wollstonecraft, Mary, *Works*, ed. Janet Todd and Marilyn Butler, Vol. IV, London 1989

Woodward, E.L., *The Age of Reform*, Oxford 1946

Wordsworth, William and Mary, *The Love Letters of William and Mary Wordsworth*, ed. Beth Darlington, London 1982

Worrall, David, *Radical Culture. Discourse, Resistance and Surveillance, 1790–1820*, Hemel Hempsted 1992

Zamoyski, Adam, *Holy Madness*, London 1999

— *Rites of Peace*, London 2007

Zhizneopisanie, vsepoddanneishie doklady i perepiska kniazia Aleksandra Ivanovicha Chernysheva, in *Sbornik Imperatorskogo Russkogo Istoricheskogo Obshchestva*, Vols 121 and 122, St Petersburg 1905

Zhurnaly Komiteta uchrezhdennago vysochaishym reskryptom 6 Dekabria 1826 goda, in *Sbornik Imperatorskogo Russkogo Istoricheskogo Obshchestva*, Vol. 74, St Petersburg 1891

Zimmermann, Harro, *Friedrich Gentz – Die Erfindung der Realpolitik*, Paderborn 2012

Ziolkowski, Theodore, *Lure of the Arcane. The Literature of Cult and Conspiracy*, Baltimore 2013

Zorin, Andrei, *Kormia Dvuglavogo Orla*, Moscow 2004

/ 索 引

（此部分页码为原书页码，即本书页边码）

Abercrombie, James, 223
Aberdeen, George Hamilton Gordon, 4th Earl of, 416, 419, 423
Achard, André, 319
A'Court, Sir William, 242, 244–5, 262
Adams, Daniel, 53
Adelaïde, Madame (Louis-Philippe's sister), 483
Adelphi (secret society), 169
Aix-la-Chapelle: congress (1818), 186–94
Álava, General Miguel, Marquis of, 233
Albrecht, Daniel Ludwig, 201
Alembert, Jean Le Rond d', 18
Alexander I, Tsar of Russia: celebrates Napoleon's downfall, 3–4; and Holy Alliance, 4, 8, 180; education and upbringing, 5–6; reign, 6–7; religiosity, 7–8, 183, 304–5, 323, 324; on prospect of European settlement, 9; welcomes fall of Bastille, 11; alliance with Napoleon, 76; befriends Richelieu, 119; and French food shortage, 137; and Capodistrias, 153–4; suspects Paris-based conspiracy, 154–5, 258; letter from La Harpe in Italy, 176; and Italian liberation, 178;

reformist intentions frustrated, 179–80; grants constitution to Poland, 181; religious ecumenism, 182; fails to demobilise, 183, 199; interest in foreign affairs, 183, 278; welcomes Lebzeltern, 184; at Aix-la-Chapelle congress, 186–9, 193–4; kidnap plot against, 192; popularity in Germany, 193, 207; in Vienna, 194; and Prussian threat, 199, 206; concerned about French army, 214; and repression in Germany, 228; belief in assassinations and conspiracies, 233, 270–1, 274, 279; advocates intervention in Spain, 238; and Naples revolution, 242, 247–8, 261, 262–3; told of Carbonari in Italy, 247; interest in Italy, 249; rejects constitution for Russia, 250; disturbed by European disorder, 252; adopts reactionary position, 254–5; calls and attends congress (Troppau), 255–8, 265–6; and Semeonovsky Guards mutiny, 258–60, 330; near-fatal coach accident, 266; at Laibach, 267; raises question of Spain at Laibach congress, 269; and revolution in Piedmont,

Alexander I, Tsar of Russia *cont* ... 272–3; and Greek independence movement, 274, 278, 280; renounces liberalism, 276, 323–6; mistrusts French police, 295; preoccupation with Spain, 296, 298, 301, 305; attends Verona congress of monarchs (1822), 300, 322; and Austrian rule in Italy, 303; infatuated by Lady Londonderry, 304; visits Venice, 306; welcomes French invasion of Spain, 307; proposes intervention in Americas, 308; spies and intelligence-gathering, 324; orders dissolution of all associations, 326; paranoia, 326, 330; death and succession (1825), 331–2; uninterested in police, 341; bans societies, 431; effect of control, 500

Algiers: French capture, 360

Ali Pasha, governor of Janina, 273

Alibaud, Louis, 418–19

Alien and Seditious Acts (USA, 1798), 69

Aliens Act (Britain, 1793): repealed (1826), 428

Allen, William, 304, 356

Alsace, 497

Altenstein, Freiherr von, 310

Amiens, Treaty of (1802), 74

Amis de la Vérité, Les (Masonic lodge), 283

Amis du Peuple, 411–12

Ancillon, Johann Peter, 200, 404

Andryane, Alexandre, 318–20

Angoulême, Louis Antoine, duc d' (Dauphin), 126, 231, 306–8

Annual Register, 233, 427

Anti-Jacobin (journal), 46, 66

Anti-Jacobin Review, 46

Apponyi, Count Antoine: as ambassador in Paris, 355, 372; messages from Metternich, 372, 382, 401, 406, 468; Metternich warns of world's moral sickness, 476; on Paris as safe city, 486

Apponyi, Count Rodolphe, 384

Arakcheev, General Aleksey Andreevich, 259, 324, 331

Argenson, Marc-René de Voyer de Paulmy, comte d', 282, 284, 292, 310

aristocracy: dominance diminishes, 393

armies: nature of, 100

army, French: after Napoleon's fall, 111; reconstituted under Saint-Cyr, 214

Arndt, Ernst Moritz, 224, 463

Arnim-Boitzenburg, Count Adolf Heinrich von, 466

Artois, comte d' ('Monsieur') *see* Charles X, King of France

Arzamas (Russian literary society), 448

Association of Friends of the People (Britain), 44, 49

Association for the Preservation of Liberty and Property Against Republicans and Levellers (Britain), 46

asylum (political), 405

Atholl, John Murray, 4th Duke of, 67, 294

Auber, Daniel François Esprit: *La Muette de Portici* (opera), 365, 442

Auerstadt, Battle of (1806), 158

Aumont, Louis Marie Céleste, duc d', 126

Austria (Habsburg monarchy): police and surveillance, 25, 34, 39, 162, 312–20; reaction to French Revolutionary ideas, 29, 31–4; peasant rebels, 30; war with France (1792), 35, 37, 40, 44; fears of revolution and conspiracies, 39–40, 500; Napoleon defeats, 76; national debt, 97; and

Tyrolese, 99; Metternich guides, 158–9; political-social tranquillity, 161; control of mail, 162–3; and rule in Italy, 163–4, 166–7, 261, 301–3, 403–4, 473; presidency of *Bund*, 198; and Naples revolution, 244–5, 247–9, 263, 268–9; army marches on Naples, 269–72; armistice with Naples, 275; students suspected and repressed, 314; troops in Italy, 372, 392; signs convention with Russia (1833), 399; extradition treaty with Russia, 405; education controlled, 436–7; censorship, 437–40, 442–3; economic crisis (1840s), 468; and European nationalist movements, 468; annexes Kraków, 472; administration under Ferdinand, 477; financial crisis, 477; smoking in Milan, 478; in 1848 revolution, 488–9, 491; Milan revolts against, 489; counter-revolution, 495
Austrian Netherlands: French occupy, 35, 44, 47

Baader, Franz von, 101
Babeuf, François ('Gracchus'), 169, 423
Bacciochi, Elisa Bonaparte, Countess (Napoleon's sister), 174
Bacszany, János, 314–15
Baden, 491
Bagot, Sir Charles, 154
Bakunin, Mikhail, 497–8
Balashov, General Aleksandr, 203, 324
Balzac, Honoré de, 421; *Le Médecin de campagne*, 422
Bamford, Samuel, 144, 154, 221
Bancroft, George, 315
Bantry Bay (Ireland), 63
Barbet, Adrien, 358
Bareste, M. (compiler of almanacs), 411
Baring, Alexander, 190

Barrington, Shute, Bishop of Durham, 69–70
Barrot, Hyacinthe Odilon, 484–5
Barruel, Augustin, abbé, 17, 212, 247, 319; *Mémoires pour servir à l'histoire du Jacobinisme*, 18–23, 59, 72
Bastille: fall (1789), 10–11, 14, 27, 52
Bavaria: bans books mentioning French Revolution, 28; repressive measures in, 395–6
Baxter, John, 51
Bazar Français plot (1820), 283
Beauharnais, prince Eugène de, 165, 239
Bedford, Francis Russell, 5th Duke of, 59
Beethoven, Ludwig van, 29, 40
Behr, Professor (of Würzburg), 396
Belfort (France), 284
Belgium: unrest in, 184, 364–5; revolution, 372, 376, 379, 384, 386, 390; bans extradition of political refugees, 405
Bellegarde, Heinrich von, 166, 168
Bellerophon, HMS, 2
Bellingham, John, 89
Bellini, Vincenzo: *Norma*, 441
Benckendorff, General Aleksandr Kristoforovich von: on contented state of England, 180; on dissatisfaction in Russian army, 330–1; heads Russian secret police, 339–46, 349, 353, 454–5, 500; background and career, 340–1; and Roman Madox, 347; and Sherwood, 348; and censorship, 352, 451; correspondence with Grand Duke Constantine, 354; reports on fall of Charles X, 374; and Polish situation, 375, 464; cooperates with Metternich, 405–6, 431–2; severs relations with Princess Lieven, 445; on passport control committee, 446; on Kiev, 450; sensitivity, 454; and Dubelt, 455

483

/ 索引 /

Bentham, Jeremy, 71
Bentinck, Lord William, 165, 168, 174
Beobachtungs Anstalt (Milan), 167
Béranger, Pierre-Jean de, 287, 361, 363
Berlin: and 1848 revolution, 489–90, 497
Berlioz, Hector, 361, 496
Bermudez, Zea, 399
Bernstorff, Christian von, 215, 257–8, 279, 303, 373, 378, 391
Berry, Charles-Ferdinand, duc de, 126, 128, 168; murdered, 231–3, 235–6, 295, 351
Berry, Marie-Caroline, duchesse de, 231, 236
Berton, General Jean-Baptiste, 135, 284
Bestuzhev, Mikhail and Alexander, 332
Bible Society, 71, 326
Binder, Wilhelm, 404, 414, 434
Birmingham: dissent and riots in, 43–4; National Convention of the Industrious Classes convenes in, 426
Birmingham Political Union, 393, 407
Bismarck, Prince Otto von, 463
Blacas, Pierre Louis Jean Casimir, comte de, 267
Black Lamp, the (society), 74–5
Blanc, Louis, 284, 360, 362–3, 418, 423, 481
Blanc, Pierre, 125
Blanqui, Louis Auguste, 423
Bode, Johann Christoph, 17
Bognon, baron, 280
Boigne, comtesse de, 326
Boislecomte, Ernest Sain de, 330
Bolívar, Simón, 133, 183, 327
Bologna, 475
Bonald, Louis de, 14, 106
Bonaparte family, 131, 134, 420
Bonaparte, Caroline, 158
Bonaparte, Jérôme, 132, 174

Bonaparte, Joseph, 132–3, 174, 183
Bonaparte, Louis, 131
Bonaparte, Lucien, 131, 359
Bonaparte, Pauline (*later* princess Borghese), 131
books: banned, 442
Börne, Ludwig, 405
Borovkov, Aleksandr Dmitrievich, 337
Bouilhet, Louis, 482
Boulay de la Meurthe, Antoine, 291
Bowles, John: *Reflections on the Political and Moral State of Society at the Close of the Eighteenth Century*, 73
Boyen, Hermann von, 204, 463
Brandreth, Jeremiah, 151–2
Braunmühl, Anton von, 396
'Brindisi, Duke of' (Filipetti or Ancirotta), 174, 253
Britain: police, 26, 368–9, 380, 407; refuses to recognise French Republic, 40, 42; proposed reforms, 41–3, 45; representative government, 41; Dissenters in, 43–6, 49, 52; corresponding societies, 44, 68; attitudes to French Revolutionaries, 45–6; government spies, 47; revolutionary fears and counter-measures, 47–54, 58–9, 65–8, 86, 95, 142, 144–7, 149–51, 154–5, 221–2; war with France (1793–4), 49, 55, 58–9; industrial strikes, 50–1; intelligence-gathering, 56, 65–6; food shortages and riots, 58, 74, 93–4, 141–2, 368, 492; and French invasion threat, 59, 75; living conditions, 70, 491–2; religious and moral conditions, 70–2; war with France resumes (1803), 75; mail protected from interference, 86; economic downturn and harvest failures (1809–12), 87; parliamentary reform movement, 87–8, 143, 145–6,

152, 221, 366; war with USA (1812), 87; civil unrest and Luddism, 88, 91–3; supposed nationwide conspiracy (1812), 91–2; bumper harvest (1813), 94; Napoleon's trade wars on, 96; economic and trade effects of war, 97; national debt, 97; post-war conditions, 141; Metternich blames for European problems, 148; protests and arrests, 151–2; *agents provocateurs*, 152–4; as ally of Spain, 183; and South American trade, 183; civil unrest (1818–19), 216–17, 221; Metternich laments withdrawal from continental matters, 268; Metternich loses faith in, 277, 406, 426; and French July revolution (1830), 366–7, 370; Swing riots, 367, 369, 379, 381, 386; banking crisis (1825), 368; trade unions formed, 368; unrest against Wellington's government, 379–80; Poland appeals to for help, 383; Reform Bills (1831–2), 385–7, 392, 406–7; riots (1831), 386–7; mob actions, 406; growth of cities, 407; working-class movement, 407; radical groups, 426–7; strikes and disorders, 426–30; immigration and political refugees, 429; intercepts Mazzini's post, 469; effect of 1848 revolutions in, 491–2; *see also* London
British Critic (journal), 46
Brivazac-Beaumont (agent), 126
Broglie, Victor, duc de, 104, 361–2
Brontë, Revd. Patrick, 93
Brougham, Henry Peter, Baron, 366
Browne, Lieutenant Colonel, 244
Brune, Marshal Guillaume, 115
Brunnow, Baron, 462
Brunswick, Karl Wilhelm Friedrich, Duke of, 17, 45, 350, 365

Brunswick, William, Duke of, 365
Buchanan, James, 457
Buckingham, Richard Temple Nugent Brydges Chandos Grenville, 1st Duke of, 168
Bugeaud, Marshal Thomas Robert, 483–4
Bulatov, Colonel, 332
Bulgarin, Faddei Venediktovich, 452
Bund (Germany), 198
Bundesroman, 16
Bundeszentralbehörde, 397
Buonarroti, Filippo Antonio, 169–70, 318–19
Burdett, Sir Francis, 87, 94, 143–5
Burghersh, John Fane, Baron, 174, 302
Burghersh, Priscilla, Lady, 490
Burke, Edmund: on French Revolution, 12, 74; praises Polish constitution, 38; denounces Priestley, 43; fears revolutionary movements, 45, 67–9; pulls out dagger in Commons, 48; opposes anti-Catholic laws in Ireland, 62; on appeal of Jacobinism, 73; on war with France, 74; *Letters on a Regicide Peace*, 67; *Reflections on the Revolution in France*, 13–14, 28, 42
Burney, Fanny (Mme d'Arblay), 43
Burschenschaften see Germany
Byng, General Sir John, 154, 220
Byron, George Gordon, 6th Baron, 89, 91, 171, 177–8, 244, 316

Cabet, Étienne, 423
cabinet noir, 84
Caché, Benedikt de, 38
'Calabrian look', 481, 490–1
Campochiaro, Duke of, 245
Canler, Paul Louis, 286, 288, 482
Canning, George, 46, 216, 299, 356, 368
Canosa, Prince Capece Minutolo, 474

Canuel, General Simon, baron, 138, 140
Capodistrias, Ioannis, 253–4, 257–8, 261, 273, 277–8, 280
Carabinieri, 103
Caraman, marquis de, 257, 263, 303
Carbonari (secret society), 170–1, 213, 242–3, 245–9, 275, 276, 283–5, 297, 301, 318, 401
Carême, Marie Antoine, 3
Carignano, Prince of *see* Charles-Albert
Carlos, Don, Infante of Spain, 399, 424
Carnot, Hippolyte, 291
Caroline Augusta, Empress of Francis of Austria, 436
Caroline of Brunswick, Queen of George IV, 240–1, 256, 277
Caron, Lieut. Colonel, 285
Carrel, Armand, 372
Cartwright, Major John, 87–8, 94, 143, 145, 217
Castle (British government spy), 153, 155
Castlereagh, Amelia, Viscountess, 187–8
Castlereagh, Robert Stewart, Viscount: and Alexander's Holy Alliance, 5; believes Alexander mad, 8; and Ireland, 62; background and career, 90–1; as foreign secretary, 90–1; on social unrest and fall in church attendance, 142; and revolutionary sentiments, 147, 155–6; defends Castle, 153; Clancarty warns of French émigrés, 155; will, 156; negotiates treaty with Metternich, 159; Stewart complains of Metternich to, 172; letter from Burghersh in Florence, 174; and Alexander's proposed multilateral disarmament, 180; and South American intervention, 183; and Alexander's presence at Aix-la-Chapelle congress, 186–9, 193; on Prussian army, 199; approves of Metternich's Karlsbad Decrees, 227; assassination plot against, 234, 240; protection against assassination, 235; opposes intervention in Spain, 238; and Naples revolution, 244; Bagot reports to, 255; and proposed French congress on Neapolitan crisis, 255–6; opposes interference in internal affairs of other states, 261; rejects Metternich's protocol on Naples settlement, 263–4, 268; defends Austria's intervention in Naples, 269; accompanies George IV to Hanover, 277; Alexander appeals to for advice, 279; and Alexander's fixation on Spain, 296; non-recognition of new republics in Americas, 297; succeeds to Londonderry Marquessate, 297; health decline and suicide, 298–9; rejects European antipathy to Amricas, 298
Catherine II (the Great), Empress of Russia, 5–6, 28, 38
Catherine, Grand Duchess of Russia, 193, 326
Catholic Church: restored in France, 357
Catholic Emancipation Act (Britain, 1829), 369
Cato Street conspiracy (1820), 234–6
Cavaignac, Eléonore-Louis, 412
Cavour, Camillo Benso, Conte di, 104, 475
censorship: in Russia, 352, 450–3; in Austria, 437–40, 442–3; in Italy, 440–1
Central Commission of Investigation (*Zentral Untersuchungs Kommission*), Mainz, 224–5, 246, 309–11, 463, 466
Cerrito, Fanny, 479
'Cézar' (Austrian spy), 38
Chaadayev, Piotr Yakovlevich, 452–3
Chambord, Henri, comte de, 419, 424

Charco (Piccadilly hatter), 47
Charles, Archduke of Austria, 383
Charles IV, King of Spain, 175
Charles X, King of France (*earlier* comte d'Artois; *Monsieur*): forms army in Koblenz, 109; Louis XVIII appoints to command against Napoleon's return, 112; and *les Ultras*, 119; assassination plots against, 139, 236; succeeds to throne, 311; coronation, 355; plans counter-revolution, 358; dissolves Chamber and calls new election (1830), 360; and 1830 revolution, 362; flees to England, 362–3, 366; Metternich warns, 373
Charles-Albert, King of Sardinia (*earlier* Prince of Carignano), 175, 272, 402–3, 475, 479, 489, 495, 496
Charles Felix, King of Piedmont, 272, 302
Charlotte Augusta, Princess, 155
Charlotte of Prussia, Empress of Nicholas I, 335, 399
Charte (France), 108, 110, 161, 253
Chartists and Charter (Britain), 427–8, 430, 491–2
Chateaubriand, René, vicomte de, 297, 300–1, 303–4, 306
Chaumont, treaty of (1814), 159
Chevaliers de l'Épingle Noire, 137, 293
Chevaliers de la Foi, 285
Chichagov, Admiral Pavel Vassilievich, 445
Chignard (police agent), 135
cholera epidemics, 377, 413
Chopin, Frédéric, 438
Church, the *see* Catholic Church; religion
Church Tract Society, 71
Clancarty, Richard le Poer, 2nd Earl of, 155, 184

Clanwilliam, Richard Charles Francis Meade, 3rd Earl of, 186–8
Claremont House, Esher (Surrey), 484
Clary, Count, 39
Cobb, Richard, 25, 78
Cobbett, William, 69, 87, 94, 143–4, 152, 380
Cochrane, Admiral Thomas, 145
Cockburn, Rear Admiral Sir George, 2
codes and ciphers: in diplomatic correspondence, 435
Coleridge, Samuel Taylor, 66
Collard, Pierre Paul Royer, 294
Combination Acts (Britain): repealed, 356, 368
Comelli, Count, 167
comité directeur: imagined, 239, 274, 277, 287, 290, 293–5, 301, 311, 321, 358, 376, 382, 390, 391, 409, 498
Comités de Surveillance de Lettres, 84
Committee of Public Safety (Russia; *Komitet Obshchei Bezopastnosti*), 323
Commons, House of (Britain): and reform, 41–3, 45, 87–8, 143, 145–6, 152, 221, 366, 385–7, 392, 406–7, 426; and supposed seditious movements, 146–9
Confalonieri, Count Federico, 321
Congrégation (France), 285
Consalvi, Cardinal Ercole, 163, 247, 262–3, 275, 303, 317
Considère (Paris rioter), 412
Constant, Benjamin, 114, 282, 294
Constantine, Grand Duke of Russia, 191, 250, 273, 331–3, 335, 354, 374–7
Constitutional Information Society, 53
Contremoulin, Captain, 137
Corcelle, Claude Tirguy de, 284
Corcelle, Francisque de, 284, 308
Corn Laws (Britain), 141, 467
Corresponding Societies (Britain), 44, 68

487

Coutts, Sophia (Lady Burdett), 87
Coutts bank, 60
Cowper, Emily, Lady (*later* Palmerston), 447
Crefeld, 497
Cult of Reason (France), 83
Custine, General Armand, 35
Custine, Astolphe Louis Léonor, marquis de, 447
Custozza, Battle of (1848), 495
Czapski, Count, 432
Czartoryski, Prince Adam, 383

Davison (Sheffield printer), 51, 175
Debelleyme, Louis-Maurice, 359
Decazes, Élie: succeeds Fouché as head of police, 122, 124; and intelligence-gathering, 127–8, 135; and surveillance, 131; employs Randon, 137; Ultras plot against, 139–40; Metternich mistrusts, 185; power, 195; Lebzeltern delivers Metternich letter to, 196; transforms French army, 214; becomes prime minister, 227; and assassination of duc de Berry, 232; Louis XVIII supports, 236; as ambassador in London, 244; and Metternich's attacks on Capodistrias, 253
Decembrists, 337, 339, 341, 345, 348, 351, 354, 375, 431
Degen, Joseph, 39
Delacroix, Eugène, 364
Delaveau, Guy, 285–6, 291, 356
Delessert, Gabriel, 420, 423–4, 483
Dembowski, Edward, 470
demi-soldes, 135–7
De Quincey, Thomas, 66, 72
Desmarest, Pierre-Marie, 287
Despard, Colonel Edward, 74–5, 94
Dessolles, Jean-Joseph, marquis, 195, 227

Deutsche Bund, 197
Diderot, Denis, 18
Didier, Charles: *Rome souterraine*, 422
Didier, Jean-Paul, 136, 140, 293
Diebitsch, Field Marshal Hans Karl von, 331, 374, 383
Dino, Dorothée, Duchess of, 407
Donnadieu, General Gabriel, 283
Dörring, Johannes (or Joachim) Witt von, 310, 317–19, 390
Droits de l'Homme (society), 411–12, 415
Dubelt, Leontii Vassilievich, 349, 454–6
Dubelt, Vassily Ivanovich, 454–5
Du Camp, Maxime, 482, 485
Dugied, Pierre, 283
Dumas, Alexandre *père*, 284, 361, 412, 422; *Les Mohicans de Paris*, 421
Dumont, Étienne, 11
Dumouriez, General Charles François, 35
Duncan, Admiral Adam, Viscount, 60
Dundas, Henry, 47, 51–2
Duplay, Simon, 292–4
Dupont, General Pierre-Antoine, 111
Dupont de l'Eure, Charles, 284
Dutch Republic: France declares war on (1793), 49

Eckartshausen, Karl von, 8
Edinburgh Convention (1792), 49, 53
Edler von Rath, Matthias, 246
education: in Austria, 436–7; in Russia, 448–50
Edwards, George, 234
Elba (island), 7–8, 108, 111
Encyclopédie (French), 18, 73
Engels, Friedrich, 497; *Communist Manifesto* (with Marx), 498
Enghien, Louis-Antoine-Henri Condé, duc d', 124
England *see* Britain

Enlightenment: ideology, 10, 33; de Maistre attacks, 13–14; Barruel criticises, 17; Francis II describes as 'great swindle', 31, 43; ideas resisted in Austria, 31, 33; attacked in Britain, 73; German, 101

Espoz y Mina, General Francisco, 307

Essai sur la secte des Illuminés (anon.), 16

Esterházy, Prince Pal Antal, 237, 244, 356, 382

Fabvier, Colonel Charles, 251

Fain, Agathon, 85

Ferdinand, Emperor of Austria, 431, 477

Ferdinand IV, King of Naples (Ferdinand I of the Two Sicilies), 242, 245, 249, 262, 265, 267, 302, 306, 308, 478

Ferdinand VII, King of Spain, 183, 230, 267, 296, 307–8; death, 399

Fesch, Joseph, Cardinal, 131

Fichte, Johann Gottlieb, 224

Fielding, Sir John, 27

Fieschi, Giuseppe Maria, 418–19

Fiquelmont, Count, 430

Fiquelmont, Countess, 459

Fischer, family de, 162

Fitzgerald, Lord Edward, 61

Fitzwilliam, William Wentworth, 2nd Earl, 62, 93, 220

Flaubert, Gustave, 482

Florence: congress of monarchs (1822) *see* Verona

Follen, Karl, 205, 211, 309–10, 317

Foreign Enlistment Act (Britain, 1819), 183

Forsting, Baron, 431

Fouché, Joseph, 83–5, 121–2, 126, 174, 202, 292

Fouqué, Friedrich de la Motte, 462

Fox, Charles James, 10, 46, 48, 51, 65, 493

Foy, General Maximilien Sébastien, 293

France: security, 22–3; as nation, 27–8; exiles, 29–30; war with Austria (1792), 37, 40, 44, 225; war with Britain and Dutch Republic (1793–4), 55, 58–9; invasion threat against Britain, 59, 75; interference in Ireland, 61–3; war with Britain resumes (1803), 75; intelligence-gathering, police and informers, 78–9, 83–6; brigandage, 80; conscription, 80; under Napoleon's rule, 81–2, 85; post intercepted and examined, 84–5; and great powers, 100; succession to Napoleon, 108–10; émigrés return (1814), 110; position of Church after Napoleon's fall, 110; White Terror and confusion (1815), 115–16; *épuration*, 120; unrest and disorder under Louis XVIII, 124–5; pro-Napoleon conspiracies and plots, 136–40; rule in Italy, 164–5; Allied army of occupation, 185–6; Allied troops evacuate, 195; revolutionary potential, 195–6; Prussian reaction against, 201–3; political stability, 236; suspected conspiracies, 239; alarm at Austrian power in Italy, 249; proposes mediation between Austria and Italy, 255; and Troppau congress, 261; and Russian action against Turks, 279; conspiracies and mutinies, 284–5; passports, 287; secret societies, 293–5; favours intervention in Spain, 305–6; invades Spain, 306–8; quiescence, 354; Catholic Church in, 357; elections (1827), 359; harvest failures and famine (1816), 137, 140; (1826/1827), 360; July revolution (1830), 361–4, 409, 419; Metternich fears attack

France *cont ...*
from, 372–3; Metternich prepares for war with, 383; supports Poland, 384; gives asylum to revolutionaries, 404; freedom of press curtailed, 410, 416; bread riots, 413; instability, 413–17; and legitimist succession hopes, 413–14; refugees in, 414–15; stabilises under Rémusat, 423; Nicholas's hostility to, 445–6; republic declared (1848), 485; acts against Roman republic, 496; effect of 1848 revolution, 496–7
Franchet d'Esperey, 285, 311, 358
Francis I, Emperor of Austria, 4–5
Francis II, Holy Roman Emperor (*later* Francis I of Austria), 652; at Alexander's military display, 3; on Enlightenment as great swindle, 31, 43; succeeds to throne, 31–2; and Polish unrest, 38; title changed on dismantling of Holy Roman Empire, 76, 158; keeps Napoleon's obelisks, 161; and Austrian rule in Italy, 166, 172–3; bans secret societies, 167; and Metternich's view of Alexander I, 181; opposes constitutions, 181; attends Aix-la-Chapelle congress, 186–7; Alexander urges to mobilise, 195; Metternich reassures, 215; letter from Alexander on Spanish revolutionaries, 252; attends Troppau congress, 256; leaves Troppau for Vienna, 265; at Laibach, 267; and revolution in Piedmont, 271–2; requests pope to excommunicate Carbonari, 275; Alexander appeals to for advice, 279; attends Verona congress of monarchs (1822), 300; visits Venice, 306; on not waging war on France, 384; Metternich plants letter to Frederick William in Bernstorff's office, 391; death, 431; suspicious of education, 436–7; mocks censorship, 439
Frankfurt: student demonstration, 396–7; Bundestag, 490
Fraternal Democrats (Britain), 430
Frederick II (the Great), King of Prussia, 18
Frederick, Prince of Saxe-Coburg, 78
Frederick William II, King of Prussia, 34
Frederick William III, King of Prussia: and Alexander's Holy Alliance, 4–5; helps vanquish Napoleon, 4; at Aix-la-Chapelle congress, 186–7; turns against reform, 200–1; meets Metternich at Töplitz, 215, 398; at Laibach conference, 267; at Verona conference, 300; and Spanish constitutional crisis, 305; resists alliance with Austria and Russia, 372; and Polish unrest, 377; Metternich plants letter from Francis in Bernstorff's office, 391; and sentence on Reuter, 396; death, 462
Frederick William IV, King of Prussia, 462–4, 466–7, 476, 486–7, 490
Freemasonry: origins and spread, 14–17; and French Revolution, 19, 73; reputation, 20; suspected of revolutionary activities, 32–3; in Britain, 67; Francis II suppresses, 167; in France, 193; *see also* secret societies
French Revolution: international and domestic reactions to, 10–13, 19–21, 28–30, 35, 45–6, 57, 74, 105; Barruel describes as conspiracy, 18–19; unpopularity in regions, 79; followed by wars, 98
Friedrich, Caspar David, 199, 225
Fries, Jakob Friedrich, 209

Gabriac, comte de, 260
Gagern, Heinrich von, 227, 493
Galen, Count, 476
Galicia: revolutionary activities, 400, 470–1, 473
Galitzine, Aleksandr Nikolaevich, 265, 271, 273, 324, 448
Garibaldi, Giuseppe, 496
Gay, Sophie, 419, 423
Gendarmerie: established in France, 82
Gendarmerie Royale, 362, 409
Gentz, Friedrich von: wishes success of French Revolution, 11; on European popular unrest, 189, 196; dislikes German student associations, 199; on effect of violent acts, 210; threatened with assassination, 214; organises Karlsbad conference, 215, 223, 226; and German resistance to change, 226; on Metternich's mental upset, 242; on Capodistrias, 253; at Troppau congress, 257; proposes principle of intervention, 263–4; and Ferdinand of Naples, 267; at Laibach congress, 268; and British reaction to Austrian-Russian actions, 268; confers with Strangford, 301; and Rothschilds, 385; reconsiders political principles, 389; criticises Metternich, 399–400; and Metternich's militancy, 431
George III, King of Great Britain, 55–6, 94, 240
George IV, King of Great Britain (*earlier* Prince Regent), 145, 233, 240, 256, 277, 279; death, 366
Gérard, Marshal Étienne Maurice, 483
German Confederation, 223, 229, 390, 396
German Party of Revolution, 404
Germany: occult and mysticism in, 16, 182; spiritual ambitions, 101, 182;
proposed constitutions, 181; harvest failure (1816), 182; respects Alexander I, 193, 207; nationalism, 197–8, 200–1, 391, 393–4, 491, 500; student associations (*Burschenschaften*), 199, 207, 209, 212, 310, 394, 398; unification movement, 199, 226; university education in, 205–6; assassinations by fanatics, 209–11, 214, 223; Metternich's repressive measures in, 223, 225–6, 246, 395; exodus of educated classes, 226; student plots to assassinate Napoleon, 293; stability, 309; Metternich believes in anti-social conspiracy, 311; and threat of French attack, 372; pro-Polish sentiments, 383, 391; student protests, 395–8; customs union (*Zollverein*), 400, 467; émigré revolutionaries, 404; writers proscribed, 405; food prices increase, 467; improved living standards and economic crisis, 467; population changes, 467; economic depression (1847), 476; and outbreak of 1848 revolutions, 479, 486–7, 490, 498; tricolour, 490; National Assembly, 493; repeals reforms after suppression of revolution, 495
Gesamtinkulpatentabelle ('Black Book'), 397
Giessen 'blacks', 205, 309
Gillray, James, 46
Girard, General Jean-Baptiste, 112
Gise, Baron August von, 399
Gisquet, Henri, 410, 414–16, 420
Glasgow: unrest in, 222
Glave-Kobielski, Karl, Freiherr von, 314
Glorious Revolution (Britain, 1688), 41
Gneisenau, General August Wilhelm Anton, Graf Neithardt von, 199, 201, 224

Godwin, William, 42, 66
Goethe, Johann Wolfgang von, 16, 448
Gogol, Nikolai Vasilevich, 348, 449, 454;
    Dead Souls, 452, 454, 459
Golovkin, Count, 257
Gordon, Sir Robert, 172, 296
Gordon Riots (London, 1780), 27
Görres, Joseph, 198
Gosling, Edward, 51
Gourgaud, General Gaspard, 133
Grand Firmament (Society), 294
Greece: independence movement,
    273–4, 278–80, 301, 305; discussed at
    1822 Vienna conference, 298
Grégoire, abbé, 227
Gregory XVI, Pope, 402, 475
Grellet, Stephen, 356
Grenville, William Wyndham, Baron,
    58–9, 86
Greville, Charles, 380–1
Grey, Charles, 1st Earl, 44, 65
Grey, Charles, 2nd Earl, 150, 220–1, 366,
    370, 385, 392
Grimm, Jacob Ludwig Carl and
    Wilhelm Carl, 463
Grimm, Baron Melchior, 12
Gronow, Captain Rees Howell, 480, 482,
    485
Grosse, Carl: *Der Genius*, 16
Grüner, Justus, 201–3, 246
Guelfi (secret society), 174, 177
Guizot, François, 283, 423, 480, 482
Gustavus III, King of Sweden, 17
Gutzkow, Karl, 405

Habeas Corpus Act (Britain):
    suspended, 54, 58, 149–50, 154, 216
Habsburg monarchy *see* Austria
Hager, Baron, 442
Hägerlin, Court Councillor (Austria), 33
Hambach (Rhenish Palatinate), 393

Hampden Clubs, 88, 143–4, 146
Hardenberg, Karl August von, Prince,
    188–9, 192, 201, 203–4, 215, 257
Hardie, Andrew, 222
Hardy, General Jean, 64
Hardy, Thomas (shoemaker), 44, 50, 53,
    55–6
Harrowby, Dudley Ryder, 1st Earl of,
    234
Haschka, Lorenz Leopold, 40
Haydn, Joseph, 40
Hazlitt, William, 153
Hecker, Friedrich, 477, 491, 495
Hegel, Georg Wilhelm Friedrich, 446
Heine, Heinrich, 171, 404–5
Henri IV, King of France, 2760
Henry, Commissaire (France), 83
Herwegh, Georg, 491, 495
Herzen, Alexander, 453–4, 458, 496, 498
Hildebrandt, C.R., 225
Hobhouse, John Cam, 235
Hoche, General Lazare, 62
Hoffmann, Leopold Alois, 17
Hölderlin, Friedrich, 11
Holland, Henry Richard Vassall Fox,
    3rd Baron, 67, 174, 222
Holy Alliance (*Sainte Alliance*), 4–5, 8,
    180
Holy Roman Empire: Napoleon
    dismantles, 76, 158
Hooper, John, 149, 151
Hope, Henry, 190
Hugo, Victor, 102, 364, 421–2; *Hernani*,
    361
Humbert, General Joseph, 64
Humboldt, Wilhelm von, 190, 197, 463
Hundred Days, the (France, 1815),
    113–14
Hungary: nationalist movement, 468,
    471; resists tax increases, 477; in 1848
    revolution, 489, 498

Hunt, Henry, 143–5, 150, 155, 216–19, 233, 235–6, 380
Hunt, James, 144
Hus, Jan, 14

Ibell, Karl Friedrich von, 211
Illuminati, Order of (*earlier* Perfectibles), 15–16, 18–20, 27, 74, 270, 317–18, 338, 350–1, 394
Indépendance Nationale, L', 293
intelligence-gathering: throughout Europe, 56; under Napoleon, 77–8, 84; under Louis XVIII, 121–7, 135–6; Austrian, 312–17; *see also* police
Ireland: sailors in Royal Navy, 60; rule and dissent, 61–3; French attempt invasion, 62–3
Irish Insurrection Act (1796), 62
Isabella, Infanta of Spain, 399
Italy: policing, 26, 175, 315–17; division and governance in, 163–5, 174–5; unification movement, 165–6, 402; Austrian rule in, 166–7, 171–2, 269, 301, 302–3, 403–4; secret societies, 169–73; conspiracies and opposition, 175–6; travellers harassed by officials, 176–7; Austrian troops reinforced (1830), 372; risings (1830), 378, 382; France sends troops against Austrian aggression, 392; social conditions and poverty, 401; revolts under Mazzini, 403–4; censorship, 440–1; theatre in, 441; revolutionaries in, 469–70, 473; economic difficulties, 473–4; controlling measures, 474–5; Pius IX's reforms, 475; resistance to innovation, 475; revolutions (1848), 478–9, 489; and 'Calabrian look', 481; *see also* Naples

Jablonowski, Prince, 242

Jacob, William, 226
Jacobins, 17–20, 30, 38–9, 71, 73–4, 83, 105, 350
Jacqueminot, General Jean-François, 483
Jahn, Ludwig, 197, 224, 314, 463
Jakubovich, Aleksandr Ivanovich, 328
Jefferson, Thomas, 68
Jena, Battle of (1806), 158
Jesuits, 18, 357–60
Jews: as revolutionaries, 351
John VI, King of Portugal, 267
Joinville, François, prince de, 418
Jordan, Professor (of Marburg), 396
Joseph II, Emperor of Austria: police, 25; anti-Enlightenment measures, 26, 33; reforms, 29, 161, 163; and Francis II's upbringing, 31; death, 212
Journal des débats, 162
Junglingsbund, 310
Jung Stilling, Johann Heinrich, 7

Kalitowsky, Dr, 433
Kamptz, Karl Albert von, 205, 224–5, 338, 395, 397, 463
Karamzin, Nikolai Mikhailovich, 180
Karl, Prince of Prussia, 464
Karlsbad, 215, 224, 228
Karlsbad Decrees, 223, 227, 246, 395, 477
Kästenburg (castle), 393–4
Kazan, University of, 325
Kent, Prince Edward Augustus, Duke of, 123
Kent, Victoria Mary Louisa, Duchess of, 194
Kératry, Auguste de, 293–4
Kinnaird, Charles, 8th Baron, 118, 139, 184
Klopstock, Friedrich Gottlieb, 11
Knigge, Baron Adolf Franz von ('Philo'), 15–16

493

Kochubey, Viktor Pavlovich, 323, 460
Koechlin, Jacques, 284, 293
Kolowrat, Count Franz Anton von, 398–9, 431, 477, 488
Köning, Karl, 211
Kościuszko, Tadeusz, 38, 65
Kossuth, Lajos, 468, 488
Kotzebue, August von: murdered, 208–11, 213, 223, 309, 310, 327, 351
Kraków, 38, 470, 472, 495
Krametz-Lilienthal, Anton, 314
Kritsky brothers, 346
Krüdener, Baroness Julie von, 3, 8, 101, 182
Kubeck, Karl Friedrich von, 399

Labouchère, Pierre César, 190
Lafayette, George, 284
Lafayette, Marie Joseph Paul Yves Roch Gilbert du Motier, marquis de, 30, 282–4, 292, 363, 394, 409, 485
La Ferronays, Pierre Louis de, 233, 237, 257, 264, 303, 323
Lafitte, Jacques, 282, 351, 358, 363, 385
La Harpe, Frédéric César de, 5–6, 103, 176, 179, 226
La Hodde, Lucien de, 410–11, 482
Laibach (Ljubljana): congress (1821), 265, 267–71
Lallemand, Nicolas, 239
La Mare, Nicolas de: *Traité de la police*, 22
Lamarque, General Jean-Maximilien, 412
Lamartine, Alphonse de, 102, 480, 485, 494
Lamsdorff, General Matthew, 334
Lancaster, Joseph, 71
Langres, Lombard de: *Des Sociétés secrètes en Allemagne et en d'autres contrées*, 211–12, 319

Lannes, Marshal Jean: bastard son, 400
Larl August, Grand Duke of Weimar, 206
Lassave, Nina, 418
Latour-Maubourg, General Victor de Fay de, 217, 227
Laube, Heinrich, 405
Lavalette, Antoine-Marie, comte de, 116
Lavalette, Madame de, 294
Lawrence, Thomas, 187, 192
Lebzeltern, Baron Louis-Joseph: as ambassador to St Petersburg, 184; takes Metternich letter to Decazes, 196; on French army, 214; and Alexander's understanding of German unrest, 228; and assassination of duc de Berry, 233; and Metternich's call to Alexander for conference of ambassadors, 238; reports on Alexander's view of foreign rebels, 255; mission to Rome, 263; and Metternich's view of Spanish crisis, 297; letter from Metternich on Russian activities in Turin, 321; shelters Trubetskoy, 333, 356
Ledoux, Captain, 138
Ledru-Rollin, Auguste, 411, 481
Lees, John, 219
Leipzig, Battle of (1813), 94, 159
Leo XII, Pope, 102
Leopold I, King of the Belgians, 386, 445, 484
Leopold II, Emperor of Austria, 29–32, 34, 157–8; death, 212
Leopoldo II, Grand Duke of Tuscany, 402
Lermontov, Mikhail, 102, 352; 'Death of the Poet', 451
Lesovsky, Stepan Ivanovich, 453
Lessing, Gotthold Ephraim: *Emilia Galotti*, 440; *Nathan the Wise*, 33

Leykam, Marie-Antoinette de, 356
Lieven, Princess Dorothea: at Aix congress, 190–1; background and character, 191; Metternich's infatuation with, 191–2, 194, 278, 303; letters from Metternich, 194, 215, 267, 431; in London, 235, 240; Metternich requests to have Capodistrias removed from office, 253; and British role in Naples, 256; at Verona, 303–4; on Metternich's remarriage, 357; as princess, 357; letter from Grey, 370; on danger of revolution in Britain, 379; and Reform Bill (British), 386; on danger of assassinations, 416, 419; letters to Aberdeen, 416, 419, 423; on Paris 'egoism', 423; disobeys Nicholas' recall to Russia, 445; in Paris, 446
Lieven, Prince Kristof Andreevich, 190, 192, 194, 238, 256, 303
Lilien, Baron von, 163
Liszt, Franz, 361
literature: and censorship, 442
Liverpool: strike against abolition of slave trade, 51; population growth, 407
Liverpool, Robert Banks Jenkinson, 2nd Earl of: as prime minister, 90; Southey warns of revolution, 93; maintains armed troops, 144; on suspending habeas corpus, 150; interrogates Bamford and insurrectionists, 156; warns Wellington of Lancashire unrest, 220; and proposed European alliance, 255, 268; and Castlereagh's decline and suicide, 298; relaxes attitude to civil disturbances, 368
Lollards, 14
Lomachevsky, Colonel, 349, 459
Lombardy-Venetia: under Austrian rule, 163–4, 166, 173, 440, 473, 498, 500; police, 315

London: policing, 27, 387, 407; mobs and protests, 58, 223, 240–1, 380; squalid conditions, 70; demonstrations against Wellington, 379; *see also* Britain
London Corresponding Society, 45–6, 48, 50–3, 55–6, 58, 65, 73, 75; outlawed, 66
London Working Men's Association, 426
Londonderry, Frances, Marchioness of, 304, 439
Londonderry, Robert Stewart, 1st Marquess of, 90
Londonderry, Robert Stewart, 2nd Marquess of *see* Castlereagh, Viscount
Longchamp, Dubois de, 47
Löning, Karl, 211, 223
Louis, Archduke of Austria, 477
Louis XVI, King of France, 34, 49, 69
Louis XVII, King of France (*earlier* Dauphin), 109
Louis XVIII, King of France (Louis Stanislas Xavier): accession, 108–9, 117; and Napoleon's return from Elba, 112–13; and fate of Ney, 116; succession to, 120, 195, 311; appoints Decazes police chief, 122, 236; and Italian conspiracy, 168; weakness and ill health, 195–6; and death of duc de Berry, 231; and crisis in Naples, 253; and French non-intervention in Spain, 270; supposed assassination attempt on, 290; death, 311
Louis-Napoléon Bonaparte (*later* Napoleon III), 413, 419–20, 424
Louis-Philippe, King of the French (earlier duc d'Orléans): under surveillance in England, 123–4; considered for succession, 251, 355; accession, 363, 374; Metternich resists

495

Louis-Philippe *cont* ...
recognising, 373; opposes forces of anarchy, 383–4; finances, 385; and erection of Egyptian obelisk in place de la Concorde, 408; pacifism, 413; assassination attempts, 414, 417–19; allows return of Bonaparte family, 420; mocked, 423; Nicholas spurns, 444–5, 447; recognised by Austria and Prussia, 444; popularity, 468; and outbreak of 1848 revolution, 481–3; flees to England, 484, 487; on suppression of 1848 revolution in France, 494
Louvel, Louis Pierre, 232, 295
Lowe, Sir Hudson, 134
Luddites, 89, 91, 94
Ludwig I, King of Bavaria, 487
Luise, Queen of Frederick William III of Prussia, 200
Lukovsky (informer), 349
Luther, Martin, 206
Lützow, Major Adolf von, 198
Lyon, 79–80, 138, 282, 413
Lyon, Jane, 334

Macerata, Italy, 176
Maddox, Roman, 347–8
Magnitsky, Mikhail Nikolaevich, 325, 350–1, 448
mail (post): protected in Britain, 86; intercepted in Austria, 162–3, 433–5; Mazzini's intercepted in Britain, 469
Mailath, Johann von, 440
Maillé, duchesse de, 417
Mainz *see* Central Commission of Investigation
Maistre, Joseph de, 13–14, 103, 105, 435
Maitland, General Sir Peregrine, 93
Malmesbury, James Edward Harris, 2nd Earl of, 381

Malthus, Thomas, 70
Manchester: civil unrest, 217–21; population growth, 407
Manchester and Salford Yeomanry, 219
Manuel, Jacques-Antoine, 282, 294
Maréchaussée (marshalcy), 22, 25, 82
Maria Christina, Queen of Spain, 399
Maria Feodorovna, Empress of Russia, 191, 338, 487
Maria Theresa, Empress of Austria, 25
Marie-Amélie, Queen of Louis-Philippe, 480, 484
Marie-Louise, Empress of Napoleon I, 76, 130, 163, 303, 316
Marmont, Marshal Auguste, 116, 138, 251, 358, 361–2, 366, 444
Marsan, Marie-Louise, comtesse de, 120
Martignac, vicomte Jean-Baptiste de, 359
Martineau, Harriet, 142
Martini, Karl Anton von, 39
Martinovics, Ignác, 39
Marx, Karl, 446, 494; *Class Struggles in France*, 497; *Communist Manifesto* (with Engels), 498
Mazarin, Cardinal Jules, 23
Mazzini, Giuseppe, 401–3, 418, 469–70, 478, 500
Mecklemburg, General Karl, Duke of, 206, 465
Mehmet Ali Pasha, Khedive of Egypt, 408
Melbourne, William Lamb, 2nd Viscount, 380, 387
Melville, Robert Saunders Dundas, 2nd Viscount, 385
Menz, Count de, 245, 301
Merilhou, Joseph, 282, 284, 358
Merthyr Tydfil, 386
Meshcherskaia, Princess Sophie, 259
Mesmer, Dr Franz Anton, 29

Methodism: in Britain, 70–1; Metternich's suspicion of, 182

Metternich-Winneburg-Beilstein, Prince Klemens Wenzel Lothar von: and Alexander's Holy Alliance, 5; on Alexander, 8, 166; on revolutionary French exiles, 30; background and career, 157–8; political principles, 159–62, 390; controls intelligence services, 162–3; and Austrian rule in Italy, 163–4, 168, 171–2, 178, 302–3; on Italian secret societies, 172–3; distaste for Alexander's liberalism, 180–1; opposes constitutions, 181; wariness of religious heresies, 181–2; suspects Russian diplomatic activities, 183; diplomatic relations with Russia, 184; warns Wellington of Netherlands, 184; and Russian proposed withdrawal from France, 185; suspicious of Decazes, 185; and Alexander's presence at Aix-la-Chapelle congress, 186, 188–9, 193; infatuation with Dorothea Lieven, 191–2, 194, 278, 303; receives intelligence from Grüner, 193; differences with Alexander, 194; and disorder in France, 196; fears revolution in Prussia, 196–7; favours *Bundestag*, 198; and murder of Kotzebue, 210, 223; concern over French army, 214; and German suicidal terrorists, 214; repressive measures adopted in Germany, 223–4, 226–7, 246; and Spanish *pronunciamiento*, 231, 237–8; on assassination of duc de Berry, 233; theory of universal conspiracy, 238–9, 381–2, 390–1, 400; daughter's death, 241; and Naples revolution and constitution, 241–9, 255, 258, 262–3, 265, 269, 275, 301–2; antipathy to political opposition, 250; and Alexander's proposal on Naples crisis, 253; distrusts and maligns Capodistrias, 253; sends Lebzeltern to meet Alexander, 255; attends Troppau congress, 257–8, 262–5; and army mutiny in St Petersburg, 261; proposes universal principle of intervention, 264; at Laibach congress, 267–8, 270; informed of revolution in Piedmont, 271; believes revolutions outdated, 275; appointed chancellor, 276; and papal ban on Carbonari, 276; confers with Castlereagh, 277–8; loses faith in Britain, 277, 406, 426; Alexander appeals to for advice, 279; accuses Capodistrias of pro-Greek propaganda, 280; and Greek independence movement, 280; undermines Holy Alliance, 280; believes French police infiltrated by conspirators, 295; opposes constitutional government in Spain, 297; suspicion of Monroe doctrine, 298; and Vienna conference (1822), 298; at Verona congress of monarchs (1822), 299–301, 303–4; on Castlereagh's suicide, 299; opposes intervention in Spain, 305–8; made Duke of Texas, 308; believes in German anti-social conspiracy, 311; on Charles X's succession in France, 311; employs police spies in Italy, 316; interrogates Confalonieri, 321; Benckendorff meets, 340; instructions to Apponyi, 355; remarries (Marie-Antoinette de Leykam), 356; suspicion of French revolutionary movements, 356; wariness of England and Canning, 356; on Charles X's measures, 360; and July Revolution

497

Metternich *cont* ...
(France 1830), 363-4, 371-3, 390; proposes pan-German military force against threat of French attacks, 372-3; wariness of Louis-Philippe, 373; sends troops to suppress risings in Italy, 378, 382; welcomes Polish rising, 378, 382; prepares for war with France, 383; and Rothschilds, 385; Gentz's revised view of, 389-90; and German support for Polish refugees, 391; isolation, 392; and British unrest, 393, 406-7; and Hambach festival, 393-4; issues six (then ten) articles (1832), 395; exploits popular demonstrations, 397; Kolowrat criticises, 398; meets Nicholas at Munchengrätz, 398-9; holds conference of German ministers in Vienna (1834), 399-400; loses influence in Germany, 400; troubled by minor insurrections, 400-1; and Mazzini's revolts, 403-4; cooperates with Russians, 405-6; exchanges information with Benckendorff, 405, 431-2; blames Mazzini for violence in France, 418; on Paris as 'sewer', 426; on political refugees' activities, 430-3; assassination threat to, 433; controls passage of European mail, 433-6; censorship, 437-9; suppresses societies and institutions, 437; and Frederick William IV's aims, 463; opposes reform movement in Prussia, 467; opposes liberalism and nationalist movements, 468-9; and Switzerland as centre of subversion, 468-9; and Polish revolutionaries, 469-73; opposes Hungarian nationalism, 471; annexes Kraków, 472; and illiberality in Italy, 475; on Prussian depression, 476; and 1848 revolutions, 477, 479,
486-8, 496; rule in Austria, 477; self-exile in England, 488-9, 496
Meyendorff, Baron Peter von, 397-8, 405, 464, 489
Michael, Grand Duke of Russia, 259, 333, 348-9
Michelet, Jules, 480
Mickiewicz, Adam, 450
middle classes: reject dominance of aristocracy, 393
Mierosławski, Ludwik, 470, 490
Miguel, Dom (of Portugal), 399
Mikhailovsky-Danilevsky, Aleksandr Ivanovich, 190
Milan: anti-Austrian conspiracy, 167-8; Metternich proposes investigating commission in, 302; revolts against Austrian rule (1848), 489
Miles, William Augustus, 35
millenarianism, 100
Miloradovich, General Mikhail Andreevich, 259-60, 333
Minichini, Luigi, 242-3
Ministry of All the Talents (Britain), 86
Mirabeau, Honoré Gabriel Riqueti, marquis de, 17
Mirari vos (encyclical), 402
Modena: rising, 378, 381
Modena, Francis IV, Duke of, 474
Moira, Francis Rawdon Hastings, 2nd Earl of, 67
Molé, Louis-Matthieu, 139, 364
Mollien, Nicolas, 113
monarchy: and legitimacy, 104
Monnier (conspirator), 137
Monroe, James, 297-8, 308
Montez, Lola, 486
Montlosier, François Dominique de, 102, 104, 357
Montmorency, Anne Adrien Pierre de, duc de Laval, 301, 303, 305-6

Moore, Thomas, 407
Mordvinov (Russian suspect), 246–7
More, Hannah, 71
Morea, Agricole, 114
Morelli, Lieutenant Michele, 242–3
Morey, Pierre, 418
Morning Chronicle, 162
Mortemart, General Casimir Louis de Rochechouart, duc de, 362
Mortier, Marshal Edouard Adolphe Casimir Joseph, 418, 444
Moscow Telegraph, 353
Mosley, Sir Oswald, 217
Mounier, Claude, baron, 239, 251, 283
Mozart, Wolfgang Amadeus: *The Magic Flute*, 16; *La Clemenza di Tito*, 31
Muir, Thomas, 49, 63
Müller, Adam, 101, 162
Munchengrätz: conference (1832), 398
Murat, Joachim, 163, 165, 243, 245
Muravev, A.N., 347, 458
Muravev, Nikita Mikhailovich, 328
Muravev-Apostol, Sergei Ivanovich, 333
Musset, Alfred de, 102

Nagler, Karl von, 201
Nantil, Léon, 251
Napier, General Charles, 426
Napier, Colonel Sir William, 381
Naples: 'Army of the Holy Faith', 99; Murat rules, 163; Bourbons reclaim, 164; revolution and constitution (1820), 242–9, 253, 255–6; discussed at Troppau and Laibach congresses, 258, 261–3, 267–9; Austrian army marches on, 269–72, 301; armistice with Austria, 275; occupied by Austrian army, 302
Napoleon I (Bonaparte), Emperor of the French: exiled, 1–3, 7–8, 108, 128; Treaty of Tilsit with Alexander I, 7; and prospective invasion of Britain, 75; abolishes Holy Roman Empire, 76, 158; domination in Europe, 76–7, 85; rule, 77, 81–3, 85; assassination attempts on, 82, 293; Continental System, 86, 96; defeated in Russia, 87, 179; Leipzig defeat, 94; legitimacy questioned, 107; returns from Elba for Hundred Days, 112–15; loses popular support, 114–15; rumours of return, 128–31; restrictions and reputation after downfall, 131; fears of escape from St Helena, 133–4, 140; occupies Schönbrunn Palace, 161; and control of Italy, 163, 165, 169; Metternich's view of, 168–9; death, 282; survival rumours, 307; Gentz on mistake of overthrowing, 390
Napoleon II, King of Rome (Duke of Reichstadt), 76–7, 129, 163, 282, 320, 363; death, 413
Napoleon III, Emperor of the French *see* Louis-Napoléon
Naryshkina, Maria Antonovna, 326
National Assembly (France): and national security, 27–827–8
National Charter Association, 428
National Convention of the Industrious Classes (Britain), 426
National Guard (France): disbanded, 360, 362; Lafayette given command, 409; and 1848 demonstrations, 494
National Political Union of the Working Classes (Britain), 407
nationalism: and independence movements, 101
Necker, Jacques, 120
Nefedev (Russian state councillor), 342
Neipperg, Count, 303
Nelson, Admiral Horatio, Viscount, 118

499

/ 索 引 /

Nemours, Louis-Charles-Philippe, duc de, 418
Nepean, Evan, 48
Nesselrode, Count Karl von: as foreign minister of Russia, 185; Pozzo di Borgo reports to, 185, 214, 239; Dorothea Lieven sends information to, 191, 240; warned about Ultras, 196, 213, 239; and revival of French army, 214; and Capodistrias, 253, 261; withholds Metternich's information from Alexander, 253; writes to Richelieu, 270; Metternich warns against intervention in Greece, 301; attends Verona congress, 303; and Metternich's reaction to French 1830 revolution, 371–2; on British Reform Bill, 386; Meyendorff reports to, 397–8; and Gutzkow's writings, 405; on passport control committee, 446; and Metternich's flight to exile, 489
Nesselrode, Countess von, 213, 260, 460
Nether Stowey, Somerset, 66
Netherlands: and independent Belgium, 365
Neumann, Philipp von, 227, 338
Newcastle, Henry Pelham Fiennes Pelham Clinton, 4th Duke of, 387
Ney, Marshal Michel, 112, 116; sons' whereabouts, 291
Nicholas I, Tsar (*earlier* Grand Duke) of Russia: and Semeonovsky Guards mutiny, 259–60; succeeds Alexander I, 331–4; qualities, 334–5; interrogates and punishes Decembrist mutineers, 336–8, 345–6; manifesto on purifying society, 339; friendship with Benckendorff, 340; and role of Third Section, 343, 349; fear of conspiracies and threats, 349–52; censorship rules, 352; Metternich disparages, 356; and reaction to French 1830 revolution, 371; refuses to recognise Louis-Philippe, 373–4; and rising in Poland, 375, 377, 382–3; mobilises against French threat, 376; meets Metternich at Munchengrätz, 398–9; supports Don Carlos in Spain, 399; praises Metternich, 406; recognises Louis-Philippe reluctantly, 444–5; rule and preservation of national integrity, 444–8, 460–2, 500; suspicion of French influence, 445–6; censors Pushkin, 451–2; bans smoking in streets, 453; hostility to Poles, 453; personal problems, 460; and Frederick William IV, 462–3, 467; wariness of Prussia, 462–3, 466; assassination attempt on, 464; urges Metternich to incorporate Kraków into Austria, 472; reaction to 1848 revolutions, 486–7, 493; on Metternich's flight to exile, 489; *My Confession*, 444
Nikitenko, Aleksandr, 461
nobility: rights affected by Congress of Vienna, 103; *see also* aristocracy
Nodder, Frederick Polydore, 51
Nodier, Charles, 122
Nore mutiny (1797), 60
Norfolk, Charles Howard, 11th Duke of, 59, 65
Norris (Manchester magistrate), 218
North, John Henry, 388
Northern Bee (Russian periodical), 452
Northern Society (Russia), 328, 332–3
Northumberland, HMS, 1
Norwich Revolution Society, 42, 44
Notes on the chief causes of the late revolutions of Europe (pamphlet), 72
Novalis (Baron Friedrich Leopold von Hardenberg), 101

Novara, Battle of (1821), 276
Novgorod: mutiny, 377
Novosiltsev, Count Nikolai Nikolaievich, 181, 250, 374–5

Odessa, 273
opera: and censorship, 441
Opie, Amelia Alderson, 66
Orange Order (Ireland), 62
Orléans, Ferdinand-Philippe, duc d', 417, 419, 468, 480, 484
Orléans, Hélène, duchesse d', 485
Orléans, Louis-Philippe, duc d' *see* Louis-Philippe, King of the French
Orlov, Count Aleksei Fyodorovich, 455
Österreichische Beobachter (newspaper), 162

Paine, Thomas, 42, 46
Paisley (Scotland), 53
Palermo: revolution (1848), 478
Palmerston, Henry John Temple, 3rd Viscount, 395, 473, 487
Papal States: French occupy, 102; and passage of mail, 163; opposition to government suppressed, 175; and Naples, 263; revolts, 382, 403; beggars, 401; bankruptcy, 473; *carabinieri*, 474
Paris: in French Revolution, 12; police and regulations, 22–5, 286, 359–61, 410, 415–16, 420–1, 423; mob actions in, 45; September massacres, 69; conditions described in Britain, 71–2; population increase and density, 117, 422; military conspiracy, 250–2; small bomb at Tuileries, 270; improvements, 282; conspiratorial cells (*ventes*), 283–4, 293–4, 422–3; under Delaveau's repressive policing, 286–92; National Guard, 358; July revolution (1830), 361–4; Metternich believes centre of universal conspiracy, 382, 390, 394; obelisk from Egypt installed in place de la Concorde, 408–9; troublemakers and factions, 410–13, 424–5; rioting, 412; cholera, 413; refugees and exiles in, 414; cultural pre-eminence, 421; in fiction, 422; Russian visitors, 446–7; poverty and social conditions, 480–1; and outbreak of 1848 revolution, 481–6
Paris, Louis-Philippe Albert d'Orléans, comte de, 484–5
Parkinson, James, 55
Parliament, Houses of: destroyed by fire, 407; *see also* Commons, House of
Parthana, Madame, Duchess of Floridia, 268
Pasquier, Étienne-Denis, 231, 237, 256
Patriotes de 1815, Les, 136
Patriotic Society (Poland), 374–6
Patrushev, Nikolai, 500
Paul, Emperor of Russia, 5–7
peace (1815): effects, 96–100
Pedro, Dom (of Portugal), 399
Peel, Sir Robert, 369, 381
Peep o'Day Boys (Ireland), 61
Pellico, Silvio: *Le mie Prigioni*, 320, 459
Pentrich, Derbyshire, 151, 154
Pepe, General Guglielmo, 243, 271
Perceval, Spencer, 86, 89, 91, 107
Pergen, Johann Anton, Count von, 25, 30, 32–3, 39–40, 162
Perovsky, L.A. (Russian interior minister), 446
Perrier, Casimir, 385
Pestel, Pavel Ivanovich, 328, 333
Peter I (the Great), Tsar of Russia, 349
Peterloo massacre (1819), 219–21, 241
Peuchet, Jacques, 126, 128, 139
Philadelphes (group), 169
Philiki Hetairia (association), 273

Photius, 326
Piedmont: revolution, 271–2, 275–6, 302, 305; rising (1830), 378; attempted insurrection (1833), 400; constitution, 479
Pietism, 101, 466
Pillnitz, declaration of (1791), 42
Pitt, William, the Younger: reforms, 41; counter-revolutionary measures, 44, 47–8, 52–5, 59; shocked at execution of Louis XVI, 49; death threat against, 51; suspends Habeas Corpus Act, 54; and French invasion threat, 59; withdraws Fitzwilliam from Ireland, 62; tolerates Freemasonry, 67; death, 86; and Addington, 90
Pius VII, Pope, 174
Pius VIII, Pope: death, 378
Pius IX, Pope, 475, 495
Place, Francis, 65, 87, 152, 154, 221, 366, 379, 426
Plug-Plot events (Britain), 428
Poisson, Dr, 3
Poland: constitution (1791), 37; revolution (1794), 38; revolutionaries from, 41–3, 169, 404, 469–73; king deposed, 161; Alexander I grants new constitution to, 181; Tsar attends opening of Sejm, 250; Congress Kingdom, 374–5; nationalist movement, 374, 386; Nicholas's attitude to, 375, 453, 464; under Grand Duke Constantine, 375–6; rising (1830), 376, 378, 382, 384, 429; Nicholas sends in troops, 377; German popular support for, 383, 391; exiles flee westward, 391; émigrés attempt to foment conspiracy in Galicia, 400; refugees in France, 414; refugees in England, 429–30; Metternich suspects of revolutionary activities, 430–1; poor intelligence reports, 432; Frederick William's tolerance of, 464; Frederick William promises autonomy to provinces, 490; Germans declare partition illegal, 491; 1848 revolution, 498
Polevoi, Nikolai Aleksandrovich, 353
police: in France, 22–5, 83–5, 286–92, 356, 415–16, 423; in Paris, 22–5, 286, 359–61, 410, 420–1; in Austrian Empire, 25–6, 39, 162, 312–20, 356; under Napoleon, 77–8, 81; under Louis XVIII, 122, 124–7; in Italy, 166, 173, 175; in Prussia, 201–5, 465; in Russia, 341–53, 454–8; in Britain, 368–9, 380, 387, 407, 491; in French fiction, 421
Police Act (Britain, 1829), 369
Polignac, prince Jules de, 359, 362, 414
Polish Democratic Society, 469
Poniatowski, Marshal Józef Antoni, 133
Ponte, Lorenzo da, 29
Portland, William Henry Cavendish Bentinck, 3rd Duke of, 52, 86
Portugal: military insurrection, 252; conflict over succession, 399
Posen, Grand Duchy of, 464, 470, 473
Pozzo di Borgo, Charles André, 118, 120, 138–9, 185, 214, 221, 233, 237, 239
press freedom *see* censorship
press gangs: riots against, 55
Preston (Lancashire): Moor Park, 492
Preston, Thomas, 144, 149, 151, 234
Price, Richard, 42–3
Priestley, Joseph, 43–4
Proudhon, Pierre Joseph, 411, 423
Prussia: Napoleon defeats, 76; and war of liberation, 99; proposed constitution, 181; Metternich's alarm over, 196–7; revolutionary nationalism, 198–200, 202; army, 200;

territorial changes, 200; constitution deferred, 201; police, 201–5, 465; repressive measures, 224–6; and Metternich's settlement of Naples crisis, 262; and potential threat from France, 372–3; establishes *Zollverein*, 400; as German champion, 400; as supposed threat to Russia, 462, 464; protests suppressed, 465–6; demands for reform, 467, 476–7; economic depression, 476; counter-revolution, 495

Pushkin, Alexander, 102, 327, 449, 451–2; *Eugene Onegin*, 327; *Boris Godunov*, 451

Quadruple Alliance (Britain-Austria-Russia-Prussia), 159, 238, 257, 264, 269
Quincy, Edmund, 12
Quiroga, Colonel Antoni, 230–1, 237, 327–8

Radetzky von Radetz, Field Marshal Joseph, Count, 476, 495
Radowitz, Joseph von, 463
Ramel, General Jean-Pierre, 115
Ramses II, pharaoh, 409
Randon (conspirator), 137
Rapp, General Jean, 252
Réal, Pierre-François, 82
Rebecca riots (Wales), 428
Récamier, Juliette Bernard, 190, 303
Rechberg, Count, 246
Reform Bills (Britain), 385–7, 392, 406–7
religion and churches: affected by war, 98–9; in post-Napoleonic France, 110–11; and rise of secular state, 160–1
Religious Tract Society, 71
Rémusat, Charles de, 419, 423–4
Reuter, Fritz, 396
revolutions of 1848: outbreak and spread, 478, 481–5, 488–91; effect on ruling monarchs, 486; fail to evolve, 494–5; effects, 496–8

Rey, Joseph, 310
Rhenische Merkur, 198
Richards (builder/actor; 'Oliver'), 154
Richelieu, Cardinal Armand Jean Duplessis, duc de, 23
Richelieu, Armand-Emmanuel du Plessis, duc de: on French fanaticism, 37; as prime minister, 118–19, 122, 133, 137; fears Napoleon's escape and return, 133–4; disbelieves intelligence reports of conspiracy, 136; and Alexander's suspicions of conspiracy, 154; at coronation of Leopold II, 158; resigns as prime minister, 195; and Cato Street conspiracy, 235; and assassination plot against royal family, 236; and British reluctance to support action on Naples crisis, 256; disapproves of Metternich's intervention in Naples, 269; rejects French intervention in Spain, 269; and bomb at Tuileries, 270; dismisses idea of *comité directeur* in Paris, 277; on stability in Paris, 282; repressive regime, 284; second ministry falls, 285, 296; *Advice to Young Noblemen*, 101
Richmond, Charles Gordon-Lennox, 5th Duke of, 369
Richter, Jean-Paul, 16
Riego, Major Rafael del, 230–1, 237, 252, 296, 307, 327–8
Rights of Man: as concept, 104
Riot Act (England, 1714), 26
Robespierre, Maximilien, 40, 83, 169
Romanticism, German, 101
Rome: republic proclaimed (1849), 495
Romilly, Sir Samuel, 11, 45, 151, 154
Ross, Captain Charles, 1–2

Rossini, Gioacchino Antonio, 306; *Guillaume Tell*, 441; *I Lombardi*, 441
Rostopchin, Count Fedor Vassilievich, 247
Rothschild family, 351, 384–5, 473
Rothschild, David, 190
Rothschild, James, 384
Rothschild, Salomon, 384
Rothschild, Solomon and Carl, 190
Rousseau, Jean-Jacques, 14, 19, 80, 169
Rowan, Hamilton, 61
Royal Navy: mutinies (1797), 60; rights over neutral shipping, 86
Ruffo, Prince Alvaro, 268–9, 303
Runich, D.P., 325
Russell, Lord John, 385, 387
Russia: Napoleon defeated in, 87, 179; national debt, 97; Alexander's proposed reforms, 179–80; religious revivalism, 182; seeks Mediterranean naval base, 183; Alexander rejects constitution, 250; army mutiny, 258–61; and Greek independence movement against Turks, 278–9; hostility to Turkey, 278; embassy in Turin, 322; repressive measures, 323–5, 447, 451, 454–60; literary societies, 327–8; disaffection in, 328–30; imperial expansion, 329; December Mutiny over succession to Alexander I, 332–4, 336, 338, 341; under Nicholas I's rule, 339–40; Third Section (secret police), 342–8, 352–4, 447, 451, 453–8, 460; discontent among youth, 345–6; denunciations, 349; censorship in, 352, 450–3, 459–60; and Polish nationalist movement, 374–7; cholera epidemic, 377; captures Warsaw, 391; signs convention with Austria (1833), 399; extradition treaty with Austria, 405; rumoured Polish refugees' conspiracy in, 431–2; Nicholas preserves national integrity, 444–9; visitors to Paris, 446–7; education, 448–50; serfdom preserved, 460; supposed Prussian threat to, 462; and effect of 1848 revolutions, 493–4; effect of tsars' control, 500
Rutland, John Henry Manners, 5th Duke of, 388, 390

St Helena, 1, 128–9, 133–4
Saint Just, Louis Antoine, 169, 227
St Peter's Fields, Manchester, 151, 216–20
St Petersburg: spies in, 323–4; *see also* Russia
Saint-Agnan (of Milan), 167–8
Saint-Cyr, Marshal Laurent de Gouvion, 214
Saint-Domingue, 46
Saint-Leu, duchesse de (*formerly* Queen Hortense of Holland), 419
Saint-Martin, Louis-Claude de, 101
Saint-Romain-de-Popey, 125
Salis, General de, 474
San Lorenzo, Duke of, 290
Sand, George: *La Comtesse de Rudolstadt*, 422
Sand, Karl Ludwig, 209–11, 223, 309, 327, 395, 453
Sanglen, Yakov Ivanovich, 324, 350
Sardinia, 163, 474–5, 489
Sartine, Antoine de, 24
Sauer, Count, 32
Saumur, 284
Saurau, Count Franz Joseph, 32, 173
Savary, General Anne-Jean-Marie, 239
Savoy, 400–1, 403
Sayn-Wittgenstein, Prince Wilhelm Ludwig Georg von, 201, 203–4, 206, 211, 224–6, 394
Scheffer, Ary, 361, 480

Scheltein (police agent), 137
Schiller, Friedrich von, 16; *Don Juan*, 33; *Faust*, 33; *The Robbers*, 33
Schlegel, Friedrich, 162
Schleiermacher, Friedrich, 160, 224
Schmalz, Anton Heinrich, 201
Schwarz, Colonel, 259
Schwindelgeist ('Freedom Swindle'), 31, 33, 207, 436
Scotland: unrest in, 222
Seale, Major, 91
Sealsfield, Charles, 312
Sebastiani, General Tiburce, 483
Secret Expedition (group), 323
secret societies, 169–70, 211–13, 293–5, 310, 318–19; *see also* Freemasonry
Seditious Meetings Act (1816), 150
Seditious Meetings Bill (1794), 59
Sedlnitzky, Count Josef, 162, 186, 207, 378, 433
Selivanov, I.V., 456
Semeonovsky Guards (Russia): mutiny, 258–61, 320
Serafim, Metropolitan, 333
Seymour, Hamilton, 299
Shaw, Alderman (of London), 144
Shegog, John, 241
Shelley, Frances, Lady, 220
Shelley, Mary, 176
Shelley, Percy Bysshe, 91
Sheridan, Richard Brinsley, 48
Sherwood, Captain John, 331, 348–50
Shishkov, Admiral Aleksandr Semeonovich, 180
Sicilies, Kingdom of the Two: revolts, 403; *see also* Naples
Sicily, 242, 249
Sidmouth, Henry Addington, Viscount: as home secretary under Liverpool, 90–2; on Mount Tambora eruptions and civil unrest, 99; opposes parliamentary reform, 143; and threat of civil unrest, 144, 149–51; uses informers, 154; assassination threats against, 156, 234, 236, 240; and Peterloo, 218, 220; on dissatisfactions in Britain, 256
Six Acts (Britain, 1819), 221–2
slave trade: abolished in Britain, 86
Société des Amis du Peuple, 384
Société des Bonnes Études, 285
Société des Familles, 416
Société du Lion Dormant, 293
Société Propagande, 381
Society for Bettering the Condition and Increasing the Comforts of the Poor (Britain), 71
Society of Saints Cyril and Methodius, 450
Society for the Suppression of Vice (Britain), 71
South America, 183, 230, 297, 308
Southern Society (Russia), 328, 331, 338, 348
Southey, Robert, 11, 93, 142, 221, 381
Spa Fields, London, 143, 152, 155
Spain: reaction to French Revolution, 28; religion in, 99; aims to regain South American colonies, 183, 230; Napoleon invades, 183; *pronunciamiento* (1820), 230, 237, 247; constitution of 1812 reintroduced, 237–8; extremists in, 252, 269; aims for European republics, 254; resistance to constitutional government, 296–7; discussed at 1822 Vienna conference, 298; Alexander's preoccupation with, 296, 305; France invades, 306–8; civil war (1833), 399
Special Constables Act (Britain, 1831), 387

Spence, Thomas, 42, 71, 144, 155
Spenceans (British revolutionaries), 216
Sphinx, Le (French paddle steamer), 408
spies *see* intelligence gathering
Spithead mutiny (1797), 60
Stackelberg, Count, 213
Stadion, Count, 275
Staël, Anne-Louise-Germaine, baronne de, 293, 448
Stein, Heinrich Friedrich Karl, Freiherr vom, 157, 197, 204, 224, 226
Stendhal (Marie-Henri Beyle): in Italy, 176, 315; *La Chartreuse de Parme*, 171
Stewart, Lord Charles (*later* 3rd Marquess of Londonderry), 172, 187, 256–8, 263–4, 267–8
Stewart, Robert, *see* Castlereagh
Strangford, Percy Clinton Sydney Smythe, 6th Viscount, 301
Struve, Gustav von, 477, 491, 495
Stuart, Lord Dudley Coutts, 358
Sturdza, Count Aleksandr, 106, 207
Sublimi Maestri Perfetti, 170, 318–19
Sue, Eugène: *Le Juif errant*, 422; *Les Mystères de Paris*, 421
Sukhinov, Ivan Ivanovich, 346
Sun (British newspaper), 48
Sunday schools (Britain), 71
Sussex, Prince Augustus Frederick, Duke of, 150, 295
'Swing, Captain', 367, 369
Swiss Society of Vienna, 313
Switzerland: Metternich controls post, 162; as revolutionary centre, 468–9
Széchényi, Count, 468

Talleyrand, Charles Maurice de, prince of Benevento, 3, 104, 108, 114–15, 407
Tambora, Mount (Sumbawa, Indonesia): eruption, 99, 105, 129, 142
Tandy, Napper, 64
Tarasov, Dr (Alexander's physician), 304
Tatishchev, Dmitri Pavlovich, 183, 303
Templars, Order of, 14, 217
Terrier de Monciel, Antoine de, 126
Test Act (Britain), 43
Thelwall, John, 50, 54–5, 59
Thiers, Louis Adolphe, 423
Third of May, The (Polish émigré periodical), 459
Third Section *see* Russia
Thistlewood, Arthur, 144, 149, 151, 153–4, 156, 233–5
Thugut, Baron Johann Amadeus, 35, 37–8, 40
Ticknor, George, 287
Tilsit, Treaty of (1807), 7
Times, The, 94
Tiutchev, Fyodor Ivanovich, 449
Tocqueville, Alexis de, 479–81, 485
Tolstoy, Petr Alexeevich, 340
Tone, Theobald Wolfe, 61–2, 64
Tooke, John Horne, 55, 143
Töplitz, 405–6
Torelli, Luigi, 316
trade: wartime changes, 96–7
trade unions: formed (Britain), 368–9
Trafalgar, Battle of (1805), 75–6
Treasonable and Seditious Practices Bill (Britain, 1794), 58
Trenck, Baron, 186
Trollope, Frances, 417
Troppau (Silesia): congress (1820), 256–7, 260, 264–5
Trubetskoy, Prince Sergei Petrovich, 329, 332
True Briton (newspaper), 48, 66
Tugendbund (League of Virtue, Prussia), 197, 199, 201–2, 212, 327
Turgenev, Nikolai, 327–8
Turin: Russian embassy in, 322

Turkey (Ottoman Empire): and Greek independence movement, 273–4, 278, 305
Turnvereine (athletic associations), 197
Tuscany: revolts, 403
Tyrol, 99
Tzschoppe, Gustav Adolf von, 225

Ulm, Battle of (1806), 76
Ultras, les, 119–20, 138–40, 186, 195–6, 213, 236, 239, 285, 296, 357
Union Croisée, L', 319
Union of Free Poles, 374–5
Union Societies for parliamentary reform, 221
Union of Welfare (Russia), 326–8, 337
United Irishmen, Society of, 61–4
United States of America: revolutionary agitation in, 68; conflict with Britain over naval interference, 86; war with Britain (1812), 87; protects republics of Latin America, 297–8
University College London, 356
Unlawful Societies Act (Britain, 1799), 66
Upton, Thomas, 55–6
urbanisation, 98
utilitarians, 71
Uvarov, Sergei Semionovich, 104, 325, 447–50

Vadier, Marc-Guillaume, 114
Valmy, Battle of (1792), 45, 350
Valtancoli, Giuseppe, 177
Varnhagen von Ense, Karl August, 205
Vassilchikov, General, 247, 252, 259–60, 330
Vatican: spies and intelligence-gathering, 316
Vauversin (police agent), 135
Vendée, the, 79, 83, 120

Venetia *see* Lombardy-Venetia
Venice: under Austrian rule, 163, 166; Metternich visits, 306; Fanny Cerrito in, 479; declares independence from Austria, 489; attacked by Austrian and Russian troops, 496
Verdi, Giuseppe: *Nabucco*, 441
Vernet, Horace, 481
Verona: congress of monarchs (1822), 298–301, 303–4
Viazemsky, Prince Petr Andreevich, 181, 250
Victor Emmanuel I, King of Sardinia, 102–3, 168, 272
Victoria, Queen of Great Britain: assassination attempts on, 419; invites Nicholas I and Louis-Philippe to London, 445; Frederick William writes to on 1848 revolution, 486; Lady Burghersh explains Berlin revolution to, 490
Vidocq, François, 83, 125, 421
Vienna: conference (1819–20), 228; conference of foreign ministers (1822), 298–9, 302–3; booksellers and printers, 442; demonstrations (1848), 488; and effect of 1848 revolution, 497
Vienna, Congress (and Treaty) of (1815): negotiations, 8, 100, 103–5, 114–15, 150, 159; Metternich attends, 159; curbs German nationalism, 198; installs French regime, 373
Vigny, Alfred de, 102
Villèle, Jean-Baptiste Joseph, comte de, 105, 126, 285, 356–9
Vincent, baron Nicolas Charles de, 185, 213, 238, 297
Vinegar Hill, County Wexford, 64
Vock, Maksim Yakovlevich von, 337, 342, 344, 346
Volkonsky, Prince, 248, 264

Voltaire, François Marie Arouet, 14, 18–19, 271
Vorontsov, Aleksandr, 7
Voss, Countess, 201

Wagner, Richard, 498
Wakefield, Edward Gibbon, 366
Wales: Rebecca riots, 428
Walker, George: *The Vagabond*, 72
Walsingham, Sir Francis, 23
wars: end in Europe (1815), 96; economic and social consequences, 97–8
Warsaw: Russians capture, 391
Wartburg, Thuringia, 206
Washington, George, 69
Waterloo, Battle of (1815), 8, 95, 115
Watson, Dr James, 144, 148–9, 151, 153–6, 234
Watson, James, Jr, 144, 149, 155
Watt, Robert, 55
'Ways and Means' society (Scotland), 55
Wedderburn, Robert, 71
Weidig, Pastor, 396
Weishaupt, Adam, 15, 18–19
Wellesley, Richard Colley, Marquess of, 156
Wellington, Arthur Wellesley, 1st Duke of: on Alexander I's military parade, 3; believes Alexander I mad, 8; as ambassador in Paris, 118; urges appointment of Fouché, 121; attempted shooting in Paris, 139; pessimism over state of France, 140; on social unrest and unemployment, 142; Metternich warns of Netherlands disorder, 184; and Russian proposed withdrawal from France, 185; conducts dignitaries on tour of Waterloo, 192; on death of Louis XVIII, 195; belief in conspiracy, 213; alarm over reconstituted French army, 214; supports Peterloo massacre, 220; believes in revolutionary movement in Britain, 221, 385, 393; and Spanish *pronunciamiento*, 231, 237–8; letter from Pozzo di Borgo, 233; on Cato Street conspiracy, 235; mobbed in London, 240, 406; on disaffected military in London, 241; and Naples revolution, 244; and Alexander's suspicions of Spanish ambassador, 259; and Alexander's rejection of military insubordination, 296; and Castlereagh's health decline, 298; as observer at 1822 Vienna conference, 299; attends 1822 Verona conference, 303–5; womanising, 304; and Alexander's preoccupation with Spain, 305; denounced as conspirator, 351; letter from Molé on July revolution (1830), 364; on role of troops in event of civil unrest, 370; rejects Metternich's proposal for conference, 378; opposes reform, 379; as prime minister, 379; on popular unrest, 381; reaction to Reform Bill and riots, 385, 387; disbelieves rumours of French officers in London, 387; decline in popularity, 388; warned of assassination plots, 392; commands force against Chartist demonstration, 492
Werther, Heinrich Wilhelm von, 373
Wesley, John, 49
Westminster Radicals, 71
Wette, Wilhelm de, 211
Whig Club, 65
Whiskey Rebellion (USA, 1794), 69
Wickham, William, 48, 52; *A Practical View of Christianity*, 71
Wilberforce, William, 59

Wilhelm I, King of Württemberg, 228, 309, 397, 469, 486
William I, King of the Netherlands, 365, 376, 379, 386
William II, Elector of Hesse-Kassel, 365
William III (of Orange), King of Great Britain, 41
William IV, King of Great Britain, 388, 392, 406
William, Prince of Orange, 117
William, Prince of Prussia, 464, 467, 490
Wilmot, Martha, 312
Wilson, General Sir Robert, 118, 216, 258, 307
Wollaston, Francis, 19
Wollstonecraft, Mary, 11, 66
Wordsworth, William, 11, 66, 90, 406
working classes: and potential revolution, 393; in Britain, 407

Working Men's Association (Britain), 429
Wrede, Prince Karl Philipp von, 391, 392, 397, 404
Wycliffe, John, 14

Yorck von Wartenburg, General Johann David von, 224
Young Europe, 403, 418
Young Germany, 405
Young Italy (*Giovine Italia*), 402–3, 418
Ypsilantis, Count Alexandros, 273–4, 278–9

Zakrevsky, Arsenii Andreevich, 252, 270, 354
Zavalyshin (revolutionary), 337
Zentner, Baron von, 246
Zichy, Count, 206

图书在版编目(CIP)数据

幻影恐惧：政治妄想与现代国家的创建：1789-1848 /（英）亚当·查莫斯基（Adam Zamoyski）著；袁野译. -- 北京：社会科学文献出版社，2018.12

书名原文：Phantom Terror: Political Paranoia and the Creation of the Modern State, 1789-1848

ISBN 978-7-5201-3621-1

Ⅰ.①幻⋯ Ⅱ.①亚⋯ ②袁⋯ Ⅲ.①欧洲－近代史 Ⅳ.①K504

中国版本图书馆CIP数据核字（2018）第227140号

幻影恐惧：政治妄想与现代国家的创建，1789~1848

著　　者 /　〔英〕亚当·查莫斯基（Adam Zamoyski）
译　　者 /　袁　野

出 版 人 /　谢寿光
项目统筹 /　段其刚
责任编辑 /　周方茹　周方仲

出　　版 /　社会科学文献出版社·独立编辑工作室（010）59367151
　　　　　　地址：北京市北三环中路甲29号院华龙大厦　邮编：100029
　　　　　　网址：www.ssap.com.cn

发　　行 /　市场营销中心（010）59367081　59367083
印　　装 /　北京盛通印刷股份有限公司

规　　格 /　开　本：787mm×1092mm　1/16
　　　　　　印　张：33　字　数：426千字
版　　次 /　2018年12月第1版　2018年12月第1次印刷
书　　号 /　ISBN 978-7-5201-3621-1
著作权合同登记号 /　图字01-2015-5723号
定　　价 /　89.00元

本书如有印装质量问题，请与读者服务中心（010-59367028）联系

▲ 版权所有 翻印必究